Arnd-Michael Nohl · Christoph Wulf (Hrsg.)

Mensch und Ding

Die Materialität pädagogischer Prozesse

Zeitschrift für Erziehungswissenschaft
Sonderheft 25 | 2013

Arnd-Michael Nohl
Christoph Wulf (Hrsg.)

Mensch und Ding

Die Materialität pädagogischer Prozesse

Zeitschrift für Erziehungswissenschaft

Sonderheft 25 | 2013

Zeitschrift für Erziehungswissenschaft

Herausgegeben von:
Jürgen Baumert (Schriftleitung), Hans-Peter Blossfeld, Yvonne Ehrenspeck-Kolasa, Ingrid Gogolin (Schriftleitung), Bettina Hannover, Marcus Hasselhorn, Stephanie Hellekamps, Heinz-Hermann Krüger (Schriftleitung), Harm Kuper (Schriftleitung, Geschäftsführung), Dieter Lenzen, Meinert A. Meyer, Manfred Prenzel, Thomas Rauschenbach, Hans-Günther Roßbach, Uwe Sander, Annette Scheunpflug, Josef Schrader, Christoph Wulf

Herausgeber des Sonderheftes Mensch und Ding. Die Materialität pädagogischer Prozesse
Arnd-Michael Nohl/Christoph Wulf

Redaktion und Rezensionen:
Marisa Schneider

Seit 2006 in SSCI

Anschrift der Redaktion:
Zeitschrift für Erziehungswissenschaft
c/o Freie Universität Berlin, Arbeitsbereich Weiterbildung und Bildungsmanagement,
Arnimallee 12, 14195 Berlin
Tel.: +49 (30) 8 38-55888; Fax: -55889, E-Mail: zfe@zedat.fu-berlin.de
Homepages: http://zfe-online.de Volltexte: http://zfe-digital.de

Beirat: Neville Alexander † (Kapstadt), Jean-Marie Barbier (Paris), Jacky Beillerot † (Paris), Wilfried Bos (Dortmund), Elliot W. Eisner (Stanford/USA), Frieda Heyting (Amsterdam), Axel Honneth (Frankfurt a.M.), Marianne Horstkemper (Potsdam), Ludwig Huber (Bielefeld), Yasuo Imai (Tokyo), Jochen Kade (Frankfurt a.m.), Anastassios Kodakos (Rhodos), Gunther Kress (London), Sverker Lindblad (Göteborg), Christian Lüders (München), Niklas Luhmann † (Bielefeld), Joan-Carles Mèlich (Barcelona), Hans Merkens (Berlin), Klaus Mollenhauer † (Göttingen), Christiane Schiersmann (Heidelberg), Wolfgang Seitter (Marburg), Rudolf Tippelt (München), Gisela Trommsdorff (Konstanz), Philip Wexler (Jerusalem), John White (London), Christopher Winch (Northampton)

Sonderheft 25/2013, 16. Jahrgang

Springer VS | Springer Fachmedien Wiesbaden GmbH
Abraham-Lincoln-Str. 46 | 65189 Wiesbaden, www.springer-vs.de
Amtsgericht Wiesbaden, HRB 9754
USt-IdNr. DE811148419

Geschäftsführer: Dr. Ralf Birkelbach (Vors.)   *Gesamtleitung* Anzeigen und Märkte: Armin Gross
                   Armin Gross   *Gesamtleitung Marketing und Individual Sales:* Rolf-Günther Hobbeling
Director Sozialwissenschaften & Forschungspublikationen: Dr. Reinald Klockenbusch
Programmleitung: Dr. Andreas Beierwaltes

Kundenservice: Springer Customer Service Center GmbH; Service VS Verlag, Haberstr. 7, 69126 Heidelberg,
Telefon: +49 (0)6221/345-4303; Telefax: +49 (0)6221/345-4229; Montag bis Freitag 8.00 Uhr bis 18.00 Uhr
E-Mail: springervs-service@springer.com
Marketing: Ronald Schmidt-Serrière M.A.; Telefon: (06 11) 78 78-280; Telefax: (06 11) 78 78-439
E-Mail: Ronald.Schmidt-Serriere@springer.com
Anzeigenleitung: Yvonne Guderjahn; Telefon: (06 11) 78 78-155; Telefax: (06 11) 78 78-430
E-Mail: Yvonne.Guderjahn@best-ad-media.de
Anzeigendisposition: Monika Dannenberger; Telefon: (06 11) 78 78-148; Telefax: (06 11) 78 78-443
E-Mail: monika.dannenberger@best-ad-media.de
Anzeigenpreise: Es gelten die Mediadaten vom 1.11.2012
Produktion: Dagmar Orth; Telefon: (0 62 21) 4 87-8902
E-Mail: dagmar.orth@springer.com

Bezugsmöglichkeiten 2013: Jährlich erscheinen 4 Hefte. Jahresabonnement/privat (print+online) € 109,–; Jahresabonnement/ privat (nur online) € 91,–; Jahresabonnement/Bibliotheken/Institutionen € 212,–; Jahresabonnement Studierende/Emeriti (print+online) – bei Vorlage einer Studienbescheinigung € 51,–. Alle Print-Preise zuzüglich Versandkosten. Alle Preise und Versandkosten unterliegen der Preisbindung. Die Bezugspreise enthalten die gültige Mehrwertsteuer. Kündigungen des Abonnements müssen spätestens 6 Wochen vor Ablauf des Bezugszeitraumes schriftlich mit Nennung der Kundennummer erfolgen. Jährlich können Sonderhefte (Beihefte) erscheinen, die nach Umfang berechnet und den Abonnenten des laufenden Jahrgangs mit einem Nachlass von 25% des jeweiligen Ladenpreises geliefert werden. Bei Nichtgefallen können die Sonderhefte innerhalb einer Frist von drei Wochen zurückgegeben werden.
Zuschriften, die den Vertrieb oder Anzeigen betreffen, bitte nur an den Verlag.

© Springer VS | Springer Fachmedien Wiesbaden.
Springer VS ist eine Marke von Springer DE. Springer DE ist Teil der Fachverlagsgruppe Springer Science+Business Media.

Alle Rechte vorbehalten. Kein Teil dieser Zeitschrift darf ohne schriftliche Genehmigung des Verlages vervielfältigt oder verbreitet werden. Unter dieses Verbot fällt insbesondere die gewerbliche Vervielfältigung per Kopie, die Aufnahme in elektronische Datenbanken und die Vervielfältigung auf CD-Rom und allen anderen elektronischen Datenträgern.

Jedes Abonnement Print und Online beinhaltet eine Freischaltung für das Archiv der Zeitschrift für Erziehungswissenschaft. Der Zugang gilt ausschließlich für den einzelnen Empfänger des Abonnements.

Satz: Crest Premedia Solutions, Pune, Indien

www.zfe-digital.de
ISSN 1434-663X (Print)
ISSN 1862-5215 (Online)

Zeitschrift für Erziehungswissenschaft

16. Jahrgang · Sonderheft 25 · 2013

Inhaltsverzeichnis

Arnd-Michael Nohl/Christoph Wulf
Die Materialität pädagogischer Prozesse zwischen Mensch und Ding 1

Die Aneignung der Welt in Raum und Zeit

Christoph Wulf
Die mimetische Aneignung der Welt 15

Ursula Stenger
Die Entdeckung der Gegenstände der frühen Kindheit 27

Jörg Zirfas/Leopold Klepacki
Die Performativität der Dinge. Pädagogische Reflexionen über Bildung und Design 43

Carola Groppe
Erziehungsräume 59

Frédérique Montandon
Das Musikinstrument und die Pädagogik der Dinge 75

Von den Dingen lernen in Kindergarten und Schule

Claus Stieve
Differenzen früher Bildung in der Begegnung mit den Dingen. Am Beispiel des
Wohnens und seiner Repräsentation im Kindergarten 91

Sascha Neumann
Die anderen Dinge der Pädagogik. Zum Umgang mit alltäglichen Gegenständen in
Kinderkrippen 107

Michalis Kontopodis
Eating Christmas cookies, whole-wheat bread and frozen chicken in the kindergarten:
doing pedagogy by other means 123

Claudia Schomaker
Zur Bedeutsamkeit von Dingen in Sachlernprozessen 139

Anja Kraus
Was zeigen uns die Dinge? Lernen als Displacement 153

Barbara Asbrand/Matthias Martens/Dorthe Petersen
Die Rolle der Dinge in schulischen Lehr-Lernprozessen 171

Menschen und Artefakte in der Gesellschaft

Arnd-Michael Nohl
Sozialisation in konjunktiven, organisierten und institutionalisierten Transaktionsräumen:
Zum Aufwachsen mit materiellen Artefakten 189

Bernd Wagner
Informelles Sachlernen von Kindern im *Museum der Dinge* 203

Byung Jun Yi
Museum, Artefakte und informelles Lernen: Eine Herausforderung für die
Erwachsenenbildung 219

Yasuo Imai
Ding und Medium in der Filmpädagogik unter dem Nationalsozialismus 229

Martina Heßler
Wegwerfen. Zum Wandel des Umgangs mit Dingen 253

Timo Kaabi-Linke
Technik im Ausnahmezustand: Wenn Dinge widerspenstig werden 267

Burkhard Schäffer
Piratenpädagogik. Zur Medienpraxiskultur einer Partei 287

Die Materialität pädagogischer Prozesse zwischen Mensch und Ding

Arnd-Michael Nohl · Christoph Wulf

Zusammenfassung: In diesem Beitrag wird ein Überblick über die Bedeutung der Materialität der Dinge, des menschlichen Körpers und der pädagogischen Prozesse gegeben. Da sich der erziehungswissenschaftliche Bezug auf den menschlichen Körper durchaus separat – und lange vor dem sogenannten „material turn" – entwickelt hat, wird in einem ersten Abschnitt zunächst diese Entwicklung dargestellt. Sodann werden in einem zweiten Abschnitt die Grundzüge des „material turn" in den Kultur- und Sozialwissenschaften identifiziert und die erziehungswissenschaftliche Bedeutung der Dinge herausgearbeitet. Schließlich wird ein Überblick über die Artikel dieses Sonderhefts gegeben, aus dem die drei Schwerpunkte der hier vorgelegten Forschungen ersichtlich werden.

Schlüsselwörter: Material turn · Dinge · Materialität pädagogischer Prozesse · Körper · Performativität

The materiality of pedagogical processes between human beings and things

Abstract: This article gives an overview of the meaning of the materiality of things, the human body and educational processes. Since in educational science the reference to the human body developed separately—and long before the "material turn", in the first section this development is described first. In the second section the main features of the "material turn" in the cultural and social sciences are identified and the significance of things in educational science is elaborated. The article finishes with an overview of the papers in this special issue in which the three main focuses of the research presented are delineated.

Keywords: Material turn · Things · Materiality of educational processes · The body · Performativity

---

© Springer Fachmedien Wiesbaden 2013

Prof. Dr. A.-M. Nohl (✉)
Fakultät für Geistes- und Sozialwissenschaften, Helmut Schmidt Universität, Holstenhofweg 85,
22043 Hamburg, Deutschland
E-Mail: nohl@hsu-hh.de

Prof. Dr. C. Wulf
FUB Erziehungswissenschaft und Psychologie, Arnimallee 11,
14195 Berlin, Deutschland
E-Mail: chrwurlf@zedat.fu-berlin.de

Seit einigen Jahren haben die Dinge in der Erziehungswissenschaft Hochkonjunktur. Dass man „von den Dingen lernen" (Stieve 2008) könne, dass es die „Materialität" dieser Lernprozesse zu beachten gelte (Sørensen 2009), dass die „Akteur-Netzwerk-Theorie" einen neuen Ansatz in der Erziehung und ihrer wissenschaftlichen Reflexion darstelle (Fenwick und Edwards 2010), ja dass man gar von einer „Pädagogik der Dinge" (Nohl 2011) sprechen könne, stellt nur einige unter vielen Manifestationen der neuen Aufmerksamkeit für die Gemengelage von Menschen und Dingen dar. Diese „Wiederentdeckung der Dinge als Objekte und der Materialität als epistemologische Dimension" (Priem et al. 2012, S. 8) ist sicherlich angeregt durch entsprechende Konjunkturen in anderen Sozialwissenschaften – neben der Soziologie auch die Wissenschaftsforschung und Ethnologie; ganz allgemein wird sie als „material turn" bezeichnet.

Derartige periodische Aufmerksamkeitszentren, die nicht nur den Blick auf bestimmte Themen und Gegenstände lenken, sondern auch die Art und Weise, wie diese zu begreifen sind, strukturieren, finden sich in der Erziehungswissenschaft wie auch ganz allgemein in den Sozialwissenschaften immer wieder: Auf den „linguistic turn" folgten der „pictorial" und der „performative turn"; und nunmehr kristallisieren sich die Konturen eines „material turn" deutlich heraus. Derartige Aufmerksamkeitskonjunkturen lösen einander nicht in dem Sinne ab, dass das, was im vorangegangenen „turn" noch en vogue gewesen ist, nunmehr passé wäre. Ohne einer rein inkrementellen Fortschrittslogik der Wissenschaft das Wort reden zu wollen, markiert die Rede von dem einen oder anderen „turn" doch wichtige – und bisweilen paradigmatische – Schritte in dem kollektiven Lernprozess, der die Wissenschaft idealiter kennzeichnet.[1] Dies gilt zumindest dann, wenn etwa die Entdeckung von Bildern und Videos als wichtiger empirischer Quelle nicht den Blick auf die hohe Bedeutung von Alltagssprache oder praktischen Handlungsvollzügen verstellt. Auch der „material turn" – so möchten wir schon hier behaupten – wird seine Fruchtbarkeit nur dann unter Beweis stellen, wenn er in die ihm vorausgegangenen Erkenntnisfortschritte eingebunden bleibt.

Den wechselnden Aufmerksamkeitskonjunkturen der Sozialwissenschaften unterliegen zugleich unterschiedliche Auffassungen des Menschen und des Menschseins. Dabei geht es nicht nur um die jeweilige wissenschaftliche Konstruktion, sondern auch um die jeweilige historische und kulturelle Situierung des Menschen. In einer Zeit, in der menschliches Leben zunehmend dadurch charakterisiert – und bisweilen erst dadurch in der jeweiligen Form möglich – ist, dass man Verbindungen mit technischen Apparaturen eingeht (von der Zahnkrone über das Hörgerät bis zum Smartphone), erscheint die Rede vom „Cyborg" als „Hybriden aus Maschine und Organismus" (Haraway 1995, S. 33) nicht mehr nur als programmatisches Chiffre der Wissenschaft, sondern als empirisch im Alltagsleben fundiert. Auch wenn wir Menschen nie allein – das heißt: ohne Dinge – gewesen sind, beschäftigen uns heute neuartige Verwicklungen mit ihnen. In dieser Hinsicht gilt es, die „doppelte Historizität" der Erziehungs- und Sozialwissenschaften zu beachten und „die historisch-kulturelle Dimension ihrer Perspektiven und Methoden mit der historisch-kulturellen Dimension ihres Gegenstandes zu verbinden" (Wulf 2009, S. 144; Wulf 2013).

Wenn in diesem Sonderheft – wie auch in der vorliegenden Einleitung – nun der Materialität pädagogischer Prozesse Rechnung getragen werden soll, so möchten wir hierbei nicht alleine der pädagogischen Bedeutung des Umgangs von Menschen mit materiellen

Dingen nachgehen. Es gilt darüber hinaus, auch die Materialität des Menschen selbst, d. h. seine Körperlichkeit, in den Blick zu nehmen. Da der erziehungswissenschaftliche Bezug auf den menschlichen Körper sich durchaus separat – und lange vor dem o. g. „material turn" entwickelt hat, werden wir im Folgenden zunächst hierauf eingehen (Abschn. 1), um dann einigen Grundzügen der erziehungs- und sozialwissenschaftlichen Bedeutung der Dinge nachzuspüren (Abschn. 2). Eine Zusammenfassung der in diesem Heft versammelten Beiträge schließt die Einleitung ab (Abschn. 3).

1 Zur Materialität des Menschen: Körper und Körperlichkeit

Um die Bedeutung der „Entdeckung" der Dinge und ihrer Materialität einschätzen zu können, muss man sich vergegenwärtigen, dass diese Entwicklung durch eine „Wiederkehr des Körpers", eine „Aufwertung der Sinne" und eine „performative Wendung" vorbereitet wurde. Vorausgegangen war die zentrale Stellung der Medialität, Immaterialität und des Imaginären als zentrale Themen der Kulturwissenschaften. In dieser Zeit wurden weniger die Inhalte, als vielmehr die Medien und ihre Wirkungen als solche thematisiert (McLuhan 1967). Vor allem der Mediencharakter der bildproduzierenden Medien und des Internets fand starke Beachtung. Die Beschleunigung der Bilder und ihr ubiquitärer Charakter gerieten in den Mittelpunkt der Aufmerksamkeit (Baudrillard 1978; Virilio 1986). Die neuen Medien machen es möglich, Ereignisse nahezu zeitgleich an allen Orten der Erde wahrzunehmen. Für die Intensivierung der Globalisierungsprozesse spielt diese Entwicklung eine wichtige Rolle. Mithilfe von Bildern wird Realität simuliert; Bilder suggerieren, sie seien „wirklicher" als die Realität. Sie verlieren ihren Verweisungscharakter und werden nur als Bilder wahrgenommen. Visuelle Abstraktionsprozesse verdrängen die Begegnung mit den Dingen. Es kommt zu einer Umformung des Imaginären (Castoriadis 1984), besonders der Kinder und Jugendlichen (Bausch 2006). Für viele Kinder und Jugendliche wird der Aufenthalt im Virtuellen z. B. in den sozialen Netzen zu einer zentralen Lebensform, aus der neue Aufgaben für die Erziehungswissenschaft erwachsen.[2]

Angesichts dieser Entwicklung zur „Simulation" betonen einige Autoren die Bedeutung einer eher phänomenologischen Begegnung mit der Welt, die den Dingen ihren Raum lässt. In der Erziehungswissenschaft waren es vor allem die Arbeiten von Meyer-Drawe (1984) und Wilfried Lippitz (1980; Lippitz und Meyer-Drawe 1982), die unter Bezug auf Waldenfels (1983) und Maurice Merleau-Ponty (1964) die Bedeutung der Sinne für Erziehungs- und Bildungsprozesse betont haben. Auch Mollenhauer (1983) Untersuchungen über die Rolle von Bildern für die Bildung der Vorstellungswelt und als Quellen erziehungswissenschaftlicher Forschung eröffneten neue Forschungsperspektiven. Beiden Ansätzen war gemeinsam, dass bei ihnen der Körper und die Körperlichkeit von Kindern und Jugendlichen eine zentrale Rolle spielten.

Untersuchungen zu Körper und Körperlichkeit wurden dann durch die Entwicklung des Körper-Paradigmas ermöglicht (Kamper und Wulf 1982, 1984; Benthien und Wulf 2001), das in der historischen Anthropologie (Wulf und Kamper 2002) und in den Kulturwissenschaften (Wulf 1997) seit den achtziger Jahren zunehmend an Bedeutung gewann und in dessen Rahmen die Materialität der Körper und Sinne ins Zentrum rückten. Diese Entdeckung der Materialität des Körpers, die sich auch in den phänomenologischen

Analysen zeigte, hatte sodann einen wesentlichen Einfluss auf die Entwicklung des Konzepts der Performativität des sozialen, kulturellen und pädagogischen Handelns. Der inszenatorische und der Aufführungscharakter von Erziehung und Bildung wurden untersucht, der z. B. in Ritualen und Gesten zum Ausdruck kommt (Wulf et al. 2001, 2007, 2010, 2011). In diesen Forschungen wurde die Materialität von Erziehung und Bildung zum Schwerpunkt. Es wurde untersucht, *wie* Erziehungs- und Bildungsprozesse stattfinden. Diese Fokussierung führte auch dazu, dass die räumliche und zeitliche Dimension (Bilstein et al. 1999; Liebau et al. 1999) und der historische und kulturelle Charakter von Erziehung und Bildung verstärkt thematisiert wurden. Mit dieser Schwerpunktsetzung auf die Performativität fanden auch die ästhetischen Dimensionen von Erziehung und Bildung sowie von Imagination und Sprache größere Aufmerksamkeit (Wulf et al. 2004; Wulf und Zirfas 2007; Hüppauf und Wulf 2006).

Die empirische Erforschung der Materialität des Menschen, wie sie sich in Körperlichkeit und Performativität niederschlägt, stellt hohe Herausforderungen an Methodologie wie Forschungspraxis. Dort, wo lediglich dem „immanenten Sinngehalt" (Mannheim 1964) dessen, was die Erforschten sagen, Rechnung getragen wird (sei dies in den Fragebogenuntersuchungen der quantitativen oder in der Inhaltsanalyse der qualitativen Forschung), kann nicht einmal die Performativität *sprachlichen* Handelns erfasst werden. Denn hierzu ist es nötig, die „practical accomplishments" (Garfinkel 1967, S. 9) zu erkunden, in denen Wirklichkeit (nicht nur) sprachlich hergestellt wird, sei dies in experimentellen Untersuchungsdesigns oder in der „rekonstruktiven Sozialforschung" (Bohnsack 2010). Letztere hat ihre zentralen methodologischen und forschungspraktischen Fortschritte gerade durch eine genaue – sequentielle – Interpretation der *Texte* gemacht, in denen die Erforschten (ihre) Realität herstellen (siehe auch Oevermann 2000, Schütze 1983, Rosenthal 2011). Die immense Bedeutung, die *nichtsprachliche* Performativität für die Herstellung von Wirklichkeit hat, blieb damit außerhalb des Aufmerksamkeitsspektrums der Textrekonstruktion. Erste empirisch-rekonstruktive Annäherungen an die nichtsprachliche Performativität finden sich dort, wo neben der Textförmigkeit auch die Bildhaftigkeit, d. h. die Ikonizität des Performativen empirisch untersucht wird. Neben der langen Tradition der Ethnographie und teilnehmenden Beobachtung (in der das Beobachtete aber vor seiner Rekonstruktion immer durch den Wahrnehmungsfilter der Beobachtenden geht) wurden hierzu jüngst methodologische Begründungen und praktische Auswertungsverfahren entwickelt, die auf die menschliche „Verständigung durch das Bild" (Bohnsack 2009, S. 28) zielen (siehe auch Pilarczyk und Mietzner 2005; Ehrenspeck und Schäffer 2003). Sind in dieser Hinsicht schon wichtige Neuerungen zu verzeichnen, so ist die sozialwissenschaftlich angeleitete empirische Untersuchung von materiellen Dingen noch eher ein Desiderat.

2 Zur Verwicklung von Menschen und Dingen in pädagogischen und anderen sozialen Prozessen

Die Wiederentdeckung der Dinge für die Pädagogik ist in ihrer Breite sicherlich durch die Prominenz begründet, die die Akteur-Netzwerk-Theorie – und insbesondere die Arbeiten Bruno Latours – in den Sozialwissenschaften erhalten hat. Bevor wir hierauf eingehen, möchten wir aber einige Arbeiten nicht unerwähnt lassen, die unabhängig hiervon – und teilweise unter Rückgriff auf Klassiker der Pädagogik – die Verwicklung von Menschen und Dingen in pädagogischen Prozessen beleuchtet haben.

Ein zentraler Ausgangspunkt der pädagogischen Diskussion zur Bedeutung von Dingen ist Rousseaus *Emile* und die in ihm ausgearbeitete „negative Erziehung". Die Dinge, wie sie der Erzieher in *Emile* indirekt nutzt (exemplarisch steht hierfür das Fenster, das Emile zerbricht, sodass er daraufhin frieren muss), werden zu Objekten, die sich den Kindern – in pädagogischer Absicht des Erziehers – entgegenstellen, wie Kraft (1988, S. 57) schreibt: „Kinder erwerben an Dingen eine für ihr ganzes weiteres Leben unerlässliche Erfahrung: Sie spüren Widerstand, der sich ihren Absichten entgegenstellt. Widerstand wiederum ermöglicht Wachstum".

Andere Autoren haben ebenfalls auf Rousseau – wie auch auf weitere Klassiker, u. a. Fröbel – zurückgegriffen, wobei sie aber weniger eine Werkexegese denn einen eigenen Ansatz verfolgen. So entwirft Pazzini (1983) einen Rahmen materialistischer und neopsychoanalytischer Theorien, innerhalb derer er Erziehung und Sozialisation mit alltäglichen Gebrauchsgegenständen thematisiert. Demgegenüber verortet Stieve (2008)[3] seine Arbeit in der Phänomenologie, weshalb er – neben den genannten Klassikern – vor allem auf Merleau-Ponty, Patočka und Meyer-Drawe zurückgreift. Letztgenannte hat selbst – nach einer umfassenden anthropologisch-philosophischen Studie zu *Menschen im Spiegel ihrer Maschinen* (Meyer-Drawe 1996) – kleinere Arbeiten zur Bildsamkeit der Dinge vorgelegt (u. a. Meyer-Drawe 1999).

Eine zentrale Gemeinsamkeit der genannten Autor(inn)en besteht nun darin, dass sie die Dinge nicht nur als dem Menschen – als Widerstand – gegenüber gestellt thematisieren, sondern die „Verwicklung" von Mensch und Welt (Meyer-Drawe 1999, S. 332) in den Vordergrund rücken. Denn innerhalb dieser Verwicklungen kann man sich durch die Dinge irritieren, berühren und inspirieren lassen. Dies weist einen „Weg zu den Dingen, der den kulturell eingespielten Bedeutungen gegenüber ursprünglicher ist", wie Klaus Mollenhauer (1998, S. 12) schreibt. Es geht hier um das, was Stieve (2008, S. 162) als „Gebungsfeld" zwischen Menschen und Dingen bezeichnet, bzw. um die „Sinnlichkeit" (Pazzini 1983, S. 78), die in der Unmittelbarkeit des Kontakts mit den Dingen entsteht. Wenn auf diese Weise die „verborgenen Bedeutungen der Dinge" hervortreten, indem sie zerlegt und rearrangiert werden, können die Dinge „ihre bildende Wirkung" entfalten (Parmentier 2001, S. 49).

Auch für die Akteur-Netzwerk-Theorie ist es essentiell, die Gegenüberstellung von Menschen und Dingen zu unterlaufen, um so zu rekonstruieren, wie aus Mensch-Ding-Konstellationen Neues entsteht. Im Rahmen der Wissenschafts- und Technologieforschung (siehe u. a. Callon 1986, Callon und Law 1997, Knorr-Cetina 2002, Rammert 1998) formuliert Bruno Latour das Forschungsprogramm einer „symmetrischen Anthropologie" (1998), das die strikte Unterscheidung zwischen menschlichen Subjekten und dinghaften Objekten aufgibt, um stattdessen den Verknüpfungen zwischen unterschiedlichen menschlichen und nicht-menschlichen „Agenten" bzw. „Aktanten" nachzugehen, die sich zu „Hybrid-Akteuren" (2000, S. 218 f.) verbinden (z. B. Jugendliche mit ihrem Handy). Latour folgt hier einem schwachen Handlungsbegriff (hierzu: Rammert und Schulz-Schaeffer 2002), demzufolge „jedes Ding, das eine gegebene Situation verändert, indem es einen Unterschied macht, ein Akteur" bzw. ein „Aktant" (Latour 2007,

S. 123) sei. Die zentrale Annahme einer solchen „Soziologie der Assoziationen" (ebd., passim) ist indes, dass dort, wo sich menschliche mit nicht-menschlichen Agenten verbinden, ursprüngliche „Handlungsprogramme" (Latour 2000, S. 216) verändert werden; auf diese Weise entstehen neue Praktiken und Bedeutungen (etwa äußerst kurzfristige Verabredungsformen bei Jugendlichen-mit-Handys). Zudem können derartige Handlungsprogramme von einem menschlichen Akteur auf ein Ding verlagert werden (wie man dies z. B. in Anrufbeantwortern sieht). Neben dieser „Delegation" (ebd., S. 227) weist Latour auch darauf hin, dass der zusammengesetzte Charakter vieler solcher Hybrid-Akteure mittlerweile niemandem mehr bewusst ist („blackboxing", ebd., S. 234), sodass es einer unvoreingenommen, rigorosen Rekonstruktion der sich historisch entfaltenden Verkettungen von Menschen und Dingen bedarf.

Neben der Soziologie und anderen Sozialwissenschaften (vgl. u. a. Belliger und Krieger 2006; Kneer et al. 2008) hat Latours Ansatz auch in der Erziehungswissenschaft Resonanz gefunden, sodass man hier – analog der Latour'schen Begriffsbildung – von einer im Entstehen begriffenen ‚Erziehungswissenschaft der Assoziationen' sprechen könnte.[4] Schäffer (2001) nutzt Latours Ansatz dazu, die – je nach Mediengeneration unterschiedlichen – Hybrid-Akteure zu untersuchen, die aus der Verbindung zwischen Computern und Jugendlichen, Erwachsenen in der Lebensmitte und Senior(inn)en emergieren. Dabei kritisiert er Latours (implizit) intentionalistische Handlungstheorie und verweist darauf, dass gerade auch gewohnheitsmäßiges, „habituelles Handeln" (ebd., S. 108) für die menschlichen Agenten wie für die neu entstehenden Hybrid-Akteure eine große Bedeutung hat.[5] Die Ansätze der Akteur-Netzwerk-Theorie und insgesamt der Wissenschafts- und Technologieforschung nicht als „systematisch ausgearbeitete Theorien", sondern als „erprobte Heuristiken" zu nutzen, schlägt Rieger-Ladich (2009, S. 126 f.) vor. Auf diese Weise könne eine (kulturwissenschaftlich inspirierte) Erziehungswissenschaft, die auch in ihrer Geschichte keineswegs ‚ding-vergessen' gewesen sei, sondern – wie wir auch oben deutlich gemacht haben – auf eine ganze Reihe von Arbeiten zur pädagogischen Bedeutung der Dinge zurückblicken kann, zu einer „Steigerung der Auflösungsmöglichkeiten bei der Analyse pädagogischer Praktiken" (ebd., S. 127) gelangen. Dabei danach zu fragen, „wie Materialien in Praktiken partizipieren", macht sich Sørensen (2009, S. 28) zur Aufgabe, indem sie die Verbindungen einer Grundschulklasse mit einer 3D-virtuellen Welt einerseits und eine Klasse, die mit analogen Mitteln lernt, andererseits vergleicht. Sie untersucht die unterschiedlichen Muster der Relationen, die hier zwischen Menschen und (virtuellen) Dingen entstehen, wobei sie der Räumlichkeit des Geschehens besondere Bedeutung beimisst (vgl. ebd., S. 69 ff.). In den Arbeiten von Röhl und Kalthoff wiederum werden die Dinge des Unterrichts, sofern sie in dessen Diskurs einbezogen worden sind, als „epistemische Objekte" (Kalthoff und Röhl 2011, S. 461) begriffen. Die Materialität dieser Objekte – etwa des Experimentalmaterials – kann dabei gerade von Schüler(in-en), die in die Thematisierungsformen der jeweiligen Disziplin schon weitergehend einsozialisiert sind, relativ umstandslos in mathematische Zeichen umgewandelt werden (Röhl 2012a, S. 66). Auch Nohl (2011) lässt sich von Latours Ansatz inspirieren; ohne von dessen prinzipieller Fragestellung nach den Verwicklungen von Menschen und Dingen abzuweichen, versucht er dann aber, unter Rückgriff auf den Pragmatismus und die praxeologische Wissenssoziologie eine systematische Begrifflichkeit für eine „Pädagogik der Dinge" zu entwickeln.[6] Demgegenüber machen es sich Fenwick und Edwards

(2010) zur Aufgabe, die Akteur-Netzwerk-Theorie selbst in das Feld der Pädagogik zu „übersetzen" (ebd., S. 164); hierzu erkunden sie systematisch die Implikationen dieses Ansatzes für so unterschiedliche Punkte wie die Curriculumentwicklung, Bildungsreform, Lehre und Bildungspolitik.[7]

Der Materialität pädagogischer Prozesse innerhalb der Verbindungen von Mensch und Ding gilt es aber nicht nur theoretisch, sondern auch empirisch nachzuspüren. Wo sie empirisch wird, stützt sich die Wissenschafts- und Technologieforschung – wie auch viele von ihr inspirierte Untersuchungen zu pädagogischen Prozessen (u. a. Röhl 2012b; Fetzer 2012) – meist auf (quasi-)ethnographische Ansätze. Jenseits dessen wurden die empirischen Methoden der Sozialwissenschaften jedoch ob ihrer „Technikvergessenheit" kritisiert (Schäffer 2001, S. 50). Wie Reh und Scholz (2012, S. 107) feststellen, sind in „der interpretativen Forschungslandschaft" auch heute „methodische Offerten zu angemessenen Interpretationen von Artefakten noch immer dünn gesät". Dabei muss sicherlich zwischen zwei grundsätzlich unterschiedlichen Zugängen unterschieden werden: Erstens gilt es, die materiellen Dinge selbst einer empirischen Analyse zu unterziehen. Hierzu wird von Manfred Lueger vorgeschlagen, eine detaillierte Beschreibung der Materialität von Artefakten jenseits der Namen, die wir ihnen schon immer geben, durch die Analyse der „alltagskontextuellen Sinneinbettung" (2000, S. 155) sowie „des Umgangs mit dem Artefakt" (ebd., S. 158) zu ergänzen (siehe auch Froschauer 2009). Damit ist – zweitens – zugleich angedeutet, dass auch die Austauschprozesse zwischen Menschen und Dingen selbst in den Blick genommen werden sollten. Hier bietet sich vor allem die videogestützte teilnehmende Beobachtung an, können mit ihr doch auch Teil- und Rumpfpraktiken erfasst werden, die sich zwar sprachlich kaum fassen lassen, für die Konstitution neuer Hybrid-Akteure (und damit neuen Sinns) aber zentral sind (vgl. Asbrand et al. in diesem Band, Rabenstein und Wienike 2012).

3 Zu den Beiträgen des Sonderhefts

Die Beiträge des vorliegenden Sonderhefts „Mensch und Ding. Die Materialität pädagogischer Prozesse" sind in drei Teile mit unterschiedlichen Schwerpunkten gegliedert. Im ersten Teil stehen die Beiträge, die darauf zielen, die mimetische und performative Aneignung von Dingen und Gegenständen sowie ihre Nutzung durch Menschen in Raum und Zeit zu untersuchen. Im zweiten Teil wird untersucht, welche zentrale Rolle die Dinge für das Lernen von Kindern und Jugendlichen spielen. Hier werden von den Gegenständen angeregte Lernprozesse in Kindergarten und Schule rekonstruiert. Es wird gezeigt, wie wichtig die pädagogische Arbeit mit ihnen in den Institutionen der Erziehung und Bildung ist. An der Widerständigkeit der Dinge werden Erfahrungen von Alterität gemacht und es kommt zu wichtigen Erziehungs-, Bildungs- und Sozialisationsprozessen. Im dritten Teil des Sonderheftes wird das Zusammenspiel von Menschen und Artefakten in der Gesellschaft, exemplarisch etwa anhand des Museums, Films, und der digitalen Medien, auf seine pädagogische Relevanz hin untersucht. Insgesamt entsteht ein Sonderheft, das – auch von neueren Ansätzen in der Netzwerktheorie angeregt – (Latour 2007; White 2008), wie wichtig die Auseinandersetzung mit den Dingen auch für ein Verständnis der Materialität von Bildungs- und Erziehungsprozessen ist.

3.1 Die Aneignung der Welt in Raum und Zeit

Im ersten Beitrag des ersten Teils dieses Sonderbandes wird deutlich gemacht, dass sich kulturelles Lernen weitgehend in mimetischen Prozessen vollzieht, in denen die Körperlichkeit, Sinnlichkeit und Imagination der Lernenden eine zentrale Rolle spielen. Die mimetische Aneignung der Welt erfolgt in Prozessen produktiver Nachahmung, für deren Gelingen die Performativität der sozialen Praktiken und Dinge, Gegenstände und Medien von zentraler Bedeutung ist (*Wulf*). Konkretisiert werden diese Prozesse, indem mehrere Zugänge zu den Dingen der Kindheit untersucht werden. Es wird analysiert, was die jeweiligen Zugänge für die Entdeckung der Gegenstände der frühen Kindheit bedeuten. Im zweiten Beitrag wird im Verlauf einer phänomenologischen Analyse gezeigt, wie Dinge Wege zur Welt sind und zugleich Welt erzeugen (*Stenger*). Hier schließt ein Beitrag über die Bedeutung der Performativität der Dinge für Bildungsprozesse an, in deren Verlauf die Transformation von Selbst- und Weltbeziehungen sowie Relationen zu anderen Menschen wichtig sind. In diesen Prozessen spielen das Design, die Funktionalität und der Stil der Dinge eine wichtige Rolle. Bildung wird als eine Antwort auf die mit den Dingen verbundenen Möglichkeiten begriffen (*Zirfas*). Diese Prozesse vollziehen sich in historischen und kulturellen, in relationalen und handlungsorientierten Räumen. Am Beispiel des Kinderzimmers und des reformpädagogischen Landerziehungsheimes im Kaiserreich wird gezeigt, wie Räume zu Erziehungsräumen werden und wie diese Transformationen pädagogisch geplant werden (*Groppe*). Unter Rückgriff auf Rousseau wird verdeutlicht, dass ein erfahrungsbezogenes Lernen gleichzeitig auf die Beobachtung der Natur und die Bedürfnisse der Kinder und Jugendlichen bezogen sein muss. Musikunterricht und besonders Musikinstrumente sind vermittelnde Elemente innerhalb von Erfahrungsprozessen und ihrer pädagogischen Bedeutung in der „École nouvelle". Musikinstrumente haben darüber hinaus eine starke symbolische und imaginäre Bedeutung, die erheblich zur Beziehung des Subjekts zum Objekt und zur Welt beiträgt (*Montandon*).

3.2 Von den Dingen lernen in Kindergarten und Schule

Die pädagogische Bedeutung der Dinge liegt darin, dass sie Kinder gleichzeitig zur Selbsttätigkeit und zum Nachvollzug kultureller Praktiken anregen. In der Bildungstheorie ist die Kenntnis dieses Zusammenhangs seit langem bekannt. In der Kindheit sind das Wohnen in den Dingen und das Vertrautwerden mit ihren sozialen Zwecken von besonderer Bedeutung. Dies zeigt sich anhand der in den Kindergärten tradierten Spielwohnungen, in denen Kinder auch Erfahrungen mit Räumen und Dingen machen, die nicht in deren Zwecken aufgehen, sondern die Aspekte einer „Nicht-Identität" vermitteln (*Stieve*). Wie wichtig diese Erfahrung der Alterität der Dinge für den Bildungsprozess von Kindern ist, lässt sich am Umgang mit alltäglichen Gegenständen in Kinderkrippen zeigen. In einer ethnografischen Untersuchung der Qualität dieses Umgangs wird deutlich, wie sehr sich Kinder mithilfe von Gegenständen in räumlicher und sozialer Hinsicht ausdrücken und darstellen. Die Dinge werden zu Medien, durch die im alltäglichen Umgang mit ihnen etwas Pädagogisches entsteht (*Neumann*). Eine besondere Bedeutung gewinnen Objekte, die von Kindern gegessen werden. Mit Beispielen aus deutschen und brasilianischen Vorschulen wird gezeigt, wie die „Einverleibung" essbarer Objekte den Kindern Lust bereitet und wie die verschiedenen Praktiken des Essens unterschiedliche kulturelle Identitäten erzeugen, in denen sich u. a. auch lokale Differenzen und Machtstrukturen manifestieren (*Kontopodis*). Kinder die Vielschichtigkeit der Dinge entdecken zu lassen, ist eine zentrale Aufgabe des Schulunterrichts, in dem die Gegenstände erst in der Auseinandersetzung mit den Subjekten ihre pädagogische Bedeutung entfalten. Daraus ergeben sich wichtige Konsequenzen für die Anbahnung, Beobachtung und Förderung von Bildungsprozessen. Eine altersübergreifende Langzeitstudie mit Kindern des Elementar- und Primarbereichs gibt dazu erste Hinweise (*Schomaker*). In der schulischen Auseinandersetzung mit den Dingen spielt das Zeigen eine zentrale Rolle, das dazu dient, die Aufmerksamkeit der Kinder auf die Dinge zu lenken. Im schulischen Kontext entsteht dadurch ein „sinnerzeugender Überschuss", der zum Ausgangspunkt des selbständigen Lernens von Kindern werden kann. Zu untersuchen, wie dieses angebahnt, realisiert und ausgewertet wird, ist eine wichtige Aufgabe ethnografischer Forschung (*Kraus*). Schließlich wird gezeigt, dass die Akteur-Netzwerk-Theorie Bruno Latours und seine Überlegungen zum Verhältnis zwischen Mensch und Ding anschlussfähig an die Dokumentarische Methode sind. Dadurch können Begriffe, mit denen die Mensch-Ding-Verhältnisse beschrieben werden, in das Begriffsinventar einer sequenziellen Interaktionsanalyse des Unterrichts integriert werden. Darüber hinaus lassen sich Latours Überlegungen zur zirkulierenden Bezugnahme auf Dinge auch für die Erforschung des Kompetenzerwerbs im Unterricht heranziehen (*Asbrand, Martens, Petersen*).

3.3 Menschen und Artefakte in der Gesellschaft

Nicht nur in pädagogisch organisierten Settings (wie Kindergarten und Schule), sondern auch in anderen gesellschaftlichen Zusammenhängen entfalten sich zwischen Menschen und Artefakten pädagogisch relevante Prozesse. Im dritten Teil des Sonderhefts werden etwa Prozesse der Sozialisation und des informellen Lernens thematisiert, in die materielle Artefakte hineinspielen. Zunächst werden hierzu einige Anregungen von Bruno Latour aufgenommen, um dann eine Perspektive auf Räume der sozialisatorischen Transaktion zwischen Menschen und Dingen zu eröffnen, die vom Pragmatismus und der Wissenssoziologie angeregt ist. Hierzu lassen sich unterschiedliche Ebenen, auf denen diese „Transaktionsräume" angesiedelt sind, differenzieren: von konjunktiv-vergemeinschaftenden über organisierte bis hin zu institutionalisierten Transaktionsräumen (*Nohl*). Das Museum ist ein medialer Raum, der dazu beiträgt, das kulturelle Gedächtnis zu entwickeln und dadurch die Menschen mit der Welt zu verbinden (*Byung Jun, Yi*). Es bildet einen medialen Transaktionsraum, wobei gerade dem „Museum der Dinge" eine exemplarische Bedeutung zukommt, erlernen hier doch Kinder informell die Bedeutung (und z. T. den Gebrauch) von Dingen vergangener Zeiten (*Wagner*). Eine solche Inszenierung von Dingen zum Zwecke des Lernens findet sich auch im Unterrichtsfilm, wobei gerade die Betonung der Sachlichkeit im Nationalsozialismus besonderer Analyse bedarf. Denn hier lässt sich zum einen eine „Ideologisierung der Dingwelt" feststellen, während zum anderen auch gewisse Freiheitsgrade der Inszenierung im Rahmen einer „Verfremdung" der Dinge zu verzeichnen sind (*Imai*). Ebenfalls historisch, aber auf die Geschichte der Produktion von Dingen wie auch ihres Alltagsgebrauchs fokussierend, ist der nächste Beitrag angelegt, in dem es um die durch Werbung forcierte „Inflation" der materiellen

Artefakte im Zuge ihrer industriellen Massenproduktion geht. Diese wirkt – wie etwa anhand des „Einwegartikels" deutlich wird – bis in die Sozialisation hinein, findet aber auch ihre Kritik, etwa in der Recycling-Bewegung (*Heßler*). Während dieser historische Blick auf die Sozialisation mit den Dingen insbesondere den Aspekt der schleichenden Gewöhnung hervorhebt, geht es im folgenden Beitrag um Ausnahmezustände im Verhältnis von Menschen und Dingen. Anhand zweier Ereignisse, in denen Technologien versagen (Atomunfall und Ausfall der Flugzeugturbinen), lässt sich rekonstruieren, wie in diesem Moment neue Praktiken zum Zuge kommen. Jenseits vorgeschriebener Regeln entspringen diese rettenden Praktiken der engen Vertrautheit von Mensch und Technik (*Kaabi-Linke*). Eine ganz spezifische Form von Vertrautheit wird dann im letzten Beitrag dieses Sonderheftes beleuchtet: die „Medienpraxiskultur" der „Piraten". Die medientechnologischen Vorrichtungen, die zur politischen Willensbildung innerhalb dieser Partei dienen, stehen damit aber nur jenen zur Verfügung, die in diese Medienpraktiken bereits einsozialisiert sind. Hier dokumentiert sich zugleich ein Lernhabitus, dem Informationen beliebig abrufbar erscheinen, sodass von „Bildung on demand" gesprochen werden kann (*Schäffer*).

Anmerkungen

1 Dass Erkenntnis adäquat nicht als individueller, sondern nur als kollektiver Lernprozess beschrieben werden kann, in dem die einzelnen Akteure selbst nicht wissen, auf welches ‚Ziel' sie zusteuern, hat Peirce (1967, S. 356) luzide beschrieben. Mit Buck (1989, S. 47) muss an dieser Stelle allerdings betont werden, dass Lernen „nicht nur die bruchlose Folge einander bedingender Erwerbungen, sondern vorzüglich ein Umlernen" ist. Lernen vollzieht sich mithin nicht alleine inkrementell, sondern auch als Transformation des zuvor Gewussten.

2 Dazu findet an der Universität Kreta (Michalis Kontopodis) und der Freien Universität Berlin (Christoph Wulf) zurzeit ein von der Europäischen Union finanziertes Forschungsprojekt statt, in dem untersucht wird, wie Kinder und Jugendliche in Deutschland, Griechenland, Großbritannien, Russland, Brasilien und Indien soziale Netzwerke nutzen.

3 Siehe auch den Beitrag dieses Autors zum vorliegenden Band.

4 In diesem Sonderheft gehen die Beiträge von Asbrand et al., Neumann, Nohl und Schäffer dezidiert auf Bruno Latours Arbeiten ein.

5 Siehe auch den Beitrag von Schäffer in diesem Band.

6 Siehe dazu auch den Beitrag von Nohl in diesem Band.

7 Stärker empirisch gehaltene Untersuchungen hierzu finden sich dann in dem von beiden herausgegebenen Sonderheft der Zeitschrift „Educational Philosophy and Theory" (Vol. 43, No. S 1, 2011).

Literatur

Baudrillard, J., (1978). *Agonie des Realen*. Berlin: Merve.
Bausch, C. (2006). *Verkörperte Medien. Die soziale Macht televisueller Inszenierungen*. Bielefeld: Transcript.

Belliger, A., & Krieger, D. J. (Hrsg.). (2006). *Anthology. Ein einführendes Handbuch zur Akteur-Netzwerk-Theorie*. Bielefeld: Transcript.
Benthien, C., & Wulf, C. (Hrsg.). (2001). *Körperteile: Eine kulturelle Anatomie*. Reinbek: Rowohlt.
Bilstein, J., Miller-Kipp, G., & Wulf, C. (Hrsg.). (1999). *Transformationen der Zeit. Erziehungswissenschaftliche Forschungen zur Chronotopologie*. Weinheim: Beltz.
Bohnsack, R. (2009). *Qualitative Bild- und Videointerpretation*. Opladen: utb.
Bohnsack, R. (2010). *Rekonstruktive Sozialforschung*. Opladen: utb.
Buck, G. (1989). *Lernen und Erfahrung*. Darmstadt: Wissenschaftliche Buchgesellschaft.
Callon, M. (1986). Some elements of a sociology of translation: domestication of the scallops and the fishermen of St Brieuc Bay. In J. Law (Hrsg.), *Power, action and belief: a new sociology of knowledge?* (S. 196–223). London: Routledge.
Callon, M., & Law, J. (1997). After the individual in society: lessons on collectivity from science, technology and society. *Canadian Journal of Sociology, 22*(2), 165–182.
Castoriadis, C. (1984). *Gesellschaft als imaginäre Institution. Entwurf einer politischen Philosophie*. Frankfurt a. M.: Suhrkamp.
Ehrenspeck, Y., & Schäffer, B. (Hrsg.). (2003). *Film- und Photoanalyse in der Erziehungswissenschaft. Ein Handbuch*. Opladen: Leske und Budrich.
Fenwick, T., & Edwards, R. (2010). *Actor-network theory in education*. London: Routledge.
Fetzer, M. (2012). Lernen in einer Welt der Dinge. Methodologische Diskussion eines Objekt-integrierenden Ansatzes zur mikroethnografischen Unterrichtsanalyse. In B. Friebertshäuser, H. Kelle, & et al. (Hrsg.), *Feld und Theorie. Herausforderungen erziehungswissenschaftlicher Ethnographie* (S. 121–136). Opladen: Budrich.
Froschauer, U. (2009). Artefaktanalyse. In S. Kühl, P. Strodtholz, & A. Taffertshofer (Hrsg.), *Handbuch Methoden der Organisationsforschung* (S. 326–347). Wiesbaden: VS Verlag für Sozialwissenschaften.
Garfinkel, H. (1967). *Studies in ethnomethodology*. Englewood Cliffs: Prentice-Hall.
Haraway, D. (1995). Ein Manifest für Cyborgs. In D. Haraway (Hrsg.), *Die Neuerfindung der Natur* (S. 33–72). Frankfurt a. M.: Campus.
Hüppauf, B., & Wulf, C. (Hrsg.). (2006). *Bild und Einbildungskraft*. München: Wilhelm Fink.
Kalthoff, H., & Röhl, T. (2011). Interobjectivity and interactivity. Material objects and discourse in class. *Human Studies, 34*(4), 451–469.
Kamper, D., & Wulf, C. (Hrsg.). (1982). *Die Wiederkehr des Körpers*. Frankfurt a. M.: Suhrkamp (4. Aufl. 1992).
Kamper, D., & Wulf, C. (Hrsg.). (1984). *Das Schwinden der Sinne*. Frankfurt a. M.: Suhrkamp.
Kneer, G., Schroer, M., & Schüttpelz, E. (Hrsg.). (2008). *Bruno Latours Kollektive – Kontroversen zur Entgrenzung des Sozialen*. Frankfurt a. M.: Suhrkamp.
Knorr-Cetina, K. (2002). *Wissenskulturen*. Frankfurt a. M.: Suhrkamp.
Kraft, V. (1988). Erziehung durch die Dinge. Ein-Blick in das „Emilische System" der Erziehung. In D. Spanhel (Hrsg.), *Curriculum vitae: Beiträge zu einer biographischen Erziehungstheorie* (S. 48–59). Essen: Neue Deutsche Schule Verlag.
Latour, B. (1998). *Wir sind nie modern gewesen. Versuch einer symmetrischen Anthropologie*. Frankfurt a. M.: Fischer.
Latour, B. (2000). *Die Hoffnung der Pandora. Untersuchungen zur Wirklichkeit der Wissenschaft*. Frankfurt a. M.: Suhrkamp.
Latour, B. (2007). *Eine neue Soziologie für eine neue Gesellschaft*. Frankfurt a. M.: Suhrkamp.
Liebau, E., Miller-Kipp, G., & Wulf, C. (Hrsg.). (1999). *Metamorphosen des Raumes. Erziehungswissenschaftliche Forschungen zur Chronotopologie*. Weinheim: Beltz.
Lippitz, W. (1980). *„Lebenswelt" oder die Rehabilitierung vorwissenschaftlicher Erfahrung. Ansätze eines phänomenologisch begründeten anthropologischen und sozialwissenschaftlichen Denkens in der Erziehungswissenschaft*. Weinheim: Beltz.

Lippitz, W., & Meyer-Drawe, K. (Hrsg.). (1982). *Lernen und seine Horizonte. Phänomenologische Konzeptionen menschlichen Lernens – didaktische Konsequenzen*. Königstein/Ts: Scriptor.
Lueger, M. (2000). Artefaktanalyse. In M. Lueger (Hrsg.), *Grundlagen qualitativer Feldforschung* (S. 140–163). Wien: UTB/BRO.
Mannheim, K. (1964). Beiträge zur Theorie der Weltanschauungsinterpretation. In K. Mannheim (Hrsg.), *Wissenssoziologie* (S. 91–154). Neuwied: Luchterhand.
McLuhan, M. (1967). *The medium is the massage: An inventory of effects with Quentin Fiore*. New York: Random House.
Merleau-Ponty, M. (1964). *Le Visible et l'invisible*, hrsg. von Claude Lefort. Paris: Gallimard.
Meyer-Drawe, K. (1984). *Leiblichkeit und Sozialität. Phänomenologische Beiträge zu einer pädagogischen Theorie der Intersubjektivität*. München: Wilhelm Fink.
Meyer-Drawe, K. (1996). *Menschen im Spiegel ihrer Maschinen*. München: Wilhelm Fink.
Meyer-Drawe, K. (1999). Herausforderung durch die Dinge. Das Andere im Bildungsprozeß. *Zeitschrift für Pädagogik, 45,* 329–342.
Mollenhauer, K. (1983). *Vergessene Zusammenhänge*. München: Juventa.
Mollenhauer, K. (1998). Die Dinge und die Bildung. *Mitteilungen & Materialien 49,* 8–20.
Nohl, A.-M. (2011). *Pädagogik der Dinge*. Bad Heilbrunn: Klinkhardt.
Oevermann, U. (2000). Die Methode der Fallrekonstruktion in der Grundlagenforschung sowie der klinischen und pädagogischen Praxis. In K. Kraimer (Hrsg.), *Die Fallrekonstruktion* (S. 58–156). Frankfurt a. M.: Suhrkamp.
Parmentier, M. (2001). Der Bildungswert der Dinge. *Zeitschrift für Erziehungswissenschaft, 4*(1), 39–50.
Pazzini, K.-J. (1983). *Die gegenständliche Umwelt als Erziehungsmoment – Zur Funktion alltäglicher Gebrauchsgegenstände in Erziehung und Sozialisation*. Weinheim: Beltz.
Peirce, C. S. (1967). *Schriften I: Zur Entstehung des Pragmatismus*. Frankfurt a. M.: Suhrkamp.
Pilarczyk, U., & Mietzner, U. (2005). *Das reflektierte Bild. Die seriell-ikonografische Fotoanalyse in den Erziehungs- und Sozialwissenschaften*. Bad Heilbrunn: Klinkhardt.
Priem, K., König, G. M., & Casale, R. (2012). Die Materialität der Erziehung. Kulturelle und soziale Aspekte pädagogischer Objekte. In Priem, K., König, G. M., & Casale, R. (Hrsg.), *Die Materialität der Erziehung. Kulturelle und soziale Aspekte pädagogischer Objekte*. 58. Beiheft der Zeitschrift für Erziehungswissenschaft (S. 7–13). Weinheim: Beltz.
Rabenstein, K., & Wienike, J. (2012). Der Blick auf die Dinge des Lernens. Überlegungen zur Beobachtung der materiellen Dimension pädagogischer Praktiken. In H. de Boer & S. Reh (Hrsg.), *Beobachtung in der Schule – Beobachten lernen* (S. 189–202). Wiesbaden: VS Verlag für Sozialwissenschaften.
Rammert, W. (Hrsg.). (1998). *Technik und Sozialtheorie*. Frankfurt a. M.: Campus.
Rammert, W., & Schulz-Schaeffer, I. (2002). Technik und Handeln. Wenn soziales Handeln sich auf menschliches Verhalten und technische Abläufe verteilt. In W. Rammert & I. Schulz-Schaeffer (Hrsg.), *Können Maschinen handeln? Soziologische Beiträge zum Verhältnis von Mensch und Technik* (S. 11–64). Frankfurt a. M.: Campus.
Reh, S., & Scholz, J. (2012). Schülerzeitungen als Artefakte. Schulkulturen in den 1950er und 1960er Jahren. In K. Priem, G. M. König, & R. Casale (Hrsg.), *Die Materialität der Erziehung. Kulturelle und soziale Aspekte pädagogischer Objekte*. 58. Beiheft der Zeitschrift für Erziehungswissenschaft (S. 105–123). Weinheim: Beltz.
Rieger-Ladich, M. (2009). Menschen und Dinge, Akteure und Aktanten: Überlegungen zur Neubestimmung des Sozialen. In J. Oelkers & B. Grubenmann (Hrsg.), *Das Soziale in der Pädagogik* (S. 114–130). Bad Heilbrunn: Klinkhardt.
Röhl, T. (2012a). From witnessing to eecording. Material objects and the epistemic configuration of science classes. *Pedagogy, culture & society, 20*(1), 49–70.
Röhl, T. (2012b). Disassembling the classroom – an ethnographic approach to the materiality of education. *Ethnography and Education, 7*(1), 111–127.

Rosenthal, G. (2011). *Interpretative Sozialforschung*. Weinheim: Juventa.
Schäffer, B. (2001). „Kontagion" mit dem Technischen. In R. Bohnsack, I. Nentwig-Gesemann, & A.-M. Nohl (Hrsg.), *Die dokumentarische Methode und ihre Forschungspraxis* (S. 43–64). Opladen: Leske + Budrich.
Schütze, F. (1983). Prozeßstrukturen des Lebensablaufs. In J. Matthes, A. Pfeifenberger, & M. Stosberg (Hrsg.), *Biographie in handlungswissenschaftlicher Perspektive* (S. 67–156). Nürnberg: Nürnberger Forschungsvereinigung.
Sørensen, E. (2009). *The materiality of learning. Technology and knowledge in educational practice*. Cambridge: Cambridge University Press.
Stieve, C. (2008). *Von den Dingen lernen: Die Gegenstände unserer Kindheit*. Paderborn: Wilhelm Fink.
Virilio, P. (1986). *Ästhetik des Verschwindens*. Berlin: Merve.
Waldenfels, B. (1983). *Phänomenologie in Frankreich*. Frankfurt a. M.: Suhrkamp.
White, H. (2008). *Identity and control – how social formations emerge* (2. Aufl.). Princeton: Princeton University Press.
Wulf, C. (Hrsg.). (1997). *Vom Menschen. Handbuch Historische Anthropologie*. Weinheim: Beltz; (2. Aufl. Der Mensch und seine Natur. Köln: Anaconda 2010).
Wulf, C. (2009). *Anthropologie. Geschichte, Kultur, Philosophie* (2. Aufl.). Köln: Anaconda (1. Aufl. Reinbek 2004).
Wulf, C. (2013). *Anthropology - A Continental Perspective*. Chicago: The University of Chaicago Press.
Wulf, C., Althans, B., Audehm, K., Bausch, C., Göhlich, M., Sting, S., Tervooren, A., Wagner-Willi, M., & Zirfas, J. (2001). Das Soziale als Ritual. *Zur performativen Bildung von Gemeinschaften*. Opladen: Leske und Budrich.
Wulf, C., Althans, B., Audehm, K., Bausch, C., Jörissen, B., Göhlich, M., Mattig, R., Tervooren, A., Wagner-Willi, M., & Zirfas, J. (2004). Bildung im Ritual. *Schule, Familie, Jugend, Medien*. Wiesbaden: VS Verlag für Sozialwissenschaften.
Wulf, C., Althans, B., Audehm, K., Blachke, G., Ferrin, N., Göhlich, M., Jörissen, B., Mattig, R., Nentwig-Gesemann, I., Schinkel, S., & Zirfas, J. (2007). *Lernkulturen im Umbruch*. Wiesbaden: VS Verlag für Sozialwissenschaften.
Wulf, C., Althans, B., Audehm, K., Bausch, C., Göhlich, M., Sting, S., Tervooren, A., Wagner-Willi, M., & Zirfas, J. (2010). Ritual and identity. *The staging and performing of rituals in the lives of young people*. London: Tufnell Press.
Wulf, C., Althans, B., Audehm, K., Blachke, G., Ferrin, N., Kellermann, I., Mattig, R., Schinkel, S., & Zirfas, J. (2011). Die Geste in Erziehung, Bildung und Sozialisation. *Ethnografische Fallstudien*. Wiesbaden: VS Verlag für Sozialwissenschaften.
Wulf, C., & Kamper, D. (Hrsg.). (2002). *Logik und Leidenschaft: Erträge Historischer Anthropologie*. Berlin: Reimer.
Wulf, C., & Zirfas, J. (Hrsg.). (2007). *Pädagogik des Performativen*. Weinheim: Beltz.

Die mimetische Aneignung der Welt

Christoph Wulf

Zusammenfassung: Der Artikel macht deutlich, dass sich große Teile kulturellen Lernens in mimetischen Prozessen vollziehen, zu deren Bedingungen die Körperlichkeit, Sinnlichkeit und Multidimensionalität der Lernenden gehören. Mimetisches Lernen erfolgt in Prozessen produktiver Nachahmung, in denen häufig auch ludische und rituelle Momente eine Rolle spielen. Mimetische Lernprozesse werden durch die Performativität der Dinge, Gegenstände und Medien ermöglicht. Im Umgang mit diesen erfolgt eine Anähnlichung an sie und an ihren Gebrauch. In diesen Prozessen entsteht auch praktisches, für Erziehung und Bildung wichtiges Wissen.

Schlüsselwörter: Mimesis · Performativität · Praktisches Wissen · Gegenstandsbewusstsein · Unsinnliche Ähnlichkeit

Appropriating the world through mimesis

Abstract: The article elaborates the theory that cultural learning consists to a large extent in mimetic processes that depend on the corporeality, sensory capacities and multidimensionality of the learner. Mimetic learning takes place in processes of productive imitation in which ludic and ritual elements play a role. Mimetic learning processes are made possible by the performativity of things, objects and media. As we handle them, we make ourselves similar to them and accommodate to their use. In these processes we also acquire practical knowledge.

Keywords: Mimesis · Performativity · Practical knowledge · Object consciousness · Non-sensory similarity

© Springer Fachmedien Wiesbaden 2013

Prof. Dr. C. Wulf (✉)
FUB Erziehungswissenschaft und Psychologie, Arnimallee 11, 14165 Berlin, Deutschland
E-Mail: chrwulf@zedat.fu-berlin.de

1 Einleitung

Kulturelles Lernen ist weitgehend mimetisches Lernen; Erziehung und Bildung, Sozialisation und Enkulturation vollziehen sich weitgehend in mimetischen Prozessen. Diese Prozesse sind nicht Kopiervorgänge. Es handelt sich vielmehr um Prozesse der Angleichung bzw. Anähnlichung und dabei in vielen Fällen um produktive Prozesse, in denen Menschen Beziehungen zu anderen herstellen, in denen sie gleichsam einen „Abdruck" von den Menschen nehmen, auf die sich ihre mimetische Aktivität bezieht. In solchen durchaus aktiven Prozessen erlernen kleine Kinder so den aufrechten Gang (Bayertz 2012), Formen des Ausdrucks von und des Umgang mit Emotionen (Frevert und Wulf 2012) sowie Sprechen und Praktiken sozialen und kulturellen Handelns (Wulf 2005, 2013). Mimetische Prozesse beziehen sich nicht nur auf andere Menschen und Situationen sozialen und kulturellen Handelns, wie sie z. B. in Spiel, Ritual und Geste zum Ausdruck kommen (Gebauer und Wulf 1992, 1998, 2003). Sie spielen auch bei der Aneignung von Räumen und Gegenständen, bei der Erinnerung und der Projektion von Zukünftigem eine wichtige Rolle. In Walter Benjamins Autobiographie „Berliner Kindheit um Neuzehnhundert" wird dies deutlich (Benjamin 1980a).

Das Besondere mimetischer Prozesse liegt in ihrer Multidimensionalität, deren Vielfalt und Komplexität nicht leicht zu verstehen ist und die es in Analysen herauszuarbeiten gilt. Ein Element vieler mimetischer Prozesse sind Gegenstände und Dinge, von denen viele das Ergebnis von Arbeitsprozessen sind, in denen Menschen sie geschaffen haben. In ihnen kommen Fähigkeiten zum Ausdruck, die Menschen in langen Arbeitsprozessen erworben haben. Ohne diese Kompetenzen gäbe es die Gegenstände nicht. In ihnen materialisieren sich nicht nur Arbeitsprozesse, sondern auch kulturelle und soziale Prozesse, die zum Gebrauch der Gegenstände und Dinge geführt haben. In der globalisierten Welt hat die Zahl dieser von den Menschen geschaffenen Gegenstände und Dinge zugenommen, so dass wir immer mehr Gegenständen und Dingen begegnen, die von Menschen geschaffen worden sind, also anthropologische Voraussetzungen haben. Heidegger (1980) sah darin, dass sich der Mensch in der gegenwärtigen Welt immer mehr nur noch sich selbst begegnet, die Gefahr eines Verlustes von Alteritätserfahrungen. Viele Gegenstände, mit denen die Menschen im Alltag der Städte umgehen, sind Ergebnisse kultureller Prozesse. Manche von ihnen sind sogar das Ergebnis immateriellen kulturellen Erbes. Um dieses für die kulturelle Identität so wichtige Erbe zu schützen, sind inzwischen fast 150 Länder einer UNESCO-Konvention beigetreten, die zum Ziel hat, traditionelle Handwerksformen wie etwa den Orgelbau zu erhalten und weiterzuentwickeln (2003). An diesem Beispiel wird deutlich – und das gilt auch für andere Bereiche: Gegenstände und Dinge dürfen nicht isoliert gesehen werden. Sie müssen im Zusammenhang mit menschlichem Handeln, mit sozialen und kulturellen Inszenierungen und Aufführungen sowie mit kulturellen Praktiken und praktischem Wissen gesehen werden. In mimetischen Prozessen werden die in Gegenständen und Dingen materialisierten kulturellen Prozesse erfahrbar. Darüber hinaus wird in mimetischen Prozessen auch der soziale und kulturelle Umgang mit den Dingen und Gegenständen gelernt, den Menschen in ihrem Alltagsleben inszenieren und aufführen und den die nachwachsende Generation so lernt.

Die mimetische Aneignung der Welt vollzieht sich durch eine Bezugnahme auf 1) die produktive, sich bereits in der Antike artikulierende Nachahmung, 2) Gegenstände und Gegenstandsbewusstsein, 3) die unsinnliche Ähnlichkeit, 4) die Performativität der Dinge, Gegenstände und Medien, 5) praktisches Wissen.

2 Mimesis als produktive Nachahmung: historische Perspektiven

Sprachgeschichtliche Untersuchungen haben gezeigt, dass das Wort „Mimesis" erstmals im 5. Jahrhundert und dann verbreitet im 4. Jahrhundert vor Christus in Sizilien auftaucht (Else 1958). Mimesis verweist zunächst darauf, wie der „Mimos" Possen aufführt. Bei diesen Possen handelt es sich um Handlungen und Späße, mit denen einfache Leute zur Unterhaltung und Belustigung der Reichen bei deren Festmählern karikiert wurden. Schon hier wird die in der karikierenden Inszenierung und Aufführung liegende performative Perspektive des Mimetischen sichtbar. Bereits in der vorplantonischen Zeit zeigen sich die bis heute wichtigen Dimensionen des Mimetischen:

- die Nachahmung anderer Menschen durch Rede, Lied und Tanz;
- die Nachahmung der Handlungen anderer Menschen und
- die nachschaffende Erzeugung von Gegenständen und Bildern.

In der platonischen Zeit dient der Mimesis-Begriff bereits dazu, Prozesse des Nachahmens, Nacheiferns, Nachstrebens sowie des Ausdrucks und der Darstellung zu kennzeichnen. In Platons „Staat" wird „Mimesis" sodann als Synonym für Erziehung verwendet. Platon ist davon überzeugt, dass Kinder und Jugendliche sich der Macht mimetischer Prozesse nicht entziehen können und nachhaltig durch diese geprägt werden. Deshalb will er alles aus der Erziehung heraushalten, was nicht wert ist, an die nachwachsende Generation weiterzuvermitteln zu werden oder was deren Entwicklung sogar gefährden könnte. Anders sieht dies Aristoteles, der ebenfalls von der bildenden Macht mimetischer Prozesse überzeugt ist, der jedoch davon ausgeht, dass es gerade wegen ihrer außerordentlichen Macht notwendig ist, sich auch mit den in mimetischen Prozessen vermittelten negativen Seiten des Menschen auseinanderzusetzen. Nur dadurch kann die „ansteckende" Kraft mimetischer Prozesse gezügelt werden. Wegen der nachhaltigen Wirkungen mimetischer Prozesse auf die Imagination verlangt also Platon eine strenge Kontrolle ihrer Gegenstände und Inhalte und fordert Aristoteles die intensive Bearbeitung ihrer Wirkungen. Nicht nur soziale Lebens- und Handlungsformen, sondern auch der Umgang mit Gegenständen und Objekten werden in mimetischen Prozessen gelernt. Aufgrund der unterschiedlichen Voraussetzungen junger Menschen entstehen keine bloßen Kopien unterschiedlicher Vorbilder; der mimetische Prozess führt zu einer Differenz, die die Eigenständigkeit und den kreativen Charakter seiner Ergebnisse ausmacht. Die im mimetischen Akt angeeigneten Handlungen sowie Gegenstände und Dinge der Welt sind keine bloße Abbildung aufgrund äußerer Ähnlichkeiten, sondern Konstruktionen der Menschen, die sich mimetisch verhalten, in denen Raum für Differenz, Partikularität und Kreativität ist.

3 Gegenstand und Gegenstandsbewusstsein

Schon in der Antike besteht ein Bewusstsein davon, dass sich mimetische Prozesse nicht nur auf andere Menschen richten, sondern auch dazu dienen, den Umgang mit Gegenständen und Dingen zu lernen. Folgt man Heideggers (1980) Deutung, dann sind in der Antike Menschen und Dinge Teil der lebendigen Natur (*physis*). Und im Mittelalter sind sie Teil der Schöpfung Gottes und befinden sich als solche in einem Kontinuum miteinander. Erst in der Moderne treten die Dinge den Menschen als Gegenstände gegenüber. Max Scheler (1976) sieht die Situation ähnlich. In „Die Stellung des Menschen im Kosmos" begreift er das Gegenstandsbewusstsein als ein Merkmal des Menschen, das diesen vom Tier unterscheidet. In Schelers Verständnis macht das dem menschlichen Geist geschuldete Gegenstandsbewusstsein es möglich, dass Menschen aufgrund ihrer residualen Triebausstattung im Unterschied zu Tieren, die in spezifische Umwelten eingebettet sind, das „Sosein" der Dinge erfassen können und daher die Möglichkeit zur Umweltfreiheit und Weltoffenheit haben. Neuere neurowissenschaftliche und primatologische Forschungen haben gezeigt, dass die hier entwickelte Unterscheidung zwischen Mensch und Tier keineswegs so eindeutig ist und weiterer Differenzierung bedarf. Untersuchungen der historischen Anthropologie und der Kulturanthropologie legen zudem nahe, dass das von Scheler als Folge des „Geistes" postulierte Gegenstandsbewusstsein keineswegs eine *conditio humana*, sondern vielmehr zeit- und kulturgebunden ist (Wulf 2013). Für die Menschen der Antike und des Mittelalters, für Hindus oder Indios aus Brasilien ist der Mensch keineswegs in erster Linie durch Gegenstandsbewusstsein charakterisiert.

Auch Kinder erleben die Dinge anders. Lange Zeit sind diese Teil ihrer Lebenswelt und nicht einfach leblose Gegenstände. Wenn sich ein Kind an einem im Wege stehenden Stuhl stößt, sodann diesen beschimpft und ihm einen Fußtritt gibt, dann ist sein Verhältnis zum Stuhl nicht durch ein Gegenstandsbewusstsein im Sinne Max Schelers bestimmt. Auch Erwachsene, die wie das Kind reagieren, haben in dieser Situation kein Gegenstandsbewusstsein. Im Unterschied zum Kind können sie dieses Gegenstandsbewusstsein jedoch durch eine entsprechende Einstellungsänderung herstellen. Allerdings impliziert dieses Objekt- bzw. Gegenstandsbewusstsein eine historisch und kulturell objektivierende Form des Umgangs mit den Dingen, die in Schelers Wertehierarchie sehr hoch steht. Kinder, die zunächst kein Gegenstandsbewusstsein haben, lernen im Verlauf ihrer Sozialisation einen durch Gegenstandsbewusstsein gekennzeichneten Umgang mit den Dingen der Welt.

In diesem Lernprozess spielen mimetische Prozesse eine wichtige Rolle. Kinder sehen einen objektivierenden Umgang mit den Dingen durch Erwachsene; sie nehmen daran Teil und entwickeln entsprechende Einstellungen, Formen und Stile des Handelns. Indem sich Kinder mimetisch zur Form und zum Stil des Umgangs mit den Gegenständen seitens ihrer Eltern oder anderer Bezugspersonen verhalten, lernen sie, wie die Erwachsenen mit der Welt der Dinge umgehen. Indem sie diese Umgangsformen erlernen, finden sie die Zustimmung und Anerkennung der Erwachsenen. Da sie sich wie diese verhalten, werden sie von ihnen anerkannt und geschätzt und so allmählich zu akzeptierten Mitgliedern der Gemeinschaft. In diesem Prozess zählen zu den Kriterien für den Umgang mit den Gegenständen die Objektivierung der Dinge zu Gegenständen, ihre Verwendung im Rahmen menschlicher Intentionen, ihr utilitaristischer Charakter etc. Die von Scheler postulierte „Weltoffenheit" erschöpft sich jedoch nicht in den bisher beschriebenen Umgangsformen mit den Dingen. Weltoffenheit beinhaltet vielmehr die Möglichkeit, die eingeübten und eingeschliffenen Formen des Umgangs mit Gegenständen außer Kraft zu setzen und in der Begegnung mit ihnen neue Erfahrungen zu machen. Dazu gehören zweifellos ästhetische Formen des Umgangs mit den Dingen, in denen die Welt der Gegenstände anders wahrgenommen werden kann.

Kinder verfügen über diese Fähigkeit, Dinge anders wahrzunehmen und zu verwenden, als sie gewöhnlich im Alltag genutzt werden. Sie haben noch nicht die Gewohnheiten im Umgang mit den Dingen entwickelt, die sie von einer Auseinandersetzung mit ihnen entlasten (Gehlen 1993). Diese inkorporierten Gewohnheiten im Umgang mit den Dingen führen jedoch auch dazu, dass die Dinge kaum noch außerhalb der vorgefertigten Bahnen wahrgenommen und verwendet werden. Die Entlastung, die geistige und psychische Energien für andere Tätigkeiten freisetzt, beinhaltet eine Reduktion der Intensität und der Komplexität des Umgangs mit ihnen, die je nach Kontext als Gewinn bzw. als Verlust empfunden wird. Die Fähigkeit eines spielerischen „Als-ob-Umgangs" mit den Dingen, über die Kinder verfügen, nimmt häufig im Lauf des Lebens ab und wird durch die Entwicklung von Gewohnheiten „verlernt". Für Kinder kann z. B. eine Stehlampe den Ausgangspunkt dafür bilden, mithilfe von Mauern und anderen Häusern aus Knete eine Burg zu bauen, die im Verlauf des imaginierten Spiels umkämpft wird. In solchen Zusammenhängen überführt die Imagination in ludischen Handlungen die Dinge des Alltags in eine imaginäre Welt (Hüppauf und Wulf 2006). In einer mimetischen Anähnlichung werden die Dinge Teil einer imaginären Welt, in der sie nach neuen Prinzipien und Kriterien gestaltet werden.

4 Die unsinnliche Ähnlichkeit

In seiner Schrift „Berliner Kindheit um Neunzehnhundert" erinnert sich Walter Benjamin, wie er sich als Kind in mimetischen Prozessen Plätze, Räume, Straßen, Häuser, Dinge und Ereignisse aneignete. Wie ein Zauberer schafft er als Kind Korrespondenzen und erzeugt Ähnlichkeiten zwischen sich und der Welt. In manchen Fällen liest das Kind in der lebendigen Welt und stellt Beziehungen her, selbst wenn keine sinnliche Ähnlichkeit gegeben ist. In anderen Fällen stellt er eine Ähnlichkeit her und ähnelt sich den Dingen an. Indem er seine Arme zu rotierenden Mühlenflügeln werden lässt und mit dem Mund die Geräusche des Windes erzeugt, wird der Körper des Kindes zu einer Windmühle. In der Erinnerung Benjamins macht das Kind seinen Körper der Maschine ähnlich und macht – wenigstens im Spiel – eine Erfahrung der Macht über Natur und Dinge. Zugleich erfährt es auch die Möglichkeit, seinen Körper für die Darstellung nutzen und in seiner Performativität Emotionen ausdrücken zu können und dafür Aufmerksamkeit und Anerkennung zu finden (Frevert und Wulf 2012).

In dieser Erinnerung an die Kindheit sind es nicht nur Bilder, sondern auch Winkel, Verstecke, Höhlen, Erker, Schränke, Kommoden, Schwellen sowie Töne, Geräusche, Tasterfahrungen und Gerüche, die mimetisch angeeignet werden und Bedeutung gewinnen. Die Dinge sind nicht leblos; sie blicken zurück; sie tönen, riechen und vermitteln Tasterfahrungen. So heißt es im Zusammenhang mit der Schmetterlingsjagd z. B.: „Es begann die alte Jägersatzung zwischen uns zu herrschen: je mehr ich selbst in allen Fibern mich dem Tier anschmiegte, je falterhaft ich im Inneren wurde, desto mehr nahm dieser Schmetterling in Tun und Lassen die Farbe menschlicher Entschließung an, und endlich war es, als ob sein Fang der Preis sei, um den einzig ich meines Menschseins wieder habhaft werden könne" (Benjamin 1980a, S. 244). In dieser Szene wird der mimetische Charakter der Erfahrungen des Kindes deutlich, der zu einer Anreicherung seiner Erfahrungen führt. Das Kind wird falterhaft in seinem Inneren; gleichzeitig wird der Schmetterling menschlich. Sein Fang ermöglicht es, wieder die Grenze und die Sicherung des kindlichen Menschseins zu vollziehen. Offensichtlich ermöglicht erst die Überwältigung des Objekts die Konstitution des Selbstbewusstseins des Kindes.

Über mimetische Prozesse setzen sich Bilder und Geräusche früher Kindheit im „tieferen Ich" fest, aus dem sie mithilfe optischer oder akustischer Anstöße wieder ins Bewusstsein gerufen werden können. Manchmal vollziehen sich diese Erfahrungen wieder mimetisch. Im Akt des Erinnerns findet ein mimetischer Bezug zum Material der Erinnerung statt, der dieses jeweils in einer spezifischen, situativ unterschiedlichen Weise zur Darstellung bringt. Erinnerungen unterscheiden sich in Intensität und Bedeutung im Augenblick des Erinnerns. Die Differenz zwischen verschiedenen Akten des Erinnerns der gleichen Begebenheit lässt sich als Differenz in der erinnernden Konstruktion und mimetischen Repräsentation begreifen.

Die mimetische Fähigkeit des Kindes, sich in Bezug zur Welt zu setzen, sich ihr ähnlich zu machen, sie zu lesen, geht nach Benjamins Auffassung in die Sprache und in die Schrift ein. Dabei schafft sich die „mimetische Begabung", die früher das „Fundament der Hellsicht" war, in Sprache und Schrift das „vollkommenste Archiv unsinnlicher Ähnlichkeit". Unter dieser Perspektive wäre die vom Kind erlernte Sprache die „höchste Verwendung des mimetischen Vermögens: ein Medium, in das ohne Rest die früheren Merkfähigkeiten für das Ähnliche so eingegangen seien, dass nun sie das Medium darstellt, in dem sich die Dinge nicht mehr direkt wie früher in dem Geist des Sehers oder Priesters, sondern in ihren Essenzen, flüchtigsten und feinsten Substanzen, ja Aromen begegnen und zueinander in Beziehung treten" (Benjamin 1980b, S. 209). Das Ähnlichsein und das Ähnlichwerden stellen zentrale Elemente dar, über die sich das Verhältnis zur Welt, zur Sprache und zu sich selbst allmählich bildet. Mithilfe dieser Prozesse findet die Einfügung in die in der symbolisch kodierten Welt zum Ausdruck kommenden Struktur- und Machtverhältnisse statt, denen gegenüber erst später Distanz, Kritik und Veränderung möglich werden. Mithilfe seines mimetischen Vermögens übernimmt das Kind die Bedeutung der Gegenstände, Darstellungs- und Handlungsformen. In einer mimetischen Bewegung schlägt das Kind eine Brücke nach außen. Im Zentrum der mimetischen Aktivität steht der Bezug auf das Andere, das es nicht einzuverleiben, sondern dem es sich anzugleichen gilt. In dieser Aktivität gibt es ein Innehalten, einen Moment der Passivität, der die Gegenstände der Welt schont und der für den „mimetischen Impuls" charakteristisch ist.

5 Die Performativität der Dinge, Gegenstände und Medien

Nicht nur die sozialen und künstlerischen Handlungen, sondern auch architektonische Räume und Gegenstände, Bilder und Kunstwerke, literarische und Klangwerke haben einen performativen Charakter. Ihre Materialität und Medialität bedingt ihren Appellcharakter. Viele kulturelle Produkte werden so hergestellt und arrangiert, dass sie Menschen ansprechen und auffordern, in einer bestimmten Weise mit ihnen umzugehen. Häufig liegt der Art und Weise, wie diese Produkte in Erscheinung treten, eine Inszenierung zugrunde, deren Voraussetzung die Materialität der Gegenstände ist. Entsprechendes gilt auch für die Erzeugnisse der Technik und die elektronischen Medien. Sie sind heute an die Seite materieller Dinge getreten und nehmen einen starken Einfluss auf die Bildung der Vorstellungswelt. Wie stark die Strukturen des Fernsehens das Imaginäre von Kindern beeinflussen, konnte im Rahmen umfangreicher ethnographischer Studien gezeigt werden (Bausch 2006). Oft sind es heute weniger die Dinge und Gegenstände, als vielmehr die Produkte der Technik und die virtuellen Bilder, die in nachhaltiger Weise auf die Menschen einwirken. Durch diese Bilder werden neue Wahrnehmungsbedingungen erzeugt, die auch die Begegnung mit den Dingen und ihrer Materialität verändern. Mehr als je zuvor werden die Dinge und Gegenstände in Bilder transformiert, die als solche wiederum die Wahrnehmung von Dingen und Gegenständen beeinflussen. Die Perzeption der Welt wird bildförmig. Wir sehen die Dinge, Gegenstände und andere Menschen als Bilder. Zu welchen Veränderungen des Imaginären und des Sozialen diese Entwicklung führen wird, ist nach wie vor eine offene Frage.

In mimetischen Prozessen machen Menschen die aus Dingen, Gegenständen und virtuellen Bildern bestehende Außenwelt zu einem Teil ihrer Innenwelt. Desgleichen materialisieren sie ihre Innenwelt mithilfe mimetischer Prozesse in der Außenwelt. Mimetische, auf der Einbildungskraft basierende Prozesse stellen, metaphorisch gesprochen, eine Brücke zwischen Innen und Außen her. Sie führen dazu, dass die Gegenstände – seien es nun kulturelle Produkte oder in der Natur gegebene Dinge –, die Bilder und die sozialen Handlungen Teil des Imaginären werden. Diese Prozesse sind besonders komplex, wenn sich mimetischen Prozesse auf kulturelle Produkte richten. Dann gehen in die Aneignung der kulturellen Produkte potentiell auch die Prozesse ein, die die Materialität der kulturellen Produkte hervorgebracht haben. So werden z. B. mit der Integration eines Stuhls im Bauhausstil ins Imaginäre eines Menschen dadurch, dass er in seinem Umfeld gezeigt wird, auch Charakteristika seiner Entstehungszeit in die Vorstellungswelt aufgenommen. Dadurch entsteht eine Bilderwelt, die sich mit Bildern anderer Stühle aus anderen Zeiten und anderen Kulturen verbindet. Der ikonische Charakter eines Bildes impliziert eine Verdichtung komplexer Zusammenhänge. Bilder können z. B. komplexe historische Geschehnisse so verdichten, dass sie leichter erinnerbar und rekonstruierbar sind. Für die didaktische Verwendung von Bildern etwa im Geschichtsunterricht liegen hier wichtige Möglichkeiten.

Normativ besetzte Gegenstände und Bilder steuern unser Alltagsleben. Ampeln geben uns Zeichen zu gehen oder zu warten. Fernseher und Handy fordern zur Wiederholung von Handlungen auf, die bereits früher vollzogen wurden. Diese Dinge sind Teil alltäglicher Handlungsprozesse, die von ihnen initiiert, strukturiert und beendet werden. Sie sind an Handlungsvollzüge gebunden und laden zur Wiederholung ein. Der sich im Gebrauch der Gegenstände vollziehende mimetische Prozess ruft soziale Handlungen hervor, die neu inszeniert und aufgeführt werden müssen. Jede Handlung wird unter Bezug auf vorhergehende neu hervorgebracht. So entsteht niemals eine bloße Kopie; vielmehr wird jede Handlung neu inszeniert und aufgeführt (Gebauer und Wulf 1992, 1998, 2003). Für die mimetische und imaginäre Inkorporierung von Gegenständen, Bildern und des Umgangs mit ihnen sind Rituale und Ritualisierungen von besonderer Bedeutung. Dies wurde in der Berliner Ritual- und Gesten-Studie deutlich, in deren zwölfjähriger Erforschung von Ritualen in den Sozialisationsfeldern „Familie", „Schule", „Peergroup" und „Medien" auch der performative Charakter von Gegenständen, Bildern und sozialen Inszenierungen untersucht wurde (Wulf et al. 2001, 2004, 2007, 2011). Der rituelle Umgang mit Gegenständen, sozialen Aufführungen und Bildern erzeugt eine Vertrautheit mit ihnen. Er bettet sie in soziale Prozesse ein. Dadurch werden sie und der Umgang mit ihnen Teil eines allmählich entstehenden praktischen Wissens. Dieses ist nur in begrenztem Maße theoretisierbar. Darauf hat bereits Weniger (1957) verwiesen. Auch bei Bourdieu spielt diese Einsicht in den impliziten Charakter praktischen Wissens als Bestandteil des Habitus eine wichtige Rolle (Bourdieu 1979).

6 Praktisches Wissen

Die Fähigkeit zum adäquaten Umgang mit Gegenständen, Dingen und Menschen wird in Situationen des Spiels, Tauschs und rituellen Handelns mimetisch erworben. Um jeweils „richtig" handeln zu können, ist ein praktisches Wissen erforderlich, das über sinnliche, körperbezogene Lernprozesse in den entsprechenden Handlungsfeldern erworben wird. Auch die jeweiligen kulturellen Kriterien sozialen Handelns lassen sich in mimetischen Annäherungen erfassen. Rituale bieten eine wichtige Möglichkeit, das praktische Wissen für den Umgang mit Gegenständen zu inkorporieren; für seine Entstehung sind die Inszenierung und Aufführung, die Wiederholung und das damit verwobene mimetische Lernen von besonderer Bedeutung. In rituellen Prozessen werden die Gegenstände und die Umgangsformen mit ihnen in einem praktisches Wissen erzeugenden situationsbezogenen mimetischen Prozess gelernt. Dieses praktische Wissen ist dynamisch und veränderungsoffen; historisch und kulturell und als solches ein spezifisches Handlungswissen (Wulf 2006).

Auf Gegenstände, Bilder, soziale Handlungen und auf ästhetische Aufführungen bezogene Handlungen werden als mimetisch bezeichnet, wenn sie als Bewegungen Bezug auf diese nehmen, wenn sie sich als körperliche, auf Gegenstände bezogene Aufführungen oder Inszenierungen begreifen lassen und wenn sie eigenständige Handlungen sind, die aus sich heraus verstanden werden können (Gebauer und Wulf 1998). Nicht mimetisch sind damit Handlungen wie mentale Kalküle, Entscheidungen, reflexhaftes oder routiniertes Verhalten, aber auch einmalige Handlungen und Regelbrüche.

Überall, wo jemand mit Bezug auf eine schon bestehende, auf Gegenstände bezogene Praxis handelt und dabei selbst einen Umgang mit ihnen herstellt, entsteht ein mimetisches Verhältnis zwischen beiden; beispielsweise, wenn man den Umgang mit einem Gegenstand aufführt, wenn man nach einem Modell des Umgangs mit bestimmten Gegenständen handelt, wenn man eine Praktik des Umgangs körperlich ausdrückt. Dabei handelt es sich – wie wir gesehen haben – nicht einfach um imitatorische Handlungen. Mimetische Handlungen sind keine bloßen Reproduktionen, die exakt einem Vorbild folgen. In mimetisch vollzogenen sozialen Praxen kommt es zur Erzeugung von etwas Eigenem (Suzuki und Wulf 2007).

Im Unterschied zu den Prozessen der Mimikry, in denen eine reine Anpassung an vorgegebene Bedingungen vollzogen wird, erzeugen mimetische Prozesse gleichzeitig Ähnlichkeit und Differenz zu anderen Situationen des Umgangs mit anderen Gegenständen, auf die sie sich beziehen. Durch die „Anähnlichung" an früher erfahrene Formen des Umgangs mit Gegenständen erwerben Menschen die Fähigkeit, sich in einem von Gegenständen mitstrukturierten Handlungsfeld zu orientieren. Durch die Teilnahme an dem Umgang mit Gegenständen durch andere Menschen weiten sie ihre Umgangsformen mit Gegenständen aus und schaffen sich neue Handlungs- und Erfahrungsmöglichkeiten. Dabei überlagern sich Rezeptivität und Aktivität; in diesem Prozess verschränkt sich die Welt der Gegenstände und der gegenstandsbezogenen Handlungen mit der Individualität derer, die sich auf sie mimetisch beziehen. Die Menschen rekonstruieren die früher erlebten Praktiken des Umgangs mit Gegenständen und machen sie in der Verdopplung zu ihren eigenen. Erst in der Auseinandersetzung mit früheren Situationen des Umgangs mit Gegenständen gewinnen sie ihre Individualität. Erst in diesem Prozess formt sich der nicht festgestellte Antriebsüberschuss der Menschen zu individuellen Wünschen und Bedürfnissen. Die Auseinandersetzung mit dem Außen und die Selbstbildung entstehen in demselben System. Äußere und innere Welt gleichen sich kontinuierlich an und werden nur in ihrer Wechselbeziehung erfahrbar. Ähnlichkeiten und Korrespondenzen zwischen Innerem und Äußerem entstehen. Die Menschen machen sich der Außenwelt ähnlich und ändern sich in diesem Prozess; in dieser Transformation wandeln sich ihre Wahrnehmung des Äußeren und ihre Selbstwahrnehmung.

Der Erwerb praktischen Wissens in mimetischen Prozessen muss nicht auf Ähnlichkeit beruhen. Wenn in einer Bezugnahme auf einen früheren Umgang mit Gegenständen mimetisches Wissen erworben wird, dann lässt sich erst in einem Vergleich der früheren und der gegenwärtigen Umgangsformen bestimmen, welches der Gesichtspunkt der mimetischen Bezugnahme ist. Ähnlichkeit ist ein allerdings häufiger Anlass für den mimetischen Impuls. Doch auch die Herstellung eines magischen Kontakts kann – wie wir am Bespiel Benjamins gesehen haben – zum Ausgangspunkt einer mimetischen Handlung werden. Selbst für die Abgrenzung des eigenen Handelns von vorhandenen Praktiken des Umgangs mit Gegenständen ist eine mimetische Bezugnahme erforderlich. Sie erst erzeugt die Möglichkeit von Akzeptanz, Differenz oder Ablehnung vorgängiger Umgangsformen mit Gegenständen (Gebauer und Wulf 1992, 1998, 2003).

In mimetischen Lernprozessen werden vorgängige Praktiken des Umgangs mit Dingen noch einmal aufgenommen. Sie werden inszeniert, aufgeführt und dadurch performativ (Wulf et al. 2001; Wulf und Zirfas 2007). Dabei wird die Bezugnahme nicht vom theoretischen Denken, sondern mit Hilfe der Sinne aisthetisch hergestellt (Rizzolatti und Sinigaglia 2008); verglichen mit der ersten Praktik des Umgangs mit Dingen entfernt sich die zweite Praktik von dieser insofern, als sie sich mit ihr nicht direkt auseinandersetzt, sie nicht verändert, sondern sie noch einmal macht; dabei hat die mimetische Handlung einen zeigenden und darstellenden Charakter; ihre Aufführung erzeugt wiederum eigene ästhetische Qualitäten. Mimetische Prozesse beziehen sich auf Praktiken von Menschen, die entweder wirklich gegeben oder imaginär sind.

Der dynamische Charakter des Umgangs mit Dingen hängt damit zusammen, dass das für seine Inszenierung erforderliche Wissen ein praktisches Wissen ist. Als solches unterliegt es in geringerem Maße als analytisches Wissen rationaler Kontrolle. Dies ist auch der Fall, weil praktisches Wissen kein reflexives, seiner selbst bewusstes Wissen ist. Dazu wird es erst im Zusammenhang mit Konflikten und Krisen, in denen die aus ihm entstehenden Handlungen einer Begründung bedürfen. Werden die Praktiken nicht in Frage gestellt, so bleibt das praktische Wissen gleichsam halbbewusst. Wie das Habitus-Wissen umfasst es Bilder, Schemata, Handlungsformen, die für die szenische körperliche Aufführung sozialer Handlungen verwendet werden, ohne dass sie auf ihre Angemessenheit hin reflektiert werden. Sie werden einfach gewusst und für die Inszenierung von Praktiken herangezogen (Krais und Gebauer 2002).

Zum praktischen Wissen gehören auch die Körperbewegungen, mit deren Hilfe Formen des Umgangs mit Dingen und Szenen sozialen Handelns arrangiert werden. Mittels der Disziplinierung und Kontrolle von auf Gegenstände bezogenen Körperbewegungen entsteht ein diszipliniertes und kontrolliertes praktisches Wissen, das – im Körpergedächtnis aufbewahrt – die Inszenierung entsprechender Formen szenischen Handelns ermöglicht. Dieses praktische Wissen ist auf die in einer Kultur herausgebildeten sozialen Handlungs- und Aufführungsformen bezogen und daher ein zwar ausgeprägtes, in seinen historisch-kulturellen Möglichkeiten jedoch auch begrenztes Wissen.

7 Ausblick

In mimetischen Prozessen vollzieht sich eine nachahmende Veränderung und Gestaltung der vorausgehenden Dingwelten. Hierin liegt das innovative Moment mimetischer Akte. Mimetisch sind Praktiken, wenn sie auf andere Praktiken Bezug nehmen und selbst als soziale Arrangements begriffen werden können, die sowohl eigenständige Praktiken darstellen als auch einen Bezug zu anderen Praktiken haben. Handlungen werden durch die Entstehung praktischen Wissens im Verlauf mimetischer Prozesse möglich. Das für den Umgang mit Dingen relevante praktische Wissen ist körperlich und ludisch sowie zugleich historisch und kulturell; es bildet sich in face-to-face-Situationen und ist semantisch nicht eindeutig; es hat imaginäre Komponenten, enthält einen Bedeutungsüberschuss und lässt sich häufig nicht auf Intentionalität reduzieren.

Literatur

Bausch, C. (2006). *Verkörperte Medien. Die soziale Macht televisueller Inszenierungen*. Bielefeld.
Bayertz, K. (2012). *Der Aufrechte Gang. Eine Geschichte des anthropologischen Denkens*. München.
Benjamin, W. (1980a). Berliner Kindheit um Neunzehnhundert. In R. Tiedemann & H. Schweppenhäuser (Hrsg.), *Gesammelte Schriften* (Bd. 4, 1, S. 235–304; Bd. 7, 1, S. 385 ff.) (Fassung letzter Hand). Frankfurt a. M.
Benjamin, W. (1980b). Lehre vom Ähnlichen. In R. Tiedemann & H. Schweppenhäuser (Hrsg.), *Gesammelte Schriften* (Bd. II, 1, S. 204–210). Frankfurt a. M.
Bourdieu, P. (1979). *Entwurf einer Theorie der Praxis*. Frankfurt a. M.
Else, G. E. (1958). Imitation in the 5th Century. *Classical Philology* 53, H. 2 (S. 73–90).
Frevert, U., & Wulf, C. (Hrsg.). (2012). Die Bildung der Gefühle. *Zeitschrift für Erziehungswissenschaft*. (Sonderheft 16).

Gebauer, G., & Wulf, C. (1992). *Mimesis. Kunst, Kultur, Gesellschaft.* (2. Aufl. 1998). Reinbek.
Gebauer, G., & Wulf, C. (1998). *Spiel, Ritual, Geste. Mimetisches Handeln in der sozialen Welt.* Reinbek.
Gebauer, G., & Wulf, C. (2003). *Mimetische Weltzugänge. Soziales Handeln – Rituale und Spiele – ästhetische Produktionen.* Stuttgart.
Gehlen, A. (1993). *Der Mensch. Seine Natur und Stellung in der Welt.* In K. S. Rehberg (Hrsg.), *Gesamtausgabe* (Bd. 3). Frankfurt a. M.
Heidegger, M. (1980). Die Zeit des Weltbildes. Holzwege (6. Aufl.). Frankfurt a. M.
Hüppauf, B., & Wulf, C. (Hrsg.) (2006). *Bild und Einbildungskraft.* München.
Krais, B., & Gebauer, G. (2002). *Habitus.* Bielefeld.
Rizzolati, G., & Sinigaglia, C. (2008). *Empathie und Spiegelneurone. Die biologische Basis des Mitgefühls.* Frankfurt a. M.
Scheler, M. (1976). Die Stellung des Menschen im Kosmos. *Späte Schriften.* Gesammelte Werke (Bd. 9). Bern: Frings.
Suzuki, S., & Wulf, C. (Hrsg.). (2007). *Mimesis, Poiesis and Performativity in Education.* Münster.
UNESCO (2003). *Convention for the Safeguarding of Intangible Cultural Heritage.* Paris.
Weniger, E. (1957). Die Eigenständigkeit der Erziehung in Theorie und Praxis. Weinheim.
Wulf, C. (2005). *Zur Genese des Sozialen. Mimesis, Performativität, Ritual.* Bielefeld.
Wulf, C. (2006). "Praxis". In J. Kreinath, J. Snoek & M. Stausberg (Hrsg.), *Theorizing Rituals. Issues, Topics, Approaches, Concepts* (S. 395–411). Leiden.
Wulf, C. (2013). *Anthropology. A Continental Perspective.* Chicago.
Wulf, C., Althans, B., Audehm, K., Bausch, C., Jörissen, B., Göhlich, M., Sting, S., Tervooren, A., Wagner-Willi, M., & Zirfas, J. (2001). *Das Soziale als Ritual. Zur performativen Bedeutung von Gemeinschaft.* Opladen.
Wulf, C., Althans, B., Audehm, K., Bausch, C., Jörissen, B., Göhlich, M., Mattig, R., Tervooren, A., Wagner-Willi, M., & Zirfas, J. (2004). *Bildung im Ritual. Schule, Familie, Jugend, Medien.* Wiesbaden.
Wulf, C., Althans, B., Audehm, K., Blaschke, G., Ferrin, N., Jörissen, B., Göhlich, M., Mattig, R., Schinkel, S., Tervooren, A., Wagner-Willi, M., & Zirfas, J. (2007). *Lernkulturen im Umbruch. Rituelle Praktiken in Schule, Medien, Familie und Jugend.* Wiesbaden.
Wulf, C., Althans, B., Audehm, K., Blaschke, G., Ferrin, N., Kellermann, I., Mattig, R., & Schinkel, S. (2011). *Die Geste in Erziehung, Bildung und Sozialisation. Ethnographische Feldstudien.* Wiesbaden.
Wulf, C., Göhlich, M., & Zirfas, J. (Hrsg.) (2001). *Grundlagen des Performativen. Eine Einführung in die Zusammenhänge von Sprache, Macht und Handeln.* Weinheim.
Wulf, C., & Zirfas, J. (Hrsg.) (2007). *Pädagogik des Performativen. Theorien, Methoden, Perspektiven.* Weinheim.

Die Entdeckung der Gegenstände der frühen Kindheit

Ursula Stenger

Zusammenfassung: Dieser Beitrag fächert zunächst theoretische Zugänge zu den Gegenständen der Kindheit auf und fragt, was der jeweilige Zugang für die Entdeckung der Gegenstände der frühen Kindheit bedeutet. Im zweiten Teil wird das Thema anhand einer phänomenologischen Analyse inhaltlich ausgearbeitet: Wohin führt die Entdeckung eines Mantels auf einem Bild im Museum die fünfjährige Lara? Die Dinge werden Wege zur Welt und die Dinge gebären Welt – beide Aspekte sind zentral, denn Kinder leben in je persönlich gestalteten und kulturell und sozial geformten Dingwelten.

Schlüsselwörter: Frühe Kindheit · Phänomenologie · Dinge · Dingwelten

The discovery of the objects of childhood

Abstract: This article begins by presenting a range of theoretical approaches to the objects of childhood and asks what each approach means for the discovery of the objects of early childhood. In the second part the subject is elaborated on the content level by means of a phenomenological analysis. Where does the discovery of a coat in a picture in a museum lead five-year-old Lara? Things become pathways to the world and things bring forth the world—both aspects are central, since children live in "thing worlds" that are both personally shaped and culturally and socially formed.

Keywords: Early childhood · Phenomenology · Things · Thing worlds

---

© Springer Fachmedien Wiesbaden 2013

Prof. Dr. U. Stenger (✉)
Humanwissenschaftliche Fakultät, Institut I für Bildungsphilosophie,
Anthropologie und Pädagogik der Lebensspanne, Universität zu Köln,
Innere Kanalstraße 15, 50823 Köln, Deutschland
E-Mail: ursula.stenger@uni-koeln.de

1 Einleitung und Vorstellung der Forschungsfrage

Der Titel suggeriert oder spielt mit dem Gedanken, dass die Gegenstände gewissermaßen vor uns ausgebreitet liegen und nur darauf harren entdeckt zu werden. Aber wie vollzieht sich diese Entdeckung der Gegenstände? Und: Was an den Gegenständen wird eigentlich „ent-deckt", wenn sie entdeckt werden? Ist die „Identität" eines Gegenstandes überhaupt zweifelsfrei feststellbar?

Dieser Beitrag macht es sich zum Ziel zunächst theoretische Zugänge aufzufächern und jeweils parallel dazu zu fragen, was der jeweilige Zugang für die Entdeckung der Gegenstände der frühen Kindheit bedeutet. Denn: Die Entdeckung *der* Gegenstände klingt eindeutiger, als es sich beim näheren Hinsehen erweisen wird.

Das Kind, das gerade laufen lernt und sich am Klavier festhaltend entlanghangelt und dabei durch den Druck seiner Hände einen Klang (oder auch Missklang) erzeugt, entdeckt das Instrument auf andere Weise als ein Musikhistoriker, ein Musikalienhändler oder ein Klaviervirtuose.

> Der Gegenstand ist nicht einfach ein und derselbe, er erweist sich als derselbe im Wechsel von Gegebenheits- und Intentionsweisen, in denen er aus der Nähe oder aus der Ferne, von dieser oder von jener Seite erschaut, in denen er wahrgenommen, erinnert, erwartet oder phantasiert, in denen er beurteilt, behandelt oder erstrebt, in denen er als wirklich behauptet, als möglich oder zweifelhaft hingestellt oder negiert wird. (Waldenfels 1992, S. 15)

Die Entdeckung der Gegenstände bedeutet nach einer hermeneutisch-phänomenologischen Interpretation etwas anderes, als nach einer psychologischen, psychoanalytischen oder kulturwissenschaftlichen. Was aber ergibt sich daraus für die pädagogische Aufgabe der Begleitung von jungen Kindern?

Im zweiten Teil des Beitrages soll anhand von phänomenologischen Analysen an einem Beispiel die Frage nach den Gegenständen der frühen Kindheit vertieft, erhellt und inhaltlich ausarbeitet werden, um zu erproben, welcher Ertrag sich für die Fragestellung der Entdeckung der Gegenstände der Kindheit ergeben könnte.

2 Theoretische Zugänge und jeweilige Konsequenzen für die Fragestellung

Als einen einschneidenden Wendepunkt im Bezug auf die Frage nach der Gegenständlichkeit kann Descartes Trennung des Subjekts als res cogitans vom Reich der Objekte, der Gegenständlichkeit und Körperlichkeit als res extensa angesehen werden. Die grundlegende Getrenntheit des Menschen von der Welt der Objekte führt die Frage nach sich, mit welchen (wissenschaftlichen) Mitteln wir von nun an die Welt der Objekte erfassen, beschreiben, verfügbar machen können. Mit Hartmut Böhme sollten wir daran denken:

> Es ist, weltgeschichtlich gesehen, eine durchaus späte Errungenschaft, dass die Dinge still und stumm <da> verharren, wo sie sind oder abgelegt wurden... Die Macht der Dinge, an die wir als Enkel der griechischen Aufklärung und Söhne der frühneuzeitlichen Technik und Wissenschaft nicht mehr glauben können, die Macht der Dinge (und Lebewesen) war die längste Zeit der Geschichte herrschend. Denn die Dinge <leben> auf die ihnen eigentümliche Weise. (Böhme 2006, S. 44)

Kinder haben diese Einteilung in der frühen Kindheit noch nicht vollzogen, sie müssen die Getrenntheit von Subjekt und Objekt noch konstituieren und damit das neuzeitliche Weltbild erst entwickeln. Doch welche Formen von Bezügen entwickeln sie zu den Dingen und wie sind diese Bezüge aufgrund unterschiedlicher Paradigmen deutbar und im Weiteren in pädagogische Handlungen transformierbar? Für die Entdeckung der Gegenstände der Kindheit entstehen jeweils sehr unterschiedliche Kontexte und Zugriffe, je nachdem welchem Paradigma man folgt. Im Folgenden sollen einige zentrale Zugänge kurz skizziert werden.

2.1 Die Dinge als Erfindungen/Schöpfungen des Subjekts: Psychologischer Konstruktivismus und Psychoanalyse

Entwicklungspsychologisch gesehen ist zunächst die Frage interessant, ab wann und wie Säuglinge Gegenstände von ihrer Umgebung unterscheiden können, bzw. sie kurzfristig abwesende Gegenstände suchen (Objektpermanenz) und im nächsten Schritt, ab wann und wie sie Gegenstände mental repräsentieren können. Während es zunächst also um ein visuelles und taktiles Abtasten, mit Piaget gesprochen ein sensomotorisches Erkunden und Verfolgen von Gegenständen geht, bedeutet der zweite Schritt auch schon, ein Bild, ein Wort, ein Symbol für einen Gegenstand zu entwickeln, bzw. ein kognitives Schema zu konstruieren, welches sich für das Zurechtkommen in dieser Umwelt als mehr oder weniger passend herausstellen kann. Gegenstände können nun benannt, über sie kann verhandelt werden, ohne dass sie sinnlich gegeben sein müssen. Ziel der entwicklungspsychologischen Beschäftigung mit Gegenständen in der frühen Kindheit ist das Verständnis der kognitiven Entwicklung, des Erwerbs einer Repräsentation, mit deren Hilfe Kategorien und Ordnungen von Gegenständen gebildet werden können. Dieser grundlegende Fokus bleibt auch in aktuelleren kritischen Weiterentwicklungen erhalten (vgl. Piaget 1992; Dornes 2003, S. 86–120; Gopnik u. a. 2003, S. 101–106; Sodian 2008, S. 436–448). Dingarrangements, Lernumgebungen und Aufgabenstellungen wären hier anzudenken, welche kognitive Konflikte auslösen und durch die neue Schemata gebildet werden können.

Die Bedeutung der Gegenstände für junge Kinder erschöpft sich jedoch nicht allein in ihrer Aufgabe der Anregung kognitiver Repräsentation. Insofern gilt es auch psychoanalytische Zugänge exemplarisch mit einzubeziehen.

Winnicott hat das Phänomen inniger Bezugnahme sehr junger Kinder zu ganz bestimmten Gegenständen beobachtet und versucht dies theoretisch zu fassen. Es geht um die zärtliche, geradezu „suchthafte Beziehung" (Winnicott 1995, S. 10) junger Kinder ab dem 4. Monat zu Gegenständen, die sie selbst gewählt haben und die sie innig pflegen. Das kann ein Schnuller sein, der Zipfel einer Bettdecke, ein Schmusekissen oder ähnliches. Mit Hilfe dieses Gegenstandes vermag das Kind sich selbst zu beruhigen oder zum Schlafen zu kommen. Das sogenannte Übergangsobjekt steht für die Mutter. Es repräsentiert sie und wirkt auch ebenso beruhigend wie sie (vgl. Winnicott 1995, S. 15). Übergangsobjekte sind in einem intermediären Raum für Erfahrungen angesiedelt (vgl. Winnicott 1995, S. 11). Dort erscheinen Innen und Außen nicht streng getrennt und der Gegenstand ist somit Teil sowohl der inneren als auch der äußeren Realität des Kindes. Durch die Beschäftigung mit ihm, z. B. das Saugen daran, können unter anderem Frustrationen besser ertragen und Ängste abgewehrt werden.

Der intermediäre Erfahrungsbereich entsteht in der weiteren Entwicklung des Kindes, das seine Übergangsobjekte nach und nach ablegt, nun auch, wenn das Kind und später der Erwachsene ins Spiel vertieft ist oder außergewöhnliche Erfahrungen im Bereich des kulturellen Erlebens hat (vgl. Winnicott 1995, S. 24 f.). Das Spiel findet nicht allein in der psychischen Realität des Kindes statt, denn es geht um handfeste Dinge wie Puppen, Traktoren, Autos etc., die in Szenen verwickelt werden.

In diesen Spielbereich bezieht das Kind Objekte und Phänomene aus der äußeren Realität ein und verwendet sie für Vorstellungen aus der inneren, persönlichen Realität. Das Kind lebt mit bestimmten, aus dem Inneren stammenden Traumpotentialen in einer selbst gewählten Szenerie von Fragmenten aus der äußeren Realität... (Winnicott 1995, S. 63)

Dieses Leben, das in dieser, mit und durch die Dinge gestalteten Realität seinen Ausgangspunkt in den Themen des Subjekts hat, braucht die Dinge, um seine innere Realität darstellen zu können. Die Dinge, mit denen der Mensch sich umgibt, erzählen etwas über ihn, sind nicht zufällig da. Sartre schreibt über die Dinge, von denen der Dichter Ponge spricht, sie „...sind erwählt; sie haben ihn seit vielen Jahren bewohnt, sie bevölkern ihn..." (Sartre 1978, S. 108) Der Mensch lebt aus und mit diesen Dingen, die zugleich außen und innen sind.

2.2 Die Vorgängigkeit der kulturell-sozialen Lebenswelt: Die pädagogische Aufgabe als Einführung in die Welt der Dinge (Zeigen)

Was um euch wohnt, das wohnt sich bald auch in uns ein. (Nietzsche 1980, S. 374)

Kinder werden ohne ihr eigenes Zutun in eine jeweilige Lebenswelt hineingeboren. Noch 1658, beim Erscheinen von Comenius „Orbis sensualium pictus", war dies die von Gott geschaffene Welt, die dem Knaben mittels des ersten didaktischen Text- und Bilderbuches nahegebracht werden konnte und sollte. Der Lehrer kündigt an und führt dann auch gleich aus:

„Ich will dich führen durch alle Dinge, ich will dir zeigen alles, ich will dir benennen alles." Und so folgen alle Dinge der Welt, – von Gott über die Elemente, Pflanzen und Tiere und schließlich den Menschen, die alle jeweils auf einer Seite in Bild und Text vorgeführt werden. Die Dinge erscheinen in der gottgewollten Ordnung und sollen so rezipiert werden. (Comenius 1978, S. 3)

Die Relativierung der einen Ordnung blieb nicht aus und wurde mannigfach beschrieben (z. B. durch Herder und Humboldt). Ich greife hier W. Dilthey heraus, der die sich geschichtlich wandelnde Welt, in der wir immer schon leben, durch ein geisteswissenschaftlich begründetes Verstehen zugänglich machen möchte. Von Beginn an lebt das Kind in einer je historisch – und kulturell – geformten Gemeinschaft, in der Sprache Diltheys ist es „eingetaucht in das Medium von Gemeinsamkeiten" (Dilthey 1981, S. 257). Die Formen des Zusammenlebens sind in den Lebensäußerungen der Gemeinschaft objektiviert, etwa auch in der Anordnung der Möbel, die dem Kind durch das Zusammenleben selbstverständlich geworden sind (vgl. ebd., S. 256 f.). Erst wenn Lebensäußerungen dem

Kind ferner sind (z. B. historisch ferner), ist es erforderlich, diese Bedeutungen aktiv verstehend nachzuvollziehen. Die Entdeckung der Gegenstände findet ihren Ursprung hier in der gemeinsamen Lebensform, die eine bestimmte Bedeutung, etwa der Anordnung der Stühle beim Essen, erzeugt. Das Ding erscheint dabei nicht als isoliertes Ding, sondern immer schon in einem Lebenszusammenhang, einem historischen Zusammenhang, von dem es seine Bedeutung erhält. Geerz macht dieses „Bedeutungsgewebe", das jedes Ding erst zu seinem Ding macht, über dichte Beschreibungen und hermeneutische Analysen zugänglich (Geertz 1983, S. 9).

Nicht primär historisch-kulturell, sondern gesellschaftlich ausdifferenziert sind die Lebensstile, die P. Bourdieu als Habitusformen untersucht, die sich aus sozial-ökonomischen Lebenslagen ergeben und jeweilige Praxisformen ausbilden. Praktiken, die einen Lebensstil repräsentieren, können beispielsweise sportlicher oder kultureller Natur sein. Dinge, mit denen man sich umgibt: Möbel, Bücher, Kleidung, Accessoires, aber auch Nahrungsmittel, die man konsumiert, fungieren hier als Unterscheidungsmerkmale eines bestimmten Geschmacks. „Der Geschmack, die Neigung und Fähigkeit zur (materiellen und/oder symbolischen) Aneignung einer bestimmten Klasse klassifizierter und klassifizierender Gegenstände und Praktiken, ist die Erzeugungsformel, die dem Lebensstil zugrunde liegt…" (Bourdieu 1987, S. 283). Die Dinge erhalten einen Ausdruckswert, indem sie Teil eines Lebensstils werden, den sie repräsentieren. In der Kindheit gilt es also über Praktiken Dinge in Zeichen umzuwandeln zu lernen und einen Stil auszubilden, über den man sich von anderen unterscheiden kann. Insofern können mit diesem Theoriekonzept hervorragend Analysen von etwa familiären Lebenswelten und Praktiken vorgenommen werden, in denen ein bestimmter Umgang mit bestimmten Dingen gepflegt wird, der von Kindern erworben wird (vgl. Krinninger und Müller 2012). Schwieriger hingegen ist die Frage, auf welche Weise diese (hartnäckigen) Habitusformen transformiert werden können. (Nohl entwickelt im Rückgriff auf das Konzept des symbolischen Interaktionismus und der Rollenübernahme von G.H. Mead eine ähnliche Argumentation, etwa indem er darauf verweist, dass Dinge „auch die Erwartungen der sozialen Gruppe, in der man lebt, verkörpern" (Nohl 2011, S. 161) und dann mit Mead beschreibt, wie Kinder in diese Dingwelten hineinwachsen (vgl. ebd. S. 137–167).

Angewendet auf die Frage nach der pädagogischen Aufgabe bedeutet die Entdeckung der Gegenstände in der frühen Kindheit in diesem Theoriekonzept, den Erwerb der jeweils „angesagten", also historisch-kulturell bzw. sozial korrekten Bedeutungen der Dinge. Mollenhauer kommt so zu einem Gedanken der Alphabetisierung von Bedeutungen (Mollenhauer 1990, S. 7–12) und für Prange wird das Zeigen zur Grundfigur pädagogischen Handelns (Prange 2005). Im didaktischen Dreieck weist der Erziehende auf etwas hin, das vom Lernenden rezipiert werden soll. Jedes Kind wird in eine je schon gestaltete Welt geborgen, in der die Dinge, je schon ausgelegte Bedeutungen haben, mit denen das Kind dann spielen und experimentieren kann. Die Seife isst man nicht, den Löffel mit Suppe führt man zum Mund.

2.3 Die Performanz der Dinge: Ereignishaftigkeit körperlich-materieller Inszenierungen

Auf die Problematik, dass Dinge nie nur eindeutige Funktionen und (kulturell-sozial-historisch) klar identifizierbare Bedeutungen haben, also auf die Krise der Repräsentation, antwortet die Theorie des Performativen von Wulf und Zirfas u. a., wie sie im Anschluss an Theorien von Austin, Goffman u. a. entwickelt wurde (vgl. Wulf und Zirfas 2007 und auch Zirfas in diesem Band). Aber um was geht es im Bezug auf unsere Frage der Entdeckung von Gegenständen in der frühen Kindheit im Blick des Performativen? Weder Subjekte noch Objekte, sprich: Gegenstände, mit fest zuschreibbaren (quasi vorhandenen) Bedeutungen können vorausgesetzt werden. Vielmehr stehen Ereignisse im Mittelpunkt, die in ihrem Vollzug erfasst werden sollen, in ihrem „in Szene setzen" als Interaktion zwischen Kindern und auch Gegenständen, mit einem Fokus auf den körperlich-mimetischen Vollzügen im Prozess, mit ihren Übergängen und liminalen Situationen. Pädagogische Situationen können so als kulturelle Aufführungen verstanden werden, die sich in jeweils eigenen Rhythmen räumlich situiert vollziehen, ereignishaft, geprägt durch die Co-Präsenz von Akteuren und Zuschauern, die häufig wechseln können. Die Körperlichkeit des sich Beziehens aufeinander, das Einbeziehen von Gegenständen und sich beziehen darauf, erzeugt eine je eigene Wirklichkeit, in der auch vermeintlich gleiche Gegenstände sehr unterschiedliche Bedeutungen annehmen können, die nur aus dem Nachvollzug der Aufführung erschlossen werden kann. (So kann zum Beispiel das Erklingen eines Gongs zur Stille ermahnen oder den Nikolaus ankündigen). Auf diese Weise entsteht ein neuer Blick auf pädagogische Situationen als körperlich-kulturelle Aufführungen, der sehr gewinnbringend erscheint. Die Nähe der Rezeption pädagogischer Situationen zu theatralen Ereignissen (vgl. auch Fischer-Lichte 2012) deutet aber möglicherweise auch eine Grenze an. Denn:

> In der pädagogischen Performativität geht es weniger darum, was eine Handlung bedeutet, von welchen Intentionen, Hoffnungen oder Befürchtungen sie begleitet ist, noch darum, was eine Handlung *eigentlich* ist, als vielmehr darum, was sie zeigt, wie sie sich vollzieht, wie sie in die Wirklichkeit eingreift und diese verändert und welche Spuren und Konsequenzen sie hinterlässt (Wulf und Zirfas 2007, S. 31).

Die Performativität pädagogischer Situationen wird hier analog der von Theateraufführungen als kulturelle Aufführung betrachtet und analysiert. Dabei bleibt jedoch die Frage offen, was der Sinn der Aufführung für die Kinder selbst zu sein vermag. Forschungsmethodisch müsste man hier ergänzend Kinder selbst befragen. Was aber wenn die zu jung zum Antworten sind? Darf man ihre Perspektive dann außer Acht lassen? Diese Frage nach dem Sinn der Handlung für die Kinder selbst ist aber im pädagogischen Kontext entscheidend. Sie könnte einbezogen werden, wenn durch die Analyse, Gesichtspunkte sichtbar und verstehbar werden könnten, die den Leser in die Lage versetzen könnten, selbst in diese oder eine vergleichbare Situation einzutreten. Hier geht es also um den Übergang einer wissenschaftlichen Analyse in ein mögliches pädagogisches Handeln, das immer auf die Antizipation der Perspektive der Anderen angewiesen ist, auch wenn diese Annahme ergebnisoffen strukturiert und Andere nicht vereinnahmen sollte.

Pädagogisch zu arbeiten ist nur möglich, indem das riskante und rasche Interpretieren des Sinnfadens gewagt wird, an dem Kinder spinnen, wenn sie einen Gegenstand für sich entdecken (einen Sack als Nikolaussack). Pädagogisch handeln könnte bedeuten, an diesem Sinnfaden anzuknüpfen, ihn aufzufangen, weiterzuspinnen und wieder zurückzugeben. Dafür aber muss die Frage gestellt werden, wie eine pädagogische Situation auch für die Involvierten konstituiert und gedeutet wird.

3 Phänomenologische Zugänge zu den Gegenständen: Konstitution von Ding und Welt

Es ist das Verdienst Husserls, mit seinem Ansatz der Intentionalität den korrelativen Bezug von Gegenständlichkeit und jeweilig zugehöriger Form von Bewusstsein herausgearbeitet zu haben. „Sachen treten nur in Erscheinung, wenn sie von den Erlebnisakten des Bewusstseins als Phänomene intendiert werden." (Lippitz 2003, S. 19)

Während der Kuchenteig für das 2-Jährige Kind eine Knetmasse darstellt, ist er für den Bäcker ein Arbeitsmaterial und ein Zwischenstadium im Backvorgang. Beide interpretieren den Teig jedoch nicht nur anders, sie behandeln ihn auch anders. Auf der einen Seite rein ins gegenwärtiges Spiel versunken ohne Sorge um Verunreinigungen – und auf der anderen Seite mit erwartungsvollem Blick auf das anstehende Ergebnis. Die Verflechtung der jeweiligen Dingwelt mit dem jeweiligen Wahrnehmungshorizont, der Bewusstseinsform, die dafür entwickelt sein muss, kann jedoch nur erkennbar werden, wenn man durch die Epoché das für selbstverständlich Nehmen der jeweiligen Bewusstseinsform und zugehörigen Form von Gegenständlichkeit einklammert (vgl. dazu auch Böhme 2006, S. 58–63, sowie Husserl 1985). Für die gestellte Frage der Entdeckung von Gegenständen in der frühen Kindheit würde das bedeuten, Formen von Gegenständlichkeit als Auffassungsformen zu entwickeln, durch die Gegenstände korrelativ zur Erscheinung kommen können.

Während Husserl die Mannigfaltigkeit möglicher Formen von Gegenständlichkeit als Bewusstseinsformen im Blick hat, radikalisiert Merleau-Ponty Husserls Gedanken der Verflechtung, indem er die Unterscheidung von Bewusstsein und Objekt, die er selbst noch in der Phänomenologie der Wahrnehmung zugrunde gelegt hat, aufgibt und die Frage nach den Voraussetzungen dieses Objekts als Ereignis bestimmt (vgl. Merleau-Ponty 1994; Boehm 1986). Das Ereignis besteht in einer Berührung und zugleich einem Berührt-werden, ein Außer-Sich-Sein als eine Erfahrung des Eindringens der Dinge in einen selbst, der Teilnahme an ihnen und der Koexistenz mit ihnen (vgl. Merleau-Ponty 1994, S. 179–183). Hartmut Böhme beschreibt phänomenologisch genau dieses Über-Sich-Hinaus-Sein in einem anderen Kontext am Beispiel des Radfahrers, der das Flattern des Reifens spürt (2006, S. 80), oder des Stabhochspringers, der den Sprung abbricht, weil er im Spüren der Biegung des Stabes das Misslingen ahnt (Böhme 2006, S. 81): „dass man sich wahrnehmend <da> erlebt, wo das Wahrgenommene ist (während man sich zugleich inne ist, <hier> zu sein)." (Böhme 2006, S. 80) Dies nennt Böhme die Ausdehnung des Ichs auf seine Objekte in Handlungsvollzügen (vgl. ebd.). Merleau-Ponty interessiert sich eben für die Prozesse der Konstitution derartigen Eingenommen-Seins des Sehenden durch das Gesehene (Merleau-Ponty 1994, S. 183), denn nicht immer sind wir in dieser Weise wahrnehmend und spürend. Sobald wir uns wieder frontal der Welt gegenüber sehen, verzichten wir auf diese Art der Erkenntnis, die ereignishaft entsteht:

> Diese Konzentration von Sichtbarem um ein einzelnes Sichtbares herum oder dieses Versprühen der Körpermasse unter die Dinge, was dazu führt, dass eine bestimmte Vibration meiner Haut zum Glatten oder Rauhen wird, dass ich *mit den Augen* den Bewegungen und Umrissen der Dinge selbst *folge*, diese magische Beziehung, dieses Bündnis zwischen den Dingen und mir, das darin besteht, dass ich ihnen meinen Leib leihe, damit sie sich in ihn einschreiben und mir ihre Ähnlichkeit vermitteln, diese Falte, dieses zentrale Höhlung im Sichtbaren, die mein Sehen ausmacht.... (Merleau-Ponty 1994, S. 191)

Dieses Leihen des Leibes ist als eine Art „leibhaftiger Erfassung" (Merleau-Ponty 1994, S. 193) zu verstehen (die Merlau-Ponty [ebd.] als Fleischwerdung bezeichnet), als ein Sehend werden, das die Gegenstände nicht überfliegt, sie nicht mit Hilfe bereits vorhanden Wissens betrachtet und einordnet, sondern das träge ist, gebunden, verflochten und zugewandt. Diese leibhaftige Erfahrung kann trotz ihrer schweren Fassbarkeit sehr gut dem Verständnis dienen, wie sehr junge Kinder mit den Dingen umgehen, wie sie sie betasten und erspüren, wie sie einen Stiel vorsichtig dehnen, ohne ihn brechen zu wollen, wie sie die Konsistenz ihres Breis durch die Finger laufend fassen wollen oder wie sie einen winzigen Finger in den Wasserstrahl halten und die Veränderung des Schwalls mit einem Jauchzen begleiten, wie sie eine Blüte in sich aufnehmen und selbst dieses Blühen in ihrem Antlitz wie eine langsame Welle entfalten, wie sie gespannt an einer Osterglocke horchen und den Rand eines Teppichbodens betasten, um ihn ganz in sich aufzunehmen als Schwelle, an der das kleine Auto in der Hand, jedes Mal scheitert. Der Leib als „Maßstab der Dinge" (Merleau-Ponty 1994, S. 199) vermisst die Welt auf eine andere Weise als dies in naturwissenschaftlichen Experimenten der Fall ist, die jene Distanz voraussetzen, ohne deren Aufhebung hier keine Erkenntnis „geschieht". Lippitz stellt heraus, dass für Merleau-Ponty „…jedes soziale Handeln und jede soziale Erfahrung nicht im einzelnen Menschen ein einpoliges Aktzentrum hat, von dem allein aus die Initiativen ausgehen und auf das hin die Wirkungen zurücklaufen und kalkulierbar werden" (Lippitz 2003, S. 23). Laterale Verflechtungen erst führen zu Erfahrung, Handlung, Erkenntnis.

Rombach treibt nun diese von Husserl, Heidegger und Merleau–Ponty entwickelten Ideen noch weiter, indem er konkreter auf die Prozesse eingeht sowie die Konsequenzen stärker ausarbeitet. Auch im Zentrum von Rombachs Denken stehen Ereignisse, in denen Dinge, Welt und Mensch sich jeweils neu konstituieren. Er nennt diese Phänomene hermetisch oder konkreativ, um deutlich zu machen, dass Kreativität nicht auf den Menschen in seiner Subjektivität rückführbar ist (Rombach 1994, S. 13).

> Das hermetische Phänomen besteht ja darin, dass etwas tätig wird, was nicht im Menschen aber auch nicht in irgendwelchen Dingen steckt, sondern gleichsam > zwischen > Mensch und Ding hervorgeht, bzw. als Konkreativität das ursprüngliche Geschehen ist, aus dem sich erst später in Phasen der Entspannung Mensch und Ding < ergeben > (Rombach 1991, S. 103)

Dieses Geschehen ist ein Ereignis, in dem der Mensch sich als Mensch und die Dinge als Dinge erst neu findet (Rombach 1991, S. 97), indem ein Prozess entsteht, in dem es dem Menschen jenseits aller Erwartungen gelingt, „…vorgegebene Möglichkeiten der ihn umgebenden Wirklichkeit so anzugehen, dass daraus höhere Möglichkeiten entspringen." (Rombach 1991, S. 52) In Absetzung zur Hermeneutik macht Rombach deutlich, dass es sich hierbei nicht nur um die Eröffnung eines neuen Horizontes oder einer neuen Sichtweise/Erkenntnis handelt, sondern um die Verwandlung des Menschen, um die Entstehung von Wirklichkeit (vgl. Rombach 1991, S. 93–105).

> Der Gegenstand der hermetischen Erfahrung ist immer eine ganze <Welt>. Es werden nicht einzelne Gegenstände und Gegenstandszusammenhänge auf dem Hintergrund einer unausdrücklichen und nur ganz allgemein vorgestellten <Welt> erfahren, sondern alle Dinge und Sachverhalte scheinen so auf, dass an ihnen eine

charakteristische, konkrete und sehr bestimmende *Welt* erfahren wird…. Diese…. macht den eigentlichen Inhalt, ja das Erfüllende, Tragende, Beschwingende <Beschwingende> der Erfahrung aus. (Rombach 1991, S. 34)

In dieser Welt erhalten ganz bestimmte Dinge einen besonderen, erfüllenden Sinn, andere sind randständig. Die Dinge können jenseits der schöpferischen Strukturierungen in bloß vorhandene Dinge zerfallen, in sentimentale Erinnerungsstücke, die irgendwann in den Keller und ganz am Ende dann in den Müll wandern. Der Mensch hat mit den meisten Dingen „nichts zu tun" (Rombach 1994, S. 151), wenn sie nicht mehr Teil seiner Selbst- und Weltkonstitution sind, sondern nur noch Relikte einer abgeschlossenen Vergangenheit. Auch der Beruf, ja das ganze Lebensumfeld kann u. U. so sein, dass der Mensch seine Tätigkeit nicht als Selbstkonstitution erfährt und die Dinge ihm äußerlich bleiben. Rombach sieht dies allein nicht negativ, da auch der Zerfall eine notwendige Phase des Lebens darstellt, aus der der Mensch sich wieder neu gewinnen, sich selbst und die Welt, in der er lebt, neu generieren kann und muss (vgl. Rombach 1994, S. 153). Das ist auch durch Kleinigkeiten möglich, die die als gegeben erscheinenden Bedingungen so überformen, dass sie nun als je eigene erfahren werden.

Ein Beispiel: Milan (2 Jahre) spielt vor dem Frühstück mit einem Mann (Playmobil), den er Bauer nennt, der aber keine spezifischen Attribute aufweist und mit einem Traktor mit Hänger, in den er fiktives Heu ein und auslädt, den er abkoppelt und wieder mit dem Traktor verbindet. Er ist vertieft in sein Spiel, als der Gong zum Frühstück ertönt, weiß aber genau, dass man zum Frühstückstisch keine Spielsachen mitbringen darf. Er greift sich den Mann und spricht mit klagender Stimme: „ Der Bauer, der Bauer, der Bauer". Die Erzieherin realisiert sein Problem, erlaubt ihm aber nicht, den Bauern zu sich zu nehmen, sondern setzt ihn in die Mitte des Tisches, an dem nun 10 weitere Kinder im Alter von 1–3 Jahren Platz nehmen. Sie berichtet nun den anderen Kindern mit gewichtiger und geheimnisvoll anmutender Stimme, dass dieser Bauer ganz schwer gearbeitet habe und schildert seine Tätigkeit auf dem Feld, beim Füttern der Tiere und dem Einladen des Heus mit dem Traktor ausführlich. Milan entspannt sich. Nun stimmt die Erzieherin das Lied: „Im Märzen der Bauer…" an und reicht dann im Übergang zum gemeinsamen Frühstück dem Bauern ein Stück Banane, da er nach seiner schweren Arbeit gewiss großen Hunger habe und regt an, dass alle „Bauern-Kinder", die auch schwer gearbeitet haben, jetzt ein kräftiges Frühstück genießen dürfen. Milan greift frohgemut beherzt zu. (Beispiel aus einem Forschungsprojekt von mir, vgl. auch Punkt 4)

Milan begeistert sich für alle größeren Fahrzeuge, Traktoren, auch Baumaschinen und ähnliches. Er hat sie für sich entdeckt und lebt sich in seinem Spiel ein, das heißt in die Welt einer maschinengestützten Arbeit, die den Figuren eine spezifische Energie und Kraft zufließen lässt. Den Bauern, der für ihn diese Welt verkörpert, kann er nicht zurücklassen. Ohne ihn ist er nicht bereit zum Frühstück zu gehen. Die Logik des Spiels kollidiert mit der des gemeinsamen Frühstücks. Die Erzieherin schafft es, Milans ursprünglich allein im Spiel entwickelte Welt mit den dazu gehörigen Dingen und Praktiken, vor den Augen der anderen Kinder entstehen zu lassen, und dies allein durch die Figur des Bauers, durch ihre Erzählungen und das Lied. Für Milan ist dies eine wunderbare Erfahrung, da seine

Entdeckung nun von der ganzen Gruppe durch die Vermittlung der Erzieherin geteilt werden kann. Jetzt können auch die anderen in seine Welt eintreten und sich mit ihm sich darin bewegen. Es geht hier nicht nur um das Verstehen der bäuerlichen Tätigkeit, nicht nur um ein Wissen, sondern um das Eintreten in diese Welt. Die Besonderheit der frühen Kindheit wäre in dieser Sichtweise darin zu sehen, dass sie durch viele solcher Entdeckungen geprägt ist, dass die Dinge dieser Welt, die in diesem Augenblick noch das Leben bedeuten, schon in einer Stunde in der Ecke liegen können, wenn neue Welten geschaffen und neue Formen von menschlicher Identität erprobt werden.

4 Dimensionen der Entdeckung der Gegenstände in der frühen Kindheit: Die Entdeckung des Mantels – oder „Wir wollen aber die Maria SEIN"

Auf der einen Seite kann man von der Vertrautheit von Kindern mit den Gegenständen, die sie umgeben, ausgehen. Sie kennen sie aus einem gemeinsamen Handlungsvollzug heraus, an dem sie von Beginn an, mit unterschiedlichen Graden der aktiven Teilhabe, teilnehmen. Doch sind ihnen auf der anderen Seite die Dinge noch unbekannt, sie kennen die vielen Schichten von Bedeutungen (historisch-kulturell-sozial), die sie von weither transportieren, noch nicht, und erobern sich erst nach und nach die Funktionalität, etwa indem sie selbst versuchen, einen Mantel anzuziehen. Langeveld nennt die Dinge „vertraut–unbekannt" (Langeveld 1968, S. 148). In der frühen Kindheit sind Situationen besonders wichtig, in denen Kinder sich gemeinsam mit Erwachsenen oder anderen Kindern auf Gegenstände beziehen und deren Haltungen, Wertungen und Sichtweisen kennenlernen. Je jünger die Kinder sind, so hat eine Studie von Stenger und Krebs (2011) ergeben, desto häufiger sind es Gegenstände, auf die sich ihr gemeinsames Spiel bezieht.

Die Beispiele im Folgenden entstammen einem Langzeitprojekt von mir mit einer sehr offenen Fragestellung zu Bildungsprozessen von Kindern in Kindertageseinrichtungen. Ich habe für vier Jahre in einer Krippe und sieben Jahre lang in einer Kindertageseinrichtung für Kinder im Alter von 2–10 Jahren an einem Vormittag pro Woche nebentätig gearbeitet, sodass ich eine ganze Gruppe von Kindern über fast 10 Jahre verfolgen konnte. Von Anfang an habe ich kontinuierlich meine eigene Arbeit mit den Kindergruppen, aber auch andere Situationen videografiert, sowie Prozesse fotografisch und schriftlich in einem Forschungstagebuch dokumentiert. Bereits während der Arbeit habe ich bei der Gestaltung von sehr unterschiedlichen Settings und Situationen häufig einen doppelten Blick entwickelt: Einerseits interessiert an der Gestaltung der Gesamtsituation, an der ich selbst aktiv teilgenommen habe, andererseits mit einem befremdeten Blick, der diese Gestaltung aus der Distanz eigens zum Thema gemacht und unter wechselnden Forschungsfragen betrachtet hat. Insbesondere durch das Videomaterial kann sichergestellt werden, dass Situationen tatsächlich immer wieder neu befragt werden, ergänzt durch die übrigen Materialien sowie den kontinuierlichen Austausch mit wissenschaftlichen MitarbeiterInnen und KollegInnen im Sinne einer kommunikativen Validierung. In kurzen Skizzen sollen eher narrativ – phänomenologisch mögliche Interpretationsgesichtspunkte angedeutet werden. Auf diese Weise kann die Vielfalt der Gegenstandsbezüge deutlicher werden, als dies bei der Analyse einer einzigen Szene der Fall wäre. Die Arbeit mit einzelnen Beispielen ist die zentrale phänomenologische Methode der Erschließung von empirischem Material, da so der jeweilige Gesamtsinn herausgearbeitet werden kann, der innere Aufbau der Szene (vgl. Husserl 1985).

Aus dem gesamten Material habe ich einzelne Szenen ausgesucht, die in exemplarischer Weise die Entdeckung von Gegenständen in der frühen Kindheit zum Thema haben. Dadurch, dass Sie sich auf ein vermeintlich ähnliches Thema beziehen, lassen sie unterschiedliche Aspekte sichtbar werden lassen.

> Als Lara zwei Jahre alt ist und bereits seit einem Jahr die Krippe besucht, möchte sie SELBST ihren Mantel anziehen. Sie hält ihn vor sich hin, beide Ärmel strecken sich ihr entgegen und sie findet keinen Eingang. Ablegen und neu aufnehmen, jetzt findet sie ein Armloch, aber da kommt sie nicht hinein, wenn sie den Mantel mit beiden Händen vor sich hinstreckt. Also eine Hand loslassen, aber da ist der Eingang zum Ärmel auch schon wieder nach unten gerutscht. Also neu aufnehmen – immer und immer wieder, bis der Versuch endlich glückt, einen Arm in einen freien Ärmel zu stecken, – aber wo ist der Eingang für den zweiten Arm hin?...
> Ich kürze hier meine Beobachtung ab mit der Frage, wie viele Versuche wohl nötig sind, um einen Mantel so flüssig selbst anziehen zu können, dass man auch hinter dem Rücken in den zweiten Ärmel problemlos hinein findet.

In jeder Lebensphase wird das Ding „Mantel" auf unterschiedliche Weise entdeckt und genutzt: Zunächst wohlig seine Wärme spürend ohne ein Wissen, was ein Mantel ist. Dann folgt der Ehrgeiz, die Funktion beherrschen zu wollen. Die Entdeckung ist hier mit Piaget gut nachvollziehbar als Entwicklung motorischer Schemata, als Angleichung an die bestehende Realität, die die Form des Mantels nun einmal darstellt. Dazwischen liegen Phasen der Entdeckung, des Berührens und Spürens, auch des Dekontextualisierens und der Fremdnutzung als Decke oder Umhang.

> Ebenfalls im 2. und 3. Lebensjahr liegen sprachliche Auseinandersetzungen, ob der Mantel angezogen werden kann/soll/darf/muss, abhängig davon ob es gerade kalt ist. Eine rote Jacke wird nun als schöner empfunden als der lange Mantel.

Eigene Sichtweisen streiten mit Gesichtspunkten von Erziehungsberechtigten, die an Kälte und gefährdete Gesundheit, und nicht an Schönheit denken wollen. Hier nun lassen sich Entwicklungsschritte beobachten, eigene Perspektiven abzugrenzen, andere anzuerkennen in performativen Inszenierungen über die Gewichtung von unterschiedlichen Aspekten, die sich in Bezug auf den vermeintlich selben Gegenstand anlegen lassen. Macht und Deutungshoheit spielen hier eine Rolle.

> Lara ist nun vier Jahre alt und liebt es, mit jeweils einer ihrer Freundinnen die Kleidungsstücke und Tücher aus der Verkleidungskiste der Kita vor dem Spiegel durchzuprobieren. Lange, kostbar erscheinende Tücher werden als Mäntel von Königinnen umgelegt, die aber immer wieder verrutschen (Tücke des Gegenstandes) und so immer wieder neue, andere Rollen nahelegen, die dem optischen Eindruck, den die beiden von sich im Spiegel gewinnen eher nahekommen.

Spontane Wechsel der Szenerien, reagieren auf Ding-Eigenschaften, die in Geschichten übersetzt und immer komplexer ausgebaut werden. Accessoires spielen eine Rolle, in protzigen Goldpumps geht es sich anders als in Gummistiefeln: Körperhaltung, Stimme und Gestik, Mimik und Bewegungsform ergeben sich aus den entstehenden Thematiken und werden im Blick der jeweils anderen auf sie bezogen und auf sie antwortend entwickelt.¹

Lara ist nun fünf Jahre alt und Teil einer Gruppe von fünf Kindern im Alter von 2–6 Jahren, mit denen ich ein nah gelegenes Museum besuche, in dem Gemälde aus dem 15.-17. Jahrhundert zu sehen sind. Viele von den Gemälden haben religiöse Themen. Für mich überraschend, sind diese Bilder für alle Kinder von größtem Interesse. Lara und ihre 4-jährige Freundin Anna sind vor allem von mehreren Gemälden, auf denen Maria in unterschiedlichen Konstellationen zu sehen ist, fasziniert. Es gibt Bilder nur mit dem Jesuskind, aber auch ein Gemälde, auf dem sie als Schutzmantelmadonna zu sehen ist. Anna, fokussiert auf die proportional sehr klein dargestellten Figuren vor dem Mantel, die „beschützt werden", denen „nichts passieren kann", die dort „sicher stehen" wie sie sagt. Lara ist viel stärker fasziniert von der Figur der Maria, die ihre Arme ganz weit ausbreitet und den Mantel dadurch aufspannt, um „alle, wirklich alle" beschützen zu können.

Anschließend an einem anderen Tag in der Kita bekommen die Kinder Gelegenheit, ähnliche Gemälde in einem Katalog noch ein Mal zu betrachten. Danach können sie eigene Bilder malen, in denen sie die Möglichkeit haben Motive aufzugreifen, mit denen sie sich zuvor befasst haben. Die Kinder kennen das Arbeitsformat aus früheren Gelegenheiten. Als Lara die A3 Papierbögen zum Malen sieht, ist sie empört: „Wir möchten die Maria machen bei uns selber! Wir wollen die Maria SEIN! Wir brauchen nur 'ne Krone und 'nen Mantel wie die des hatte und wie sie des Baby im Arm haben – mehr nicht."² Und Anna ergänzt: „Da müssen wir nur 'ne Krone haben, die wir dann basteln, die Krone geht leicht, das stell' ich mir schon vor wie die aussieht." Für den Mantel schlage ich ihnen die Verkleidungskiste vor. Wieder antwortet Lara sehr empört lautstark: „Nein, des geht net!" Sie finden ein glänzendes blaues Geschenkpapier, aus dem sie den Mantel fertigen wollen, das sich aber als zu klein erweist. So schlage ich Ihnen vor, zwei große weiße Plakate zu nehmen und diese mit Cromarfarben zu bemalen, da es „leuchtend" sein soll.- „Aus kostbarem Papier, aus silbernem und goldenem Papier" entstehen dann zwei Kronen und anschließend die beiden Seiten des Mantels. Hier malt jeweils Lara ihre Plakate zuerst an. Die jüngere Anna beobachtet sie genau, um dann jeweils das gleiche Motiv, aber freier und flächendeckender weiterzuentwickeln. Die Abschlussinszenierung gestalten sie so: Zuerst setzten beide die Kronen auf, dann streckt zunächst Lara ihre Vorderseite mit weit ausgebreiteten Armen vor ihren Körper, – ein kurzes Innehalten: „Da können alle, alle beschützt werden!", danach folgt die Inszenierung von Anna, auch die wird allein von Lara betrachtet – ganz ohne Spiegel.

Wie wird hier nun der an sich bekannte Gegenstand des Mantels von den beiden Mädchen entdeckt? Die Mädchen gehen durch die Ausstellung und suchen sich das Thema der Schutzmantelmadonna aus. Sie sind an dem gleichen Thema interessiert, das sie auf unterschiedliche Weise fasziniert. Anna, die aus einer Familie kommt, die regelmäßig katholische Gottesdienste besucht, fokussiert auf die kleinen Figuren, identifiziert sich eher mit ihnen und blickt aus deren Sicht bewundernd zur schützenden Maria auf. Sie greift in ihrer Rede auf Fragmente aus einem Marienlied zurück („Maria breit den Mantel aus"), ohne dies jedoch zu benennen. Dagegen macht Lara, die weniger religiös sozialisiert ist, von Beginn an die Figur der Maria und die Geste des Ausbreitens des Mantels, das Schutz-Spenden und die Fürsorge für Andere für sich selbst zum zentralen Thema. Für Anna ist dieser Blickwinkel im Museum noch eher überraschend, ja fast unangemessen. Sie wagt sich jedoch vor und schließt sich Lara an, Maria SEIN zu wollen.[3] Dinge wie der Mantel Mariens, die ihnen nicht haptisch, sondern nur im Museum bildlich zugänglich sind, führen die beiden in die Welt religiöser Deutungen, in die Welt der Vergangenheit und die Frage, was diese Vergangenheit ihnen für Anstöße geben kann. Sie lösen diese Frage eigenwillig und nicht hermeneutisch, denn es geht wie Rombach (1991, S. 83–92 und 1994, S. 15–24) in Abgrenzung zur Hermeneutik richtig bemerkt, nicht nur um einen neuen Horizont, sondern um eine neue Seinsweise; wie Lara so vehement betont: Es geht nicht um die Darstellung von Maria, sondern darum, Maria zu SEIN. Ihr Anliegen ist folgerichtig, diesen Mantel zu materialisieren, selbst herzustellen, ins Leben zu rufen. Sie wollen ihn von seinem Bild-Dasein auf der Leinwand herab holen, zu sich holen in ihr eigenes Leben. Wenn man Maria sein will, kann man nicht auf eine Verkleidungskiste zurückgreifen, die nur (profane) Kostüme enthält, die beide schon für sich ausprobiert und entdeckt haben. Marias Mantel muss einmalig sein, er muss neu geschaffen werden. Für ihn kann nicht auf Bestehendes zurückgegriffen werden.

Der Mantel ist jetzt nicht mehr ein Gebrauchsgegenstand, auch nicht mehr nur schön und kostbar anzusehen, sondern wird als Symbol für eine durch das Ding zu materialisierende Geste kulturell codiert. Diese Codierung wird jedoch nicht nur rezipiert, sondern umgehend für die Materialisierung einer selbst gewünschten Selbst-Inszenierung aufgegriffen. So wollen sie sich sehen und so wollen sie gesehen werden. Dies wird auch in der Schlichtheit und Ernsthaftigkeit ihrer Abschlussinszenierung deutlich.

5 Fazit

Die Gegenstände in der frühen Kindheit zu entdecken bedeutet, Schicht für Schicht Neues zu entdecken, Altes wieder zu verwerfen, Zusammenhänge zu dekontextualisieren, neue Welten und Bilder zu entwickeln und dabei Leiberfahrungen einzubeziehen. Es bedeutet auch, von den Dingen ansprechen, herausfordern, verunsichern und verführen zu lassen sowie von ihnen etwas über die Welt und auch über sich selbst zu lernen. Mit Michael Parmentier ginge es darum, mögliche Bedeutungen der Dinge als historische und als Kontext-Phänomene erschließen zu können. Museen könnten in diesem Zusammenhang „Labore zur Erforschung der Dingbedeutungen und -bedeutungspotentiale" werden (Parmentier 2001, S. 48). Die Dinge führen uns zur Welt und die Dinge gebären Welt – beide Aspekte sind zentral, denn Kinder leben in je persönlich gestalteten und kulturell und sozial geformten Dingwelten. Dem Appell der Dinge zu folgen, wie dies von Langeveld (1968) und Stieve (2008, 2010) beschrieben worden ist, braucht jedoch auch den fruchtbaren Moment, in dem daraus ein Ereignis entstehen kann.

Erziehungskunst würde in diesem Zusammenhang bedeuten, die konkreativen Schöpfungen der Kinder wahrzunehmen, aufzugreifen und mit ihnen in die gemeinsam hervorgebrachten Welten einzutreten. Die Entwicklung von Wissen und von spezifischen Fähigkeiten bleibt in der frühen Kindheit an die Sinnentstehung von Ding und Welt gebunden. Das ist eine Erkenntnis, die auch die psychoanalytisch inspirierte Pädagogik (aus anderen Gründen) teilt, wenn sie etwa mit Bittner die große Bedeutung der Fantasie in der frühen Kindheit herausstellt (vgl. Bittner 1996, S. 155–162). In der frühen Kindheit entdecken Kinder die Gegenstände, aber sie entdecken auch, dass sich diese Gegenstände ebenso im Fluss befinden, wie sie selbst.

Anmerkungen

1 Vielleicht ließen sich diese Phänomene im Lichte der Akteur – Netzwerk Theorie Latours (2007) sowie ihrer Weiterentwicklungen (vgl. Mathar 2012; Sørensen 2012) als Mensch-Ding Hybride deuten, in denen sich Menschen und Dinge zu Netzwerken verflechten und als solche agieren. Dinge wie hier die Goldpumps wären als Aktanten eines performativen Geschehens zu interpretieren.

2 Dies und die folgenden Zitate sind aus der Videoaufzeichnung transkribiert.

3 Mit Judith Butler könnte man hier die Gender-Thematik vertiefen, worauf ich hier nur verweisen möchte, ohne darauf tiefer einzugehen.

Literatur

Bittner, G. (1996). *Kinder in die Welt, die Welt in die Kinder setzen. Eine Einführung in die pädagogische Aufgabe.* Stuttgart: Kohlhammer.
Boehm, G. (1986). Der stumme Logos. In A. Métraux (Hrsg.), *Leibhaftige Vernunft, Spuren von Merleau-Pontys Denken* (S. 289–304). München: Fink.
Böhme, H. (2006). *Fetischismus und Kultur. Eine andere Theorie der Moderne* (2. Aufl.). Hamburg: Rowohlt.
Comenius, J. A. (1978). *Orbis sensualium pictus. Hoc est: Omnium fundamentalium in mondo rerum, & in vita actionum, Pictura & Nomenclatura. Die sichtbare Welt.* Dortmund: Harenberg Kommunikation.
Dilthey, W. (1990). *Der Aufbau der geschichtlichen Welt in den Geisteswissenschaften.* Frankfurt a. M.: Suhrkamp.
Dornes, M. (2003). *Die frühe Kindheit, Entwicklungspsychologie der ersten Lebensjahre* (7. Aufl.). Frankfurt a. M.: Fischer.
Fischer-Lichte, E. (2012). *Performativität. Eine Einführung.* Bielefeld: Transcript.
Funder, A. (2009). Zur Bedeutung von Übergangsobjekten als Trennungshilfe für Kinder in Kinderkrippen und Kindergärten. *Zeitschrift für Individualpsychologie 34*(4), 432–459.
Geertz, C. (1983). *Dichte Beschreibung.* Frankfurt a. M.: Suhrkamp.
Gopnik, A., Kuhl, P., & Meltzoff, A. (2003). *Forschergeist in Windeln – wie Ihr Kind die Welt begreift.* München: Piper.
Husserl, E. (1985). *Die phänomenologische Methode. Ausgewählte Texte I.* Stuttgart: Reclam.
Langeveld, M. J. (1968). Das Ding in der Welt des Kindes. In O. F. Bollnow, W. Flitner, & A. Nitschke (Hrsg.), *Studien zur Anthropologie des Kindes* (3. Aufl., S. 142–157). Tübingen: Max Niemeyer.
Latour, B. (2007). *Eine neue Soziologie für eine neue Gesellschaft. Einführung in die Akteur-Netzwerk-Theorie.* Frankfurt a. M.: Suhrkamp.
Lippitz, W. (2003). *Differenz und Fremdheit. Phänomenologische Studien in der Erziehungswissenschaft.* Frankfurt a. M.: Peter Lang.

Mathar, T. (2012). Akteur-Netzwerk Theorie. In S. Beck, J. Niewöhner, & E. Sørensen (Hrsg.), *Science and Techology Studies. Eine sozialanthropologische Einführung* (S. 173–190). Bielefeld: Transcript.
Merleau-Ponty, M. (1994). *Das Sichtbare und das Unsichtbare*. München: Fink.
Mollenhauer, K. (1990). Die vergessene Dimension des Ästhetischen in der Eriehungs- und Bildungstheorie. In D. Lenzen (Hrsg.), *Kunst und Pädagogik* (S. 3–17). Darmstadt: WBG.
Nietzsche, F. (1980). *Sämtliche Werke. Kritische Studienausgabe*, (Bd. 11). München: DTV.
Nohl, A.-M. (2011). *Pädagogik der Dinge*. Bad Heilbrunn: Klinkhardt.
Parmentier, M. (2001). Der Bildungswert der Dinge oder: Die Chance des Museums. *Zeitschrift für Erziehungswissenschaften 4*(1), 39–50.
Piaget, J. (1992). *Das Erwachen der Intelligenz beim Kinde. Mit einer Einführung von Hans Aebli*. München: DTV.
Prange, K. (2005). *Die Zeigestruktur der Erziehung*. Paderborn: Schöningh.
Rombach, H. (1991). *Der kommende Gott. Hermetik – eine neue Weltsicht*. Freiburg: Rombach.
Rombach, H. (1994). *Der Ursprung. Philosophie der Konkreativität von Mensch und Natur*. Freiburg: Rombach.
Sartre, J.-P. (1944). Der Mensch und die Dinge. In: L. Baier (Hrsg.), *Jean-Paul Sartre. Der Mensch und die Dinge. Aufsätze zur Literatur 1938–1946*. (S. 107–141). Reinbek: Rowohlt.
Sodian, B. (2008). Entwicklung des Denkens. In R. Oerter, & L. Montada (Hrsg.), *Entwicklungspsychologie* (6. Aufl., S. 436–479). Weinheim: Beltz.
Sørensen, E. (2012). Post-Akteur-Netzwerk Theorie. In S. Beck, J. Niewöhner, & E. Sørensen (Hrsg.), *Science and Techology Studies. Eine sozialanthropologische Einführung* (S. 327–345). Bielefeld: transcript.
Stenger, U., & Krebs, M. (2011). Beobachtung und Dokumentation von Lernprozessen in Gruppen als pädagogische Werkzeuge im Alltag. In K. Fröhlich-Gildhoff, I. Nentwig-Gesemann, & H. R. Leu (Hrsg.), *Forschung in der Frühpädagogik IV*. Freiburg: FEL.
Stieve, C. (2008). *Von den Dingen lernen. Die Gegenstände unserer Kindheit*. München: Fink.
Stieve, C. (2010). Diesseits und Jenseits des Konstruierens. Phänomenologisch-gestalttheoretische Ansätze zur leiblichen Präsenz der Dinge. In G. Schäfer, & R. Staege (Hrsg.), *Frühkindliche Lernprozesse verstehen. Ethnographische und phänologische Beiträge zur Bildungsforschung* (S. 257–278). Weinheim: Juventa.
Waldenfels, B. (1992). *Einführung in die Phänomenologie*. München: Fink.
Winnicott, D. W. (1995). *Vom Spiegel zur Kreativität* (8. Aufl.). Stuttgart: Klett-Cotta.
Wulf, C., & Zirfas, J. (2007). Performative Pädagogik und performative Bildungstheorien. In: Dies. (Hrsg.), *Pädagogik des Performativen. Theorien, Methoden, Perspektiven* (S. 7–28). Weinheim: Beltz.

Die Performativität der Dinge

Pädagogische Reflexionen über Bildung und Design

Jörg Zirfas · Leopold Klepacki

Zusammenfassung: Der Beitrag behandelt die Frage, inwiefern die performative Seite der Dinge für Bildungsprozesse, d. h. für Entwicklung und Transformation von Selbst-, Welt- und Anderenbeziehungen bedeutsam ist. Unter dem Begriff des Performativen wird die Stilisierung bzw. das Design der Dinge verstanden. Mit der Weltbeziehung wird die Funktionalität der Dinge bedeutsam, unter dem Blickwinkel des Anderen wird der Stil der Dinge thematisch und in der Perspektive der Individualität wird der Frage nach der Kommunikativität der Dinge nachgegangen. Dabei wird die These herausgearbeitet, dass der performative Bildungshabitus der Dinge in Ambivalenzen, Widersprüchen und Paradoxien besteht. Bildung ist insofern die Antwort auf die Möglichkeiten der Dinge.

Schlüsselwörter: Bildungshabitus · Design · Funktionalität · Kommunikation · Stilisierung

The performativity of things – Pedagogical reflections on education and design

Abstract: This article investigates to what the performative side of things is of importance for education processes, i.e. for the development and transformation of individuals' relationships to themselves, the world and other people. The term performative is understood as the stylisation or design of things. With the relationship between the self and the world the functionality of things assumes significance, whereas with the focus on the other the issue is the style of things. From the standpoint of individuality the question as to the communicativity of things is investigated. The thesis is developed that the performative educational habitus of things consists in ambivalences, contradictions and paradoxes. Development is thus the response to the potentials of things.

Keywords: Educational habitus · Design · Functionality · Communication · Stylisation

---

© Springer Fachmedien Wiesbaden 2013

Prof. Dr. J. Zirfas (✉) · Dr. L. Klepacki (✉)
Institut für Pädagogik, Friedrich-Alexander-Universität Erlangen-Nürnberg,
Bismarckstr. 1, 91054 Erlangen, Deutschland
E-Mail: joerg.zirfas@fau.de

Dr. L. Klepacki
E-Mail: leopold.klepacki@fau.de

1 Einleitung

In einer kleinen Skizze mit dem Titel „Der Rücken der Dinge", die Ernst Bloch im Jahre 1930 in seinem Werk „Spuren" veröffentlichte, findet sich die schlichte Frage: „*Schauspielern denn auch die Dinge?*" (Bloch 1985, S. 173). Bloch versucht mit dieser Frage Fragen der Kindheit zu rekonstruieren und zu beschreiben, nämlich ob die Dinge ein Eigenleben haben, ob sie, wenn sie nicht unter Beobachtung stehen, sich anders darstellen und ob „ihr Rücken" oder ihre „Unterseite" einer „queren Welt" angehören, von der man nichts weiß und wissen kann. Entwicklungspsychologisch lassen sich diese Gedanken zu einer frühen animistischen Phase der Kindheit rechnen, für die man etwa auch bei Walter Benjamin in seiner „Berliner Kindheit" prägnante Beispiele dafür findet, dass nicht nur die Menschen oder Tiere, sondern auch die Dinge leben. Kleinkinder entwickeln in dem Versuch, die Welt zu verstehen, zwischen sich und den Dingen ein mimetisches-magisches Verhältnis, in dem Dinge sich wie Menschen verhalten und mit ihnen kommunizieren (vgl. Wulf 1993). In dieser Phase begreifen Kleinkinder nicht nur andere Menschen als sich ähnlich, sondern auch Gegenständen werden (projektiv) innere Vorgänge zugeschrieben, die in ihnen selbst stattfinden, so dass sie die Dinge als Entitäten verstehen, die sie wie sie selbst erleben können – mit allen Möglichkeiten eines Wissens und Verstehens einer lebendigen Erfahrung, die auch noch das Geheimnisvolle und Auratische der Dinge umfasst.

Unabhängig von der auch erkenntnistheoretisch nicht zu lösenden Frage, ob die Rose im Dunkeln immer noch rot ist – sind doch die Bedingungen der Möglichkeiten der *Gegenstände* der Erfahrung immer an die Bedingungen der Möglichkeiten der *Erfahrungen* selbst geknüpft – erscheint die Frage nach den theatralen Kompetenzen der Dinge in einem bestimmten Sinne merkwürdig. Denn den Dingen – Bloch spricht von Kerze und Tisch – zu unterstellen, dass sie sich analog zu Menschen, die sich als Schauspieler vor Zuschauern präsentieren, *selbst* als Nicht-Kerze und Nicht-Tisch vor einem Publikum inszenieren können, ist wohl unvermeidlich den Vorwürfen des Fetischismus und der Idolatrie ausgesetzt (Därmann 2011, S. 193). Denn auch hier kann zumindest erkenntnistheoretisch festgehalten werden, dass die Frage, ob und inwieweit Dingen eine Selbstbeziehung zukommt, kaum entschieden werden kann. Und solange der „Rücken der Dinge" nicht offen gelegt worden ist[1], müsste man ihnen einerseits unterstellen, dass sie die anthropologische Disposition zur exzentrischen Positionalität (Plessner) besitzen[2], oder andererseits konstatieren, dass ihre Kraft oder Macht nur eine von Menschen verliehene zu sein scheint. Der vorliegende Artikel vertritt somit die erkenntnistheoretische These, dass Dinge, zumal technisch hergestellte, bloße Objekte sind, die Menschen in einer bestimmten Weise wahrnehmen, verstehen und behandeln können. Das gilt für besondere Objekte wie sakrale Gegenstände, bedeutsame Kunstwerke oder libidinös besetzte Fetische, aber auch für alltägliche Dinge wie Autos, Computer, Tische oder Kerzen. Das wiederum bedeutet nicht, dass Dinge nicht den Status eines „Quasi-Objekts" (Serres) oder „Quasi-Subjekts" erhalten können, d. h. zwischen sich und den Menschen oder auch zwischen den Menschen unterschiedlichste: religiöse, politische, ökonomische, ästhetische, pädagogische etc. Verknüpfungen und Verkettungen hervorrufen können: Beispiele hierfür wären etwa die Oblate, die Waffe, das Geld, das Foto oder das Buch. Folgt man wiederum dieser Perspektive, so finden sich Menschen immer schon in einer Welt von Dingen vor, sind sie in dingliche Sachverhalte involviert.[3]

Insofern sind die Dinge auch pädagogisch von Belang: Sie wirken an der Bildung von Subjektivität und Identität ebenso mit, wie an der Entwicklung von Intersubjektivität und Sozialität oder an den Veränderungen in den Beziehungen zu Dingen überhaupt. Sie sind erzieherisch bedeutsam, insofern sie als Medien mit spezifischen Zielen aufgeladen, in einer pädagogisch-intentionalen Weise vermittelt und dann auch in einer je individuellen Art und Weise angeeignet werden, und sie erhalten sozialisatorisches und enkulturatorisches Gewicht, weil in sie Momente der Gesellschaft und der Kultur eingehen, die wiederum spezifische habituelle Prägungen in den Wahrnehmungen, Urteilen und Behandlungen von Menschen zur Folge haben. Die Dinge brauchen die Aktivitäten der Menschen, um je spezifische zu sein (*ratio essendi*), die Menschen brauchen (auch) die Dinge, um sich als je spezifische an ihnen bilden zu können (*ratio cognoscendi*). Dabei müsste man natürlich unterschiedliche Klassen von Dingen bilden: belebte und unbelebte, natürliche und künstliche, alltägliche und nicht-alltägliche, sinnliche und übersinnliche, persönliche und unpersönliche, pädagogische und nicht-pädagogische etc.,[4] von denen zu vermuten ist, dass sie alle ihre unterschiedlichen Performanzen und diversen Inszenierungs- und Bildungsmöglichkeiten mit sich bringen – je nach Art der kognitiven, emotionalen oder auch volitiven Beziehung, die die Menschen zu ihnen haben.[5]

2 Dingliche Performanz

Der in den letzten Jahren zu konstatierende *performative turn* in den Kultur- und Sozialwissenschaften hat auch für die Erziehungswissenschaft Konsequenzen gehabt (vgl. Wulf et al. 2001; Wulf und Zirfas 2007). Denn wer heute vom Performativen spricht, greift in der einen oder anderen Variante auf eine der fünf zentralen historischen Referenzen zurück: auf die 1) performative Sprechaktphilosophie von John Austin, die Aussagen als Handlungen begreift, 2) auf die Transformationsgrammatik von Noam Chomsky mit ihrer Differenz von Performanz und Kompetenz, 3) auf die Kultur- und Theatertheorien der *performance art*, des Happening und des Fluxus, 4) auf die Genderdiskussion, in deren Verlauf Judith Butler den Begriff der Performativität als rituelle Zitierung des Geschlechts einführt, und schließlich 5) auf den an der FU Berlin etablierten Sonderforschungsbereich „Kulturen des Performativen", in dessen Verlauf vor allem die Momente Körperlichkeit, Referentialität, Flüchtigkeit, Kreativität, Darstellung, Emergenz und Wiederholung und Ritualisierung herausgearbeitet wurden.

Gemeinsam ist diesen Referenzen, dass sie sich weniger um Tiefer- bzw. Dahinterliegendes als um das phänomenale Geschehen, weniger um die Struktur und die Funktionen als um den Prozess, weniger um Text oder Symbol, als um die Herstellung von Wirklichkeit bemühen. Die Perspektive des Performativen rückt die rituellen Inszenierungs- und Aufführungspraktiken sozialen bzw. pädagogischen Handelns, deren wirklichkeitskonstitutive Prozesse sowie den Zusammenhang von körperlichem und sprachlichem Handeln, Macht und Kreativität in den Mittelpunkt. Mit der Idee, Prozesse der Interaktion und dramaturgische Sprach- und Handlungsvollzüge sowie Körperlichkeit und Materialität in den Mittelpunkt zu rücken, fokussiert der Blickwinkel des Performativen auf Oberflächen, Zitierungen, Rahmungen, Szenerien, Vollzügen, Ereignissen, mimetische Zirkulationsformen, Iterabilitäten, Präsentations- und Inszenierungspraktiken und Darstellungssituationen.

Der Titel „Performativität der Dinge" lässt vor diesem Hintergrund zwei Lesarten zu: Im *Genitivus subiectivus* ist die Frage gemeint, welche Rolle die Dinge für die Inszenierung und Aufführung menschlichen Handelns und menschlicher Bildung und Entwicklung spielen. Im *Genitivus obiectivus* ist dagegen von Bedeutung, welche Rolle das menschliche Verhalten und Handeln oder auch die menschliche Entwicklung für die Entstehung und Bedeutung von Dingen spielt. Einerseits richten sich diese Fragen auf Untersuchungen davon, was Dinge sind, wie sie entstehen und welche materiellen, symbolischen und imaginären Effekte sie haben. Andererseits kann man Handeln und Verhalten der Menschen unter der Perspektive in den Blick nehmen, wie man Sachverhalte und Dinge inszeniert, um spezifische pädagogische Ziele zu erreichen. Zudem kann man noch das Verhältnis zwischen den Dingen und dem performativen Verhalten fokussieren: Menschliche Performanz erzeugt Dinge und wird durch Dinge hervorgebracht.

Im Folgenden steht die Frage im Mittelpunkt, inwiefern die performative Seite der Dinge für Bildungsprozesse, d. h. für Entwicklung und Transformation von Selbst-, Welt- und Anderenbeziehungen bedeutsam ist (vgl. Meyer-Drawe 1999).[6] Dabei soll lediglich von einem Aspekt der Dinge, nämlich von ihrer Gestaltung, ihrer Stilisierung bzw. ihrem Design[7] die Rede sein; mit Bezug auf das Design soll dann jeweils eine spezifische performative Perspektive eingenommen werden: Mit der Weltbeziehung wird die Funktionalität der Dinge bedeutsam, unter dem Blickwinkel des Anderen wird der Stil der Dinge thematisch und in der Perspektive der Individualität wird der Frage nach der Kommunikativität der Dinge nachgegangen.[8] Diese Einteilung hat lediglich einen analytischen Sinn, denn *realiter* sind in Bildungsprozesse immer alle genannten Beziehungen eingebunden, wie in sie auch immer eine Vielzahl an performativen Aspekten und Praktiken mit eingehen.

3 Zur dinglichen Performanz von Weltlichkeit – Funktionalität

Bei Wilhelm von Humboldt heißt es unmissverständlich, dass der Mensch sich nur nach Maßgabe der physischen Dinge entwickelt, die ihn umgeben: „Umstände und Ereignisse, die auf dem ersten Anblick seinem Inneren völlig heterogen sind, Klima, Boden, Lebensunterhalt, äußere Einrichtungen u.s.f. bringen in ihm neue, und oft die feinsten und höchsten moralischen Erscheinungen hervor" (Humboldt 1985, S. 40). Eine hier implizierte These lautet, dass die Dinge auch den Weltbezug des Menschen mit prägen. Im Umgang mit den Dingen lernt der Mensch einen spezifischen Umgang mit der Welt, d. h. die von den Dingen nahegelegte Verwendungsweise wird von den Menschen – mimetisch – in ihr eigenes Wahrnehmungs-, Beurteilungs- und Handlungsrepertoire übernommen.

Es gibt eine kleine Skizze von Theodor W. Adorno (1986, S. 42 f.) mit dem Titel „Nicht anklopfen", die diesen Sachverhalt illustriert: „Die Technisierung macht einstweilen die Gesten präzis und roh und damit die Menschen. Sie treibt aus den Gebärden alles Zögern aus, allen Bedacht, alle Gesittung. Sie unterstellt sie den unversöhnlichen, gleichsam geschichtslosen Anforderungen der Dinge. So wird etwa verlernt, leise, behutsam und doch fest eine Tür zu schließen. [...] Man wird dem neuen Menschentyp nicht gerecht ohne das Bewußtsein davon, was ihm unablässig, bis in die geheimsten Innervationen hinein, von den Dingen der Umwelt widerfährt. [...] In den Bewegungen, welche die Maschinen von den sie Bedienenden verlangen, liegt schon das Gewaltsame, Zuschlagende, stoßweis Unaufhörliche der faschistischen Mißhandlungen. Am Absterben der Erfahrung trägt Schuld nicht zum letzten, daß die Dinge unterm Gesetz der reinen Zweckmäßigkeit eine Form annehmen, die den Umgang mit ihnen auf bloße Handhabung beschränkt, ohne einen Überschuß, sei's an Freiheit des Verhaltens, sei's an Selbstständigkeit des Dinges zu dulden, der als Erfahrungskern überlebt, weil er nicht verzehrt wird vom Augenblick der Aktion."

Was Adorno in seinen kritischen Bemerkungen zur Geschichtslosigkeit, Erfahrungs- und Reflexionslosigkeit sowie Taktlosigkeit im Zusammenhang mit den modernen Errungenschaften der Technik anspricht, betrifft vor allem die sachlich-funktionale Seite der Dinge. Die mimetische Analogie liegt nahe: Wenn die den Menschen umgebenden Dinge einen reinen Funktionalismus: *form follows function* fordern, übt sich im Umgang mit ihnen ein funktionalistisches Verhalten ein, das quasi differenzlos auf alle Entitäten in der Welt – Menschen, Tiere, Dinge etc. – übertragen wird.

Damit wird Bildung, die ja nach Adornos (1973, S. 169) bekannter Sentenz „nichts anderes [ist] als Kultur nach der Seite ihrer subjektiven Zueignung", in einen technologisch-instrumentellen Sinne affiziert, so dass die „Bildung auf Kosten ihres Wahrheitsgehaltes und ihrer lebendigen Beziehung zu lebendigen Subjekten" (ebd., S. 176) aufgehoben wird. Indem sie dem Individuum nur noch ein Minimum abverlangt, um ihre Gratifikation zu erlangen, vereint sich Bildung mit dem kollektiven Narzissmus des Verfügens und sich Gefügigmachens, der sich die Welt nach Maßgabe der Dinge unterwirft. Die dem technischen Funktionalismus verpflichtete Bildung ist daher „geistig prätentiös und barbarisch anti-intellektuell in eins" (ebd., S. 189), weil der Geist selbst vom Technikcharakter der Dinge ergriffen worden sei. Dabei geht der technische Funktionswert der Dinge eine enge Verbindung mit dem ökonomischen Tauschwert ein. Die Materialität der Dinge wird auf einen alles beherrschenden Funktionalismus reduziert, der ihre sinnlichen Erfahrungsmöglichkeiten auf einen reibungslosen Umgang mit ihnen fixiert. Daher führt funktionalistisches Design zur Spezialisierung, Vorstrukturierung und Durchorganisierung der Wirklichkeit, die mit einem Erfahrungsverlust des Individuums einhergeht. Die Abstrahierung und Standardisierung der Sinnlichkeit wird durch den konkreten Gebrauch der Dinge verinnerlicht und durch diesen wiederum unbewusst als „natürlich" erlebt.

Folgt man hier nicht in Gänze Adornos kultur- und bildungskritischer Lesart, die allerdings zu Recht auf das strukturelle Gewaltpotential des Funktionalismus und Rationalismus verweist, so lässt sich systematisch festhalten, dass der Erfahrungs- und Bildungsraum zwischen den Menschen und den Dingen doch insgesamt offener und weniger funktionalistisch und deterministisch gedacht werden muss. Weltbildung bezieht sich hierbei nicht nur auf die kognitive, rationale Auseinandersetzung mit (technischen) Dingen aller Art, sondern auch, und – vor allem – auf die sinnliche Wahrnehmung und den praktischen Umgang mit ihnen. Bildung lässt sich daher als ein Prozess verstehen, der in der fundamentalen Auseinandersetzung mit der Sinnlichkeit, der Reflexivität und Praxis der Dinge besteht. Sinnlichkeit, Reflexivität und Dinge stehen im Aufbau des selbstbezogenen Verstehens, Strukturierens und Handelns in einem komplexen Relationsverhältnis: Denn es gibt wohl keine Formen dieser Aktivitäten, die nicht auch einen dinglichen und künstlichen Charakter haben, wie es umgekehrt wohl keine Dinge gibt, die sich nicht auch durch spezifische Formen ihres Verstehens, Begreifens und Umgehens auszeichnen. Bezogen auf die Sinnlichkeit: So *wie* die Sinne die Welt wahrnehmen, sind sie auf Dinge und Kultur bezogen, indem sie in ihrem Bezug auf etwas Acht geben, dieses zur Erscheinung bringen, es erkennen und stilisieren. Und: *Je* nach dinglichem oder artifiziellem Bezugspunkt der Sinne ergeben sich unterschiedliche Formen der Wahrnehmung, Erfahrung und Stilisierung, ja unterschiedliche Formen der Welt und des Subjekts. Die Dinge und die Sinne befinden sich in einem performativen, symbolischen, und sinnlichen Wechselspiel (vgl. Waldenfels 2010), das ein enormes Bildungspotential beinhaltet. Denn die Dinge partizipieren an unserer Emotionalität und Leiblichkeit, so dass man von „Dingleiben" und „Leibdingen" sprechen kann (ebd., S. 353).[9]

4 Zur dinglichen Performanz von Sozialität – Stilisierung

Es war vor allem Martin Heidegger, der auf die soziale Bedeutung der Dinge nachhaltig hingewiesen hat. In seiner Sicht finden sich in den Gegenständen Verweise auf den Hersteller und Benutzer und die Dinge „begegnen aus der Welt her, in der sie für die Anderen zuhanden sind, welche Welt im vorhinein auch immer schon die meine ist" (Heidegger 1979, S. 70 f., 118). Während so einerseits die Dinge uns aus der Welt der Anderen begegnen, so finden wir die Anderen vermittelt durch die Welt der Dinge, mit denen sie einer je bestimmten Art und Weise umgehen und hantieren. „Das verankerte Boot am Strand verweist in seinem An-sich-sein auf einen Bekannten, der damit seine Fahrten unternimmt, aber als ‚fremdes Boot' zeigt es Andere" (ebd., S. 118). Und auch in dem, was Heidegger das „Zeugganze" nennt, d. h. „die Dienlichkeit, Beiträglichkeit, Verwendbarkeit, Handlichkeit" (ebd., S. 68) bzw. die in einer Gesellschaft oder Kultur bevorzugten Gebrauchsweisen und Verwendungszwecke der Dinge, werden Momente anderer Menschen vermittelt. Dinge gehen immer in kulturell und semantisch je unterschiedliche Semantiken und Performanzen ein, die wiederum den Dingen Ursachen und Zwecke zuschreiben. Zwischen den Dingen und den Menschen, d. h. durch den Gebrauch, den die Menschen mit den Dingen machen, und durch die Wirkungen, die die Dinge auf die Menschen entfalten, bildet sich der Raum der sozialen Performanzen der Dinge.

Nun macht schon Heidegger in seinen phänomenologischen Analysen auf den Umstand aufmerksam, dass in einem Zeitalter der Konfektion und „Dutzendware" der konstitutive soziale Verweisungszusammenhang der Dinge oftmals kaum zu erkennen sei und dass diese nur auf das „Beliebige" und den „Durchschnitt" hinweisen. Nicht der mehr oder weniger konkrete, sondern der beliebige andere zeigt sich in den Dingen, wie diese Dinge selbst auch nicht mehr auf den konkreten, sondern auf den beliebigen anderen zielen. Georg Simmel hat nun darauf hingewiesen, dass der moderne Stil eine Formgebung bedeutet, die den Individualismus verneint und die Originalität begrenzt (Simmel 1993). Der Stil ist im Zeitalter der Reproduzierbarkeit allgemein geworden, damit die alltäglichen Gegenstände eine große Zahl an Käufern und Nutzern finden können. Unter Stil wird dabei die beobachtbare individuelle und soziale, kohärente Präsentation eines Dinges verstanden. Und obwohl schon mit dem Bauhaus und seiner Konzeption einer Egalisierung der Stile und eine Tendenz zur Einebnung des Individuellen zum Ausdruck kommen, machen etwa die Forschungen von Pierre Bourdieu (1974) darauf aufmerksam, wie eng die Ästhetik der Dinge immer noch mit einem bestimmten sozialen Habitus einhergeht. Im Stil kommt die Zugehörigkeit zu einer Gruppe, eine spezifische Lebensform oder ein besonderer Habitus zum Ausdruck. „Ein Stil ist Teil eines umfassenden Systems von Zeichen, Symbolen und Verweisungen für soziale Orientierung: Er ist Ausdruck, Instrument und Ergebnis sozialer Orientierung" (Soeffner 1992, S. 78). In der Stilisierung geht es um die wie auch immer bewusste ästhetische Überhöhung des Alltäglichen (Soeffner), die eine homogene Figuration oder Gestalt herausbildet. Mit dieser ästhetischen Homogenisierung geht der dingliche Stil als performatives und distinguierendes Medium einher: Man zeigt durch die Dinge, wer man ist, wie man gesehen werden möchte und von wem man sich unterscheiden will. Der Stil der Dinge performiert die Elemente der Welt in einer Art und Weise, die es möglich machen, diese auf ihren sozialen Gehalt hin auszurichten.

In diesem Sinne ist der Begriff des Stils für Gerhard Schulze durch zwei kollektiv schematisierte Komponenten gekennzeichnet: Er umfasst die Zeichenebene (Kleidung, Schmuck etc.) und die Bedeutungsebenen von Genuss, Distinktion und Lebensphilosophie. „Der Stil sei nun die Gesamtheit der Wiederholungstendenzen in den alltagsästhetischen Episoden eines Menschen definiert. [...] Stil ist expressiv, er setzt ein Zeichen, dessen Realität sich erst erschließt, wenn es gedeutet wird, sei es vom Handelnden selbst, sei es von seinen Beobachtern." Er erscheint als „komplexe Figuration von Zeichen einerseits und mehreren Bedeutungsebenen andererseits" (Schulze 2000, S. 103 f.). Der *Genuss* wird verstanden als positives psychophysisches Reaktionsmuster, das auf die subjektivsinnliche Bedeutung schöner Erlebnisse abhebt, die *Distinktion* als Symbolisierung von sozialen Differenzen und die *Lebensphilosophie* als die basale Wertvorstellung, die mit diversen alltäglichen Episoden einer Kultur verbunden ist. Die von Schulze vorgeschlagene Hermeneutik der Stile bewegt sich so zwischen einem Dreieck aus subjektiven, objektiven und objektivierbaren semantischen Paradigmen. Funktional betrachtet dient der Stil durch seine Wiederholungstendenz der Sicherung des Erlebten, dann der Abwehr von Unsicherheiten und schließlich der persönlichen Identifizierbarkeit.[10] Stile bzw. Stiltypen als situationsübergreifende, kollektive Muster sind zusammen mit Alter und Bildung für Schulze signifikante und evidente Indikatoren sozialer Milieus. Diese versteht er als soziale, durch eine erhöhte Binnenkommunikation sich auszeichnende Großgruppen bzw. als existentielle Gemeinschaften der Weltdeutung.

Der Stil der Dinge erzählt neben einer kulturellen und biographischen auch eine soziale Geschichte (vgl. Selle 1997, S. 122 ff., 130 ff.). Der Sachverhalt, dass man mag, was man hat, und hat, was man mag, verortet die Menschen in einem sozialen Raum der Stile, denn man wird durch die Dinge selbst im Sozialen verortet wie auch durch andere eingeordnet. Unter Bildungsgesichtspunkten ist hier die Ambivalenz zu betonen, die mit dem *amor fati* des Geschmacks einhergeht (Bourdieu 1987, S. 285, 290, 378). Denn der Stil der Dinge verweist darauf, dass Stilwahlen weniger individuell sind, als man glaubt, und sozialer, als man erwartet. In diesem Sinne lassen sich unter Bildung weniger soziale und symbolische Statussignale und Distinktionssysteme verstehen, die vor allem mit einem inkorporierten, objektivierten und institutionalisiertem kulturellen Habitus verbunden sind, sondern eher Reflexions- und Partizipationspotentiale, die mit der Möglichkeit *anderer* Wahrnehmungs-, Denk- und Handlungsmuster einhergehen. Dass Soziologen wie Bourdieu stärker die Unwahrscheinlichkeit einer Veränderung des Habitus betonen, sollte hier ebenso Berücksichtigung finden, wie der Sachverhalt, dass auch ein flexiblerer Bildungshabitus letztlich mit einem erworbenen kulturell-gebildeten Habitus verbunden bleibt. So einfach wechselt man den Stil der Dinge nicht, und wenn man ihn häufig wechselt, so kennzeichnet dies auch wiederum einen mehr oder weniger feststehenden Habitus. Dieser genuine Bildungshabitus geht mit der habituellen Selbstverständlichkeit einher, sich mit stetig neuen Stilen und Geschmacksrichtungen zu konfrontieren und sich durch diese zu transformieren.

5 Zur dinglichen Performanz von Individualität – Kommunikation

Vielleicht könnte man die These aufstellen, dass die Dinge in der Postmoderne performativer werden. Galt noch in der Romantik der Spruch von Eichendorff aus der „Wünschelrute". „Schläft ein Lied in allen Dingen, die da träumen fort und fort, und die Welt hebt an zu singen, triffst du nur das Zauberwort", so sind es mehr und mehr die technischen Dinge[11], die den Menschen aus dem Schlaf wecken und ihn verzaubern. Nach den Debatten um die Dematerialisierung der Welt und der Virtualisierung der Gegenstände (vgl. Flusser 1993), und den bis heute andauernden kompensatorischen pädagogischen Bemühungen, die Unmittelbarkeit und Authentizität der Dinge in Primärerfahrungen wieder erlebbar zu machen, haben die Dinge in jüngster Zeit nicht nur in den Wissenschaften, sondern vor allem im Alltag der Menschen an Aufmerksamkeit gewonnen. Kaum eine Maschine oder ein Gerät, das nicht mit dem Menschen kommuniziert und ihn auffordert, ja zwingt, den technischen Bitten, Aufforderungen und Befehlen nach zu kommen. Der allseitig konstatierte Appellcharakter der Dinge, der i.d.R eher als latent konstatiert, denn manifest nachgewiesen wurde (vgl. Werner 1998; Stieve 2008, 213 ff., 247 ff.; Elschenbroisch 2010, S. 76 f.), wird nunmehr erfahrbar, weil die romantische Verzauberung heute am MIT gestaltet wird (vgl. Macho 2011, S. 238 ff.). Und die postmoderne Verzauberung bringt Dinge hervor, die einen spielerisch-funktionalen Charakter haben und dennoch für unsere Sicherheit und Bequemlichkeit und für die Schnelligkeit und Genauigkeit von technischen Abläufen sorgen.

Donald Arthur Norman nennt Dinge, die immer intensiver mit dem Menschen kommunizieren, wie z. B. Waschmaschinen, Kaffeeautomaten und Navigationsgeräte, *future things*: „,What if the everyday objects around us came to life? What if they could sense our presence, our focus of attention, and our actions, and could respond with relevant information, suggestions and actions?' Would you like that?" (Norman 2007, S. 156). Die *future things* beginnen den Menschen zu performen und zu inszenieren, was durchaus buchstäblich gemeint ist, denn, so kann man über den Zauberspiegel der Zukunft lesen: „*Mirror, mirror on the wall, does this clothing match at all*? The mirror of tomorrow will do things Snow White's mirror never even dreamed of: share your image with loved ones, sending it to cell phones and computers for them to critique. The modern magical mirror will do more than answer questions or show you off to others. It will change your image" (ebd., S. 165). Die Zauberspiegel, die in einigen ökonomischen Branchen schon nicht mehr zur Zukunft, sondern zur Gegenwart gehören, verraten den Menschen, welche Schuhe sie tragen sollen, welche Farben ihnen stehen, oder ob sie ihren Haarschnitt ändern müssen. Sie beobachten die Menschen beim Essen, Lesen, Fernsehen oder beim Sex – und offerieren oder bestehen auf bestimmten Handlungen seitens ihrer Benutzer. Es steht zu vermuten, dass die Dienstleistungen der Dinge in einem komplexen Zusammenhang mit den Wissenschaftlern, Technikern, Künstlern, Werbeagenturen, Kommunikations- und Eventmanagern stehen werden. „Perhaps your refrigerator will compare its contents with that of your neighbors' refrigerators and recommend foods. Entertainment systems will compare music and video preferences, and your television set will compare the shows you watch with those watched by your neighbors" (ebd., S. 158).

Wie die (technischen) Dinge schon jetzt in den Bereichen des Internets, der Finanzwirtschaft, der Medizin oder des Verkehrs Aufgaben der Kontingenz- und Risikobewältigung, der Information und Kommunikation übernehmen, so werden sie in Zukunft wohl noch stärker das Leben der Menschen und dessen Selbstbeziehung und Identität performen. „Will we reach the day of duelling intelligences: Your refrigerator enticing you to eat while your scale insists you shouldn't" (ebd., S. 171). Und auch das Geschäft der Kritik könnte dann an die Dinge übergegangen sein, die etwa den Kauf von Schuhen dann verweigern, wenn sie der Meinung sind, dass der Besitzer genug davon habe.

Man kann diese Perspektive einen technischen Animismus nennen. Denn hier gestalten Dinge unser Leben, egal ob wir ab- oder anwesend sind. Diese Entwicklung wird sich mit nanotechnologischen Errungenschaften wohl noch intensivieren. Damit kann das existenzphilosophische Problem, dass die Welt stumm bleibt und keine Antworten bietet, wohl endgültig *ad acta* gelegt werden – jedenfalls so lange, wie es Energie gibt. Allerdings sollte man auch hier die Befürchtungen nicht zu weit treiben, und etwa direkt von einer Verdinglichung der Menschen oder einer Vermenschlichung der Dinge sprechen. Zwar kann man davon ausgehen, dass die technischen Dinge der Zukunft so designt werden, dass ihre Smartheit – die Rede ist von *smart machines, smart homes* oder *smart environments* – in Form von weitreichenden Wahrnehmungs-, Wissens-, Verarbeitungs-, und Kommunikationskapazitäten durchaus in der Lage sein werden, „to add intelligent devices to our lives in a way that supports our activities, complements our skills, and adds to our pleasure, convenience and accomplishments" (ebd., S. 134), und man kann wohl auch prognostizieren, dass ihre „implizite Kommunikation" mit dem Menschen in der Zukunft stärker über natürliche Geräusche, einfache Signale und kontextsensible Displays verläuft (ebd., S. 147), doch wie weit sie seine Sinnlichkeit und Wahrnehmung, sein Selbstverhältnis und seine Selbstbestimmung prägen werden, kann durchaus als offene Frage gelten.[12]

Zwar ist die Frage der Selbstbestimmung zentral an die Perspektive der Selbstbildung verwiesen, und Selbsterkenntnis im hohem Maße durch die Auseinandersetzung mit den Dingen zu gewinnen[13], doch es ist auch phänomenlogisch nicht eindeutig zu klären, ob das Subjekt in diesen dinglichen Kontexten als fremdbestimmtes und erleidendes, oder lediglich als aufgefordertes, antwortendes und selbstbestimmendes verstanden werden muss. Vielleicht ist es ja gerade dieser nicht eindeutige Zustand, sich Dinge zu Eigen zu machen, von denen man gleichzeitig wieder abhängig wird, sich also zugleich als Initiator und Instrument zu erfahren, was zur Selbsterkenntnis und zum Selbstbewusstsein führt. Der Mensch designt die Dinge, die wiederum den Menschen performen. Gilt dann nicht nur Bildung *durch* Design, sondern auch Bildung *als* Design? Deutlich aber ist, dass Menschen – selbst nach einer Sozialisation durch die Dinge – durchaus in der Lage sind, ihr Leben auch ohne Dinge selbst zu regulieren – was z. B. Versuche mit dem *shared space* verdeutlichen, d. h. mit Verkehrssystemen, die nicht mehr durch Schilder und Signale, sondern „nur" durch das Verhalten der Verkehrsteilnehmer reguliert werden. Und auch jetzt schon folgen die Menschen nicht immer den Designansprüchen und benutzen Dinge anders als vorgesehen. Die Erforschungen zum sog. *nicht intentionalen Design* (NID) machen deutlich, dass die Menschen die Dinge multifunktional gebrauchen oder auch missbrauchen (Brandes et al. 2008). Im bildenden Verhältnis zwischen Dingen und Menschen entstehen spezifische Performanzen der Identität, die sich nicht auf Heteronomie reduzieren lassen.

6 Der Bildungshabitus der Dinge

Dinge, so kann man die bisherigen Überlegungen zu ihrer Performativität zusammenfassen, sind Medien, da sie Beziehungen stiften zwischen dem Menschen und der Welt, zwischen dem Einzelnen und den Mitmenschen und zwischen sich und sich selbst. Argumentiert man in der Linie traditioneller Bildungstheorien – von Sokrates und Platon über Rousseau und Humboldt bis hin zu Benner und Koller – so haben Bildungsprozesse immer mit Fragen der Fremdheit oder Andersheit, mit Negativität oder Widerständigkeit, mit Neuem und Unerwarteten, mit Unvorhergesehenem und Unerhörten zu tun, d. h. mit Momenten, die die Bedingungen der Möglichkeit für die Transformation von grundlegenden Dispositionen implizieren.[14] Diese Momente sind in der Diskussion der Bildungsdimensionen angesprochen worden, wenn von der Dialektik von Funktionalität und Erfahrung, Stil und Veränderung und Appell und Selbstbestimmung die Rede war. In dieser Perspektive soll hier dezidiert nach den strukturellen Bildungsmomenten der Dinge selbst gefragt werden. Anders formuliert: Gibt es einen spezifischen *Bildungshabitus der Dinge*, der dazu führt, Welt-, Anderen und Selbstbeziehungen zu überdenken und zu transformieren? Drei Hinsichten werden hier vorgestellt, das störende, das latente und das ludische Ding.

Wo immer sich die Dinge aus ihrer Zuhandenheit, d. h. ihrer Zweckdienlichkeit zurückziehen, zeigen sich Störungen: Dinge fallen auf, werden aufdringlich oder aufsässig (Heidegger 1979, S. 73)[15]: Wie in den Garfinkelschen Krisenexperimenten, die das Funktionieren von Gesellschaft zum Thema haben, zeigen sich in den Störerfahrungen mit den Dingen, in denen diese beschädigt, unbrauchbar oder unhandlich wahrgenommen werden, ihre vertraute Funktionalität und ihre impliziten Gebrauchsanweisungen (vgl. Därmann 2011, S. 198). Denn in der Nicht-Zuhandenheit kommt das „Vorhandensein" der Dinge zum Vorschein (Heidegger 1979, S. 74). Damit machen die Dinge auf eine Widerständigkeit und Fremdheit aufmerksam, die sich nicht allen menschlichen Bemühungen und Bestimmungen fügt. Im Versagen der gewohnten performativen Praxis führt die performative Fremdheit zu einer fremden und andersartigen Performanz – zu einem neuen Umgang mit den Dingen.

Diese Performanz der Störung verweist auf die „pure" Vorhandenheit der Dinge, ihre Unzugänglichkeit und Opazität, die auch durch ihr „Auseinandernehmen" – wie es vor allem für Kindheit und Jugend belegt ist – nicht auflösbar ist. Die Dinge haben eine nicht ausschöpfbare Eigenständigkeit und einen komplexen Erfahrungshintergrund, der bei ihrem „Versagen" zum Vorschein kommt. Die Dinge werden zu Gegenständen, zu Objekten der Widerfahrnis, die nicht mehr das sind, was sie waren, aber auch noch nicht das, was sie werden können. Diese Liminalität der Dinge ist wohl kaum planbar – denn selbst herbeigeführte Störungen entbehren der Momente der Abweichung, der Unordnung und des Fremden – und insoweit „melden" die Dinge einen Zustand der nichtoffensichtlichen Offenheit.[16]

Eine andere Form der Fremdheit ergibt sich in aisthetischer Hinsicht. Hierzu gibt es ein instruktives Beispiel bei Martinus Langeveld (1955, S. 73 f.), der von dem Appellcharakter einer Schachtel spricht, womit er meint, dass die Schachtel den Menschen auffordert, etwas hineinzutun. Hier interessiert (zunächst) nicht dieser Appellcharakter, sondern der Hinweis darauf, dass die Schachtel den Menschen auf etwas anderes hinweisen kann, nämlich die Leere (die entsteht, wenn das letzte Bonbon aus der Schachtel genommen wurde). Dinge, so könnte man in performativer Begrifflichkeit formulieren, verweisen nicht nur auf sich selbst, sondern auch auf nicht-dingliche, ja nicht existente Entitäten. „Es handelt sich hier", so Langeveld (ebd., S. 74), „um eine Möglichkeit der Dingwelt überhaupt – die der Leere – welche uns *an* diesem Dinge aufgeht, ohne eine *Eigenschaft* dieses Dinges zu sein." Dinge können Abwesendes anwesend machen, können Latentes manifestieren oder Repräsentationen präsentieren. Insofern präsentieren Dinge etwa immer auch eine Geschichte wie eine Zukunft, sind sie zugleich Gedächtnis und Antizipation. Die Dinge verweisen auf eine Möglichkeitswelt von Referenzen, sie etablieren Verweisungszusammenhänge mit anderen realen, aber auch mit virtuellen Sachverhalten. Die Dinge gehen nie vollständig in der Wahrnehmung auf; der Rücken der Dinge bleibt – nicht nur für Kinder – unsichtbar. Insofern sind Dinge immer *Möglichkeitsdinge*. Und so können durch eine Verfremdung des Blicks – in dem z. B. versucht wird, die Dinge zum ersten Male zu sehen – auch ungeahnte Aspekte der Sachen zum Vorschein kommen. Und betrachten wir die Dinge in ihren Virtualitäten, so ergibt sich der merkwürdige Sachverhalt, dass wir diese Möglichkeiten oftmals ernster nehmen als die phänomenalen Wirklichkeiten (Böhme 2001, S. 164). Paradox formuliert könnte man vielleicht sagen, dass in der Oberfläche des Designs der Dinge ihre Tiefe verborgen ist. Diese These ließe sich nicht nur an Alltagsdingen, sondern auch und vor allem an artifiziellen und religiösen Gegenständen erläutern.

Schließlich lässt sich der Bildungssinn der Gegenstände auch noch mit den spielerischen Dingen in Verbindung bringen. Spielerische Dinge – etwa Bälle – involvieren Menschen in Spielsituationen, in denen sie und die Bälle so miteinander in Beziehung gesetzt werden, dass Situationen der Kontingenz und der Responsivität generiert werden. Spielen ist in einem Zwischenraum zu situieren, der sich einerseits einer strikten Intentionalität der Spielenden verschließt und ihnen andererseits Handlungs- und Ausdrucksmöglichkeiten bietet. Somit ist das Spiel nur begrenzt intentional pädagogisch instrumentalisierbar, entzieht es sich doch aufgrund seiner spezifischen unfunktionalen Funktionalität eindeutigen Lern- und Bildungsprogrammen. Spielen ist durch Unberechenbarkeit, Kontingenz, Offenheit, Ambivalenz und Prozessualität zu kennzeichnen (Wetzel 2005). „Der ursprüngliche Sinn von Spielen ist der mediale Sinn" (Gadamer 1990, S. 109): denn Spielen ist weder aktiv noch passiv, d. h. es geschieht in einem Zwischen: Die Spieler sind zugleich die Gespielten. Es gibt nicht nur den Spieler, der mit dem Ball, sondern auch den Ball, der mit dem Spieler spielt.

Zusammenfassend: Dinge machen Zuhandenes vorhanden, Abwesendes anwesend und Aktives passiv: Der performative *Bildungshabitus der Dinge* besteht in Ambivalenzen, Widersprüchen und Paradoxien. Bildung ist die Antwort auf die Möglichkeiten der Dinge.

Anmerkungen

1 Was prinzipiell nur dann möglich wäre, wenn man z. B. wie eine Kerze empfinden, denken und handeln könnte.

2 Böhme (1995) verdeutlicht, dass das Ding in der abendländischen Ontologie überwiegend als abgeschlossenes Ding (oder Realität mit Eigenschaften) in unterschiedlichen kulturellen Praxen betrachtet worden ist. Er plädiert dagegen für eine offene Dingontologie (Wirklichkeit mit Ekstasen), in der das „Sich-Präsentieren" (ebd., S. 167) der Dinge, d. h. ihre ekstatische Erscheinungsweise in räumlicher, eidetischer, physiognomischer und sinnlicher Hinsicht, zur Geltung kommen kann. Ganz im Sinne von Bloch heißt es: „Die Dinge treten selbst schon aus sich heraus und konstituieren auch die Bühne phantastischen Geschehens" (ebd., S. 173). Dass eine solche Ontologie eine andere Ästhetik zur Folge hat, liegt ebenso auf der Hand wie der Sachverhalt, dass auch diese Ontologie eine menschliche und keine dingliche ist. Vgl. auch zu den Kategorien der Dinge: Erzeugung, Lokalität, Voluminösität, Identität, Objektivität, Faktizität (Dies-da) (Böhme 2001, S. 168 ff.). – Soentgen (1997, S. 45 ff.) betont ebenfalls aus phänomenologischer Perspektive die Qualitäten des Erscheinens, des Verbergens, der Neigungen, der Geschichte und der Stofflichkeit der Dinge.

3 Bei Langeveld (1955, S. 83) heißt es in anthropomorphisierender Diktion dazu: „Es zeigt sich, daß sich die Dinge unserer Welt nicht nur nicht zurückziehen in eine Welt an sich, sondern daß sie im Gegenteil ganz unserer Seele angehören. Ja daß sie […] unsere Seelen tatsächlich bewohnen und bevölkern. Daß sie zugleich Produkt unserer Sinngebungsarbeit und autonome Bürger einer Welt der offenen Sinnlosigkeit bleiben."

4 Unter Ding soll hier ein sinnliches, körperlich Gegebenes verstanden werden, wobei vor allem Artefakte, d. h. (Konsum-)Güter und Technologien im Mittelpunkt stehen werden. – Zu bedenken wäre zum einen die unterschiedliche Begrifflichkeit des Dinges (Gegenstand, (Spiel-)Zeug, Material, Artefakt, (Übergangs-)Objekt, Realität, Wirklichkeit, Sache etc.) – oder in aktueller Form: Hybride, Quasi-Objekte, Grenzobjekte, epistemische Dinge (vgl. Roßler 2008) – und ihre pädagogischen Konsequenzen (vgl. zu den Charakteristika der postmodernen Dinge: Konkretheit, Pluralität, Heterogenität, Prozessualität, Netzwerkartigkeit, Problematizität: ebd., S. 101 ff.). – Zum anderen wäre in ontogenetischer Perspektive der Frage nachzugehen, ob es nicht einen (konstituierenden) Zusammenhang zwischen den frühkindlichen leiblichen Bildungsprozessen auf der einen und der Erfahrung der Dinge als leibliche Subjekt-Objekte auf der Seite gibt (vgl. Stieve 2008, S. 39, 232 ff.).

5 So ließen sich sinnvollerweise mit Blick auf Bildung folgende performative Zugänge unterscheiden: zwischen der *Herstellung* von Dingen als kreatives und experimentelles Handeln, das *Machen* mit Dingen, als deutender und praktischer Umgang mit Gegenständen, und das *Mitmachen* der Dinge als „Kommunikation" der Dinge (Computer, Navigationsgerät etc.) mit den Menschen (vgl. Rammert 2008, S. 344). – Liessmann (2010, S. 15 ff.) verweist darauf, dass die moderne Konsumentenhaltung daraus resultiert, dass man den Dingen ihre Herstellung nicht mehr ansieht. Noch weitergehender formuliert: Nicht nur die Ent-Materialisierung der Dinge, sondern auch ihre Automatisierung und Digitalisierung reduziert den Menschen auf einen *User*.

6 Bildung bezeichnet die Prozesse und Resultate derjenigen reflexiven und performativen Praxen, die mit der Transformation grundlegender Dispositionen einhergeht. Unter dem Begriff der Bildung werden der Prozess und das Ergebnis einer Veränderung verstanden, die sowohl das Selbst- als auch das Sozial- und Weltverhältnis des Menschen betrifft. Bildung zielt dabei einerseits theoretisch auf *Reflexivität*, auf Verstehen, Interpretieren, Distanzieren und Kritisieren, und andererseits praktisch auf *Partizipation*, auf Kultivierung, Entfaltung und Verantwortung (Zirfas 2011).

7 Unter Design wird hier ganz allgemein das kreative In-Form-bringen der Dinge mit den Zwecken individueller und sozialer Bedürfnisbefriedigung verstanden. – Design ist einerseits mit realem Produzieren, mit Formen und Funktionen, dann mit symbolischen Verweisen und Werten und drittens auch mit Imaginärem und Fiktiven in Verbindung zu bringen.

8 Mit dieser Perspektive ist auch eine veränderte Fokussierung von Bildung verknüpft, da diese i. d. R vom Subjekt und nicht von den Gegenständen und Sachverhalten der Bildung aus gedacht wird; hier wird die Materialität von Bildungsprozessen fokussiert; vgl. Wieser (2004), der die Materialität sozialer Praktiken in den Blick nimmt.

9 Interessant erscheint hier der Hinweis von Selle (1997, S. 211), dass mit der modernen Miniaturisierung der Dinge ein Verlust ihrer Körperlichkeit einhergeht, da man diese vielfach kaum noch spüren könne. Denkt man an dieser Stelle die Korrespondenz zwischen Dingen und Menschen weiter, so könnte der Verlust der Körperlichkeit der Dinge, d. h. ihre Entmaterialisierung, Abstraktivität und Rationalisierung, wenn nicht zu einem Verlust, dann aber zu einer wesentlich geänderten Form des Eigenleiberfahrens führen.

10 So kann Schulze anhand der drei semantischen Bedeutungsdimensionen des Stils: Genuss, Distinktion und Lebensphilosophie, drei kulturelle Schemata identifizieren: das *Hochkulturschema*, das sich durch Kontemplation, einen antibarbarischen Impuls und dem Streben nach Perfektion auszeichnet, das *Trivialschema*, das die Gemütlichkeit genießt, die Exzentrik verabscheut und eine Philosophie der Harmonie „predigt", und schließlich das *Spannungsschema*, das die expressive Action bevorzugt, sich vom Konventionellen fernhält und eine narzisstische Lebensweise verfolgt.

11 Unter dem Begriff der Technologie wird mit Norman (2007, S. 95) „any systematic application of knowledge to fashion the artifacts, materials, and procedures of our lives" verstanden.

12 *Future things* bieten auch eine pädagogische Zukunft: „A robot could very well interact with a child, offering educational benefits as well" (Norman 2007, S. 163). Es erscheint interessant, dass die pädagogischen Technologien der Zukunft (Roboter) sich z. Zt. sowohl auf unterrichtliche wie auch auf sozialpädagogische Tätigkeiten bzw. auf Kinder und alte Menschen zu konzentrieren scheinen (Strassmann 2012).

13 Vgl. Horkheimer (1985, S. 416): „Gebildet wird man nicht durch das, was man ‚aus sich selber macht', sondern einzig in der Hingabe an die Sache, in der intellektuellen Arbeit sowohl wie in der ihrer selbst bewußten Praxis. [...] Wer nicht aus sich herausgehen, sich an ein Anderes, Objektives ganz und gar verlieren und arbeitend doch darin sich erhalten kann, ist nicht gebildet."

14 Insofern Bildung als Ereignis mit widerfahrenden Geschehnissen zu tun hat, ist sie eng mit dem Performativen als auratischem Ereignis verwandt (vgl. Mersch 2002, 2003). – Vgl. auch Nohl 2011, S. 55 f., 203f.

15 Waldenfels (2004) bringt die Aufmerksamkeit (für die Dinge) vor allem mit vier Momenten in Verbindung: mit einer konstitutiven *Dualität*: „Einerseits bewegen wir uns im Bannkreis einer Aufmerksamkeit, die uns fesselt, verzaubert, verhext, andererseits kommt es zu einer Weckung der Aufmerksamkeit, die uns auf uns selbst zurückwirft und uns eine Erwiderung abverlangt" (ebd., S. 269); das zweite, für Waldenfels entscheidende Moment ist daher die *Responsivität*, denn: „Eine Phänomenologie der Aufmerksamkeit, die davon ausgeht, dass uns etwas widerfährt, bevor wir uns dessen versehen, bleibt gebunden an eine *Deiktik*, die sich zu keiner Apodeiktik zusammenschließt" (ebd., S. 30 f.); mit der Antwort auf das Sich-zeigen des Anderen verbunden ist die aisthetische *Alteration*: „In der Aufmerksamkeit sehen wir nicht anderes, sondern wir sehen, was wir sehen, anders also zuvor" (ebd., S. 26); Responsivität und Alteration wiederum führen schließlich zu einer *Verfremdung* des Subjekts: „Weil ich aber in meinem antwortenden Aufmerken bestimmt bin durch das, was mir zuvorkommt, schieben sich Eigenes und Fremdes, Einheimisches und Auswärtiges ineinander" (ebd., S. 72).

16 Ggf. können auch verlorene Dinge die für Bildungsprozesse wichtigen Fremdheitserfahrungen generieren.

Literatur

Adorno, Th. W. (1973). Theorie der Halbbildung. In Ders., *Sociologica 2. Reden und Vorträge* (3. Aufl., S. 168–192). Frankfurt a. M.: Suhrkamp.
Adorno, Th. W. (1986). *Minima Moralia*. Frankfurt a. M.: Suhrkamp.
Bloch, E. (1985). Der Rücken der Dinge. In Ders., *Spuren* (S. 172–175). Frankfurt a. M.: Suhrkamp.
Böhme, G. (1995). Das Ding und seine Ekstasen. Ontologie und Ästhetik der Dinghaftigkeit. In Ders., *Atmosphäre* (S. 155–176). Frankfurt a. M.: Suhrkamp.
Böhme, G. (2001). Das Ding. In Ders., *Aisthetik. Vorlesungen zur Ästhetik als allgemeine Wahrnehmungslehre* (S. 159–172). München: Fink.
Bourdieu, P. (1974). *Zur Soziologie der symbolischen Formen*. Frankfurt a. M.: Suhrkamp.
Bourdieu, P. (1987). *Die feinen Unterschiede. Kritik der gesellschaftlichen Urteilskraft*. Frankfurt a. M.: Suhrkamp.
Brandes, U., Stich, S., & Wender, M. (2008). *Design durch Gebrauch: Die alltägliche Metamorphose der Dinge* (Board of International Research in Design). Basel: Birkhäuser.
Därmann, I. (2011). *Kulturtheorien. Zur Einführung*. Hamburg: Junius.
Elschenbroich, D. (2010). *Die Dinge: Expeditionen zu den Gegenständen des täglichen Lebens*. München: Kunstmann.
Flusser, V. (1993). *Dinge und Undinge. Phänomenologische Skizzen*. München: Hanser.
Gadamer, H.-G. (1990). *Wahrheit und Methode. Grundzüge einer philosophischen Hermeneutik* (6. Aufl.). Tübingen: J.C.B. Mohr.
Heidegger, M. (1979). *Sein und Zeit* (15. Aufl.). Tübingen: Max Niemeyer.
Horkheimer, M. (1985). Begriff der Bildung (1952). In Ders., *Gesammelte Schriften Bd. 8: Vorträge und Aufzeichnungen 1949–1973* (S. 409–419). Frankfurt a. M.: Fischer.
Humboldt, W. von (1985). Plan einer vergleichenden Anthropologie (1795). In C. Menze (Hrsg.), *Bildung und Sprache* (S. 29–58). Paderborn: Schöningh.
Langeveld, M. (1955). Das Ding in der Welt des Kindes. *Zeitschrift für Pädagogik, 1*, 69–83.
Liessmann, K. (2010). *Das Universum der Dinge. Zur Ästhetik des Alltäglichen*. Wien: Zsolnay.
Macho, Th. (2011). *Vorbilder*. München: Fink.
Mersch, D. (2002). *Ereignis und Aura. Untersuchungen zu einer Ästhetik des Performativen*. Frankfurt a. M.: Suhrkamp.

Mersch, D. (2003). Ereignis und Respons – Elemente einer Theorie des Performativen. In D. Kertscher & D. Mersch (Hrsg.), *Performativität und Praxis* (S. 69–94). München: Fink.
Meyer-Drawe, K. (1999). Herausforderung durch die Dinge. Das andere im Bildungsprozess. *Zeitschrift für Pädagogik, 45*(3), 329–342.
Nohl, A.-M. (2011). *Pädagogik der Dinge.* Bad Heilbrunn: Klinkhardt.
Norman, D. A. (2007). *The Design of Future Things.* New York: Basic Books.
Rammert, W. (2008). Technographie trifft Theorie. Forschungsperspektiven einer Soziologie der Technik. In H. Kalthoff, S. Hirschauer, & G. Lindemann (Hrsg.), *Theoretische Empirie. Zur Relevanz qualitativer Forschung* (S. 341–367). Frankfurt a. M.: Suhrkamp.
Roßler, G. (2008). Kleine Galerie neuer Dingbegriffe: Hybriden, Quasi-Objekte, Grenzobjekte, epistemische Objekte. In G. Kneer, M. Schroer, & E. Schüttpelz (Hrsg.), *Bruno Latours Kollektive* (S. 76–107). Frankfurt a. M.: Suhrkamp.
Schulze, G. (2000). *Die Erlebnisgesellschaft. Kultursoziologie der Gegenwart* (8. Aufl.). Frankfurt a. M.: Campus.
Selle, G. (1997). *Siebensachen. Ein Buch über die Dinge.* Frankfurt a. M.: Campus.
Simmel, G. (1993). Das Problem des Stils. In A. Cavalli & V. Krech (Hrsg.), *Aufsätze und Abhandlungen 1901–1908. Gesamtausgabe Bd. 8.* (S. 266–286). Frankfurt a. M.: Suhrkamp.
Soeffner, H.-G. (1992). Stil und Stilisierung. Punk oder die Überhöhung des Alltags. In Ders., *Die Ordnung der Rituale. Die Auslegung des Alltags 2* (S. 76–101). Frankfurt a. M.: Suhrkamp.
Soentgen, J. (1997). *Das Unscheinbare. Phänomenologische Beschreibungen von Stoffen, Dingen und fraktalen Gebilden.* Berlin: Akademie.
Stieve, C. (2008). *Von den Dingen lernen. Die Gegenstände unserer Kindheit.* München: Fink.
Strassmann, B. (2012). Die Roboter kommen. *Die Zeit, Nr. 4* vom *19.01.2012.* (S. 29–30).
Waldenfels, B. (2004). *Phänomenologie der Aufmerksamkeit.* Frankfurt a. M: Suhrkamp.
Waldenfels, B. (2010). *Sinne und Künste im Wechselspiel. Modi ästhetischer Erfahrung.* Frankfurt a. M.: Suhrkamp.
Werner, J. (Hrsg.). (1998). *Vom Geheimnis der alltäglichen Dinge.* Frankfurt a. M.: Insel.
Wetzel, T. (2005). *Geregelte Grenzüberschreitung. Das Spiel in der ästhetischen Bildung.* München: Kopaed.
Wieser, M. (2004). Inmitten der Dinge. Zum Verhältnis von sozialen Praktiken und Artefakten. In K. H. Hörning & J. Reuter (Hrsg.), *Doing Culture. Neue Positionen zum Verhältnis von Kultur und sozialer Praxis* (S. 92–107). Bielefeld: transcript.
Wulf, Ch. (1993). Was nie geschrieben wurde, lesen. Benjamins „Berliner Kindheit um Neunzehnhundert". In H.-G. Herrlitz & Ch. Rittelmeyer (Hrsg.), *Exakte Phantasie. Pädagogische Erkundungen bildender Wirkungen in Kunst und Kultur* (S. 191–200). Weinheim: Juventa.
Wulf, Ch., & Zirfas, J. (Hrsg.) (2007). *Pädagogik des Performativen. Theorien, Methoden, Perspektiven.* Weinheim: Beltz.
Wulf, Ch., Göhlich, M., & Zirfas, J. (Hrsg.) (2001). *Grundlagen des Performativen. Eine Einführung in die Zusammenhänge von Sprache, Macht und Handeln.* Weinheim: Juventa.
Zirfas, J. (2011). Bildung. In J. Kade, W. Helsper, Ch. Lüders, B. Egloff, F.-O. Radtke, & W. Thole (Hrsg.), *Pädagogisches Wissen. Erziehungswissenschaft in Grundbegriffen* (S. 13–19). Stuttgart: Kohlhammer.

Erziehungsräume

Carola Groppe

Zusammenfassung: Der Beitrag behandelt die historische Entwicklung materieller Erziehungsräume. Ausgehend von einer relationalen und handlungsorientierten Raumtheorie werden zunächst Erziehungsräume von Bildungs- und Sozialisationsräumen unterschieden. An zwei historischen Beispielen, der Entwicklung des privaten Kinderzimmers und den reformpädagogischen Landerziehungsheimen im Kaiserreich, wird dann exemplarisch aufgezeigt, unter welchen Bedingungen sich Räume zu Erziehungsräumen entwickeln und Erziehungsräume mit bestimmter pädagogischer Wirkungsabsicht unmittelbar geplant werden. Dabei wird auch herausgearbeitet, welcher Gewinn in einer historischen Betrachtung von Erziehungsräumen liegt.

Schlüsselwörter: Erziehungsräume · Erziehende Räume · Funktionsräume · Kinderzimmer · Landerziehungsheim

Educational spaces

Abstract: The article is about the historical development of material educational spaces. Starting from a relational and action-oriented theory of space, to begin with educational spaces are distinguished from acculturational (Bildungs-) and socialisation spaces. Two historical examples, the private children's nursery and the German country boarding schools that used progressive teaching methods in the Wilhelminian era, are presented to demonstrate the conditions under which spaces develop into learning spaces and those under which educational spaces are deliberately/directly planned with a view to achieving certain specific pedagogical effects. The author shows what is to be gained from taking a historical view of educational spaces.

Keywords: Educational spaces · Spaces that educate · Functional areas · Children's nurseries · Progressive country boarding schools

© Springer Fachmedien Wiesbaden 2013

Prof. Dr. C. Groppe (✉)
Fakultät für Geistes- und Sozialwissenschaften, Erziehungswissenschaft,
insbesondere Historische Bildungsforschung, Helmut-Schmidt-Universität,
Holstenhofweg 85, 22043 Hamburg, Deutschland
E-Mail: groppe@hsu-hh.de

1 Einleitung: Fragestellung

Die Frage nach der Bedeutung von Räumen in pädagogischen Prozessen ist in der Erziehungswissenschaft vergleichsweise neu. In der Historischen Bildungsforschung stellte sie sich insbesondere mit der Etablierung kulturwissenschaftlicher Fragestellungen in den 1990er Jahren. Dagegen hatte die sich in den 1960er und 1970er Jahren in der Erziehungswissenschaft insgesamt etablierende *sozialwissenschaftliche* Fragestellung und Methodik auch den historischen Blick zunächst auf die Analyse des Verhältnisses von Staat, Gesellschaft und Institution im pädagogischen Feld gelenkt. Institutionen wie das Bildungssystem wurden daher ausgehend von politischen Zielen und gesellschaftlichen Interessenlagen interpretiert und die Subjekte in die Funktionslogik der Institutionen und Strukturen eingeordnet (vgl. exemplarisch Müller 1977; Titze 1990). Räume traten vor diesem Hintergrund nicht in das Blickfeld der Forscher.

Dies änderte sich in der Historischen Bildungsforschung mit der Implementierung *kulturwissenschaftlicher* Ansätze in den 1990er Jahren. Die neue Kulturwissenschaft verwies auf die Wichtigkeit von individuellen und kollektiven Handlungen zur Interpretation der Realität. Diesen unterliege eine ‚Bedeutung', die zu entschlüsseln sei, um Individuen und Gesellschaften und auch die Vergangenheit(en) zu verstehen. Damit verlief die Verschiebung der Analyseperspektiven von Gesellschaft, Struktur und Funktion zum „Gesamtkomplex von […] Denkformen, Empfindungsweisen, Werten und Bedeutungen […], der sich in Symbolsystemen materialisiert" (Nünning 2001, S. 355; vgl. Priem 2006, S. 352 f.). Kultur meinte somit den „Komplex symbolischer Interaktion" in einer Gesellschaft (vgl. Wehler 1996, S. 10), den die (historischen) Akteure entwickeln und praktizieren. Damit verband sich zugleich ein Perspektivenwechsel hin zu den Akteuren, deren Motive und Sinnkonstruktionen entschlüsselt werden sollten (vgl. Mergel 1996, S. 63 ff.; Bachmann-Medick 2009). Der dadurch erzeugte Zuwachs an bildungshistorischen Mikrostudien führte dann auch zu einer erhöhten Aufmerksamkeit für die Bedeutung materieller Umwelten und Dinge im Prozess des Aufwachsens (vgl. Nohl 2011, S. 162 ff.; vgl. auch das vorliegende Beiheft „Mensch und Ding. Die Materialität pädagogischer Prozesse"). So gab es bereits 2001 eine bildungshistorische Tagung zum Thema der „pädagogischen Gestaltung des Raums" (Jelich und Kemnitz 2003).

In meinen folgenden Ausführungen werde ich die historische Entwicklung materieller Erziehungsräume am Beispiel des privaten Kinderzimmers und der reformpädagogischen Landerziehungsheime im Kaiserreich behandeln. Dazu wird im nächsten Abschnitt zunächst eine begriffliche Präzisierung des Raum- und des Erziehungsbegriffs vorgenommen, um den Begriff des Erziehungsraums analytisch handhabbar zu machen und ihn von ‚Bildungs- oder Sozialisationsräumen' zu unterscheiden. Zugleich möchte ich darlegen, warum es wichtig ist, die pädagogische Planung und Nutzung von Räumen generell auch in ihrer historischen Genese zu betrachten. Anschließend werde ich die genannten Erziehungsräume in ihrer historischen Entstehung analysieren, um mittels historischer Verlaufsformen und Abgrenzungen auch zum besseren Verständnis ihrer aktuellen Implikationen beizutragen.

2 Begriffsdefinition und Theorie

In vorliegenden bildungshistorischen Untersuchungen, die sich mit Fragen des Raums befassen, ist der Raumbegriff in seiner jeweiligen Verwendung heterogen. Er changiert zwischen Untersuchungen, die den Raum als gegeben voraussetzen und seinen sozialisatorischen oder erziehenden Einfluss auf Kinder und Jugendliche untersuchen, und Studien, die Raumkonstruktionen und Interaktionen in Aneignungsperspektive analysieren; die weitaus meisten Forschungsarbeiten widmen sich jedoch pädagogischen Programmatiken und Konzepten mit Bezug auf den Raum (vgl. als Überblick Jelich und Kemnitz 2003; Burke 2005). Bei der wissenschaftlichen Analyse von Erziehungsräumen muss somit zunächst eine begriffliche Klarheit hergestellt werden über das, was untersucht wird. Erziehung setzt in der wissenschaftlich-terminologischen Fassung einen intentionalen Akt voraus, mithin eine Willensbildung bei den Erziehenden, die mit einer Zielfokussierung und Planung der Erziehungsschritte und -mittel einhergeht (vgl. Vogel 1996, S. 487 f.; Nohl 2011, S. 125 ff.). Erziehungsräume wären demgemäß diejenigen Räume, in denen Erziehung stattfindet und die eigens dafür geplant und eingerichtet werden. In einem erweiterten Blickwinkel können Erziehungsräume aber auch als diejenigen Räume verstanden werden, denen selbst erziehende Funktionen zugewiesen werden: Dies wäre z. B. bei Kinderzimmern oder bei Stuhl- und Raumarrangements in Schulklassenzimmern der Fall (vgl. Caruso 2003; zur Delegationsproblematik der Erziehung an Dinge vgl. Nohl 2011, S. 130 f.). In den folgenden Ausführungen werden als Erziehungsräume daher erstens diejenigen architektonischen Räume oder Umweltarrangements bezeichnet, die bewusst als materielle Umwelt für Erziehung konzipiert, eingerichtet oder gebaut werden oder sich im historischen Prozess zu solchen entwickeln. Dies sind z. B. die Räume des institutionellen Erziehungs- und Bildungssystems und des Fürsorgewesens (Kindergärten, Schulen, Erziehungsheime, SOS-Kinderdörfer etc.). Die Definition umfasst zweitens diejenigen Räume, denen selbst erziehende Funktionen zugewiesen werden wie Kinderzimmer, Sporthallen und -plätze, Jugendheime etc. Diese werde ich im Folgenden zur Abgrenzung als ‚erziehende Räume' bezeichnen.

Es müssen aber nicht immer für die direkte oder indirekte Erziehung geplante und errichtete Räume sein, die als Erziehungsräume fungieren; prinzipiell kann jeder Raum zum Erziehungsraum werden, indem in ihm erzogen wird oder ihm durch Erziehende situativ oder dauerhaft eine Erziehungsfunktion zugewiesen wird. Auch für die Erziehung errichtete Räume werden erst durch die in und mit ihnen vollzogenen Praktiken zu Erziehungsräumen oder erziehenden Räumen. So können z. B. in Jugendheimen politische Versammlungen von Erwachsenen abgehalten werden. In diesem Moment sind sie keine erziehenden Räume mehr. Gleichzeitig ist es nicht sinnvoll, die gesamte materielle Umwelt, die sozialisatorischen Einfluss auf die Persönlichkeitsentwicklung nimmt, als Erziehungsraum zu definieren. Die damit einhergehende Entgrenzung des Begriffs würde in die Nähe älterer Definitionen von Erziehung vor dem Siegeszug des Sozialisationsbegriffs seit den 1970er Jahren rücken: die funktionale Erziehung, die von der intentionalen Erziehung abgegrenzt wird (Krieck 1936, S. 4).[1] Zur weiteren begrifflichen Präzisierung werden zudem diejenigen Räume ausgeschlossen, denen weniger eine Erziehungs- als eine Bildungsfunktion zukommt. Trotz inhaltlicher Überschneidungen der beiden Begriffe (Erziehung als Ermöglichung und Angebot von Bildungsprozessen) besitzen solche Räume m. E. Entwicklungsfunktionen für alle Altersgruppen, wie z. B. öffentliche Bibliotheken, und sind daher keine Erziehungsräume i. e. S. Einbezogen in meine Definition von Erziehungsräumen wären dagegen explizite Kinder- und Jugendbibliotheken. Meine Definition geht somit von den Räumen zugeschriebenen Funktionen aus, bezieht aber die raumbestimmenden Praktiken als konstituierende Elemente mit ein. Dabei gehe ich auch davon aus, dass die zugeschriebenen Raumfunktionen bestimmte Praktiken (hier: Erziehung) zumindest näher legen als andere.

Darüber hinaus muss für die Analyse der Raumbegriff näher bestimmt werden. Räume sind (im)materielle Begrenzungen aufweisende Umwelten; sie werden aber erst durch soziale Prozesse konstituiert (vgl. Löw 2001, S. 131 ff.). Martina Löw hat 2001 einen handlungsorientierten Raumbegriff entwickelt, der sich von einem reinen Arrangement der Dinge in einem definierten Umfeld abgrenzt (vgl. ebd., S. 132 ff.). Damit treten Akteure und ihr Handeln als konstituierende Elemente ins Blickfeld (vgl. Ecarius 1999, S. 60). Räume werden durch das Arrangement der Dinge geschaffen und verändert, sie besitzen eine soziale Grundlage. „Angeordnet werden also Güter in ihrer materiellen Eigenschaft, verstanden können diese Anordnungen jedoch nur werden, wenn die symbolischen Eigenschaften der sozialen Güter entziffert werden" (Löw 2001, S. 153). Darüber hinaus sind auch Bewegungen und Handlungen der Akteure im Raum Teil desselben. Die konstituierende Bedeutung der Akteure für Räume nennt Löw „spacing" (S. 158). Räume werden von Akteuren geschaffen (gebaut, angeordnet, arrangiert – „spacing"); Räume sind aber zugleich eine Interpretationsleistung, indem sie zu solchen erst durch Wahrnehmung und Vorstellung gemacht – synthetisiert – werden (vgl. ebd., S. 158 f.). Räume sind auch geprägt von Routinen und Machtverhältnissen. So werden Räume einerseits in alltäglichem Handeln reproduziert, andererseits spiegeln sie – sowohl als öffentliche Räume als auch als Privaträume – Machtverhältnisse wider und verfestigen sie wiederum im alltäglichen Handeln (vgl. ebd., S. 161 ff.). Auch soziale Differenzen prägen sich in der Raumgestaltung und -wahrnehmung aus. Da dies alles wiederum sozialisatorisch wirksame Erfahrungen sind, sind eigentlich alle Räume in einem weiteren Sinne pädagogische Räume (vgl. Bächer 2003, S. 15).

Entscheidend in Martina Löws Theorie des Raums ist, dass dieser durch und durch relational gedacht ist; ohne Anordnung und Syntheseleistung entsteht und existiert kein Raum (auch virtuelle Räume, z. B. Chatrooms, werden mit dieser Definition erfasst). Diese relationale, handlungsorientierte Fassung des Raums wird auch in der vorliegenden Untersuchung zugrunde gelegt. Erziehungsräume und erziehende Räume sind also dadurch gekennzeichnet, dass in ihnen nicht nur die Intention der Erzieher zum Ausdruck kommt, sondern dass auch die aktiven Aneignungsprozesse der zu Erziehenden Raum schaffen und synthetisieren, ihm Bedeutung zuweisen. Dieser Prozess und das Ergebnis müssen dabei nicht mit der Absicht der Erzieher konform gehen (vgl. dazu Löw 2001, S. 231 ff.). Der ‚Spielraum' wird umso größer, je weniger die Funktion und die Bedeutung des Raums und seiner Anordnungselemente fixiert sind, z. B. durch Abwesenheit der Erzieher und ihrer Handlungen.

Die relationale, akteursbezogene Fassung des Raumbegriffs entbehrt aber einer Dimension, die in ihrer Bedeutung für Wahrnehmungsprozesse und Handlungen häufig unterschätzt wird, dies ist die historische Dimension. Räume werden nicht jeweils neu konstruiert, sie werden historisch gebildet, tradiert und dann durch Wiedererkennung konstituiert und synthetisiert. Wie es Robert Musil in seinem Essay „Der deutsche Mensch als Symptom" (1923) scharf formuliert hat: „[...] tatsächlich baun doch die Häuser die Häuser [...]."[2] Wenn von der wechselseitigen Bedingtheit von Handeln und Strukturen gesprochen wird (vgl. Giddens 1988), dann wird zumeist nicht reflektiert, woher denn die Handlungskategorien und die Sinnelemente der Welt- und Selbstdeutung der Subjekte stammen bzw. es wird nicht präzise der Weg ihrer Genese verfolgt (vgl. Hitzer und Welskopp 2010; Dehnavi 2013, S. 46 f.). Die rekursive Vorstellung von Handeln und Struktur (vgl. Löw 2001, S. 167 f.) bleibt zirkulär. Wenn sich auch letztlich diese Zirkularität nicht völlig aufheben lässt, ist doch der Einbezug der historischen Dimension epistemologisch weiterführend. Das historische Gedächtnis schafft Interpretationskategorien, Handlungsorientierungen und Verhaltensformen, die in die aktive Raumanordnung und interpretierende Synthese von Räumen, auch in öffentliche und institutionalisierte Räume, Eingang finden. Wenn Pierre Bourdieu davon spricht, dass sich die soziologische Theoriebildung „immer in der Partikularität, im Historischen" befinde und das „Problem des Allgemeinen, Universellen, [...] sich von hier aus" stelle (Bourdieu 1985, S. 387), so verweist dies nicht nur auf die Empiriebedürftigkeit der Theorie, sondern auch auf den Erklärungswert der Geschichte. Diese eröffnet zwar kein unmittelbares ‚exempla docent', aber ihre Analyse zeigt Entwicklungspfade und strukturelle Voraussetzungen heutiger Problemstellungen auf; ihre Analyse macht zudem die Entstehung individueller und kollektiver (gruppenspezifischer wie nationalstaatlicher) Deutungsmuster und Handlungsorientierungen verständlich (vgl. Sieder 1994; Bollenbeck 1994). Besonders deutlich wird der Zusammenhang von kollektivem historischem Gedächtnis (auch wenn dieses bei näherer Betrachtung nochmals gruppen- und milieuspezifisch differiert) und Raumkonstruktion, wenn der Akt des historisch vermittelten Wiedererkennens durch kulturelle Unterschiede differente Ergebnisse aufweist. Symboliken und Deutungen sind abhängig von historisch gewachsenen Kulturräumen. So erschließen sich z. B. religiöse Räume (Kirchen, Tempel usw.) in ihren Bedeutungen dem fremden Betrachter nicht unmittelbar, aber auch Alltagsräume wie z. B. Straßen oder Restaurants sind historisch-kulturell gebunden und verlangen von ihren Nutzern in jeder Kultur bestimmte Rauminterpretationen und darauf bezogene Verhaltensweisen.

Ich werde in meinen folgenden Ausführungen zwei Erziehungsräume in ihrer historischen Entstehung analysieren, das private Kinderzimmer im 19. Jahrhundert und einen Raum semi-öffentlicher Erziehung, die privaten Landerziehungsheime im deutschen Kaiserreich. Ich habe diese beiden Räume – oder besser Raumtypen – ausgewählt, weil sie Beispiele dafür sind, unter welchen Bedingungen sich Räume einerseits zu Erziehungsräumen bzw. erziehenden Räumen entwickeln (Kinderzimmer) und wie andererseits mit einem konkreten pädagogischen Konzept Erziehungsräume mit bestimmter Wirkungsabsicht unmittelbar geplant werden (Landerziehungsheime). Sowohl das Kinderzimmer als auch die Landerziehungsheime spielen in heutigen pädagogischen Raumkonzeptionen eine Rolle. Ihre historische Betrachtung kann hilfreich sein, um ihre aktuellen Raumimplikationen durch Kontrastierungen und Entwicklungslinien klarer zu erfassen.

3 Alice im Wunderland

Lewis Carroll beschreibt in seinem 1865 erschienenen Buch „Alice im Wunderland", wie ein kleines Mädchen, Alice, in einer imaginierten Welt die Räume und sich selbst anders erlebt, weil sie durch ein Getränk stark schrumpft und durch ein Gericht stark wächst (vgl. Carroll 1993, S. 17 ff.). Dabei schiebt sich die imaginierte Welt unvermittelt in die reale Welt hinein: Das Kaninchen am Beginn des Romans erscheint zunächst ganz alltäglich, bis es anfängt zu sprechen und eine Uhr aus der Westentasche zieht. Carroll verbildlicht damit die aus kindlicher Perspektive noch vorhandene Variabilität der Raumbetrachtung und spielt im Text zugleich mit den im Sozialisationsprozess erworbenen Kategorien der Raumwahrnehmung der Erwachsenen. Er beschreibt Alices Versuche, sich die Akteure und Ereignisse im Wunderland zu erklären und mit ihren bisherigen Deutungskategorien so lange in Übereinstimmung zu bringen, bis schließlich auch die Deutungskategorien der ‚normalen Welt' fraglich werden. Dass beide Welten miteinander nicht kompatibel sind, zeigt sich in der dramatischen Schlusssituation, in der Alice König und Königin und viele weitere Akteure des Wunderlands als Kartenspiel bezeichnet und – aus Sicht der ‚normalen Welt' – damit entlarvt. Daraufhin erwacht sie am Rande eines Baches im Schoß ihrer Schwester (vgl. ebd., S. 110 ff.).

Die surrealistischen Bilder, die Carroll für die Parallelwelt des Wunderlands entwirft, stellen im Text einerseits Zeugnisse einer grundsätzlich in ihren Bedeutungen nicht festgelegten Welt dar. Andererseits verschwindet die Parallelwelt in dem Moment, in dem Alice die Deutungskategorien letztgültig verwendet, die ihr aus der Normalwelt bekannt sind. Die Benennung der Dinge und ihre Zuordnung zu bestimmten Verwendungszusammenhängen geben ihnen in Carrolls Geschichte einerseits eine rettende, alltagspraktische Konstanz. Andererseits legen sie die Personen auf eine mehr oder weniger eindeutige, die Welt ihrer Vielgestaltigkeit beraubende Zuschreibung der Dinge und ihrer Bedeutung fest. Dies wird besonders deutlich im letzten Kapitel der Geschichte. Alices ältere Schwester stellt sich hier erst Alices kindliche Wahrnehmung der Dinge und das Wunderland vor und sinniert schließlich darüber, dass ihr selbst, die sich bereits auf dem Weg ins Erwachsenenleben befindet, dieses Wunderland nicht mehr zur Verfügung steht. Es kann für sie nur noch als bewusste Imagination präsent sein: „So saß sie mit geschlossenen Augen da und glaubte sich halb ins Wunderland versetzt; und dabei wußte sie doch recht gut, dass sie sich nur umzublicken brauchte, und alles würde wieder langweilig und wirklich werden […]" (ebd., S. 127).

Fasst man Erziehung als intentionale Begrenzung von Entwicklungs*möglichkeiten*[3], nicht aber von Entwicklung, indem sukzessive eine Matrix der Handlungsorientierungen und Verhaltensformen herbeigeführt werden soll – Bourdieu nennt das Ergebnis des Entwicklungsprozesses insgesamt den Habitus, die innere Grammatik (vgl. Bourdieu 2001) –, so spielen dafür Räume eine wichtige Rolle. Zunehmend, im Entstehen der modernen, westlichen Sozialisationsordnung und des pädagogischen Feldes als Ort eigenständiger Reflexion und Theoriebildung im Verlauf der zweiten Hälfte des 18. Jahrhunderts (vgl. Groppe 2004, S. 144 ff.), wurden Räumen daher spezifische Funktionen zugewiesen, die allein der Erziehung und damit der Lenkung der kindlich-jugendlichen Entwicklungsprozesse vorbehalten waren.[4]

Die Ausdifferenzierung von Funktionsräumen erreichte im Kaiserreich um 1900 einen ersten – weitgehend als Zeichen des Fortschritts gefeierten – Höhepunkt (vgl. Wehler 1995, S. 510 ff.). Regierungssitze, Verwaltungen, Unternehmen, Schulen und Universitäten erhielten repräsentative Gebäude, auf denen in der Regel deutlich zu lesen war, welcher Funktion sie dienten. Gleichzeitig, so referierte Robert Musil als zeitgenössischer Beobachter, waren deren symbolische, aus der Gründerzeit stammende Ausdrucksformen an der Jahrhundertwende bereits überholt: „Es [das Zeitalter, CG] hatte gemalt wie die Alten, gedichtet wie Goethe und Schiller und seine Häuser im Stil der Gotik und Renaissance gebaut. Die Forderung des Idealen waltete in der Art eines Polizeipräsidiums über allen Äußerungen des Lebens" (Musil 1930, 1978, S. 54). Um 1900 begannen daher Architekturreformer wie Henry van de Velde und Adolf Loos, die Heimatkunstbewegung und die Gartenstadt- und Siedlungsbewegung, Privathäuser und öffentliche Gebäude in ihrer Symbolsprache – weniger dagegen in den Raumanordnungen – zu verändern (vgl. Kerbs und Reulecke 1998; Buchholz et al. 2001). Dies war jedoch nur zu geringen Teilen einem Ressentiment gegenüber der Modernisierung geschuldet.[5] Vielmehr handelte es sich um eine Entwicklung, die auf die empfundene Diskrepanz zwischen den Formen und Inhalten der ‚symbolischen Handlungen' (Historismus, Klassizismus usw.) und den realen technischen, ökonomischen und gesellschaftlichen Veränderungen reagierte und zu neuen symbolischen Ausdrucksformen führte (vgl. Groppe 1997, S. 4 ff.; Müller und Torp 2009). In den folgenden Ausführungen wird das Kaiserreich als eine der ‚Achsenzeiten' der Moderne und dabei die Raumkonstruktion des Bürgertums als gesellschaftliche Leitnorm in den Blick genommen.

4 Kinderzimmer: Spielecken und Lernstuben

Der Schriftsteller Rudolf Borchardt, 1877 als Sohn eines vermögenden Kaufmanns in Königsberg geboren und in Berlin aufgewachsen, schildert in seiner Autobiographie den kindlichen Eindruck einer großbürgerlichen Berliner Mietwohnung:

> In Berlin beherbergte uns bald ein unabsehbares Stockwerk eines der düstern und öde pomphaften Häuser wie sie die Bautätigkeit nach dem Kriege zwischen die Charlottenburger Chaussee und die Spree in den neuen Nordwesten der Prunkanlagen um die Siegessäule vorgeschoben hatte. Es war ein finsteres häßlichgraues Riesengebäude dessen mächtige Türen ich als Kind mit beiden angestemmten Armen auf- und zuzustoßen bei jedem Spaziergange mich ärgerlich bemühte. [...] Die Räume brachen im rechten Winkel, der kleinere nach vorn gelegene Schenkel entstand aus dem gewaltigen Speisezimmer in einer Reihe von Gesellschaftsräumen in die wir nur wenn wir angefordert wurden den Fuß setzten. Der lange Hinterschenkel, ein finsterer Korridorschlauch, auch bei Tage künstlich erhellt, führte Tür nach Tür nach Tür in die vielen Schlaf- und Schulzimmer aus deren Hoffenstern wir auf den widerlichen kleingepflasterten Hofplatz mit seinen armseligen Staffage Figuren, Pförtnersleuten und ihren Kindern, Mansardenmietern und ihren Besuchern, Boten und Dienern hinunterstarrten. (Borchardt 1926, 1927, 1990, S. 65 f.)

So negativ Borchardt die herrschaftliche Mietwohnung, schon im Zugang nach Herrschafts- und Lieferantenaufgang differenziert, in der Förmlichkeit ihrer Raumnutzung und in der Ausstattung nachträglich einschätzte, sie machte doch den sozialen Ort des Kindes überdeutlich: Nach vorn lebte das Bürgertum, in den Hinterhöfen das Personal und die Unterschichten (Vorderhaus/Hinterhaus). Dies blieb bis in die 1890er Jahre so, bis in den Großstädten durch den Urbanisierungsprozess sozial segmentierte und homogenere Wohnviertel entstanden: gutbürgerliche Viertel mit herrschaftlichen Mietwohnungen und die Villenvororte. Der Hamburger Kaufmannssohn Alwin Münchmeyer hielt fest: „Wir wuchsen vollkommen isoliert auf. Es gab zwei Welten, die unsere und die andere. Von der Existenz der anderen erfuhr ich allerdings erst am Ende der Kaiserzeit" (Münchmeyer 1998, S. 285). Konstant deutlich wurde die soziale Differenzierung aber in der Anordnung der Räume in den Villen und bürgerlichen Mietwohnungen: Die Familienräume waren klar getrennt von Räumen für das Dienstpersonal (Mansarde oder Mädchenzimmer) und in Ausstattung und Größe deutlich hierarchisiert. Für Kinder und Jugendliche wurde durch die inneren Wohnverhältnisse der eigene soziale Status ständig erfahrbar. Machtverhältnisse und soziale Differenzen wurden ganz unmittelbar durch Raumanordnungen sichtbar und in der Interaktion reproduziert. Kinder des Bürgertums wurden sozialisiert in asymmetrischen Beziehungen. „Immer war jemand zum Schuhputzen da. Das prägte den Verhaltensstil" (Nipperdey 1990, S. 54).

Die innere Organisation der Familienräume machte in bürgerlichen Mietwohnungen und Villen auch den Status der Lebensphasen erkenntlich. Eigene Kinderzimmer mit entsprechender Ausstattung, manchmal noch unterschieden in Schlafräume und Spiel- und Schulzimmer, verdeutlichten die Bedeutung der Kindheit und ihrer Aufgaben (spielerische Entwicklung und Lernen). Die weitere Binnendifferenzierung zwischen Repräsentationsräumen, die in großen Mietwohnungen und Villen besonderen Ereignissen vorbehalten waren (Empfänge und Familienfeste, vgl. Budde 1994, S. 72 ff.), und Privaträumen strukturierte den Erfahrungshorizont der Kinder dann auch hin auf das, was die bürgerliche Lebensform im Alltag ausmachte, nämlich die Balance zwischen familieninterner Emotionalität und repräsentativer, öffentlichkeitsorientierter Formalität.

Zu Beginn des 19. Jahrhunderts waren bürgerliche Räume in ihren Funktionen noch weit weniger fixiert gewesen. Auch in den Häusern der Kaufleute und Unternehmer, deren monetäres Vermögen am ehesten eine Differenzierung in Funktionsräume erlaubt hätte, geschah dies kaum (vgl. Groppe 2004, S. 366 ff.). Geschäftsräume (Kontore, Produktions- und Lagerräume) und Wohnräume (Wohnstube, Esszimmer und Schlafkammern sowie Vorrats- und Wirtschaftsräume) lagen eng nebeneinander und gingen in ihren Funktionen auch situativ ineinander über (vgl. Reininghaus 1995, S. 561 ff.). Daher gab es bis in das zweite Drittel des 19. Jahrhunderts im Bürgertum auch nur sehr vereinzelt eigentliche ‚Kinderzimmer' (vgl. Güntheroth 2003, S. 190 f.; Weber-Kellermann 1991). Üblich war dagegen, den Kindern eigene Spielkisten zur Verfügung zu stellen und diese mit ‚nützlichem', d. h. auf die späteren Geschlechtsrollen vorbereitendem, und ‚kindgerechtem', d. h. nach den Vorstellungen der Erzieher die Kreativität anregendem Spielzeug zu füllen (vgl. Groppe 2004, S. 372 ff.).

Dass Räume aktiv angeordnet und in diesem Prozess synthetisiert werden, lässt sich historisch an den variablen Raumkonstitutionen in den frühen Bürgerhäusern besonders gut zeigen. Hier wurden Räume ständig neu geschaffen und ihnen dinglich anordnend oder imaginativ Funktionen zugewiesen. Was jeweils Wohnstube und was Esszimmer war oder wo die Kontore lagen, wurde je nach Bedürfnis geändert.[6] Kinder und Jugendliche hatten daran aktiv teil. Spielkisten und -ecken waren nicht an bestimmten Orten fixiert, sondern mussten in Bezug auf und in Abgrenzung von Erwachsenenräumen und -tätigkeiten konstituiert werden. Kindheit als Lebens- und Entwicklungsphase war aber deshalb für die Erwachsenen nicht unbedeutend. Die Erziehung der Kinder erhielt im Gegenteil im Zuge der Ausdifferenzierung der sozialen Felder seit dem späten 18. Jahrhundert zu Feldern mit eigenen Normen und Handlungslogiken (zum Feldbegriff vgl. Bourdieu 1988, S. 16 ff.) eine wachsende Bedeutung als konkrete ‚(Erziehungs-)Arbeit am Selbst'. Bedeutsam wurde für die älteren Generationen, für Kinder und Jugendliche das Orientierungsvermögen in einer zunehmend freien Welt (Auflösung der Ständegesellschaft um 1800) durch Erziehung sicher zu stellen. Erziehung sollte Kinder und Jugendliche zugleich in die Lage zu versetzen, wachsende lebensweltliche Divergenzen zu bewältigen. Individualisierung und Autonomie sowie die Fähigkeit zur Balance der Felder in der persönlichen Lebensführung (Emotionalität und Rollenpartikularität in der Familie; Rationalität und Rollenuniversalität in Öffentlichkeit und Beruf) wurden daher zentrale Zielsetzungen der bürgerlichen Erziehung (vgl. Groppe 2004, S. 521 ff.; Hettling 2000, S. 59 ff.; Rosenbaum 1982, S. 272 ff.).

Im Verlauf des zweiten Drittels des 19. Jahrhunderts entstanden die ersten bürgerlichen Villen – reine freistehende Wohnhäuser mit umgebenden Gärten (vgl. Germersheim 1988, S. 48 ff.). Hier wurden nun – ebenso wie in den mit der Urbanisierung ab der Mitte des 19. Jahrhunderts entstehenden bürgerlichen Vierteln mit großen Mietwohnungen – Räume in ihrer Bedeutung fixiert. Kinderzimmer und – wo räumlich möglich – zusätzliche sogenannte Schul- oder Lernzimmer wurden im Bürgertum üblich, ‚Lernkindheit' zur bürgerlichen Sozialisationserfahrung. Die in den älteren Bürgerhäusern kaum fixierten Raumfunktionen wurden explizit und verlangten von den Bewohnern zwar implizite Anordnungs- und Syntheseleistungen, nicht aber eine ständige Neukonstitution. Soziale Ordnungen, Formationen und gesellschaftliche Werte (‚die private, emotional aneinander gebundene Familie') schrieben sich zunehmend in die Alltagsräume ein. Damit wurden ‚Lebensräume' für die Altersphasen und Geschlechter geschaffen und die Interaktionen reguliert: Repräsentations- und Privaträume, Herrschafts- und Personalräume, Wirtschaftsräume, Kinderräume. Auf diese Weise wurden nun auch Lebensmuster deutlicher vorgegeben – Räume setzten Normen. Ein Schul- oder Lernzimmer war zum Lernen da; der Gang ins Lernzimmer legte die darin zu vollziehenden Tätigkeiten fest – Erziehung wurde an einen ‚erziehenden Raum' delegiert.

Im Bauprogramm der 1866 bezogenen Villa des Textilfabrikanten Wilhelm Colsman (1831–1902) und seiner Frau Adele (1836–1893) war neben den Kinderzimmern eine für alle sieben Kinder gemeinsam nutzbare Lernstube vorgesehen worden. Der umfassende Briefwechsel des Ehepaars (ca. 500 Briefe zwischen 1857 und 1893) befasst sich über weite Strecken mit Fragen der Erziehung und der kindlichen Entwicklung. Dabei legten die Eltern großen Wert auf ein von ihnen selbst angeleitetes Lernen neben der Schule und begründeten dies für beide Geschlechter mit der wachsenden Komplexität und Leistungserfordernis in der Arbeits- und Alltagswelt: „Daß Paul [11 Jahre alt, CG] fleißig ist und auch zuweilen einen Lobstrich bekommt freut mich sehr, wenn er hier bei mir [auf der Geschäftsreise, CG] wäre und all das Arbeiten und Treiben sähe würde er leicht begreifen wie nöthig es ist tüchtig zu lernen, sonst geht es nicht."[7] Dabei sollten die Kinder Lernen als Norm und Leistung als Wert begreifen und selbstständig danach streben: „Paul ging auch mit den besten Vorsätzen zu Bett, u diesen Morgen traf ich ihn in der Frühe mit Adele [13 Jahre alt, CG], die ihm Französisch diktierte, die Kinder haben oft einen so guten Willen, dass es rührend ist zu sehen, wenn nur mehr Kraft u. Ausdauer dahinter wäre."[8] Ziel der Erziehung war die Erzeugung einer langfristig affirmativen Haltung zu Wissenserwerb und eigener Anstrengung (vgl. Hettling 2000). Der oben skizzierte bürgerliche Lebensentwurf der Balance wurde in Raumanordnungen übertragen (spacing) und sollte absichtsvoll, d. h. erziehend wirksam werden (vgl. dazu Nohl 2011, S. 135 f.). Die Syntheseleistung der Kinder bestand nun nicht mehr in der schöpferischen Raumkonstruktion, sondern im körperlichen und geistigen Nachvollzug der vorgegebenen Positionierungen.

Exemplarisch deutlich wird dies an der Wohnung der Familie Hans Falladas (d. i. das Pseudonym des Schriftstellers Rudolf Friedrich Wilhelm Ditzen, geb. 1893). Sein Vater war Richter am Berliner Kammergericht. Die Berliner Wohnung der Familie war in fast jedem Zimmer gefüllt mit offenen Bücherregalen. Bereits die Kinder, Mädchen wie Jungen, besaßen in ihren Zimmern ein eigenes Bücherbrett zunächst für ihre Bilderbücher, später mehrere Regale für ihre eigenen Bibliotheken: „Um sie […] jederzeit auffinden zu können, mußten sie in Reihen übersichtlich aufgestellt werden. Schon Doppelreihen waren verpönt […]. Infolge dieser etwas weitläufigen Aufstellung breiteten sich auch bei uns die Bücher allmählich über die ganze Wohnung aus, es gab in jedem Zimmer welche […]. Vater besaß – sein juristisches Rüstzeug nicht gerechnet, das auch beträchtlich war – etwa dreitausend Bände, Itzenplitz [die älteste Schwester, CG] reichte an die tausend, Fiete [die jüngere Schwester, CG], die das Steckenpferd am wenigsten leidenschaftlich ritt, etwa vierhundert, ich, obwohl drei Jahre jünger, etwa ebensoviel, und der kleine Ede auch schon über zweihundert Bände" (Fallada 1955, 1995, S. 143 f.; vgl. zur akademischen Familie Sträter und ihrer vergleichbaren Bibliothek im Kaiserreich Häder 2006, S. 185 f.). Der sachgerechte Umgang mit Büchern und kontinuierliches, konzentriertes Lesen waren einerseits Inhalt verbaler Erziehung und Teil genereller familialer Sozialisation, andererseits besaßen die Räume selbst einen dauerhaften Appellcharakter, einen spezifisch bildungsbürgerlichen Habitus zu entwickeln. Die elterlichen Werte und Normen wurden *in* die und *an* die Kinder- und Lernzimmer übertragen.

5 Die funktionale Differenzierung der Lebenswelt

Die deutsche Halbtagsschule schuf im Kaiserreich nachmittägliche Freiräume für Kinder und Jugendliche, die insbesondere im Bürgertum entweder in der Familie oder aber mit zunehmendem Alter mit gleichaltrigen Freunden verbracht werden konnten (zur unterschiedlichen Schulsituation im englischen und deutschen Bürgertum, Internat und Halbtagsschule, vgl. Budde 1994, S. 362 ff.). Damit stieg aus Sicht der bürgerlichen Eltern aber auch die Gefahr, dass ihre Kinder am modernen Großstadtleben teilnahmen: Kneipen und Cafés, Warenhäuser, Varietés, Theater und später Kinos, Wohnviertel der Arbeiter, Tagelöhner und Zugewanderten usw. (zur zeitgenössischen Diskussion über die Sittengefährdung der Jugend in der Großstadt vgl. Müller 1994, S. 208 ff.; Malmede 2002).

Dazu trat das im Kaiserreich heftig diskutierte Phänomen der Schülerverbindungen und ihrer Trinkrituale (vgl. Müller ebd.), die den Studentenverbindungen abgeschaut waren. All dies stellte aus Sicht vieler Eltern eine potentielle Gefährdung dessen dar, was Eduard Spranger 1924 idealisierend und aus bürgerlicher Sicht verallgemeinernd als Kulturpubertät beschrieb (vgl. Spranger 1924): „Es ist der aktiv nach Sinn suchende, sein innerstes Wesen entfaltende, in die verschiedensten Lebensbereiche aktiv hineinwachsende, literarisch-ästhetisch produktive Jüngling, der in seinem Lebensgefühl zwischen Ekstase und tiefer Depression wechselt und nur von ferne und mit viel Zurückhaltung die Idealfigur des anderen Geschlechtes sucht" (Fend 1988, S. 192).

Zugleich stieg die Anforderung an den Einzelnen, in einer sich weiter ausdifferenzierenden Umwelt zu einem integrativen Lebensentwurf der Balance zu finden. Die Umwelt hielt zudem neue Phänomene wie die Urbanisierung bereit, in deren Zuge Berlin, Hamburg, Frankfurt und München zu internationalen Großstädten wurden (Berlin hatte 1910 über 2 Mio. Einwohner) und das Ruhrgebiet als riesiges Städtekonglomerat entstand. Parallel vollzog sich eine umfassende Technisierung des Alltags (Elektrifizierung der Wohnungen, Ausbau der Verkehrsnetze (Eisenbahnnetze, Straßenbahnverbindungen, U-Bahnen und Straßen), Entstehung der Massenpresse, Revolutionierung der Kommunikation durch das Telefon usw.). Beklagt wurde von Teilen des Bürgertums ab ca. 1890 daher das Phänomen einer vermeintlichen Vermassung und gleichzeitigen Vereinzelung in der entwickelten Industriegesellschaft, das sich als gesellschaftliches Krisensymptom besonders deutlich in der Großstadt zeige und mit einem generellen Werteverlust und lebensweltlicher Orientierungslosigkeit verbunden sei (vgl. Beßlich 2000). In diesem Zusammenhang charakterisierte Georg Simmel um 1900 das moderne Individuum nur noch als Schnittpunkt sozialer Rollen (vgl. Simmel 1989, S. 240). Dass eine individuelle und autonome bürgerliche Lebensführung im Zeichen der Balance nicht mehr gelinge, war eine der zentralen Aussagen der Kulturkrisenpublizistik.

6 Landerziehungsheime: Spacing und Synthesen in der Provinz

Die ubiquitäre Schulkritik um 1900 („Massenschulen', ‚Schulkasernen') stand im Zusammenhang der vorausgehend kurz dargestellten Kulturkrisendiagnosen. Die Schulkritik wiederum war die Vorbedingung für die Auseinandersetzungen um eine neue ‚Schul- und Erziehungskultur', die später klassifizierend und grob vereinfachend ‚Reformpädagogik' genannt wurde. In diesem Zusammenhang konnten sich Privatschulprojekte etablieren, die auf die Ängste und Bedürfnisse einer bürgerlichen Elternschaft setzten (vgl. Müller 1994, S. 215). Hermann Lietz, zunächst erfolgloser Lehrer an privaten deutschen Progymnasien, hatte 1896 für ein Jahr an einer englischen reformierten public school (Abbotsholme) unterrichtet und dann die Landerziehungsheimbewegung 1898 in Deutschland mit dem Ziel begründet, „Stätten zu schaffen, in denen ‚erzogen' und nicht bloß unterrichtet wird, in denen die Jugend auf dem Lande in der freien, schönen Gottesnatur aufwachse, in denen sie wie in einem Familienheim (home), einer zweiten Heimat, mit ihren Erziehern wie eine erweiterte Familie zusammenlebt; in denen echte deutsche Art und Sitte gepflegt werde" (Lietz 1906, S. 291). Als pädagogische Provinzen in Internatsform in abgeschiedenen ländlichen Gegenden konzipiert, hoben die Landerziehungsheime gleichsam spiegelbildlich die funktionalen Differenzierungen der modernen Lebenswelt auf. Das galt auch für die aus der Lietzschen Bewegung hervorgehende „Freie Schulgemeinde Wickersdorf" (1906 gegründet von Gustav Wyneken) und die „Odenwaldschule" (1910 gegründet von Paul Geheeb). Als ‚totale Institutionen' (Erving Goffman) geplant, gab es dort keinen Raum, der nicht für die Erziehung vorgesehen war. Entwicklungsumwelten wurden strukturiert und begrenzt, ein einheitlicher ‚Geist' sollte die Schulen prägen. So wurde nicht nur die moderne Sozialisationsordnung mit den in Werten, Normen und Interaktionsformen differierenden Instanzen Familie, Schule und Peergroups aufgehoben und in einer Organisation zusammengeführt, sondern auch die gesamte Anordnung der Gebäude und Räume sollte ästhetisch einheitlich sein und dadurch erzieherisch wirken. So wurden durch Lietz ländliche Güter angekauft und ländlich-einfaches Leben als pädagogisch wirkmächtig postuliert; Abhärtung und Askese sollten zur ‚Sittlichkeit' erziehen, was diese beinhaltete, wurde nicht konkretisiert (vgl. Benner und Kemper 2003, S. 78 f.). Deutlich wird dann an den Gebäuden der Odenwaldschule bei Heppenheim im hessischen Odenwald das Ziel, eine an den ästhetischen Prämissen der Heimatkunst- und Gartenstadtbewegung orientierte einheitliche Architektur und Raumgestaltung in den Wohn- und Schulhäusern zu realisieren (vgl. Baader 2003, S. 431 f.). Die Erziehung in einer – durch die Raumanordnung und -gestaltung deutlich von öffentlichen Regelschulen unterschiedenen – pädagogischen Provinz sollte zur „Erweckung und Erlösung" mit dem Ziel eines ‚neuen Menschen' in einer ‚neuen Gesellschaft' führen (Oelkers 1999, S. 28). Die in den Lietzschen Landerziehungsheimen eingerichteten ‚Kapellen' und die Aula der Odenwaldschule waren in diesem Zusammenhang zentrale Räume charismatisch-emphatischer Pädagogik[9], die in der inneren Ausgestaltung asketisch karg waren, aber in der Odenwaldschule und im Versammlungssaal der Freien Schule Wickersdorf zugleich Jugendstilelemente in der Linienführung aufwiesen. Alle dienten sie quasi-sakralen Handlungen wie der Lesung gemeinschaftsstiftender Texte oder den Ansprachen der Schulleiter (vgl. Baader 2003, S. 437 ff.). Die Einheitlichkeit der Raumgestaltung verwies dabei mittelbar auf das gemeinsame pädagogisch-gesellschaftliche Ziel der jeweiligen Schulgemeinschaft. Damit stilisierten sich die Reformschulen in ihrer Raumanordnung und -gestaltung zugleich zu komplexitätsreduzierenden Gegenwelten, deren Totalität das ermöglichen sollte, was die Industriegesellschaft angeblich nicht mehr ermöglichte: eine Lebensführung im Zeichen der Balance. Gegen die institutionelle Rahmung sozialen Handelns wurde – auch räumlich – die emotional aneinander gebundene Gemeinschaft gestellt.

Insgesamt lassen sich die Raum- und Erziehungspraktiken in den Reformschulen als ‚Kulturen der Nähe' kennzeichnen. Diese Kulturen der Nähe konstituierten sich explizit über ihre anti-institutionelle Haltung; Mitgliedschaft beruhte auf intuitiver Übereinstimmung. Eine emphatische Erlebniskultur war ein zentraler Bestandteil der Erziehungspraxis in den Landerziehungsheimen. Durch den gemeinsam erlebten ‚hohen Augenblick', z. B. in den Kapellen und Versammlungsansprachen, wurden darüber hinaus Feiern zur Grundlage eines Gemeinschaftsbewusstseins, das eine avantgardistische Wir-Identität formte. Zugleich transformierten die reformpädagogischen Kulturen der Nähe damit den bürgerlichen Habitus des Maßes, der sparsamen Gestik, der Leistungs- und Anstrengungsbereitschaft und der Rationalität in einen Habitus der Expression, der Emphase und der Willens- und Gefühlsbetonung.

Bestand die Syntheseanforderung an bürgerliche Kinder und Jugendliche in Elternhaus und Schule des Kaiserreichs primär im körperlichen und geistigen Nachvollzug der vorgegebenen Raumanordnungen und dinglichen Positionierungen, so wurde diese Anforderung in den Landerziehungsheimen radikalisiert. Dort gab es keine alternativen Räume, wie dies im Alltag der Bürgerkinder die Freundesgruppen, die Schulwege und die Vereine darstellten. Die Landerziehungsheime waren in dieser Hinsicht kein Kontrast, sondern die Potenzierung bürgerlich-moderner Raumgestaltungskriterien. Als pädagogische Provinz konzipiert, war der Bezug auf die moderne Lebenswelt darüber hinaus insofern konstituierend, als der gesamte Raumkomplex ‚Landerziehungsheim' im Sinne des „spacing" als Gegenentwurf zur modernen Großstadt gedacht war. Dabei sollte die Bereitstellung vermeintlich ‚natürlicher', ganzheitlicher Umwelten eine ‚kindgerechte Erziehung' ‚vom Kinde aus' ermöglichen (vgl. Oelkers 1999, S. 14 ff.). Kinder und Jugendliche waren dabei – entgegen der pädagogischen Programmatik – funktionalisierte Träger von Visionen und Utopien einer ‚neuen Zeit'. Die Landerziehungsheime schufen dazu erziehende Raumanordnungen, die den im bürgerlichen Lebensmodell individuell und autonom zu vollziehenden integrativen Balanceakt an den Raum delegierten und ihn damit aufhoben. Die damit einhergehende Infragestellung von Individualität und Autonomie wurde durch verbale Emphase überdeckt. So waren es gerade diese ‚Paradiese der Jugend', die Raum und Person in einer Weise verbanden, dass in ihnen – anders als in der bürgerlichen Lebenswelt der Stadt – Alternativen versperrt und biographische Gegenentwürfe durch Kinder und Jugendliche undenkbar wurden.

Anmerkungen

1 Hochproblematisch an einer solchen Definition ist, dass sie unlösbar mit der nationalsozialistischen Zielsetzung der erziehenden Volksgemeinschaft, in der jeder jeden zu nationalsozialistischer Ideologie und Verhalten erzieht, verbunden ist. Der Begriff der ‚funktionalen Erziehung' hat ein historisches Gedächtnis.
2 Das vollständige Zitat lautet: „[…] tatsächlich baun doch die Häuser die Häuser und nicht die Menschen; das 100. Haus entsteht weil und wie die 99 Häuser vor ihm entstanden sind […] Der Mensch existiert nur in Formen, die ihm von außen geliefert werden. ‚Er schleift sich an der Welt ab', ist ein viel zu mildes Bild; er preßt sich in ihre Hohlform müßte es heißen. Die gesellschaftliche Organisation gibt dem Einzelnen überhaupt erst die Form des Ausdrucks, und durch den Ausdruck wird erst der Mensch." (Musil 1923, 1978, S. 1368 ff.). Musil wendete sich damit – bezogen auf die intellektuellen Debatten seiner Zeit – gegen Ontologie und Essentialismus.
3 Bildung, so schrieb der Soziologe Friedrich Tenbruck in den 1960er Jahren, „meint vor allem eine Begrenzung der Person. Person kann der Mensch nur dort sein, wo er sich den eigenen Möglichkeiten und Impulsen wie auch der Umwelt nicht beliebig und grenzenlos überläßt" (zit. nach Ellwein 1985, S. 116).
4 Bereits die Reformschulen der Aufklärung wie Johann Bernhard Basedows Philanthropin in Dessau (1774–1793) waren exklusive Erziehungsräume und zugleich erziehende Räume, die – ermöglicht durch die Entwicklung des pädagogischen Feldes – nicht mehr verbindlich eingebettet waren in bestehende Herrschafts- und Sozialordnungen, sondern konzipiert wurden mit dem Ziel der Gesellschaftsveränderung.

5   Im soziologischen Modernisierungskonzept bedeutet Modernisierung den Prozess der Industrialisierung, Urbanisierung, Verwissenschaftlichung, Professionalisierung und Intellektualisierung unter sukzessiver Erfassung aller Lebensbereiche.
6   Die Ehefrau eines Textilfabrikanten in Langenberg im Bergischen Land schrieb um 1820 an ihren Mann: „Wilh: [der älteste Sohn, CG] und ich haben neulich, einmal die Einrichtung gemacht. Unser drießeser Stube, das schlaffgemach von Sophie und Lenchen [zwei der Töchter, CG], muste das schreib Contor werden […] und die beyde kleine kämmerchen lincks für sonstigen Sachen, Mangen Babienen, und was da zu gehört, auf die Art kriegte wir unser Haus leer; nur noch die Gummierkammer, die habe ich unten von Winckeln, auf Driesseser Balcken verwiesen […] und dann die beyden, durch d. Dach vereinigt, mir soll es wundern, was es giebt;" Privatarchiv Adalbert Colsman Erben, Langenberg, Briefkonvolut „Briefe der Großeltern und Geschwister Colsman 1814/1835". Anna Gertraud Colsman an Johann Wilhelm Colsman, etwa 1820.
7   Firmen- und Familienarchiv Gebrüder Colsman, Velbert-Langenberg, B4g58, Briefwechsel Wilhelm und Adele Colsman, 1869–1879. Wilhelm Colsman an Adele Colsman, 15. 5. 1872.
8   Firmen- und Familienarchiv Gebrüder Colsman, Velbert-Langenberg, B4g58, Briefwechsel Wilhelm und Adele Colsman, 1869–1879. Adele Colsman an Wilhelm Colsman, 7. 5. 1872.
9   Wie die Kapellen sollten auch die Debattierabende in den Landerziehungsheimen nicht freie Diskussionen ermöglichen, sondern zum Gemeinschaftsleben erziehen: „Nicht zu blödem, anmaßendem Geschwätz soll sie [die Aussprache, CG] Gelegenheit geben, nicht soll mit ihr ein ‚Selbstbestimmungsrecht' kleiner Bolschewiki verliehen sein. Zur Mitverantwortung, zur lebendigen, persönlichen Anteilnahme am ‚Ganzen' will sie erziehen" (Lietz 1918, zit. nach Benner und Kemper 2003, S. 84 f.).

Literatur

Baader, M. S. (2003). Aulen, Kapellen und Weiheräume. Sakrale Spuren der reformpädagogischen Gestaltung des Raums. In F.-J. Jelich & H. Kemnitz (Hrsg.), *Die pädagogische Gestaltung des Raums. Geschichte und Modernität* (S. 431–445). Bad Heilbrunn: Julius Klinkhardt.
Bachmann-Medick, D. (2009). *Cultural Turns. Neuorientierungen in den Kulturwissenschaften* (3. neu bearb. Aufl.). Reinbek: Rowohlt.
Bächer, M. (2003). Nichts als Raum. Annäherungen an den Raum. In F.-J. Jelich & H. Kemnitz (Hrsg.), *Die pädagogische Gestaltung des Raums. Geschichte und Modernität* (S. 15–29). Bad Heilbrunn: Julius Klinkhardt.
Benner, D., & Kemper, H. (2003). *Theorie und Geschichte der Reformpädagogik. Teil 2: Die Pädagogische Bewegung von der Jahrhundertwende bis zum Ende der Weimarer Republik*. Weinheim: Beltz.
Beßlich, B. (2000). *Wege in den ‚Kulturkrieg'. Zivilisationskritik in Deutschland 1890–1914*. Darmstadt: Wissenschaftliche Buchgesellschaft.
Bollenbeck, G. (1994). *Bildung und Kultur. Glanz und Elend eines deutschen Deutungsmusters*. Frankfurt a. M.: Suhrkamp.
Borchardt, R. (1990). Rudolf Borchardts Leben von ihm selbst erzählt (1926/1927). In Ders (Hrsg.), *Gesammelte Werke in Einzelbänden: Autobiographische Schriften* (Bd. 6, S. 59–176). Stuttgart: Ernst Klett.
Bourdieu, P. (1985). Vernunft ist eine historische Errungenschaft, wie die Sozialversicherung. Bernd Schwibs im Gespräch mit Pierre Bourdieu. In E. Liebau & S. Müller-Rolli (Hrsg.), *Lebensstil und Lernform. Zur Kultursoziologie Pierre Bourdieus* (Neue Sammlung 3/85, Themenheft) (S. 376–394). Stuttgart: Klett-Cotta.

Bourdieu, P. (2001). Unterrichtssysteme und Denksysteme. In Ders (Hrsg.), *Wie die Kultur zum Bauern kommt. Über Bildung, Schule und Politik* (S. 84–110). Hamburg: VSA.
Bourdieu, P. (1988). *Homo academicus.* Frankfurt a. M.: Suhrkamp.
Buchholz, K., Latocha, R., Peckmann, H., & Wolbert, K. (Hrsg.). (2001). *Die Lebensreform. Entwürfe zur Neugestaltung von Leben und Kunst um 1900* (2 Bde). Darmstadt: Häusser.
Budde, G.-F. (1994). *Auf dem Weg ins Bürgerleben. Kindheit und Erziehung in deutschen und englischen Bürgerfamilien 1840–1914.* Göttingen: Vandenhoeck & Ruprecht.
Burke, C. (Hrsg.). (2005). Containing the school child. Architectures and pedagogies. *Paedagogica Historica, 41*(4–5), 489–643.
Carroll, L. (1865/1993). *Alice im Wunderland* (Übers. von Chr. Enzensberger). Frankfurt a. M.: Insel.
Caruso, M. (2003). *Biopolitik im Klassenzimmer. Zur Ordnung der Führungspraktiken in bayerischen Volksschulen, 1869–1918.* Weinheim: Deutscher Studien Verlag.
Dehnavi, M. (2013). *Das politisierte Geschlecht. Biographische Wege zum Studentinnenprotest von ‚1968' und zur Neuen Frauenbewegung.* Bielefeld: transcript.
Ecarius, J. (1999). Die Verräumlichung sozialer Strukturen. Umstrukturierungsprozesse kindlicher und jugendlicher Sozialräume. In E. Liebau, G. Miller-Kipp, & C. Wulf (Hrsg.), *Metamorphosen des Raums. Erziehungswissenschaftliche Forschungen zur Chronotopologie* (S. 60–89). Weinheim: Deutscher Studien Verlag.
Ellwein, T. (1985). *Die deutsche Universität. Vom Mittelalter bis zur Gegenwart.* Königstein: Athenäum.
Fallada, H. (1955/1995). *Damals bei uns daheim. Erfundenes, Erlebtes, Erfahrenes.* Reinbek bei Hamburg: Rowohlt.
Fend, H. (1988). *Sozialgeschichte des Aufwachsens. Bedingungen des Aufwachsens und Jugendgestalten im zwanzigsten Jahrhundert.* Frankfurt a. M.: Suhrkamp.
Germersheim, B. Edle v. (1988). *Unternehmervillen der Kaiserzeit (1871–1914). Zitate traditioneller Architektur durch Träger des industriellen Fortschritts.* München: Scaneg.
Giddens, A. (1988). *Die Konstitution der Gesellschaft. Grundzüge einer Theorie der Strukturierung.* Frankfurt a. M.: Campus.
Groppe, C. (1997). *Die Macht der Bildung. Das deutsche Bürgertum und der George-Kreis 1890–1933.* Köln: Böhlau.
Groppe, C. (2004). *Der Geist des Unternehmertums – Eine Bildungs- und Sozialgeschichte. Die Seidenfabrikantenfamilie Colsman (1649–1840).* Köln: Böhlau.
Güntheroth, N. (2003). Konstruktion und Dekonstruktion des Kinderzimmers. In F.-J. Jelich & H. Kemnitz (Hrsg.), *Die pädagogische Gestaltung des Raums. Geschichte und Modernität* (S. 185–205). Bad Heilbrunn: Julius Klinkhardt.
Häder, S. (2006). Bildung und Bildungsinstitutionen als ‚Fixsterne' am bürgerlichen Wertehimmel. Ein biografischer Fall aus dem Kaiserreich im sozialgeschichtlichen Kontext. *Jahrbuch für historische Bildungsforschung, 12,* 173–203.
Hettling, M. (2000). Die persönliche Selbständigkeit. Der archimedische Punkt bürgerlicher Lebensführung. In Ders & S.-L. Hoffmann (Hrsg.), *Der bürgerliche Wertehimmel. Innenansichten des 19. Jahrhunderts* (S. 57–78). Göttingen: Vandenhoeck & Ruprecht.
Hitzer, B., & Welskopp, T. (Hrsg.). (2010). *Die Bielefelder Sozialgeschichte. Klassische Texte zu einem geschichtswissenschaftlichen Programm und seinen Kontroversen.* Bielefeld: Transcript.
Jelich, F.-J., & Kemnitz, H. (Hrsg.). (2003). *Die pädagogische Gestaltung des Raums. Geschichte und Modernität.* Bad Heilbrunn: Julius Klinkhardt.
Kerbs, D., & Reulecke, J. (Hrsg.). (1998). *Handbuch der deutschen Reformbewegungen 1880–1933.* Wuppertal: Peter Hammer.
Krieck, E. (1936). *Nationalsozialistische Erziehung.* Berlin: Zickfeldt.
Lietz, H. (1906). Land-Erziehungsheime. In W. Rein (Hrsg.), *Enzyklopädisches Handbuch der Pädagogik* (Bd. 5, 2. Aufl., S. 290–299). Langensalza: Herrmann Beyer & Söhne.

Löw, M. (2001). *Raumsoziologie*. Frankfurt a. M.: Suhrkamp.
Malmede, H. (2002). *Jugendkriminalität und Zwangserziehung im deutschen Kaiserreich bis 1914. Ein Beitrag zur Historischen Jugendforschung*. Baltmannsweiler: Schneider Verlag Hohengehren.
Mergel, T. (1996). Kulturgeschichte – die neue „große Erzählung"? Wissenssoziologische Bemerkungen zur Konzeptualisierung sozialer Wirklichkeit in der Geschichtswissenschaft. In W. Hardtwig & H.-U. Wehler (Hrsg.), *Kulturgeschichte heute* (S. 41–77). Göttingen: Vandenhoeck & Ruprecht.
Müller, D. K. (1977). *Sozialstruktur und Schulsystem. Aspekte zum Strukturwandel des Schulwesens im 19. Jahrhundert*. Göttingen: Vandenhoeck & Ruprecht.
Müller, D. K. (1994). Schulkritik und Jugendbewegung im Kaiserreich (eine Fallstudie). In Ders (Hrsg.), *Pädagogik, Erziehungswissenschaft, Bildung. Eine Einführung in das Studium* (S. 191–222). Köln: Böhlau.
Müller, S., & Torp, C. (Hrsg.). (2009). *Das Deutsche Kaiserreich in der Kontroverse*. Göttingen: Vandenhoeck & Ruprecht.
Münchmeyer, A. (1998). Es gab zwei Welten – die unsere und die andere. In R. Pörtner (Hrsg.), *Kindheit im Kaiserreich. Erinnerungen an vergangene Zeiten* (S. 281–288). Düsseldorf: Econ.
Musil, R. (1923/1978). Der deutsche Mensch als Symptom (1923). In Ders (Hrsg.), *Prosa und Stücke. Kleine Prosa. Aphorismen. Autobiographisches. Essays. Reden. Kritik*. Hrsg. von A. Frisé. Gesammelte Werke (Bd. 2, S. 1353–1400). Reinbek bei Hamburg: Rowohlt.
Musil, R. (1930/1978). Der Mann ohne Eigenschaften (1930). In von A. Frisé (Hrsg.), *Gesammelte Werke* (Bd. 1). Reinbek bei Hamburg: Rowohlt.
Nipperdey, T. (1990). *Deutsche Geschichte 1866–1918. Arbeitswelt und Bürgergeist* (Bd. 1). München: Beck.
Nohl, A.-M. (2011). *Pädagogik der Dinge*. Bad Heilbrunn: Julius Klinkhardt.
Nünning, A. (²2001). Art. Kulturwissenschaft. In Ders (Hrsg.), *Metzler Lexikon Literatur- und Kulturtheorie. Ansätze – Personen – Grundbegriffe* (S. 353–356). Stuttgart: Metzler.
Oelkers, J. (1999). Die „neue Erziehung" im Diskurs der Reformpädagogik. In Ders & F. Osterwalder (Hrsg.), *Die neue Erziehung. Beiträge zur Internationalität der Reformpädagogik* (S. 13–41). Bern.
Priem, K. (2006). Strukturen – Begriffe – Akteure? Tendenzen der Historischen Bildungsforschung. *Jahrbuch für Historische Bildungsforschung, 12*, 351–370.
Reininghaus, W. (1995). *Die Stadt Iserlohn und ihre Kaufleute (1700–1815)*. Dortmund: Gesellschaft für Westfälische Wirtschaftsgeschichte.
Rosenbaum, H. (1982). *Formen der Familie. Untersuchungen zum Zusammenhang von Familienverhältnissen, Sozialstruktur und sozialem Wandel in der deutschen Gesellschaft des 19. Jahrhunderts*. Frankfurt a. M.: Suhrkamp.
Sieder, R. (1994). Sozialgeschichte auf dem Weg zu einer historischen Kulturwissenschaft? *Geschichte und Gesellschaft, 20*, 445–468.
Simmel, G. (1989). Über sociale Differenzierung. Sociologische und psychologische Untersuchungen. In Ders & von O. Rammstedt (Hrsg.), *Gesamtausgabe. Aufsätze von 1887–1890* (Bd. 2, S. 109–295). Frankfurt a. M.: Suhrkamp.
Spranger, E. (1924). *Psychologie des Jugendalters*. Leipzig: Quelle & Meyer.
Titze, H. (1990). *Der Akademikerzyklus. Historische Untersuchungen über die Wiederkehr von Überfüllung und Mangel in akademischen Karrieren*. Göttingen: Vandenhoeck & Ruprecht.
Vogel, P. (1996). Scheinprobleme der Erziehungswissenschaft: Das Verhältnis von „Erziehung" und „Sozialisation". *Zeitschrift für Pädagogik, 42*, 481–490.
Weber-Kellermann, I. (1991). *Die Kinderstube*. Frankfurt a. M.: Insel.
Wehler, H.-U. (1995). *Deutsche Gesellschaftsgeschichte. Von der „Deutschen Doppelrevolution" bis zum Beginn des Ersten Weltkriegs 1849–1914* (Bd. 3). München: Beck.
Wehler, H.-U. (³1996). *Deutsche Gesellschaftsgeschichte. Vom Feudalismus des Alten Reiches bis zur Defensiven Modernisierung der Reformära: 1700–1815* (Bd. 1). München: Beck.

Das Musikinstrument und die Pädagogik der Dinge

Frédérique Montandon

Zusammenfassung: Der Begriff „Pädagogik der Dinge" (Rousseau, *Emile ou de l'Education*, 1762) entwickelt eine pädagogische Konzeption, die auf der Beobachtung der Natur, dem Studium der wahren Bedürfnisse und Fähigkeiten der Kindheit sowie der Entwicklung und Erfahrung des Lernenden basiert. Diese Reflexion interessiert sich für das Musikinstrument als vermittelndes Element innerhalb des Erfahrungsprozesses, und für die von der „École nouvelle" entwickelten pädagogischen Konzeptionen. Die Rolle der Pädagogen ist hier von zentraler Bedeutung für die Beziehung zwischen Subjekt und Objekt. Schließlich besitzt das Musikinstrument auch eine symbolische und imaginäre Dimension, die in hohem Maße zur Beziehung des Subjekts zum Objekt und zur Welt beiträgt.

Schlüsselwörter: Musikalische Erziehung · Musikinstrument · Vermittlungsfunktion · Erlebnis · Pädagogik der Dinge

The musical instrument and the pedagogy of things

Abstract: The concept of the "pedagogy of things" (Rousseau, Emile, or on Education, 1762) develops a conception of education based on the observation of nature, the study of the true needs and abilities of childhood and the development and experience of the learner. The article reflects on the musical instrument as a mediating element in the experiential process and on the pedagogical ideas developed by the "école nouvelle". The role of the teacher is of central importance for the relationship between subject and object. Finally, the musical instrument also possesses a symbolic and imaginary dimension which contributes substantially to the relationship between subject and object and subject and world.

Keywords: Musical education · Musical instrument · Mediating function · Experience · Pedagogy of things

Der Begriff „éducation des choses" (Pädagogik der Dinge) verweist auf Rousseaus Werk *Emile ou de l'Education* (1762). Er entwickelt eine pädagogische Konzeption, die

---

© Springer Fachmedien Wiesbaden 2013

F. Montandon (✉)
Université Paris-Est Créteil Val de Marne (UPEC), 61, avenue de Général de Gaulle,
94010 Créteil, Frankreich
E-Mail: frederique.montandon@u-pec.fr

auf der Beobachtung der Natur, dem Studium der wahren Bedürfnisse und Fähigkeiten der Kindheit sowie der Entwicklung und Erfahrung des Lerners basiert. „Diese Erziehung geht von der Natur, oder von den Menschen, oder von den Dingen aus. Die innere Entwicklung unserer Fähigkeiten und unserer Organe ist die Erziehung der Natur; die Anwendung, welche man uns von diesen entwickelten Fähigkeiten und Organen machen lehrt, ist die Erziehung der Menschen, und in dem Gewinn eigener Erfahrungen in Bezug auf die Gegenstände, welche auf uns einwirken, besteht die Erziehung der Dinge."[1] Diese drei Formen der Erziehung sollen hier nicht sukzessive und getrennt voneinander betrachtet werden. Vielmehr soll gezeigt werden, dass die Entwicklung der natürlichen Fähigkeiten von der Pädagogik der Dinge abhängig ist und die Erziehung durch die Natur gerade durch die Konfrontation mit den Dingen möglich wird. Diese Reflexion geht davon aus, dass die Pädagogik der Dinge eine materielle und physische Auseinandersetzung mit sich bringt, die zur inneren Entwicklung des Individuums beiträgt.

Die Pädagogik der Dinge zeigt sich vor allem in den Erfahrungen mit den Dingen, die uns umgeben. Der wahre Lehrmeister ist nach Rousseau die direkte Erfahrung, durch die sich das Kind bildet. Die Erfahrung betrifft die Handlungen des Subjekts gegenüber den Dingen seiner Umwelt. Dadurch wird es mit den materiellen Notwendigkeiten, den physischen Zwängen des Objekts und den ihm von der Natur auferlegten Grenzen konfrontiert. „Die Natur will, daß die Kinder, ehe sie Männer werden, Kinder sein sollen" (ebd., 126). Der Respekt vor der Kindheit ist die notwendige Bedingung für die Erziehung durch die Dinge und verlangt eine Ordnung, bei der es darum geht, seine Aufgabe „durch Nichtstun zu erfüllen" (ebd., S. 190).

Einige Dinge rangieren an erster Stelle: Das junge Kind muss etwa zunächst seine Sinne schulen. Der Erzieher muss also die Dinge berücksichtigen, die dem Kind nahe sind. Rousseau will in seinem Ansatz den Menschen durch eine Erziehung formen, die wirklich Körper, Geist, Charakter und alle Fähigkeiten entwickelt, die den Menschen ausmachen: „Die Kunst zu leben soll er von mir lernen" (ebd., S. 23). Rousseau insistiert auf der Notwendigkeit, dem natürlichen Gang der Dinge zu folgen, den natürlichen Rhythmus des Kindes zu respektieren. Dieses lernt, dass es von den Dingen abhängt und dass es nur begehren kann, was sich in seiner Reichweite befindet. So werden die Dinge es prägen und lehren, der physischen Realität Rechnung zu tragen. Die Natur hat das Kind seinem Alter entsprechend unterschiedlich geschaffen. Es existiert eine natürliche Ordnung, die respektiert werden muss: Zuerst entwickeln sich die Sinne.

Im Rahmen einer „Pädagogik der Dinge" besitzt das Musikinstrument einen entscheidenden Stellenwert bei der musikalischen Erziehung. Welche Rolle besitzen die Dinge und ihre Eigenschaften im Lernprozess? Man muss sich mit dem Musikinstrument als materielles Objekt auseinandersetzen, das verschiedene Bezüge zum Körper ausbildet, je nach Form, Material, Größe und Resonanzen. Es unterstützt die Entwicklung der Fähigkeiten sowohl im Bereich der Sensibilität als auch des Intellekts und der Motorik. Das Instrument kann auch als Gegenstand mit einer spezifischen Beschaffenheit wahrgenommen werden, die dem Schüler erlaubt, dessen akustische Qualitäten zu entdecken. Es ist ein Vermittler zwischen dem Subjekt und seinem Entwicklungsprozess. Wir werden im Folgenden die besondere Rolle dieses Objekts im Rahmen der Erziehung, die spezifischen Dimensionen, die es zum erzieherischen Umfeld beiträgt und die verschiedenen Gebrauchsweisen des Objektes untersuchen.

Wir wollen es als Objekt betrachten, das dem Kind erlaubt, seine Handlung an sich selbst auszuführen. Es unterstützt seine Erziehung, indem es ihm ermöglicht, Erfahrungen zu machen, nach Rousseau die einzige Möglichkeit zu lernen. In einem ersten Schritt wird das Musikinstrument als Mittel zur Entwicklung der Sensibilität, der Motorik und der Wahrnehmung des Individuums aufgefasst. Zunächst bietet der Rahmen der Erfahrungen durch Handeln dem Kind einen erzieherischen Raum: den einer Erziehung durch die Natur auf dem Weg über die Dinge. Diese Möglichkeiten der Erfahrungssammlung können durch verschiedene pädagogische Ansätze eröffnet werden. Lehrer und Erzieher haben die Aufgabe, das Objekt auf unterschiedliche Weise zu präsentieren. Die pädagogische Dreiecksbeziehung, die darin besteht, die Beziehungen zwischen Objekt, Subjekt und der Position des Erziehers zu untersuchen, eröffnet in einem zweiten Schritt eine neue Herangehensweise an die Beziehungen zwischen Objekt und Subjekt: Der Lehrer strukturiert den Zugang zum Objekt und gibt dem Handeln des Kindes auf diese Weise eine bestimmte Richtung. Der Lehrer, das Elternteil, der Erwachsene entscheiden über die unterschiedlichen materiellen Rahmenbedingungen. Bei Gesprächen mit Musiklehrern soll beobachtet werden, wie die Übertragung der mimetischen Geste erfolgt und welche Beziehung sich zwischen dem Körper des Instrumentalisten und dem Instrumentenkörper entwickelt. Die Ansätze der aktiven Musikpädagogik betonen insbesondere die Wichtigkeit dieses Stadiums der musikalischen Frühförderung, in dem das handelnde Kind Klangspiele ausprobiert und durch dieses entdeckende Experimentieren die klanglichen Möglichkeiten des Objekts austestet. Es existieren verschiedene pädagogische Traditionen, die die Lehrerrolle beim Aufbau der Beziehung des Kindes zum Instrument definieren.

Auch der Blick anderer oder der Gruppe auf die Handlungen und Erfahrungen des Kindes spielt eine Rolle: Durch seine symbolische Besetzung und seinen Bezug zur kollektiven Vorstellungswelt verankert das Musikinstrument das Handeln des Kindes in einer kulturellen Sphäre. Jedes Instrument ist ein spezifisches Objekt mit besonderen Charakteristika und einer eigenen Identität. Seine Geschichte und die Begeisterung, die es hervorruft, unterstützen die Entwicklung der Identität des Kindes. Auf welche Weise bedingt das Objekt „Musikinstrument" eine Pädagogik des Körpers, der Sensibilität und des Intellekts und ist zugleich Träger sozialer Bedeutungen und Ort einer kollektiven Vorstellungswelt? Das Musikinstrument definiert sich durch seine Vermittlerrolle zwischen Körper und Geist, zwischen Individuum und sozialer Welt. Es schafft eine Handlung, die soziale, familiäre und individuelle Bedeutung besitzt. Inwieweit fordert diese Vermittlerposition vom Lernenden spezifische Gesten, Hör- und Vortragsformen sowie die Entwicklung der in einer bestimmten Kultur dem Objekt gemäßen Sensibilität? Das Musikinstrument erfordert als vom Menschen geprägtes Objekt eine gewisse Beherrschung und eine gewisse Anzahl präziser Gesten. Das spielende Subjekt verleiht dem Instrument seinen Status als Objekt und verstärkt dessen klangliche Charakteristika. Dadurch, dass er der Ursprung der Klangerzeugung ist, wird der Instrumentalist selbst zum Instrument. Das Subjekt ermöglicht dem Objekt, zu existieren und zum Musikinstrument zu werden. „Ich berühre mich, indem ich berühre, mein Körper vollführt eine Art Reflexion [...] der Körper ist fühlendes Ding, Subjekt-Objekt" (MerleauPonty 1965, S. 159). Der Akkulturationsprozess bindet geteilte soziale Normen und Gruppenzugehörigkeiten, die sich in sozialen Repräsentationen, Glaubenssätzen und Stereotypen zeigen.

Daher bevorzuge ich im Rahmen dieser Analyse des Musikinstruments als Pädagogik der Dinge einen soziohistorischen Zugang zu den Schriften von Musikpädagogen[2] und biographischen Zeugnissen von Musikern; aber ich untersuche gleichermaßen die sozialen Vorstellungen (Jodelet 1999) bei Eltern musizierender Kinder sowie die beruflichen Vorstellungen (Blin 1997; Bataille 2001) der Lehrenden vom Musikinstrument als Objekt. Die Datensammlung besteht aus pädagogischen Schriften, etwa 30 teilweise gelenkten Interviews mit Eltern sowie zehn teilweise gelenkten und erläuternden Gesprächen (Vermersch 1994) mit Musikerziehern.

Zunächst wird das Musikinstrument als vermittelndes Element innerhalb des Erfahrungsprozesses verstanden. Anschließend soll im Sinne einer umfassenderen Konzeption der musikalischen Praxis erfasst werden, auf welche Weise die musikalische Frühförderung dazu beigetragen hat, eine instrumentale Praxis zu entwickeln, die auf einer im Rahmen der Bewegung der „École nouvelle" entwickelten pädagogischen Konzeption basiert. Die Rolle der Pädagogen ist hier von zentraler Bedeutung für die Beziehung zwischen Subjekt und Objekt. Schließlich besitzt das Musikinstrument auch eine symbolische und imaginäre Dimension, die in hohem Maße zur Beziehung des Subjekts zum Objekt und zur Welt beiträgt.

1 Das Instrument als „Ding", als Vermittlung im Prozess der Erfahrungssammlung

Das Musikinstrument kann man als Objekt definieren, das einen von einem Subjekt, dem Musiker, kontrollierten Ton erzeugt. Stimme, Hände und Körper können so als Musikinstrumente betrachtet werden, sobald sie an der Erarbeitung eines musikalischen Werkes beteiligt sind. Das Instrumentarium bezeichnet die Gesamtheit der verschiedenen Musikinstrumente, die während der Ausführung eines Musikstücks verwendet werden. Carl Orff[3] hat im Rahmen seiner Musikpädagogik das Orff-Instrumentarium in den Schulen eingeführt und dafür verschiedene Musikstücke komponiert. Jedes Instrument zeichnet sich durch seine Klangfarbe aus, die neben Tonhöhe, Tondauer und Intensität charakteristisch für dessen Klang ist. Unabhängig von ihrem Material werden die Instrumente anhand ihrer Methode zur Klangerzeugung klassifiziert. Das Objekt „Musikinstrument" unterscheidet sich durch Art des Einsatzes, Form und Material, aber der Bezug zum Klang und der Beitrag zur musikalischen Praxis sind gleich.

Die Musikerziehung beginnt mit der Entfaltung der Sinne und insbesondere dem Gehörsinn, sie bezieht aber auch den gesamten Körper ein: Die Musikerziehung wird als umfassende Annäherung an das Individuum verstanden und schließt auch dessen Körper ein. *„Das Instrumentalspiel besitzt auch immer eine körperliche Dimension"*;[4] *„es ist das Erwachen der Sensibilität, [...] Körper und Geist werden für eine bestimmte musikalische Praxis ausgebildet"*. Die Gesten des Musizierens entwickeln den Tastsinn, ein Sinn, der bei Rousseau wichtig ist: „Weil uns demnach der Tastsinn von allen Sinnen am richtigsten über den Eindruck belehrt, welchen fremde Körper auf unseren eigenen auszuüben vermögen, so ist er derjenige, der am häufigsten angewendet wird und uns am unmittelbarsten die zu unserer Erhaltung notwendigen Kenntnisse vermittelt" (II, S. 230). Bestimmte Instrumente befinden sich in direktem Kontakt mit dem Körper des Instrumentalisten, der so die Resonanz direkt spürt. Anlässlich eines Interviews beschreibt eine Harfenistin den ersten Kontakt mit dem Instrument: *„sofort als ich sie an mein linkes Schlüsselbein lehnte, habe ich den Resonanzköper entdeckt und ich habe eine Resonanz in meinem Körper gespürt, ähnlich wie beim Singen… da fand ich, dass das gegen meinen Körper gelehnte Instrument ein ganz anderes Gefühl vermittelt"*. „Legt man die Hand auf ein Violoncello, so kann man ohne Hilfe des Auges oder Ohres, nur an der Art und Weise, wie das Holz vibriert und schwingt, unterscheiden, ob der Ton, den es hervorbringt, tief oder hoch ist, ob er von der Quinte oder der Baßsaite herrührt" (ebd., II, S. 231). Dieser Kontakt wird als spezifisches Gefühl des Instrumentalisten beschrieben, dessen Körper denjenigen des vibrierenden Instruments berührt. Für Rousseau ist der Kontakt zum Instrument nicht immer gleich. „Es gibt Übungen, welche den Tastsinn abstumpfen und schwächen, dagegen auch andere, welche ihn schärfen und zarter und feiner machen. […] Dieser Unterschied macht sich namentlich beim Spielen musikalischer Instrumente fühlbar. Das harte und feste Aufdrücken beim Violoncello, beim Kontrabaß und selbst noch bei der Violine macht zwar die Finger geschmeidiger, verhärtet aber dafür die Spitzen derselben. Die leisere Berührung der glatten Tasten des Klaviers macht sie dagegen gleichzeitig geschmeidiger und empfindlicher. In dieser Hinsicht muß man demnach dem Klavier den Vorzug einräumen" (ebd., II, S. 231).

Die befragte Harfenistin betont ihrerseits eher den Unterschied zwischen Hören und Spielen: „Der Resonanzkörper sendet etwas in den Körper zurück… ich habe die Resonanz sofort im Zwerchfell gespürt. Diese Musik höre ich nicht nur, ich spüre sie auch". Je nach gespieltem Musikinstrument unterscheidet sich die Berührung. F. Noudelmann (2008), der die Beziehung von Sartre, Nietzsche und Barthes zum Klavier untersucht hat, zeigt auf, wie die Berührung eine Beziehung und eine körperliche Auseinandersetzung mit sich bringt, die spezifisch ist für das Klavier: ein orchesterartiges Instrument, ein intimer Moment und eine subjektive Erfahrung, die für jeden der drei Autoren eine eigene Bedeutung hat.

Rousseau geht nicht davon aus, dass die körperliche Seite des Übens der Entwicklung des Geistes schadet. Im Gegenteil wird der Geist umso stärker, je kräftiger und gesünder der Körper ist: „Übet unablässig seinen Körper, macht euren Zögling stark und gesund, um ihn klug und vernünftig machen zu können" (ebd., II, S. 186).

Die Schulung der Sinne (Tast-, Hör-, Seh- und Geruchssinn) ermöglicht nicht nur die Stärkung des Körpers, sondern auch die Entwicklung der Wahrnehmung und des Urteilsvermögens. Neben der sensorischen Entwicklung involviert das Instrumentalspiel das gesamte Wesen, wie eine erwachsene Harfenistin erklärt: *„Es ist etwas Sinnliches, etwas sehr Sinnliches, diese Vibrationen am Schlüsselbein zu spüren, eine sinnliche Empfindung, und es ist ein Werkzeug, das diesen kristallklaren Klang, diese Sinnesempfindung und diese Sinnlichkeit vermittelt"*. Das Musikinstrument ermöglicht es dem Kind, zu manipulieren, Erfahrungen durch die Konfrontation mit Dingen zu sammeln und sich als agierend zu erleben. Das Ding wird so während der Handlung zum Bindeglied zwischen Körper und Geist. Die Erfahrung wird gesammelt durch Handeln und nicht durch Worte: „Gebt den jungen Leuten alle Belehrungen nicht sowohl in Worten als vielmehr in Handlungen" (ebd., IV, S. 95).

Der Körper etabliert einen anderen Bezug zum Lernen, denn der Schüler wird zum Handelnden, wie er es auch im Spiel ist: Für letzteres werden alle Fähigkeiten gleichzeitig gefordert, seien sie physisch, affektiv oder intellektuell. Die Gefühlswelt wird zum Führer des Lernprozesses: *„Er hat die musikalische Sensibilität und das Gefühl, er hat den Rhythmus"*. Die musikalische Praxis gilt als Erziehung der Sinne.

Die Instrumentalpraxis erzeugt eine Körpererinnerung, die sich am Körper manifestiert. Sie fordert eine spezifische Erinnerungsform, die auf andere Bereiche übertragen werden kann. Für François Delalande (1976) sind die Koordination der Gesten und des Denkens sowie die Fähigkeit der Hervorbringung simultaner Reaktionen, sei es im Bereich des Hör- oder des Sehvermögens, Teil der Definition des Musizierens. Es handelt sich um eine Ausbildung, die eine Korrelation zwischen Zuhören und Identifizierung der Klangquelle fordert. Die Bewusstwerdung des Tons entspricht einer Bewusstwerdung des Körpers, der den Ton erzeugt oder empfängt. So verlangt das Klavierspiel etwa Konzentration (kognitive Aspekte), aber zugleich auch körperlichen Einsatz. Ein Elternteil, dessen Kind Klavier spielt, erklärt, wie sein Kind vorgeht: *„damit beginnen, das Stück zu hören, auf die Fingersätze achten"*. Dies führt zu einer Koordination auf psychischer und körperlicher Ebene und verlangt vom Körper, sich an das Instrument anzupassen. Wie in der Pädagogik von Montessori steuert das Instrument selbst den Lernprozess sowie die instrumentale Gestik. Die Merkmale des Objekts schränken die mimetische Geste ein, die das Kind wiederum seinem eigenen Körper angleichen muss.

Das Musikinstrument stellt eine Verlängerung des Körpers dar. Es verlangt von diesem, sich anzupassen, und fordert von jedem Individuum verschiedene spezifische Körperhaltungen gegenüber demselben Instrument. Wie in dem von Ch. Wulf (Gebauer, G., Wulf, C., 2005) beschriebenen mimetischen Prozess geht es um eine Aneignung der Geste und der Beziehung zum Objekt in einem dynamischen und kreativen Prozess.

Die musikalische Gestik beim Spielen eines Instruments wird vom Hören gelenkt, das sich als Distanz zu sich selbst beschreiben lässt. Die Beziehung zum Instrument etabliert sich über das Hören. Beim Erlernen des Geigenspiels ist die Aneignung der richtigen Gesten wesentlich: *„Ich höre zu, ich habe eine ungefähre Ahnung, [...] ich kann ihm sagen: Schau, du musst deinen Bogen korrigieren, da rutschst du auf das Griffbrett, halte dich gerade"*. Die Körperhaltung (Steifheit, Geschmeidigkeit…) kann wahrgenommen und gehört werden; sie hat Auswirkungen auf klanglicher Ebene. Das Instrumentalspiel erfordert eine Schulung des Gehörsinns. Die Zugehörigkeit zu einer Instrumentenfamilie führt zu Unterschieden in der Gestik, im erzeugten Ton und in der Bedeutung des Hörens für den Lernprozess. Claire Petitmengin (2011) hat die Erfahrung des Hörens von Tönen untersucht, die zunächst als Dinge wahrgenommen werden. Sie zeigt, wie die Grundstruktur des klangbezogenen Hörens die Aufmerksamkeit auf drei Arten des Hörens richtet: Zunächst konzentriert sie sich auf die Quelle des Tons (Klangereignis), wodurch anschließend deren Charakteristika beschrieben werden können; aber das Subjekt kann seine Aufmerksamkeit auch auf die akustische Qualität des Tons richten, unabhängig von dessen Quelle (inhärente Qualitäten des Tons; Schaeffer 1966); schließlich kann sich das Hören auch auf die Wirkung des Tons konzentrieren, also das körperliche Fühlen des Klangs: „Woran erinnert der gespürte Ton? Er war uns wie ein Schlagen beschrieben worden, oder ein Streicheln, manchmal wie ein Pulsieren, manchmal wie ein Zittern" (Petitmengin 2011, S. 171). Diese Erfahrung macht sich über eine Aufnahmebereitschaft für das bemerkbar, was von außen zu mir vordringt. Eine Verbindung zwischen Innen und Außen entsteht. Um die Tätigkeit des Hörens zu erfassen, muss man denjenigen, der sie ausführt, darum bitten, sie zu beschreiben und damit sich selbst zu beobachten. Und wie soll man als Lehrer wissen, ob der Schüler eine Praxis des Hörens entwickelt? Kann man als äußerer Beobachter die Beziehung des Subjekts zum Objekt erkennen?

Eine der Besonderheiten der Instrumentalpraxis ist die Aneignung dieser Kenntnisse allein durch körperliches Handeln. Es ist Aufgabe des Körpers, kinästhetische, zeitliche oder auch räumliche Empfindungen zu fühlen und zu verarbeiten. Die Sinneswahrnehmung und motorische Fähigkeiten entwickeln sich durch Klangspiele. Die Sinneseindrücke konkretisieren sich in Gesten. Die musikalische Früherziehung gibt auch der körperlichen Ebene und der Entfaltung der Sinne breiten Raum, wie im Falle dieses Lehrers, der *„sich auf eine Arbeit zum Rhythmus unter anderem unter Benutzung des Körpers stützte und seine Schüler mit Musikinstrumenten arbeiten ließ"*.

Die Pädagogik der Dinge vertritt seit Rousseau die Vorstellung von einem Entwicklungsweg, den das Kind vorgibt. Das Ergebnis kann diesen Weg gegebenenfalls verbergen. Wenn das Kind durch seine Beobachtung und sein individuelles Verhalten gegenüber dem Objekt eigene Entdeckungen macht, kann sich eine spezifische Beziehung zwischen Objekt und Subjekt entwickeln. Beim Sachunterricht, der in der Schule Mitte des 19. Jahrhunderts entwickelt wurde, sollen in Interaktion mit dem Musikinstrument oder dem Klangobjekt inhärenten Qualitäten in erster Linie die Sinne des Kindes (Hören, Sehen, Tasten und Beobachten) entwickelt werden. Dazu gehört auch, dem Schüler ein konkretes Objekt zu präsentieren, um ihn das Beobachten und den Umgang damit zu lehren und ihm eine abstrakte Vorstellung davon zu vermitteln.

Andererseits ermöglicht das Instrumentalspiel per se auch die Ausbildung einer bestimmten Arbeitshaltung. Das Erlernen eines Instruments entwickelt die Fähigkeit zur Metakognition, die sich durch das Lernen des Lernens definiert; der Lerner wird sich des eigenen Vorgehens bewusst und entwickelt die Fähigkeit, sich dabei auf das Wesentliche zu konzentrieren. Die im Lernprozess gemachten Fortschritte werden in ihrer Wahrnehmbarkeit für das Kind beschrieben: Dank des Instruments sieht, spürt und bemerkt das Kind die gemachten Fortschritte: *„Ich denke, dass dies sehr strukturierend für das Gehirn ist, es passiert etwas. Es ist eine Sprache [...] ich denke, dass es etwas anderes ist und das hilft auf der Ebene der Logik... die Erfahrung, ein Instrument zu erlernen, des Gefühls einer Sache, die erarbeitet wird und sich aufbaut. Das ist wirklich sichtbar. Vielleicht sichtbarer als das Erlernen von Mathe oder Schrift in der Schule. Es ist evident!"* Es geht hierbei darum, sich unmittelbar den Sinnen zuzuwenden und diese zu verfeinern; die Fortschritte sind zugleich kognitiver und perzeptiver Art. Das Instrumentalspiel bringt das Kind dazu, seine eigene Entwicklung zu verstehen. Die musikalische Betätigung fördert so die gelebte Erfahrung des Übergangs von den Empfindungen in den konzeptuellen Bereich.

Für zahlreiche Befragte stellt die Instrumentalpraxis einen Bereich dar, in dem die geleisteten Anstrengungen belohnt werden: „Disziplin spielt eine Rolle und zugleich ist er zufrieden, wenn es ihm gelingt, ein kleines Stück zu spielen und die Schwierigkeiten zu überwinden". Die Beziehung des Kindes zu seinem Instrument verändert sich mit der Zeit. So beschreibt eine Mutter, die von ihrem Sohn spricht, wie er sich die Oboe Schritt für Schritt angeeignet hat – ein Bereich, in dem er Bestätigung findet. Um Freude an seinem Instrument zu haben, braucht man Ausdauer. Das Lustprinzip entwickelt sich über das Realitätsprinzip: Die musikalische Ausbildung erstreckt sich über längere Zeit und hat keine unmittelbare Wirkung. Sie erfordert Regelmäßigkeit und Beharrlichkeit, die einen bestimmten Bezug zur Zeit schaffen: „man muss jeden Tag oder fast jeden Tag üben". Befragte Eltern und Lehrer betonen die Zwänge im Umgang mit dem Objekt, das keine Unregelmäßigkeit verzeiht. Der Gesang dagegen wird als Zugang dargestellt, der ein „unmittelbareres Vergnügen" als ein Instrument ermöglicht. Singen sei „genussvoller als das Erlernen eines Instruments, weil man sofort zur Praxis übergehen kann". Ein direkter Bezug zum Ton, der nicht erst durch ein Objekt erzeugt wird, ermöglicht einen direkteren Zugang.

Ist das Instrument nicht ein privilegiertes Objekt zur Entwicklung der Empfindungsfähigkeit und der affektiven wie intellektuellen Fähigkeiten des Kindes? In den Schriften des Pädagogen Edgard Willems[5] (1980, 1985), der der Bewegung der aktiven Musikpädagogen angehörte, werden folgende drei Dimensionen genannt, die im Rahmen der Musikerziehung entwickelt werden. Sie resultieren aus den ureigensten Merkmalen der Musik: Motorik und Feingefühl, Affektivität und Emotion, Intellekt und Verstehen. Das Interesse gilt insbesondere der Musik, die durch ein Instrument vermittelt wird. Unter den verschiedenen pädagogischen Strömungen, die die subjektive Erfahrung des Schülers zur Entfaltung seines Potentials ins Zentrum stellen, hat Jean Piaget unterstrichen, wie stark sich Körper und Geist gemeinsam entwickeln. Piaget (1936) wertet die Rolle der psychomotorischen Erfahrung auf, indem er aufzeigt, welch entscheidende Bedeutung sie bei der Entwicklung der Intelligenz spielt. Denn sie bringt die organische und die kognitive Ebene in Einklang.

2 Die aktiven Methoden im Rahmen der Musikerziehung

Die Pädagogen der Mitte des 19. Jahrhunderts gehen im Bereich der Musikerziehung davon aus, dass sich beim Musiker bestimmte wesentliche Fähigkeiten durch die Instrumentalpraxis entwickeln. Im 20. Jahrhundert bevorzugen Edgar Willems, Carl Orff, Maurice Martenot, Jacques Emile-Dalcroze, Suzuki oder auch Kodaly eine Musikpädagogik, in deren Zentrum das Instrument steht. Die Grundschulen werden mit Instrumenten ausgestattet und das Instrumentalspiel wird zu einem zentralen Element der Musikpädagogik. Im Rahmen der musikalischen Frühförderung und -erziehung wurde eine Pädagogik entwickelt, die auf dem experimentierenden Umgang mit Klangobjekten basiert, damit das Kind die charakteristischen Merkmale des konkreten Objekts sowie diejenigen von Klangobjekten allgemein entdeckt. Rousseau unterstreicht, in welchem Maße die Erziehung des Kindes von seinem Handeln und seiner Neugier ausgehen müsse: „Lenkt die Aufmerksamkeit eures Zöglings auf die Erscheinungen in der Natur, dann werdet ihr ihn bald wissbegierig machen" (III, S. 291). Er beharrt außerdem auf dem Prinzip, nach dem die subjektive Erfahrung die Basis jedes Lernprozesses darstellt: „Sein Wissen darf er nicht eurem Unterricht zu verdanken haben, sondern es muss das Ergebnis seiner eigenen Beobachtung und Überlegung sein" (ebd., III, S. 291). Die Notwendigkeit, das Kind zum Urheber dessen zu erheben, was es lernt, stützt sich auf die Pädagogik der Dinge. Wie in der Didaktik der experimentellen Wissenschaften sieht sich der Lernende dem Objekt gegenüber, das ihm ermöglicht, die Gewohnheit des Beobachtens anzunehmen. Hierbei handelt es sich um eine Lehrmethode, eine Variante der intuitiven Methode, die zum großen Teil in der Pädagogik der musikalischen Früherziehung entwickelt wurde. Die Musik wird so insbesondere als Praxis präsentiert, die durch den Umgang mit dem Objekt und die Konfrontation mit den physischen Merkmalen des Instruments vermittelt wird. Die Musikpädagogen wurden in weiten Teilen von der Entwicklung der Kinderpsychologie und der Bewegung der „Éducation Nouvelle" (französische Reformpädagogik) beeinflusst. Sie kritisieren stark die traditionellen Methoden und unterstreichen, in welchem Maße aktive musikalische Methoden die Aufmerksamkeit und das Interesse des Kindes fördern können. Diese Methoden appellieren an die Erfahrungssammlung und fördern das aktive Handeln des Subjekts, das so seine Sinne, sein Wissen und seine Gesten entwickeln kann. Die der Erziehung der Dinge zugrunde liegende epistemologische Prämisse setzt einen aktiv handelnden Schüler voraus und lehnt den passiven und unterworfenen Schüler ab. Der Schüler muss ebenso aktiv handeln wie der Lehrer. Innerhalb der pädagogischen Beziehung ist die Rolle des Lehrers klar festgelegt: Er ist derjenige, welcher der Erfahrung des Kindes Vorrang gewährt: „dass jedweder Unterricht mehr in Handlungen als in Reden bestehen muss" (ebd., II, S. 147). Ziel der Erziehung ist es damit, das Kind die Fähigkeit zur Beobachtung, einen kritischen Geist, Eigeninitiative und handelnde Vernunft zu lehren. Für François Delalande muss der Erzieher das Kind im Wesentlichen führen, da es auf ganz natürliche Weise die Haltung eines Musikers besitzt, und seine Schüler „zu dem ermutigen, was sie bereits tun" (1984, S. 7): Die Spontaneität des Kleinkindes stellt den Ausgangspunkt für jedes pädagogische Vorhaben dar.

Die Erziehung mithilfe eines Musikinstruments besitzt so eine gewisse Besonderheit, nämlich die Notwendigkeit, von einer musikalischen *Praxis* auszugehen. Da die Ausbildung des Musikers auf Erfahrung basiert, handelt es sich um eine Praxis, die über das Handeln erfolgt. Für Rousseau erfordert dies, die richtige Reihenfolge zu beachten und nicht mit der Lektüre der Klangwelt zu beginnen, sondern mit deren Produktion. „Hatte ich wenig Eile, ihn die Buchstabenschrift lesen zu lehren, so kann man sich wohl denken, dass ich mich ebenso wenig beeilen werde, ihn in die Kunst, Noten zu lesen, einzuweihen" (ebd., II, S. 255).

Wie bei vielen Pädagogen (Montaigne, Comenius und Rousseau) ist es in der Musik nicht vordringlich, die Noten lesen zu lernen, bevor man nicht die unterschiedlichen Elemente der Musik (wie Tonhöhe, Dauer, Geschwindigkeit, Intensität, Rhythmus etc.) auf experimentelle Weise kennengelernt hat. „Übt euren kleinen Musiker zunächst in der Komposition ganz regelmäßiger und taktmäßiger Tonsätze" (ebd., II, S. 255).

Das hier favorisierte pädagogische Ziel besteht nicht im Ergebnis (wie dem erzeugten Ton zum Beispiel), sondern in der Beziehung des Subjekts zum Objekt: Das Kind befindet sich in einem forschenden Prozess, wenn es einen Ton erzeugen will, oder es horcht auf das, was es in der Gruppe hervorbringt. Die Erziehung durch die Dinge stützt sich auf das Sammeln von Erfahrungen, die der Klangerzeugung durch ein Instrument Sinn geben. Der Lernprozess durch die musikalische Praxis ermöglicht es, Musikalität zu entwickeln, sei es mit der Stimme oder mit einem Instrument. Das Instrument ist der Ursprung der Tonerzeugung und erst der Ton verleiht auch dem Schriftcode Bedeutung. Die Musikerziehung beginnt nach Meinung zahlreicher Eltern und Pädagogen mit der Tonerzeugung. „Am Anfang waren die Töne. Die Symbole auf dem Notenbogen sind viel später erschienen" (Marzano 2007, S. 614). Wie diese Definition von Musik nahelegt, würde eine historische Auffassung davon ausgehen, mit dem Instrumentalspiel zu beginnen und sich erst anschließend mit der Notation zu beschäftigen, die den Ton repräsentiert. In der Ausbildung einiger französischer Konservatorien ist die Reihenfolge umgekehrt.

Im Rahmen der pädagogischen Beziehung, die zeitgleich das Subjekt, das Objekt sowie den Lehrer inszeniert, können verschiedene pädagogische Vorgehensweisen gewählt werden. Der Erwachsene entscheidet sich für eine bestimmte Herangehensweise und leitet den Schüler. Sie umfasst zum Beispiel die Wahl des Instruments, die Art seiner Handhabung, die Übungsweise, die ausgewählten Stücke und die Progression. Er trifft also eine vom Erziehungsziel abhängige Auswahl. Der Bezug zum Instrument kann zwei unterschiedliche Pädagogiken implizieren: eine erste, die eine zufallsgesteuerte und kontingente Beziehung zum Objekt fördert (Phase der Frühförderung) und eine zweite, in deren Rahmen der Lehrer die Rahmenbedingungen des Lernprozesses vermittelt, die sich aus den physischen Eigenschaften des Instruments ergeben. Zwei gegensätzliche erzieherische Auffassungen bringen zwei verschiedene Beziehungen zum Objekt zum Ausdruck: Die eine stützt sich auf das spontane Verhalten des Kindes; die andere verweist stärker auf die konkreten kulturellen Bezüge. Es ergeben sich Spannungen zwischen den Verteidigern einer großen Freiheit des Entdeckens und denjenigen, die davon ausgehen, dass die Handhabung des Instruments sehr große Präzision erfordert. Für einen interviewten Vater, der selbst Musiker ist, gibt es eine einzige richtige Handhabung zur Tonerzeugung; er kritisiert Früherziehungskurse, in deren Rahmen man die Kinder die Instrumente entdecken lässt, ohne über deren Handhabung zu sprechen. Die Rolle der Geste bei der Erzeugung von Klängen wird deshalb von Eltern, die selbst Musiker sind, verstärkt erfasst: *„Die grundlegenden Handbewegungen, die er ihm im Rahmen dieser Früherziehung beibrachte, entsprachen schon der Handhabung der Instrumente"*.

Jedes Musikinstrument erfordert eine Pädagogik des Körpers: Das Erlernen der Handhabung wird von einer Imitation auf der Ebene des Körpers geleitet, die sich in einen zwischenmenschlichen Bezug zwischen Lehrer und Schüler einschreibt, zugleich aber auch vom erzielten Resultat (dem erzeugten Ton). Der materielle Aspekt des Instruments (Form und Beziehung des Instrumentalisten zum Instrument) als äußerliches Objekt, das man sich aneignet und verinnerlicht, induziert nicht dasselbe Verhalten: Die Art des Kontakts zum Instrument lässt zu jedem Zeitpunkt einen kreativen Bezug entstehen. Ein Befragter, der das Spielen auf einem Klavier mit dem auf einer Harfe vergleicht, bemerkt, dass *„es nicht das Gleiche ist, ein Stück auf dem Klavier und auf der Harfe zu spielen, das eine Instrument ist horizontal, das andere vertikal [...], der räumliche Aspekt ist nicht der gleiche"*, selbst wenn beide Instrumente *„eine Übung zur kohärenten Muskelarbeit"* zwischen rechter und linker Hand ermöglichen. Für die Schlagzeuger erfordert das Halten der Sticks, der Vermittler zur Hand und zur Haut, eine besondere körperliche Dynamik. Diese Handbewegung verlangt stundenlanges Üben. Die Besonderheit der Schlagzeuge besteht zudem darin, dass es mehrere Instrumente gibt (kleine und große Trommel, Vibraphon oder auch Xylophon...). *„Auch wenn die Instrumente gleich zu sein scheinen, so ist der Schlag doch nicht der selbe"*, präzisiert der Schlagzeuglehrer. Die Schlagbewegung unterscheidet sich, *„den Kleinen erklärt man, dass sie beim Schlagen so tun sollen, als würden sie sich verbrennen. Die Handbewegung muss zu einem Reflex werden und einen Rückprall haben."* Je nach Instrument ist die Beziehung zum Instrumentalisten nicht die gleiche und die Qualität des Klangs hängt vom Objekt sowie dessen Beziehung zu ihm ab. Nach Aussage eines Klavier- und Schlagzeuglehrers können pädagogische Übertragungen die pädagogische Erklärung etwa durch Metaphern bereichern, die es dem Schüler erlauben, sich die „richtige" Handbewegung anzueignen. Ein anderer Schlagzeuglehrer nützt Metaphern: „*Bilder, als ob sie ein Steak zerschnitten, der Ton kommt danach... wenn sie die richtige Handbewegung machen, wird der Ton kommen.*" Die Klangqualität des Objekts wird letztlich durch den Bezug zwischen Subjekt und Objekt erzeugt. „*Eine schöne Geste entwickeln, um einen schönen Ton zu erzeugen.*"

Für Claire Renard (1982) existieren zwei sehr verschiedene Ebenen, je nach Alter des Kindes: Zunächst tritt das Kind mit Klangobjekten in Kontakt (in der Vorschule); in einem zweiten Schritt wird es dann diese Elemente zusammensetzen und organisieren können (in der Grundschule). Diese Differenzierung der Erfassung von Klangobjekten findet sich bei Elisabeth Dumaurier (1990, S. 187), die mit Bezug auf Piagets Arbeiten zwei Arten auditiver Wahrnehmung unterscheidet. Die erfassende Wahrnehmung stellt eine erste Verarbeitung der Information dar, die darin besteht, den zeitlichen Ablauf der Wahrnehmungsweise zu berücksichtigen und einen sensorischen Speicher zu entwickeln. Die zweite Form der Wahrnehmung ist verstehensorientiert; sie greift später in die Entwicklung ein und spiegelt unsere Beherrschung der Umwelt wider. Sie ist über die Sprache zugänglich, verleiht der ersten sensorischen Verarbeitung Bedeutung und bringt dem Kind die verschiedenen Möglichkeiten und Niveaus des Hörens zu Bewusstsein. Hier sollte an die wesentliche Rolle der Erziehung bei der Strukturierung der auditiven Wahrnehmung erinnert werden (Zenatti 1975, S. 31). Die Praxis fördert zuallererst die Fähigkeit zur Differenzierung (Unterscheidung zwischen Tönen, Tonhöhen, Klangfarben etc.) und entwickelt anschließend die Fähigkeit zur Identifikation (Verarbeitung des Stimulus). Die auditive Wahrnehmung entwickelt sich in zwei Schritten. Die erste Phase stützt sich auf eine Pädagogik, die die Nähe und Vertrautheit des Kindes mit den Musikinstrumenten ins Zentrum stellt und die mechanische Wahrnehmung entfaltet (der Ton als akustisches Phänomen). Die Haltung des Vermittlers entspricht der eines Lehrmeisters, der eine reiche Lernumgebung anbietet, oder eines Stimulierers, wie ihn Rousseau im *Emile* schildert. Anschließend muss der Ton eine musikalische Bedeutung erhalten, die auf eine mentale Tätigkeit verweist. Diese zweite Phase nennt sich Akkulturation.

Die musikalische Früherziehung kann als der Beginn späterer instrumentaler Lernprozesse betrachtet werden (Willems 1985) oder auch als Selbstzweck. Die Konzeptionen der Vorgehensweise bei musikalischen Lernprozessen wurden von Forschungen im Bereich der Musikethnologie beeinflusst und haben sich seit den in den 1930er Jahren entwickelten Methoden der „aktiven Pädagogik" verändert. Obwohl das Verfahren der aktiven Methoden auch Ende des 20. Jahrhunderts immer noch geschätzt wird, ist François Delalande der Meinung, dass die Nutzung von Weltmusik, Jazz oder Werken zeitgenössischer Komponisten den pädagogischen Zugang verändert: „Die Sprache unserer traditionellen Musik erscheint als Sonderfall" (1988, S. 81). Diese ästhetische Entwicklung bringt letztlich eine tiefgreifende Veränderung in der Musikerziehung mit sich. „Vielen Menschen erscheint Musik als gelehrte Kunst par excellence, die sich auf eine Schreib- und Lesetechnik sowie auf die Übung des Instrumentalspiels stützt. Musik zu erlernen, bedeutet also, Wissen und Können zu erwerben" (Delalande 1988, S. 81–84). Die Früherziehung zielt also nicht mehr nur auf die Vermittlung eines bestimmten Inhalts – die europäischen Musikstile – ab, sondern auch auf den Erwerb eines Verhaltens: „Im Sinne eines weiter gefassten Verständnisses gilt es, eine ‚Pädagogik musikalischer Verhaltensweisen' zu konzipieren, die sich für Kleinkinder eignet" (ebd., S. 83). Das Interesse an einer Musikerziehung des kleinen Kindes erklärt sich durch die Korrelation mit der psychologischen Entwicklung des Kindes. Das Verhalten beim Musizieren erinnert an Piagets Beschreibungen des Spiels beim Kind. „Das Erzeugen eines Tons, das beim Säugling zunächst durch das reine Vergnügen am motorischen Spiel motiviert ist, wird sich schrittweise mit einer expressiven und anschaulichen Dimension aufladen". Das sensumotorische, das symbolische und schließlich das regelgeleitete Spiel finden sich auch in der Musikpraxis wieder. Der symbolische Wert, der mit dem Ton verbunden ist, manifestiert sich in fast allen Produktionen von Kindern zwischen drei und sechs Jahren; man fördert die Dimension der mentalen Repräsentation und des persönlichen Ausdrucks. Ab dem Alter von 6 Jahren unterwerfen sich die spontanen Produktionen nach und nach improvisierten stilistischen Regeln, die der entstehenden Neigung zur Organisation entgegenkommen. Musikerziehung wird hier als persönlicher Ausdruck des Kindes verstanden und nicht etwa nur als Erlernen einer Fertigkeit. Christina Agosti-Gherban (1999) zeigt, dass die musikalische Früherziehung eine eigene Disziplin ist und nicht etwa als Propädeutik eines später einsetzenden Lernprozesses anzusehen ist; sie hat das Ziel, die Vorstellungskraft und die Kreativität des Kindes zu entwickeln. Für sie gibt es eine „erste Verwechslung: Die Musik beschränkt sich auf die Musiklehre. Die zweite geht damit einher: Musik bedeutet das Erlernen eines Instruments" (1999, S. 12). In den Gesprächen, die mit Eltern und Lehrern geführt wurden, besteht die Rolle der Frühförderung in der sozialen Vorstellung folglich darin, das Kind dazu zu bringen, später ein Instrument zu erlernen. Für einige stellt die Frühförderung eine Etappe dar, die es dem Kind ermöglicht, ein Erfahrungsrepertoire zu erwerben, das dann später in Worten ausgedrückt werden kann.

Bei Pestalozzi war die Pädagogik der Dinge ein Mittel, um den genauen Sinn der Worte zu unterrichten. Der Pädagoge schlug Beobachtungsübungen vor, die vor allem Sprachübungen waren. In der Musik bedeutet die Entwicklung der Wahrnehmung, ebendiese anschließend zu verbalisieren (hoch/tief...). Der Musikunterricht soll einer bestimmten Reihenfolge gehorchen, er soll vom Sinneseindruck zum Mentalen fortschreiten. Der Erwerb raumzeitlicher Vorstellung, das Erlernen sensumotorischer Schemata, die Entwicklung der lateralen Orientierung und der musikalischen Gestik müssen dem theoretisch orientierten, zur Konzeptualisierung führenden Musikunterricht vorausgehen. Man nennt diesen Ansatz aktiv, denn er fördert die Beteiligung des Kindes und geht nicht von einem abstrakten theoretischen Wissen aus, sondern ermöglicht das Erleben und konkrete Austesten von Situationen, die erst später analysiert werden.

3 Soziale und historische Merkmale des Objekts „Musikinstrument"

Das Musikinstrument ist ein Objekt, das sich zugleich materiell und symbolisch erfassen lässt. Im Verlauf der Zeit hat sich eine implizite Hierarchie zwischen den Musikinstrumenten ausgeprägt, die auf einer kollektiven Vorstellung beruht (Lehmann 2002). Die symbolischen Dimensionen der Musikinstrumente, die verbunden sind mit der Form und mit der Art und Weise, wie sie gespielt werden, haben einen Bezug zu den mimetischen Praktiken, die um das Instrument herum entwickelt werden. Die Größe der Troubadour-Harfe etwa, die kleiner als die keltische Harfe ist, verleiht ihr ein gewisses Maß an Freiheit. In einem Interview beschreibt eine Harfenistin den Moment, in dem sie sich entschieden hat, dieses Instrument zu spielen: Sie erläutert, wie sehr sie von der Form der im Schaufenster des Geschäfts ausgestellten Harfe angezogen wurde: *„Diese Harfe, ich habe sie sofort berührt [...] ich wusste sofort, dass ich beginnen werde, auf ihr zu spielen. Ich wusste, dass ich auf ihr würde spielen können"*. Im Anschluss schildert sie ausführlich die Form, die sie zu dieser und keiner anderen Harfe geführt hat: *„Der Vorteil einer kleinen Harfe, die ich transportieren konnte und die ich nicht nur im Wohnzimmer spielen kann [...]. Sie ist abgerundet und viel kleiner."* Das Halten des Instruments variiert stark, je nachdem ob es sich um ein Blasinstrument oder ein Saiteninstrument handelt, ob man es auf den Boden oder zwischen die Beine stellt oder an seinem Körper stützt. Die Troubadour-Harfenistin sagte uns: *„Ich lege sie auf meine Knie und spüre sie vibrieren, das hilft mir, mich richtig hinzusetzen."* Die Welt der Musikinstrumente unterscheidet sich je nach Gesellschaftsschicht: Im 19. Jahrhundert wird das Klavier zum Instrument der bürgerlichen Erziehung. Der Zugang zum Instrument erfolgt in Distanz zum Körper und verweist nicht auf die gleiche sexuelle Symbolik wie die Panflöte (Mythos des Pan und der Syrinx) oder den Körperbezug zum Cello. Der historische Ursprung der Fanfare[6] verleiht diesem Blasinstrumenten eine eher volkstümliche Verankerung. Die Trompete war eher männlich und für militärische Zwecke vorgesehen.[7]

Sorge für sein Instrument zu tragen, es vorzubereiten oder zu stimmen und es erklingen zu lassen, diese Aufgaben sind je nach Instrumentenfamilie unterschiedlich ausgeprägt. Bei den Griechen war die Zither ein edles Instrument, das von Hermes mithilfe eines Schildkrötenpanzers erfunden wurde, während die Flöte das Gesicht verformt und in der Antike deshalb weniger geschätzt wurde. Nachdem sie die Flöte erfunden hatte, vernachlässigte Athene sie, als ihr bewusst wurde, wie ungraziös das Blasen macht. Die symbolische Dimension, die stark mit der Form des Objekts, der Art und Weise, es zu spielen, dem Material, aus dem es gefertigt ist, der Tonlage (tief/hoch; klangliche Struktur), und dem Repertoire (klassisch, romantisch, Pop etc.) verbunden ist, prägt die Identität des Lernenden. Alle diese Gesten verfestigen sich in der kollektiven Praxis und haben an der Identitätsentwicklung des Kindes im Kreis der Familie, der Geschwister und den Gleichaltrigen teil (Montandon 2011). Während eines Interviews zeigt sich, wie wenig zufällig und wie stark die Wahl des Instruments – die Troubadour-Harfe – mit der Familiengeschichte verknüpft ist: *„Die Harfe ist mit einer gewissen Leichtigkeit verbunden. Sie ist verknüpft mit einem Gefühl der inneren Leichtigkeit, das mich an meine Kindheit und meine keltischen Wurzeln erinnert"*.

Wie Gilles Brougère (2007) erläutert, ist der informelle Lernprozess Teil der Sozialisation oder der Akkulturation. Die Wahl und das Spielen eines Instruments besitzen eine Funktion der symbolischen und familiären Übertragung oder verkörpern eine persönliche Vorstellungswelt, während sie zugleich zur Konstruktion eines Teils des Selbst beitragen (ein Übergangsraum im Sinne Winnicotts, 1975). Diese Aspekte des informellen Lernens sind entscheidend, um den Bezug zum Instrument zu verstehen: Sie verleihen den Lernprozessen Bedeutung und ermöglichen es, das jeweilige Engagement im Rahmen der Tätigkeit des Musizierens zu verstehen.

4 Schluss

Aus Rousseau'scher Perspektive ist das Erlernen eines Instruments im Rahmen der Pädagogik der Dinge ein wesentlicher Faktor der Ausbildung des Menschen in seiner Ganzheit, da diese Tätigkeit auf die Gesamtheit der menschlichen Fähigkeiten abzielt. Die auf das zu vermittelnde Wissen konzentrierte klassische Erziehungshaltung wird von den „aktiven Pädagogiken" kritisiert, die sich ihrerseits für die Arbeitsweise und die vom Kind gewählte Vorgehensweise zum Erwerb bestimmter Kenntnisse interessieren. Dieser humanistische Zugang unternimmt den Versuch, dem Kunstobjekt oder dem Wissensobjekt Sinn zu verleihen. Schon in der Renaissance schließt das Ideal des „perfekten" Menschen eine gute Musikausbildung ein, die dann eine Ausgeglichenheit zwischen körperlichen und kognitiven Fähigkeiten belegt: „Ich bin mit dem Höfling nicht zufrieden, wenn er nicht auch Musiker ist und wenn er neben der Fähigkeit, eine Partitur zu lesen, nicht auch verschiedene Instrumente spielen kann" (Castiglione 1987, S. 89). Eine solche Vorstellung kommt einem Bildungsprozess gleich, der eine bestimmte Art der Beziehung zur Welt, zu sich selbst und zu Anderen entwickelt.

Ein Befragter erläutert, wie stark das Spielen eines Instruments seiner Beziehung zur Welt und zu seinen Mitmenschen Bedeutung verleiht: „*Es verändert meine Aufmerksamkeit gegenüber Anderen, dem Anderen und der Welt. Es hilft mir, in mir zu ruhen und zuzuhören*". Das Kulturobjekt Musikinstrument ist ein Übergangsobjekt im Sinne Winnicotts. Es ist ein Objekt zur Vermittlung zwischen Innen und Außen, aber es bietet gleichzeitig einen Raum, in dem sich der Lernende mit der äußeren Realität konfrontiert, die Hindernisse bietet und so erzieherisch wirkt. Es zeigt sich, wie die vielfältigen Konzeptionen der Pädagogik der Dinge ganz unterschiedliche epistemologische Positionen voraussetzen.

(Übersetzung: Annette Keilhauer und Marie-Christine Orth)

Anmerkungen

1 Jean-Jacques Rousseau: *Emil oder Über die Erziehung*. Übersetzung durch Hermann Denhardt, Bd. 1, Leipzig o. J. (1880), I, S. 15–16.
2 Hervorgegangen aus der Bewegung der sogenannten „pédagogiesactives".
3 Der Komponist Carl Orff (1895–1982) (*Carmina Burana*) hat in Deutschland eine Musikschule mit ihren ganz eigenen Methoden gegründet.
4 Die kursivierten Worte stammen aus den geführten Interviews.
5 Schweizer Musikpädagoge (1890–1978), der sich mit der Musikalität und mit der Korrelation zwischen den Elementen des Hörverständnisses und der menschlichen Natur beschäftigt hat.
6 Vgl. die Entstehungsgeschichte der *orphéonique* in Montandon 2011.
7 Ich werde diesen Aspekt hier nicht weiter ausführen. Ich habe die Symbolik der Musikinstrumente bereits detailliert in meinem Buch dargelegt (Montandon 2011).

Literatur

Agosti-Gherban, C. (1999). *L'éveil musical, une pédagogie évolutive*. Paris: L'Harmattan.
Bataille, M. (coord.) (2001). *Représentations et engagements: des repères pour l'action*. Les dossiers des Sciences de l'Education, n°4/2000. Université Toulouse: Le Mirail.
Blin, J.-F. (1997). *Représentations, pratiques et identités professionnelles*. Paris: L'Harmattan.
Brougere, G. (2007). Les jeux du formel et de l'informel. *Revue française de Pédagogie*, n°160, juillet-août-septembre. INRP.
Castiglione, B. (1987). *Le livre du courtisan* (1528). Paris: Flammarion.
Delalande, F. (1976). *Pédagogie musicale d'éveil*. Cahiers recherche/musique n°1. Paris: INA.
Delalande, F. (1984). *La Musique est un jeu d'enfant*. Paris: Buchet.
Delalande, F. (1988). L'éducation musicale de zéro à six ans. In: *Marsyas. Revue de pédagogie musicale et chorégraphique*, n°5. Paris: IPMC.
Dumaurier, E. (1990). *La perception dans le domaine sonore*. Issy-les-Moulineaux: Éd. EAP.
Gebauer, G., Wulf, C. (2005). *Mimesis, Culture – Art – Société*. Paris: Les éditions du Cerf.
Jodelet, D. (1999). *Les représentations sociales* (6. Aufl.). Paris: PUF.
Lehmann, B. (2002). *L'orchestre dans tous ses éclats. Ethnographie des formations symphoniques*. Paris: La Découverte.
Marzano, M. (2007). *Dictionnaire du corps*. Paris: PUF.
Merleau-Ponty, M. (1965). Le philosophe et son ombre. In *Signes* (S. 158–179). Paris: Gallimard.
Montandon, F. (2011). *Les enfants et la musique. Visions d'une activité extrascolaire*. Paris: L'Harmattan.
Noudelmann, F. (2008). *Le toucher des philosophes. Sartre, Nietzsche et Barthes au piano*. Paris: Gallimard.
Petitmengin, C. (2011). La dynamique pré-réfléchie de l'expérience vécue. In *Alter – Revue de Phénoménologie*, n° 18 (S 165–182).
Piaget, J. (1936). *La naissance de l'intelligence chez l'enfant*. Neuchâtel-Paris: Delachaux et Niestlé.
Renard, C. (1982). *Le geste musical*. Paris: Hachette.
Rousseau, J.-J. (1969). *Œuvres complètes IV. Emile*. Paris: Gallimard.
Schaeffer, S. (1966). *Traité des objets musicaux*. Paris: Seuil.
Vermersch, P. (1994). *L'entretien d'explicitation*. Paris: PUF.
Willems, E. (1980). *Valeur humaine de l'éducation musicale*. Bienne: Ed. Pro Musica.
Willems, E. (1985). *L'Oreille musicale*. Bienne: Ed. Pro Musica.
Winnicott, D. W. (1975). *Jeu et réalité. L'espace potentiel*. Paris: Gallimard.
Zenatti, A. (1975). *Le développement génétique de la perception musicale*. Paris: C.N.R.S.

Differenzen früher Bildung in der Begegnung mit den Dingen
Am Beispiel des Wohnens und seiner Repräsentation im Kindergarten

Claus Stieve

Zusammenfassung: Dass die Dinge gleichermaßen zur Selbsttätigkeit wie zum Nachvollzug einer kulturellen Praxis anregen, ist elementarer Bestandteil vieler bildungstheoretischer Konzepte. In der frühen Kindheit gewinnt dabei, anknüpfend u. a. an Pestalozzis „Wohnstube", das Wohnen in den Dingen und die Habitualisierung ihrer sozialen Zwecke besondere Bedeutung. Es versinnbildlicht sich in den Spielwohnungen, die sich in Kindergärten tradiert haben. An ihnen und der Raumerfahrung des kleinen Kindes lässt sich exemplarisch zeigen, dass die Dinge nicht in ihren Zwecken aufgehen, sondern eine Nicht-Identität enthalten. In diesem Beitrag wird der Frage nachgegangen, ob pädagogisches Denken aus seiner eigenen habituellen Verflochtenheit heraus dazu neigt, Differenzen in der Begegnung des Kindes mit den Dingen zu übergehen. Welche Bedeutung könnten diese für ein Verstehen von Anfängen der Bildung haben?

Schlüsselwörter: Frühe Bildung · Aufforderungscharakter der Dinge · Differenz · Spielwohnung · Habitus · Selbsttätigkeit

Differences in early education in the encounter with things – Taking living and its representation in preschool institutions as an example

Abstract: The thesis that things encourage both self-directed activity and the reproduction of a cultural practice is an elementary component of many educational concepts. In early childhood, as with Pestalozzi's "living room" (*Wohnstube*), living among things and becoming familiar with their social purposes take on a special significance. This is symbolised in the play houses that have become a traditional element of nursery schools. They and the small child's experience of space can be taken as an example of the fact that things are not coextensive with their purpose, but have a non-identity. This paper investigates the question as to whether, due to its own habitual complexity, educational thinking does not tend to overlook differences in the encounter between children and things. What significance might things have for our understanding of early education?

© Springer Fachmedien Wiesbaden 2013

Prof. Dr. C. Stieve (✉)
Fakultät für Angewandte Sozialwissenschaften, Institut für Kindheit, Jugend,
Familie und Erwachsene, Fachhochschule Köln, Ubierring 48, 50678 Köln, Deutschland
E-Mail: claus.stieve@fh-koeln.de

Keywords: Early childhood education · Affordance of things · Difference · Play house · Habitus · Self-directed activity

Dass die Dinge appellieren, hat etwas Irritierendes. Eine saubere Tischdecke *fordert auf*, achtsam beim Essen zu sein. Sie kann eine festliche Stimmung *erzeugen*. In der Geschichte vom Zappel-Philipp *verlockt* sie dagegen, an ihr zu ziehen, um beim Kippeln mit dem Stuhl das Gleichgewicht zu halten. Hängt sie tief über die Tischkante, kann es für Kinder *reizvoll* sein, sich unter ihr, wie in einer Bude zu verstecken. Das Phänomen der Aufforderungskomplexe (Waldenfels 2000, S. 372 ff.) widerspricht der freien Verfügbarkeit sachlicher Objekte durch das allein tätige, über sie disponierende Subjekt (vgl. Böhme 2006, S. 73 ff.), denn die Aufforderung kommt ihm zuvor. Ebenso wenig fordern die Dinge allein zum Nachvollzug einer kulturellen Ordnung auf, als wäre ihre Bewandtnis ohne weiteres aus ihnen ablesbar. Nur im alltäglichen, „flüchtigen" Gebrauch der Dinge dominiert der Zweck und das Ding wird „‚übersehen' […] [,] zugunsten einer Funktion im Vollzug", schreiben Gerd Selle und Jutta Boehe (1986, S. 11). Dagegen ist „gerade die Kindheit jene Lebensspanne voller originaler Augenblicke der Begegnung mit geheimnis- und bedeutungsvollen Dingen, die zugleich Repräsentanzen der Kultur sind, in die man hineingeboren wird" (ebd.). Welche Bedeutung könnte in dieser widersprüchlichen Begegnung für ein Verstehen der Anfänge von Bildung liegen?

Das Nachdenken auch über die frühe Bildung ließe sich historisch wie aktuell in ein Feld zwischen verschiedenen Gegensätzen einordnen (vgl. Benner 2012, S. 148–151). Dieses Feld spannt sich auf – zwischen einer Bildung, die mit Habitualisierung in eins gesetzt wird (vgl. Müller 2007, S. 147 über Bourdieu), und einer Bildung, „die das denkende Ich mit sich alleine abmacht" (ders. 2002, S. 54), sprich der Aktivität eines, seiner Welt immer schon gegenüberstehenden, Theorien generierenden und konstruierenden Erkenntnissubjekts. Trotz dieser unterschiedlichen Ausrichtungen weisen Voraussetzungen und Ergebnisse dieses Nachdenkens häufig eine hohe Evidenz zur alltäglichen und pädagogischen Wirklichkeit auf. So wird sittliches Handeln von Kindern durch die vorreflexive Nachahmung einer vorbildlich erscheinenden, vom gefährdenden Milieu abweichenden, sozialen Praxis gedacht (vgl. Mollenhauer 2003, S. 74 f. über Pestalozzi und Ansätze, die sich auf ihn berufen). Mimetische Prozesse gewinnen in dieser Praxis die Funktion der selbstverständlich erscheinenden Verinnerlichung pädagogischer und institutioneller Anforderungen und Normen (vgl. Gebauer und Wulf 2003, S. 119 über Rituale in Familien, Schulen etc.). Umgekehrt münden konstruierende oder co-konstruierende Denkweisen häufig in ein schlüssig anmutendes Ergebnis moderner Rationalität (vgl. Stieve 2008, S. 118). Beispielsweise weist manche Dokumentation kindlicher Bildungsprozesse der auch konstruktivistisch begründeten italienischen Reggiopädagogik zwar vielfältige Ausdrucksformen von Kindern auf, wie die irritierenden Versuche einer Kindergruppe, einen Tisch auszumessen (vgl. Reggio Children 2002). Doch am Ende führt der Bildungsprozess geradezu schlüssig zum Nachvollzug des gewohnt und objektiv erscheinenden Musters, nämlich zur Verwendung eines Zentimetermaßes (ebd., S. 79 ff.). Trotz aller beachteten Kreativität und Selbsttätigkeit des Kindes scheint ein Nachdenken über frühe Anfänge von Bildung oder über jene Prozesse, die diese Anfänge bedingen, tendenziell entweder von der ‚Trägheit' des ‚Habitus' auszugehen (vgl. Müller 2007, S. 147 über Bourdieu), sprich von einer engen

Verbindung mit dem Milieu bzw. der institutionell-pädagogischen Praxis, oder von der Konservativität einer Konstruktion, die am Ende denn doch bevorzugt, was mal objektiv, mal viabel erscheint (vgl. Berger und Luckmann 1969, S. 175; Glasersfeld 1992, S. 30). Dass Bildung auch als „Überschreitung des jeweils Gewordenen" und als „Sichverhalten zu den eigenen Dispositionen" zu verstehen ist, wie Müller in Kritik an einer ausgeprägten Bourdieu-Rezeption schreibt (2007, S. 147), setzt nicht nur ein Gewordensein, sondern eine „Erfahrung der Differenz" voraus, wenn diese Erfahrung in eine „produktive Bildungsbewegung mündet" (ebd., 154). So wie sich solche Differenzen u. a. im Generationen- oder Geschlechterverhältnis in der Familie ergründen lassen (vgl. ebd., S. 154 ff.) und damit den Bildungscharakter der Familie beschreiben, so lässt sich nach ihnen auch in der frühkindlichen leiblichen Erfahrung der Dinge innerhalb der kulturell geformten Lebenswelt fragen.

Welche Bedeutung könnte den widersprüchlichen gegenständlichen Aufforderungscharakteren in diesem Zusammenhang zukommen? In der Geschichte der Pädagogik gibt es schon zu Beginn des 18. Jahrhunderts Bildungsansätze, die etwas von der Verwicklung mit den Dingen enthalten und deren erste elementare „Bildung" sich gleichermaßen als mimetische wie als selbstbildende lesen lässt, als ein Eingewöhnen in eine auf Selbsttätigkeit ausgerichtete soziale Praxis. Man könnte sagen, weil das Kind mit seiner dinglichen und menschlichen Umgebung verflochten ist, und sich dennoch einer eigenen ‚Natur' nach entwickelt, muss die Umgebung so gestaltet sein, dass es darin nur ‚Gutes' in sich aufnimmt, selbsttätig hervorbringt und als Gewohnheit ausbildet, so dass sein Denken später genau auf diesem Erfahrungsmuster und dem damit verbundenen Wissen und Können fußt.

Die Gewohnheit, der Habitus verweisen dabei auf das Wohnen, das ‚Sich-Einwohnen' in Dinge und Sozialität als eine für alle Orientierung notwendige erste Vertrautheit. Die ersten Dinge, zwischen denen ein Kind lebt, sind in der Regel die seiner Familie und seiner häuslichen Umgebung. Durch sie wird es „heimisch" in einem Milieu, in dem Dinge und Familienmitglieder sich gegenseitig zeigen (vgl. Stieve 2008, S. 205 ff.). Zunächst ist das kleine Kind auf die Fürsorge dieser Anderen angewiesen. Gerade weil das erste Vertrautwerden mit der Welt durch das Wohnen geschieht, ist es kein Zufall, dass sich elementare Vorstellungen von Bildung, wie bei Pestalozzi, zunächst an der „Wohnstube" ausrichteten. Als pädagogisches Ideal tritt sie in den Koseliedern und Spielgaben Fröbels wieder auf und wird als Spielwohnung, Wohnstube oder Puppenecke u. a. durch Henriette Schrader-Breymann in den Kindergarten integriert. Die Wohnung, die unmittelbar die Lebensform der Erwachsenen „präsentiert" (vgl. Mollenhauer 2003, S. 33), wird so in einem stellvertretenden „repräsentierenden" Arrangement (vgl. ebd., S. 68 ff.) verdoppelt, das zum „Als-Ob"-Spiel einlädt. Sie tradiert sich als Teil eines bewusst gestalteten pädagogischen Raumes und bleibt bis heute ein vielfach dargestelltes Element pädagogischer Ansätze, wie z. B. der Reggiopädagogik, in der das Kind eher als konstruierend, eigene Ausdrucks- und kulturelle Formen hervorbringend gedacht wird.

Im Folgenden soll anhand der genannten Beispiele der Frage nachgegangen werden, ob pädagogisches Denken aus seiner eigenen habituellen Verflochtenheit heraus dazu neigt, Differenzen in der frühen Kindheit zu übergehen, die eine Fremdheit des Kindes gegenüber seiner Welt wie gegenüber sich selbst ausdrücken und Bildung als ein Sich-ins-Verhältnis-Setzen oder auch Stellung-Nehmen erst ermöglichen könnten. Die Dinge fordern ein Handeln, das ihren Zwecken ent- und widerspricht (vgl. Stieve 2012). Gerade die Widersprüchlichkeit ihrer Aufforderungen könnte auf Brüche aufmerksam machen, innerhalb derer der Mensch zwar sein Milieu verkörpert und seiner Welt nicht allein wie einem zu konstruierenden Gegenstand gegenübersteht, aber dennoch diesem Milieu nie vollständig zugehört. Es zeigt sich eine Befremdung des Eigenen nicht erst durch spätere, bewusste, sondern gerade durch frühe Irritationen. Das kleine Kind ist, vielleicht mehr noch als der seiner Kultur *erwachsene* Mensch, in seinem Sich-Einwohnen in die Welt zum Umgang mit Nicht-Identität herausgefordert.

So wird im Folgenden (1) der Gedanke des bildenden Lebens und der Wohnstube bei Pestalozzi, Fröbel und Schrader-Breymann nachgezeichnet und (2) durch Bildbetrachtungen von Spielwohnungen ergänzt. Kontrastiert werden die pädagogisch orientierten Vorstellungen der Wohnstube mit Beobachtungen kindlicher Raumorientierungen (3) und dem Umgang von Kindern mit Spielwohnungen (4). Daran knüpfen sich (5) Überlegungen zur Bedeutung von Differenz und Fremdheit als anfängliche Bildungserfahrung an.

1 Das bildende Leben und die Wohnstube

Es ist kein Zufall, dass die häusliche Umgebung als Spielwohnung im Kindergarten wieder auftaucht. Die Beschreibung eines Bildungscharakters der „Wohnstube" hat in der Pädagogik lange Tradition, sowohl im Beklagen ihrer Missstände als auch in der Projektion eines zu lebenden Ideals (Mollenhauer 1983, S. 75). Pestalozzi gibt seine Elementarbildung bewusst in die „Hand der Mutter" und „die vier Wände der Wohnstube des reinen häuslichen Lebens" (1997, Bd. 23, S. 194). Mutter und Wohnstube erscheinen „als der Anfangspunkt, in welchem sich die sittlichen, intellektuellen und physischen Kräfte des Kindes in Harmonie entfalten" (ebd.). Das Bildende vollzieht sich durch das Vertrauen des Kindes und die „Sorgfalt" und „Liebe" zu ihm (ebd., Bd. 6, 89). Pestalozzis Grundsatz, dass das Leben bilde und deshalb bildend zu gestalten sei, ist in besonderem Maße an diese Wohnstube gebunden, denn „das bildende Leben ist […] Sache der Tat" (ebd., S. 449). So geht es darum, einen „tätigen häuslichen Sinn" zu „wecken" und zu „beleben" (ebd., S. 448). Damit verbindet sich die „Bildung der Kinder zur Liebe", zur Mitmenschlichkeit, durch die „tätliche Liebe selber" (ebd., S. 449).

Die öffentliche Erziehung soll deshalb die häusliche nachahmen. Pestalozzis bekannte Stufen der Elementarbildung lassen sich wie eine in der Habitualisierung fußende Reflexion lesen: Der „allseitigen Besorgung" der täglichen Bedürfnisse (Pestalozzi 1997, Bd. 13, S. 8, 14) folgt als zweites, den Kindern „viele Fertigkeiten anzugewöhnen" (ebd., S. 14) und sie „zu Geschwistern zu machen, das Haus in dem einfachen Geist einer großen Haushaltung zusammen zu schmelzen" (ebd.). Darin gründet drittens die Formung einer sittlichen Ansicht durch die Reflexion der verinnerlichten, „sittlichen" Erfahrungen (vgl. ebd., S. 19). Bildung meint hier ein schlüssig aufeinander aufbauendes Erleben, Nachvollziehen und Reflektieren der als human angesehenen Lebensform.

Dass dieses Geschehen eine gegenständliche Gestalt hat, wird schon darin deutlich, dass die „Lebensform" nicht auf „bloße Beziehungen gebaut, sondern – durch die materiellen Probleme der gemeinsamen Existenz – inhaltlich bestimmt ist" (Mollenhauer 1983, S. 75). Wie die in ihm enthaltene Mimesis der sie anregenden Dinge bedarf, wird aber weniger bei Pestalozzi als bei Fröbel und seinen Spielgaben deutlich. Durch sie wird

Abb. 1: Erning 1987, S. 39,
Foto nach E. Hoffmann

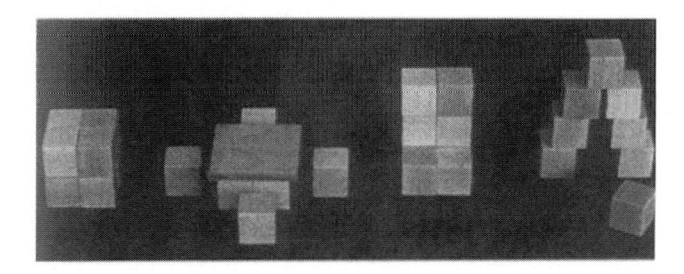

die Mimesis als Selbsttätigkeit angeregt. Mit dem viergeteilten Würfel lassen sich z. B. spielerisch und miteinander verbunden mathematische Erkenntnis-, ästhetische Schönheits-, sowie soziale Lebensformen nachbilden, und die Lebensform, die Fröbel selbst darstellt, ist die einer Wohnstube (Abb. 1).

Die Dinge repräsentieren hier „eine nachahmende Gestaltung sozialer Situationen: der Herd, an dem die Mutter das Essen zubereitet, der Mittagstisch, der Lehnstuhl der Großmutter und eine Leiter mit einem Körbchen für die Apfelernte", schreibt Erning (1987, S. 39) im Untertitel zur Abbildung der aus ihrer Einheit aufgefalteten Würfel (vgl. Fröbel 1962). Die Lebensform ist deshalb besonders erfahrbar, weil sie sich aus dem rohen Material als einfache Gestalt aufbaut, reduziert auf die aufeinander verweisenden Elemente. Fröbels Gedanke von Einheit, Entfaltung und wieder gewonnener Einheit bezieht sich besonders auch auf diese Lebensform: Im Spiel wird das eigene Familienleben ein „Äußeres, Anderes, und es wird ihm ein Musterleben [...]; das Kind möchte es in seiner Reine, seinem Einklang, seiner Wirksamkeit, wie es ihm außer ihm erscheint, so auch aus sich darstellen" (Fröbel 1951, S. 60).

Bei Henriette Schrader-Breymann werden Wohnstube und Familie noch deutlicher durch das Arrangement der Dinge und die Gestaltung des Raumes zum Prinzip früher Erziehung und Bildung. Die Einrichtungen der „Kinderzimmer" des von ihr gegründeten Pestalozzi-Fröbel-Hauses werden ein Vorbild für die räumliche Aufteilung von Kindergärten bis in die sechziger Jahre des 20. Jahrhunderts hinein. Alltagsgegenstände und Wohnmöbel sind wesentlicher Teil der Ausstattung, denn ehe „im Kinde von einem vernünftigen Denken, Fühlen und Handeln als solchem die Rede sein kann, muß für dieses durch ein reiches Material von Eindrücken ein guter Grund gelegt werden" (Schrader-Breymann 1962, S. 33). Der „gute Grund" für den sich bildenden Geist des Kindes wird im „zur Norm" genommenen einfachen Familienleben auf dem Lande gesehen, „wo in Haus und Hof, Garten, Feld, Wiese und Wald gearbeitet wird, und wo die Werkstätten der Handwerker [...] nicht fern sind" (ebd., S. 38). Die Spielwohnung bildet im „Kinderzimmer" des Pestalozzi-Fröbel-Haus entsprechend ein Element des sich tradierenden und heute geradezu selbstverständlich erscheinenden Raumgefüges. Ihr steht die Bauecke als Werkstatt gegenüber, wie dem Innenraum der Garten. Der Kindergarten bildet die häuslichen Verhältnisse nach, indem er Innen und Außen in eine eigene materielle Ordnung überführt. So soll das Äußere, der Wohnstube ähnliche Leben Inneres wecken und zugleich wird durch die materielle Umgebung angeregt, „Innerliches zu äußern, das in ihm [dem Kind] geistig Gewordene wieder mit dem materiellen Stoffe zu verbinden, diesen zu bewältigen und zu gestalten" (...) (ebd., S. 41). Dieses von außen nach innen und von innen nach außen findet seinen Widerhall in der Gegenüberstellung von Arbeit und Spiel. Das Material dient zunächst einer den Kräften des Kindes angemessenen, „seinen Geist entwickelnden" Arbeit (ebd., S. 61), wie dem Erhalt von Ordnung und Reinlichkeit, der Beteiligung an der Essenszubereitung, der Pflege von Pflanzen und Blumen. Darauf aufbauend wird diese im Spiel nachvollzogen, denn „je klarer" des Kindes „Vorstellungen sind, die diese gewonnen, je reiner und wärmer die Gefühle, die sich bei ihm gebildet haben, desto beglückender ist auch sein Spiel" (ebd. S. 87). Das Spiel dient der Identifizierung mit dem gelernten Tun.

Fasst man bei aller Unterschiedlichkeit die Bildungsgedanken Pestalozzis, Fröbels und Schrader-Breymanns zusammen, so lassen sich folgende Charakteristika deuten:

Erstens wird Bildung als soziale Praxis verstanden, die Sittlichkeit, Geschwisterlichkeit, gegenseitige Fürsorge *lebt* und nicht allein symbolisch vermittelt.

Zweitens werden mehrere Schritte unterschieden, die durch ihren tätigen Charakter, ob ausgesprochen oder nicht, immer mit einer Dingwelt verflochten sind. Der häuslichen Pflege und Umsorgung des Kindes folgt das Einbeziehen in das tägliche Besorgen der Dinge. Zusätzlich wird dem Kind Material für ein selbsttätiges Spiel zur Verfügung gestellt, das dazu dient, das vorgelebte Miteinander zu verinnerlichen und seinen ‚Geist' auszugestalten.

Drittens gewinnt das dingliche Arrangement damit den Charakter einer auffordernden Umgebung, die eben nicht an das Nachdenken, sondern das praktische Tun appelliert. Die Dinge sind Miterzieher einer vorbildlichen Praxis. Die entsprechende „soziale Mimesis" hat, so ließe sich mit Gunter Gebauer und Christoph Wulf deuten, „einen *Zwischencharakter*, zwischen außen und innen, zwischen einzelnen Menschen, zwischen den Dingen und den inneren Bildern von ihnen. Indem sie eine Brücke schlägt, ein Dazwischen konstituiert, über das Verbindungen entstehen, trägt sie zur Angleichung an die Welt und die anderen Menschen bei" (2003, S. 114). So liest sich die soziale Mimesis als Bestandteil eines schlüssig ineinander gründenden Bildungsverlaufs. Die Erziehung geschieht dabei indirekt. Sie äußert sich als Tun und Gewohnheit, von der dann die Reflexion erst ihren Ausgang nimmt.

Viertens wird die natürliche *Selbsttätigkeit* des Kindes weitgehend in dieser Mimesis verortet. Sie ist auf die vorgegebene Ordnung ausgerichtet und steht in einem harmonischen Verhältnis zu ihr. Die Dinge der Spielwohnung, die nur so „tun" als ob sie Herd und Schlafstätte wären, operieren, ließe sich mit Michael Parmentier sagen, wie Zeichen. Sie symbolisieren die häusliche Wohnung im Sinne eines nicht anzuschauenden (2007, S. 106), sondern tätig nachzuahmenden Modells. Als Zeichen, und nicht nur physikalische Objekte, teilen die Dinge hier etwas mit „und müssen mehr oder weniger direkt verstanden werden". Sie gewinnen ihre Bedeutung „durch das Andere, auf das sie verweisen" (ebd., S. 105). In einer strukturalistischen Perspektive (ebd., S. 107, 112) weist dieses Zeichenhafte auf einen zusammenhängenden Text, eine „verborgene Logik der dinglichen Welt" (ebd., S. 112 f.) und ebenso der sozialen Welt hin. Für Parmentier schafft die strukturale Analyse dieser „unpersönlichen Regelsysteme […] überhaupt erst die Voraussetzungen für eine Beschreibung individueller Bildungsprozesse" (ebd., S. 115). Die „verlangt nämlich die Rekonstruktion jener reflexiven Selbstbewegung, in deren Verlauf das heranwachsende […] Subjekt in der Auseinandersetzung mit den kulturellen Bedingungen seiner Existenz etwas aus dem gemacht hat, was man aus ihm gemacht hat" (ebd.). Und das, „‚was man aus ihm gemacht hat', […] ist nichts anderes als der internalisierte Abdruck der äußeren Verhältnisse" (ebd.).

Das pädagogische Ideal übersetzt sich in ein genau entwickeltes ‚Regelsystem', das sich über die Dinge äußert. Es entsteht zwar eine Differenz, wie bei Fröbel, weil die Lebensform im Spiel mit den Dingen ein Äußeres wird, doch sogleich ist diese Differenz im ‚Musterleben' und der bewusst herbeigeführten Habitualisierung aufgehoben – als Gegenentwurf zum alltäglichen Milieu. Das Musterleben wird nicht nur internalisiert, sondern als Habit tätig mit hervorgebracht, um zur eigenen Geschichte zu werden.

2 Die Idealität der Wohnstube

Dass eine pädagogische Neigung besteht, Kultur erschließe sich scheinbar selbstverständlich über die Aufforderung der Dinge, lässt sich auch an Fotografien zeigen. Exemplarisch werden zwei Abbildungen gegenübergestellt. Beide zeigen einen Raumwinkel, die erste aus einem „Kinderzimmer" im Pestalozzi-Fröbelhaus, die zweite, kontrastierend, aus einer Kindertageseinrichtung in Reggio Emilia. Der in Reggio entstandene pädagogische Ansatz kann wie ein aktueller Gegenentwurf zu einer auf die relativ eindeutige Mimesis ausgerichteten Pädagogik gelesen werden. Die Reggiopädagogik will Kindern ermöglichen, alternative „Konstruktionen" der Phänomene ihrer Lebenswelt zu entwickeln und sie in Beziehung zu den wissenschaftlichen und gesellschaftlichen „Konstruktionen" zu setzen (Dahlberg et al. 1999, S. 55). Gesucht wird nach einem „Verständnis für die ‚Nicht-Identität' und Mehrdimensionalität alles Bestehenden" (Göhlich 2005, S. 1) wie nach den vielfältigen Ausdrucksmöglichkeiten dieses Verständnisses im ästhetischen Gestalten oder szenischen Spiel.

Fotografien arrangieren Vorhandenes und manipulieren es dadurch (Pilarczyk und Mietzner 2005, S. 137). Sie haben daher häufig in sich schon etwas Idealisierendes und wollen eine bestimmte Vorstellung oder Geste besonders hervorheben. Gerade diese Idealisierung könnte darauf hinweisen, wie das über das Tun sich bildende Kind verstanden wird.[1]

In einem ersten Bild aus dem Pestalozzi-Fröbel-Haus von 1927 (Abb. 2) fallen die genauen Gesten der Kinder auf. Es sind nur Mädchen abgebildet. Sie tragen Pagenschnitte

Abb. 2: „Puppenecke im Kindergarten des Pestalozzi-Fröbel-Hauses, 1927". (Erning 1987, S. 118)

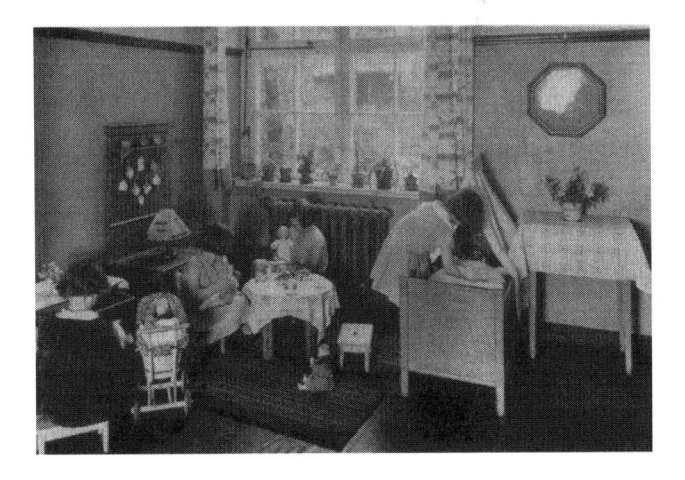

und saubere, modisch anmutende Kleidung. Bis auf das Mädchen vorne links, das vor einer offenen Schublade sitzt, wirkt es, als seien sie alle unmittelbar ihren Puppen zugewandt. Die Puppen werden in einer behutsamen, geübt erscheinenden Haltung auf dem Arm gehalten oder ins Bett gelegt. Auf dem Bild liegt nichts herum. Alle Gegenstände sind bewusst gestellt – die Vase auf dem Tisch, die Tischdecke, die Lampe, die hängenden Tassen, die Puppe, die auf dem Boden sitzt und ein Ärmchen hochhält, das Geschirr auf dem Esstisch, die Töpfe auf der Fensterbank. Kein Kind drückt eine spontane Geste aus. Auffällig ist im Kontext der 1920er Jahre die Moderne des Zimmers, die großen hellen Fenster, die leichten Möbel, der Heizkörper.

Das zweite Bild stammt aus einer Kindertagesstätte in Reggio-Emilia und dürfte Ende der achtziger Jahre aufgenommen worden sein (Abb. 3). Auf dem Bild sind keine Kinder zu sehen. Als erstes irritiert der, die Perspektive verdoppelnde Spiegel, der die ganze Rückwand einnimmt. Vor ihm ist in der Mitte des Bildes ein Tisch zu sehen, über den eine Tischdecke gebreitet ist. Ein Stuhl steht davor, ein weiterer deutet sich hinter dem Tisch an. Vier Teller und Schüsseln mit einem Löffel sind gedeckt. Des Weiteren finden sich typische Bestandteile einer Spielwohnung, wie die Wiege mit der behutsam zugedeckten Puppe und die daneben liegende Matratze. Im Regal stehen eine Reihe von Gegenständen bereit, die ordentlich und ästhetisch ansprechend präsentiert werden, u. a. Aufbewahrungsbehälter, in denen sich sogar Lebensmittel befinden könnten. Der Ort vermittelt den Eindruck, als könnte hier tatsächlich aus „echtem" Geschirr gegessen werden. Über dem Spiegel befindet sich eine Wanddokumentation, die typisch ist für die Reggiopädagogik.

Während sich die pädagogischen Konzeptionen und historischen Kontexte, die die beiden Bilder bestimmen, deutlich unterscheiden, fällt die ähnliche ‚Logik' der Dinge in den Aufnahmen auf. Schon im ersten Bild lässt sich eine Entwicklung gegenüber Schrader-Breymann, der Begründerin des Pestalozzi-Fröbelhauses erahnen (wie auch weitere Abbildungen zeigen, vgl. Erning 1987, S. 117 f.). Der Raum erscheint modern, die Gesten nicht nur liebevoll, sondern vernünftig und rational. Im zweiten Bild wirkt der Ort noch weniger inszeniert als im ersten. Während dort die Stube exakt nachgebaut ist, wird sie hier eher angedeutet. Das Regal befindet sich fast außerhalb der zum Spiel auffordernden

Abb. 3: ohne Titel, Dreier 1993, S. 38

Szenerie, um Material anzubieten. Ins Auge fällt der Spiegel, ein den Reggio-Ansatz kennzeichnendes Element, das zur „Selbstentdeckung", „Selbstwahrnehmung und -beobachtung" anregen und damit zur „Entwicklung der Identität eines Kindes" beitragen soll (Dreier 1993, S. 33).

Die Bilder implizieren einen von den Gegenständen geradezu selbstverständlich ausgehenden Tätigkeitsrahmen. So wie die Dinge gedacht sind, so erscheint in der Inszenierung ihre Identität, so werden die Kinder aufgefordert mit ihnen zu handeln. Auch in der reggiopädagogischen Spielwohnung bleibt wenig Vieldeutiges, ‚Nicht-Identisches'. Die Dinge sind auf einander verweisendes Spiel-Zeug, ganz im Sinne von Heideggers Zeugbegriff. Sie bilden einen selbstverständlichen Handlungszusammenhang: Die Puppe will im Arm gehalten oder in die Wiege gelegt werden. Ähnlich ist es mit der Blume, die zu gießen ist, dem Tisch, der gedeckt sein will. Eine ästhetisierte häusliche, bürgerliche Struktur entsteht. Sie entspricht, zumindest im ersten Bild, einem pädagogischen Ideal und zugleich einem Grundmuster der Ordnung der Dinge, wie es z. B. „die Kleinfamilie in Deutschland seit über 150 Jahren erlebt, reproduziert, aufgesogen und tradiert hat" (Selle und Boehe 1986, S. 12). Die Bilder stellen dabei Szenerien dar, in der Menschen und Dinge nicht voneinander zu trennen sind, beide verweisen aufeinander. Das macht gerade die Abwesenheit der Kinder in der zweiten Abbildung deutlich. Der Raum erscheint schlüssig, einsichtig in dem, was zu vollziehen ist, „ein vollkommener Ordnungsraum", wie ihn Andreas Nießeler auch bei Fröbel charakterisiert (Nießeler 2005, S. 82). In beiden Räumen bildet sich dabei eine Selbsttätigkeit der Kinder ab, im zweiten sogar eine, die ihnen durch die Spiegel reflexiv werden soll. Den Kindern wird zugetraut mitzugestalten, sie sind mitarbeitend und zugleich spielend an der Herstellung des pädagogischen Raums beteiligt. Darin drückt sich, wenn auch unterschiedlich, der Bildungsgedanke aus, der von der Handhabung der Dinge bestimmt ist.

Für Gebauer und Wulf lassen sich mimetische Prozesse nicht einfach als bloße Nachahmung oder Imitation eines Geschehens charakterisieren, sondern sie sind von individuellen Veränderungs- und Gestaltungsmöglichkeiten bestimmt (vgl. Gebauer und Wulf 2003, S. 111). „Sie widersetzen sich einer engen Unterordnung unter Ziele und damit einer Funktionalisierung zu außerhalb ihrer selbst liegenden Zwecken" und bieten Erfahrungen des „Nicht-Identischen" (ebd., S. 120), in ihnen bleibt die *Vieldeutigkeit* des Sozialen" erhalten (ebd., S. 113). Zwar werden in ihnen unbewusst ethische Normen und Werte (vgl. ebd., S. 111) und „die Bedeutung der Gegenstände, Darstellungs- und Handlungsformen" übernommen und gewinnen gerade dadurch ihre Macht (ebd., S. 125), doch degeneriert die Mimesis zur reinen Anpassung an Vorgegebenes, so erstarrt auch die Konstitution eines Subjekts. „Mimetische Prozesse führen zu einem Tasten im Unbekannten, Nicht-Identischen, ohne sich jedoch an dieses zu verlieren" (ebd., S. 74).

Für die Frage nach Anfängen der Bildung ist dieser Gedanke relevant, weil die Verweisungen der Dinge auf Ordnungen, Handlungspraktiken, Normen, Regeln eben nicht, wie Parmentier hervorhebt, unmittelbar verstanden werden. Das Kind führt im Spiel etwas auf, das ihm vertraut und fremd zugleich ist. Diese Fremdheit wird in den Bildungsansätzen von Pestalozzi, Fröbel, Schrader-Breymann weitgehend ignoriert oder defizitär gedacht, und auch die Abbildung aus Reggio steht in einem gewissen Widerspruch zu der bewussten Offenheit des Ansatzes. So lässt sich fragen, ob das pädagogische Denken über die frühe Bildung selbst von einem Habitus beeinflusst wird, der Differenzen in der kindlichen Begegnung mit den Dingen übersieht oder zuletzt denn doch in die selbstverständliche kulturelle Praxis einordnet. Am Anfang weicht das Kind nicht von einer Ordnung ab, es variiert sie nicht gleich, sondern es kennt sie nur bruchstückhaft und erspielt sie an ihren Grenzen. Nach dieser Unangepasstheit soll im Folgenden anhand einiger Beobachtungen gefragt werden.

3 Raumorientierungen von Kindern und das Wohnen

Befasst man sich mit Raumorientierungen von Kindern an fremden Orten (wie anfänglich auch im Kindergarten), so fällt auf, dass sie häufig zunächst einen Ort suchen, der Schutz bietet, man könnte sagen, eine Wohnung im Raum. Daraus ergeben sich eine Raumstruktur und eine jeweilige Bedeutung der Dinge, die sich nicht mit der funktionalen Gliederung decken. Wenn Bachelard schreibt, „dass der Winkel das Gehäuse des Seins ist" (2011, S. 145), macht er darauf aufmerksam, dass es eine *leibliche* Ordnung des Raums gibt, die sich gerade beim Kind in besonderer Weise zeigt: „Ein imaginäres Zimmer baut sich um unseren Körper auf, der sich gut versteckt fühlt, wenn wir uns in eine Ecke flüchten" (ebd.). Bei Kindern lässt sich beobachten, dass der Raum in einer Dynamik gewonnen wird, in der eine Struktur nicht gegeben ist, sondern gesucht wird.

So kann schon der Körper eines Anderen einen solchen Raum bilden. Ein zweijähriges Mädchen, das mit seinen Eltern zu Besuch bei einem ihm Unbekannten ist, will zunächst nichts sehen von der Umgebung und von den Gastgebern. Auf dem Arm der Mutter presst es sich mit seinem Kopf in ihren Oberkörper hinein. Ein dreieinhalbjähriger Junge, der einen Kindergarten erstmalig besucht, verkriecht sich unter einem kleinen Tisch an der Wand, sucht diesen Ort über Wochen täglich auf, richtet ihn mit Tüchern ein und nennt ihn seine „Höhle" (vgl. Stieve 2008, S. 222). Nicht als Tisch, sondern als kleiner intimer Winkel wird das Möbel zum Übergangsobjekt, das einen Ort zwischen dem inneren Bedürfnis und der äußeren Fremde anbietet. In beiden Fällen hat die Umgebung etwas Bedrohliches. Der Wunsch nach Schutz strukturiert das Feld, in dem, wie Kurt Lewin in seiner Feldtheorie sagt, alles seine Bedeutung in Bezug auf dieses Bedürfnis zu gewinnen scheint (vgl. Lewin 1926, 350 ff.). Der Tisch hat wie der Körper der Mutter einen dem Bedürfnis entgegenkommenden Aufforderungscharakter. Das Mädchen will später in einem Winkel neben der Mutter am Küchentisch sitzen. In einem sich mehrfach wiederholenden Spiel muss die Mutter es über sich heben, auf den Boden stellen, damit es ein wenig und von Mal zu Mal ausgiebiger den Raum erkundet. Der Junge benötigt über Wochen seinen ‚Tisch', um von ihm mal ängstlicher, mal mutiger Ausflüge in den vom Spiel der anderen Kinder bestimmten Raum zu unternehmen.

Das Tun beider ist zunächst nicht nur Mimesis, sondern eine Orientierung und Erweiterung des Selbst. Sie hängt, mit Bernhard Waldenfels gesprochen, damit zusammen, dass wir leiblich im Raum wohnen. Einen Leib zu haben, drückt sich aber nicht nur darin aus, sich an einem Ort zu befinden (vgl. Waldenfels 2001, S. 183), sondern ihn für sich zu suchen. Der Ort ist für das Kind sein „Hier", das seine ganze aktuelle Wirklichkeit ausmacht, ein Nullpunkt, als Ort, „an dem eine Raumordnung mitsamt ihren Implikationen und Konnotationen entspringt" (ebd., S. 184, mit Verweis auf Husserl). Mit der Leiblichkeit verbindet sich beispielsweise, dass es ein Vorne und Hinten gibt.

Der Mensch hat ein Gesicht, mit dem er sieht, was vor ihm ist, und angeschaut wird, und zugleich einen Rücken, mit dem er von etwas umgeben ist, das nicht vor Augen liegt (vgl. ebd., S. 185). Das Mädchen will zunächst nicht sehen, was ihm frontal entgegen kommt, es will nicht kon*frontiert* sein und schiebt sein Gesicht in den Oberkörper der Mutter hinein. Der Junge sucht einen Winkel, der ihn von hinten und oben schützt, nach vorne aber den Blick auf das Geschehen frei gibt und so einen eigenen Ort schafft. Ähnlich wie Werkzeuge den Leib erweitern, deutet Waldenfels die Wohnung als eine Ausweitung des leiblichen Innen- und Eigenbereichs (ebd., S. 188). Das Ich kann nur bei sich sein, ein Innen von einem Außen absondern, in dem es einen Ort für sich findet. In der Suche des Eigenorts entspringt aus diesem „Hier" der Raum als Spielraum künftiger Möglichkeiten (ebd., S. 192). „Die ursprüngliche Beziehung, durch die sich das Subjekt aus dem Ganzen der übrigen Dinge ausgliedert und wieder in es einfügt, ist nicht eine Beziehung in der das Subjekt steht, sondern ein Beziehen, *das* das Subjekt ist" schreibt Jan Patočka (1991, S. 91, Hervorh. J. P.). Das Kind ist mit dem Raum, den Dingen verquickt und *sucht* zuallererst eine genaue Begrenzung als seinen Ort. „Das ursprüngliche ‚Innen' ist keine bloße Position, sondern ein Ausblicken nach Möglichkeiten und eine Beziehung zu diesen Möglichkeiten" (ebd., S. 92). So präsentiert sich der Raum pathisch, als ein Ineinander von Dingen und Menschen, und wird erst allmählich zugänglich, immer verbunden mit Suche nach dem eigenen Ort. Man könnte in diesem Sinne sagen, dass Ichwerdung auch ein leiblich-räumliches Geschehen darstellt. Kinder ‚gewöhnen' sich in Räume ein, die nicht aus sachlichen Dingen bestehen, sondern in denen ein Feld von Ausdrucksgestalten widerfährt und damit ein Selbst als Antwortendes herausfordert.

Fröbel schildert, wie Kinder sich in einem dunklen Gebüsch auf einer Anhöhe eine „Hütte mit Bank und Tisch" bauen, „von wo aus ihr Auge das ganze Tal in einen Blick und als ein schön gegliedertes Ganzes überschaut" (Fröbel 1951, S. 65). Für ihn bilden die Jungen damit eine ihnen eigene Welt, „denn das Gefühl *eigener Kraft* bedingt und fordert auch bald den Besitz *eigenen Raumes*" und sei dies nur „ein Winkel des Hofes, des Hauses oder der Stube, sei es der Raum einer Schachtel [...] oder in einem Schranke, oder sei es eine Höhle [...]". Das Kind muss „einen äußerlichen, am besten einen sich selbst geschaffenen, selbstgewählten Beziehungs-, Einigungspunkt seiner Tätigkeit haben" (ebd.). So ist der selbst gesuchte Ort mit seiner Materialität eine Stütze des Ichs.

Dinge und Orte haben hier eine andere Dynamik als die einer fest definierten Funktion oder die eines geordneten sozialen Miteinanders, sie verändern ihren Charakter wie die Bedürfnisse des Kindes. Die Bezüge decken sich nicht mit der bewusst geplanten räumlichen Ordnung eines Kindergartens, sprich mit den nach Funktionen gegliederten Bereichen, wie Spielwohnung oder Bauecke. Diese Logik wird dem kleinen Kind erst allmählich verständlich, weil die Dynamik eines pathischen Raums immer mitgeht, in Bedrohliches und Vertrautes, Neugierde-stiftendes und Geläufiges, Bekanntes und Fremdes teilt. Damit deutet sich eine Differenz an, die der eines die Wirklichkeit verdoppelnden Spiels vorausgeht. Die Welt, die das Kind mimetisch nachahmt, ist fremd, sie ist noch nicht in ihren ‚Logiken' und Ordnungen verstanden. Das Kind vollzieht vielleicht Handlungen nach, doch zeigt sich eine Dynamik, die mit Ordnungen korrespondiert, diese Ordnungen aber zugleich bricht, weil sie ihnen vorausgeht, sie erst erspielt und sie damit immer auch überschreitet.

4 Differenzen von Wohnkultur und Überschuss

Eine ähnliche Dynamik lässt sich beschreiben, wenn Kinder sich offensichtlicher in mimetischen Prozessen befinden. In einer Szene, die Esther Schüllenbach-Bülow, Studentin der Fachhochschule Köln, videographiert hat, spielen ein dreijähriges Mädchen und ein ebenso alter Junge in einer Spielküche, die mit modern anmutenden, recht detailliert ausgeführten Spielgeräten wie Herd, Waschmaschine, Kühlschrank und Mikrowelle ausgestattet ist. Das Spiel erscheint zunächst mimetisch, denn die Kinder tun als würden sie kochen, einkaufen und Essen zubereiten. Mit den Bildern des Pestalozzi-Fröbel-Hauses hat die Szene dennoch wenig gemein. Der Gegenstand, auf dem Korken zu ‚Schnitzeln' werden, ist die Waschmaschine, während auf dem Herd achtlos die Puppe abgelegt ist. Das ‚Essen' wird aus einer Blechdose ohne Teller auf eine Werkbank gestreut. Das Spiel wird mehrfach unterbrochen und wechselt in andere Spielthemen. Plötzlich möchte das Mädchen ‚Prinzessin' sein und zieht sich einen Puppenpullover wie eine Mütze über den Kopf. Die Ärmel des Pullovers schlenkern um seinen Kopf herum.

In einer Beobachtung aus der Studie „Spielen und Lernen" von Ursula Stenger steht ein ungefähr zwei Jahre alter Junge an der Theke einer Spielwohnung (vgl. Stenger 2010, S. 33). Die Kinder seiner Krippengruppe haben neues Puppengeschirr aus buntem Plastik bekommen und ein Teil davon steht vor ihm auf der Theke. Zuerst versucht er ein kleines Kännchen in eine größere Kanne zu stecken. Als dies misslingt, fegt er beide Kannen mit einer Handbewegung zu Boden, „blickt dem davonfliegenden Geschirr nach und schickt sogleich zwei weitere Tassen hinterher" (ebd.). Weitere Teller „tanzen" auf dem Boden herum, bis sie liegen bleiben. Der Junge führt seine Hände an der Brust zusammen und ruft „ebenso bedauernd wie schelmisch ein lang gezogenes: ‚Ohhh!'" (ebd.). Dann lässt er immer mehr Geschirr von der Theke „tanzen" und „macht reinen Tisch" (ebd.), öffnet eine Schublade und wirft auch hier alle Gegenstände aus der Lade einzeln zu Boden. Er „reibt sich zufrieden die flachen Hände aneinander" und muntert ein anderes Kind mit den Worten „‚Laut! Laut!'" auf (ebd., S. 34). Stenger sagt zu Recht, dass diese nicht unalltägliche Szene, geht man von der Funktion der Gegenstände aus, wie ein misslingendes Spiel erscheint (vgl. ebd., S. 35). Der Junge kommt dem Zweck, zu dem das Plastikgeschirr auffordern soll, nicht nach. In diesem Sinne verhält er sich nicht mimetisch. Der Appell drückt sich im „Tanzen" der Teller, im „Laut, Laut" aus, wodurch sich die Auflösung einer Ordnung ergibt, die Stenger als „Wagnis und Risiko" beschreibt (ebd., S. 36). Neben der Ordnung appelliert aber ein anderes, dass das Außerkraftsetzen ermöglicht. Es vermittelt auch Erfahrungen des eigenen Selbst: „Wer bin ich? Welche Möglichkeiten habe ich?" (ebd., S. 36). Der Junge ahnt vielleicht, dass das, was er tut, eine Grenzüberschreitung darstellt. Aber zugleich entsteht der Eindruck, dass er die Grenze auch überschreitet, weil die Dinge sich von vorn herein nicht nur als das anbieten, was sie ihrer Funktion nach sind. Sie werden in diesem Sinne nicht zweckentfremdet, sondern sie *sind* ein Schepperndes, Tanzendes, das reizt und das ermöglicht in eine Interaktion zwischen den eigenen Möglichkeiten und denen der Dinge einzutauchen – ‚ich kann es scheppern und krachen lassen'.

5 Differenzen in der Begegnung mit den Dingen

Geht man den Beobachtungen nach, so fällt auf, dass das Spiel der Kinder nicht nur einer Bewandtnis der Dinge folgt, die dann nachvollzogen oder auch variiert, verändert und abgewandelt wird. Die Dinge ‚tun' etwas, sie geben Schutz, lassen sich über den Kopf ziehen, ‚tanzen' über den Boden. Sie affizieren in einer Vielzahl von Möglichkeiten, die mit der Lebensform, für die sie hergestellt sind, korrespondieren, sich aber nicht mit ihr decken, weil diese Lebensform in nur brüchige Gewohnheiten übergegangen ist. Die Dinge locken und schrecken, weil sie keine Objektivität kennen. Ihre Identität ist brüchig. Sie werden nicht zweckentfremdet, weil ihre Bewandtnis, wie der Gebrauch von Geschirr, zwar täglich erlebt, aber erst aus einem Möglichkeitsraum heraus hierarchisiert wird. Elemente einer Kultur lassen sich in ihrer Funktion nur allmählich wahrnehmen, nicht nur weil diese noch im eigentlichen Sinne un-begriffen ist, sondern weil die Aufforderungen durch die Dinge in sich situativ und damit widersprüchlich sind.

In den Beobachtungen vermittelt sich gleichwohl eine kulturelle Ordnung. Es finden sich mimetische Prozesse, Wiederholungen, Rituale, Spielverläufe mit Als-Ob-Charakter. Die Szenen lassen ebenso deutend eine ‚Selbsttätigkeit' von Kindern erkennen, die geradezu durch das affizierende Sinnes- und Handlungsfeld herausgefordert wird, und die ein ständiges Orientieren des Selbst darstellt – eine Suche nach Behütung, nach Wirksamkeit, nach Vergewisserung und Handlungsmöglichkeiten. Die durch scheinbare „Tatsachen" bestimmte Welt des „Mit-einanders" in der Gemeinschaft von Erwachsenen und Kindern (vgl. Langeveld 1968, S. 174), in der die Dinge ihren Sinn in der Haushaltung und den damit verflochtenen Gesten des Einander-Zuwendens in einer jeweils konkreten kulturellen Form finden, entwickeln sich aber aus einem Möglichkeitsraum heraus. Dass die Teller nicht vom Tisch gefegt werden sollten, hat zur Voraussetzung, dass dies geschieht. Erst darin verknüpft sich das sinnliche Erleben mit den zu erwartenden Hinweisen, Einschränkungen, Verboten der Bezugspersonen. Im sich wiederholenden, das Geschehen *verzögernden* Spiel wird das Ereignis und seine Differenz durch die widersprüchlichen Aufforderungen in einer leiblich-szenischen Handlung re-flexiv, wie Gerd E. Schäfer schreibt (vgl. 2011, S. 205), allerdings weniger in der Aufführung eines zugrunde liegenden Denkens, sondern in den unhintergehbaren, das Denken weckenden Differenzen.

Damit ist die Ordnung der Kultur aber eine, die gerade in den Anfängen ihrer Aneignung Differenzen enthält (wie zudem im Umgang mit den Dingen durch die anderen Beteiligten auch). Es lockt, die Teller vom Tisch zu fegen, den Pullover über den Kopf zu ziehen. Ein Tisch ist ein Tisch, aber auch eine ‚Höhle', wenn das Geschehen im Raum bedrängend wird. Ein Küchenherd verliert sich ins Unbestimmte, obwohl ‚gekocht' wird. Es bleibt eine Unbestimmtheit, weil die Ordnungen der Dinge und damit auch die sozialen Ordnungen im Handeln und Interagieren an ihren Grenzen erworben werden, in einer ständigen Grenzverschiebung des Möglichen mit allen dazugehörigen Konflikten. Eine notwendige Fremdheit zeichnet das Geschehen um das kleine Kind aus. Sein Spiel ist nicht allein eine Als-Ob-Verdoppelung der Wirklichkeit, wie es z. B. Schrader-Breymann impliziert, sondern ein Orientierungsgeschehen, ein Erproben von Facetten des Wirklichen. Seine Orientierung beinhaltet Orte zu suchen, die ermöglichen, sich leiblich zu dem Geschehen zwischen den Dingen und den anderen Menschen zu *stellen*, eine *Position* einzunehmen, sich in Beziehung zu *setzen*. In ihnen appellieren Möglichkeiten der Dinge an Möglichkeiten des Handelns und offenbaren sie zuallererst. Das Spiel eröffnet ein Feld, dem sich das spielende Kind überlässt, und das in all seinen verschiedenen Facetten erprobt sein muss, um sich ihm einzugewöhnen und eine Gewohnheit auszubilden.

In den Szenen wird also eine Differenz sichtbar, die sowohl in mimetischen wie auch konstruktivistischen Tendenzen pädagogischen Denkens droht, aus dem Blick zu geraten, die Fremdheit und Irritation kindlichen Handelns. Sie widerspricht der bildenden Gewöhnung, wie sie bei Pestalozzi, Fröbel, Schrader-Breymann beispielhaft gedacht wird und sich unweigerlich tradiert. Sie widerspricht aber auch einem aus sich heraus konstruierenden Kind, weil das Kind mit seiner Welt verwoben ist, poietisch ausgeliefert an das, was ihm widerfährt. Die subjektivierende Bewegung der Bildung, als ein „Sich-ins-Verhältnis-Setzen", ein Stellung-Nehmen zur Welt, könnte aber eine ihrer Möglichkeiten gerade aus diesen Differenzen und Spielräumen einer zunächst leiblichen Re-flexivität gewinnen. Der Möglichkeitsraum, innerhalb dessen sich kulturelle Formen allmählich verfestigen, bleibt wirksam, er ist ein Außerordentliches, das affiziert (vgl. Stieve 2008, S. 179 ff.; 296, in Bezug auf Waldenfels). Wenn Bildung nicht einfach eine Sozialisation nachvollzieht, sondern eine Störung bedeutet, ein Sich-Ins-Verhältnis-Setzen zur eigenen Lebensform (vgl. Meyer-Drawe 2006, S. 90), so nimmt sie in der frühen Kindheit in solchen irritierenden Differenzen ihren Ausgang, falls der widersprüchlichen Erfahrung Raum gegeben wird und sie gerade aus der Differenz heraus in eine produktive Bildungsbewegung münden kann.

Anmerkung

1 Im Rahmen dieses Textes ist keine genauere seriell-ikonografische Fotoanalyse, wie von Pilarczyk und Mietzner entwickelt, möglich. Gerade die Spielwohnung in den verschiedensten historischen wie aktuellen Darstellungen in pädagogischer Fachliteratur, Werbung, etc. würde sich hierfür anbieten. Die Darstellungen dienen deshalb lediglich dazu, Anfragen zu formulieren, die eine weitere Erforschung anregen.

Literatur

Bachelard, G. (2011). *Poetik des Raumes* (9. Aufl.). Aus dem Franz. von K. Leonhard. Frankfurt a. M.: Fischer.
Benner, D. (2012). *Bildung und Kompetenz. Studien zur Bildungstheorie, systematischen Didaktik und Bildungsforschung*. Paderborn: Schöningh.
Berger, P. L., & Luckmann, T. (1969). *Die gesellschaftliche Konstruktion der Wirklichkeit. Eine Theorie der Wissenssoziologie*. Frankfurt a. M.: Fischer.
Böhme, H. (2006). *Fetischismus und Kultur. Eine andere Theorie der Moderne*. Reinbek b. Hamburg: Rowohlt.
Dahlberg, G., Moss, P., & Pence, A. (1999). *Beyond quality in early childhood education and care: Postmodern perspectives*. London: Routledge Falmer.
Dreier, A. (1993). *Was tut der Wind, wenn er nicht weht? Begegnung mit der Kleinkindpädagogik in Reggio Emilia*. Berlin: Fipp.

Erning, G. (1987). *Bilder aus dem Kindergarten. Bilddokumente zur geschichtlichen Entwicklung der öffentlichen Kleinkinderziehung in Deutschland*. Freiburg im Brsg.: Lambertus.

Fröbel, F. (1951). *Ausgewählte Schriften. Bd. 2: Die Menschenerziehung*. Hrsg. von E. Hoffmann. Düsseldorf: Küpper.

Fröbel, F. (1962). *Fröbels Theorie des Spiels III. Aufsätze zur dritten Gabe, dem einmal in jeder Raumrichtung geteilten Würfel* (3. Aufl.). Eingeleitet von E. Hoffmann. Weinheim: Beltz.

Gebauer, G., & Wulf, C. (2003). *Mimetische Weltzugänge. Soziales Handeln – Rituale und Spiele – ästhetische Produktionen*. Stuttgart: Kohlhammer.

von Glasersfeld, E. (1992). Konstruktion der Wirklichkeit und des Begriffs der Objektivität. In C. F. von Siemens Stiftung (Hrsg.), *Einführung in den Konstruktivismus. Beiträge von H. von Foerster, E. von Glasersfeld, P. M. Hejl, S. J. Schmidt, & P. Watzlawick* (S. 9–39). München: Piper.

Göhlich, H. D. M. (2005). *Reggiopädagogik – Innovative Pädagogik heute. Zur Theorie und Praxis der kommunalen Kindertagesstätten von Reggio Emilia* (8. Aufl.). Frankfurt a. M.: Fischer.

Langeveld, M. J. (1968). *Studien zur Anthropologie des Kindes* (3., durchgesehene u. ergänzte Aufl.). Tübingen: Niemeyer.

Lewin, K. (1926). Untersuchungen zur Handlungs- und Affektpsychologie. *Psychologische Forschung, 7*, 294–385.

Meyer-Drawe, K. (2006). Bildung und Leiblichkeit. In J. Rohbeck & V. Steenblock (Hrsg.), *Jahrbuch für Didaktik der Philosophie und Ethik* (S. 75–91). Dresden: Thelem.

Mollenhauer, K. (2003 [1983]). *Vergessene Zusammenhänge. Über Kultur und Erziehung* (6. Aufl.). Weinheim: Juventa.

Müller, H.-R. (2002). Exzentrische Positionalität. Bildungstheoretische Überlegungen zu einem Theorem Helmuth Plessners. In L. Wigger, et al. (Hrsg.), *Forschungsfelder der Allgemeinen Erziehungswissenschaft. 1. Beiheft der Zeitschrift für Erziehungswissenschaften* (S. 53–61). Opladen: Leske und Budrich.

Müller, H.-R. (2007). Differenz und Differenzbearbeitung in familialen Erziehungsmilieus. Eine pädagogische Problemskizze. *Zeitschrift für Soziologie der Erziehung und Sozialisation, 27*(2), 143–159.

Nießeler, A. (2005). *Bildung und Lebenspraxis. Anthropologische Studien zur Bildungstheorie*. Würzburg: Ergon.

Parmentier, M. (2007). Beispiel: Die Grammatik der pädagogischen Gegenstände. In C. Rittelmeyer & M. Parmentier (Hrsg.), *Einführung in die pädagogische Hermeneutik. Mit einem Beitrag von W. Klafki* (3. Aufl., S. 113–124). Darmstadt: Wissenschaftliche Buchgesellschaft.

Patočka, J. (1991). Der Raum und seine Problematik [1985]. In K. von Nellen, J. Němec, & I. Srubar (Hrsg.), *Die Bewegung der menschlichen Existenz. Phänomenologische Schriften II* (S. 63–131). Stuttgart: Klett-Cotta.

Pestalozzi, J. H. (1997). *Kritische Gesamtausgabe sämtlicher Werke und Briefe*. Konzeption und Bearbeitung L. Friedrich und S. Springer. Hrsg. von Pestalozzianum. Zürich: Pestalozzianum.

Pilarczyk, U., & Mietzner, U. (2005). *Das reflektierte Bild. Die seriell-ikonografische Fotoanalyse in den Erziehungs- und Sozialwissenschaften*. Bad Heilbrunn: Klinkhardt.

Reggio C. (2002). Schuh und Meter. *Wie Kinder im Kindergarten lernen*. Berlin: Beltz.

Schäfer, G. E. (2011). *Was ist frühkindliche Bildung? Kindlicher Anfängergeist in einer Kultur des Lernens*. Weinheim, München: Juventa.

Schrader-Breymann, H. (1962). *Henriette Schrader-Breymann* (2. Aufl.). Eingeleitet von E. Hoffmann. Weinheim: Beltz.

Selle, G., & Boehe, J. (1986). *Leben mit den schönen Dingen. Anpassung und Eigensinn im Alltag des Wohnens*. Reinbek b. Hamburg: Rowohlt.

Stenger, U. (2010). Spielen und Lernen. In L. Duncker, G. Lieber, N. Neuss, & B. Uhlig (Hrsg.), *Bildung in der Kindheit. Das Handbuch zum Lernen in Kindergarten und Grundschule* (S. 30–37). Seelze: Kallmeyer-Klett.

Stieve, C. (2008). *Von den Dingen lernen. Die Gegenstände unserer Kindheit.* München: Wilhelm Fink.
Stieve, C. (2012). Inszenierte Bildung. Dinge und Kind des Kindergartens. In A. Dörpinghaus & A. Nießeler (Hrsg.), *Dinge in der Welt der Bildung – Bildung in der Welt der Dinge* (S. 57–85). Würzburg: Königshausen & Neumann.
Waldenfels, B. (2000). *Das leibliche Selbst. Vorlesungen zur Phänomenologie des Leibes.* Frankfurt a. M.: Suhrkamp.
Waldenfels, B. (2001). Leibliches Wohnen im Raum. In G. Schröder & H. Breuninger (Hrsg.), *Kulturtheorien der Gegenwart. Ansätze und Positionen* (S. 179–201). Frankfurt a. M.: Campus.

Die anderen Dinge der Pädagogik. Zum Umgang mit alltäglichen Gegenständen in Kinderkrippen

Sascha Neumann

Zusammenfassung: Dinge im Sinne stofflich erfahrbarer Entitäten nehmen historisch wie gegenwärtig in der Diskussion über Programm und Praxis der Frühpädagogik eine herausragende Stellung ein. Die Dominanz des Dinglichen in der Frühpädagogik beruht bis heute auf der Annahme von der Bildungs- und Entwicklungsbedeutsamkeit dinglich-materiell vermittelter Erfahrungen. Mit dieser Annahme wird unterstellt, der Umgang mit den Dingen in der frühpädagogischen Praxis sei vor allem durch die spezifischen Bildungs- und Entwicklungsbedürfnisse von Kindern bestimmt. Offen bleibt dabei, wie es um jene Objekte steht, denen nicht ohne weiteres und von vorne herein eine pädagogische Relevanz zugetraut wird. Der Beitrag knüpft an dieser Frage an und stellt die angestammte frühpädagogische Sicht der Dinge empirisch auf die Probe. Anhand von ethnographischen Beobachtungen zum Gebrauch alltäglicher Gegenstände in Kinderkrippen rekonstruiert er exemplarisch, wie diese Gegenstände für die Selbstbeobachtung der Praxis als ‚pädagogisch' gerade insofern eine Bedeutung gewinnen, als sie es gestatten – territorial wie sozial – Kinder als sich verändernde Personen zur Darstellung zu bringen.

Schlüsselwörter: Ethnographie · Frühpädagogik · Materialität · Pädagogisches · Kind

The other things in education. How everyday objects are handled in crèches

Abstract: Things in terms of material entities take historically as well as currently a prominent role in the discussion on programs and practices in early childhood education. The dominance of the tangible in early childhood education is based on the assumption of the educational and developmental significance of material experiences in the early ages. Regardless of the validity of this assumption, the pedagogical reflection upon the special role of things also suggests that the overwhelming significance of the tangible in early childhood education is founded solely on the special educational and developmental needs of children. The paper is interrogating this underlying claim by confronting it with empirical insights as they can be obtained from the ethnography of pedagogical practices in early childhood education. This is done by analyzing the use of different everyday pieces in educational practices. The analysis illustrates how these things function to represent children–socially and territorially–as persons in change and thereby gain the status of a medium for proving the everyday practices as something pedagogical.

© Springer Fachmedien Wiesbaden 2013

Prof. Dr. S. Neumann (✉)
Departement Erziehungswissenschaften, Université de Fribourg/Universität Freiburg (CH),
Rue P.-A. Faucigny 2, 1700 Fribourg, Schweiz
E-Mail: sascha.neumann@unifr.ch

Keywords: Ethnography · Early childhood education · Materiality · Pedagogy · Child

1 Dinge in der Pädagogik und die Pädagogik der Dinge – eine Einleitung

Dass es die Pädagogik nicht nur mit Personen, sondern immer auch mit Dingen als nicht belebten, gleichwohl aber stofflich erfahrbaren Entitäten zu tun hat, gehört im Grunde zum kollektiven Wissen all derjenigen, die je mit ihren Institutionen in Berührung gekommen sind. Was wäre die Schule ohne die Tafel, der Kindergarten ohne sein Arsenal an Kuscheltieren, Bällen, Puppen und Bilderbüchern, was der Nähkurs in der Erwachsenenbildung ohne Nadel, Stoff und Faden? Umso überraschender ist es, dass die Erziehungswissenschaft lange Zeit – sieht man einmal von der pädagogischen Anthropologie und vereinzelten Bezugnahmen in der Bildungstheorie und erziehungswissenschaftlichen Historiographie ab (vgl. Langeveld 1955; Mollenhauer 1987; Pazzini 1983; Meyer-Drawe 1999; Parmentier 2001) – kaum einmal ein besonderes Interesse für die materielle Dimension ihres Forschungsgegenstandes gezeigt hat (vgl. Nohl 2011, S. 8; Oelkers 2012; Rieger-Ladich 2009). In jüngster Zeit jedoch scheint sich dies allmählich zu ändern. So hat sich inzwischen auch innerhalb der Erziehungswissenschaft eine beachtliche Sensibilität für den epistemischen Stellenwert herausgebildet, den die Analyse des Umgangs mit konkreten Objekten für das Verständnis und die Analyse der Erziehungs- und Bildungswirklichkeit einnehmen könnte (vgl. etwa: Nohl 2011; Casale et al. 2012). Dieser Wandel ist vor allem inspiriert durch Entwicklungen in der Soziologie und Sozialphilosophie, wie etwa der prominent von Bruno Latour vertretenen Akteur-Netwerk-Theorie (ANT) (vgl. Latour 2007) oder Theodore R. Schatzkis Variante einer Theorie sozialer Praktiken (vgl. Schatzki 1996, 2001), aber auch durch die insgesamt wachsende „Konjunktur der Aufmerksamkeit" für das Materielle in den Sozial- und Kulturwissenschaften (König 2012). Davon versuchen neben vereinzelten theoretisch-systematischen Reflexionen vor allem empirische Arbeiten zu profitieren, die dem Spektrum qualitativer Untersuchungen und im engeren Sinne der ethnographischen bzw. videographischen Forschung zuzuordnen sind (vgl. hierzu etwa Breidenstein 2006; Sørensen 2009; Wiesemann 2009; Bollig et al. 2012; Eßer 2012; Fetzer 2012; Neumann 2012a; Rabenstein und Wieneke 2012; Röhl 2012).

Die jüngste Entwicklung hat zwar die materielle Dimension der pädagogischen Wirklichkeit wieder verstärkt in den Horizont der Aufmerksamkeit gerückt, dennoch ist das Interesse an den Dingen noch ein eher fokussiertes und noch nicht derart grundlegend ausgeprägt, dass damit immer auch schon die Frage adressiert wäre, inwiefern die Dinge *als solche* sowie ein bestimmter Umgang mit ihnen für die Pädagogizität einer sich selbst als pädagogisch beobachtenden Vollzugswirklichkeit tatsächlich *konstitutiv* sind. Dies gilt vor allem in empirischer Hinsicht und zeigt sich dabei auf zweierlei Weise (vgl. hierzu Neumann 2012a, S. 172). Entweder wird diese Frage ganz gemieden, um nicht den angestammten normativen Perspektiven über das Pädagogische auf den Leim zu gehen (Fritzsche et al. 2011). Oder aber die Analysen und Beobachtungen konzentrieren sich auf die Dinge des ‚Wissens' oder ‚Lernens', also jene Materialitäten, die – wie etwa didaktische Objekte des Schulunterrichts – schon qua Herstellung einen pädagogischen Charakter in sich zu tragen scheinen (vgl. hierzu etwa Fetzer 2012; Rabenstein und Wieneke 2012;

Sørensen 2009; Wiesemann 2009). Insofern gibt es zwar eine zunehmende Auseinandersetzung mit den Dingen der Pädagogik, gleichwohl ist die Empirie einer „Pädagogik der Dinge" (Nohl 2011) bislang kaum mehr als in Ansätzen erschlossen worden.

Anders als der Erziehungswissenschaft insgesamt darf man der Pädagogik der frühen Kindheit durchaus ein „inniges" Verhältnis zu den Dingen unterstellen. Historisch wie gegenwärtig spielen sie eine prominente Rolle in der Diskussion über Programm und Didaktik der Frühpädagogik. Schon Rousseaus „Emile" sollte sich an ihrer Widerständigkeit bilden und durch ihre „Macht" gleichsam „gefügig" und „gehorsam" werden (Rousseau 1971, S. 71). Bekanntermaßen wurden die Dinge fortan auch in den zentralen Lehrgebäuden der Frühpädagogik als die wichtigsten Komplizen bei der Verwirklichung ihrer Ansprüche gehandelt. Dies gilt nicht nur für Fröbels „Spielgaben" (vgl. hierzu Hewitt 2001, Prochner 2011), sondern auch für die „vorbereitete Umgebung" Maria Montessoris oder den Raum als sogenannten „dritten Erzieher", wie ihn die Reggiopädagogik kennt, um nur einige Beispiele zu nennen. Das frühpädagogische Interesse an den Dingen speist sich dabei aus der Überzeugung, dass den materiell vermittelten Erfahrungen eine besondere Bedeutung beim Verlauf, Vollzug und der Gestaltung von Lern-, Entwicklungs- und Bildungsprozessen eingeräumt werden muss (vgl. Stieve 2008, 2011). Insofern ist die frühpädagogische Rede von den „Dingen" kaum von einer impliziten pädagogischen Programmatik des Umgangs mit ihnen zu trennen. Dies erklärt womöglich auch, warum sie lange Zeit empirisch kaum von Interesse gewesen sind, war doch alles, was sich über sie zu wissen lohnte, bereits in den wohlmeinenden Intentionen des pädagogisch ambitionierten Blicks vorweg genommen (Stieve 2008, S. 43, 2011, S. 126–127). Nicht zuletzt suggeriert diese enge Bindung der Perspektive auf die Dinge an die Intentionen der frühpädagogischen Praxis aber auch, die Materialität dieser Praxis begründe sich allein von den spezifischen Bildungs- und Entwicklungsbedürfnissen von Kindern her. Was aber, so kann man fragen, ist mit all jenen Dingen in den Settings öffentlich veranstalteter Kleinkindererziehung, die sich nicht ohne weiteres und von vorne herein in ihrer Bildungs- und Entwicklungsbedeutsamkeit aufdrängen? Anders gefragt: Dient tatsächlich alles, was in Kindertageseinrichtungen einem Beobachter in der Gestalt von Dingen ins Auge fällt, jenen Zielen und Zwecken, die der frühpädagogische Diskurs der Praxis als Intention zuschreibt?

Der Beitrag knüpft an dieser Frage an und stellt die angestammte frühpädagogische Sicht der Dinge ausgehend von Beobachtungen auf die Probe, wie sie sich aus einer „Ethnographie der Frühpädagogik" (vgl. hierzu Honig und Neumann 2013) gewinnen lassen. Der epistemische Stellenwert einer „Ethnographie der Frühpädagogik" wird darin gesehen, dass sie an die Stelle des bestehenden disziplinären Wissens über das, was Frühpädagogik vermeintlich auszeichnet, den Blick auf die Selbsterzeugung der frühpädagogischen Praxis im Medium ihrer Vollzugswirklichkeit treten lässt. Ausgangspunkt des Beitrags ist vor diesem Hintergrund die zunächst einmal genauso grundlegende wie triviale Beobachtung, dass in frühpädagogischen Settings noch lange nicht allen Dingen eine auf den ersten Blick erkennbare pädagogische Zwecksetzung inne wohnt. Er rückt damit Sachverhalte in den Blick, die so bislang nicht Gegenstand frühpädagogischer Reflexionen gewesen sind. Die pädagogische Dimension der Dinge wird dabei im Horizont eines Zugangs aufgegriffen, der sich dafür interessiert, wie in frühpädagogischen Settings mit alltäglichen Dingen Pädagogik ‚gemacht' wird. Im Mittelpunkt steht also nicht die Frage, was *an* den Dingen pädagogisch *ist*, sondern wie die Dinge *als Dinge* zu pädagogischen Dingen *werden*. Der Beitrag zielt in diesem Sinne darauf ab, die angestammte frühpädagogische Sicht der Dinge in strategischer Weise durch einen verfremdenden Blick zu suspendieren. Er setzt also nicht voraus, immer schon wissen zu können, was mit den Dingen überhaupt geschieht. Vielmehr geht es darum, der frühpädagogischen Vollzugswirklichkeit im Gestus des Entdeckens zu begegnen und das Erkenntnispotential jenes offensiven Verhältnisses zum „Nicht-Wissen" (Amann und Hirschauer 1997, S. 11) auszuschöpfen, das sowohl für die „indigene" Ethnographie der Sozialwissenschaften wie auch die ethnologische und kulturanthropologische Ethnographie charakteristisch ist. Anhand von exemplarischen und explorativen Beobachtungen zum Gebrauch von alltäglichen Gegenständen rekonstruiert der Beitrag dabei, wie diese Gegenstände für die Selbsterzeugung dieser Praxis als einer ‚pädagogischen' einen spezifischen Stellenwert gewinnen. Die folgenden Ausführungen versuchen entsprechend einer Pädagogik der Dinge empirisch auf die Spur zu kommen. Sie verorten sich damit im Horizont des Programms einer „Empirie des Pädagogischen" (vgl. Neumann 2010) und gehen ihm hier anhand von ethnographischen Beobachtungen zum Gebrauch von alltäglichen Gegenständen in Kinderkrippen nach.[1] Im Mittelpunkt steht die Frage, was man über das Pädagogische der Frühpädagogik erfährt, wenn man sie von der materiell-dinglichen Dimension ihrer Vollzugswirklichkeit her betrachtet.

2 „Tanz um den Teppich"

Es ist Mittwochvormittag, die Zeit nach dem Frühstück. Ich befinde mich im Gruppenraum der „Goldhamster", in dem 16 Kinder im Alter zwischen 8 und 48 Monaten betreut werden. Auf dem gelben Linoleumboden in der Nähe der Tür zum Wickelraum liegt ein mehrfarbiger, etwa 5 Quadratmeter grosser Teppich mit arabischen Ziffern an den Rändern. Er hat die Form eines Kreises. Auf dem Teppich befinden sich neben Stofftieren und Spielzeugen auch einige Kinder (9–11 Monate alt). Zwei von ihnen, Lara und Rolf, liegen in der Mitte auf ihren Bäuchen, zwei weitere, Maria und Pierre, in Babywippen, die am Rand des Teppichfeldes platziert sind. Neben Pierre sitzt Marguerite auf einem weit nach unten gefahrenen Bürostuhl. In der Hand hält sie eine Schale mit Brei, in der sie mit einem Plastiklöffel herum rührt und dann damit beginnt, Pierre zu füttern. Ich beobachte immer wieder andere Personen dabei, wie sie sich dem Teppich nähern, dann aber um ihn herum tänzeln, auf seinen Rändern balancieren oder vor ihm plötzlich stoppen, um ihn dann in weiten Schritten auf den Zehenspitzen zu überqueren. Nach einer Weile sehe ich, wie Martine (35 Monate) einen Softball vom gelben Linoleumboden aus auf den Teppich schleudert. Als der Ball auf dem Teppich zum Liegen kommt, läuft sie auf ihn zu und hebt ihn auf. Marguerite, die immer noch auf dem Bürostuhl sitzt und Pierre füttert, kehrt ihren Oberkörper um und ruft in Richtung Martine: „Martine, ihr sollt doch nicht so wild durch die Gegend rennen!". Martine zieht sich mit betont lang(sam)en Schritten vom Teppich auf den Linoleumboden zurück, dreht sich um und beginnt zu grinsen.

Ein teilnehmender Beobachter, der sich in den Räumlichkeiten von Kinderkrippen bewegt, trifft dort unweigerlich auf eine ganze Reihe von nicht-belebten Entitäten, denen man – einerseits – aufgrund ihrer physisch-haptischen Qualität durchaus den Status von

„Dingen" zuschreiben kann, die aber – andererseits – auch nicht ohne weiteres bereits in ihrer pädagogischen Bedeutsamkeit unmittelbar hervortreten. Neben Bilderbüchern, Bauklötzen, Wasserfarbkästen, Klettergerüsten und Musikinstrumenten besteht das Inventar von Kinderkrippen eben auch aus Telefonen, Laptops, Fotocollagen, Pinnwänden, Wartesesseln, Bilderrahmen, Fachbüchern, Backöfen, Stühlen und vielem anderem mehr. Hinzu kommt, dass diese Art von Inventar – anders als etwa der Wasserfarbkasten beim Malen oder das Bilderbuch beim Betrachten – in seiner Vorhandenheit zumeist hintergründig bleibt, die Gegenstände in ihrem Dingcharakter also über weite Strecken gar nicht erst „auffallen", weil von ihnen beim Gebrauch oder im Zuge einer flüchtigen Registratur erst gar keine objektivierende Notiz genommen wird. Im Anschluss an Heidegger könnte man in diesem Zusammenhang präzisierend auch von „Zuhandenem" sprechen (Heidegger 1927/1979, S. 69–74), das sich vom „Vorhandenen" insofern unterscheidet, als es – wie etwa der Schraubenzieher beim Schrauben oder die Lampe beim Leuchten – zwar „zur Hand" ist, aber in seinem Status als Ding solange unscheinbar bleibt, bis es allein „für sich" betrachtet wird.

Der Teppich, auf dem sich die Ereignisse in der beschriebenen Szene abspielen, gehört ebenfalls zu jener Menge an „zuhandenem" Inventar, das sich kaum einmal in seinem Dingcharakter aufdrängt. Spielzeuge und Stofftiere werden auf ihm ablegt und wieder aufgehoben, Babywippen darauf platziert, versetzt und umgedreht, er wird von Reinigungskräften gesaugt, zusammen- und wieder aufgerollt, von eintretenden Besuchern beiläufig wahrgenommen und wieder vergessen. Dennoch gibt das Bewegungsverhalten sowohl der um ihn herum als auch auf ihm selbst befindlichen Personen in dieser mehrminütigen Sequenz zu erkennen, dass er allein durch sein Zuhandensein an der Ordnung des Geschehens in der Kinderkrippe seinen gleichsam „stillschweigenden" Anteil hat. Der Teppich fungiert in der Aufteilung des nicht weiter durch Wände untergliederten Raums als eine Art *„Nest"*, in dem Kinder, die noch nicht in der Lage sind, selbst zu sitzen oder zu laufen, territorial vom übrigen Geschehen abgeschirmt werden. Nimmt der Teppich im Kontext des Geschehens aber die Rolle eines Nestes ein, so lässt sich dies wohl kaum allein mit dem Verweis auf seine blosse Eigenschaft als Bodenbelag erklären. Der Teppich ist nicht lediglich ein Einrichtungsgegenstand, sondern ein Element in der territorialen Ordnung des Gruppenraumes, in dessen Funktion sich auch die Relationen zwischen den Elementen dieser territorialen Ordnung widerspiegeln. Jenseits dieser Relationen, wäre die jeweilige Besonderheit der einzelnen Zonen kaum begreifbar. Genauer: Der Teppich könnte als bewegungsarmer Sonderbezirk für einen Beobachter nicht als eine Art „Nest" in Erscheinung treten, wenn er nicht an jene Zone grenzen würde, die sich im Verhältnis zu ihm als ein Areal der relativen „Unordnung" erweist. Dies ist zugleich das Kernmoment seiner ordnungsstiftenden Funktion: Wie jedes ordnungsbildende Moment unterscheidet auch er gleichsam zwischen *Ordnung* und *Unordnung* (vgl. hierzu Anter 2007).

Die Ordnung, welche der Teppich territorial stiftet, beruht aber nicht lediglich auf seiner *räumlichen* Strukturierungsfunktion. Vielmehr wird diese erst dadurch wirksam, dass der Teppich auch die Verhaltensweisen der im Raum befindlichen Personen relationiert. Anders gesagt: Er schafft eine territoriale Ordnung, in die eine *soziale* Ordnung des Geschehens eingeschrieben ist. Vor allem das sich über mehrere Minuten hinweg erstreckende „Herumtänzeln" der Erzieherinnen und Kinder signalisiert in dieser Hinsicht, dass sich in seiner Randlage im Raum wie auch seinem gewöhnlichen Gebrauch als Lagerstätte für „noch-nicht laufende" Kinder bestimmte Erwartungen an das Verhalten der Akteure materialisieren. Der Umgang mit seiner Platzierung indiziert vor diesem Hintergrund, dass der Ordnung des Geschehens im Gruppenraum eine Unterscheidung zwischen „liegenden", „sitzenden" und „laufenden" Personen zugrunde liegt. Sie ist sozusagen ständig im Spiel, wenn in Kinderkrippen zwischen einzelnen Kindern oder bestimmten Gruppen von Kindern unterschieden wird, so etwa bei ihrer Zuordnung zu bestimmten Räumen, der Planung und Gestaltung des Tagesablaufs oder der Aufteilung des Personals. Sozial bedeutsam ist sie in dieser Situation, weil sie auch hier die wechselseitige Wahrnehmung der Anwesenden und ihres Verhaltens im Umfeld des Teppichs orientiert. Die Platzierung des Teppichs bringt also eine Unterscheidung immer wieder aufs Neue hervor, die ihr bereits als Kalkül zugrunde lag. Im Lichte dessen wirkt die Ermahnung der Erzieherin an Martine wie eine *Ausnahme*, die eine implizite *Regel* bestätigt: Laufende Kinder und Erwachsene sollen von dieser Fähigkeit auf dem Teppich selbst einen möglichst unauffälligen Gebrauch machen.

Über diese verhaltensregulierende Funktion hinaus zeigt die Szene aber auch, wie ein so unscheinbares „Ding" wie jener Teppich im besagten Gruppenraum selbst zu einem Schlüsselelement bei der Pädagogisierung des Geschehens werden kann. Als ordnungsbildendes Moment schränkt er nämlich nicht nur die Kontingenzen des Geschehens im Raum ein, sondern macht auch – wie im Falle von Martine – *regelabweichendes Verhalten* objektivierbar. Deutlich wird dies, wenn man sich vor Augen führt, dass Marguerites Reaktion auf Martines Verhalten weder als notwendig noch als zufällig angesehen werden kann. Als Martine dem auf den Teppich geschleuderten Ball hinterherläuft, wird dies von Marguerite als eine Störung des regelkonformen Betriebsablaufs thematisiert, ohne dass dies durch die Situation selbst zwingend vorgegeben wäre. Vielmehr wäre auch anderes möglich gewesen, etwa die Deutung von Martines Verhalten als ein Ausdruck selbstgesteuerter motorischer Lernaktivitäten oder als eine Form der bildungsbedeutsamen Aneignung der Bewegungs- und Gravitationseigenschaften eines Balls. Marguerites Intervention löst dabei den Teppich aus seiner stillschweigenden Zuhandenheit heraus und lässt gerade damit Martines Verhalten als abweichend hervortreten. Als Martine langsamen Schrittes vom Teppich zurückweicht, wirkt der Teppich wiederum als eine Art Resonanzboden, welcher der nachgängigen Korrektur ihres Verhaltens Ausdruck verleiht.

In der Einheit von Intervention und performativer Verhaltenskorrektur spiegelt sich wie in einer Miniatur die pädagogische Relevanz der Situation. Sie besteht darin, dass sich der *Vollzug* der Verhaltenskorrektur unmittelbar mit der Repräsentation der Wirksamkeit des *Vollzogenen* verknüpft. Im ethnomethodologischen Sinne könnte man entsprechend vom Pädagogischen als einer Form der darstellenden Herstellung gerade stattfindender Personenveränderung sprechen, die es – als eine Form der sinnvermittelnden Wirklichkeitserzeugung – *der pädagogischen Praxis erst ermöglicht, sich selbst als pädagogisch zu beobachten* (vgl. hierzu Neumann 2012b, S. 233 ff.). Die pädagogische Reflexionstradition bringt diesen Umstand nachgerade unwissentlich zur Sprache, wenn sie sich auf Erziehung, Bildung oder Lernen zugleich als Ziel *wie* Mittel intendierter Personenveränderung bezieht (vgl. Oelkers und Tenorth 1991). Vor diesem Hintergrund ermöglicht es der Teppich, Kinder als *buchstäblich* in Veränderung begriffene Personen zu objektivieren, als solche nämlich, die noch nicht sind, was sie einmal werden, aber schon anders sein können, als diejenigen, die sie gerade eben noch sind. Sie treten dabei nicht lediglich als objektanaloge Adressen pädagogischer Interventionen in Erscheinung, sondern – ähnlich wie der Teppich selbst – als Kollaborateure, die entscheidend an der Pädagogisierung des Geschehens beteiligt sind (vgl. hierzu auch Jung 2009).

Möglich ist dies alles jedoch nur, weil es offenkundig so etwas wie ein „konjunktives" Erfahrungswissen (vgl. Mannheim 1980) darüber gibt, wie man sich im Einzugsbereich des Teppichs zu bewegen hat. Dies wiederum unterstreicht zugleich seine Bedeutung als ein effektives Moment im Kontext des „hidden curriculum" der Kinderkrippe, die nicht einfach Kinder beaufsichtigt oder gar *bildet*, wie es die frühpädagogische Sicht der Dinge verheißt (vgl. hierzu Liegle 2010), sondern auch in bestimmte, die institutionelle Ordnung erst herstellende Routinen hinein sozialisiert. Ganz offensichtlich transzendiert der Teppich dabei seinen gewöhnlichen Status als Einrichtungsgegenstand bzw. Bodenbelag und übernimmt die Funktion eines Schutzraums, dessen Effektivität als *physisch* gar nicht wirklich abschirmender Raumteiler darin besteht, wie der geräuschlose Dirigent eines sozialräumlichen Ensembles zu wirken, der – um mit Bruno Latour zu sprechen – „Vorbeikommende" dazu zwingt, „Rollen in seiner Erzählung zu spielen" (Latour 2006, S. 485). In diesem Sinne „kommuniziert" er gleichsam Verhaltenserwartungen, die von den beteiligten Personen scheinbar nur mehr orchestriert zu werden brauchen. Mit der Entfaltung seiner sozialen Brisanz verliert der Teppich jedoch zugleich jede substanzielle Qualität, ist weder länger in sich eingegrenzt noch äußerlich abgeschlossen, weswegen seine Bezeichnung als ein „Ding" im Grunde genommen auch irreführend ist. Vielmehr operiert er als ein Artefakt, dessen situative Artifizialität ihm nicht als ein von Menschenhand gefertigtes „Ding" bereits zukommt, sondern erst im Umgang mit ihm entsteht und auch von diesem Umgang stets abhängig bleibt. Ein Teppich beginnt zwar auch in Kinderkrippen seine Karriere in der Regel als Bodenbelag. Jedoch muss es dabei nicht bleiben. Insofern verweisen die Beobachtungen zum Umgang mit dem Teppich zugleich auf die Grenzen eines naiv-dingontologisch präformierten Blicks. Genauso wie der Teppich seine Eigenschaften erst durch seine relationale Einbettung in das Geschehen und nicht etwa durch sich selbst als Teppich erlangt, ist seine Funktion keineswegs ein für alle Mal festgeschrieben. Dies könnte nicht zuletzt Anlass bieten, seiner Statuskarriere im Horizont einer „Biographie der Dinge" (Doering und Hirschauer 1997) nachzuspüren. Im Grunde gilt dies aber für alle vermeintlich nicht-pädagogischen Dinge, die in den Räumen von Kinderkrippen hausen. Entsprechend ist es auch wenig verwunderlich, wenn man in Kinderkrippen regelmäßig auf seine funktionalen Äquivalente trifft, die als Bodenmatten, Wolldecken oder Schaffelle das Gleiche wie der Teppich in der beschriebenen Szene bewirken.

3 „Wozu sind Schuhe da?"

Ottokar (27 Monate) bewegt sich zielstrebig von der Stirnseite des etwa 25 Quadratmeter grossen Gruppenraumes Richtung Puppenecke. In der Mitte des Raumes angekommen, schlendert er kurz, tritt etwas schief und ich beobachte, wie er dabei beide Schuhe verliert. Ottokar läuft trotzdem munter weiter, bis er die Puppenecke erreicht hat. Danach kehrt er um und peilt sofort die gegenüberliegende Seite des Raums an. Dabei stolpert er fast über seine verlorenen Schuhe. Als er sie entdeckt, hebt er sie auf und katapultiert sie mit einem gezielten Wurf außerhalb der von ihm angepeilten "Laufstrecke". Danach trippelt er barfüssig weiter auf das gegenüberliegende Ende des Raumes zu. Trixie, die etwa zwei Meter daneben steht, ruft Ottokar zu: "Nicht mit den Schlappen!". Ihre Kollegin Annemarie ergänzt: "Schuhe sind für die Füße!". Schließlich macht Trixie einige Schritte auf Ottokar zu und fragt rhetorisch: "Wozu sind die Schlappen da?". Ottokar bleibt stumm und blickt sie nur an, während sie ihn unter den Armen packt, hoch hebt und ihn schliesslich vor den verlorenen Schuhen wieder absetzt. Danach bückt sie sich und zieht ihm die Schuhe wieder an. "So, jetzt lauf weiter!".

Der Anblick einer schieren Unmenge von Schuhen gehört regelmäßig zu den sowohl flüchtigsten wie auch prägnantesten Eindrücken, die man beim Betreten einer Kindertageseinrichtung gewinnen kann. Wenn man die Garderobe passiert, stiftet er stets einen kurzen Moment des Staunens, das kurz darauf der wiederkehrenden Gewissheit weicht, es bei der öffentlichen Kinderbetreuung mit einer Massenveranstaltung zu tun zu haben. Trotz seiner Flüchtigkeit entfaltet der Anblick dabei einen durchaus beachtlichen Informationswert: An der Menge der Schuhe auf den unteren Regalleisten der Garderoben kann man beispielsweise nicht nur ablesen, "wieviel heute los ist" oder ob man eher "früh" oder "spät" dran ist, man erhält auch das eindeutige Signal, dass es hier alles andere als üblich ist, die Räumlichkeiten hinter der Garderobe mit Schuhen zu betreten. An der Größe der Schuhe wird dabei ebenso offensichtlich, dass diese Regel zumindest für die Kinder ohne Ausnahme gilt.

In der beschriebenen Szene geht es jedoch um eine andere Art von Schuhen als diejenigen, die in den Garderoben gelagert werden. Im *native code* der beiden Erzieherinnen ist von "Schlappen" die Rede. Dem designierten Verwendungszweck nach unterscheiden sich diese Schlappen jedoch nicht von den Schuhen im Allgemeinen, denn auch sie stellen eine Art von Fussbekleidung dar. Als solche sind sie allerdings bestimmten Räumlichkeiten vorbehalten, deren Schleusen sich erst nach Durchschreiten einer vielerorts als Eingangsbereich bezeichneten Zone öffnen. Trägt man – auch als Ethnograph – die sogenannten "Schlappen", so ist dies nicht zuletzt ein untrügliches Zeichen dafür, dass man eine gewisse Grenze überschritten und eine Zutrittserlaubnis zu den Gruppenräumen erlangt hat. Im Sinne Goffmans (2009) unterscheiden sich diese Gruppenräume von der eher komplexen Form der Öffentlichkeit des Eingangsbereichs insofern, als in ihnen die Anonymität von Beobachtungen und unterstellten Beobachtungserwartungen von der Erfahrung abgelöst wird, dass hier tatsächlich *jeder jeden beobachtet*. Es ist nicht zuletzt der Topos des "Schlappen-Tragens", der dies auf eindeutige Weise indiziert, was freilich weniger an den "Schlappen" selbst liegt, als daran, dass man damit rechnen muss, auf sie angesprochen oder zumindest mit Schildern und Symbolen auf sie hingewiesen zu werden, sollte man sie einmal *nicht* tragen. Damit steigt schließlich in erheblichem Maße die Wahrscheinlichkeit, dass es zu Situationen kommt, in denen die "Schlappen" den Status der Zuhandenheit als "Schuhwerk" verlassen – mithin: als "Dinge" *relevant* werden.

Genau dies passiert in der geschilderten Szene. In ihr wiederholt sich insofern auf gleichsam archetypische Weise jener Vorgang simultaner "Pädagogisierung und Verdinglichung", dem auch der Teppich in der vorherigen Sequenz seine ausgezeichnete Funktion als Mittler verhaltensregulierender wie verhaltenskorrigierender Maßnahmen verdankt. Die Szene zeigt vor diesem Hintergrund, dass die "Schlappen" zunächst einmal bei den Beteiligten keine besondere Aufmerksamkeit erregen, solange sie sich an Ottokars Füßen befinden und sich ihm nicht als ein Hindernis in den Weg stellen. Auch als Ottokar sie aufhebt und anschließend beiseite schleudert, scheint er sich ihrer Zuhandenheit noch gewiss zu sein. Der Verlust der Schuhe selbst stört ihn jedenfalls nicht. Das Gleiche trifft auf die anwesenden Erzieherinnen zu. Auch deren Reaktion gilt nicht dem Umstand, dass Ottokar an seinen Füssen keine Schuhe mehr trägt. Vielmehr richtet sie sich auf ein offenkundig nicht regelkonformes Verhalten, das von ihnen jedoch nicht explizit als ein Verstoß, sondern als ein unsachgemäßer Gebrauch gekennzeichnet wird: Mit den Schlappen soll nicht geworfen werden, denn sie sind schließlich „für die Füße!". Damit aber transzendieren Ottokars verlorene Schuhe den unscheinbaren Status der bloßen „Zuhandenheit" und werden zu einer verdinglichten Materialität. Sie sind dabei nicht einfach mehr „zur Hand", sondern werden nun auch in ihrer singulären Objekthaftigkeit als ein vorhandenes „Solches" thematisiert.

Bemerkenswert daran ist zunächst einmal, dass es in dieser Situation offenbar darauf ankommt, wie Ottokar mit den „Schlappen" umgeht, und nicht etwa darauf, ob er sie noch am Fuß trägt. Es ist also nicht der Verlust des Schlappens, der zur Intervention veranlasst und es geht offenbar auch nicht darum, dass sich Ottokar die „Schlappen" selbst wieder anziehen soll. Im Vordergrund steht vielmehr die Mahnung an ihren bestimmungsgemäßen Gebrauch: „Wozu sind die Schlappen da?". In diese rhetorisch zu verstehende Frage der Erzieherin Trixie ist eine Fähigkeitsadressierung eingeschrieben, die einer Subjektivierung (vgl. hierzu Reh und Ricken 2012) gleichkommt und mit einer Responsabilisierung einhergeht: Sie unterstellt, dass Ottokar *wissen kann*, wie die „Schlappen" zu benutzen sind. Bezeichnend ist in diesem Zusammenhang, dass die Antwort von Annemarie kurz zuvor bereits vorweg genommen wurde und auch Trixie eine mögliche Antwort Ottokars gar nicht erst abwartet, sondern sie gleichsam selbst unmittelbar herbeiführt. Dies wiederum unterstreicht nochmals den rhetorischen Charakter ihrer Frage. Verlangt ist von Ottokar nicht eine Information, sondern seine „Zustimmung" zum bestimmungsgemäßen Gebrauch der „Schlappen". Die Zustimmung wird jedoch nicht einfach der Entscheidung Ottokars anheimgestellt, sondern durch den Zugriff auf den Körper des Kindes und das darauf folgende Anziehen der Schuhe ganz gezielt erbracht.

Die Sequenzialität der Situation offenbart gewisse Eigentümlichkeiten des pädagogischen Umgangs mit den Dingen, die auf die bereits am Beispiel zuvor rekonstruierte Verknüpfung von Intervention und Verhaltenskorrektur verweisen. Die buchstäbliche „Auseinandersetzung" (Cassirer 1985, S. 55) von Ding und Person, durch die beide letztlich erst als einander Gegenüberstehende hervortreten, eröffnet dabei zunächst einmal überhaupt erst den Raum für eine Pädagogisierung der Situation. Dies zeigt sich schon daran, dass die kommunikative Signifizierung der Schuhe und die verhaltensevaluative Ansprache ihres Trägers sich nachgerade simultan vollziehen. Anders gesagt: Die Objektivierung des „Schlappens" als Vorhandenheit ist mit der „Subjektivierung" seines Trägers unmittelbar verknüpft. Verdinglichung auf der einen und Personalisierung auf der anderen Seite vollziehen sich also ko-extensiv. Ähnlich wie der implizite Verweis auf die ungeschriebenen Gesetze für das Bewegungsverhalten im Umfeld des Teppichs in der zuvor beschriebenen Situation regelabweichendes Verhalten und seine Korrektur zur Aufführung bringt, ermöglicht es in dieser Szene die Objektvierung der Schuhe, ihren Träger als zu verändernde Person in Erscheinung treten zu lassen.

Eine solche Finalisierung des Geschehens liegt keineswegs auf der Hand: Genauso gut hätte man sich etwa vorstellen können, dass die Erwachsenen lediglich ihrer Sorge um eine Beeinträchtigung von Ottokars Wohlbefinden bei einer möglichen Erkältung nachgeben und ihm die „Schlappen" einfach kommentarlos wieder anziehen. Dies ist jedoch nicht der Fall. Vielmehr wird die Situation so „gelenkt", dass dabei ein möglicher Lerneffekt herauskommen oder mindestens doch als solcher provoziert werden kann. In ihr manifestiert sich so ein in der frühpädagogischen Praxis empirisch immer wieder zu beobachtendes Muster: In die Adressierung von Kindern als Personen ist immer auch die Konstitution dieser Personen als gleichermaßen veränderungs*bedürftig* wie veränderungs*fähig* eingeschrieben (vgl. hierzu etwa Neumann 2013; Schulz 2013). Die Intervention der Erzieherinnen gewinnt im Zuge dessen am Ende einen performativen Charakter: Sie stellt her, was als mögliche Wirkung des Eingreifens vorausgesetzt wird. Anders gesagt: Fähigkeitsadressierung und Befähigung gehen Hand in Hand. Man hat es also hier nicht nur mit einer Praxis zu tun, die eine Personenveränderung zu bewirken verspricht, sondern im Akt des Vollzugs immer auch schon ihre personenverändernde Wirksamkeit zur Darstellung bringt. Das Pädagogische des Geschehens besteht somit gleichsam in einer Art Technik, die genau dies ermöglicht, nämlich die Ebene der Herstellung sich verändernder Personen mit der Ebene der Darstellung der Wirksamkeit dieser Veränderung unmittelbar zu verknüpfen. Allerdings wäre die Performativität des Geschehens nicht denkbar, ohne dass sich neben den professionellen Akteuren auch die Kinder am pädagogischen Spiel beteiligen. Dinge nehmen bei der sozialen Organisation dieses Vorgangs eine Schlüsselrolle ein als gleichsam stille, aber wirkmächtige Teilhaber. Einerseits sind sie am objektivierenden Vollzug der spezifischen Unterscheidung von Kindern als Kindern beteiligt, andererseits profitieren sie aber auch genau davon wiederum in ihrem epistemologischen Status als Dinge.

Im Hinblick auf die Empirie einer Pädagogik der Dinge ist diese Analyse äußerst aufschlussreich. Einerseits zeigt sie nämlich, dass die pädagogische Dimension der Dinge nicht auf Eigenschaften beruht, die ihnen gleichsam substanziell gegeben sind.

Vielmehr gewinnen sie sowohl ihre Eigenschaften als Dinge als auch ihre pädagogische Bedeutsamkeit erst im Zuge einer bestimmten Art und Weise des verdinglichenden Umgangs mit ihnen als materiellen Gegenständen. Das bedeutet aber wiederum: Es gibt kein Ding, das von sich aus bereits pädagogisch oder pädagogisch bedeutsamer wäre als ein anderes, aber auch keines, mit dem sich nicht so etwas wie Pädagogik machen ließe.

Vorgänge der Verdinglichung lassen sich in diesem Kontext so zugleich lesen als Ereignisse der pädagogischen Sinnkonstitution, die gerade in der sozialen Verwobenheit wechselseitiger Objektivierungsverhältnisse auf die transintentionale Finalität des pädagogischen Geschehens verweisen.

4 Resümee: Das Pädagogische der Frühpädagogik im Spiegel ihrer Materialität

Die pädagogische Dimension der Dinge ist in jüngster Zeit verstärkt in den Horizont der erziehungswissenschaftlichen Aufmerksamkeit gerückt. Noch markiert dies nicht mehr als einen Trend. Allerdings dürfte die Frage nach der paradigmatischen Bedeutung dieses Trends auch eher zweitrangig sein, ist sie doch vor allem für die Chronisten und

Programmatiker der Disziplin und weniger für die Forschung selbst von Interesse. Durchaus berechtigt ist aber die Frage, worin sein epistemischer Stellenwert besteht. Anders gesagt: Es geht darum, ob sich dieser alternative Zugang zum Gegenstand „Pädagogik" auch mit einem Zuwachs an Wissen über diesen Gegenstand verknüpft.

In dieser Hinsicht liebäugelt die erziehungswissenschaftliche Forschung mit dem Versprechen, dass der Blick auf die Dinge mehr und anderes sieht, weil er der Komplexität der Erziehungswirklichkeit eher gerecht wird als etwa eine Perspektive, die nur von der unmittelbaren Aufdringlichkeit des zwischenmenschlichen Geschehen ausgeht (vgl. etwa Asbrand et al. in diesem Heft). Seine Pointe besteht dann in nichts Geringerem als darin, die in der Entwicklung der Erziehungswissenschaft selbst kaum einmal problematisierte Selbstverständlichkeit zu überwinden, pädagogische Phänomene ausschließlich in der Einheit von Person, Zeit und Handlung zu denken. Der Erfolg klassischer Theorien über das Pädagogische der Erziehungswirklichkeit, wie etwa derjenigen vom „pädagogischen Bezug" (Nohl 1935), beruht nicht zuletzt auf diesem Naturalismus. Mit der Perspektive auf die dinglich-materielle Realität der Erziehungswirklichkeit jedoch wird das Pädagogische nicht mehr länger an humane Handlungsträger und ihre Absichten oder bestimmte Orte und Situationen gebunden. Vielmehr wird es gerade in seiner prinzipiell *verstreuten Sozialität* zum Thema.

Vor allem mit Blick auf die Frühpädagogik kann ein solcher Perspektivwechsel ein gehöriges Irritationspotential entfalten. Ihre bildungstheoretischen Visionen sind nämlich durchgängig davon geprägt, dass sie die Dinge zu „Miterziehern" erklärt (vgl. Stieve 2008, S. 42), die eine kaum zu ignorierende „Aufforderung zur Bildung" kommunizieren (Liegle 2009, S. 11). Entsprechend wahllos geht die Frühpädagogik damit um, den Dingen eine pädagogische Bedeutung zuzuschreiben. Letztlich kann sie dann gar nicht anders als alles, was in frühpädagogischen Settings zwischen Menschen und Dingen geschieht, immer schon als Bildungsprozess zu betrachten. Diese Lesart unterstellt jedoch, die Komplexität und Multireferentialität der Wirklichkeit frühpädagogischer Institutionen ließe sich in der vorgesellschaftlichen Idylle der Auseinandersetzung des einzelnen Kindes mit sich und seiner materiellen Umwelt auflösen. Die Frühpädagogik bekräftigt damit schließlich den Kindheitsbegriff der bürgerlichen Moderne: Er konzipiert das Kind als ein natürliches und ganzheitliches Wesen, das noch nicht zivilisiert ist und sich in einer noch ganz vorsozialen Welt bewegt (vgl. Richter 1987; Baader 1996).

Die Beobachtungen zum Umgang mit den vermeintlich nicht-pädagogischen Dingen verdeutlichen nicht zuletzt vor diesem Hintergrund, wie weit das Pädagogische der Frühpädagogik davon entfernt ist, lediglich mit dem identisch zu sein, was der fachliche Diskurs unter Bildung versteht. Insofern gestattet es der empirische Blick auf die Materialität der Frühpädagogik nicht nur, Sachverhalte zu thematisieren, die ihr pädagogisches Vorurteil bislang nicht gesehen hat, sondern auch, vermeintlich bekannte Sachverhalte auf bislang unvorhergesehene Weise zu betrachten. Phänomene wie Lernen, Bildung oder Entwicklung lassen sich so nämlich als Hervorbringungen einer sozialen Praxis studieren, die im Umgang mit den Dingen erst erzeugt, was sie voraussetzen muss, um die von ihr antizipierten Resultate überhaupt am einzelnen Kind festmachen zu können. Dies ermöglicht wiederum, die vermeintlich bereits beantwortete Frage nach „dem Pädagogischen" der Frühpädagogik empirisch neu zu stellen. Anders gesagt: Es handelt sich um eine Blickschneise der Gegenstandsexploration, die sowohl auf eine veränderte

Gegenstandsauffassung vorausweist wie auch die Grenzen der gängigen frühpädagogischen Gegenstandsauffassung zur Sprache bringen kann.

Aber auch in diesem Perspektivwechsel verbirgt sich noch eine naturalistische Versuchung. Sie besteht darin, sich der Anschaulichkeit der Dinge nicht entziehen zu können und so womöglich das (Überraschungs-)Potential einer Dezentrierung des frühpädagogischen Blicks der ungezügelten ‚Lust am Konkreten' zu opfern. Die vorhergehenden Ausführungen hinterlassen vor diesem Hintergrund die Botschaft, dass es gerade mit Blick auf den epistemischen Status der Dinge *als Dinge* irreführend sein kann, immer schon von ihnen als einer für sich bestehenden, präoperativen Tatsache auszugehen. Insofern kann es nicht allein darum gehen, die Subjekt/Objekt-Trennung einerseits zu kritisieren (vgl. Latour 2002), sie aber auch anderseits immer schon vorauszusetzen, um sie dann letztlich in einer virtuosen Beschreibung verschiedenster Mensch-Ding-Assoziationen wieder ontologisch zu relativieren (vgl. Kneer 2008). Vielmehr sollte es gerade auch um die Frage gehen, wie diese Trennung vollzugslogisch überhaupt erst einmal zustande kommt und welche Funktion dieses Zustandekommen für eine Praxis hat, die von sich selbst als einer *besonderen* Praxis ausgeht. Zur Debatte steht also die Frage nach jenen *verdinglichenden* Weisen des Umgangs mit den Dingen, welche die frühpädagogische Praxis sowohl ermöglichen wie auch in ihren Möglichkeiten begrenzen.

Anmerkung

1 Zurückgegriffen wird dabei auf Ergebnisse und Analysen des ethnographischen Forschungsprojekts „Betreuungswirklichkeit und Bildungswirklichkeit. Die Pädagogik der Maison Relais pour Enfants", das im Zeitraum 2009–2012 an der Universität Luxemburg durchgeführt und mit Mitteln des Forschungsfonds der Universität sowie des luxemburgischen Ministeriums für Familie und Integration finanziert wurde. Die teilnehmende Beobachtung im Rahmen des Projektes umfasste insgesamt 6 Einrichtungen, die in mehreren, bis zu 8-wöchigen Feldphasen von bis zu 3 Forschern untersucht worden sind. Ausgewählt wurden sie auf der Basis eines *snowball sampling,* das neben den Kriterien der Trägerschaft und der Regionalität auch die Größe der Einrichtungen sowie die Alterszusammensetzung der Kindergruppen berücksichtigte. Die jeweiligen Erhebungen stützten sich auf unterschiedliche Verdatungsstrategien und Datenformate, zu denen neben Beobachtungsprotokollen, Video- und Fotoaufnahmen sowie Notizen in Feldtagebüchern auch Artefakte und Dokumente gehörten.

Literatur

Amann, K., & Hirschauer, S. (1997). Die Befremdung der eigenen Kultur. Ein Programm. In S. Hirschauer & K. Amann (Hrsg.), *Die Befremdung der eigenen Kultur. Zur ethnographischen Herausforderung soziologischer Empirie* (S. 7–52). Frankfurt a. M.: Suhrkamp.

Anter, A. (2007). *Die Macht der Ordnung. Aspekte einer Grundkategorie des Politischen* (2., überarbeitete Auflage). Tübingen: Mohr Siebeck.

Baader, M. S. (1996). *Die romantische Idee des Kindes und der Kindheit. Auf der Suche nach der verlorenen Unschuld.* Neuwied: Luchterhand.

Bollig, S., Kelle, H., & Seehaus, R. (2012). (Erziehungs-)objekte beim Kinderarzt. Zur Materialität von Erziehung in Kindervorsorgeuntersuchungen. *Zeitschrift für Pädagogik, 58. Beiheft*, 218–237.
Breidenstein, G. (2006). *Teilnahme am Unterricht. Ethnographische Studien zum Schülerjob.* Wiesbaden: VS Verlag für Sozialwissenschaften.
Casale, R., König, G. M., & Priem, K. (Hrsg.). (2012). *Die Materialität der Erziehung: Kulturelle und soziale Aspekte pädagogischer Objekte.* Weinheim: Beltz.
Cassirer, E. (1985). Form und Technik. In E. Cassirer (Hrsg.), *Symbol, Technik, Sprache (Aufsätze 1927–1933)* (S. 39–91). Hamburg: Meiner.
Doering, H., & Hirschauer, S. (1997). Die Biographie der Dinge. Eine Ethnographie musealer Repräsentation. In S. Hirschauer & K. Amann (Hrsg.), *Die Befremdung der eigenen Kultur. Zur ethnographischen Herausforderung soziologischer Empirie* (S. 267–297). Frankfurt a. M.: Suhrkamp.
Eßer, F. (2012). Assembling the Resident Child. Membership in Residential Care. In M.-S. Honig & S. Neumann (Hrsg.), *(Doing) Ethnography in Early Childhood Education and Care* (S. 133–151). Luxembourg: Université du Luxembourg.
Fetzer, M. (2012). Lernen in einer Welt der Dinge. Methodologische Diskussion eines Objekt-integrierenden Ansatzes zur mikroethnographischen Unterrichtsanalyse. In B. Friebertshäuser, H. Kelle, H. Boller, S. Bollig, C. Huf, A. Langer, M. Ott, & S. Richter (Hrsg.), *Feld und Theorie. Herausforderungen erziehungswissenschaftlicher Ethnographie* (S. 121–135). Opladen: Barbara Budrich.
Fritzsche, B., Idel, T.-S., & Rabenstein, K. (2011). Ordnungsbildung in pädagogischen Praktiken. Praxistheoretische Überlegungen zur Konstitution und Beobachtung von Lernkulturen. *Zeitschrift für Soziologie der Erziehung und Sozialisation, 31,* 28–44.
Goffman, E. (2009). *Interaktion im öffentlichen Raum.* Frankfurt a. M.: Campus.
Heidegger, M. (1927/1979). *Sein und Zeit* (15., durchgesehene Auflage). Tübingen: Niemeyer.
Hewitt, K. (2001). Blocks as a Tool for Learning: Historical and Contemporary Perspectives. *Young Children, 56,* 6–13.
Honig, M.-S., & Neumann, S. (2013). Ethnographie der Frühpädagogik. Einführung in den Themenschwerpunkt. *Zeitschrift für Soziologie der Erziehung und Sozialisation, 33,* 4–9.
Jung, P. (2009). *Kindertageseinrichtungen zwischen pädagogischer Ordnung und den Ordnungen der Kinder: Eine ethnographische Studie zur pädagogischen Reorganisation der Kindheit.* Wiesbaden: VS Verlag für Sozialwissenschaften.
Kneer, G. (2008). Hybridizität, zirkulierende Referenz, Amoderne? Eine Kritik an Bruno Latours Soziologie der Assoziationen. In G. Kneer, M. Schroer, & E. Schüttpelz (Hrsg.), *Bruno Latours Kollektive. Kontroversen zur Entgrenzung des Sozialen* (S. 261–305). Frankfurt a. M.: Suhrkamp.
König, G. M. (2012). Das Veto der Dinge. Zur Analyse materieller Kultur. *Zeitschrift für Pädagogik, 58. Beiheft,* 14–31.
Langeveld, M. J. (1955). Das Ding in der Welt des Kindes. *Zeitschrift für Pädagogik, 1,* 69–83.
Latour, B. (2002). *Die Hoffnung der Pandora.* Frankfurt a. M.: Suhrkamp.
Latour, B. (2006). Über technische Vermittlung. Philosophie, Soziologie, Genealogie. In A. Belliger & D. Krieger (Hrsg.), *ANThology. Einführendes Handbuch zur Akteur-Netzwerk-Theorie* (S. 483–528). Bielefeld: transcript.
Latour, B. (2007). *Eine neue Soziologie für eine neue Gesellschaft. Einführung in die Akteur-Netzwerk-Theorie.* Frankfurt a. M.: Suhrkamp.
Liegle, L. (2009). Wir brauchen eine Didaktik der indirekten Erziehung. *Betrifft Kinder* 6(9), 6–13.
Liegle, L. (2010). Didaktik der indirekten Erziehung. In G. E. Schäfer, R. Staege, & K. Meiners (Hrsg.), *Kinderwelten – Bildungswelten. Unterwegs zur Frühpädagogik* (S. 11–25). Berlin: Cornelsen Scriptor.
Mannheim, K. (1980). *Strukturen des Denkens.* Frankfurt a. M.: Suhrkamp.

Meyer-Drawe, K. (1999). Herausforderung durch die Dinge. Das Andere im Bildungsprozess. *Zeitschrift für Pädagogik, 45,* 329–342.
Mollenhauer, K. (1987). Die Dinge und die Bildung. In: K.-D. Braun & D. Wunder (Hrsg.), *Neue Bildung – Neue Schule. Wolfgang Klafki zum sechzigsten Geburtstag* (S. 32–46). Weinheim: Beltz.
Neumann, S. (Hrsg.). (2010). *Beobachtungen des Pädagogischen. Programm – Methodologie – Empirie.* Luxembourg: Université du Luxembourg.
Neumann, S. (2012a). Pädagogisierung und Verdinglichung. Beobachtungen zur Materialität der Frühpädagogik. *Zeitschrift für Pädagogik, 58. Beiheft,* 168–184.
Neumann, S. (2012b). Beobachtungsverhältnisse. Feldtheoretische Erkundungen zu einer Empirie des Pädagogischen. In S. Bernhard & C. Schmitt-Wellenburg (Hrsg.), *Feldanalyse als Forschungsprogramm* (S. 221–242). Wiesbaden: VS Verlag für Sozialwissenschaften.
Neumann, S. (2013, i. E.). Die sozialen Bedingungen der Bildung. Beobachtungen im Feld der Frühpädagogik. In G. Breidenstein, K. Jergus, & C.Thompson (Hrsg.), *Interferenzen. Perspektiven kulturwissenschaftlicher Bildungsforschung.* Weilerswist: Velbrück Wissenschaft.
Nohl, A.-M. (2011). *Pädagogik der Dinge.* Bad Heilbrunn: Klinkhardt.
Nohl, H. (1935). *Die pädagogische Bewegung in Deutschland und ihre Theorie.* Frankfurt a. M.: Schulte-Bulmke.
Oelkers, J. (2012). Die Historizität pädagogischer Gegenstände. *Zeitschrift für Pädagogik, 58. Beiheft,* 32–49.
Oelkers, J., & Tenorth, H.-E. (Hrsg.). (1991). Pädagogisches Wissen. Weinheim: Beltz.
Parmentier, M. (2001). Der Bildungswert der Dinge oder: Die Chance des Museums. *Zeitschrift für Erziehungswissenschaft, 4,* 39–50.
Pazzini, K.-J. (1983). *Die gegenständliche Umwelt als Erziehungsmoment. Zur Funktion alltäglicher Gebrauchsgegenstände.* Weinheim: Beltz.
Prochner, L. (2011). ‚Their little wooden bricks': A History of the Material Culture of Kindergarten in the United States.
Rabenstein, K., & Wieneke, J. (2012). Der Blick auf die Dinge des Lernens. Überlegungen zur Beobachtung der materiellen Dimension pädagogischer Praktiken. In H. de Boer & S. Reh (Hrsg.), *Beobachtung in der Schule – Lernen Beobachten* (S. 189–202). Wiesbaden: VS Verlag für Sozialwissenschaften.
Reh, S., & Ricken, N. (2012). Das Konzept der Adressierung. Zur Methodologie einer qualitativ-empirischen Erforschung von Subjektivation. In I. Miethe & H.-R. Müller (Hrsg.), *Qualitative Bildungsforschung und Bildungstheorie* (S. 35–56). Opladen: Barbara Budrich.
Richter, D. (1987). *Das fremde Kind. Zur Entstehung der Kindheitsbilder des bürgerlichen Zeitalters.* Frankfurt a. M.: Fischer.
Rieger-Ladich, M. (2009). Menschen und Dinge, Akteure und Aktanten. Überlegungen zur Neubestimmung des Sozialen. In B. Grubenmann & J. Oelkers (Hrsg.), *Das Soziale in der Pädagogik. Zürcher Festgabe für Reinhard Fatke* (S. 114–130). Bad Heilbrunn: Klinkhardt.
Röhl, T. (2012). From Witnessing to Recording – Material Objects and the Epistemic Configuration of Science Classes.
Rousseau, J. J. (1971). *Emile oder über die Erziehung.* Paderborn: Ferdinand Schöningh.
Schatzki, T. R. (1996). Social practices. A Wittgensteinian Approach to Human Activity and the Social.
Schatzki, T. R. (2001). The Site of the Social. A Philosophical Account of the Constitution of Social Life and Change.
Schulz, M. (2013). Frühpädagogische Konstituierung von kindlichen Bildungs- und Lernprozessen. *Zeitschrift für Soziologie der Erziehung und Sozialisation, 33,* 26–41.
Sørensen, E. (2009). The Materiality of Learning: Technology and Knowledge in Educational Practice.

Stieve, C. (2008). *Von den Dingen lernen. Die Gegenstände unserer Kindheit*. Paderborn: Wilhelm Fink.
Stieve, C. (2011). Inszenierte Dingwelten. Spiel- und Lernmaterialien in Kindertageseinrichtungen. In P. Cloos & M. Schulz (Hrsg.), *Kindliches Tun beobachten und dokumentieren. Perspektiven auf die Bildungsbegleitung in Kindertageseinrichtungen* (S. 115–129). Weinheim: Juventa.
Wiesemann, J. (2009). ‚Handwerk des Lernens'. Zum kulturellen Selbstverständnis schulischen Lernens im Sachunterricht. In H. Giest, R. Lauterbach, & B. Marquart-Mau (Hrsg.), *Lernen und kindliche Entwicklung – Elementarbildung und Sachunterricht* (S. 269–276). Bad Heilbrunn: Klinkhardt.

Eating Christmas cookies, whole-wheat bread and frozen chicken in the kindergarten: doing pedagogy by other means

Michalis Kontopodis

Abstract: The study presented here explores eating as a pedagogical practice by paying attention to arrangements of things such as Christmas cookies, whole-wheat and white bread, frozen chicken, plates, chairs, tables, and freezers. Through a series of ethnographic research examples from German and Brazilian preschools, it investigates how eating in the kindergarten can be a sensual pleasure, a health risk, an ethnic custom, or a civil right within different local histories. Through specific arrangements of foods and other things, young children are educated to eat with moderation, to change their ethnic dietary habits, or to be "modern citizens". Pedagogy can thus consist of *doing* public health, *doing* ethnic identity, or *doing* citizenship. Eating is an important way of *doing* pedagogy in early childhood education and care settings.

Keywords: Agroecology · Early childhood education · Ethnicity · Early childhood obesity prevention · Performativity

Von Weihnachtsplätzchen, Vollkornbrot und tiefgefrorenen Hähnchen: Essen im Kindergarten als eine Art um Pädagogik mit anderen Mitteln zu Betreiben

Zusammenfassung: Die hier vorliegende Studie untersucht Essen als pädagogische Praxis und legt dabei besonderes Augenmerk auf Anordnungen von Dingen wie Weihnachtsplätzchen, Vollkorn- und Weißbrot, tiefgefrorenen Hähnchen, Tellern, Stühlen, Tischen und Gefriergeräten. Durch eine Reihe von ethnographischen Forschungsbeispielen aus deutschen und brasilianischen Kindergärten wird untersucht, wie das Essen im Kindergarten ein sinnliches Vergnügen, ein gesundheitliches Risiko, eine ethnische Ernährungsgewohnheit oder ein Bürgerrecht innerhalb von vielschichtigen lokalen Geschichten sein kann. Die Kinder werden durch Anordnungen von Lebensmitteln und anderen Dingen erzogen, in Maßen zu essen, ihre ethnischen Ernährungsgewohnheiten zu ändern oder „moderne Bürger/-innen" zu sein. Je nachdem ist Pädagogik ein *doing* von Volksgesundheit, ethnischer Identität oder Bürgerschaft und Essen im Kindergarten ist eine wichtige Art und Weise, um dies in frühkindlichen Einrichtungen zu betreiben.

© Springer Fachmedien Wiesbaden 2013

Dr. M. Kontopodis (✉)
Department of Research and Theory in Education, VU University Amsterdam,
de Boelelaan 1091, 1081 HV Amsterdam, The Netherlands
e-mail: m.kontopodis@vu.nl

Schlüsselwörter: Agroökologie · Adipositasprävention im Vorschulalter · Ethnizität · Frühkindliche Bildung · Performativität

1 Exploring eating as a pedagogical practice

The pedagogical dimensions of eating have been widely discussed since the very beginning of Western philosophy—especially when referring to feeding and taking care of the newborn (Althans and Bilstein, 2014). When referring to preschool and school-aged children, eating has been studied as a ritualized performance that is culturally and historically shaped and entails the dynamic negotiation of power relations—most importantly of the pedagogical authority of adults over the children (Audehm 2007). Many sociologists of childhood have also studied the various ways in which Western civilizations and schools in particular "educate" the child body, which entails the transmission of values about eating (Shilling 2008).

But how exactly is eating done in the kindergarten and what are the pedagogical relations that are enacted during eating? How are pedagogical values materialized in eating settings? Which are the roles of things such as plates, furniture, or foods in *doing* pedagogy? How do eating settings in kindergartens reflect local eating habits, local histories of schooling and local histories of public health policies? Which are the tensions and power constellations that are entailed and negotiated in eating settings in kindergartens?

In the following pages I will try to illuminate these questions on the basis of ethnographic research materials from kindergartens that have developed specific concerns about food and eating. I will pay attention to things as well as to the corporeal and perfomative aspects of action (cf. Kontopodis 2012a; Mol 2008a; Wulf and Zirfas 2007). I will not present though more details on theory and methodology here, and I will also not follow the typical structure of an academic article below: instead I will let my argument unfold in three steps through the parallel presentation of methodological details, ethnographical data and theoretical discussion.[1]

For purposes of contrast and given the space limitations of a journal article, I will refer to concrete examples from research materials from three kindergartens: two kindergartens that were located in Berlin, Germany, and another one located in the countryside of Espírito Santo, Brazil.[2] The German kindergartens participated in a large-scale obesity prevention program created by the *General Funds for the Local III*[3], which significantly modified the eating practices in the kindergarten. The Brazilian kindergarten participated in the *National Program of School Alimentation (Programa Nacional de Alimentação Escolar)* while at the same time developed a specific pedagogy that was oriented towards small-scale agro-ecological production (*Pedagogia da Terra*). These programs generated a variety of tensions in pedagogical practice that reflected contradictory local histories and power constellations.

2 Eating just one Christmas cookie: pedagogy of restricted sensual pleasure at a kindergarten in Berlin Lichtenberg

Shortly before Christmas we were preparing traditional German Christmas cookies in a public working class kindergarten with almost no migrant children in the formerly East Berlin neighborhood of Lichtenberg. "We" in this case meant two teachers, about twenty children aged 3 and 4, and myself. I had already been doing fieldwork for 2 months participating in all possible activities, and everybody was familiar with my presence. The children were happy to play with the dough and make their own cookies. They wore aprons so as not to become dirty, and chef hats to make the whole event even more fun. Every child wanted to participate; we had a lot of time and a lot of dough, so we prepared dozens of cookies. Then, at noon, the children had lunch and then a nap. During the nap time cookies were transferred to the central kitchen of the kindergarten to be baked.

When the children woke up, a few of them were picked up by their parents. For the rest it was time for a snack. They came into the lunchroom, where the three round tables that could each seat six children were decorated with a Christmas centerpiece. This consisted of a candle placed on a wooden base, with a wreath of plastic pine tree leaves, stars, cinnamon pieces and Christmas balls. The teachers[4] knew that eight children would be having a snack, and while the children were sleeping the teachers had prepared the snack by putting just one cookie on each child's plate in front of each child's chair (thus using just two of the tables i.e. four + four chairs). The teachers kept the rest of the cookies out of the children's view. The children were supposed to sit and eat within 10–15 min as well as to accept strict rules of movement enforced by the teacher. The teacher was visible because she stood while the children were sitting, and the room was small so that she could see everything and have eye contact with almost everybody. The rule, "when we eat, we do not speak" was as usually enforced by the teacher's presence.

There was literally no possibility for a child to eat a second cookie, since only one cookie per child was available and all other cookies were invisible. A child could also not eat another child's cookies, since every child had a small plate with the one cookie in front of him/her and was definitely curious or hungry enough to eat this one cookie. Thus not much was happening: children ate their cookie and drank a fruit-based tea while listening to Christmas songs from the CD player. When all the children were finished, each child brought his/her plate and cup back to a tray and they moved to the next room for the next activity (ethnographic fieldnotes and transcription of video-recording by the author).

Making young children happy was one of the requirements teachers were trained to fulfill in Germany. It was expected of them by parents and kindergarten directors. This corresponded with German pedagogical traditions and is even implied in the German word *kindergarten* which literally means *garden in which the children grow* as if they were flowers (cf. Fichtner 2009). Cutting an apple in a funny way, shaping cooked potatoes into stars, decorating the tables according to the time of year, baking cakes together, and especially celebrating Halloween, Christmas, and birthdays seemed to be an important part of what

Fig. 1: One Christmas cookie per child

it was to be in the kindergarten—both as a teacher and as a child. The teachers I observed were motivated in preparing each of those celebrations.

All this had an aesthetic dimension that involved the senses: foods of particular smells and tastes in the shape of stars, trees, or hearts and, if possible, in vivid colors went together with music, candlelight, and playroom decoration. Eating was a sensual pleasure as well as a ritual activity that was important for the social life of the young children and the teachers as a community.[5] In this context a thing like a cookie was interlinked to the child body: the shared implicit understanding was that the child's body had a particular preference for the Christmas cookie because it was sweet, smelled nice, was crispy and easy to eat, and had a nice shape.

Pedagogy was directed towards *sensual pleasure* but was also directed towards discipline and control: Coming from a different socio-cultural background, that of middle-class rural Greece, I was quite astonished that the children in this setting did not share a buffet or a big platter with many cookies, thus eating as much as they liked while socializing i.e. celebrating the coming Christmas with the others. The teachers created an arrangement of individual portions in which the things themselves, i.e. the one cookie per one dish per one chair per child at the table in combination with the given time-frame of the 10–15 min available for this snack, controlled the young children's actions (Fig. 1).

Every child ate the cookie in silence and no child expressed any complaint or asked for more cookies, since it looked like no more cookies would be available. The history of the arrangement of the individual portion, i.e. of a certain amount of food per child can be traced back to Protestant religious habits and former East German routines. The main reason, however, why there was no buffet or centrally available platter with a lot of cookies for each child to eat *ad libitum* was because, according to recent "anti-obesity" guidelines, young children must eat *within limits,* i.e. young children should not eat more than a particular quantity of sweets.[6]

Public health officials, economists, and health politicians as well as actors of the educational sector have recently proclaimed "obesity" a major epidemic in Germany on the basis of a quite long German history in the public prevention of chronic diseases.[7]

Although there is little agreement in regard to the causes of "obesity," a common topos among many scientists, politicians, and people working in prevention promotion is that the "obesity epidemic" can be treated most effectively by prevention practices—the earlier such practices begin, the better (Kontopodis 2013). In this context, the child body's preference for the cookie was believed to be so strong that if endless cookies had been available, at least some of the children would have eaten much more than appropriate in terms of calories intake, as the teachers explained to me. Given that there are often celebrations, eating more than appropriate could then lead to "obesity."

As already mentioned, the kindergarten where the above-presented scene took place ran an obesity prevention program created by the General Funds for the Local Ill. The teachers had recently been further trained in applying the so-called *setting approach in obesity prevention*, which included modifications of eating settings as well as of playground architecture, increased emphasis on sports, the continuous provision of fruit and water at the kindergarten, and the circulation of information material about healthy nutrition.

One the one hand, teachers were thus expected to make young children happy by making, eating, and enjoying cookies as an important part of the Christmas ritual. On the other hand, they were expected to prevent young children from eating too much. The teachers found themselves obliged to combine pleasing the young children, performing community, teaching moderation, and getting children used to restricted eating. Eating was enacted both as a pleasure to which the child's body was "naturally drawn" and as risky for the child's body.

This tension was expressed in the *pedagogy of restricted pleasure* performed in the above-described setting. My fieldnotes include plenty of examples of such practices: counting food quantities and regulating food intake was generally regarded by the teachers as the most significant preventive intervention at this kindergarten. Teachers did not discuss *with* the young children how to deal with the different logics of eating.[8] They also did not create *with* the children a setting for eating cookies. Instead, the teachers prepared the eating setting *for* the children *without* the children, while the children were sleeping. The teachers performed therefore pedagogical authority, which went together with the non-participation of the young children in creating their everyday-life settings and activities in the kindergarten.

Valuing health over sharing and eating food without restrictions was the mode of expression of pedagogical authority. Young children were expected not just to learn to eat with moderation, but also to accept the teachers' authority. The ordering of *one cookie per plate per chair per child within a short time-frame* mediated this relation between the teachers and the young children. In this sense eating was a way to do pedagogy by other means i.e. not through plays, child books and songs or learning activities but be means of individual portions and restricted access to cookies. Doing pedagogy in this way was more implicit but also more powerful than e.g. teaching moderation by means of story telling or theatre playing would be. Pedagogy merged in this way with biomedical science and teachers became "health experts" (cf. Evans and Davies 2004, p. 39).

3 Eating whole-wheat or white bread: identity politics by other means at a kindergarten with many migrant children in Berlin wedding

> I am as usually video-recording while standing next to one of the classroom walls with a small camera. The meal for today is fish fingers with potatoes and a sauce made with oil, flour, and vinaigrette. What makes the setting unusual is that I have placed a platter on each table containing equal amounts of whole-wheat and white bread. Samira (pseudonym) who is about 3 years old is joyful about my presence; she is one of the children that I have followed ethnographically for a few weeks. She has already had a first portion and then goes back to the tray with all the food, taking two more fish fingers, potatoes, and as much sauce as her plate can hold.
>
> After eating the potatoes and the fish, she takes quite a big piece of white bread and first with her right, then also with her left hand she puts the bread onto the plate and tries to soak up as much sauce as possible and then eat the bread with all this sauce. Often, while she repeats this, she licks one or more fingers and smiles to the camera and the children sitting around her. This happens six or seven times, then she takes more sauce and more bread and repeats the same until there is no sauce left. The plate looks like it has been cleaned; she lifts it up and shows it around while licking her lips. The other children around, who have eaten in a similar way, look at her and smile. When everybody is finished, most of the white bread is eaten, while the whole-wheat bread is left almost intact. Similar interactions among the children during eating have taken place in other occasions, also when I was not filming (ethnographic fieldnotes and transcription of video-recording by the author).

The scene above was part of a quasi-experiment (DiNardo 2008) in a kindergarten located in Wedding, part of former West Berlin and more concretely in a neighborhood where many migrant families, mostly of Turkish or Arabic ethnicity, live. I designed the quasi-experiment as part of my research there. The experiment consisted of providing the young children with both white and whole-wheat bread for their lunch and exploring what would happen. It became clear that children could use the different breads for different functions: The white bread was soft and could absorb sauce. The whole-wheat bread was sturdy, so one could put things like cucumber or tomato on a slice of that bread.

Culture became here materialized in an interesting way, because the young children of Turkish and Arabic ethnicity were used to having bread with food, using their fingers and enjoying the sauce or the olive oil of the salad in the way Samira did above. Children and teachers of German ethnicity were instead used to eating harder whole-wheat bread cut into slices, with cheese or ham and some green stuff on it. This type of bread was mostly used for snacks and if it accompanied a soup, it would not be soaked in it but eaten separately—not to mention that children of German ethnicity would most probably be obliged to try to use a fork and a knife for eating and would not easily be allowed to put bread in the soup/sauce while touching the food with their fingers.

Children aged 3–4 years old like Samira had already developed know-how for such things. It was remarkable for the German teachers that the sauce was made just to be put on the potatoes (in what would have been a typical German dish for children) but Samira enjoyed the sauce and the bread in a different way than the teachers had expected. Taking into consideration her whole performance of licking fingers and filling the plate with sauce again and again, eating seemed to be a sensual pleasure that Samira enjoyed—a feeling she communicated to the other children around her.

This logic that eating is a sensual pleasure contradicted, however, to the teachers' logic based on the guidelines by the General Funds for the Local Ill (AOK): Since the beginning of the kindergarten period, all the teachers (who were German) had complained that parents of Turkish or Arabic ethnicity were giving their children white bread with cheese or ham (instead of whole-wheat bread) to eat as snacks in the kindergarten as well as to eat at home. For the German teachers, eating was a means of providing the child body with enough nutrients (in this case fibers). The guidelines behind this logic were quite dogmatic and did not allow for ethnic or alternative dietary models.[9] Doing public health could have happened by incorporating ethnic food preferences in German nutritional models, but this was not the case because the whole-wheat bread has been significantly privileged over white bread during a long history of public health policy in Germany—more than anywhere in the world (Rabinow 1996, p. 104; Spiekermann 2001). The pedagogy resulting from those guidelines was absolute in the case described above: the state, through the public kindergarten, was responsible for educating both parents and young children about what and how young children should eat i.e. eating was a matter of pedagogical authority.

There were also further differences between the teachers and parents regarding pedagogical styles and values about childhood and child-rearing, the distribution of work and authority between men, women, and the extended family, preferences about clothes, toys and (class-)room decoration/architecture as well as preferences about food, religious habits, and celebrations. In most cases parents also did not feel comfortable in the kindergarten; although they did not speak fluent German, the unofficial policy in the kindergarten was that speaking German was important and that not only young children, but also parents should accept this principle inside the kindergarten and in their lives in general.

The most conflictual issue between Turkish/Arabic-German parents and German teachers was however the bread that was given to young children. In this context teachers tried all possible means to educate parents to buy and prepare whole-wheat bread for their children:

- they provided whole-wheat bread with cucumber, tomato, and cheese during the parent evening, and were often disappointed that most food was left on the table;
- they rewarded children when parents gave them whole-wheat products and told the children off in the opposite case;
- they put whole-wheat bread pictures on the information board;
- they repeatedly told the children and parents that white bread is unhealthy.

Around December I showed Samira the video with her eating white bread from the above-presented quasi-experiment. We stood in front of my computer that was connected to a beamer and before I asked any questions she pointed to the white bread on the screen and said:

Samira: I like this one! (pointing to white bread on the screen)
Michalis (researcher): You like the white?
S: Yes (turning her face and looking to me)

M: And can you say why?
S: My favorite bread; this is from Turkey, I always buy it at the Turkish store and I like its taste.
M: Could you tell me what you take with you from home to eat here?
S: I always take cream cheese, and whole-wheat bread or cheese, with cucumbers, tomatoes, or carrots (continuing looking to me).
M: Why whole-wheat bread?
S: Because white bread is not allowed here (turning her face down).
M: Why is it not allowed?
S: I do not know (looking down to the floor and moving a little bit away).
(Transcription of video-recording by the author, translated from German by the author).

As one can tell from Samira's words, given that the tension between the German teachers and the parents of Turkish or Arabic ethnicity was high anyway, eating became a way for young children, parents and teachers to do *identity politics*.[10] Bread enacted a relation of cultural difference as a relation of pedagogical authority and resistance on issues related to child health and nutrition. Even if the teachers principally treated all young children as being "a population at risk of obesity," children of Turkish or Arabic ethnicity were considered to be more than "at risk" than the others.[11] The young children, in response, identified with the white bread by saying that it was *their* bread, which they bought it from the Turkish shops in their neighborhoods, as Samira did above. The white bread became the object that symbolized Otherness for the teachers and mediated the relation between the teachers (all Germans) and the parents and young children of Turkish or Arabic ethnicity.

Bread and not the individual portion, like in the previous example from Berlin Lichtenberg, was the object through which the tension between *eating for pleasure* and *eating for health* was materialized in this second kindergarten. The teachers did not collaborate in designing eating settings with the parents and the young children, but imposed their values to them. They were acting as the ones who knew what was better for the young children and what was not. Young children as well as parents were obliged to comply in practice, did not however accept the teachers' principles. The whole-wheat bread became a powerful and power-laden means to do ethic identity politics, and young children of Turkish and Arabic ethnicity were considered as at risk because of their ethnic backgrounds.

4 Eating frozen chickens at school: pedagogy of social justice at a kindergarten in the countryside of Espírito Santo

In both examples above, young children were enacted as a population *at risk*. Just because of their age or their ethnicity, the young children's bodies interrelated to things such as cookies or white bread, were enacted as inclined to sensual pleasure, which de facto went together with eating "unhealthy." Restricting young children so that they would not eat white bread or so that they eat just a small quantity of sweets, as well as educating them and their parents to do so in other settings, were seen as the responsibilities of teachers and public kindergartens as state institutions in the present day.

Eating sweets or enjoying a certain type of bread are not, however, "natural" inclinations of young children's bodies. Neither is early childhood education and care *per definitionem* concerned with health when it comes to eating. To shed more light on ways to do different pedagogies of eating, the next example will take us into a different pedagogical setting, that of a countryside preschool in Espírito Santo, Brazil:

> Chicken boiled with tomato sauce and rice is the lunch for today at the preschool of a small village in Espírito Santo. As is the case all over Brazil, the (pre-)school serves lunch at 9.00 in the morning, i.e. between the first two and the last two hours of classes (merenda escolar). This lunch usually consists of cooked food and is prepared by the school cook. João is about 4 years old. Since I arrived he has been eager to interact with me—as are his parents—and is one of the children that I have followed ethnographically over a few days. João eats quite a big plate, as most children do. He then stands up, goes to the kitchen, and receives an extra piece of meat with some more rice and sauce, which he also eats while he makes jokes and plays with the other children sitting near him at the table. After all children have finished eating, the next school activities take place until 11.00. I then go with João to his home. It is around 12.00 when his mother prepared the table for today's meal: chicken with rice, beans, and a little bit of salad. This time the chicken is fried, and there is no tomato sauce. João eats the whole plate quickly and moves to the yard to play with the cat (extract from ethnographic fieldnotes and transcription of video-recording by the author).

For many of Brazil's children, their school meal is in fact their only proper meal of the day.[12] However, this is clearly not the case in the small village referred to above. This village has existed since 18 years, when the so-called *Landless Rural Workers* occupied land that belonged to a large-scale landlord. At the same time they fought for having a local small preschool and primary school within the newly established village run by teachers from the village. They were opposed to *large-scale agribusiness* and favored the so-called small-scale *agroecology* which went together with a specific pedagogics, the so-called *Pedagogia da Terra* (*pedagogics of the land*).[13] Indeed, irrigation systems were built and the trees and plants have grown enough so that the agricultural production has now been sufficient for the village population's dietary needs.

Chicken with rice and beans is the most commonly served and eaten food in this small village. *Beef* with rice and beans would be the traditional Brazilian dish, but cows are expensive and require space, which the inhabitants of this village prefer to use for cultivating fruits, rice, beans, and vegetables. Chickens instead do not need much space and eat all possible organic rubbish. Every family owns chickens, as does João's. By contrast, the chicken that children eat at school is produced in large quantities by a regional industry, frozen, and then bought and transported from quite far away through the prefecture. Three years ago, when the state refused to provide the newly built school with a freezer for the frozen chicken (because the school was too small for such a huge expense), the small-scale land workers did not volunteer to provide the school with, let's say, two locally produced and fresh chickens per week; instead they volunteered to collect the necessary money and *buy* the freezer. The prefecture thus could deliver a certain amount of frozen chickens once per month to the school, and the cook could cook it twice or so per week.

If eating would be considered a sensual pleasure, like in the previous examples from German kindergartens, then eating the fresh and locally produced chicken at school would have been preferred over the frozen one—which was in other research fields considered to be much less tasty, at least for certain ways of cooking. Young children, parents, and teachers did not seem to distinguish at all between the fresh chicken and the frozen one, or to have any preference for the one or the other. There were no comments, facial expressions, gestures, or any sign of such a distinction.

Moreover, if eating were associated with health, as it was in the German kindergartens, one would have probably preferred the locally produced, organic chicken over the industrially produced one which contained preservatives and added hormones that could be considered toxic and hazardous for the long-term wellbeing of the young children's population. This is not to mention that there were plenty of chickens available in the village, where collective forms of agriculture were practiced and thus it would have been cheaper and easier to provide the local school with fresh chickens (ready to be cooked) than to fundraise and buy an expensive device like a freezer.

But eating in this context had very little to do with *sensual pleasure* or *health* in the sense those words had in the German kindergarten: eating at school was first of all a *civil right* for which social movements had fought for ages, and even if food was not indeed necessary in material terms, it was important on the symbolical level that the young children of the village were treated at school as full citizens of the Brazilian state, and enjoyed everything that all other young children had, i.e. a freezer and frozen chicken. In this setting a *pedagogy of social justice* was performed. In a similar way in which the arrangement of one cookie per child or the debate about eating whole-wheat bread materialized a long history of public health in Germany, the freezer materialized a long history of countryside movements for just distribution of the Brazilian wealth, for transformation of the Brazilian educational system into a system that would ensure a good quality of life according to modern standards for all.

The public preschool was expected to take responsibility for the young children's wellbeing—yet in quite a different way than was the case with the German state in the previous examples. The local community did what the state had not yet done (i.e. buy the freezer), within a logic of local empowerment. The pedagogical message that eating frozen chicken at school entailed was: countryside young children constitute the next generation of countryside people who will continue fighting for a better future for all.

Young children were however not given much choice, but also they did not manifest any strong preference for the one or the other chicken, like the young children often did for eating cookies or white bread in the German kindergartens. Furthermore no reflection took place on what the consequences of the use of expensive technology (financial, environmental, political, other) were, and the possible alternatives to this technology (e.g. traditional techniques).

5 Eating and doing pedagogy by other means

Even if the presented ethnographic materials have just an exemplary function, it has been manifested how eating is a way of doing pedagogy by other means in the kindergarten.

Following the so-called "performative turn" in educational science (Wulf and Zirfas 2007), I paid attention to the dynamic interactivity between people and things. Orderings of things such as Christmas cookies, plates, whole-wheat bread, or frozen chicken enable a few things to happen while rendering other possibilities of action impossible. For example, it is easier to make individual portions by using a few plates than by using one platter. A child cannot simply eat sauce with whole-wheat bread; white bread is better for that. For chickens to be maintained in long-term a freezer is necessary.

Such arrangements do not operate in the same way everywhere just because of their material affordances: in Germany, a Christmas cookie is a *Christmas* cookie and not just a cookie, but it would not be the same cookie in the Brazilian village. This is because things do not act alone: things are what they are through their relations to other things: a cookie is a *Christmas cookie* not just because of its shape and the way it looks like or it tastes but *in relation* to room decoration, Christmas narratives, music, and young children's bodies that are developing a liking for those cookies in Germany.

In a similar way, white bread is *our* i.e. *their* bread for Turkish-German young children, but the opposition between white and whole-wheat bread would not make sense for the German young children. The arrangement of the individual portion is preferred over sharing food in the German kindergarten so as to control and reduce young children's food intake. The same arrangement is preferred in the Brazilian preschool for a different purpose, i.e. in order to ensure that every child eats enough; taking a second or a third portion in the Brazilian preschool is then encouraged and rewarded while in the German kindergarten it is almost a no-go. Being able to provide countryside young children with frozen chicken in the Brazilian preschool is a reason for the teachers and the local community to feel *proud*, while for middle and upper class parents in Germany this would be a *shame*. Eating in all these cases can be different things: a sensual pleasure, a health risk, an ethnic habit, or a civil right.

Even when moving from one kindergarten to another within Berlin one can find significant differences concerning the pedagogical dimensions of eating: while teachers paid so much attention to the quantity of food consumed by young children in the Lichtenberg kindergarten which participated in the prevention-program, in the Wedding kindergarten which participated in the same prevention program they did not. One would find significant differences also when moving from one village in the region of Espírito Santo in Brazil to the next one.[14]

The complexity increases when new elements come into play and different logics merge with each other: a Christmas cookie on a plate on a table in front of a chair in the lunch room of the kindergarten is an *individual portion* for that day's afternoon snack, when a) the Protestant pedagogy of *always* eating with moderation (as opposed to fasting and feasting) merges with b) institutionalized rules for eating in East German kindergartens (where the young children were not expected to serve themselves and were not allowed to leave food on their plates), c) the long history of public health policy and prevention of cardiovascular disease in Germany (which has been re-invented in recent life-scientific discourses) and d) the logic of making children happy at Christmas merge with each other; as a result the ordering of Christmas cookies + room decoration + music becomes one plate/one cookie per person in what can be seen as an *up-to-date* as well as a *locally-historically meaningful* setting for eating Christmas cookies in the kindergarten.

Pedagogy therefore does not necessarily consist in transmitting to young children a closed system of values but entails tensions and contradictions. How powerful and power-laden the pedagogy of eating can be was clear in the second example, in which the kindergarten teachers did not allow Turkish-German young children to eat white bread in the kindergarten. This setting materialized a long and ongoing history of privileging whole-wheat bread over white bread in Germany, which began in the Third Reich but was later incorporated in other models of public health, such as the setting approach to obesity prevention in kindergartens, to which I referred above. The new element in this case was the Turkish-German young children and parents' ethnic food preferences and the symbolisms that eating whole-wheat bread entailed as opposed to white bread. Within a broader tensed atmosphere between the German teachers and the Turkish-German parents in the kindergarten, the emphasis on whether young children eat whole-wheat or white bread was not discussed in terms of public health but in terms of identity pedagogics.

In the Brazilian case, the arrangement of chicken + freezer + kindergarten materialized the history of social struggles to achieve modern-standard living conditions for Brazil's countryside population. Eating a proper meal that was provided by the state at school was considered to be a civil right, and was a way of doing citizenship, i.e. ensuring modern-life standards for the countryside young children. The kindergarten was not in this case regarded as a state institution built for controlling or changing the behavior of young children and their parents; it was a state institution supported by the local community and aimed to enable countryside young children access to "modern" life. The frozen chicken materialized in this context the engagement of the local community to ensure the best possible conditions for the growing generation. Eating a proper meal as in any other Brazilian school was a powerful way to educate young children that they are entitled to enjoy modern life standards. This way of doing citizenship education was combined with classroom lessons on Brazilian history or civil rights and other activities such as theatre plays, as I analyze elsewhere (Kontopodis 2012b). Eating tasty, fresh, or organic chicken was therefore not preferred in this setting over eating frozen ones.

Eating Christmas cookies, whole-wheat or white bread or frozen chicken in the kindergarten entails pedagogical values that often are taken for granted by the teachers, the young children, and the parents. Eating often reflects tensions and power constellations, which sometimes become explicit—like in the example of doing identity politics by means of whole-wheat bread. Other times these tensions remain implicit—like the tension between valuing modern technologies and valuing fresh chickens at the Brazilian preschool. Paying attention to how exactly things are ordered opens new paths towards revealing, discussing openly, and questioning the tensions as well as the values that are entailed in everyday early childhood educational and care practices. Revealing, openly discussing and questioning tensions and values opens in turn possibilities to *do* pedagogy differently, without however adopting too quickly the one or the other position.

Acknowledgements: Discussions with A. Mol, E. Yates-Doerr, A. Mann, S. Abrahamsson, F. Bertoni, R. Ibanez, J. Niewöhner, and S. Beck have had a major influence on the writing of this paper and I would like to express my gratitude to them. The German Ministry for Education and Research as well as the European Research Council financed the two research projects, to which this paper refers (BMBF 01GWS5051–054 and ERC AdG09 Nr. 249397). For my research stay at the Federal University of Espírito Santo and my access to the Brazilian preschools I would like to thank E. Foerste and G. M. Schütz-Foerste. A special thanks is also due to the anonymous teachers, parents, and young children who participated in my research.

Endnotes

1 My research followed the ethical guidelines and written and unwritten laws for research with young children in Germany and in Brazil: the optional and informed participation of the children; explicit agreement of the adult caretakers, of the teachers as well as of the school authorities; the maintenance of anonymity; information sensitivity; and attendance to the concerns of the research participants.

2 The name of the village is not revealed as to ensure anonymity. Child day-care in Germany starts from the age of 6 months. Kindergarten usually runs from 3 to 6 years and links to primary school. There exists a strong East/West difference in day-care infrastructure, with the former East offering a much better network of public day care and pre-school educational settings. In Brazil the age structure is the same and the word equivalent to kindergarten is *pré-escola*. The quality of the public *educação infantil* varies a lot when moving from the South to the North and from the countryside to urban spaces. Comparing to countries such as UK or US it seems however that both the German and Brazilian states have been expected to invest a lot in public early childhood education by the local societies and significant efforts have been undertaken so that most children can attend the public kindergarten/preschool. In Brazil educated and richer families still prefer to register their children with private kindergartens/preschools, which usually offer a higher quality early childhood education than public kindergartens.

3 In German *AOK i.e. Allgemeine Ortskrankenkasse*, one of the main health insurance providers within the national health care system in Germany.

4 In German the term *teacher* is different for early childhood education (Erzieher/-in) and for primary education (Lehrer/in); another translation of *Erzieher/-in* could be *carer*, I use the term *teacher* though because the German kindergarten is primarily an institution for early childhood *education* and not just for early childhood *care*.

5 The sensual and aesthetic aspects of rituals, as well as their educational dimensions, have been thoroughly studied in the context of the research cluster *Performative Cultures* at the Free University Berlin (Wulf et al. 2001, 2004).

6 The analysis presented here is contextualized within the wider medical, social, and political discrimination that obese and overweight bodies experience in contemporary Western societies (cf. Rich and Evans 2005; Rothblum and Solovay 2009). It is thus situated in a broader body of critical research about obesity, biopolitics, and biopedagogies, and corresponds especially with the research direction that explores how values around food, eating, and fatness are transmitted through families and schools to children and young people (Evans et al. 2009; Evans et al. 2008; Guthman 2009; Rawlins 2008). While the literature on the obesity discourse and education is growing, most studies focus on school-aged children and adolescents; there is a lack of critical studies on obesity and obesity prevention with regard to preschool-aged children—a gap which the research presented here aimed to fill.

7   Throughout this history until today, a tension has existed between individualized notions of health and more population-oriented ones, leading to different dominant modes of preventive medicine in the country's different historical eras, from the Weimar Republic, Third Reich, and the post-war period to later times marked by the movement of *Soziale Medizin* (i.e. socialized medicine, cf. Niewöhner et al. 2011).

8   "Logic" refers to discourse as well as to ways to do things in practice, see Mol 2008b.

9   The AOK follows relatively mainstream Western nutritional knowledge embodied in the nutritional pyramid (1. Liquids, 2. Bread, Cereal, Rice, and Pasta, 3. Fruits and Vegetables, 4. Animal Products: Milk, Dairy Products, Meat, Fish, Eggs, 5. Fats and Oils, 6. Sweets and Snacks). Children are supposed to eat a lot of the categories 1, 2, and 3, eat with moderation from category 4, and very little from the categories 5 and 6 and the bread (and if possible all category 2 products) should be whole-wheat. Drinks should be without calories, i.e. water, fruit tea, or water with a little bit of juice. These guidelines are explained to children by various playful means and also followed by the kindergarten kitchens. All nutritional models are relative, however, and a recent British study that could easily apply to this German kindergarten as well (where no such study has yet taken place) would privilege the consumption of white bread because it found fibre levels in the majority of nurseries to be too high. Many were closer to the recommendation for adults. Fibre is sourced from fruit, vegetables, pulses, and wholemeal foods such as brown rice, pasta, and wholemeal bread. Too much fibre is detrimental for young children because it is bulky and filling, and so may cause insufficient food intake. Fibre also inhibits the absorption of minerals such as iron and zinc (Local Authorities Coordinators of Regulatory Services/LACORS 2010, p. 15).

10 Cf. the special issue *Doing Memory, Doing Identity: Politics of the Everyday in Contemporary Global Communities* (Kontopodis and Matera 2010).

11 There is significant research about how the obesity discourse goes together with ethnic discrimination. The above-presented findings correspond with similar findings from studies of school-age children in the UK and elsewhere (Azzarito 2008; Rawlins 2009; Rich and Evans 2008; Saguy and Almeling 2008; Tomrley and Kaloski Naylor 2009).

12 The so-called *National Program of School Alimentation (Programa Nacional de Alimentação Escolar)* has its origin in various initiatives that took place in the 1940s −50s. It was, however, after strong social movements and only in 1988 that the provision of food in all institutions of early, primary, and secondary education became a constitutional right. This program consists in the transfer of financial resources from the Federal Government to the states, prefectures, and municipal authorities, so that they can acquire the necessary products and finance the applicable services for the distribution of school meals (*merenda escolar*).

13 The various aspects of everyday life within this context with a particular emphasis on schooling and pedagogics have been analyzed elsewhere (Kontopodis 2012b; Kontopodis et al. 2014), and I will not go into details here.

14 One should note here that indigenous people or other countryside communities would not collaborate with the state but would prefer to establish parallel structures such as self-organizing the provision of food for the children, self-organizing the local school, or avoiding unnecessary use of modern technology. The countryside community referred to above is thus a particular one that prioritizes a certain way of macro-politics, while the Brazilian countryside is too heterogeneous to consider here.

References

Althans, B., & Bilstein, J. (Eds.). (2014). *Essen - Bildung - Konsum: Pädagogisch-anthropologische Perspektiven.* Wiesbaden: Springer-VS Verlag für Sozialwissenschaften.
Audehm, K. (2007). *Erziehung bei Tisch: Zur Sozialen Magie eines Familienrituals.* Bielefeld: transcript.
Azzarito, L. (2008). The rise of the corporate curriculum: Fatness, fitness and whiteness. In J. Wright & V. Harwood (Eds.), *Biopolitics and the obesity epidemic: Governing bodies* (pp. 2–14). London: Taylor & Francis.
DiNardo, J. (2008). Natural experiments and quasi-natural experiments. In: S. N. Durlauf & L. E. Blume (Eds.), *The new palgrave dictionary of economics online.* London: Palgrave Macmillan. http://www.dictionaryofeconomics.com/article?id=pde2008_N000142. Accessed 09 Jan 2012.
Evans, J., & Davies, B. (2004). Sociology, the body and health in a risk society. In J. Evans, B. Davies, & J. Wright (Eds.), *Body knowledge and control. Studies in the sociology of physical education and health* (pp. 35–51). London: Routledge.
Evans, J., Davies, B., & Rich, E. (2009). The body made flesh: Embodied learning and the corporeal device. *British Journal of Sociology of Education, 30*(4), 391–505.
Evans, J., Rich, E., Allwood, R., & Davies, B. (2008). Body pedagogies, P/policy, health and gender. *British Educational Research Journal, 34*(3), 1–16.
Fichtner, B. (2009). "Children as unstable signifiers": A dialogue between Giorgio Agamben and Lew Sem Vygotskij. In M. Kontopodis (Ed.), *Children, culture and emerging educational challenges: A dialogue with Brazil, Latin America* (pp. 176–192). Berlin: Lehmanns Media.
Guthman, J. (2009). Teaching the politics of obesity: Insights into neoliberal embodiment and contemporary biopolitics. *Antipode: A Radical Journal of Geography, 41*(5), 1110–1133.
Kontopodis, M. (2013). Biomedicine, psychology and the kindergarten: Children at risk and emerging knowledge practices. *Sport, Education and Society. 18*(4), 475–493. doi: 10.1080/13573322.2011.605115.
Kontopodis, M. (2012a). How things matter in everyday lives of preschool age children: Material-semiotic investigations in psychology and education. *Journal für Psychologie, 20*(2), 1–14.
Kontopodis, M. (2012b). *Neoliberalism, pedagogy and human development: Exploring time, mediation and collectivity in contemporary schools.* London: Routledge/Taylor & Francis.
Kontopodis, M., & Matera, V. (2010). Doing memory, doing identity: Politics of the everyday in contemporary global communities (introduction to special issue). *Outlines: Critical Practice Studies, 2,* 1–14.
Kontopodis, M., Schütz-Foerste Margit, G., & Foerste, E. (2014). "Wir Leben nicht nur vom Essen": Einschränkungen der Agrarökologie, die Gefahr des Konsumismus und die Pädagogik der Erde in der Landlosenbewegung in Brasilien. In B. Althans & J. Bilstein (Eds.), *Essen - Bildung - Konsum: Pädagogisch-anthropologische Perspektiven.* Wiesbaden: Springer-VS Verlag für Sozialwissenschaften.
Local Authorities Coordinators of Regulatory Services/LACORS. (2010). *LACORS nursery school nutrition report 2010.* London: LACORS. http://www.warwickshire.gov.uk/Web/Corporate/Pages.nsf/Links/1BC12969F40DD162802573AF0042C45F/$file/LACORS+Nursery+school+nutrition+report+010.pdf. Accessed 30 Aug 2010.
Mol, A. (2008a). I eat an apple. On theorizing subjectivities. *Subjectivity, 22,* 28–37.
Mol, A. (2008b). *The logic of care: Health and the problem of patient choice.* Abingdon: Routledge.
Niewöhner, J., Döring, M., Kontopodis, M., Madarász, J., & Heintze, C. (2011). Cardiovascular disease and obesity prevention in Germany: An investigation into a heterogeneous engineering project. *Science, Technology & Human Values, 36*(5), 723–751.
Rabinow, P. (1996). *Essays on the anthropology of reason.* Princeton: Princeton University Press.

Rawlins, E. (2008). Citizenship, health education and the UK obesity crisis. *ACME: An International E-Journal for Critical Geographies, 7*(2), 135–142.
Rawlins, E. (2009). Choosing health? Exploring children's eating practices at home and at school. *Antipode: A Radical Journal of Geography, 41*(5), 1084–1109.
Rich, E., & Evans, J. (2005). 'Fat Ethics'—The obesity discourse and body politics. *Social Theory & Health, 3,* 341–358.
Rich, E., & Evans, J. (2008). Performative health in schools: Welfare policy, neoliberalism and social regulation? In J. Wright & V. Harwood (Eds.), *Biopolitics and the obesity epidemic: Governing bodies* (pp. 157–171). London: Taylor & Francis.
Rothblum, E., & Solovay, S. (2009). *The fat studies reader.* New York: New York University Press.
Saguy, A. C., & Almeling, R. (2008). Fat in the fire? Science, the news media, and the "Obesity Epidemic". *Sociological Forum, 23*(1), 53–83.
Shilling, C. (2008). Foreword: Body pedagogics, society and schooling. In J. Evans, E. Rich, B. Davies, & R. Allwood (Eds.), *Education, disordered eating and obesity discourse: Fat fabrications* (pp. ix–xv). London: Routledge.
Spiekermann, U. (2001). Vollkornbrot in Deutschland. Regionalisierende und nationalisierende Deutungen und Praktiken während der NS-Zeit. *Comparativ, 11*(1), 27–50.
Tomrley, C., & Kaloski Naylor, A. (2009). *Fat studies in the UK.* York: Raw Nerve Books.
Wulf, C., Althans, B., Audehm, K., Bausch, C., Göhlich, M., Sting, S., Tervooren, A., Wagner-Willi, M., & Zirfas J. (2001). *Das Soziale als Ritual: Zur performativen Bildung von Gemeinschaften.* Opladen: Leske + Budrich.
Wulf, C., Althans, B., Audehm, K., Bausch, C., Jörissen, B., Göhlich, M., Mattig, R., Tervooren, A., Wagner-Willi, M., & Zirfas, J. (2004). *Bildung im Ritual: Schule, Familie, Jugend, Medien.* Wiesbaden: Verlag für Sozialwissenschaften.
Wulf, C., & Zirfas, J. (Eds.). (2007). *Pädagogik des Performativen. Theorien, Methoden, Perspektiven.* Weinheim: Beltz.

Zur Bedeutsamkeit von Dingen in Sachlernprozessen

Claudia Schomaker

Zusammenfassung: Zum Wesen von Dingen vorzudringen heißt, ihre Vielschichtigkeit zu entdecken, ihrer habhaft zu werden bzw. durch die Dinge selbst nahe gelegt zu bekommen. Diese Begegnung zwischen Individuum und Sache ist nicht eindeutig zu beschreiben, denn der erfahrene Gegenstand wird erst durch die Auseinandersetzung mit dem Subjekt als solcher konstituiert. Der nachstehende Artikel thematisiert die Auseinandersetzung mit derartigen Bildungsprozessen im Kontext der Didaktik des Sachunterrichts: Inwiefern können hier derartige Bildungsprozesse angebahnt, beobachtet und gefördert werden? Was nehmen Schülerinnen und Schüler an konkreten Dingen in spezifischen Unterrichtssituationen wahr? Was vermitteln sie selbst in der Auseinandersetzung mit diesen an andere? Die Ergebnisse einer Langzeitstudie zum altersübergreifenden Sachlernen von Kindern des Elementar- und Primarbereichs geben erste Hinweise.

Schlüsselwörter: Sache und Sachunterricht · Gegenstandskonstitution von Schülerinnen und Schülern · Phänomenographie

On the Meaning of Things in Process of Learning About Science and Social Studies (*Sachunterricht*)

Abstract: To penetrate the essence of things means to discover their complexity, to get to grips with it or to that it is suggested by the things themselves. This encounter between individual and thing cannot be precisely described since the object experienced is only constituted as such through the involvement of the subject.

The following article discusses the examination of such educational processes in the context of the didactics of the school subject social *Sachunterricht* science and social studies. How can such educational processes be initiated, observed and promoted? What are students' perceptions of concrete objects in specific teaching situations? What do they themselves convey to others as they explore these things? Some initial indications are provided by the results of a longitudinal study on children's learning processes in social studies and science at the preschool and primary levels.

© Springer Fachmedien Wiesbaden 2013

Der vorliegende Beitrag ist die Grundlage meiner Antrittsvorlesung, die ich am 21.11.2012 an der Leibniz Universität Hannover gehalten habe.

Prof. Dr. C. Schomaker (✉)
Leibniz Universität Hannover, Schloßwender Str. 1, 30159 Hannover, Deutschland
E-Mail: claudia.schomaker@ifs.phil.uni-hannover.de

Keywords: Objects and Science and Social Studies · Object concepts among pupils · Phenomenography

> *Ein Wunder solcher Art erlebte ich als Kind von vier oder fünf Jahren, als mir mein Vater einen Kompass zeigte. Dass diese Nadel in so bestimmter Weise sich benahm, passt so gar nicht in die Art des Geschehens hinein, die in der unbewussten Begriffswelt Platz finden konnte. An ‚Berührung' geknüpftes Wirken. Ich erinnere mich noch jetzt – oder glaube mich zu erinnern-, dass dies Erlebnis tiefen und bleibenden Eindruck auf mich gemacht hat.*
> *Da musste etwas hinter den Dingen sein, das tief verborgen war.*
> (Albert Einstein 1951, S. 3)

Keri Smith regt in ihrem Buch ‚How to be an explorer of the world' (dt. Übersetzung: ‚Wie man sich die Welt erlebt', 2011) dazu an, den Dingen des Alltags auf den Grund zu gehen, diese zu erforschen. Sie beschreibt zunächst eine Schale mit unterschiedlichsten Dingen, die sich auf ihrem Schreibtisch befindet, und fordert, indem sie Ratkje zitiert, dazu auf: „Sammle nach Lust und Laune Gegenstände, die dir aus verschiedenen Gründen aufgefallen sind. Denk auch daran, Sachen zu sammeln und zu studieren, die dir im Moment *bedeutungslos* und *irrelevant* erscheinen. Das Hin und Her im kreativen Prozess führt einen manchmal zu einer wichtigen Begegnung zurück, die einen zuerst eher gleichgültig ließ, und manchmal sogar zu etwas, das man als abstoßend oder ärgerlich empfand" (2011, S. 17, Hervorhebungen im Original). Die hier gesammelten Dinge sind für sie Ausgangspunkt von Suchprozessen und der Auseinandersetzung mit ihrer Welt: „Da musste etwas hinter den Dingen sein, das tief verborgen war!" (Einstein 1951, S. 3). Im weiteren Verlauf des Buches gibt sie vielfältige Anregungen, die nahe und ferne eigene Umgebung zu erkunden, sie aus verschiedenen Blickwinkeln zu betrachten und sie damit neu sehen zu lernen. Immer wieder spielen bei diesen Explorationen die gegenständlichen Dinge eine große Rolle und werden, weil sie durch die Art der gewählten Betrachtung faszinieren, befragt.

Neil MacGregor, Direktor des Britischen Museums, unternimmt den Versuch, anhand von 100 Objekten aus unterschiedlichen Epochen und aus Gegenden, die über den ganzen Globus verteilt sind, ‚Weltgeschichte' zu erzählen. Die vorgestellten Dinge, u. a. eine Mumie, Schrifttafeln, Statuen, Münzen, Gefäße, Bildrollen usw., geben nach seinem Verständnis einen Einblick in Strukturen vergangener Zeiten und Kulturen, da durch ihre Entzifferung „Botschaften über Völker und Orte, über Umwelten und wechselseitige Beeinflussungen, über verschiedene historische Augenblicke und über unsere eigene Zeit, die sich darin widerspiegelt" (2012, S. 13), übermittelt werden. Mit einem intensiven Studium der Dinge, das zu den Hauptaufgaben von Museen zähle, sei die Hoffnung verbunden, die Welt besser zu verstehen (ebd., S. 26): „Denkt man mit Hilfe von Gegenständen über die Vergangenheit oder eine ferne Welt nach, so hat das immer etwas von einer poetischen Neuschöpfung. Wir erkennen die Grenzen dessen, was wir mit Sicherheit wissen können, und müssen deshalb nach einer anderen Art der Erkenntnis suchen, immer in dem Bewusstsein, dass die Objekte von Menschen hergestellt wurden, die im Grunde wie wir sind – also sollten wir in der Lage sein herauszufinden, warum die Menschen diese Gegenstände angefertigt haben und welchem Zweck sie dienten. Das ist mitunter vermutlich die beste Möglichkeit, um zu begreifen, worum es in der Welt großteils geht, nicht nur in der Vergangenheit, sondern auch in unserer Zeit" (ebd., S. 17).

In einem Projekt zum historischen Lernen haben sich Jugendliche über Fundstücke aus unterschiedlichen Zeiten, die allesamt über viele Jahre zum Inventar eines Hauses in Berlin gehörten, verschiedenen Aspekten der Geschichte dieses Hauses genähert. So erkundeten sie u. a. anhand von Einschusslöchern an der Hauswand, einer großen, bauchigen Glasflasche, einem Lottoschein, einem verbeulten Eimer aus Blech, einem Paar Tanzschuhe u. v. m. die Geschichte des Hauses, indem sie über die sogenannten ‚Fundstücke' mögliche Biographien der dort zu unterschiedlichen Zeiten lebenden Menschen entwarfen. Durch das Einordnen der Fundobjekte in ihre jeweilige Zeit rekonstruierten sie die Besitzverhältnisse und Bedeutungen der Gegenstände im Leben der jeweiligen Bewohner des Hauses, sie erarbeiteten sich Kenntnisse über Ausschnitte der Vergangenheit und konnten so auch Einsichten in übergeordnete Strukturen gewinnen. Der hier gewählte Zugang über reale Objekte war Thierse zufolge für die beteiligten Jugendlichen jedoch von besonderer Bedeutung, denn „jeder Gegenstand provozierte Fragen: Wem gehörte dieser Gegenstand? Aus welcher Zeit stammt er? Wie kam er hierher? Welches Schicksal verbindet sich mit dem Gegenstand?" (Anne-Frank-Zentrum 2003, S. 5). Ein großer Gewinn des Projektes bestehe zudem darin, dass nicht nur „das historische Wissen der jungen Leute gefördert […], sondern auch ihre soziale, ihre künstlerisch-kreative und demokratische Kompetenz" (ebd.) gestärkt worden sei.

Auch im Katalog des ‚Weltwissens', den Donata Elschenbroich im Anschluss an eine Befragung von ca. siebzig Expertinnen und Experten aus unterschiedlichen Kulturen formuliert hat, nimmt die Auseinandersetzung mit Dingen einen besonderen Stellenwert ein. So verweist sie auf die historischen, sozialen und lebensgeschichtlichen Bedeutungen, die den jeweiligen Dingen inne wohnen und sie erst auf diese Weise zu bedeutungsvollen Dingen werden lassen (2010, S. 44). Der Umgang mit derartigen widersprüchlichen, ungewöhnlichen, bedeutsamen Gegenständen der jeweiligen Kultur stelle daher einen wichtigen Bestandteil kindlichen Weltwissens dar, denn in diesen Alltagsgegenständen werde das ‚Wissen der Welt' (vgl. ebd.) offenbar und könne daher an und mit ihnen erkundet, erfahren werden. Folgende Aspekte im Umgang mit Dingen sollte daher jedes Kind bis zu seinem Eintritt in die Schule erfahren haben: „Jedes Kind sollte einmal im Spiel ein Ding gewesen sein. Es sollte einen Gegenstand auswählen zum Aufbewahren für die eigenen Kinder. Es sollte einen Gegenstand repariert haben. Es sollte ein Beispiel kennen für den Unterschied zwischen dem Gebrauchswert und dem Gefühlswert von Dingen" (Elschenbroich 2001, S. 166).

Die hier aufgezeigten Kontexte verweisen jeweils auf die pädagogische Bedeutsamkeit von Dingen im Erlernen, Erfahren kulturellen Wissens. Dabei können „neue Sachen […] Wunder sein. Sachen, die es vorher noch nicht gegeben hat" (Äußerung eines Kindes im Berliner Wunderforschungsprojekt, Bödeker und Hammer 2010, S. 18), die faszinieren, denen es sich nachzuspüren lohnt. So zeigt Stieve anhand zahlreicher Beispiele auf, wie bereits junge Kinder den Umgang mit Dingen suchen und auf diese Weise Einsichten in ihre Lebenswelt erhalten (vgl. Stieve 2008), wie sie aber auch durch den Gebrauch von Dingen zu bestimmten Einsichten erzogen werden (vgl. Nohl 2011) und durch die eigenständige Weiterentwicklung der Handhabung von Gegenständen Entwürfe ihrer Phantasie in Handlungen umsetzen, die bildenden Charakter haben (vgl. Parmentier 2007).

Denn „die verborgenen Bedeutungen der Dinge können nur hervortreten, wenn alte Verknüpfungen gelöst und neue riskiert werden. Das experimentelle Spiel mit den Dingen verlangt nach Zerlegung und Arrangement. [...] Im selben Maße, wie dabei das Verständnis der neuen Bedeutungen an Stabilität gewinnt, entfalten auch die Dinge ihre bildende Wirkung. [...] Indem sie [die Heranwachsenden, C.S.] die Dingzeichen verstehen lernen, lernen sie auch sich selber verstehen" (ebd., S. 111).

1 Zur Bildungsfunktion von Dingen in didaktischen Kontexten

Die hier in verschiedenen Kontexten von Kindern und Jugendlichen aufgezeigte pädagogische Bedeutsamkeit von Dingen ist eng verknüpft mit der Dingen zugeschriebenen Bildungsdimension in institutionellen Lernsituationen wie denen im Unterricht der Schule (vgl. ebd., S. 110). Bereits in den Schriften von Comenius wird der Bildungswert dieser Auseinandersetzung mit konkreten Gegenständen hervorgehoben: „Die Menschen müssen so viel wie möglich ihre Weisheit nicht aus Büchern schöpfen, sondern aus Himmel und Erde, aus Eichen und Buchen, d. h. sie müssen die Dinge selber kennen und erforschen und nicht nur fremde Beobachtungen und Zeugnisse darüber. Und das heißt wieder in die Fußstapfen der alten Weisen treten, wenn man die Kenntnis der Dinge nirgends anders her als aus dem Original (archetypus) selbst schöpft" (Comenius 1657/1960, S. 112 f.). Und auch gegenwärtig wird in didaktischen Zusammenhängen immer wieder die Anschaulichkeit von konkreten Objekten hervorgehoben, die in besonderer Weise Kinder dazu anregt, eine fragende Auseinandersetzung mit einer Sache zu suchen. So ist die Forderung Roths auch heute noch aktuell, wenn es um die Begründung und Auswahl von Methoden für die Vermittlung in Lernprozessen geht: „Das erste Beginnen jeder Methodik muss deshalb sein, das originale Kind, wie es von sich aus in die Welt hineinlebt, mit dem originalen Gegenstand, wie er seinem eigentlichen Wesen nach ist, so in Verbindung zu bringen, dass das Kind fragt, weil ihm der Gegenstand Fragen stellt und der Gegenstand Fragen aufgibt, weil er eine Antwort für das Kind hat" (1949, S. 104).

Eine in diesem Sinne angebahnte Begegnung mit Dingen im Kontext von Unterricht stellt demzufolge ein wesentliches Element der Sachunterrichtsdidaktik dar. In Anlehnung an Rumpf kennzeichnet Nießeler den Bildungswert solcher Begegnungen mit Dingen als ‚Kultivierung der Weltaufmerksamkeit' (2007, S. 439), da „bereits mit der anfänglichen Gegenstandskonstitution wichtige Erkenntnismodifikationen grundgelegt werden und den weiterführenden Lernprozess prägende Vorstellungen von der Sache entstehen" (ebd.). Zum Wesen von Dingen vorzudringen heißt somit, die Vielschichtigkeit ihrer Erscheinungsformen zu entdecken, ihrer habhaft zu werden bzw. durch die Dinge selbst nahe gelegt zu bekommen (vgl. Michalik 2001). Diese Begegnung zwischen Individuum und Sache ist aber nicht eindeutig zu beschreiben, denn der erfahrene Gegenstand wird erst durch die Auseinandersetzung mit dem Subjekt als solcher konstituiert (vgl. ebd., Selle 1997, S. 26). Unsere Wahrnehmungen des Objekts, unsere Ordnungsmuster und Bezeichnungen geben den Dingen die Bedeutung, die sie uns wert sind, sich auf sie einzulassen und zu hinterfragen. Die Auseinandersetzung mit und das Einlassen auf Dinge ist aus diesem Verständnis heraus immer wieder durch die Lernenden selbst neu zu gestalten und zu strukturieren (vgl. Selle 1997; Michalik 2001; Giel 1994).

Die hier aufgezeigten Implikationen für die Gestaltung von Unterricht ausgehend von konkreten Objekten, von Dingen, sind für Parmentier jedoch nicht so sehr kennzeichnend für das Lernen in schulischen Zusammenhängen, sondern verweisen eher auf die bildende Auseinandersetzung mit Objekten im Museum: „Das Museum befähigt die Menschen, nicht nur die Schriften der Vorfahren und Zeitgenossen, sondern auch die überlieferten und vorgefundenen Artefakte einer Kultur als bedeutungsvolle Zeichen zu lesen" (2007, S. 110 f.). Für eine derartige Auseinandersetzung seien ‚experimentelle Verfahrensweisen' zentral, die „ohne geregelte Prozedur auskommen" (ebd.). Hält man jedoch an dem Vorhaben fest, die Bildungsbedeutsamkeit von Dingen auch für den schulischen Kontext verfügbar zu machen, stellt sich die Frage, in welcher Weise derartige Bildungsprozesse im Unterricht angebahnt werden können: Wie können Kinder für den bildenden Gehalt von Dingen sensibilisiert werden, etwa indem sie vielfältige Zugangs-/Umgangsweisen (vgl. Pech/Rauterberg 2008) kennenlernen, die der vielfältigen Bedeutung von Dingen gewahr werden (beispielsweise im Rahmen einer ‚ästhetischen Alphabetisierung', vgl. Duncker 1997)? Inwiefern kann man von einer Kompetenz im Umgang mit Dingen sprechen? Welche Rolle hat dann explizit didaktisches ‚Dingmaterial' wie z.B. die Materialien von Montessori? Können sie neue Orientierungen (Bildung) ermöglichen, wenn ihre Funktion/ihr Zweck doch so stark vorgegeben ist? Oder ermöglichen dies nur Gegenstände, die zunächst rätselhaft sind und in ihrer Bedeutung sowie ihrer Vielgestaltigkeit entdeckt werden müssen?

Damit stellt sich auch die Frage nach der Auswahl von Dingen, die im Kontext von Unterricht fokussiert werden können. Elschenbroich behauptet, dass in den Dingen, den *Alltagsgegenständen*, das ‚Wissen der Welt stecke' (vgl. 2010). Bestimmen damit die *Dinge* den Umfang und die Art des zu erwerbenden ‚Weltwissens'?

2 Zur Bedeutsamkeit von Dingen im Kontext des Faches Sachunterricht

Fragen zur originären Auseinandersetzung mit Objekten können sicherlich Gegenstand jeder Fachdidaktik sein. Die Didaktik des Sachunterrichts bzw. Sachlernens wirft diese Frage jedoch in besonderer Deutlichkeit auf, da bereits der Name des Faches darauf verweist, dass es hier grundsätzlich um die Auseinandersetzung mit und Vermittlung von ‚Sachen' geht. ‚Redet um Sachen!' fordert Karnick denn auch in seiner Schrift zu grundlegenden Überlegungen zur Didaktik des Sachunterrichts (1958) und fokussiert so den Gegenstand von Sachlernprozessen. Indem Giel die Begriffe ‚Ding' und ‚Sache' in Bezug auf die Zielsetzungen des Sachunterrichts einander gegenüberstellt wird deutlich, inwiefern *Dinge* in *Sach*lernprozessen bedeutsam sind: „Unter ‚Sache' soll im folgenden ein spezifisches, durch die Kunst der Didaktik vermitteltes Gegebensein von Dingen, Vorgängen, Tatsachen und Ereignissen verstanden werden. Des näheren wollen wir unter ‚Sache' die Art und Weise verstehen, in der wir von den Dingen (‚selbst') in Anspruch genommen werden. ‚Sache', das ist dann das Herausgefordertsein durch die Dinge […], und ‚sachlich' die Art und Weise, in der wir diesem Anspruch gerecht werden, ihm entsprechen und den Dingen Geltung verschaffen in unserem Leben" (Giel 1994, S. 19 f.). Ziel eines derartigen Sachunterrichts sei damit die „Einübung in eine spezifische, von der lebensweltlichen Auslegung unterschiedene Form der Weltauslegung und der darin beschlossenen Kultivierung des Umgangs mit den Dingen, […] die Einübung in die Sachlichkeit" (ebd., S. 21). Auf diese Weise könne (Sach-)Unterricht dazu beitragen, den „stets normativ vermittelten Umgang […] mit den Dingen und anderen Menschen" (ebd., S. 20) zu überwinden, den Dingen also ‚auf den Grund' zu gehen, sie zu hinterfragen und damit verstehen zu lernen. Denn „die Normen des Umgangs und die Gekonntheit der Handhabung helfen uns zu verschleiern, dass wir von den Dingen selbst keine Ahnung haben" (ebd.). In Sachlernprozessen sollen demzufolge diese erlernten ‚Handhabungen' hinterfragt werden, um die Vieldimensionalität von Dingen, bedingt auch durch die je vielfältigen, individuellen Zugänge zu ihnen, bewusst zu machen.

Hier wird deutlich, dass das ‚Bildungsfeld Sachlernen' dadurch gekennzeichnet werden kann, dass es zum einen um die „Vermittlung elementarer Sachkenntnisse" geht und andererseits um „die Inszenierung von Sach-, Sozial- und Naturerfahrungen" mit dem Ziel, „die Fähigkeit zur Welterschließung ebenso an[zu]bahnen wie eine tätig-verantwortliche Handlungskompetenz im Umgang mit Natur und Lebenswelt" (Nießeler 2010, S. 7).

Wenngleich der Begriff ‚Sache', wie er in der Didaktik des Sachunterrichts verwendet wird, also deutlich weiter greift als die Auseinandersetzung mit originären Gegenständen, ist letztere doch für den Sachunterricht zentral. Denn die hier im Kontext der Didaktik des Sachunterrichts skizzierte Bildungsdimension von Dingen ist Nießeler zufolge konstitutiv für die Herausbildung eines (neuen) ‚Bildungsfeldes Sachlernen', das „nicht nur das *Ergebnis* der epochalen Umschichtungsprozesse der Frühen Neuzeit, sondern auch eine *Voraussetzung* für die flächendeckende und breitenwirksame gesellschaftliche Institutionalisierung des neuen Wissens und seiner Methodik durch ein Curriculum" (ebd., S. 82, Hervorhebungen im Original) ist. Er verdeutlicht, dass eine derartige Ausrichtung von Unterricht an konkreten Gegenständen und damit das Erkennen der Bildungsbedeutsamkeit von Dingen zunächst im ‚Vermittlungsproblem' von Inhalten begründet lag (vgl. ebd., S. 10). In einer Zeit, in der Wissen insbesondere über Formen der Schriftlichkeit vermittelt wurde, habe die Auseinandersetzung mit originären Sachen eine untergeordnete Bedeutung gehabt, lediglich in Bezug auf zu erwerbende Fähigkeiten wie beispielsweise im Handwerk (vgl. ebd.). „An dieser Argumentation lässt sich ablesen, dass Anschauung oder Erfahrung nicht als Prinzipien für die Gelehrtenbildung und für die wissenschaftliche Grundbildung angesehen wurde, die Einrichtung eines sachbezogenen Bildungsfeldes, dessen methodisches Repertoire über die Lektüre von Sachtexten hinausgeht, dem gemäß als wichtige Etappe auf dem Weg zur Etablierung einer modernen Didaktik zu erachten ist. Die Bildungs- und Vermittlungsproblematik ist somit eines der entscheidenden geschichtlichen Probleme, dessen Lösung Wissen gesellschaftlich institutionalisieren konnte, und die Konstitution von eigenständigen Vermittlungsformen des Sachwissens, wie sie heute mit den Prinzipien der Anschaulichkeit und des Erfahrungsbezugs selbstverständlich sind, war eine der maßgebenden Lösungen dieser Problematik" (ebd., S. 27). Die eigene Auseinandersetzung mit den Sachen, Gegenständlichkeiten der individuellen Lebenswelt sei notwendig geworden, als die traditionellen Überlieferungen der Autoritäten in der Frühen Neuzeit nachhaltig kritisiert wurden: „Damit wird der persönliche Augenschein zum maßgebenden Prüfkriterium für die Stimmigkeit der Erkenntnisbildung. Wirklichkeit soll nun mit eigenen Augen angeschaut und eigenen Sinnen erfahren werden" (ebd., S. 188). So suche das Individuum denn auch konkret die Auseinandersetzung mit Dingen, um diese zu verstehen und so sein subjektives Verhältnis zur Welt neu zu strukturieren (ebd.). „Zum einen das durch die Leiblichkeit bedingte Erfahrungskonzept, zum anderen die Aufmerksamkeit für Phänomene spannen eine Bildungsstruktur auf, deren Zielrichtung die Annäherung an Wirklichkeit ist" (ebd., S. 193). So werde der individuelle, daher unverfügbare Bildungsprozess eines Kindes, eines Menschen, über die Auseinandersetzung mit Dingen in der Folge der Etablierung des neuen Bildungsfeldes ‚Sachlernen' didaktisch planbar, da man einen „Kanon beachtenswerter Dinge" (ebd., S. 195) aufstellen könne.

Die Bedeutsamkeit dieses Zusammenhangs von Sachbegegnungen hebt Michalik auch für das gegenwärtige Verständnis von Sachlernprozessen hervor. Um dem Anspruch gerecht zu werden, ‚kindliche Lebenswelten zu erschließen' sowie Kinder zur ‚Selbst- und Mitbestimmung zu befähigen', müsse sich Sachunterricht „auf die Herausforderungen einer vielschichtigen Wirklichkeit einlassen" (2001, S. 15). Diese kindliche Auseinandersetzung mit Welt sei auch nur dann nicht trivial, wenn Sachunterricht das Ziel verfolge, „dieses Wissen zu vertiefen, einzuordnen, zu vernetzen, beweglich und handlungsrelevant zu machen, indem Kindern ein Verständnis dafür erschlossen wird, dass die Welt nichts Feststehendes und Abgeklärtes, sondern eine in jeder Hinsicht in Bewegung befindliche Größe ist, dass Wissen immer zeitbedingt, unvollständig und vorläufig ist und es keine ewig gültigen und von uns unabhängigen Wahrheiten gibt" (ebd.). So werde nicht nur die Frage nach den *Sachen* des Sachunterrichts bedeutsam, sondern auch der jeweilige *Zugang*, mit dem diese Sachen erschlossen werden (vgl. ebd., S. 16). Denn die ‚Vielschichtigkeit der Wirklichkeit', die es in Sachlernprozessen zu erarbeiten gilt, werde erst durch den jeweiligen Umgang mit der Sache hergestellt. So strukturierten sinnliche Erfahrungen oder symbolische Ordnungen Dinge auf unterschiedliche Weise: „Um der Idee einer unbegrenzten Beherrschbarkeit von Welt zu begegnen und Kindern ein vielschichtiges Bild von Wirklichkeit zu bieten, ist ein Unterricht gefragt, der den Aspektreichtum der Phänomene jenseits der rein fachwissenschaftlichen Perspektiven entfaltet und die Mehrdimensionalität von Wirklichkeit auch im Unterricht sichtbar macht" (ebd., S. 16). Denn nur auf diese Weise „verlieren die Dinge ihre scheinbare Eindeutigkeit, sie werden rätselhaft und bewahren einen gewissen Eigensinn" (ebd., S. 17). Erst in einer so beschriebenen Auseinandersetzung des Individuums mit Dingen ist Nießeler zufolge die Möglichkeit gegeben, subjektive Bildungsprozesse anzustoßen (vgl. 2007).

Es kann also „gerade das Unscheinbare, im Alltag verborgene, das Kleine und Unspektakuläre Auslöser für derartige Sachbegegnungen" (ebd., S. 446) sein. Sachunterricht ist damit als einen Ort zu kennzeichnen, der den ‚echten Fragen' von Kindern einen Raum gibt und somit eine *Kultur des Fragens* etabliert (vgl. ebd., Schreier 1989). Auf diese Weise können Bildungsprozesse angestoßen werden, denn „Fragen enthalten ein Verlangen nach Wissen und Aufklärung, nach Verstehen und Sinnklärung, nach Weltaneignung und Weltdeutung" (Duncker 2007, S. 162). Die erwarteten Antworten können nicht immer eindeutig und klärend sein; sie werden in einer fruchtbaren Auseinandersetzung des Kindes mit einer fragwürdigen Sache jedoch in reflexiver Weise entwickelt (vgl. Schomaker 2008).

3 Chancen und Grenzen ‚didaktisierter Dingerfahrungen' im Kontext von Sachunterricht

Inwiefern können derartige Bildungsprozesse im Kontext des Unterrichtsfaches Sachunterricht angebahnt, beobachtet und gefördert werden? Was nehmen Kinder an konkreten, nach didaktischen Gesichtspunkten ausgewählten Gegenständen in spezifischen Unterrichtssituationen überhaupt wahr? Welche Aspekte halten sie für bedeutsam und machen sie zum Gegenstand *ihrer* Auseinandersetzung mit Dingen? „Hier wäre somit zu fragen, wie sich diese institutionelle Formierung des Bildungssubjekts auf die subjektive und willkürliche Erfahrung des Individuums auswirkt, welche Verlusterfahrungen mit dieser Pädagogisierung, aber auch welche Chancen damit verbunden sind?" (Nießeler 2010, S. 197). Was vermitteln Kinder demzufolge selbst in der Auseinandersetzung mit den konkreten Dingen an andere (Kinder)? Was erscheint ihnen bedeutsam, so dass sie diese Aspekte in ihre eigenen Erklärungen der Sache einbinden?

Die Ergebnisse einer Langzeitstudie zum altersübergreifenden Sachlernen von Kindern des Elementar- und Primarbereichs geben Hinweise auf die zuletzt gestellten Fragen. In diesem Projekt erarbeiteten sich zunächst Kinder einer Grundschulklasse im Rahmen einer zweiwöchigen Unterrichtseinheit Kenntnisse und Fähigkeiten zu einem naturwissenschaftlich-technischen Sachverhalt wie dem Bau von Brücken. Danach erkundeten an zwei Vormittagen je ein Grundschulkind und ein Kind aus dem Elementarbereich als Tandem problemorientierte Fragestellungen zum Sachverhalt der Unterrichtseinheit. Die Aufgaben dieser Lernsituationen waren den Grundschulkindern nicht bekannt, konnten jedoch mit den zuvor erarbeiteten Kenntnissen aus der Unterrichtseinheit gelöst werden. Die jeweiligen Lösungen der verschiedenen Teams wurden in einem gemeinsamen Forscherbuch dokumentiert, die Gespräche zwischen den Kindern audiographiert (vgl. Kaiser und Schomaker 2010; Schomaker 2011).

Anhand einer phänomenographischen Analyse der Gesprächsprotokolle der Arbeitstandems aus Kindergarten- und Schulkind werden die Wahrnehmungen bzw. Erlebensweisen von Kindern im Umgang mit Fragestellungen und letztlich auch mit konkreten Dingen zu den Phänomenen *Schall, Magnetismus* und *Brücken* nachgezeichnet. Ziel des Projektes ist es, ausgehend von diesen Gesprächsmitschnitten die Qualität und Struktur des hier deutlich werdenden Wissens, der Erfahrungen zu analysieren, um Einsichten in die jeweiligen kindlichen Erklärungsmuster zu gewinnen und damit den Aufbau von Wissensstrukturen im Übergang vom Elementar- in den Primarbereich kennzeichnen zu können (vgl. ebd.).

Indem die jeweiligen Daten der Gesprächsmitschnitte und auch Interviews mit den Kindern, die jeweils vor und nach den gemeinsamen Arbeitsphasen zu ihrem Wissen um den Sachverhalt, Aspekten der Zusammenarbeit und ihrem eigenen naturwissenschaftlichen Selbstkonzept befragt wurden, mit Hilfe des phänomenographischen Forschungsansatzes interpretiert werden, wird der Blick auf ihre *vielfältigen Erlebensweisen* im Umgang mit einem Gegenstand gelenkt (Marton und Booth 1997). Die Phänomenographie geht in ihren theoretischen Annahmen auf die Phänomenologie Husserls zurück und „befasst sich mit dem Erscheinen der Dinge, das allein Gegenstand des Bewusstseins ist. […] In der phänomenologischen Analyse menschlichen Erlebens spielen Gegenstände also nur in der Weise eine Rolle, wie sie menschlichem Erleben in vortheoretischer Weise zugänglich sind" (Murmann 2002, S. 61 f.).

Ference Marton entwickelte diesen Ansatz in den 1970er Jahren in Schweden mit dem Ziel, die Verstehensebenen Studierender in Bezug auf ihr Verständnis von Lernen zu rekonstruieren (vgl. ebd., S. 79). Den Gegenstand ihres Forschungsinteresses bezeichnen Marton und Booth als *Phänomen*, das in *all seinen Variationen* aus der Perspektive der Studierenden bzw. Lernenden nachgezeichnet wird (vgl. ebd., Marton und Booth 1997). Diesem Forschungsansatz liegt die Annahme zugrunde, dass alle Menschen ihre (Um-) Welt jeweils anders wahrnehmen bzw. erleben, der Umfang dieser Erlebensweisen jedoch, so individuell sie auch wahrgenommen werden, begrenzt vorhanden ist und damit in Bezug auf ein bestimmtes Phänomen erfasst werden können (vgl. Murmann 2002, S. 79). Das Forschungsinteresse richtet sich demzufolge auf folgende Gesichtspunkte: Welche Betrachtungsweisen eines Phänomens fokussieren Menschen, welche Momente erfahren sie für sich als bedeutsam und welche erscheinen ihnen für ihre subjektive Erlebensweise als irrelevant, könnten aber nichtsdestotrotz in ihren Aufmerksamkeitshorizont gelangen (vgl. ebd., Marton und Booth 1997)? „Grundgedanke dabei ist, dass immer wenn jemand etwas erlebt, Bedeutungen notwendig sind. Durch Bedeutungen treffen wir Unterscheidungen, d. h. wir strukturieren unsere Wahrnehmung. Die Wahrnehmung von Unterscheidbarem ist nichts anderes als erlebte Struktur und Voraussetzung, Bedeutungen zu erzeugen" (Murmann 2002, S. 81).

Somit kann der phänomenographische Forschungsansatz als *didaktischer Ansatz* bezeichnet werden, da er explizit die gegenstandsspezifischen Lernvoraussetzungen in den Blick nimmt (vgl. Pech et al. 2012; Murmann 2002). In Deutschland wird dieses Vorgehen erst in Ansätzen rezipiert (vgl. Pech et al. 2012), eine der ersten Arbeiten ist die Studie von Lydia Murmann zum Physiklernen von Schülerinnen und Schülern der Primarstufe zu den Phänomenen Licht und Schatten (vgl. Murmann 2002).

Die auf diese Weise generierten vielfältigen, qualitativ unterschiedlichen Erlebensweisen der beteiligten Kinder im Umgang mit den Fragestellungen zu den Inhaltsbereichen Magnetismus, Schall und Brückenbau werden auf Basis der Gesprächsmitschnitte, Interviews und Forscherbücher nachgezeichnet, indem ihre subjektiven Erlebensweisen in Aussagen überführt werden, die den Umgang mit bzw. das Erleben des Gegenstandes kennzeichnen (Kategorien des Erlebens). Derartige „Aspekte sind also Phänomenanteile, die als bestimmte Ausprägungen möglicher Variation bemerkt werden" (ebd., S. 82). Murmann macht in Anlehnung an Marton und Booth deutlich, dass diese Aspekte zueinander in Beziehung erlebt werden können als auch getrennt voneinander (vgl. ebd.). Die jeweiligen Erlebensvariationen eines Phänomens (Kategorien) werden in Kategoriesätzen gefasst. Dieser enthält alle im Untersuchungskontext erfassbaren Erlebensweisen eines Phänomens aus der Perspektive der Lernenden, die im Sinne komplexer werdender Verstehensebenen untereinander hierarchisch angeordnet sind. Eine Verstehens- bzw. Kategorieebene beschreibt also, welche Aspekte einem Kind in der Erklärung eines Sachverhaltes bewusst und damit für sein Verständnis bedeutsam sind. Diese macht gleichzeitig auch deutlich, welche, möglicherweise relevanten Aspekte für das Verständnis des Gegenstandes ein Kind bislang noch nicht zur Kenntnis genommen hat. Denn die „Gesamtheit von Erlebnissen [...] enthält also Anteile, die uns tatsächlich bewusst sind und Anteile, die nur mitgegenwärtig sind, aber jederzeit in das Zentrum unserer Aufmerksamkeit geraten können" (ebd., S. 82).

An dieser Stelle wird das *didaktische Moment* eines phänomenographisch erarbeiteten Kategoriensatzes deutlich: Denn eine auf der hierarchischen Ebene weiter oben angeordnete Erlebens- und damit auch Verstehensebene verweist auf ein umfassenderes Verständnis des jeweiligen Gegenstandes, da es neben neuen Erkenntnissen auch die der vorangegangenen Ebene einschließt. So kann der Schritt von einer Erlebensebene zur nächsten auch als *Lernschritt* bezeichnet werden (vgl. ebd., S. 93) und verweist damit auf Anknüpfungspunkte hinsichtlich der Gestaltung didaktischer Lernsituationen, die zum Ziel haben, den Lernenden weitere Erlebensaspekte des Phänomens zu erschließen. Lernen versteht sich aus phänomenographischer Perspektive also als ein Prozess, in dem den Lernenden in der Lernsituation ausgehend von ihrem aktuellen, eher undifferenzierten Erleben des Gegenstandes neue Momente der Sichtweise auf diesen Gegenstand in ihren Aufmerksamkeitshorizont gerückt werden und so die Integration weiterer Verständnisweisen möglich wird. Anders formuliert: „Lernen ist das, was Lernende in die Lage versetzt, ein Phänomen in einer Weise zu erleben, in der sie zuvor nicht in der Lage waren, es zu erleben" (ebd., S. 87). Ein erfolgreicher, phänomenographisch gekennzeichneter Lernprozess zeichnet sich dadurch aus, dass Lernende zunehmend weitere Aspekte eines Phänomens differenzieren, unterscheiden lernen und diese sowohl getrennt als auch in Beziehung zueinander setzen können. Ein Phänomen kann auf diese Weise mit ‚anderen Augen' neu gesehen und damit neu gedeutet werden.

Am Beispiel des Baus einer ‚Leonardobrücke' werden im Folgenden die qualitativen Unterschiede derartiger Verstehensebenen von Kindern im Rahmen der Studie verdeutlicht (vgl. Schomaker 2011; Lüschen und Schomaker 2012). In Bezug auf den Inhaltsbereich ‚Brückenbau' haben die Kinder sich u. a. mit der Konstruktion einer besonderen Form der Bogenbrücke, der sogenannten ‚Leonardobrücke', auseinandergesetzt. Lemmen führt aus, dass dieser Entwurf auf Leonardo da Vinci zurückgehe (daher der Name der Brücke), der 1483 eine Brücke zeichnete, die aus Holzstämmen gebaut wurde und ohne den Einsatz von Nägel oder Schrauben hielt. Sie sollte militärischen Zwecken dienen und demzufolge leicht auf- und abzubauen sein (vgl. 2006, S. 37 f.). Die einzelnen Balken der Brücke werden miteinander verwoben, die auf diese Weise einen Bogen formen. Für die physikalisch-technische Erklärung sind sowohl Eigenschaften der Widerlager als auch die herrschenden Schub- und Druckkräfte konstitutiv (vgl. ebd.). Denn die Gewichtskraft eines Gegenstandes auf der Brücke wird rechts und links an die Bogenenden weitergeleitet, die sich in eine senkrecht gerichtete Druck- und eine waagerecht gerichtete Schubkraft aufteilt. „Um diese Kräfte aufzufangen, benötigen Bogenbrücken wie die Leonardobrücke starke Widerlager an ihren Enden. Bei steinernen Bogenbrücken können diese Kräfte zum Beispiel einen Pfeiler oder eine Wand nach außen schieben. Daher ist die ausreichende Befestigung der Widerlager bei Bogenbrücken von großer Bedeutung" (Lemmen 2006, S. 38). Bei starker Belastung wird die Höhe der Brücke verringert, die Auflagepunkte verschieben sich nach rechts und links (vgl. ebd.).

Die Auseinandersetzungen bzw. Erlebensweisen der Kinder mit der Bauweise dieser Brücke zeigen, dass sie die Rolle der Widerlager, die für die Stabilität der Leonardobrücke bedeutsam sind, in den wenigsten Äußerungen und Handlungen berücksichtigen. Neben den *Eigenschaften des Materials* ist insbesondere die besondere *Flechtweise der Holzstäbe* in ihren Augen wesentlich, um eine stabile Brücke zu konstruieren. Diese wird in ihren Zeichnungen und Objekten jeweils hervorgehoben. So machen sie ihrem

Partnerkind die Stabilität und Funktionsweise deutlich, indem sie u. a. darauf verweisen, dass die Konstruktionsidee auf einen erfolgreichen Erfinder zurückgehe, der auch heute noch große Bedeutung erfahre. Sie führen auch die Materialeigenschaften ins Feld und unterscheiden beispielsweise trockenes Baumaterial von feuchten Holzstäben, die deutlich elastischer seien und damit den jeweiligen Kräften besser standhalten könnten. In einzelnen Fällen hinterfragen die jeweiligen Kinder des Elementarbereichs diese Erklärungsweisen der Grundschulkinder, so dass auch die Kinder des Primarbereichs dazu angehalten werden, ihre Erklärungen durch erneutes Ausprobieren und Überprüfen der Stabilität zu validieren bzw. gemeinsam mit dem Partnerkind eine neue, tragfähigere Erklärung zu erarbeiten. Die kooperative Bearbeitung der Sache ‚zwingt' die Kinder in einigen Tandems dazu, ihre Sichtweise auf den Gegenstand erneut zu überprüfen und ggf. weitere Unterscheidungsmerkmale mit in ihre Erklärungen einzubeziehen. So gelingt einem Tandem, das zunächst die Rolle des Materials betonte, auf diese Weise eine Erklärung dahingehend auszudifferenzieren, dass letztlich insbesondere die Enden der Brücke, also die Widerlager, bedeutsam werden.

Das für die Lernsituation vorbereitete Material zielte darauf ab, das Phänomen ‚Leonardobrücke' auf physikalisch-technischer Ebene zu erarbeiten. Es ist so konstruiert, dass genau diese Aspekte im Fokus des kindlichen Umgangs mit dem Material stehen sollen. Die Gespräche in der Peer-Tutoring-Situation verdeutlichen, dass ein derartig geplanter Umgang mit dem Material auch erfolgt. Nichtsdestotrotz fließen in die kindlichen Erklärungen aber auch Aspekte ein, die für ein physikalisch-technisches Verständnis irrelevant erscheinen. So ist ein Rückbezug in den jeweiligen Erklärungen der Jungen und Mädchen auf den Erfinder der Brücke für einen Großteil der Kinder bedeutsam und unterstützt sie in ihrem Bemühen, ihrem Partnerkind die Konstruktion zu erläutern. In Bezug auf die Planung von Lern- und Handlungssituationen ist das Wissen um diese kindlichen Verstehensweisen zentral. Denn so kann z. B. über die Person des Erfinders Leonardo da Vinci die Aufmerksamkeit auch auf die im Unterrichtskontext intendierten physikalisch-technischen Aspekte gelenkt und ein differenzierteres Verstehen angebahnt werden (Lüschen und Schomaker 2012; Pech et al. 2012).

Ein derartiger Blick auf kindliche Sachlernprozesse verdeutlicht, welche Momente die Auseinandersetzung eines Kindes mit dem Gegenstand und damit sein Verstehen der jeweiligen Sache bestimmen. Dieser verweist zugleich auf Ebenen der Sacherfahrung, die (noch) nicht im Bewusstsein des Kindes sind und somit angebahnt werden könnten. Diese Herangehensweise zeigt damit zugleich die ‚Vielschichtigkeit der Wirklichkeit' (vgl. Michalik 2001) auf, die es dem Kind im Kontext des Sachlernens zu erschließen gilt, und bringt zudem der kindlichen Erlebensweise im Umgang mit Dingen eine hohe Wertschätzung entgegen (vgl. Murmann 2002). So werden in kindlichen Sacherfahrungen nicht nur (mögliche) Defizite im Hinblick auf ein fachliches Verständnis von Sachverhalten identifiziert, sondern die individuellen Erlebensweisen als Ausdruck eines kindlichen Weltverhältnisses, einer spezifischen Kompetenz im Umgang mit Dingen, gedeutet, die erweitert werden kann.

Literatur

Anne-Frank-Zentrum (Hrsg.). (2003). *Fundstücke. Die verborgene(n) Geschichte(n) des Hauses Rosenthaler Straße 39*. Berlin: Anne-Frank-Zentrum.
Bödeker, K., & Hammer, C. (Hrsg.). (2010). *Wunderforschung. Ein Experiment von Kindern, Wissenschaftlern und Künstlern*. Berlin: Nicolai.
Comenius, J. A. (1657/1960). *Große Didaktik*. (übersetzt und hrsg. von A. Flitner, 2. neubearbeitete Aufl.). Düsseldorf: Helmut Küpper.
Duncker, L. (1997). Ästhetische Alphabetisierung als Aufgabe der Elementarbildung. In D. Grünewald, W. Legler, & K.-J. Pazzini (Hrsg.), *Ästhetische Erfahrung. Perspektiven ästhetischer Rationalität* (S. 165–170). Velber: Friedrich.
Duncker, L. (2007). *Die Grundschule. Schultheoretische Zugänge und didaktische Horizonte*. Weinheim: Juventa.
Einstein, A. (1951). Autobiographisches. In A. Einstein (Hrsg.), *Albert Einstein als Philosoph und Naturforscher* (S. 1–35). Stuttgart.
Elschenbroich, D. (2001). *Weltwissen der Siebenjährigen. Wie Kinder die Welt entdecken können*. München: Kunstmann.
Elschenbroich, D. (2010). *Die Dinge. Expeditionen zu den Gegenständen des täglichen Lebens*. München: Kunstmann.
Giel, K. (1994). Versuch über den schulpädagogischen Ort des Sachunterrichts. Ein philosophischer Beitrag zum Curriculum Sachunterricht. In R. Lauterbach, W. Köhnlein, I. Koch, & G. Wiesenfahrt (Hrsg.), *Curriculum Sachunterricht. Probleme und Perspektiven des Sachunterrichts* (Bd. 5, S. 18–50). Kiel: IPN.
Kaiser, A., & Schomaker, C. (2010). Weltwissen, Weltorientierung, Welterkundung? Zur Entwicklung und zum Stellenwert des Sachlernens im Übergang vom Elementar- zum Primarbereich. In H. Giest & D. Pech (Hrsg.), *Anschlussfähige Bildung aus der Perspektive des Sachunterrichts* (S. 91–98). Bad Heilbrunn: Klinkhardt.
Karnick, R. (1958). *Redet um Sachen. Hilfen für den Unterricht im 2. Schuljahr*. Weinheim: Beltz.
Lemmen, K. (2006). Was macht Brücken so stabil? Die Leonardobrücke – Eine Brücke ohne Nägel und Schrauben. *Die Grundschulzeitschrift, 10*(199/200), 36–38.
Lüschen, I., & Schomaker, C. (2012). Kinder erkunden die Welt. Zur Rolle von Lernaufgaben in altersübergreifenden Sachlernprozessen im Übergang vom Elementar- in den Primarbereich. In Kosinár, U. & Carle, U. (Hrsg.), *Aufgabenqualität in Kindergarten und Grundschule. Grundlagen und Praxisbeispiele* (S. 185–195). Baltmannsweiler: Schneider.
MacGregor, N. (2012). *Eine Geschichte der Welt in 100 Objekten*. München: Beck.
Marton, F., & Booth, S. (1997). Learning and awareness. New Jersey: Mahwah.
Michalik, K. (2001). Das Wissen des Sachunterrichts. Über die Rätselhaftigkeit von Sachbegegnungen. *Grundschule, 33*(4), 15–17.
Murmann, L. (2002). Physiklernen zu Licht, Schatten und Sehen. *Eine phänomenographische Untersuchung in der Primarstufe. Studien zum Physiklernen* (Bd. 24. Berlin: Logos Verlag.
Nießeler, A. (2007). Den Sachen begegnen. In J. Kahlert, M. Fölling-Albers, M. Götz, A. Hartinger, von D. Reeken, & S. Wittkowske (Hrsg.), *Handbuch Didaktik des Sachunterrichts* (S. 439–447). Bad Heilbrunn: Klinkhardt.
Nießeler, A. (2010). Weltbücher und Herzensschriften. *Zur Geburt des Sachlernens aus dem Geist der Hermeneutik*. Berlin: Lit-Verlag.
Nohl, A.-M. (2011). *Pädagogik der Dinge*. Bad Heilbrunn: Klinkhardt.
Parmentier, M. (2007). Dinghermeneutik. In C. Rittelmeyer & M. Parmentier (Hrsg.), *Einführung in die pädagogische Hermeneutik* (S. 104–124). Darmstadt: Wissenschaftliche Buchgesellschaft.
Pech, D., & Rauterberg, M. (2008). *Auf den Umgang kommt es an. ‚Umgangsweisen' als Ausgangspunkt einer Strukturierung des Sachunterrichts – Skizze eines ‚Bildungsrahmens Sachlernen'* (5. Beiheft von widerstreit-sachunterricht.de). Frankfurt a.M./Berlin.

Pech, D., Schomaker, C., Lüschen, I., & Kiewitt, N. (2012). Phänomenographische Untersuchungen für den Sachunterricht. In F. Hellmich, S. Förster, & F. Hoya (Hrsg.), *Bedingungen des Lehrens und Lernens in der Grundschule – Bilanz und Perspektiven* (S. 221–228). Wiesbaden: Verlag für Sozialwissenschaften.

Roth, H. (1949). Zum pädagogischen Problem der Methode. Die Sammlung. *Zeitschrift für Kultur und Erziehung, 4,* 102–109.

Schomaker, C. (2008). *Ästhetische Bildung im Sachunterricht. Zur kritisch-reflexiven Dimension ästhetischen Lernens.* Baltmannsweiler: Schneider.

Schomaker, C. (2011). Gemeinsam die Welt befragen. Altersübergreifendes Sachlernen anhand von Naturphänomenen im Übergang vom Elementar- in den Primarbereich. *MNU-Primar, 3*(1), 22–25.

Schreier, H. (1989). Ent-trivialisiert den Sachunterricht! *Grundschule, 21*(3), 10–13.

Selle, G. (1997). *Siebensachen. Ein Buch über die Dinge.* Frankfurt: Campus.

Smith, K. (2011). *Wie man sich die Welt erlebt. Das KunstAlltagsmuseum zum Mitnehmen.* München: Kunstmann.

Stieve, C. (2008). *Von den Dingen lernen. Die Gegenstände unserer Kindheit.* München: Wilhelm Fink.

Was zeigen uns die Dinge? Lernen als Displacement

Anja Kraus

Zusammenfassung: Für kulturelle Erscheinungen, so auch für die Kulturen der Bildung, ist zentral von Belang, welche Gegenstände sich wo befinden und wie mit ihnen verfahren wird. Unser Umgang mit den Dingen gibt Aufschluss über individuelle wie soziale Realitäten, die sich in diesem auch wiederum reproduzieren. Käte Meyer-Drawe (Illusionen von Autonomie. Diesseits von Ohnmacht und Allmacht des Ich, 1990) spricht von der Person daher als von einem Sujet-Subjekt. Im Zusammenhang des Lernens und Lehrens in der Schule stehen die Dinge eng mit der Handlungsform des „Zeigens" (Prange, Die Zeigestruktur der Erziehung: Grundriss der Operativen Pädagogik, 2005) in Verbindung. Über gezielte pädagogische Praktiken wie etwa das Erklären von etwas Bestimmten einer Person oder einer Gruppe hinaus findet sich hier auch ein Zeigen im Sinne eines „sinnerzeugenden Überschusses" (Böhm Wie Bilder Sinn erzeugen – Die Macht des Zeigens, 2007). Verbal-diskursiven werden dann nonverbale, materiale, imaginäre und körperliche Realitäten beigestellt. Ein Aufweis der vielen verschiedenen Formen des „Zeigens" ist nicht nur für die weitere theoretische Herausarbeitung pädagogischer Zugänge zum Lernen von Belang, sondern sie erschließt auch empirische Zugänge zu pädagogischen Phänomenen.

Schlüsselwörter: Zeigen · Heteronomien · Displacement · Pädagogische Lerntheorie

What do things show us? Learning as displacement

Abstract: For cultural phenomena and thus also for the cultures of education it is of major importance where objects are located and how they are dealt with. The way we handle things sheds light on both individual and social realities which, in turn, are also reproduced in our manner of treating them. Käte Meyer-Drawe (Illusionen von Autonomie. Diesseits von Ohnmacht und Allmacht des Ich, 1990) therefore speaks of the person as a "sujet-subject". In the context of learning and teaching in school, things are closely related to "showing" as a form of action (Prange, Die Zeigestruktur der Erziehung: Grundriss der Operativen Pädagogik, 2005). In addition to educational practices such as explaining something specific to a person or a group we also find showing in the sense of a "meaning-creating surplus" (Böhm Wie Bilder Sinn erzeugen – Die Macht des Zeigens, 2007). Nonverbal, material, imaginary and bodily realities are then placed alongside verbal-discursive realities. To demonstrate the many different forms of "showing" is

© Springer Fachmedien Wiesbaden 2013

Ass. Prof. Dr. A. Kraus (✉)
Fakulteten för samhällsvetenskap, Linnéuniversitetet,
Universitetsplatsen 1, 35195 Växjö, Schweden
E-Mail: anja.kraus@lnu.se

relevant not only for the further development of the theory of educational approaches to learning, but also opens up empirical approaches to educational phenomena.

Keywords: Showing · Heteronomies · Displacement · Educational learning theory

1 Problemaufriss

Die Frage, „was zeigen uns die Dinge?", ist der Prototyp einer Frage in pädagogischen Kontexten, insbesondere im Zusammenhang fragend-entwickelnden Schulunterrichts. Diese Frage lässt sich dann eindeutig beantworten, wenn der erfragte Sachverhalt eindeutig und vom Befragten benenn- oder beschreibbar ist.

Sobald es zu den erfragten „Dingen" aber verschiedene Auffassungen gibt oder dieselben nicht gut beschreibbar sind, stehen einem Objektpol diverse Subjektpole gegenüber, die ein und dieselbe Sache unterschiedlich auffassen. Es gibt dann keine einzige und eindeutig richtige Antwort auf diese Frage. Die erfragten Dinge oder Sachverhalte „zeigen" hier nicht allen (unter allen Umständen) dasselbe bzw. es sind prinzipiell viele Subjekte an deren näherer Bestimmung beteiligt. – Nun sind die Subjekte in sozialen Situationen in der Regel mit unterschiedlich großer Definitionsmacht ausgestattet. Ist der/die Fragende hier strukturell gesehen im Vorteil, so ist er/sie unter Umständen in der Position, den anderen Definitionsmacht gewähren oder verwehren zu können. Das Zweite kann bspw. damit eintreten, dass die Frage mit einem unter Umständen sozial hochwirksamen Subtext unterlegt ist, der die fragende Person implizit mit der unumschränkten Definitionsmacht über die von ihr erfragten „Dinge" ausstattet: Insbesondere in einer Situation, die durch asymmetrische zwischenmenschliche Beziehungen bestimmt ist, wie eine pädagogische, kann die (ernst gemeinte und auf eine eindeutige Antwort zielende) Frage (des Mächtigeren), was uns (allen) die „Dinge" (eindeutig) zeigen (über die es de facto aber viele Auffassungen gibt), die möglichen Antworten der Befragten (die mit weniger struktureller Macht als der/die Fragende ausgestattet sind) und die Befragten selbst gegenüber der Definitionsmacht der fragenden Person zurück- und sozial gesehen herabsetzen. Mit der gestellten Frage wird dann bereits vorweggenommen, dass der/die Fragende die Antwort letztlich selbst geben wird, etwa: „(Genau) das zeigen uns (allen) die Dinge (und nichts anderes. – Ich habe die Möglichkeiten, um dich/euch zu zwingen, mir darin uneingeschränkt Recht zu geben)." In diesem Fall fungiert die Unterbestimmtheit oder auch Uneindeutigkeit des Erfragten als Einfallstor für einen Akt der Herablassung, mit dem strukturell gegebene Machtverhältnisse bestätigt werden. Die „Dinge" werden dafür mehr oder weniger missbraucht.

Es liegt daher nahe, den Fragetyp überhaupt als ein Zeichen dafür zu nehmen, dass die Disziplinarmacht der Pädagogik überzogen wird; dementsprechend werden LehrerInnen in der Ausbildung auch davor gewarnt, ihn im Unterricht einzusetzen. – Ungeklärt ist, wie weit dieses unter LehrerIinnen weithin bekannte Verbot (der sog. „W-Fragen") überhaupt greifen kann. Denn die Qualifikations-, Selektions- und Allokationsfunktion der Schule, ihre Leistungs- und zunehmend verstärkte Outputorientierung, die Bildungspläne etc. geben, diesem Fragetyp entsprechend, bereits zumindest umrisshaft vor, was uns (allen) die „Dinge" (eindeutig) sagen (müssen). Die Lehrperson steht qua Amtes dafür ein.

Dieser brisante Zusammenhang wird zwar in der hier dargelegten Argumentation immer wieder tangiert, er ist aber nicht ihr wesentliches Thema. Vielmehr soll hier herausgearbeitet werden, ob sich das, was die „Dinge" im Feld der Pädagogik zeigen, im geschlossen oder offen, beantwortbar oder eh nicht beantwortbar Erfragten erschöpft (wie man vielleicht meinen könnte); bzw. was die „Dinge" ansonsten noch alles zeigen könn(t)en. Letztlich geht es um die Relevanz, die die „Dinge" auf dem Feld der Pädagogik generell haben bzw. haben könn(t)en. Es wird sich herausstellen, dass deren Berücksichtigung nicht nur eine sehr ertragreiche kritisch-analytische Perspektive auf dieses Feld eröffnet, sondern sich daraus auch Schlussfolgerungen für eine pädagogische Lerntheorie ableiten lassen.

2 Die „Ordnung der Dinge" als Kritik an der Pädagogik

Grundsätzlich ist jedes pädagogische Verhältnis daraufhin ausgelegt und ausgerichtet, die für es kennzeichnende asymmetrische Beziehung früher oder später aufzuheben, indem die Lernenden durch Pädagogik zu Selbstbestimmung und -verantwortung befähigt werden.

Die Paradoxie des Strebens der Pädagogik nach der eigenen Selbstaufhebung wird, um wieder auf die Schule zu kommen, insbesondere im fragend-entwickelnden Unterricht und hier an genau der oben genannten Frage deutlich: Das besondere Kennzeichen dieser oft kritisierten, im Alltag aber immer noch stark präferierten Unterrichtsform besteht nämlich darin, dass eine Lehrperson nicht um die von ihr erfragte Antwort verlegen ist. Sie gibt also vor, zu wissen, „was uns die (von ihr erfragten) Dinge zeigen". Freilich ist mit ihrem Überschuss an Macht im Zusammenhang offener Fragen nicht per se Herablassung verbunden. Denn es kann durchaus sein, dass eine Lehrperson in der Lage und dazu befähigt ist, auch in dieser Unterrichtsform die unterschiedlichen Auffassungen zu einer Sache zu berücksichtigen, darzulegen und deren Exploration, auch in Hinblick auf jeweils feststellbare Relevanzen, didaktisch vorzustrukturieren. Wenn sie in ihrem Sprechen und Handeln die Tatsache vieler verschiedener Subjektpole akzeptiert und berücksichtigt und dies den SchülerInnen auch deutlich und für sie nachvollziehbar macht, verhält sie sich pädagogisch-didaktisch reflektiert, das heißt, sie behält ihren pädagogischen Auftrag im Blick. Sie kann dann, mit professioneller Autorität ausgestattet, den Lernenden durchaus ein Verständnis von den „Dingen" und deren Ordnungen und Relevanzen vermitteln und sie zu selbstständiger Urteilsfähigkeit erziehen. In dieser Hinsicht wird besonders akzentuiert, dass die SchülerInnen das „Lernen lernen" sollen, das heißt, sie sollen zunehmend selbst Auffassungen und Verständnisse von den „Dingen" entwickeln und deren Tragfähigkeit ausloten können.

Allerdings steht die Autorität der Pädagogin oder des Pädagogen in einer pädagogischen Situation stets latent (bzw. sozusagen unverschuldet) auch zur Disposition; und sie kann immer ad hoc auf den Prüfstein gestellt werden. In der Schule gilt das nicht nur für die Interaktionen zwischen der Lehrperson und ihren SchülerInnen, sondern auch bei einer stark ausgeprägten Outputsteuerung des Schulwesens, die den LehrerInnen auf vielen verschiedenen Ebenen (Unterrichtsqualität, Schulentwicklung, Schulleistung etc.) vorschreibt, was „die Dinge uns (zu) zeigen (haben und was nicht)". – Eventuell gelingt es der Lehrperson in einer Unterrichtssituation nicht (mehr), die Anerkennung ihrer professionellen Autorität mit pädagogisch-didaktischen Mitteln zu erringen. Dann liegt die Option für sie verhältnismäßig nahe, erwünschte Folgeleistungen bei den SchülerInnen zu erzwingen. Die Frage, was uns die „Dinge" zeigen, kann dafür als Mittel probat erscheinen. Wenn diese Frage dann mit diesem Ziel, wie oben dargelegt, fortgesetzt auf rigide Weise geschlossen gestellt wird, kann allerdings das Ziel der Pädagogik, sich auf lange Sicht selbst überflüssig zu machen, aus dem Blick geraten und die Asymmetrie des pädagogischen Verhältnisses festgeschrieben werden. Pädagogisch ist das nicht erwünscht, und die Pädagogik manövriert sich damit in eine Sackgasse.

Dies liegt jedoch offenbar nicht an der gestellten Frage selbst. Denn die Frage, „was uns die Dinge zeigen", kann, wie wir gesehen haben, genauso pädagogisch sinnvoll wie auch ohne pädagogischen Sinn und Zweck gestellt werden; das ist jeweils abhängig davon, ob eine Erweiterung oder eine gebieterische Engführung der Sicht auf die „Dinge" intendiert wird und zum Ausdruck kommt; beides ist in dieser Frage dem Prinzip nach enthalten.

Der gebieterische Rekurs auf eine vermeintlich allgemeingültige „Ordnung der Dinge", der sich hier als Sackgasse pädagogischer Praxis in der Schule zeigt, spielt auch in einem größeren Rahmen, nämlich überhaupt in Bezug auf die pädagogische Theorie eine Rolle. Die hier dargelegte Argumentation stellt sogar die Grundsignatur der Kritik an einer theoretischen Pädagogik dar, die von einer „naturgegebenen Ordnung der Dinge" ausgeht; und eines solchen Postulats werden nicht wenige ProtagonistInnen der Pädagogikgeschichte bezichtigt.

So wird Jean Jacques Rousseaus Programmatik eines „Zurück zur Natur", nämlich zurück zu den „unmittelbaren und sehr spürbaren Beziehungen, die die Dinge mit uns haben" (Rousseau 1993, S. 206) jenseits des gesellschaftlich Störenden, als in sich widersprüchlich und als mit Träumereien vom totalen Staat verknüpft kritisiert (bspw. Bockrath 2006, S. 73 ff.). Noch markanter bzw. sozial noch wirksamer ist die Kritik an Moritz Schrebers Ordnung des Wachsens, die vielfach als eine nur vermeintlich „naturgegebene Ordnung" demaskiert worden ist. Johannes Bilstein (2005, S. 128) beschreibt sie als „orthopädische" und „ortho-psychologische" Ordnung, „der jede Gnade fehlt, und die gerade deshalb den Widersprüchen des Menschlichen nur wenig Raum lässt" und die „einiges an Schrecken hervorgerufen" habe. Im Rahmen der antiautoritären Bewegung wird die pädagogische Vorstellung einer vorgegebenen und zu befolgenden „Ordnung der Dinge" sogar grundsätzlich als ein Kennzeichen sog. „schwarzer Pädagogik" angesehen (vgl. Rutschky 1993). Aber genauso wird auch heute noch hochpopulären pädagogischen TheoretikerInnen wie etwa Maria Montessori attestiert, die Pädagogik mit der Vorstellung einer „Ordnung der Dinge", bei Montessori die sog. „vorbereitete Umgebung", in den Dienst repressiver Sozialordnungen, im Falle Montessoris in den Dienst physischer, psychischer, sozialer und politischer Hygiene zu stellen (vgl. Böhm 2010).

Einer der schärfsten Kritiker an der Vorstellung einer prästabilierten „Ordnung der Dinge" ist Michel Foucault. Er beschreibt sie als sog. „lebende Tableaus" (Foucault 1998), die er zu den wichtigsten Mitteln einer auf Abrichtung zielenden Pädagogik überhaupt zählt. Mit „lebenden Tableaus" meint er einen Raum, in dem die gegebene Vielfalt der Funktionen und Ränge der „Dinge" ein klar definiertes und geordnetes Raster bilden, in das sich die Individuen (bspw. per Arbeitsteilung zwangsweise) einfügen. Diese Ordnung, so Foucault (1998, S. 191), sei „die erste Bedingung für die Kontrolle und Nutzbarmachung einer Gesamtheit verschiedener Elemente: die Basis für eine Mikrophysik der Macht, die man ‚zellenförmig' nennen könnte". Er schreibt weiter: „Die Taxonomie ist der Disziplinraum der Lebewesen" (ebd.), wobei die hier gemeinte Disziplinierung ausschließlich der Kontrolle mit dem Ziel einer Stabilisierung der gesellschaftlich anerkannten Macht dient. Eine Pädagogik, die von einer gesellschaftlich vorgegebenen Disziplinarordnung ausgehend „lebende Tableaus" abfasst, stellt sich in Hinblick auf ihr Ziel, sich verzichtbar zu machen, indem sie größtmögliche Selbstbestimmung und -verantwortung erreicht, eine Falle.

Die Sackgasse, in die eine Lehrperson mit dem von ihr verfolgten Ziel persönlichen Autoritätsgewinns in pädagogischer Hinsicht geraten kann, wird hier auf nach Foucault unumgängliche gesellschaftliche Zwänge zurückgeführt und in solchen strukturell verankert.

In diesem Beitrag geht es um die Frage, was die „Dinge" so anfällig für ihre für die Pädagogik unter Umständen so problematische Indienstnahme macht. Von besonderem Interesse ist zudem, ob ein „Zeigen der Dinge" in didaktisch-pädagogischer Hinsicht auch so modelliert werden kann, dass es möglich wird, die damit offensichtlich für die Pädagogik verbundene Fälle zu umgehen.

3 Die „Ordnung der Dinge" als analytische Kategorie

Grundlegend für die oben kritisierten pädagogischen Bezugnahmen auf eine strukturelle Machtposition und auf eine prästabilierte „Ordnung der Dinge" ist, dass in ihnen durchweg die Tatsache handelnd unterschlagen bzw. theoretisch ausgeblendet wird, dass nicht allein das materielle Substrat, sondern auch soziokulturelle Bedeutungsstrukturen den Sinn und Gebrauch der „Dinge" bestimmen. Mit eben dieser im Feld der Sozio- und Ethnologie von Georg Simmel, Marcel Mauss und Èmile Durkheim Ende des 19.Jahrhunderts eingeführten Perspektive auf die „Dinge" wird in Bezug auf die Frage, „was uns die Dinge (im Feld der Pädagogik) zeigen", im Verhältnis zur oben kritisierten pädagogischen Praxis und zu den abgehandelten pädagogischen Konstrukten ein Blickwechsel vollzogen (vgl. Priem et al. 2012, S. 9): Anstatt davon auszugehen, dass diese Frage in der Affirmation eines im pädagogisch-operativen Feld bestehenden Machtverhältnisses oder auch durch für dieses Feld gesetzte normative theoretische Rahmen (bspw. den einer naturgegebenen „Ordnung der Dinge") bereits schon beantwortet ist, wird sie vielmehr in analytisch-reflexiver Hinsicht gestellt. Das heißt, es wird gefragt, was für eine „Ordnung der Dinge" jeweils auf welche Weise greift, eingesetzt wird oder konzipiert werden kann, und welche Wirkungen dies auf die sozialen Beziehungen hat oder auch haben könnte.

Der Perspektivenwechsel zeichnet prinzipiell auch die kritische Position Foucaults aus. Allerdings meint er, einen ganz bestimmten Typus einer „Ordnung der Dinge" im Feld der Pädagogik vorzufinden, deren Wirkung auf soziale Beziehungen er in so grundsätzlicher Weise kritisiert, dass nicht zuletzt die Pädagogik als solche bei ihm als diskreditiert erscheint.

Dagegen ist einzuwenden, dass es keine sozialen Beziehungen per se und auch keine „Ordnung der Dinge" an und für sich gibt, welche die sozialen Beziehungen dann etwa auf eine einheitliche Weise präformiert. So ist die „Ordnung der Dinge" und ihre Bedeutung für die sozialen Beziehungen bspw. im Dienstverhältnis einer Bodenpflegekraft zu ihrem Auftraggeber eine völlig andere als im Zusammenhang einer ärztlichen Untersuchung, für einen Förster im Dienst ist es eine andere als im Kontext des beruflichen Handelns einer Real Estate Managerin etc. Dies gilt insoweit, als sich die Anforderungen an die Akteure und ihre Ziele deutlich voneinander unterscheiden. Solche Ziele und Anforderungen sind und werden an bestimmte soziale Beziehungen und dafür relevante „Ordnungen der Dinge" geknüpft. Es stellt sich hier also die Frage nach der Relevanz der „Dinge" speziell in Bezug auf die Ziele der Pädagogik.

Das Kernziel der Pädagogik bzw. des pädagogischen Verhältnisses liegt, wie gesagt, in der Ermächtigung einer lernenden Person zur Selbstbestimmung und in ihrer Befähigung zur Übernahme von Verantwortung für sich selbst, für andere und für die „Dinge". Das heißt, das, was an Themen, Verhaltensweisen und Normen in einer pädagogischen Situation aufgeworfen wird, soll vom Lernenden aufgegriffen, übernommen und selbstverantwortlich weitergeführt werden. Demnach stehen Erziehungsziele und -normen wie auch die Tatsache, dass bestimmte Erziehungsmethoden gegenüber anderen auf begründete Weise präferiert werden, im Mittelpunkt pädagogischer Konzepte. Aus dem theoretischen Zusammenhang von Erziehungszielen, -normen und -methoden ergeben sich in der Regel erst die „Ordnungen der Dinge"; sie sind ihm also nachgängig. In einem Erziehungs- und Bildungskonzept findet dies im Gesamt seinen Ausdruck. Von einem solchen her wird Pädagogik heute in der Regel gedacht.

Die Tatsache, dass in Hinblick auf das Ziel einer Ermächtigung der Person zur Selbstbestimmung und zur Übernahme von Verantwortung indes sehr viele unterschiedliche Erziehungs- und Bildungskonzepte kursieren, legt nahe, auch die „Ordnungen der Dinge" im Feld der Pädagogik prinzipiell und in besonders ausgeprägter Weise variabel zu denken. Eine einzige, eindeutig gültige „Ordnung der Dinge" im Feld der Pädagogik lässt sich von deren Kernziel her jedenfalls nicht begründen. In Hinblick auf die potentielle Variabilität ihrer „Dingordnungen" unterscheidet sie sich, wie auch künstlerische Arbeitsfelder, von anderen Bereichen beruflicher Tätigkeit; es liegt darin also ein Spezifikum der Pädagogik.

Ganz ungeachtet dieser prinzipiellen Offenheit ist es in diesem Praxisfeld jedoch bislang üblich, die „Dinge" fast ausschließlich als bloßen „Zeugzusammenhang" (vgl. Heidegger 1993, S. 352) zu behandeln.[1] Das heißt, die „Dinge" werden hier in der Regel auf ihren täglichen Gebrauch reduziert und im pädagogisch erwünschten Idealfall wird mit ihnen resp. mit dem „Zeug" mit praktischer Umsicht umgegangen. Den „Dingen" wird dann keine bzw. nur eine rein funktional gedachte Eigenständigkeit zugestanden. Die Eigenwertigkeit der „Dinge" wie etwa deren Stofflichkeit und deren sinnliche Qualitäten gilt (trotz vieler Gegenargumente, bspw. Egger und Hackl 2010) in der Regel hier nur als Mittel zu einem außerhalb ihrer liegenden Zweck. Es tritt also zumeist auch nicht in den Blick, dass in einem „Ding", bspw. als in einem Kunstwerk ins Werk gesetzt, etwas deutlich werden kann, was wir anders als durch dieses gar nicht genauso erfahren könnten; Martin Heidegger (1960, S. 33) spricht hier von „Wahrheit des Seienden". Die „Dinge" werden im pädagogischen Feld indes sehr häufig als mehr oder weniger latente Störfaktoren[2] oder, eher seltener, wie Fetische (Embleme, Trophäen, Kleidermode etc.) angesehen und behandelt.

Die möglicherweise große Bedeutung des Erschließungscharakters der „Dinge" insbesondere für die Didaktik wurde bislang, abgesehen von den nicht wenigen weltanschaulich begründeten Ansätzen dazu (vgl. Anm. 1), noch kaum ausgeleuchtet (vgl. dazu Kraus 2008).[3] Wenn sie doch verhandelt wird, so eher unter dem Gesichtspunkt der Medialität und sozialen Relevanz einzelner in diesem Feld vorgefundener und gängiger Utensilien.

Dieses kaum erkannte Manko wird in der pädagogischen Praxis durch die Tatsache überblendet oder auch ganz ausgeblendet, dass sich die an sie angelegten erzieherischen Normen, Werte und Methoden sehr häufig und in teilweise extremer Weise widersprechen: So steht dem Erziehungsziel der Selbstentfaltung das der Förderung von innerer Disziplin und Anpassungsfähigkeit gegenüber; eine erzieherische Handlung kann auf Integrieren oder auf Selegieren ausgerichtet sein, um nur zwei sehr zentrale Antinomien der pädagogischen Praxis zu nennen. In einer pädagogischen Situation ist in der Regel das eine wie das andere zugleich der Fall bzw. verlangt. Ein weiteres Spezifikum der Pädagogik besteht darin, dass die Professionellen im Handlungsfeld unausgesetzt auf Widersprüche treffen, die von ihnen auszutragen und auszuhalten sind. Es handelt sich dabei um unausweichliche (wenn auch bisweilen „vergessene") Antinomien der Pädagogik (vgl. Winkel 1988), aus denen sich diverse Spannungsfelder der Erziehung ergeben (vgl. Esslinger-Hinz und Fischer 2008).

Der Einfluss der „Dinge" auf unsere Beziehungen zu uns selbst, zu anderen und zur Welt wird gegenüber den anderen großen Herausforderungen im pädagogischen Feld zumeist als eher gering angesetzt. Im Blick stehen die mit einer Leistungs- und Wissensgesellschaft verbundenen Anforderungen in ihrem Verhältnis zum individuellen Lernen unter konflikthaften sozioökonomischen und soziokulturellen Bedingungen, bei Gender- und generationalen Differenzen oder unter Bedingungen der Technisierung, Urbanisierung etc. Die oben beschriebene divergente Auffassung der „Dinge", einmal als „Zeug" und einmal als mit eigenem Sinn versehen, tritt in pädagogischen Kontexten schlicht als eine weitere Antinomie auf, die gegenüber den vermeintlich dringlicher zu bewältigenden Herausforderungen pragmatisch und (mit Ausnahmen, siehe Anm. 1) fast systematisch außer Acht gelassen zu werden scheint.

Nicht zuletzt wird hier der Auslegung der „Dinge" als bloßer „Zeugzusammenhang" durch kognitionspsychologische lerntheoretische Ansätze (vgl. Piaget 1978) Vorschub geleistet, bei denen das Lernziel der Befähigung zu formal-operationalem und logischem Denken, welches sich auf verbale bzw. symbolische Elemente und kaum mehr auf konkrete Gegenstände stützt, im Vordergrund steht.

Der Auslassung steht indes entgegen, dass sich kein menschlicher Zustand unabhängig von Materialität denken lässt, das bedeutet auch, dass es uns niemals gelingen wird, uns der „Dinge" bspw. als bloßes „Zeug" zu entledigen. Vielmehr begegnen wir unserer Welt und den anderen als lebendige Körper, also als Materialität. Unser lebendiger Körper oder auch Leib, also unsere Bewegungen, Gewohnheiten, Gesten etc. „antworten" auf materielle und soziale Herausforderungen. Unser Leib wird von unserem Umgang mit den „Dingen" beeinflusst und von ihnen geformt (vgl. Leontjew 1973, S. 292; Holzkamp 1993). Umgekehrt bildet er Wertigkeiten, Vorlieben, Verständnisse aus und wir strukturieren die Welt vermittels unserer Zu- und Abwendung zu den „Dingen" wie auch durch unsere Einwirkungen auf sie oder unsere Abstinenz von ihnen. Das geht so weit, dass unsere Aufmerksamkeit eine soziale, ja sogar eine gewisse gesellschaftliche Relevanz hat.[4] Die „Dinge" prägen uns und umgekehrt wirken wir auf sie ein. Dabei spielen unsere sozialen Beziehungen und die soziale Wertschätzung eine wichtige Rolle (vgl. Stojanov 2010, S. 561). Das, was von uns selbst, von den anderen und das, was von den „Dingen" kommt, bzw. was sie „zeigen", ist im Grunde nicht auseinanderzuerkennen. Das manifestiert sich insbesondere an unserem Umgang mit den „Dingen". Karl Mannheim (1980, S. 207) beschreibt die Beziehung zwischen den Menschen und den Dingen als ein „contagion": In unserer Begegnung und in unserem Umgang mit den „Dingen" träten wir in konjunktive interaktionale Räume wie bspw. plurale soziale Milieus und Traditionen ein. Diese seien jeweils durch bestimmte Orientierungsrahmen und -maßstäbe, Verhaltensweisen, etc. charakterisiert, die sich, so führt Arnd-Michael Nohl (2011, S. 197) Mannheims Grundgedanken weiter, an den „Dingen" und an unserem Umgang mit ihnen zeigten. In diesem Sinne ist die Tatsache zu verstehen, dass es bei sämtlichen kulturellen Erscheinungen zentral von Belang ist, welche Gegenstände sich wo befinden und wie sie behandelt werden. An unserem Umgang mit den „Dingen" manifestieren sich demnach soziale Realitäten und Werte, die durch ihn und in ihm auch reproduziert werden. Zudem gibt derselbe Aufschluss über individuelle Aspekte der Zu- und Abwendung, über individuell disponiertes Wirkungsvermögen und ebensolche Verhinderung etc. Käte Meyer-Drawe (1990) bezeichnet die Person als Sujet-Subjekt, um der Tatsache gerecht zu werden, dass sich am Gebrauch der „Dinge" individuelle Auslassungen in ihrer Interdependenz und Beziehung zu sozialen wie materialen Realitäten zeigen. Damit ist zugleich gesagt, dass sich die Antinomie von Eigenwert und Versachlichung, oder auch Funktionalisierung, genauso wie deren einseitige Auflösung zu Repression, Ab- oder Zurichtung oder zur Entfremdung hin im Kern unserer Subjektivität entfaltet. Unsere Ziele und Intentionen, nicht zuletzt unsere Auslegungen der pädagogischen Ziele, sind demnach von unserer Bewältigung dieser Antinomie (im Lebenslauf) geprägt.

In diesem Sinne treten die Antinomien und Spannungsfelder der Pädagogik zumeist auch nicht offen zutage. Vielmehr vollzieht sich die Wahrnehmung und auch die pädagogische Bearbeitung des theoretisch gesehen miteinander Unvereinbaren größtenteils en passant und eher unterschwellig (vgl. Bergstedt et al. 2012). Im Praxisfeld zeigt sich, dass es die PädagogInnen wie die Lernenden maßlos überfordern würde, die hier auftretenden Antinomien explizit und bewusst auszutragen. Um sich in diese Widersprüche nicht zu verstricken und im Tagesgeschäft (wenigstens) nicht zu vergessen, dass dabei erzieherische Normen, Werte und Methoden im Mittelpunkt stehen (sollten), scheint für die PraktikerInnen, als ein weiteres Spezifikum der Pädagogik, ein explizites Erziehungs- und Bildungskonzept notwendig. Ein solches und die in ihm nahegelegte „Ordnung der Dinge" fungieren in den „Gemischen und Gemengen" (vgl. Serres 1998) der praktischen Pädagogik jedoch weniger als eine gegebene und einzuhaltende „Ordnung (der Dinge)" denn als ein Ideal, das den Professionellen dazu dient, ihre Gedanken zu klären, ihre Gefühle zu sortieren und ihre Intentionen (immer wieder) auf pädagogische Ziele hin auszurichten. Dabei beansprucht ein Erziehungs- und Bildungskonzept im Praxisfeld keineswegs die Autorität eines perfekt vollendeten Ideals. Es wird dort vielmehr auch auf den Prüfstein gestellt (vgl. Winkel 2002), es wird modifiziert, neu ausgerichtet etc.; unter Umständen können im Zuge dessen auch neue „Dingordnungen" Berücksichtigung finden.

In Hinblick auf diese Zusammenhänge im Praxisfeld fällt ferner ins Gewicht, dass neben den Antinomien und „Dingordnungen" des pädagogischen Handelns hier auch eher pädagogikferne Maßgaben und „Ordnungen der Dinge", wie etwa die Gesetze des Arbeitsmarkts, neue Gesellschaftstechnologien oder diverse mächtige Partialinteressen etc. eine große Herausforderung darstellen. Denn durch solche Maßgaben und Ordnungen werden häufig aufsehenerregende Nebenschauplätze aufgemacht, die sich subversiv, fördernd oder modifizierend auf ein pädagogisches Hauptgeschehen auswirken können. So wird die Pädagogik etwa in Anbetracht der demographischen Entwicklungen in den Industrieländern und anderer gesellschaftlicher, etwa mit der zunehmenden Ökonomisierung, Globalisierung und Technisierung etc. verbundener Entwicklungen immer stärker von ihr zunächst äußerlichen Ordnungen bedrängt. In dieser Beziehung ist der Ruf nach pädagogischer Professionalisierung zunehmend lauter geworden. Damit gemeint ist dann in der Regel und wie selbstverständlich eine verstärkte Orientierung an Erziehungskonzepten, also an erzieherischen Normen, Zielen und Methoden, häufig verbunden mit materialen Aspekten der Pädagogik (bspw. Computerausstattung und -nutzung, pädagogisch gerahmte Auslandsaufenthalte etc.). Für neuere Bildungskonzepte stellen gewisse außerpädagogische Aufgabenfelder (wie bspw. der Arbeitsmarkt) eine so prädominante Orientierungsfolie dar, dass die Spezifika der Pädagogik, also ihre variablen „Dingordnungen", ihre Antinomien und das hochgesteckte Berufsideal, demgegenüber derzeit ins Hintertreffen zu geraten drohen (vgl. Czejkowska 2010).

Die Vorstellungen von einer prästabilierten „Ordnung der Dinge" im pädagogischen Feld, der „Zeugzusammenhang" im Kontext pädagogischer Antinomien und die sich im Feld der Pädagogik derzeit vollziehenden Akzentverschiebungen auf solche „Dingordnungen", die pädagogischen Zielen fern liegen, sind wichtige Themen für eine Beforschung der „Dinge". Darüber hinaus ist vorstellbar, dass eine solche Forschung auch Mittel und Wege dafür erschließt, dass und wie die Pädagogik ihrem Auftrag, Individuen zu einem eigenständigen und verantwortungsbewussten Umgang mit sich selbst, mit anderen und mit den „Dingen" zu befähigen, Folge leisten kann.

4 Die analytischen Potentiale der „Dinge" im Rahmen von Heterotopien

Oben war bereits ein Perspektivenwechsel auf die „Dinge" eingeführt worden, nach dem deren Sinn und Gebrauch nicht nur durch ihre materiellen Eigenschaften (vorher)bestimmt, sondern auch entscheidend von soziokulturellen Bedeutungsstrukturen bestimmt sind. Das impliziert, dass einer „Ordnung der Dinge" nicht nur naturhaft-gegenständliche, sondern auch gesellschaftliche Aspekte und Funktionen zugesprochen werden. Die Annahme einer prästabilierten „Ordnung der Dinge" etwa im Sinne der „lebenden Tableaus" nach Foucault wurde oben als Falle für die Pädagogik beschrieben. Der gesellschaftlichen Funktionalisierung der „Dinge" u.a. in Hinblick auf ihren Gebrauchswert wurde deren Eigenwertigkeit gegenübergestellt, deren Berücksichtigung auf dem Feld der Pädagogik als ein Desiderat bezeichnet wurde.

Vor diesem Hintergrund stellt sich hier zunächst vordringlich die Frage, ob und inwieweit die „Dinge" auch als Antipoden zu einer geltenden Disziplinarordnung und nicht nur als deren Träger fungieren können. Die Antwort auf diese Frage soll im Folgenden die Grundlage für didaktische resp. lehr-lerntheoretische Schlussfolgerungen abgeben, mit denen zudem die oben skizzierte erweiterte Sicht auf die Materialität im Feld der Pädagogik in didaktischer Hinsicht noch weiter ausgeführt wird.

Wir kommen damit zunächst auf Foucault zurück: Gegenplatzierungen oder Gegenlager zu einer Leitkultur oder geltenden Gesellschaftsordnung bezeichnet Foucault (1990) als Heterotopien. Unter Heterotopien versteht er weder, wie es vielleicht naheliegt, Konzepte noch (naturgegebene) „Dinge", sondern vielmehr Orte, deren Bedeutung sowie die der dort befindlichen „Dinge" und Menschen diskursiv überformt ist. Als Beispiele für Heterotopien führt er Bibliotheken und Museen an. An Heterotopien zeige sich, wie eine Gesellschaft oder Kultur strukturiert und organisiert sei (ebd., S. 43). Zudem böten Heterotopien auch Bezugssysteme, die eigenen Regeln folgten. Dies gilt in Bezug auf museale Sammlungen für ihre Ordnungen und Akzentsetzungen, in denen die äußere Zeit ausgesetzt sei, und genauso auch für das in ihnen nicht Gezeigte und für das in ihrem Rahmen Reflektierte (ebd., S. 44). Die im Museum archivierten und zugänglichen Dokumente und Artefakte könnten, so Foucault, Gegenentwürfe zu geltenden Ordnungen enthalten und sich diesen nicht zuletzt sogar widersetzen (als ein negativer Beweis dafür kann die restriktive Kulturpolitik in Diktaturen angeführt werden, mit der genau diese Effekte zu unterbinden versucht werden). In musealen Arrangements zeige sich demnach die Prävalenz einer Mehrheitskultur für ganz bestimmte Dinge auf der einen Seite. Auf der anderen Seite entfalteten diese, sicher vor dem Zahn der Zeit, auch gesellschafts- oder kulturkritische Potentiale.

Unter dem Gesichtspunkt solcher Heterotopien, oder auch „anderer Räume", wie Foucault (1990) schreibt, werden die „Dinge" zu Indizien für machthaltige soziale Beziehungen und Beziehungsordnungen, das heißt, ihnen wird attestiert, Aufschluss über dominante und über abgedrängte Denk- und Wissensordnungen und Wissensbestände sowie über kulturell bestimmte Handlungsrahmen und -gefüge geben zu können. Demnach sind die „Dinge" ein Modus der Veranschaulichung von Wissen. Ihr Zeugnischarakter beschränkt sich keinesfalls auf gängige Diskurse der Macht und auch nicht auf Prozesse der Versachlichung, der Ab- oder Zurichtung, der Entfremdung oder des Fetischismus etc. Mit der Möglichkeit, die „Dinge" unter dem Gesichtspunkt der Heterotopie zu verstehen, tritt vielmehr in den Blick, dass ihnen auch ein gewisses „Vetorecht" zukommt; so verbieten uns bspw. historische Quellen, „Deutungen zu wagen oder zuzulassen, die aufgrund eines Quellenbefundes schlichtweg als falsch oder als nicht zulässig durchschaut werden können. Falsche Daten, falsche Zahlenreihen, falsche Motiverklärungen, falsche Bewußtseinsanalysen: all das und vieles mehr läßt sich durch Quellenkritik aufdecken" (Koselleck 1977, S. 46). An den „Dingen" können sich demnach Fehler einer an bestimmten Sachverhalten vorgenommenen Analyse zeigen. Im Rekurs auf ein „Ding" lässt sich dann Einspruch gegen eine fälschlich Geltung beanspruchende Interpretation erheben und demgegenüber die richtige aufzeigen; nicht zuletzt kann sich ein solcher Einspruch auch gegen ihre Vereinnahmung und gegen die gebieterische Engführung einer Anschauung der „Dinge" (s. o.) richten.

Allerdings ist nicht einsichtig, warum hier die „Diskurse der Macht" (Foucault 1998) nicht ebenso greifen sollten. Zudem setzt das „Vetorecht der Dinge" voraus, dass sich das, was von uns selbst, das, was von anderen, und das, was von den „Dingen" kommt, gut unterscheiden und beschreiben lässt. Dieser Fall (Ausnahmefall) korrespondiert mit der Möglichkeit einer eindeutigen Antwort auf eine geschlossene Frage (s. o.).

Nun geht es uns hier aber vorrangig um den Erschließungscharakter der „Dinge", also gewissermaßen um ihre „Wahrheit" im Sinne eines „uns-etwas-Zeigens" (s. o.), das weder einheitlich noch für alle Menschen gleich ist. In dieser Hinsicht ist eine noch grundsätzlichere Lesart des kritischen Potentials der „Dinge" von Interesse, nach der deren (quasi natur-) gegebene Substanzialität die vorherrschenden diskursiv strukturierten gesellschaftlichen Kräfte und Normen unterläuft: Es wird den „Dingen" zugesprochen, den gängigen Diskursen „Widerworte" (Bal 2000) zu entgegnen und damit nicht zuletzt auch „die Stoßkraft einer Interpretation zu bremsen, abzulenken und zu komplizieren" (ebd., S. 18). Damit kommt eine Materialität der Praktiken und ihrer Objekte ins Spiel, die nicht in Diskursen (etwa Arbeitsmarktanalysen etc.) aufgeht. Überdies trotzt diese Materialität Formen pädagogischer, sozialer, gestalterischer und ethischer Willkür und Unverbindlichkeit und deren Zugzwängen, wie sie im Machthandeln einer Pädagogin/eines Pädagogen, aber auch bspw. mit den mithilfe der neuen Technologien ausgebrachten virtuellen Welten und mit vielen anderen gesellschaftlichen Ansprüchen und Anforderungen an die Pädagogik einhergehen. Den „Dingen" wird hier attestiert, uns gewissermaßen dazu aufzurufen, soziale und kulturelle, auch pädagogische Kontexte auf der einen Seite auf eine unhintergehbare und ganz bestimmte Weise zu sehen und sie, auf der anderen Seite, unter verschiedenen Gesichtspunkten zu betrachten; in dieser Beziehung ist von einer „Dingforschung" auch die Entwicklung neuer Forschungszugänge und -formen zu erwarten: „Im Forschungsprozess können sie [scil. die „Dinge"] eine dynamisierende Funktion einnehmen, denn ihre Exploration erfordert vielfältige Kontextualisierungen" (König 2012, S. 27).

Auf diese Weise ermöglicht es eine Beforschung der „Dinge" im Bereich der Pädagogik bspw., Erziehungshandeln und Erziehungskonzepte, die in eine Disziplinarordnung einmünden, kritisch zu hinterfragen. Sie eignet sich auch dazu, die jeweiligen materialen Kontexte einer pädagogischen Situation zu eruieren und deren Relevanz für eben diese Situation auszuleuchten. Auch Formen der Bearbeitung von Antinomien im pädagogischen Feld können am Umgang mit den „Dingen" und an ihren Ordnungen aufgewiesen und analysiert werden. Ferner lassen sich in oben beschriebener Weise bestimmte Wirkungen außerpädagogischer Ordnungen auf pädagogische Situationen herausarbeiten. Eine Beforschung der „Dinge" im Bereich der Pädagogik kann dann als eine wichtige Ergänzung und zugleich als kritische Folie zu den in Erziehungs- und Bildungskonzepten festgehaltenen, nicht planmäßig realisierbaren und zugleich gesellschaftlich funktionalisierbaren Idealvorstellungen fungieren. Der im Bereich der Pädagogik recht neu aufgemachte Forschungszweig hat also offenbar ganz eigene und sehr aussichtsreiche analytische Potentiale.

Nun soll es in diesem Beitrag indes um die didaktischen bzw. um die lehr-lerntheoretischen Schlussfolgerungen gehen, die sich aus der hier erarbeiteten Antwort auf die Frage, was uns die „Dinge" in der Pädagogik zeigen (können), ziehen lassen. Während bisher die „Dingordnungen" und ihre Implikationen für die Pädagogik im Vordergrund der Untersuchung standen, werden im Folgenden also eher die verschiedenen Zeigeformen, -qualitäten und Zeigepotentiale der „Dinge" in den Blick genommen.

5 Die Heterotopie und das Displacement als pädagogische Mittel

Im Zusammenhang der an Bildungs- und Erziehungskonzepten orientierten und durch sie gerahmten Pädagogik hat Klaus Prange (2005) die „Zeigestruktur der Erziehung" herausgearbeitet, nach der einer Person oder Personengruppe durch eine andere (bspw. Lehrperson) durch verbal-diskursive und gestische Hinweise etwas Bestimmtes verständlich gemacht wird, welches sich auch wiederum die erstgenannten selbst verständlich machen. Die „Dinge" sind hier als Mittel zum Zweck gedacht.

Bringt man deren Zeigepotentiale in Anschlag, dann treten zur „Zeigestruktur der Erziehung" die Wirkungen und Effekte materialer, sozialer, imaginärer, körperlicher und räumlicher Realitäten im Sinne eines „sinnerzeugenden Überschusses" (Böhm 2007) hinzu. Das heißt, neben dem Artikulierbaren kommt hier ein multimodaler verschatteter und unaussprechlicher Sinnüberschuss ins Spiel. Ludwig Wittgenstein (2001, S. VI 33 ff.) beschreibt ein solches Zeigen, das jenseits von Sprache und explizitem Vormachen liegt, etwa wie folgt: Wenn jemand jemandem etwas zeigt oder es sich einem etwas zeigt, dann spielt neben sprachlichen, performativen und pantomimischen, also eher expliziten Modi eines Demonstrierens auch die gesamte Situation als Bedeutungszusammenhang eine Rolle, wie etwa die vorgefundenen Räumlichkeiten, die mentale Befindlichkeit der Akteure, ihr (verborgener) Habitus, die besondere Ausdruckskraft der „Dinge", soziale und gesellschaftliche Aspekte etc. – Wittgenstein weist in diesem Zusammenhang im Übrigen darauf hin, dass sich grundlegende ethische, ästhetische, philosophische oder religiöse Phänomene, wie etwa der Sinn des Lebens, gar nicht sagen, sondern allenfalls zeigen (lassen); solche Themen sind, nebenbei bemerkt, für pädagogische Kontexte, in denen es ja letztlich um Persönlichkeitsbildung geht, hochbedeutsam.

In Bezug auf die damit angesprochenen eher verschatteten Zeigepotentiale kommen hier, neben einer Theophanie und der (genialen) Eingebung oder auch Inspiration, beide eher weltanschaulicher oder religiöser Provenienz, viele verschiedene vorsprachliche Zeigeformen ins Spiel wie etwa der Eindruck, die Anmutung, Nachahmung, der Anspruch, die Anforderung, Herausforderung, der Affront, Hinweis, Analogie, Umriss, Verhältnis, Beziehung, Verbindung, Verknüpfung, Ordnung, Repräsentation, Erscheinung, ein Gemisch, Gemenge, Gefüge, Struktur, Situation, Konstellation, Standortgebundenheit, Spur, Indiz, Grenze, Rahmung, Bereich, Metapher, Metonymie, Index, Akzent, Figur-Grund-Relation, Entwicklung, Aufführung, Allokation, Entdeckung, Berührung, Kontakt, Anstoß, die Reaktion auf einen Reiz, der Zusammenstoß, die Erschütterung, Bedrohung, Liaison, Parallele, Auszeichnung, Gewinn oder Rauschen etc. Dies alles sind Modi der (Ein-)Wirkung von anderen Menschen, Sachverhalten und Gegenständen auf eine Person und zugleich Modi ihrer Antwort darauf; denn eine Person legt Zeigewirkungen spontan für sich selbst als ganz bestimmte aus (was für den einen ein Indiz ist, ist für den anderen eine Bedrohung etc.). Das Bewusstsein tritt, wenn überhaupt, so erst nachträglich hinzu (vgl. Merleau-Ponty 1986, S. 48). Es ist unser Leib, der hier kulturellen, sozialen und gesellschaftlichen Impulsen und Überformungen ausgesetzt wird und der zugleich als individuelle Disposition fungiert. Auf der Grundlage seiner individuellen Disposition entfaltet der Leib auch eigene Zeigepraktiken wie bspw. ein Aufführen, Ausweisen, Hervorheben, Akzentuieren, Strukturieren, Ordnen, Aufrechterhalten, Respekt erweisen, Drohen, Geben, Tragen, Rahmen, Vorführen, Verbinden, Schützen, Warnen,

Berühren, Reagieren, Spuren legen und Spuren hinterlassen, Verschatten, Nicht Beachten, Behindern, Verhindern, Erlauben etc.

Es ist davon auszugehen, dass Lernen primär durch die verschatteten Formen und eher impliziten Praktiken des Zeigens initiiert und begleitet wird. Um ein Beispiel zu geben: Wenn wir ein uns vorgesagtes Wort nachsagen, erspüren wir die Resonanz, die dieses in uns erzeugt, also die Lautfolge und die Intonation, wir assoziieren Lautanalogien sowie gewisse bildähnliche, zumeist aber eher vage Vorstellungen. In ähnlicher Weise umfassend, vornehmlich aber in Rückgriff auf unsere Bewegungserfahrungen und auf unser prozedurales Wissen, machen wir einen uns vorgeführten Handgriff nach. Wir können uns sogar darüber im Klaren sein, in einem solchen Prozess etwas Bestimmtes ausgeblendet zu haben. Unser Lernen als solches aber nehmen wir nicht wahr. „Das Wie des Lernens zieht sich in die Dunkelheit zurück" (Meyer-Drawe 2008, S. 90). „Gerade das, was man sehen soll, bleibt unsichtbar, etwa der Beginn des Lernens, sein Verlauf, seine Dramaturgie" (ebd., S. 77). Die Art und Weise, wie jeweils die verschiedenen Zeigeformen mit Lernen genau zusammenhängen, ist also verschattet und entzieht sich unserem Zugriff; es sind schweigende Dimensionen des Lehrens und Lernens (vgl. Bergstedt et al. 2012). Demnach umfasst die Frage, ob und wie jemandem etwas gelehrt oder gezeigt wird oder wie jemand etwas gelernt oder sich selbst gezeigt hat, viel mehr als das für uns an solchen Prozessen Erkennbare. Da wir uneingeschränkt als Ganze an unserem Lernen beteiligt sind bzw. unser Lernen ein Aspekt unserer Lebendigkeit resp. unserer leiblichen Existenz ist, entzieht es sich uns genauso wie unser lebendiger Leib, den wir nicht reflektierend erfassen können. Denn unsere Lebendigkeit können wir weder ausloten noch zum Ausdruck bringen; unser Leib ist für uns ein „Nullpunkt" (Merleau-Ponty 1986, S. 314), der als solcher immer jenseits aller Theorie verbleibt. – „Unser Leib steht dabei sowohl für die Ermöglichung von Selbst- und Welterkenntnis als auch für die Versagung eines vollständigen Selbstbesitzes" (Meyer-Drawe 2008, S. 62).

Kurz gefasst: Es ist anzunehmen, dass die Wirkung pädagogischen und didaktischen Handelns wie auch die der dabei eingesetzten oder diese begleitenden „Dinge" darauf beruht, dass den Lernenden „etwas" „gezeigt" wird. Dieses „Zeigen" ist im Falle des Lernens damit gepaart, dass sich die lernende Person aus dem, was sie wahrnimmt, gewissermaßen einen Reim macht, indem es einen Eindruck, eine Anmutung in ihr auslöst, einen Anspruch, eine Anforderung, eine Herausforderung etc. für sie darstellt und sie zu eigenen (leiblich verankerten) Zeigepraktiken wie Akzentuieren, Strukturieren etc. veranlasst. In der lernenden Person wird also eine Antwort evoziert. Es handelt sich dabei um einen weitgehend undurchsichtigen Prozess, der vom Bewusstsein nur begleitet ist und für den dem Prinzip nach die gesamte Klaviatur des Zeigens bedeutsam sein kann.

In Bezug auf das Thema dieses Beitrags, nämlich die Rolle, die hierbei die „Dinge" und ihre Ordnungen spielen könn(t)en, stellt sich nun die Frage, ob am Lernen auch etwas sichtbar, also dingfest wird.

Fraglos erschließen sich uns Einzelaspekte eines Lernprozesses im Sinne von Einzelpraktiken sowie als bestimmte Umgangsformen mit den Dingen. Auf eben diese Art und Weise sind auch pädagogische Praktiken, die das Lernen befördern sollen, explizit und erkennbar. Überdies sind die materiellen Veränderungen, die an der Umgebung und an den „Dingen" mit dem Ziel einer Lernförderung vorgenommen werden, sowie gewisse materiale Spuren eines Lernprozesses handgreiflich. Nicht zuletzt können auch bestimmte

Lernergebnisse sichtbar werden, das heißt, sie werden den Lernenden bewusst, sie können sich an Objekten manifestieren etc.

Oben war in Bezug auf das zentrale Ziel von Pädagogik und Didaktik, den Lernenden ein vertieftes Verständnis der „Dinge" zu ermöglichen und sie zu selbstständiger Urteilsfähigkeit zu erziehen, die Bedeutung des „Lernen lernens" herausgestellt worden. Danach geht es in erster Linie darum, zu lernen, selbst Auffassungen und Verständnisse von den „Dingen" zu entwickeln und die Tragfähigkeit solcher Präkonzepte und Konzepte eigenständig auszuloten. In Hinblick auf das Thema, „was uns (dabei) die Dinge zeigen", ergibt sich daraus das Ziel, insbesondere die mit Lernprozessen verbundenen Umgangsformen mit den „Dingen" sowie die damit einhergehenden materiellen Veränderungen und dabei hinterlassenen Spuren für die Lernenden transparent zu machen. – Dabei gilt es insbesondere, „Szylla", die Annahme einer festgeschriebenen und enggeführten „Ordnung der Dinge" in der Pädagogik, und „Charybdis", die Illusion einer vollständigen Transparenz von Lernprozessen, zu umschiffen.

Um diesen Ansatz pädagogisch zu operationalisieren, bedarf es eines pädagogischdidaktischen Ansatzes, in dem ganz besonders die materielle Seite von Lernprozessen in Betracht gezogen wird. Aus der breiten Palette der im Feld der Pädagogik vorgefundenen Ansätze dazu (bspw. Dewey 1930; Holzkamp 1993; Parmentier 1989; Nohl 2011) wähle ich den von Christiane Brohl (2003) aus, der mir an die oben dargelegten Zusammenhänge am ehesten anschlussfähig sowie als didaktisch gut operationalisierbar erscheint.

Brohl (2003) legt das „Displacement" als eine (kunst-)didaktische Strategie und Form des Lernens wie auch als eine Methode künstlerischer Forschung aus. Dabei rekurriert sie auf der einen Seite auf Foucaults Interpretation von Räumen und Orten als Knotenpunkte disparater Diskurse, institutioneller Verflechtungen, geschichtlicher Einbindungen etc. Auf der anderen Seite bezieht sie sich dabei auf Theorien zu alltagspraktischem Handeln und auf Positionen einer bestimmten Kunstrichtung, und zwar der „Land Art". Brohl (2008, S. 35) schreibt: „Displacement beschreibt zunächst eine räumliche Verlagerung (Dislozierung) von Kunst aus dem institutionellen Raum des Museums heraus hin zu Orten im öffentlichen Raum. Displacement kennzeichnet ebenso einen Wechsel im Verständnis von Kunst: von der Produktion von Werken hin zu einer ortsbezogenen diskursiven künstlerischen Forschungspraxis. Daneben meint Displacement die besondere künstlerische Arbeitsweise des Lesens eines Ortes durch einen anderen Ort, des intuitiven In-Beziehung-Setzens von Materialien, Informationen und Assoziationen." – Grundsätzlich basiert das Prinzip des Displacement auf der reziproken Interpretation einer künstlerischen Arbeit und ihrem situationalen Kontext. Dabei geht es zunächst weniger um die „Wahrheit der Dinge" (s. o.), Brohl zeigt vielmehr, dass und wie die Kunst mittels einer Herstellung von Heterotopien in gewohnte Diskurse und semantische Felder eingreift und eventuell sogar in diese interveniert. Auf diese Weise könnte Neues in Gewohnheiten Eingang finden (vgl. Waldenfels 1999, S. 167). Es könnten Verbindungen zwischen Fakten möglich werden, die zuvor nicht denkbar waren. Das betrifft nicht zuletzt gängige Gebrauchsmodi der „Dinge", die mithilfe von Displacement in Hinblick auf die mit ihnen verbundenen Diskurse verdeutlicht und reflektiert werden könnten. Zugleich könnten diese Diskurse durch andere, neue Gebrauchsformen der „Dinge" und deren Begründungen auch infrage gestellt und so auch verändert werden (vgl. Brohl 2008).

Unter dem oben herausgearbeiteten Gesichtspunkt betrachtet, dass es in der Pädagogik wie in der Kunst um vielfältige „Ordnungen der Dinge" geht, lässt sich die für die Kunst und Kunstpädagogik entwickelte Lehr-Lerntheorie in Anlehnung an den oben zitierten Passus von Brohl (2008) zum Displacement wie folgt verallgemeinern:

Im Lernen wird eine Verlagerung (Dislozierung) eines bereits bekannten Sachverhalts oder gewussten „Dings" in einen in materialer und diskursiver Hinsicht ganz anders bestimmten Kontext vorgenommen. Das „Ding" wird dann einmal durch den einen Kontext auf eine ganz bestimmte Weise, und dann noch einmal ganz anders durch den anderen Kontext erschlossen. Dies geschieht hier nicht primär auf formal-abstrakter und logischer Ebene, vielmehr spielt dabei das intuitive In-Beziehung-Setzen von Materialien, Informationen und Assoziationen, aus dem sich auch Neues ergeben kann, die zentrale Rolle. Displacement kann als ein orts-, ding- und zugleich diskursbezogenes forschendes Lernen bezeichnet werden.

Demnach könnte ein ausgewähltes „Ding" (auch ein Wort) wie ein für verschiedene Lebenskontexte und fachliche Disziplinen hochempfindlicher Motor einen material gestützten und diskursiv-symbolischen Auslegungsprozess antreiben: Wasser bspw. wird in den Kontexten verschiedener Lebenserfahrungen und -welten sowie in denen wissenschaftlicher Disziplinen wie Biologie, Chemie, Weltwirtschaft, Literatur, Fremdsprachen etc. und in deren materiellen Manifestationen (Formelsammlungen, spezifische Forschungssettings wie etwa das Experiment, fachliche Korrespondenzen, journalistische Darstellungen etc.) je unterschiedlich gefasst. Dies lässt sich an den „Dingen" selbst (Wasser, Wasserkraftwerk etc.), an den mit ihnen verbundenen Diskursen (zur Energiegewinnung etc.) und Konzepten (chemische Elemente und Reaktionen etc.) wie auch an festgestellten Interdependenzen zwischen diesen festmachen bzw. „zeigen" (s. o.). Unter Verwendung geeigneter, also in der Regel exemplarischer Materialien kann eine bestimmte Sichtweise auf „Dinge" vertieft werden, indem eben diese vergegenständlicht, auch verschriftlicht wird, indem einem „Ding" eine Stimme gegeben wird und es sich selbst erzählt oder ein „Ding" in Szene gesetzt wird etc. Indem man das auf diese Weise gleichsam immer anders materialisierte „Ding" verschiedene lebensweltliche und fachspezifische Bezugsfelder durchqueren lässt, treten die verschiedenen Zeigeformen der „Dinge" mit verschiedenen kulturellen Symbolsystemen und Praktiken wie auch mit Zeigepraktiken der Lernenden in Verbindung. Dadurch, dass das Displacement sich in sehr ausgeprägter Weise orts- und materialbezogen vollzieht, werden solche Zeigemodi, wenigstens teilweise, dingfest. Indem sie dann reflektiert werden, kann „Lernen erlernt" werden. Nicht zuletzt können auch ethische Werte wie Menschenwürde, der Wert anderer Menschen, der von Tieren und der von „Dingen", Verbindlichkeit, Freundschaft, Frieden etc. und deren jeweilige Gegenteile im Rahmen solcher material gestützter Lernprozesse ins Spiel kommen. Eventuell tritt auch die Eigenwertigkeit der „Dinge" auf den Plan. Das „was uns die Dinge zeigen", wird jedenfalls auf diese Weise im buchstäblichen und im übertragenen Sinne ein stückweit aus der Hand der Lehrperson genommen; und ein Erziehungs- und Bildungskonzept schließt sich hier eher an die jeweils eruierten „Dingordnungen" an als umgekehrt.

Anmerkungen

1 Die Ausnahme bilden hier weltanschaulich begründete Pädagogiken wie die erwähnte Montessoripädagogik, zu nennen wäre zudem die Waldorfpädagogik oder solche christlicher Prägung, in denen eine Reduktion der „Dinge" auf den „Zeugzusammenhang" im Rekurs auf andere, teilweise diverse, aber dennoch auch hier mehr oder weniger prästabilierte und damit pädagogisch eher fragwürdige (s. o.) „Dingordnungen" zu vermeiden versucht wird. Solche Pädagogiken erfreuen sich aus verschiedenen Gründen im Übrigen eines hohen, und sogar stetig wachsenden Zuspruchs (siehe: www.privatschulen-vergleich.de/informationen/statistiken/privatschueler-in-deutschland.html).

2 Die „Dinge" im pädagogischen Feld müssen geordnet werden, es gibt zu viele davon oder sie fehlen, sie sind teuer, sie gehen kaputt, verloren, sie rufen Streit und Missgunst hervor etc.

3 Zur Beschreibung von Schule werden nicht selten Theatermetaphern herangezogen; so legt etwa Hans Rauschenberger (1985) Unterrichten als Darstellung und Inszenierung aus. Das könnte bspw. die Idee einer Professionalisierung auch unterrichtlicher *Bühnenbilder* ins Spiel bringen.

4 Aus Einschaltquoten, Auflagenhöhen etc. lässt sich heute Kapital schlagen; man spricht diesbezüglich von einer „Ökonomie der Aufmerksamkeit" (vgl. Franck 1998).

Literatur

Bal, M. (2000). Crossroad theory and travelling concepts. From cultural studies to cultural analysis. In J. Baetens & J. Lambert (Hrsg.), *The Future of Cultural Studies* (S. 3–22). Leuven: Leuven University Press.
Bergstedt, B., Herbert, A., & Kraus, A. (Hrsg.). (2012). *Tacit dimensions of pedagogy*. Münster: Waxmann.
Bilstein, J. (2005). Herr Schreber oder: Die Ordnung des Wachsenden. In J. Bilstein & M. Winzen (Hrsg.), *Park. Zucht und Wildwuchs in der Kunst. Multiple Räume 2* (S. 120–129). Nürnberg: Verlag für moderne Kunst.
Bockrath, F. (2006). ‚Je suis autre' Rousseaus andere Geschichte der Subjektivität? In A. Stache (Hrsg.), *Das Harte und das Weiche. Körper – Erfahrung – Konstruktion.* (S. 63–76). Bielefeld: Transkript.
Böhm, G. (2007). *Wie Bilder Sinn erzeugen – Die Macht des Zeigens*. Berlin: Berlin University Press.
Böhm, W. (2010). *Maria Montessori. Einführung mit zentralen Texten*. Paderborn: Schöningh.
Brohl, C. (2003). *Displacement als kunstpädagogische Strategie: Vorschlag einer heterotopie- und kontextbezogenen Diskurspraxis des Lehrens und Lernens*. Norderstedt: Verlag BoD GmbH.
Brohl, C. (2008). Displacement als ortsbezogene künstlerische Forschungspraxis. In A. Brenne (Hrsg.), *„Zarte Empirie". Theorie und Praxis einer künstlerisch-ästhetischen Forschung* (S. 34–50). Kassel: Kassel University Press.
Czejkowska, A. (2010). „Wenn ich groß bin werde ich Humankapital!" Die Crux von Kompetenz, Performanz & Agency. *Vierteljahresschrift für wissenschaftliche Pädagogik, 86*(4), 451–465.
Dewey, J. (1930). *Demokratie und Erziehung. Eine Einleitung in die philosophische Pädagogik*. Breslau: Hirt.
Egger, R., & Hackl, B. (Hrsg.). (2010). *Sinnliche Bildung? Pädagogische Prozesse zwischen vorprädikativer Situierung und reflexivem Anspruch*. Wiesbaden: VS Verlag für Sozialwissenschaften.

Esslinger-Hinz, I., & Fischer, H.-J. (Hrsg.). (2008). *Spannungsfelder der Erziehung und Bildung. Ein Studienbuch zu grundlegenden Themenfeldern der Pädagogik*. Baltmannsweiler: Schneider Hohengehren.
Foucault, M. (1990). Andere Räume. In K. Barck, P. Gente, H. Paris, & S. Richter (Hrsg.), *Aisthesis. Wahrnehmung heute oder Perspektiven einer anderen Ästhetik, Essais* (S. 34–46). Stuttgart: Reclam.
Foucault, M. (1998). *Überwachen und Strafen. Die Geburt des Gefängnisses*. Frankfurt a. M.: Suhrkamp.
Franck, G. (1998). *Ökonomie der Aufmerksamkeit: Ein Entwurf*. München: Hanser.
Heidegger, M. (1960). *Der Ursprung des Kunstwerkes*. (Einführung von Hans-Georg Gadamer). Stuttgart: Reclam.
Heidegger, M. (1993). *Sein und Zeit*. Tübingen: Niemeyer.
Holzkamp, K. (1993). *Lernen – Subjektwissenschaftliche Grundlegung*. Frankfurt a. M.: Campus.
König, G. M. (2012). Das Veto der Dinge. Zur Analyse materieller Kultur. In K. Riem, G. M. König, & R. Casale (Hrsg.), *Die Materialität der Erziehung: Kulturelle und soziale Aspekte pädagogischer Objekte* (Zeitschrift für Pädagogik, 58. Beiheft, S. 14–27). Weinheim, Basel: Beltz.
Koselleck, R. (1977). Standortbindung und Zeitlichkeit. Ein Beitrag zur historiographischen Erschließung der geschichtlichen Welt. In R. Koselleck, W. J. Mommsen, & J. Rüsen (Hrsg.), *Objektivität und Parteilichkeit* (=Theorie der Geschichte. Beiträge zur Historik) (Bd. 1, S. 17–46), München: DTV.
Kraus, A. (2008). (Doing) Art as an Interdisciplinary Didactical Principle. *International Journal for Education through Art,* (4.3), 275–284.
Leontjew, A. N. (1973). *Probleme der Entwicklung des Psychischen*. Frankfurt a. M.: Fischer Taschenbuch.
Mannheim, K. (1980). *Strukturen des Denkens*. Frankfurt a. M.: Suhrkamp.
Merleau-Ponty, M. (1986). *Das Sichtbare und das Unsichtbare* (dt. R. Guiliani/B. Waldenfels). München: Wilhelm Fink.
Meyer-Drawe, K. (1990). *Illusionen von Autonomie. Diesseits von Ohnmacht und Allmacht des Ich*. München: Kirchheim.
Meyer-Drawe, K. (2008). *Diskurse des Lernens*. München: Fink.
Nohl, A.-M. (2011). *Pädagogik der Dinge*. Bad Heilbrunn: Klinkhardt.
Parmentier, M. (1989). Dinghermeneutik. In C. Rittelmeyer & M. Parmentier (Hrsg.), *Einführung in die pädagogische Hermeneutik* (S. 104–125). Darmstadt: Wissenschaftliche Buchgesellschaft.
Piaget, J. (1978). *Das Weltbild des Kindes. Dialog und Praxis*. München: Klett-Cotta.
Prange, K. (2005). *Die Zeigestruktur der Erziehung: Grundriss der Operativen Pädagogik*. Paderborn: Schöningh.
Priem, K., König, G.M., & Casale, R. (Hrsg.). (2012). *Die Materialität der Erziehung. Kulturelle und soziale Aspekte pädagogischer Objekte*. (Zeitschrift für Pädagogik. Beiheft 58). Weinheim, Basel: Beltz.
Rauschenberger, H. (1985). Unterricht als Darstellung und Inszenierung. In D. Lenzen unter Mitarbeit von A. Schründer-Lenzen (Hrsg.), *Enzyklopädie Erziehungswissenschaft. Bd. 7 (hg. von K. P. Hemmer/H. Wundtke) Erziehung im Primarschulalter* (S. 51–74). Stuttgart: Klett-Cotta.
Riem, K., König, G. M., & Casale, R. (2012). Die Materialität der Erziehung: Kulturelle und soziale Aspekte pädagogischer Objekte. In dies. (Hrsg.), *Die Materialität der Erziehung: Kulturelle und soziale Aspekte pädagogischer Objekte*. (Zeitschrift für Pädagogik, 58. Beiheft, S. 7–13). Weinheim: Beltz.
Rousseau, J.-J. (1993). *Emil oder über die Erziehung*. Paderborn, München, Wien, Zürich: UTB Schöningh.
Rutschky, K. (1993). *Schwarze Pädagogik. Quellen zur Naturgeschichte der bürgerlichen Erziehung* (6. Aufl.). Frankfurt a. M.: Ullstein.

Serres, M. (1998). *Die fünf Sinne: Eine Philosophie der Gemenge und Gemische.* Frankfurt a. M.: Suhrkamp.
Stojanov, K. (2010). Bildungsprozesse als soziale Geschehnisse. Anerkennung als Schlüsselkategorie kritischer Bildungstheorie. *Vierteljahresschrift für Pädagogik, 86*(4), 558–570.
Waldenfels, B. (1999). *Vielstimmigkeit der Rede. Studien zur Phänomenologie des Fremden 4.* Frankfurt a. M.: Suhrkamp.
Winkel, R. (1988). *Antinomische Pädagogik und Kommunikative Didaktik. Studien zu den Widersprüchen und Spannungen in Erziehung und Schule.* Düsseldorf: Schwann-Bagel.
Winkel, R. (2002). Sinn und Unsinn von Schulprogrammen. Oder: Eine Diagnose und drei Lösungsvorschläge. *PÄD-Forum: unterrichten erziehen, 30/1,* 52–53.
Wittgenstein, L. (2001). *Philosophische Untersuchungen. Kritisch-genetische Edition* (Hg. von Joachim Schulte et al.). Frankfurt a. M.: Suhrkamp.

Die Rolle der Dinge in schulischen Lehr-Lernprozessen

Barbara Asbrand · Matthias Martens · Dorthe Petersen

Zusammenfassung: Die Rolle der Dinge in Lehr-Lernprozessen wurde in empirischen Studien bisher wenig beforscht. Für den Bereich der qualitativen Unterrichtsforschung liegt dies an der traditionellen Fokussierung auf die sprachliche Ebene des Unterrichts. Bildungstheoretische Überlegungen zur Bedeutung der Dinge sind hingegen selten, methodische Ansätze zu ihrer Erforschung fehlen fast völlig. Ausgehend von unserer Forschungspraxis und unter Rückgriff auf die Akteur-Netzwerk-Theorie Latours verfolgt unser Beitrag eine doppelte Zielsetzung: Auf einer methodologischen Ebene können wir zeigen, dass die Überlegungen Latours zum Verhältnis von Menschen und Dingen anschlussfähig sind an die theoretischen Grundlagen der dokumentarischen Methode. Dies erlaubt die Integration der theoretischen Begriffe, die Latour zur Beschreibung von Mensch-Ding-Assoziationen verwendet, in das Begriffsinventar einer sequenziellen Interaktionsanalyse des Unterrichts. Zum anderen sind Latours Überlegungen zur zirkulierenden Bezugnahme auf Dinge und sedimentiertes Wissen in Forschungsprozessen auch unterrichtstheoretisch relevant und lassen sich auf die empirische Beschreibung von Wissens- bzw. Kompetenzerwerb im Unterricht anwenden.

Schlüsselwörter: Dokumentarische Methode · Akteur-Netzwerk-Theorie · Unterrichtsforschung · Lehr-Lernprozesse · Zirkulierende Referenz · Kompetenzerwerb

The role of things in teaching-learning processes in school

Abstract: To date there has been little empirical research on the role of things in teaching-learning processes. In the field of qualitative research on classroom teaching this is due to the traditional focus on the verbal level of classroom teaching. In contrast, considerations as to the meaning of things from the point of view of education theory are rare and there are very few methodological approaches that can be used to conduct research on this subject. On the basis of

---

© Springer Fachmedien Wiesbaden 2013

Prof. Dr. B. Asbrand (✉) · Dr. M. Martens · D. Petersen
Fachbereich Erziehungswissenschaften, Institut für Pädagogik der Sekundarstufe,
Goethe-Universität Frankfurt am Main, Grüneburgplatz 1,
PEG – Fach 43, 60323 Frankfurt am Main, Deutschland
E-Mail: b.asbrand@em.uni-frankfurt.de

Dr. M. Martens
E-Mail: M.Martens@em.uni-frankfurt.de

D. Petersen
E-Mail: D.Petersen@em.uni-frankfurt.de

our research practice and drawing on Latour's actor-network theory our paper has a dual goal: on the methodological level we can show that Latour's ideas on the relationship between human beings and things are compatible with the metatheory of the documentary method. It is thus possible to integrate the theoretical concepts that he uses to describe associations between human beings and things into the inventory of concepts of a sequential interaction analysis of classroom teaching. Latour's considerations on circulating references to things and sedimented knowledge in research processes are also relevant for the theory of classroom teaching and can be applied to the empirical description of knowledge and skill acquisition in the classroom.

Keywords: Documentary method · Actor-network theory · Research on classroom teaching · Teaching-learning processes · Circulating reference · Skills acquisition

1 Einleitung

Die Rolle der Dinge in schulischen Lehr-Lernprozessen hat in der erziehungswissenschaftlichen Diskussion bisher verhältnismäßig wenig Beachtung gefunden. Die starke theoretische und empirische Betonung einer „nachgeordneten Welt der Texte und Abbildungen" (Parmentier 2001, S. 40) steht in einem Missverhältnis zur tatsächlichen Bedeutung der Dingwelt für Sozialisations-, Erziehungs- und Bildungsprozesse (vgl. z. B. Langeveld 1955; Meyer-Drawe 1999; Stieve 2008; Nohl 2011). Im Rahmen der qualitativ-empirischen Erforschung von Unterrichtsprozessen ist dieses Missverhältnis von offensichtlicher Bedeutung der Dinge für Lehr-Lernprozesse einerseits und wenig zufrieden stellender theoretischer, methodologischer und methodischer Berücksichtigung der Dinge andererseits zu einer forschungspraktischen Herausforderung geworden. In unserer Forschungspraxis drängte sich uns die Frage auf, wie die Mitwirkung der Dinge am Unterrichtsgeschehen angemessen (unterrichts-) theoretisch beschrieben und methodisch erfasst werden kann. Die theoretischen und methodologischen Überlegungen zur Rolle der Dinge in schulischen Lehr-Lernprozessen, die aus der Bearbeitung dieser forschungspraktischen Herausforderung resultieren, wollen wir in diesem Beitrag vorstellen.

Unterricht verstehen wir mit Luhmann (2002) als eine komplexe soziale Interaktion unter Anwesenden (vgl. auch Meseth et al. 2011). Diese Komplexität ergibt sich zum einen dadurch, dass sich im Unterricht sprachliche und nicht-sprachliche Kommunikation, körperliche Ausdrucksweisen und Bezugnahmen auf materielle Dinge nicht nur synchron ereignen, sondern in einer simultanen Interaktionsstruktur miteinander verwoben sind. Zum anderen kann die Interaktion auf Grund der großen Zahl der Beteiligten, die unterschiedliche Perspektiven auf das Unterrichtsgeschehen einnehmen und unterschiedliche Interessen verfolgen, als komplex charakterisiert werden. Dies gilt umso mehr, wenn berücksichtigt wird, dass diese vielfältig veranlassten, kontextuierten und motivierten unterrichtlichen Interaktionen durch ein hohes Maß an Kontingenz bei gleichzeitiger Routiniertheit der Beteiligten gekennzeichnet sind.

Diese Auffassung ist anschlussfähig an eine praxistheoretische Perspektive, aus der heraus Lehr-Lernprozesse im Unterricht als ein wiederholtes Praktizieren bestimmter institutionell gerahmter und routinierter sozialer Praktiken beschrieben werden können (vgl. Kolbe et al. 2008). Zentrales Charakteristikum sozialer Praktiken ist nach Reckwitz (2003) ihre Materialität in einem zweifachen Sinne; Praktiken konstituieren sich in routinierten Bewegungen und Aktivitäten der menschlichen Körper sowie im Umgang der Menschen mit Dingen, durch deren kompetenten, „sinnhaften Gebrauch" (ebd., S. 291). Auch aus einer praxistheoretischen Perspektive ist Unterricht als komplexes Geschehen zu charakterisieren, weil die Interaktion zwischen Menschen und Dingen auf unterschiedlichen Ebenen gleichzeitig stattfindet. Kolbe et al. (2008) haben dies als Differenzbezüge beschrieben: Im Unterricht finden ständig und gleichzeitig – und unter Beteiligung von Artefakten – Aushandlungsprozesse darüber statt, 1. welches schulisch relevantes bzw. nicht relevantes Wissen ist, 2. wie sich Aneignung und Vermittlung zueinander verhalten und 3. in welcher Weise die soziale Ordnung des Unterrichts hergestellt wird.

Bisher haben sich erst einige wenige Arbeiten empirisch mit der Rolle der Dinge im Unterricht beschäftigt. Studien aus dem Feld der ethnographischen Unterrichtsforschung richten dabei den Fokus auf die sozialen Praktiken, die den Unterrichtsalltag von Schülerinnen und Schülern konstituieren. In ihren theoretischen Konzeptionen berücksichtigen sie zwar den materiellen Charakter der sozialen Praktiken (vgl. Reckwitz 2003), beziehen sich empirisch jedoch vornehmlich auf die Bewegungen der Körper bei der Konstituierung von Räumen (z.B. Breidenstein 2006) bzw. auf spezifische Formen der Körperlichkeit und der körperlichen Bezugnahme der Akteure untereinander bei der Herstellung des Sozialen, z.B. im Rahmen von Ritualen (z.B. Wulf et al. 2007; Wagner-Willi 2005). Stärker auf unterrichtliche Lehr-Lernprozesse fokussiert, untersuchen Kalthoff und Roehl (2011) das Zusammenspiel von Unterrichtsdiskurs und materiellen Objekten. Am Beispiel von Tafel und Gerätschaften aus naturwissenschaftlichen Experimenten zeigen die Autoren wie im Diskurs durch spezifische Verweise und Adressierungen durch die Lehrkräfte „knowledge objects" (ebd., S. 457) entstehen. Solche als Wissensobjekte bezeichneten Dinge enthalten bzw. verkörpern dasjenige Wissen, das gelernt werden muss. Ergebnis der Untersuchung ist, dass Diskurs und Objekte eng miteinander verbunden sind (ebd., S. 466; vgl. auch Roehl 2012). Mit dem ethnographischen Zugang können Kalthoff und Roehl zeigen, dass die Dinge auf unterschiedliche Weise im Unterricht verwendet werden; so können sie beispielsweise die Dinge als Gebrauchsgegenstände, z.B. Tafel als Medium der schriftlichen Kommunikation, und als gebrauchte Gegenstände, z.B. eine Federtasche als Gewicht im physikalischen Versuch beschreiben (vgl. dazu auch Langeveld 1955, S. 71). Die Untersuchungen können zeigen, dass und wie die Dinge in die Praktiken involviert werden. Was dies konkret für das Lernen der Schülerinnen und Schüler bedeutet, kann mithilfe dieses methodischen Ansatzes noch nicht zufriedenstellend aufgeklärt werden.

Alternative methodische Entwürfe für eine Artefaktenanalyse liegen bisher im Kontext qualitativer Feldforschung (Lueger 2000) sowie als Ansatz zu einer „Dinghermeneutik" aus einer museumspädagogischen Perspektive vor (Rittelmeyer und Parmentier 2001; Parmentier 2001). Beide Ansätze fokussieren jedoch auf die Dinge und deren Geschichten bzw. auf die Analyse der in die Gegenstände eingelassenen und sich in ihrem Gebrauch aktualisierenden objektiven sozialen Sinnzusammenhänge. Artefakte werden in diesem Zusammenhang als „fixierte Ausdrucksformen historisch-genetischer Prozeßstrukturen" (Lueger 2000, S. 146) betrachtet. Im Rahmen einer methodologischen Erweiterung der auf sprachliche Kommunikation im Unterricht fokussierten interpretativen Unterrichtsforschung (vgl. Krummheuer und Naujok 1999) legt Fetzer (2010) einen Fokus auf die empirische Untersuchung der Interaktion zwischen Mensch und Ding. Am Beispiel der

Rolle der Dinge in mathematischen Lernprozessen verbindet sie den Symbolischen Interaktionismus (Blumer 1969) mit der Akteur-Netzwerk-Theorie (Latour 2005). Dabei formuliert Fetzer mithilfe der latourschen Theorie die im Symbolischen Interaktionismus vage gebliebene Rolle der materiellen Objekte bei der interaktiven Generierung von Bedeutungen. Ein empirischer Zugang zu Lernprozessen erfolgt über die Rekonstruktion der sozialen Prozesse der Bedeutungskonstruktion, in die die Dinge gemäß Latour als vollwertige Akteure involviert sind (vgl. Fetzer 2010, S. 271).

In unserer Forschungspraxis verwenden wir die dokumentarische Methode (Bohnsack 2007, 2009), um die Interaktionsprozesse im Unterricht zu rekonstruieren. Vor dem Hintergrund der Erarbeitung eines einheitlichen methodischen Instruments zur Erforschung von Unterrichtsprozessen in ihrer oben skizzierten Komplexität ist es uns ein Anliegen, den Umgang mit den Dingen über eine Rezeption der Akteur-Netzwerk-Theorie Latours (2002, 2005) methodologisch und methodisch in eine dokumentarische Unterrichtsforschung zu integrieren. Bereits Schäffer (2001) und Nohl (2011) haben Latours Theorie herangezogen, um im Rahmen der dokumentarischen Interpretation die Verbindung und Interaktion von Menschen und Dingen in Bildungsprozessen zu analysieren. Auf der Basis von Gruppendiskussionen bzw. biographischen Interviews haben sie den Umgang der Menschen mit den Dingen jedoch aus der Perspektive der Menschen, nämlich aus deren Erzählungen über ihre Handlungspraxis, rekonstruiert. Die theoretischen Überlegungen Latours werden somit für die Generierung einer gegenstandsbezogenen Theorie über das Lernen von Jugendlichen und Senioren mit dem Computer (Schäffer 2001) bzw. über die Bedeutung von Dingen in Bildungsprozessen (Nohl 2011) herangezogen, nicht aber auf der Ebene der Methodologie. Uns geht es dagegen nicht nur darum, die Bedeutung der Dinge für die erforschten Menschen zu analysieren, sondern wir möchten mit diesem Beitrag zeigen, wie sich Praktiken, in denen sich Menschen und Dinge *in situ* assoziieren und zu neuen Akteuren werden, dokumentarisch interpretieren lassen. Gegenstand dieses Beitrags sind daher unsere Vorschläge einer methodologischen und methodischen Erweiterung der dokumentarischen Methode unter Bezugnahme auf die Akteur-Netzwerk-Theorie (Latour 2002, 2005). Ziel ist es, mit diesem Instrumentarium den Umgang von Schülerinnen, Schülern und Lehrkräften mit den Dingen empirisch zu rekonstruieren. Aus der zunächst forschungspraktisch bzw. methodisch motivierten Auseinandersetzung mit Latours Theorie ergaben sich darüber hinaus weiterführende Erkenntnisse zu einer Unterrichtstheorie, die wir in diesem Beitrag ebenfalls vorstellen.

2 Methodologische Überlegungen: Die Rolle der Dinge in schulischen Lehr-Lernprozessen empirisch rekonstruieren

Für die dokumentarische Methode (Bohnsack 2007, 2009) charakteristisch ist die Analyse komplexer Diskurs- bzw. Interaktionsstrukturen und ihr Potenzial – ausgehend von der Wissenssoziologie Karl Mannheims – nicht nur das theoretische, explizite Wissen, sondern auch das implizite, habitualisierte Wissen und die inkorporierten Praktiken verschiedener Akteure empirisch zugänglich zu machen. Mannheim unterscheidet zwischen kommunikativem (theoretischem) und konjunktivem (implizitem) Wissen (Mannheim 1980, S. 211 ff.). Das konjunktive Wissen ist Mannheim zufolge sozial geteilt und zwischen jenen, die über dieselben milieu- oder gruppenspezifische Erfahrungen verfügen, ermöglicht es unmittelbares Verstehen (ebd.). Es bestimmt als implizites, atheoretisches Wissen die Handlungspraxis, wird in ihr angeeignet und ist insofern vergleichbar dem Habitus-Konzept Bourdieus (1984). Konjunktives Wissen und Habitus werden gleichermaßen als Strukturen der Erzeugung sozialer Praxis verstanden (Bohnsack 2009, S. 15 f.). Kommunikatives Wissen ist dagegen theoretisches, explizites, aber nicht unbedingt handlungsleitendes Wissen, welches milieuübergreifend kommuniziert und gewusst wird.

Forschungspraktisch wird die Unterscheidung zwischen konjunktivem und kommunikativem Wissen durch die beiden Schritte der formulierenden und reflektierenden Interpretation nachvollzogen (Bohnsack 2007, S. 134 ff.). Während erstere das explizierbare, kommunikative Wissen zum Gegenstand hat, richtet sich das Interesse der reflektierenden Interpretation auf die konjunktiven Wissensbestände. Hier geht es nicht darum, *was* gesagt oder getan wird, sondern um den *modus operandi* der Herstellung von Wissen. Ziel der dokumentarischen Interpretation ist im Rahmen mehrdimensionaler Fallvergleiche die Rekonstruktion derjenigen milieu- oder gruppenspezifischen *konjunktiven Erfahrungsräume* (Mannheim 1980, S. 230 f.), in denen konjunktives Wissen und Habitus generiert werden.

Karl Mannheim und Bruno Latour verbindet das Interesse, den Subjekt-Objekt-Gegensatz der modernen Erkenntnistheorie zu überwinden (Mannheim 1980, S. 164 ff.; Latour 2002, S. 7 ff.; vgl. dazu auch Schäffer 2001). Hieraus ergibt sich bei beiden Theoretikern die Vorstellung des Nicht-Getrenntseins von Menschen und Dingen. Mannheim hat dafür den Begriff der *Kontagion* geprägt, der ein unmittelbares Berührtsein zwischen Menschen und zwischen Menschen und der Natur bzw. den Dingen beschreibt (vgl. Mannheim 1980, S. 125 ff.). Das konjunktive Verstehen zwischen Menschen setzt Mannheim gleich mit der Kontagion von Mensch und Natur: „Die Dinge können ‚draußen' bleiben und dennoch ist das, was wir von ihnen in uns aufnehmen, eine Verschmelzung ihrer mit unserem Selbst, und ihre Erkenntnis ist nicht eine Distanzierung, sondern ein Aufnehmen ihrer in unseren existentiellen Bestand" (Mannheim 1980, S. 208). Kontagion meint nach Mannheim die „unmittelbare Berührung (die zugleich unser Berührtsein bedeutet)" als eine „allgemeine Form der Subjekt-Objektbeziehung"; eine „wesentliche Struktur der Kontagion (ist die) völlig unmittelbare Aufnahme eines einmalig Qualitativen" (ebd., S. 209). Für die dokumentarische Methode wurde bisher allerdings weniger die Vorstellung Mannheims von Kontagion, sondern im Interesse der Rekonstruktion von Prozessen der *Wissens*genese der Begriff der *Konjunktion* rezipiert, der das unmittelbare *Verstehen zwischen Menschen* bezeichnet (vgl. Bohnsack 2007, S. 60). Als Wissens- und Kultursoziologe hat auch Mannheim selbst sich vorrangig für die Genese von Wissen und Sinnbildung interessiert und weniger für das Verhältnis von Menschen und Dingen. Deshalb bedarf es einer theoretischen Erweiterung, wenn die Bedeutung der Dinge für Prozesse der Wissensgenese in den Blick genommen werden sollen.

In seiner Akteur-Netzwerk-Theorie vertritt Latour eine dritte Position zwischen Technikgläubigkeit –also der Vorstellung, der Mensch beherrsche die Technik bzw. das Materielle durch seinen Gebrauch – und der Position der Technikkritik, wonach die Natur durch die Technik beherrscht werde (vgl. Latour 2002, S. 213 f.). Vielmehr zeigt Latour anhand zahlreicher empirischer Beispiele aus seiner ethnographischen Technikforschung, dass durch das Miteinander-Interagieren von Mensch und Ding neue Akteure entstehen. In der *Interferenz*, einer von vier möglichen Vermittlungsformen von Mensch und Ding, die Latour benennt, geschieht eine Veränderung des Handelns in Form einer *Übersetzung*. Darunter versteht Latour „eine Verschiebung, Drift, Vermittlung und Erfindung, es ist die Schöpfung einer Verbindung, die vorher nicht da war und die beiden ursprünglichen Elemente oder Aktanten in bestimmtem Maße modifiziert" (ebd., S. 217 f.).[1] Die Dinge eröffnen den Menschen weitere Handlungsmöglichkeiten, die sie ohne sie nicht hätten. Artefakte allein sind für Latour allerdings keine Träger von Handlungen, sondern haben nur dann eine Bedeutung für das Soziale, wenn sie mit Menschen bzw. die Menschen mit den Dingen eine Verbindung eingehen und sich beide dadurch verändern (ebd., S. 235). Latour spricht von *Kollektiven*, wenn Menschen und Nicht-Menschen miteinander interagieren (ebd., S. 237 ff.). Die in den Kollektiven zusammengefassten sozialen Zusammenhänge beschreibt er als „Austausch menschlicher und nicht-menschlicher Eigenschaften innerhalb einer ‚Körperschaft'" (ebd., S. 236). Er stellt mehrere Mechanismen dar, mit deren Hilfe Menschen und Dinge Kollektive bilden, indem sie sich miteinander *assoziieren:* Dazu gehören die bereits beschriebenen *Übersetzungen,* das *Crossover,* gemeint ist der Austausch von Eigenschaften zwischen Menschen und Dingen, sowie die *Rekrutierung* und *Mobilisierung* von nicht-menschlichen Wesen für die Teilhabe am Kollektiv (ebd., S. 237). Dies alles führt zu einer *Verlagerung* der „vom Kollektiv eingeschlagenen Richtung, nachdem seine Gestalt, Ausdehnung und Zusammensetzung durch Rekrutierung und Mobilisierung neuer Aktanten verändert worden sind" (ebd., S 237). Wesentlich ist also: Nicht-Menschen werden nur dann Teil des Kollektivs, wenn sie von Menschen rekrutiert werden, nicht unabhängig davon.

3 Methodische Vorgehensweise

Nicht nur in methodologischer Hinsicht bietet sich im Anschluss an Mannheims Vorstellung von Kontagion die Integration der latourschen Theoriefiguren in die dokumentarische Interpretation an. Auch forschungspraktisch zeigt sich, dass sich die Frage, ob und auf welche Weise sich Menschen und Nicht-Menschen in Unterrichtssituationen miteinander assoziieren und als neuer Akteur an der Interaktion teilhaben, problemlos in die sequenzielle Gesprächsanalyse integrieren lässt, wie sie für die dokumentarische Interpretation verbaler Daten entwickelt wurde (vgl. Przyborski 2004; Bohnsack 2007, S. 121 ff.). Auch um der Sequenzialität der aufgezeichneten Interaktion und damit der Videographie als Erhebungsinstrument gerecht zu werden, erscheint unserer Auffassung nach die für die dokumentarische Interpretation verbaler Daten übliche sequenzielle Gesprächsanalyse als Ausgangspunkt geeignet.[2]

Unter Berücksichtigung der nonverbalen Ebene der Interaktion, also der Gestik, Mimik, der Bewegung der Körper im Raum sowie der Interaktion mit den Dingen haben wir die auf die sprachliche Kommunikation fokussierte Gesprächsanalyse zu einer umfassenderen Interaktionsanalyse erweitert.[3] Ebenso wie in der von Bohnsack (2009) entwickelten Bild- und Videointerpretation geht es dabei nicht nur um die Analyse der konjunktiven und kommunikativen Wissensbestände der Beteiligten (Bohnsack 2007, S. 122), sondern unter Berücksichtigung der Mimik und Gestik, der Anordnung der Körper im Raum sowie des Umgangs mit den Dingen ist der *inkorporierte Habitus* der Erforschten Gegenstand der Rekonstruktion (vgl. Bohnsack 2009, S. 28 ff.). Neben den verbalen Transkripten werden deshalb Fotogramme aus den Unterrichtsvideos analysiert (vgl. Bohnsack 2009, S. 151 ff.) sowie die im Video beobachtbaren Handlungsverläufe im Rahmen der formulierenden Interpretation beschrieben.

Um dem Umgang mit den Dingen in der empirischen Analyse von Unterrichtsprozessen gerecht zu werden, wird in der formulierenden Interpretation zusätzlich zur Frage, *welche* Themen besprochen werden, auch danach gefragt, *welche Artefakte* rekrutiert werden. Auf der Ebene der reflektierenden Interpretation geht es neben der Frage, *wie* die Themen in der sprachlichen, diskursiven Auseinandersetzung des Unterrichts bearbeitet werden, auch darum, *wie die neuen Aktanten (Mensch-Ding-Assoziationen)* interagieren. Analysiert werden *Interaktionseinheiten* und *-bewegungen*. Während die Gesprächsanalyse ausschließlich sprachliche Elaborationen von Propositionen in den Blick nimmt, wird in der Analyse unterrichtlicher Interaktionen auch berücksichtigt, wenn Propositionen durch non-verbales Verhalten oder durch Bezugnahme auf oder Nutzung von Dingen ausgearbeitet werden. In dem Fall sprechen wir von *Enaktierungen*.[4] Im Folgenden veranschaulichen wir die methodische Vorgehensweise anhand eines Beispiels.

3.1 Dokumentarische Interpretation der Sequenz „Katjas Schnecke"

Heimat- und Sachunterricht in einer vierten Klasse einer Grundschule in Schleswig-Holstein.[5] Die Unterrichtseinheit „Lebensraum Wattenmeer" dient der Vorbereitung der Klassenfahrt an die Nordsee. In einer Ecke des Klassenraums ist der „Muscheltisch" aufgebaut. Muscheln und Schnecken sind in kleine weiße Pappschachteln sortiert, jede Art in einer eigenen Schachtel. Diese sind offen und leicht schräg auf dem Tisch angeordnet, so dass die Muscheln und Schnecken gut sichtbar sind (Abb. 1).[6]

In der hier analysierten Stunde haben sich die Schülerinnen und Schüler zunächst mit einem Arbeitsblatt beschäftigt, auf dem verschiedene Muscheln und Schnecken abgebildet sind. Diese sollen mit Hilfe eines Bestimmungsbogens bestimmt werden. Nachdem diese Arbeitsphase abgeschlossen ist, weist ein Kind die Lehrerin darauf hin, dass es Muscheln mitgebracht habe. Auch Katja zeigt eine Schnecke, die sie mit ausgestrecktem Arm in die Höhe hält (Abb. 2).

Abb. 1: Der Muscheltisch

Abb. 2: Katja zeigt ihre Schnecke (00:05:57)

00:05:56–00:06:07
?   … ich habe Muscheln mitgebracht (1)
L   Wer welche mitgebracht hat, darf die verschiedenen Muschelarten, aber nicht zu viele von einer Sorte, sondern die unterschiedlichen Muschelarten auf dem Tisch aufreihen (20)
      Ist denn ne Wellhornschnecke dabei auch die wollten wir uns ja besonders noch mal wünschen; Wer hat ne Wellhornschnecke mitgebracht?
Hm   Hier
L   Oh schön Holger, dann darfst du die mal hochhalten, damit wir alle genau wissen, das ist eine Wellhornschnecke, und dann darfst du die hier auf den Tisch hier legen

Die Interaktionseinheit wird von einem Schüler verbal und in Assoziation mit seinen Muscheln eröffnet. Katja enaktiert die Proposition, indem sie ihre Schnecke zeigt, ohne sich hierzu verbal zu äußern. In der Geste – in der Art und Weise der Präsentation der Schnecke – dokumentiert sich das Einfordern der Aufmerksamkeit der Lehrerin für die Schnecke, die Katja mitgebracht hat. Die Tatsache, dass die Kinder eigene Fundstücke vom Strand für das Unterrichtskollektiv rekrutiert haben und nun mit ihnen assoziiert sind, verändert ihre Rolle innerhalb der Unterrichtsinteraktion. Es ist von Bedeutung, dass die Kinder die Muscheln und Schnecken mitgebracht haben. Sie verlangen, dass die von ihnen mitgebrachten Dinge beachtet werden. Die Proposition der Kind-Muschel-Assoziationen wird von der Lehrerin verbal elaboriert, die mitgebrachten Muscheln dürfen auf dem Muscheltisch abgelegt werden. Das Mitbringen von Muscheln und Schnecken durch Holger und Katja wird auch im weiteren Verlauf der Sequenz von der Lehrerin positiv hervorgehoben; Kinder, die für den Unterricht relevante Dinge von zuhause mitbringen, verdienen besondere Anerkennung. In einer Anschlussproposition thematisiert die Lehrerin allerdings das im Unterricht zu erwerbende Fachwissen, indem sie sich erkundigt, ob eins der Kinder eine Wellhornschnecke mitgebracht habe, die in der Sammlung auf dem Muscheltisch offensichtlich noch fehlt. Die Lehrerin bringt die mitgebrachten Muscheln mit der Klassifikation in Verbindung („verschiedene Muschelarten") und rekurriert dafür auf den Tisch, der mit der Einordnung der Arten in Schachteln die Klassifikation repräsentiert („die unterschiedlichen Muschelarten auf dem Tisch aufreihen"). Die Lehrerin verweist sprachlich auf einen *Tisch* und spricht damit das darauf bisher zusammengetragene fachliche Wissen der Kinder über die Artenvielfalt an.

Durch die Rekrutierung des Tisches und der Fundstücke vom Strand in das Unterrichtskollektiv wird der Tisch auf spezifische Art und Weise in die Unterrichtsinteraktion eingebunden. Die Interferenz zwischen Menschen und Dingen führt zu einer Bedeutungsverschiebung und erweitert hier die Handlungsmöglichkeiten der Lehrerin bei der Gestaltung des Unterrichts (vgl. Latour 2002): Als *Muscheltisch* werden ein gewöhnlicher Tisch, einige Schachteln und eine Muschelsammlung vom Strand mit der Lehrerin zu einem Akteur, der für das fachliche Lernen von Bedeutung ist (zum fachlichen Kompetenzerwerb s. u. Abschn. 5).

Holger enaktiert die Anschlussproposition der Lehrerin, die Frage nach einer Wellhornschnecke, indem er seine Schnecke zeigt – wieder eine Mensch-Ding-Assoziation, die entscheidend für den Unterrichtsverlauf ist, etliche Kinder drehen sich um und schauen zu Holger (ohne Abbildung). Während die Lehrerin „hochhalten" sagt, hält auch Katja ihre Schnecke zum dritten Mal hoch (ohne Abbildung). Katja, deren Schnecke durch die Lehrerin bisher noch nicht beachtet wurde, fordert dies weiterhin durch erneutes Zeigen ein. Die Interaktionseinheit zur Einordnung der Wellhornschnecke in die Klassifikation der Muscheln und Schnecken wird verbal durch die Lehrerin und mit dem Ablegen der Schnecke auf dem Muscheltisch durch Holger vorläufig abgeschlossen.

Anschließend versucht Katja ein weiteres Mal ihre Schnecke ebenfalls in die Unterrichtsinteraktion einzubringen und die Anerkennung der Lehrerin zu gewinnen: Sie steht auf, spricht die Lehrerin jetzt laut an und hält ihr dabei die Schnecke mit ausgestreckten Arm entgegen (Abb. 3). Während Holger seine Wellhornschnecke auf dem Muscheltisch

Abb. 3: Katja zeigt ihre Schnecke (00:07:00)

Abb. 4: Lehrerin, Holger und Katja am Muscheltisch (00:07:10)

ablegt, ist auch die Lehrerin zum Muscheltisch gegangen. Katja verlässt ihren Platz und geht ebenfalls zum Muscheltisch (Abb. 4).

Die Lehrerin nimmt sie wahr und lobt nun auch Katja für das Mitbringen der Schnecke:

00:07:00–00:07:11
Kf   Frau Andresen!
L   Oh ja, super, schön. Da ist ja noch ein Exemplar, die darfst du daneben legen. (3) Aber das ist keine aus der Nordsee, ne.

Katjas Enaktierung der Aufforderung, die Schnecke auf den Muscheltisch zu legen, kann – vergleichbar mit der Situation um Holger – als Versuch einer Konklusion interpretiert werden, da die Schnecke kurzfristig ihren Platz in der Klassifikation der Muscheln und Schnecken findet. Die Lehrerin, Holger und Katja sind währenddessen gemeinsam über den Tisch gebeugt (s. Abb. 4). Hier ist somit ein neuer, allerdings zeitlich befristeter Aktant aus der Assoziation der Menschen mit Holgers und Katjas Muschel und dem Muscheltisch entstanden. Katjas Schnecke ist ebenso wie Holgers Muschel in die Sammlung auf dem Muscheltisch integriert, die Schülerin erhält dadurch sowie durch das verbal geäußerte Lob der Lehrerin die Anerkennung, die die Schülerin zuvor eingefordert hatte. Eine genauere Betrachtung der Schnecke führt *im Fall der Lehrerin* allerdings zu einer Revision der zuvor durchgeführten Integration von Katjas Schnecke in die Sammlung. Auf der verbalen Ebene rekurriert die Lehrerin jetzt auf das biologische Fachwissen, das der Muscheltisch veranschaulicht: Katjas Schnecke ist im Lebensraum Nordsee nicht heimisch. Das Nichtrekrutieren von Katjas Schnecke in das Unterrichtskollektiv durch die Lehrerin wird sachlogisch begründet. In Bezug auf das schulisch relevante Wissen, nämlich die Frage, inwiefern die von Katja mitgebrachte Schnecke zur Vervollständigung der Sammlung beiträgt und somit für die schulische Wissensordnung relevant ist, besteht zwischen Katja und der Lehrerin keine geteilte Orientierung. Dieser Umstand kommt aber nicht offen zur Sprache, sondern bleibt als Divergenz zwischen Katja und der Lehrerin unausgesprochen und unbearbeitet bestehen und wird letztlich nur rituell konkludiert. Vergleichbar einer rituellen Konklusion durch Suspendierung des Themas, die in verbalen Daten darauf hinweist, dass eine Diskurseinheit zwar formal abgeschlossen wird, aber ohne die darunter liegende Divergenz der Gesprächsteilnehmenden auf der Ebene der Orientierungen zu bearbeiten (Przyborski 2004, S. 75 f.), findet hier eine *Suspendierung der Assoziation* statt: Der Aktant, der durch die Assoziation von Katja mit der Schnecke entstanden war, löst sich auf. Katja geht zurück an ihren Platz und legt die Schnecke geräuschvoll und mit so viel Schwung auf den Tisch, dass sie sich mehrfach um die eigene Achse dreht. Katja holt ihre Schreibsachen hervor und setzt die Arbeit an dem Arbeitsblatt fort. Es entsteht ein neuer Aktant aus der Assoziation von Katja mit den Schreibgeräten und dem Arbeitsblatt. Für diesen hat die mitgebrachte Schnecke keine Bedeutung mehr, was sich in Katjas Körperhaltung dokumentiert: Katjas Kopf ist beim Schreiben dicht über das Arbeitsblatt gebeugt, die Schnecke ist nicht mehr in ihrem Blickfeld und findet keine Beachtung (Abb. 5).

In dieser Sequenz zeigt sich ein *exkludierender* Interaktionsmodus. Der Interaktionsmodus bezeichnet die Art und Weise, nach welcher das mit einer Proposition gesetzte Thema elaboriert bzw. enaktiert und abgeschlossen wird (vgl. ausführlich Przyborski 2004, S. 96 ff.). Liegt ein *inkludierender* Interaktionsmodus vor, teilen die Beteiligten

Abb. 5: Katja schreibt (00:07:23)

einen gemeinsamen Orientierungsrahmen, im Fall eines exkludierenden Interaktionsmodus ist dies nicht der Fall (ebd.) Im Fall von Unterricht ist es nicht nur erwartbar, sondern es zeigt sich in der empirischen Analyse immer wieder, dass der Interaktionsmodus häufiger exkludierend als inkludierend ist, da Lehrkräfte und Schülerinnen und Schüler häufig nicht über geteilte habituelle Orientierungen verfügen (vgl. auch Tesch 2010). Ebenfalls typisch für Unterricht ist auch, dass – wie in unserem Beispiel – diese Inkongruenz nicht offen, also oppositionell bearbeitet wird, sondern dass die Interaktionseinheit durch einen divergenten Interaktionsmodus gekennzeichnet ist. Darin werden die unterschiedlichen Orientierungen nicht inhaltlich bearbeitet, vielmehr kommt es zu rituellen Konklusionen der Interaktionen; diese gewährleisten eine lautlose und störungsfreie Fortsetzung des Unterrichts. Divergente Diskurse dieser Art treten immer dann auf, wenn die Beteiligten durch die institutionelle Rahmung gezwungen sind, die Interaktion fortzusetzen, auch wenn sie sich nicht einig sind, z. B. in der Familie oder in der Schule (vgl. dazu Bohnsack 2007, S. 212 ff.).

Darüber hinaus zeigt sich in dieser Sequenz ein weiterer Aspekt, der sich in unserem empirischen Material der qualitativen Unterrichtsforschung immer wieder rekonstruieren lässt, nämlich eine *Diskrepanz zwischen kommunikativem Wissen und konjunktivem, habituellem Handeln auf Seiten der Lehrkräfte*. In der hier analysierten Sequenz bewertet die Lehrerin das Mitbringen der Muscheln und Schnecken explizit positiv. Allerdings zeigt der Verlauf der Unterrichtsinteraktion, dass die Anerkennung für die Schülerinnen und Schüler durch die Lehrerin auf der Beziehungsebene, die im Lob für die mitgebrachten Dinge zum Ausdruck kommt, lediglich kommunikativen Charakter hat. Auf der Ebene des konjunktiven Wissens bzw. der habituellen Praktiken im Umgang mit den Dingen dokumentiert sich in der Zurückweisung von Katjas Schnecke die Vorrangigkeit der Wissensvermittlung in der Orientierung der Lehrerin.

Insofern erklärt sich die *Rahmeninkongruenz* auf der Ebene der konjunktiven Orientierungen zwischen der Lehrerin und Katja, die für das Mitbringen der Schnecke auf der Ebene der sozialen Ordnung des Unterrichts nach Anerkennung verlangt. In der Assoziation mit den Dingen kommen hier unterschiedliche Interferenzen bzw. Übersetzungen (Latour) zum Tragen: Für die Lehrerin verdienen die mitgebrachten Muscheln und Schnecken nur als Anschauungsobjekte für das im schulischen Unterricht zu erwerbende Fachwissen Anerkennung. Katjas Assoziation mit der Schnecke – bzw. in den Worten Mannheims die Kontagion mit der Schnecke, das unmittelbare Berührtsein durch das

Ding – hat aber eine andere Qualität. Für Katja ist die Schnecke ein wertvolles Fundstück, ein besonderer Gegenstand, der für sie – in ihrem konjunktiven Erfahrungsraum – bedeutsam ist.[7] Die *Rahmeninkongruenz* zwischen der Lehrerin und Katja wird in dieser Unterrichtssequenz im divergenten Interaktionsmodus nur rituell konkludiert und die institutionelle Rahmung des Unterrichts trägt dazu bei, dass Katja ihren Wunsch nach Anerkennung der Vorrangigkeit des Wissenserwerbs unterordnet.

4 Unterrichtstheoretische Ergebnisse: Vermittlung und Aneignung von Wisssen als zirkulierende Referenz

Die Theoriefigur der *„zirkulierenden Referenz"* entwickelt Latour (2002, S. 36 ff.) auf der Basis seiner ethnographischen Wissenschaftsforschung. Der Begriff beschreibt die zirkulierende Bezugnahme der Forscherinnen und Forscher auf Dinge in der Natur, die Gegenstand der Forschung sind, und das in Inskriptionen sedimentierte bereits vorhandene wissenschaftliche Wissen bei der Herstellung von neuem Wissen. Wissenschaftliche Erkenntnisprozesse beschreibt Latour als eine Praxis der Auseinandersetzung mit den Dingen in der Welt selbst (z. B. Pflanzen in einem brasilianischen Urwald) und der gleichzeitigen Arbeit mit Gegenständen, in denen bereits existierendes Wissen verfügbar ist. Solches sedimentiertes Wissen sind z. B. geographische Kenntnisse, die in einer Landkarte inskribiert sind, ohne die z. B. Bodenkundler und Biologinnen im Gelände ihrer Forschung nicht nachgehen könnten, oder die Klassifikationen von Gesteinen, die in Werkzeugen und Hilfsmitteln repräsentiert sind, mit Hilfe derer zum Beispiel Bodenproben analysiert und bestimmt werden können. Diese Gegenstände sind Grundlage für den weiterführenden Erkenntnisgewinn. Dabei haben die Repräsentationen eine zweifache Funktion: erstens die Ökonomisierung von Wissen durch Verkürzung (ein Belegexemplar einer Pflanze steht repräsentativ für eine ganze Art) und zweitens die Konservierung von Wissen (ebd., S. 46 f.). In Übersetzungsprozessen werden unter Zuhilfenahme vorhandener inskribierter Repräsentationen konkrete Dinge aus der Natur, z. B. Pflanzen oder Bodenproben, in Zeichen überführt; durch das Tun der Forscherinnen und Forscher wird die Natur in abstrakte Begriffe transformiert (ebd., S. 48 ff.). Den wissenschaftlichen Erkenntnisprozess, der eine Praxis ist und infolge dessen aus Beobachtungen im Feld wissenschaftliches Wissen in Form von Grafiken, Tabellen und Texten entsteht, nennt Latour eine *„Tätigkeit des Abstrahierens"* (ebd., S. 62 ff.). Anhand der Arbeit von Bodenkundlern beschreibt er anschaulich, wie auf der Basis der Beobachtung der Bodenbeschaffenheit und dem Klassifizieren der Bodenproben mit Hilfe entsprechender Gerätschaften[8] aus konkreten Erdklumpen zunächst ein "Laborphänomen" (ebd., S. 66) und sodann eine abstrakte Grafik wird, die in einem wissenschaftlichen Aufsatz publiziert wird.

In der Rekonstruktion von Unterrichtsprozessen zeigt sich, dass auch die Aneignung und Vermittlung von Wissen im Unterricht als zirkulierende Referenz verstanden werden kann. In Lehr-Lernarrangements des entdeckenden Lernens, beim Experimentieren oder in Problemlöseaufgaben kann sich die Konstruktion von Wissen als Tätigkeit des Abstrahierens ereignen.[9] In solchen Aneignungsprozessen werden beobachtbare Phänomene oder Probleme aus Alltagssituationen unter Zuhilfenahme von Werkzeugen bzw. mit Bezugnahme auf in Inskriptionen sedimentiertes Wissen (z. B. Sachbücher) in abstrakte Begriffe transformiert, Schülerinnen und Schüler erleben einen Erkenntnisgewinn. Dabei handelt es sich in der Regel um theoretisches kommunikatives Wissen im Sinne Mannheims (Fachwissen). Um die Praxis des Erkenntnisgewinns, die *Tätigkeit* des Abstrahierens, erfolgreich zu bewältigen, benötigen die Schülerinnen und Schüler aber auch prozedurales Wissen, z. B. im Umgang mit Geräten und Werkzeugen beim Experimentieren oder bei der Beschaffung und Bewertung von Informationen. Dieser Aspekt fachlicher Kompetenz kann mit Mannheim als konjunktives Wissen verstanden werden und ist in der Performanz inkorporierter Praktiken im Unterricht beobachtbar (vgl. zur Rekonstruktion von Kompetenzerwerbsprozessen Martens und Asbrand 2009).

Allerdings finden in der Schule nicht nur Tätigkeiten des Abstrahierens, sondern auch *Tätigkeiten des Konkretisierens* statt. Auch dies geschieht durch die Referenz auf Wissen, das in Schulbüchern und Unterrichtsmaterialien sedimentiert ist. In solchen Wissenserwerbsprozessen werden aber nicht von der Beobachtung konkreter Phänomene ausgehend abstrakte Begriffe entwickelt, sondern es wird von der Repräsentanz auf das Ding rekurriert. In der Tätigkeit des Konkretisierens wird deduktiv von den Schülerinnen und Schülern bereits bekanntes Wissen aktiviert und auf diese Weise kommunikatives, theoretisches Wissen reproduziert. Hier liegt ein Unterschied zwischen Forschungs- und Unterrichtspraxis: Im Unterricht werden häufig nicht komplexe Erkenntnisinteressen bearbeitet, deren Ergebnisse tatsächlich offen im Sinne wissenschaftlicher Erkenntnis sind; in der Regel weiß zumindest die Lehrkraft, was das Ergebnis des Arbeitsprozesses sein soll bzw. worauf man zeigen muss (z. B. eine Inskription).

4.1 Zirkulierende Referenz in der Sequenz „Katjas Schnecke"

Auch in der oben analysierten Unterrichtssequenz lässt sich die Tätigkeit des Konkretisierens rekonstruieren. Die Muscheln und Schnecken dienen in diesem unterrichtlichen Setting als Anschauungsobjekte für das in den Arbeitsblättern repräsentierte und den Schülerinnen und Schülern bereits verfügbare theoretische Wissen. Für die Lehrerin stehen die Begriffe im Vordergrund. In dieser Unterrichtssequenz geht es um den Erwerb von Fachwissen durch die Benennung der Dinge mit den gelernten Begriffen und nicht darum, dass die Kinder Kompetenzen im Bestimmen von unterschiedlichen Muschel- und Schneckenarten erwerben. Hierzu müssten Tätigkeiten des Beobachtens, Beschreibens und Klassifizierens der Muscheln und Schnecken sowie der Umgang mit Bestimmungsbüchern eingeübt werden (eine Praxis, die im Sinne des entdeckenden Lernens als Vorbereitung einer Klassenfahrt an die Nordsee ebenfalls denkbar wäre). In der analysierten Sequenz haben die mitgebrachten Muscheln und Schnecken die Funktion, die vorgängig durch den Unterricht gegebenen und in Arbeitsblättern, Schautafeln und Lehrbüchern inskribierten Artenbenennungen, Begriffe und Bezeichnungen zu veranschaulichen. Im Sinne einer Übereinstimmung zwischen dem in den Inskriptionen verfügbaren Wissen und den Dingen werden nur solche Muscheln und Schnecken in das Unterrichtskollektiv rekrutiert, die zu dem schulisch relevanten und mittels Inskriptionen definierten Wissen zählen. Das konkrete Ding hat die Funktion die Vermittlung theoretischen Wissens zu unterstützen. Dies soll im Folgenden noch einmal am empirischen Material verdeutlicht werden.

In der Aussage der Lehrerin, dass die Kinder die „verschiedene Muschelarten" auf dem Muscheltisch platzieren dürfen („aber nicht zu viele von einer Sorte"), dokumentiert sich, dass die Lehrerin den Tisch als eine exemplarische Sammlung auffasst. Es geht nicht darum, jedes mitgebrachte Exemplar vor dem Hintergrund des klassifizierten Individuums zu überprüfen und einzuordnen, sondern darum, jede Art in dem Klassifikationssystem mindestens einmal zu repräsentieren. In ihrer Nachfrage, ob ein Kind auch eine Wellhornschnecke mitgebracht habe, zeigt sich erneut die Bedeutung der Begriffe bzw. ihre Vorrangigkeit gegenüber den beobachtbaren Phänomenen und der Tätigkeit des Beobachtens und Klassifizierens. In der direkten Frage nach einer bestimmten Art, die auf dem Muscheltisch noch fehlt, zeigt sich eine Orientierung an der Vollständigkeit der Übersicht. Es geht hier nicht darum, ein Klassifikationssystem als Instrument der naturwissenschaftlichen Erkenntnisgewinnung zu entwickeln. Die Klassifikation ist bereits vorgängig vorhanden und wird für den Unterricht nur reproduziert. Aus einem Fundstück wird ein Anschauungsobjekt für den Fachbegriff ‚Wellhornschnecke'. Die Schnecke wird nicht beobachtet und beschrieben, sondern „gezeigt". Dies wird von der Lehrerin auch verbal bestätigt: Die Funktion der mitgebrachten Schnecke ist, dass sie „angeguckt" werden kann. Die Dinge erhalten hier die Funktion der Illustration und Verifizierung des theoretischen Wissens. Dieses ist aber bereits in der Klasse verfügbar, muss nicht erst durch den Umgang mit den Dingen hergestellt werden. Das Zeigen der Muschel wird von der Lehrerin als eine Tätigkeit des Wissenserwerbs gerahmt. In der Zirkularität von Konkretisierung und Abstraktion wird auf das Konkrete rekurriert. Die Wellhornschnecke, auf die im unterrichtlichen Diskurs bisher nur begrifflich rekurriert wurde, wird anschaulich.

In dieser Tätigkeit des Konkretisierens dokumentiert sich ein instruktivistisches Lehr-Lernverständnis der Lehrerin: Man zeigt auf etwas und benennt es, bringt Bezeichnung und Bezeichnetes in Übereinstimmung. Artenkenntnis wird durch die Lehrerin als schulisch relevantes Wissen definiert. Die Kinder sollen wissen, welche Muscheln und Schnecken in der Nordsee häufig vorkommen, wie sie heißen bzw. wie sie aussehen. Später wird die Schnecke von Katja nicht in das unterrichtliche Kollektiv rekrutiert, da sie nicht dem im Unterricht zu erwerbenden Wissen zugehörig ist. Dieses Wissen wird in der Situation von der Lehrerin an die Schnecke herangetragen. Die Irritation, die durch die Nicht-Rekrutierung von Katjas Schnecke auf der Ebene des schulisch relevanten Wissens entsteht, wird in der Unterrichtssequenz und auch im weiteren Unterrichtsverlauf nicht aufgeklärt. Katjas Nicht-Wissen wird nicht in Wissen transformiert. Ausgehend vom begrifflichen Wissen, im Modus des *Konkretisierens,* gelingt es nicht das mitgebrachte Ding, das mit spezifischen konjunktiven Erfahrungen Katjas verbunden ist, in das Relevanzsystem des Unterrichts zu überführen. Eine Bestimmung der Schnecke im Modus des *Abstrahierens* hätte das Potenzial gehabt, die Schnecke als *etwas anderes* als die im Lebensraum der Nordsee heimischen Arten kennenzulernen und anzuerkennen.

5 Zusammenfassung und Ausblick

Die Komplexität von unterrichtlicher Interaktion zeichnet sich dadurch aus, dass die verbale und nonverbale Ebene, also Sprache, Gestik, Mimik, die Bewegung der Körper im Raum sowie die Interaktion mit den Dingen als komplexe Simultanstruktur interpretiert werden müssen. Grundsätzlich vertreten wir mit dem Ansatz einer dokumentarischen Unterrichtsforschung den Anspruch, dieser Simultaneität methodisch im Rahmen einer umfassenden sequenziellen Interaktionsanalyse Rechnung zu tragen. Zwar ist offensichtlich, dass der Umgang mit den Dingen nur in Zusammenhang mit der verbalen und nonverbalen Ebene der Unterrichtssinteraktion interpretiert werden kann. Jedoch mussten wir uns in diesem Aufsatz aus Platzgründen auf die Rolle der Dinge und deren Assoziation mit den menschlichen Beteiligten am Unterricht konzentrieren.

Gegenstand des Aufsatzes ist in erster Linie die Erweiterung des methodischen Vorgehens der dokumentarischen Gesprächsanalyse um eine Analyse der Assoziation zwischen Menschen und Dingen. Die Akteur-Netzwerk-Theorie Latours hat sich dabei in methodologischer Hinsicht als anschlussfähig an die Grundlagentheorie der dokumentarischen Methode erwiesen. Gleichzeitig konnten die von Latour geprägten Begriffe zur Beschreibung des Zusammenwirkens von Mensch und Ding auf der Ebene der methodischen Operationalisierung übernommen werden. In unserem Aufsatz haben wir uns, ausgehend von dem empirischen Beispiel, besonders auf die Vermittlungsform der Interferenz konzentriert. Wir konnten zeigen, wie sich in unterrichtlichen Interaktionen vor dem Hintergrund fachlich-inhaltlicher Relevanzsetzungen Menschen und Dinge zu neuen Akteuren mit spezifischen Handlungsmöglichkeiten innerhalb der unterrichtlichen (Wissens-)Ordnung assoziierten. Die Interferenz erscheint, empirisch gesehen, als eine im Unterricht sehr häufig anzutreffende Vermittlungsform. Eine weitere Vermittlungsform zwischen Menschen und Nicht-Menschen ist die der *Delegation,* die eine zeitliche und räumliche Verschiebung von Akteuren und Bedeutungen darstellt: Die delegierenden menschlichen Akteure sind abwesend und ihre Handlungen durch das Ding gleichzeitig anwesend (Latour 2002, S. 219 ff.). Dieses Phänomen lässt sich bezogen auf Unterricht beispielsweise anhand von Sitzordnungen im Klassenraum sowie von Gegenständen (Sprechsteinen/Klangschalen) zeigen, an die die soziale Ordnung des Unterrichts delegiert wird. Die Ausarbeitung dieses Themas sowie die empirische Analyse von Delegationen im empirischen Material kann ebenso wie ein ausführlicher empirischer Nachweis der anderen Vermittlungsformen bei Latour und deren unterrichtstheoretische Reflexion aus Platzgründen im Rahmen dieses Aufsatzes leider nicht erfolgen.

Wichtiges Ergebnis unserer ursprünglich methodisch motivierten Beschäftigung mit der Theorie Latours ist, dass sich diese nicht nur eignet, um den forschenden Blick auf die Rolle der Dinge in der unterrichtlichen Interaktion zu öffnen und diesen forschungsmethodisch zu systematisieren. Vielmehr leisten die wissenschaftstheoretischen Arbeiten Latours auch einen wertvollen Beitrag zur gegenstandsbezogenen Theoriebildung: Unterrichtstheoretisch ist bedeutsam, das sich Wissens- und Kompetenzerwerbsprozesse im Unterricht im empirischen Nachvollzug dessen, was Latour „zirkulierende Referenz" nennt, als Tätigkeiten des Abstrahierens bzw. als Tätigkeiten des Konkretisierens rekonstruieren lassen. So zeigt sich ein instruktivistisches bzw. transmissives Lehr-Lernverständnis, wenn die Dinge, die schulisch relevantes Wissen repräsentieren – wie oben gezeigt – im Modus der Konkretisierung als Veranschaulichung vorgängig bekannten Wissens eingesetzt werden. Umgekehrt ist vorstellbar, dass in konstruktivistisch geprägten Lehr-Lernarrangements dieselben Dinge Anlass bieten für Abstraktionsprozesse der Schülerinnen und Schüler, im Modus der Induktion oder Abduktion.

Anmerkungen

1 Weitere Vermittlungsformen zwischen Menschen und Nicht-Menschen sind die *Zusammensetzung* (mehrere Handlungsprogramme werden aneinander gereiht und miteinander verschachtelt, durch das Zusammenwirken mehrerer Aktanten entstehen Handlungsketten), das *Blackboxing* (Handlungen werden durch Maschinen ermöglicht, deren Arbeitsweise nicht durchschaubar ist) und die *Delegation,* die eine zeitliche und räumliche Verschiebung von Akteuren und Bedeutungen darstellt: Die delegierenden menschliche Akteure sind abwesend und ihre Handlungen durch das Ding gleichzeitig anwesend (Latour 2002, S. 219 ff.). Dabei ist die Interferenz bzw. Übersetzung diejenige Vermittlungsform, die prozesshaft in der Interaktion entsteht, während ein Charakteristikum der anderen Vermittlungsformen darin besteht, dass durch das Ding die zeitlichen und räumlichen Abläufe der Handlungsketten suspendiert werden. Möglicherweise ist sie deshalb vergleichsweise häufig in Unterrichtsprozessen zu beobachten.

2 Die dokumentarische Methode ist ursprünglich für die Analyse von Gesprächen entwickelt worden (vgl. Bohnsack 1989, 2007), wurde aber in den vergangenen Jahren um methodische Ansätze zur Analyse von Bildern und Videos erweitert (Bohnsack 2009). Allerdings ist der vorliegende Ansatz zur Videoanalyse auf die Interpretation eines Films als technisch und ästhetisch gestaltetes Produkt ausgerichtet, während für die dokumentarischen Analyse von Videographien als Erhebungsinstrument bisher – mit Ausnahme der Arbeiten von Wagner-Willi (2005, 2008) und Nentwig-Gesemann (2006, 2007) – kaum Erfahrungen vorliegen. Im Rahmen unserer Forschungspraxis hat es sich als notwendig erwiesen, der spezifischen Sequenzialität der aufgezeichneten Unterrichtsinteraktionen Rechnung zu tragen, diese unterscheidet sich kategorial von der Sequenzialität eines Filmes. Während sich die Sequenzialität des videographierten Unterrichts aus dem aufgezeichneten Interaktionsgeschehen ergibt, ist die Sequenzialität des Films vornehmlich durch die Produktion, durch Schnitt, Montage und Einstellung, gestaltet. Diese Aspekte der Herstellung eines Films sind vorrangig Gegenstand der Analyse der Sequenzialität im Rahmen der dokumentarischen Videointerpretation (vgl. Bohnsack 2009, S. 158 ff.).

3 Auf welche Weise wir die Analyse von Gesten, Handlungen, Bewegungen und Anordnung von Körpern im Raum im Rahmen der dokumentarischen Unterrichtsforschung in diese umfassendere Interaktionsanalyse einbeziehen, kann in diesem Beitrag aus Platzgründen leider nicht dargestellt werden und bleibt weiteren Publikationen vorbehalten.

4 In der Gesprächsanalyse im Rahmen der dokumentarischen Interpretation wird die formale Struktur von Gesprächen auf der Ebene von Diskurseinheiten analysiert, die jeweils durch eine Proposition eröffnet werden, in der ein Sprecher oder eine Sprecherin den Orientierungsgehalt zum Ausdruck bringt. Anschließend wird das Thema in Diskursbewegungen argumentierend, in Narrationen und/oder mit Beispielen elaboriert und die Diskurseinheit durch eine Konklusion abgeschlossen (vgl. ausführlich Przyborski 2004; Bohnsack 2007, S. 124 f.).

5 Die hier interpretierte Sequenz um Katjas Schnecke stammt aus einem Forschungsprojekt, das sich mit der Veränderung der Lernkultur beim Übergang von der Grundschule in die Sekundarstufe I beschäftigt (Petersen In Vorbereitung). Die Sequenz ist zur Veranschaulichung allgemeiner methodischer und unterrichtstheoretischer Überlegungen aus dem Forschungskontext heraus genommen worden. Die inhaltlichen Aussagen, die z. B. die Orientierung der Lehrkraft und ihr Lehr-Lernverständnis betreffen, konnten nur auf der Grundlage einer fallinternen und -externen komparativen Analyse innerhalb des größeren Forschungskontextes getroffen werden, deren Nachvollzug hier allerdings aus Platzgründen nicht dargestellt werden kann.

6 Bei allen Abbildungen handelt es sich um Standbilder (Fotogramme) aus den Unterrichtsvideos.

7   Diese Interpretation stützt sich auch auf die Analyse weiterer Unterrichtssequenzen, die hier aus Platzgründen nicht dargestellt werden können, vor allem eine Szene aus dem Morgenkreis, in dem Katja berichtet, dass sie eine Schnecke gefunden und mitgebracht habe.
8   Interessanterweise sehen die weißen Papierschachteln, mit deren Hilfe in dem von Latour ausführlich beschriebenen „Pedokomparator" Bodenproben sortiert und klassifiziert werden (vgl. Latour 2002, S. 68, Abb. 2.14), genauso aus wie die Schachteln auf dem „Muscheltisch", die in der von uns analysierten Unterrichtssequenz dazu dienen die verschiedenen Muschel- und Schneckenarten zu klassifizieren.
9   Freilich ist dieses für die Schülerinnen und Schüler „neue" Wissen ein bekanntes, eigentlich sogar kanonisches Wissen der Schulfächer. Im Abstraktionsprozess, den die Schülerinnen und Schüler in dafür geeigneten Lerngelegenheiten durchlaufen, werden keine neuen Erkenntnisse im disziplinären Sinne erlangt, vielmehr werden die kanonischen Abstraktionen nachvollzogen. Es handelt sich um für die Schülerinnen und Schüler neues Wissen.

Literatur

Blumer, H. (1969). *Symbolic interactionism.* Englewood Cliffs: Prentice Hall.
Bohnsack, R. (1989). *Generation, Milieu und Geschlecht – Ergebnisse aus Gruppendiskussionen mit Jugendlichen.* Opladen: Leske und Budrich.
Bohnsack, R. (2007). *Rekonstruktive Sozialforschung. Einführung in qualitative Methoden.* Opladen: Barbara Budrich.
Bohnsack, R. (2009). *Qualitative Bild- und Videointerpretation.* Opladen: Barbara Budrich.
Breidenstein, G. (2006). *Teilnahme am Unterricht. Ethnographische Studien zum Schülerjob.* Wiesbaden: VS Verlag für Sozialwissenschaften.
Fetzer, M. (2010). Reassembling the Social Classroom. Mathematikunterricht in einer Welt der Dinge. In B. Brand, M. Fetzer, & M. Schütte (Hrsg.), *Auf den Spuren Interpretativer Unterrichtsforschung in der Mathematikdidaktik* (S. 267–290). Münster: Waxmann.
Kalthoff, H., & Roehl, T. (2011). Interobjectivity and interactivity: Material objects and discourse in class. *Human Studies, 34,* 451–469.
Kolbe, F.-U., Reh, S., Fritzsche, B., Idel, T.-S., & Rabenstein, K. (2008). Lernkultur: Überlegungen zu einer kulturwissenschaftlichen Grundlegung qualitativer Unterrichtsforschung. *Zeitschrift für Erziehungswissenschaft, 11*(1), 125–143.
Krummheuer, G., & Naujok, N. (1999). *Grundlagen und Beispiele interpretativer Unterrichtsforschung.* Opladen: Leske + Budrich.
Langeveld, M. J. (1955). Das Ding in der Welt des Kindes. *Zeitschrift für Pädagogik, 1,* 69–83.
Latour, B. (2002). *Die Hoffnung der Pandora.* Frankfurt a. M.: Suhrkamp.
Latour, B. (2005). *Reassambling the social. An introduction to Actor-Network-Theorie.* Oxford: UP.
Lueger, M. (2000). *Grundlagen qualitativer Feldforschung. Methodologie, Organisierung, Materialanalyse.* Wien: Universitätsverlag.
Luhmann, N. (2002). *Das Erziehungssystem der Gesellschaft.* Frankfurt a. M.: Suhrkamp.
Mannheim, K. (1980). *Strukturen des Denkens.* Frankfurt a. M.: Suhrkamp.
Martens, M., & Asbrand, B. (2009). Rekonstruktion von Handlungswissen und Handlungskompetenz – auf dem Weg zu einer qualitativen Kompetenzforschung. *Zeitschrift für Qualitative Forschung, 10,* 223–239.
Meseth, W., Proske, M., & Radtke, F. O. (2011). Was leistet eine kommunikationstheoretische Modellierung des Gegenstandes „Unterricht"? In W. Meseth, M. Proske, & F. O. Radtke (Hrsg.), *Unterrichtstheorien in Forschung und Lehre* (S. 223–240). Bad Heilbrunn: Klinkhardt.
Meyer-Drawe, K. (1999). Herausforderung durch die Dinge. Das Andere im Bildungsprozess. *Zeitschrift für Pädagogik, 45,* 329–342.

Nentwig-Gesemann, I. (2006). Regelgeleitete, habituelle und interaktionistische Spielpraxis. Die Analyse von Kinderspielkultur mit Hilfe videogestützter Gruppendiskussionen. In R. Bohnsack, A. Przyborski, & B. Schäffer (Hrsg.), *Das Gruppendiskussionsverfahren in der Forschungspraxis* (S. 25–44). Opladen: Barbara Budrich.

Nentwig-Gesemann, I. (2007). Sprach- und Körperdiskurse von Kindern. Verstehen und Verständigung zwischen Textförmigkeit und Ikonizität. In B. Friebertshäuser, H. von Felden, & B. Schäffer (Hrsg.), *Bild und Text – Methoden und Methodologien visueller Sozialforschung in der Erziehungswissenschaft* (S. 105–120). Opladen: Barbara Budrich.

Nohl, A.-M. (2011). *Pädagogik der Dinge*. Bad Heilbrunn: Klinkhardt.

Parmentier, M. (2001). Der Bildungswert der Dinge oder: Die Chance des Museums. *Zeitschrift für Erziehungswissenschaft, 4*(1), 39–50.

Petersen, D. (In Vorbereitung). *Die institutionelle Rahmung des Übergangs von der Grundschule in die Sekundarstufe I aus Schülerperspektive*. Dissertation Universität Frankfurt am Main.

Przyborski, A. (2004). *Gesprächsanalyse und dokumentarische Methode. Qualitative Auswertung von Gesprächen, Gruppendiskussionen und anderen Diskursen*. Wiesbaden: VS Verlag für Sozialwissenschaften.

Reckwitz, A. (2003). Grundelemente einer Theorie sozialer Praktiken. Eine soziologische Perspektive. *Zeitschrift für Soziologie, 32*(4), 282–301.

Rittelmeyer, C., & Parmentier, M. (2001). *Einführung in die pädagogische Hermeneutik*. Darmstadt: WBG.

Roehl, T. (2012). From witnessing to recording – material objects and the epistemic configuration of science classes. *Pedagogy, Culture & Society, 20*(1), 49–70.

Schäffer, B. (2001). „Kontagion" mit dem Technischen. Zur generationsspezifischen Einbindung in die Welt medientechnischer Dinge. In R. Bohnsack, I. Nentwig-Gesemann, & A.-M. Nohl (Hrsg.), *Die dokumentarische Methode und ihre Forschungspraxis. Grundlagen qualitativer Forschung* (S. 43–64). Opladen: Leske + Budrich.

Stieve, C. (2008). *Von den Dingen lernen. Die Gegenstände unserer Kindheit*. München: Wilhelm Fink Verlag.

Tesch, B. (2010). *Kompetenzorientierte Lernaufgaben im Fremdsprachenunterricht. Konzeptionelle Grundlagen und eine rekonstruktive Fallstudie zur Unterrichtspraxis (Französisch)*. Frankfurt a. M.: Peter Lang.

Wagner-Willi, M. (2005). *Kinder-Rituale zwischen Vorder- und Hinterbühne – Der Übergang von der Pause zum Unterricht*. Wiesbaden: VS Verlag für Sozialwissenschaften.

Wagner-Willi, M. (2008). Die dokumentarische Videointerpretation in der erziehungswissenschaftlichen Ethnographieforschung. In: B. Hünersdorf, C. Maeder, & B. Müller (Hrsg.), *Ethnographie in der Erziehungswissenschaft. Methodologische Reflexionen und empirische Annäherungen* (S. 221–231). Weinheim: Juventa.

Wulf, C., Althans, B., Blaschke, G., Ferrin, N., Göhlich, M., Jörissen, B., Mattig, R., Nentwig-Gesemann, I., Schinkel, S., Tervooren, A., Wagner-Willi, M., & Zirfas, J. (2007). *Lernkulturen im Umbruch. Rituelle Praktiken in Schule, Medien, Familie und Jugend*. Wiesbaden: VS Verlag für Sozialwissenschaften.

Sozialisation in konjunktiven, organisierten und institutionalisierten Transaktionsräumen: Zum Aufwachsen mit materiellen Artefakten

Arnd-Michael Nohl

Zusammenfassung: Anregungen Bruno Latours folgend, lässt sich Sozialisation als Aufwachsen auch mit materiellen Artefakten begreifen. Ausgehend vom Pragmatismus und von der Wissenssoziologie wird in dem Beitrag der Grundbegriff des konjunktiven Transaktionsraums entwickelt und um organisierte wie institutionalisierte Komponenten erweitert. Sozialisation lässt sich so als Hineinwachsen in unterschiedlich verfasste Transaktionsräume thematisieren, innerhalb derer Verbindungen zwischen Menschen und Dingen geknüpft, erweitert und verfestigt werden.

Schlüsselwörter: Sozialisation · Transaktion · Artefakt · Pragmatismus · Wissenssoziologie

Socialisation in conjunctive, organized and institutionalised spaces of transaction: on growing up with material artefacts

Abstract: Drawing on Bruno Latour, the author proposes to understand socialisation as growing up with, amongst others, material artefacts. Based on pragmatism and the sociology of knowledge, in this article the basic concept of conjunctive transactional space is developed and expanded to include organised and institutionalised components. In this way socialisation can be comprehended as a growing into differently structured spaces of transaction, within which connections between human beings and things are established, expanded and consolidated.

Keywords: Socialisation · Transaction · Artefact · Pragmatism · Sociology of knowledge

© Springer Fachmedien Wiesbaden 2013

Prof. Dr. A.-M. Nohl (✉)
Fakultät für Geistes- und Sozialwissenschaften, Helmut Schmidt Universität,
Holstenhofweg 85, 22043 Hamburg, Deutschland
E-Mail: nohl@hsu-hh.de

In der „Berliner Kindheit um neunzehnhundert" schildert Walter Benjamin (2006, S. 96 ff.) seine „Sehnsucht" nach dem „Lesekasten", gehörte er doch zu jenen Dingen, die – so notiert Benjamin über sich – „dauerhaftere Gewohnheiten in ihm entfalteten als alle anderen". Nach einer knappen Beschreibung des Lesekastens fährt er mit folgenden Worten fort: „Was ich in Wahrheit in ihm suche, ist sie selbst: die ganze Kindheit, wie sie in dem Griff gelegen hat, mit dem die Hand die Lettern in die Leiste schob, in der sie sich zu Wörtern reihen sollten." Dann heißt es aber: „Die Hand kann diesen Griff noch träumen, aber nie mehr erwachen, um ihn wirklich zu vollziehen."

Die Erinnerung an den Austausch mit den Dingen fällt uns wohl so schwer, weil er noch stärker als alle menschliche Interaktion in praktische Handlungsvollzüge eingelassen ist. Zwar hat Walter Benjamin keine Mühe, sich an die symbolisch-sprachliche Bezeichnung des Lesekastens zu erinnern. Doch im Gegensatz zur menschlichen Interaktion, die, wie George Herbert Mead gezeigt hat, vor allem auf sprachlichen Gesten beruht, basiert die Beziehung zu den Dingen hauptsächlich auf nonverbaler Handlungspraxis. Den „Griff", in dem der Lesekasten lag, kann Benjamin mithin nur noch imaginativ hervorholen.

Vielleicht ist diese sprachliche Unfassbarkeit des Handelns mit den Dingen einer der Gründe dafür, dass diese Thematik kaum in der Sozialisationsforschung untersucht wurde. Die Bedeutung der Dinge für die Sozialisation lässt sich zwar ohne weiteres konstatieren. So verstehen Geulen und Hurrelmann (1980, S. 51) Sozialisation als „den Prozeß der Entstehung und Entwicklung der Persönlichkeit in wechselseitiger Abhängigkeit von der gesellschaftlich vermittelten sozialen und materiellen Umwelt". Doch findet sich beispielsweise in dem von Hurrelmann et al. (2008) herausgegebenen „Handbuch der Sozialisationsforschung" außer Beiträgen zur Sozialisation im Zusammenhang mit räumlichen Umwelten und Massenmedien kein einziger Artikel, der sich mit der sozialisatorischen Bedeutung der Dinge auseinandersetzen würde.

Ich möchte mit meinem Beitrag nun nicht den Anspruch erheben, die Sozialisation mit den Dingen umfassend zu erörtern – viele wichtige Fragen werden unbehandelt bleiben müssen. Konzentrieren möchte ich mich aber auf zwei sozialisationstheoretische Fragen, die m. E. notwendiger Weise geklärt werden sollten, will man das Aufwachsen mit materiellen Artefakten beleuchten: Wie ist das Verhältnis von Menschen und Dingen begrifflich zu fassen? Und wie lassen sich die sozio-materiellen Konstellationen, in denen junge Menschen sozialisiert werden, beschreiben? Meine hauptsächlich theoretisch-begrifflichen Überlegungen illustriere ich anhand von Beispielen aus den Kindheitserinnerungen von Literaten.

Ich beginne mit der Theorieofferte jenes Ansatzes, der wesentlichen Anteil an der (Wieder-) Entdeckung der Dinge in den Sozialwissenschaften hatte und als Akteur-Netzwerk-Theorie bekannt geworden ist (Abschn. 1). Aus dessen Kritik heraus widme ich mich dann der Art und Weise, wie Praktiken der Transaktion zwischen Menschen und Dingen im philosophischen Pragmatismus gefasst werden (Abschn. 2). Da der Pragmatismus zwar handlungstheoretisch wegweisend, sozialtheoretisch aber nicht weiterführend ist, suche ich mir dann Anregungen aus der praxeologischen Wissenssoziologie, aus der heraus ich den Begriff des „konjunktiven Transaktionsraums" entwickle (Abschn. 3). Weil hiermit nur eine sozio-materielle Konstellation beschrieben ist, innerhalb derer (junge) Menschen sozialisiert werden, ergänze ich diesen Begriff um die organisierten und institutionalisierten Komponenten von Transaktionsräumen (Abschn. 4).[1]

1 Anregungen der Akteur-Netzwerk-Theorie

Es ist sicherlich das Verdienst Bruno Latours, auf die Aporien einer Dichotomisierung von Dingen und Menschen öffentlichkeitswirksam aufmerksam gemacht und mit seiner „symmetrischen Anthropologie" (Latour 1998) neue Wege zur Untersuchung soziodinglicher Zusammenhänge geebnet zu haben. Latour unterläuft die Dichotomisierung von Zeichen und Materie (und die mit ihr einhergehende Vernachlässigung materieller Dinge in den Sozialwissenschaften), indem er das „Ensemble von Praktiken" (1998, S. 19) in den Blick nimmt, in welchem sich immer wieder neue Verbindungen von Menschen und Dingen ergeben. In diesen Verbindungen stoßen menschliche und dingliche Agenten mit ihrem jeweiligen „Handlungsprogramm" im Sinne einer „Abfolge von Zielen, Schritten und Intentionen" aufeinander (Latour 2000, S. 216), wodurch sich die Praktiken des nun zusammengesetzten „Hybrid-Akteurs" (ebd., S. 218) verändern. Zum Beispiel kann aus der eiligen Frau, die alsbald nach Hause kommen möchte, zusammen mit ihrem Rennrad ein schneller Hybrid-Akteur werden. Diese „Zusammensetzungen" (ebd., S. 220) könnten sofort erkennbar sein, gehören aber oftmals zu den Selbstverständlichkeiten des Lebens und sind mithin in eine „Blackbox" überführt worden (ebd., S. 223) – wie etwa in der Straßenschwelle, in der sich die Dinge mit dem „Handlungsprogramm" von Polizisten, die die Einhaltung der Geschwindigkeitsbeschränkung kontrollieren, zum „sleeping policeman" (wie es in Großbritannien heißt) verbinden und auch die Radfahrerin bremsen.

Es ist nun wiederholt – und auch in der Erziehungswissenschaft – darauf hingewiesen worden, dass die Akteur-Netzwerk-Theorie – und insbesondere die Ausprägung, die ihr Bruno Latour verliehen hat – nicht als systematischer Theorieansatz, sondern als Forschungszugang bzw. als Form von „Such- und Findestrategien" (Reckwitz, zit. n. Rieger-Ladich 2009, S. 126) betrachtet werden sollte (vgl. Fenwick und Edwards 2010, S. 1 ff.).[2] Dies hat jedoch nicht alleine mit dem entsprechenden Eigenanspruch von Latour zu tun, sondern auch mit „einer Reihe von begrifflichen Ambiguitäten" (Reckwitz 2002, S. 210) und theoretischen Schwächen dieses Ansatzes.

Zunächst ist hier die tendenzielle Verengung menschlicher Akteure auf Träger/innen *intentionalen* Handelns zu nennen. Denn Latours Rede von den „Handlungsprogrammen" (s. o.) impliziert letztlich ein intentionalistisches Handlungsmodell. „Die Handlung ist gewissermaßen ein der Motivierung nachgeordnetes Ausführen: In Handlungsprogrammen setzen sich die Agenten Ziele und arbeiten diese sukzessive z. T. unter ‚technisch vermittelten' Umwegen ab" (Schäffer 2003, S. 109). Dieser Intentionalismus unterliegt auch Latours handlungstheoretischer Darstellung der Mischungen („Hybridakteure") aus nicht-menschlichen „Aktanten" und menschlichen „Akteuren", obgleich für diese ja – wie in der geschwindigkeitsbremsenden Bodenschwelle evident wird – eine Wiederholung ihrer zentralen Praktiken (den Reifen schnell fahrender Autos Widerstand zu leisten) charakteristisch ist. Hier deutet sich an, dass Latour die Wiederholung von Praktiken und die damit verbundene Routinisierung keineswegs prinzipiell ausschließt, hierfür aber kein Begriffsvokabular entwickelt hat.[3]

Die Wiederholung und Routinisierung von Praktiken – und seien sie ‚rein' menschlicher Natur – implizieren eine gewisse Dauerhaftigkeit; eben diese wird von Latour nun aber einer Gesellschaft ohne materielle Artefakte abgesprochen. In seinem Aufsatz „Technology is Society Made Durable" geht er von einem Modell der Sozialität aus, die auf *Interaktionssituationen* beschränkt ist und nur mithilfe materialer Artefakte dauerhafte Strukturen entfalten kann: So heißt es dort: „whenever we discover a stable social relation, it is the introduction of some non-humans that accounts for this relative durability" (Latour 1992, S. 111).

Diese These unterstreicht Latour (2007) auch in seinem Buch „Eine neue Soziologie für eine neue Gesellschaft". Der herkömmlichen Soziologie macht er dort zum Vorwurf, mit „zwei völlig verschiedenen Typen von Phänomenen" zu argumentieren: „Das eine sind die lokalen, nackten, dynamischen, ausrüstungslosen face-to-face-Interaktionen ...; das andere ist eine Art von besonderer Kraft, die angeblich erklären soll, warum dieselben temporären face-to-face-Interaktionen weitreichend und dauerhaft werden konnten" (ebd., S. 112). Die Existenz einer solchen „sozialen Trägheit", die alleine auf menschlichen Beziehungen beruht, stellt Latour (ebd., S. 63) jedoch grundsätzlich in Frage. Die auf Kopräsenz basierenden, aber eben nur für die Dauer dieser gleichzeitigen Anwesenheit geltenden – und sich damit letztlich in Performanz erschöpfenden – Interaktionen zwischen Menschen lässt Latour demgegenüber gelten. Alleine auf ihrer Basis aber wäre die Gesellschaft instabil. An dieser Stelle kommen nun die Dinge ins Spiel. Selbst die herkömmlichen Soziolog(inn)en würden, wenn sie „die Dauerhaftigkeit von sozialen Aggregaten anführen, ... den schwachen sozialen Bindungen stets – bewußt oder unwissentlich – das schwere Gewicht [verleihen; AMN], das von den Massen anderer, nicht-sozialer Dinge abgeleitet wird. In der Praxis sind es stets Dinge ..., die ihre ‚stählerne' Eigenschaft der fragilen Gesellschaft leihen" (ebd., S. 117).[4]

Es soll hier nun nicht in Abrede gestellt werden, dass materielle Artefakte Gesellschaft stabilisieren und sozialen Praktiken Dauerhaftigkeit verleihen können. Es erscheint aber einseitig, diese Fähigkeit nur den nicht-menschlichen Aktanten zuzuschreiben, während das Menschliche auf die Situativität von face-to-face-Interaktionen beschränkt bleibt. Trotz des hohen Anregungspotentials von Latours Forschungsprogramm soll daher im Folgenden eine grundlagentheoretische Perspektive skizziert werden, mit der sich die Dauerhaftigkeit rein menschlicher Praktiken, die in Routinen verankert sind, neben einer durch materielle Artefakte erzielten Dauerhaftigkeit denken lässt. Dabei ist aber zugleich – Latour folgend – eine mögliche Dichotomisierung von Humanem und Non-Humanem von vorneherein zu unterlaufen. Auf diese Weise werden dann auch die Verkettungen und Verknüpfungen von Menschen und Dingen in routinisierten Praktiken thematisierbar.

2 Routinisierte Transaktionen zwischen Menschen und Dingen

Den routinisierten Praktiken zwischen Menschen und Dingen wird im amerikanischen Pragmatismus besondere Aufmerksamkeit gewidmet.[5] Neben Charles Sanders Peirce und George Herbert Mead war es insbesondere John Dewey, der hier den Begriff des „habit" in das Zentrum seiner Handlungstheorie stellte. Habits stellen vorreflexive, auf Situationen bezogene Praxisrepertoires dar, die sich aus der „Kooperation von Organismus und Umwelt" (Dewey 1980, S. 15) bilden und in ihrer Kontinuität transsituativ sind. Habits tendieren dazu, die jeweilige Situation dem eigenen Praxisrepertoire anzuähneln und sich auf diese Weise zu „perpetuieren" (ebd., S. 88). Gleichwohl durchlaufen sie, da keine Situation vollständig der nächsten gleicht, einen schleichenden, weil keinerlei

Aufmerksamkeit der menschlichen Akteure provozierenden Veränderungsprozess (vgl. ebd., S. 96). Nur und erst dann, wenn die in den habits erreichte unmittelbare Abstimmung zwischen Organismus und Umwelt aufgebrochen wird, Praktiken also nicht weiterlaufen können, kann es zu einer bewussten Reflexion kommen, in der der menschliche Akteur sich selbst von seiner Umwelt unterscheidet und nach neuen Möglichkeiten sucht, die Anforderungen der Situation zu bewältigen (vgl. ebd., S. 125 ff.). Folgt man Dewey, so basieren die meisten Praktiken in der Gesellschaft auf einer in habits routinisierten Kooperation zwischen Organismus und Umwelt, während immer nur ein kleiner Teil von ihnen (nämlich die problematisch werdenden Praktiken) ausschnitthaft reflektiert und in einem Erkundungsprozess erneuert wird.

Nicht von ungefähr spricht John Dewey hier von ‚Organismus' und ‚Umwelt', kann er doch so vermeiden, substanzialistische Aussagen zu diesen zu machen. ‚Organismus' und ‚Umwelt' sind Platzhalter, die für Menschen stehen können, aber nicht müssen. Ein habit kann insofern einen Menschen sowohl mit seiner menschlichen Umwelt als auch mit Dingen verbinden. Noch deutlicher wird diese theoretische Perspektive, die die Dichotomisierung von Menschen und Dingen unterläuft, in einem 1949 von John Dewey und Arthur Bentley verfassten Buch ausgearbeitet, das einige zentrale Annahmen der Akteur-Netzwerk-Theorie vorwegnimmt.[6]

Bei der Betrachtung des Austauschs zwischen Menschen und Dingen könne man, so heißt es in „Knowing and the Known", von drei unterschiedlichen Perspektiven ausgehen: Die Perspektive der „self-action" betrachte Dinge und Menschen als isoliert voneinander, womit das, was die Menschen über die Dinge wissen, von diesen „abgeschnitten" bleibe (Dewey und Bentley 1989, S. 127).[7] Die Perspektive der „inter-action" sehe Menschen und Dinge demgegenüber in ihrer „kausalen Verknüpfung" (ebd., S. 101 f.); doch behandelt sie die „untersuchten Objekte" (einschließlich des Menschen) so, „als wären sie [von vornherein; AMN] angemessen benannt und bekannt" (ebd., S. 114). Man würde in dieser Perspektive beispielsweise zwar Walter Benjamins Verknüpfung mit dem Lesekasten analysieren, aber von vornherein davon ausgehen, dass es sich hier um Walter Benjamin und einen Lesekasten handelt.

Der self-action und inter-action-Perspektive stellen Dewey und Bentley den Ansatz der „trans-action" gegenüber, der „keine grundlegende Differenz zwischen Subjekt vs. Objekt" unterstellt (1989, S. 111 f.). Dieser Ansatz suspendiert also zunächst auch die Grenze zwischen Mensch und Ding in ihrer Geltung, um beobachten zu können, wie sich beide innerhalb eines „gemeinsamen Systems" (ebd., S. 114) konstituieren. In diesem Konstitutionsprozess müssen die Praktiken beobachtet werden, noch bevor man sie feststehenden Akteuren oder Gegenständen zuordnet. Genauer gesagt muss man beobachten, wie sich menschliche und nicht-menschliche Akteure aus den Praktiken heraus erst konstituieren. Wie wird, um im Eingangsbeispiel zu bleiben, aus den Austauschprozessen das, was wir als „Lesekasten" oder als „Walter Benjamin" kennen?[8]

Vor dem Hintergrund dieser Überlegungen lässt sich Sozialisation nun transaktional denken. Durchaus korrespondierend mit der eingangs erwähnten Definition von Geulen und Hurrelmann (1980, S. 51), vollzieht sich Sozialisation in der Transaktion zwischen Menschen und Dingen, innerhalb derer erst – in der wechselseitigen Abstimmung aufeinander – ihre „Persönlichkeit" (ebd.) bzw. ihre namengebenden Eigenschaften[9] entstehen. Dieser Sozialisationsprozess ist allerdings, wie in der Definition suggeriert, ebenso wenig auf den einzelnen Menschen zu beziehen wie er auf einzelne Dinge reduzierbar ist. Vielmehr impliziert eine transaktional gedachte Sozialisation, dass Menschen und Dinge (im Plural) sich innerhalb gemeinsamer, sich allmählich spezifizierender Praktiken aufeinander abstimmen und dabei ihre jeweiligen Orientierungen (bei Menschen) und Eigenschaften (bei Dingen) entstehen.

Als Beispiel kann hier auf eine vergleichend angelegte Studie verwiesen werden, in der Schäffer (2003) zeigt, wie Menschen unterschiedlicher Geburtskohorten mit den zu ihrer Jugendzeit jeweils gängigen Mediendingen in Berührung kamen. Die praktischen Transaktionen, die einen 1950 Geborenen mit dem analogen Radio verbinden, das Drücken des Schalters, das hierauf folgende Knacksen der Lautsprecher, die dann eine Stimme aus dem Äther wiedergeben, kontrastieren maximal mit den praktischen Verbindungen, die die 1980 Geborenen mit Computern eingehen. Die Transaktionen zwischen Menschen und knacksendem, auf Druck reagierenden Radios sind so der Ausgangspunkt einer in medientechnischer Hinsicht spezifischen Generation, die sich von der ‚digitalen Generation' der nach 1980 Geborenen deutlich unterscheiden lässt. Denn nur bei den letzteren findet sich jene Selbstverständlichkeit der zur Routine gewordenen Transaktionen zwischen Mensch und Computer, die beide existentiell aneinander bindet.

Dass solche Transaktionen zur Ausprägung von Generationen, aber auch von spezifischen Milieus und anderen überindividuellen Gebilden führen können, lässt sich allerdings nicht mehr mit den Begrifflichkeiten fassen, die uns der Pragmatismus zur Verfügung stellt.[10] Ich möchte daher nun eine andere Theorietradition – diejenige der Wissenssoziologie Karl Mannheims (vgl. dazu Bohnsack 2010) – daraufhin befragen, wie man jene in Praktiken habitualisierten kollektiven Zusammenhänge fassen kann, die für das Aufwachsen mit materiellen Artefakten konstitutiv sind.[11]

3 Sozialisation in konjunktiven Transaktionsräumen

Ähnlich wie Dewey und Bentley geht Karl Mannheim davon aus, dass der „Erkenntnisakt" auf „einer *existentiellen* Beziehung zwischen Subjekt und Objekt" beruht, „die jeweils eine anders geartete *Gemeinsamkeit* und eine stets spezifische *Einheit* zwischen diesen beiden stiftet" (Mannheim 1980, S. 206; H. v. m.).[12] Diese „Kontagion" findet nicht nur unter Menschen, sondern auch zwischen Menschen und Dingen statt; man denke nur an das Anprobieren eines neuen Schuhes, bei dem sich zunächst, wie man mit Mannheim sagen könnte, „eine Einheit mit ihm" ergibt, „die sich dann sofort oder zugleich in eine Zweiheit des Ichs und des Gegenübers spaltet" (ebd., S. 207). Dabei wird man sich seiner selbst – etwa der eigenen Hammerzehe oder des ein wenig größeren linken Fußes – „stets nur und immer erneut bewußt im Gerichtetsein" auf das „Gegenüber" (ebd.), d. h. auf den Schuh, der sich als solcher erweist, indem ich ihn von meinem Fuß trenne. Der linke Schuh erscheint zu klein bzw. mein linker Fuß ist zu groß.[13]

Karl Mannheim hat sich in seinem Werk nur mit der zwischenmenschlichen Kontagion beschäftigt. Dort zeigt er, wie in der unmittelbaren Gegenwärtigkeit eines anderen Menschen (wenn dieser mich z. B. mit einem Handschlag begrüßt) und in der Gegenwärtigkeit, in der man selbst für diesen anderen Menschen da ist, sich eine Perspektivität herausformt, die diese beiden Menschen miteinander verbindet. Jede weitere gemeinsame

Erfahrung ist durch diese Perspektivität der ersten, konstitutiven Kontagion geprägt und wird von Mannheim als „konjunktive Erfahrung" bezeichnet (1980, S. 211). Die Menschen werden in den hier entstehenden „konjunktiven Erfahrungsraum" (ebd., S. 229) ebenso einsozialisiert wie sie ihn selbst konstituieren. Konjunktive Erfahrungsräume stellen insofern zwischenmenschliche Strukturen dar, denen eine einzelne Interaktionen übergreifende Dauerhaftigkeit zukommt.

Dort wo sich Menschen und Dinge miteinander verbinden, wäre es wohl nicht angebracht, nur von einer spezifischen, konjunktiven *Perspektivität* zu sprechen. Denn dieser Begriff erscheint doch allzu human. Gleichwohl erhalten auch die Dinge in den Transaktionen mit dem Menschen das, was man mit Martin Heidegger eine „Stimmung" nennen kann (dazu: Schäffer 2003, S. 113). So werden etwa die Schuhe ‚gestimmt', wenn sie – mit dem Widerstand ihres Materials und der Eigentümlichkeit ihrer Verarbeitung – sich unter dem alltäglichen Gebrauch allmählich verformen. Gemeinsam mit den habitualisierten Fußbewegungen des Menschen, seinen spezifischen Gewohnheiten des Aufsetzens, Abrollens und Abdrückens, nehmen die Schuhe eine Form an, die auf die Fußbewegungen abgestimmt ist, welche ihre Eigentümlichkeit aber ebenso in Abstimmung auf das Schuhwerk erhalten haben.

Menschliche Perspektivität und die Stimmung der Schuhe konstituieren sich jedoch nicht nur in *individuellen* Transaktionen. Denken wir an Stöckelschuhe und die auf sie abgestimmten Muskeln von manchen Frauen, oder an die schnell ausziehbaren Latschen und Slippers, die man in Ländern, in denen Häuser nur barfuß oder in Socken betreten werden, gerne trägt, so werden kollektiv strukturierte Transaktionen zwischen Menschen und Dingen deutlich. Ähnlich verhält es sich mit den feinen Lederschuhen des gutsituierten Stadtmenschen, die man mit den Stiefeln des Bauern kontrastieren kann. Jedes dieser Beispiele ist Teil eines Raumes von Transaktionen, die Menschen und Dinge miteinander verbinden.

Derartige soziodingliche Kollektive, in denen Menschen und Dinge aufeinander (ab)gestimmt werden, nenne ich ‚konjunktive Transaktionsräume' (siehe ausführlich: Nohl 2011, S. 169 ff.). Ich weiche hier bewusst von Mannheims Begriff des „konjunktiven Erfahrungsraumes" ab, ist bei Mannheim doch der Begriff der Erfahrung sehr anthropozentrisch gedacht. Demgegenüber unterstreicht Dewey und Bentleys Transaktionsbegriff die konstitutive Verwicklung von Menschen *und* Dingen. In konjunktiven Transaktionsräumen verbinden sich also Menschen mit Dingen in Praktiken in ihrer je spezifischen Weise.

Auch wenn die Praktiken in konjunktiven Transaktionsräumen irgendwann einmal in einer ursprünglichen Kontagion entstanden sind, werden sie, wenn sie wiederholt erfolgreich zur Performanz gebracht worden sind, allmählich als Verwicklungen von Menschen und Dingen in vorreflexiven habits (siehe Abschn. 2) stabilisiert. Um deutlich zu machen, dass diese habits nur im jeweiligen konjunktiven Transaktionsraum Geltung haben, bezeichne ich sie als „konjunktive habits".

In seiner Stegreiferzählung „Ein Sommer, der bleibt", schildert der Schriftsteller Peter Kurzeck eine Fülle solcher konjunktiver habits, die er im Dorf seiner Kindheit beobachtet hatte oder an denen er selbst beteiligt gewesen war. Kurzeck war mit etwa drei Jahren als Kind einer Flüchtlingsfamilie aus dem Osten nach Stauffenberg bei Gießen gekommen, ein Dorf, das damals noch von der bäuerlichen Lebensweise und der Nachkriegsarmut geprägt war. In einer seiner Reminiszenzen schildert Kurzeck, wie er „als Drei- oder

Vierjähriger morgens aus dem Haus geht und ganz allein seinen Tag bestimmt". Die Welt stand ihm offen, doch es sind bestimmte, immer wiederkehrende Praktiken, auf die er sich nun einlässt:

„Ob man jetzt da rannt, der Rinnstein, die Straßen waren nicht geteert in Stauffenberg ... es gab aber gepflasterte Rinnsteine und man konnte natürlich Kapitän werden in so' nem Rinnstein, man konnte Schiffsches es war überall auch lagen Klötzchen und es lag überall Holz herum weil die Leute mit Holz geheizt haben."[14]

Die Holzstückchen, die am Wegesrand liegen, verbinden sich hier mit Peter Kurzeck auf eine Weise, dass hieraus kurzzeitig ein „Kapitän" mit seinem „Schiffchen" wird. Dieser konjunktive habit hat nur in der Praxis dieses Kindes (und möglicher Weise seiner Freunde) Geltung und lässt sich von anderen konjunktiven habits, die sich hier andeuten, unterscheiden: Die Holzstückchen stammen von den Karren oder Kraxen, mit denen die Erwachsenen Feuerholz nach Hause gebracht haben, und verweisen mithin auf die damals und in diesem Dorf gültigen Praktiken des Heizens.

Es deutet sich hier an, dass in die konjunktiven habits immer auch andere Dimensionen kollektiver Lebensführung mit hineinspielen. Der konjunktive Transaktionsraum, an dem Peter Kurzeck als Kind teilhatte, ist mit den Dimensionen des Lebensalters (Kind), des geographischen Raums (Dorf), der Generation (Geburt am Ende des zweiten Weltkriegs), aber sicherlich auch der sozioökonomischen Lage einer Flüchtlingsfamilie aufs Engste verknüpft. Der konjunktive Transaktionsraum, der sich zwischen Menschen und Dingen entfaltet, bildet somit nur eine Dimension dieses Milieus, in dem er mit unterschiedlichen Dimensionen humaner Erfahrung, d.h. mit anderen konjunktiven Erfahrungsräumen wie Generation, Geschlecht und Schicht, überlappt. Vor diesem Hintergrund kann die Sozialisation mit Dingen nicht auf das Hineinwachsen in konjunktive Transaktionsräume reduziert werden. Die Transaktionen mit materiellen Dingen werden stets von anderen Milieudimensionen, wie dem Geschlecht, der Schicht oder Generation, überlappt wie jene selbst von dem konjunktiven Transaktionsraum überformt werden.[15]

Während materielle Artefakte in konjunktiven Transaktionsräumen ihre „Stimmung" im Sinne Heideggers erhalten, also Schuhe ausgetreten und Hölzchen zu Booten werden, werden Menschen in ihnen sozialisiert, sie wachsen also in deren konjunktive habits hinein und entfalten so ihre Lebensorientierungen. In der Sozialisation werden die konjunktiven habits, die uns mit den Dingen verbinden, weitergegeben und tradiert. Wie sich dies schon eingangs bei Benjamin andeutete, sind es nicht die Bezeichnungen, die den Kern der Entstehung konjunktiver habits ausmachen, sondern diese Praktiken selbst, aus denen heraus sich – wie es bei Benjamin heißt – „dauerhafte Gewohnheiten" entfalten. In der gemeinsamen Praxis mit Eltern oder Gleichaltrigen, mit denen man Lesekästen handhabt oder Schiffchen schwimmen lässt, bauen sich jene Regelmäßigkeiten auf, die den Menschen mit der Welt verbinden. Sie werden zum sozialisatorisch aufgebauten Fond all jener Selbstverständlichkeiten, die das menschliche In-der-Welt-Sein prägen.

4 Institutionalisierte und organisierte Transaktionsräume

Die Sozialisation mit den Dingen erschöpft sich jedoch nicht im Hineinwachsen in konjunktive Transaktionsräume; vielmehr entfalten sich menschliche Orientierungen (die

„Persönlichkeit" bei Geulen und Hurrelmann) auch in der Verwicklung mit materiellen Artefakten, die über die engen Grenzen des konjunktiven Transaktionsraums (etwa des Dorfes, in dem Peter Kurzeck aufgewachsen ist) hinausweisen und auf der gesamtgesellschaftlichen Ebene von Institutionen angesiedelt sind. Unter Institutionen sollen hier – mit Berger und Luckmann (2003, S. 58) – jene „habitualisierten Handlungen" verstanden werden, die „durch Typen von Handelnden reziprok typisiert werden". Diese Typisierungen von Handlungen (etwa: Unterrichten) und Akteuren (z. B.: Lehrer/innen) liegen auf der Gesellschaftsebene und werden daher – im Unterschied zur Ebene des *Konjunktiven* – zum „Allgemeingut" (ebd.).

Dieser Institutionenbegriff von Berger und Luckmann ist noch recht anthropozentrisch, doch lässt er sich durchaus auf materielle Techniken erweitern. So begreift Rammert (2007, S. 92) Techniken dann als Institution, wenn „sie sich aus lokalen Kontexten heraus zu globalen Musterlösungen verbreiten und wenn sie aus der episodenhaften Verwendung zu dauerhaft genutzten Techniken werden". Sie werden also, gerade weil sie – wie etwa das „Telefon", das „Auto" oder der „Computer" – gemeinsamen mit den durch sie ermöglichten Praktiken typisiert werden, zum ‚Allgemeingut' der Gesellschaft. Hiervon ausgehend kann man nun die Gesellschaft in ihrer Durchdringung mit materiellen Artefakten, die typisiert und zum gesellschaftlichen Allgemeingut geworden sind, als *institutionalisierten Transaktionsraum* begreifen. In diesem institutionalisierten Transaktionsraum ist die jeweilige gesellschaftliche Ordnung der Dinge und Menschen in ihrem Verhältnis zueinander etabliert. Hierzu zählen beispielsweise die Aufteilung des Raumes in private und öffentliche Zonen, die Anordnung von Straßen, Bürgersteigen, Ampeln, Brücken und Unterführungen, die Typisierung einzelner materieller Artefakte (z. B. „Schaufel") und der mit ihnen verbundenen Menschen („Bauarbeiter"), wie auch etwa die Konstitution von materiellem Eigentum.[16]

Die Typisierungen, die diesem institutionalisierten Transaktionsraum zugrunde liegen, erschöpfen sich nicht in ‚sozialen Konstruktionen', sondern sind in der Praxis fundiert. Sie verweisen letztlich auf *institutionalisierte habits*, in denen sich Menschen mit Dingen in der Gesellschaft verbinden. Während konjunktive habits einen auf den konjunktiven Transaktionsraum begrenzten Geltungsanspruch haben, sind institutionalisierte habits gesellschaftsweit gültig. Innerhalb der Sozialisation wachsen junge Menschen in diese institutionalisierten habits hinein. So ist beispielsweise in der Schulforschung auf die hohe Bedeutung der Schularchitektur und des Klasseninterieurs für die Sozialisierung der Schüler/innen hingewiesen worden.[17] Zugleich wird hier – etwa am Kontrast zwischen der kasernenartigen Schule im preußischen Untertanenstaat und der Selbstdisziplinierung im reformpädagogischen Klassenzimmer (vgl. Lange 1967 u. Göhlich 1993) – deutlich, dass sich institutionalisierte Transaktionsräume historisch und von Gesellschaft zu Gesellschaft unterscheiden können.

Es gibt nun sicherlich viele Aspekte des institutionalisierten Transaktionsraums, die auf dem Wege der Praxis relativ umstandslos habitualisiert werden. Gleichwohl ist aber davon auszugehen, dass nicht alle Verbindungen zwischen Menschen und Dingen, wie sie in der Gesellschaft etabliert sind, von den Heranwachsenden so ohne weiteres übernommen werden. Zum Beispiel schildert Peter Kurzeck in seinen Kindheitserinnerungen, wie er mit sechs Jahren den Transaktionsraum des schulischen Pausenhofs im Dorf kennenlernte:

„Und ich bin in der Pause heimgegangen, Kakao trinken, da musste man nur über die Straße gehen, und irgendwann sagte ein anderer Lehrer, der nicht mein Lehrer war, zu mir: ‚Du kannst in der Pause nicht heimgehen.' Und dann hab' ich gesagt: ‚Doch, ich kann das schon,' und bin auch weiter eigentlich durch ein' Schulhofseiteneingang. Der der Schulhof war so, der war auch nicht geteert aber mit gestampfter Erde, und der war unterteilt nach Jungen und Mädchen, und auf der Jungenseite standen Eichen und bei den Mädchen Linden und eine sehr schöne Tanne. Und dazwischen war ein gepflasterter Gehweg von dem Schuleingang zum Schulhofeingang. Und auf diesem gepflasterten Gehweg gingen die Lehrer kauend also abbeißend mit ihren Frühstücksbroten auf und ab und ham darauf geachtet, dass das getrennt bleibt."[18]

Es dokumentiert sich hier, dass – seiner Erinnerung gemäß – Peter Kurzeck nicht der Ordnung des Pausenhofs Folge leistete; daher wurde er von einem Lehrer ermahnt, das Schulgelände nicht zum Zwecke des häuslichen Kakaotrinkens zu verlassen. Während hier die Verbindung des Schülers mit dem schulischen Terrain verbal eingeklagt wird (auch wenn sie, wie sich in dem „Seiteneingang" und der mit ihm implizierten sonstigen Abgrenzung [Mauer oder Zaun] zeigt, auch in der baulichen Konstruktion verankert ist), ist die räumliche Geschlechtertrennung zuvorderst in das materielle Artefakt des „gepflasterten Gehwegs" eingeschrieben und wird nur im Falle des Regelverstoßes von den Lehrer(inne)n verbal bekräftigt.

Wir haben es in diesem Beispiel nicht alleine mit einem Aspekt des institutionalisierten Transaktionsraums zu tun (in dem etwa in allgemeiner Weise zwischen dem Aufenthalt auf dem Schulgelände und dem Besuch zu Hause strikt getrennt wird), sondern zudem mit einer Organisation, die diese Verbindung von Menschen und Dingen zu ihrer formalen Regel gemacht hat, deren Verletzung – etwa durch die Ermahnung des Lehrers – sanktioniert wird. Noch bevor es zu einer praktischen Habitualisierung dieser Verbindung von Mensch und Ding kommen kann, wird sie von der Organisation – wohl letztlich mit der Androhung von Sanktionen – forciert.

Unter Organisation soll hier – in ähnlich rudimentärer Weise wie beim Institutionenbegriff – jenes soziale System verstanden werden, das durch formale Regeln und Mitgliedschaft charakterisiert ist. Die in den formalen Regeln „angegebenen Verpflichtungen, Erwartungen, Rechte und Ressourcen beziehen sich ... weder auf konkrete Inhalte und Situationen (sondern auf verallgemeinerbare ‚Fälle') noch auf konkrete Personen, sondern auf Positionen (‚Stellen'), Abteilungen, Fachbereiche etc., schließlich auf die Körperschaft selbst (etwa als juristische Person) und begründen somit formale Beziehungen zwischen Positionen/Organisationseinheiten/Organisationen" (Ortmann et al. 1997, S.319). Die Zurechenbarkeit von Handlungen geschieht über die Einrichtung der Mitgliedschaftsrolle. Letztere ermöglicht erst die Formalisierung: Eine Handlungserwartung und die mit ihr verknüpfte Regel lässt sich „als formalisiert bezeichnen, wenn sie in einem sozialen System durch diese Mitgliedschaftsregel gedeckt ist, d.h. wenn erkennbar Konsens darüber besteht, dass die Nichtanerkennung oder Nichterfüllung dieser Erwartung mit der Fortsetzung der Mitgliedschaft unvereinbar ist" (Luhmann 1964, S.38). Organisationen sanktionieren also (wie etwa der Lehrer in Kurzecks Schule) solche Praktiken, die nicht mit den formalen Regeln übereinstimmen. Diese Regeln – und die Sanktionierung ihrer Nichtbeachtung – beziehen sich nun aber nicht nur auf das Verhältnis von Menschen untereinander, sondern auch auf die Verbindung von Menschen mit materiellen Artefakten.

Gerade dort, wo der Transaktionsraum zwischen Menschen und Dingen nicht (mehr bzw. noch nicht) auf den selbstverständlichen Praktiken, wie sie in konjunktiven oder institutionalisierten habits verankert sind, beruht, kann die Organisation in den Vordergrund treten. Dabei fordern nicht nur menschliche Organisationsrepräsentant(inn)en (wie etwa die Lehrer/innen) zur Beachtung der in den formalen Regeln erwarteten Praktiken zwischen Menschen und Dingen auf; auch die materiellen Artefakte selbst können diese Beachtung erzwingen oder zumindest nahelegen (etwa durch den gepflasterten Weg, der Jungen von Mädchen trennt). Gerade dort, wo Organisationen nicht darauf vertrauen können, dass die von ihnen erwarteten Praktiken bereits sozialisatorisch in institutionalisierten habits verankert sind, werden jene Praktiken durch materielle Artefakte forciert. Dies wird beim Kauf von Waren im Internet (bei dem ein falsch geschriebener Name sofort zum Scheitern führt) ebenso deutlich wie beim Gang durch den Flughafen mit seiner komplexen Anordnung von Mauern, Glaswänden, einseitig oder doppelseitig öffnenden Türen und Korridoren.

Wir haben es hier mit einem *organisierten Transaktionsraum* zu tun. Organisierte Transaktionsräume sind für die Sozialisation mit den Dingen insofern wichtig, als hier Praktiken sanktioniert werden können, die noch nicht habitualisiert sind.[19] Letztlich ist der organisierte Transaktionsraum innerhalb der Sozialisation immer nur und immer wieder eine Zwischeninstanz auf dem Wege zur Habitualisierung. Sobald z. B. die praktische Verbindung von Kindern und Schulgebäuden habitualisiert ist, sobald also Kinder als Schüler/innen sozialisiert und Mauern zu Grenzen geworden sind, tritt der organisierte Charakter des Transaktionsraums in den Hintergrund.[20]

5 Ausblick

Hinsichtlich des Aufwachsens mit materiellen Artefakten lassen sich also, folgt man der Argumentation dieses Beitrags, unterschiedlich verfasste sozio-materielle Konstellationen unterscheiden, in denen junge Menschen sozialisiert werden: Konjunktive Transaktionsräume haben eine begrenzte Reichweite und Gültigkeit; das Hineinwachsen in sie ist stets überlappt von der Sozialisation in mit ihnen verbundenen konjunktiven Erfahrungsräumen des Geschlechts, der Generation, der Schichtzugehörigkeit etc. Demgegenüber liegen institutionalisierte Transaktionsräume auf der Ebene der (nationalen oder Welt-) Gesellschaft und unterliegen damit vor allem historischen Kontingenzen. In organisierten Transaktionsräumen wird formalen Regeln gerade dort Geltung verschafft, wo die Praktiken zwischen Menschen und materiellen Artefakten nicht habitualisiert sind.[21]

Auf jeder dieser Ebenen sind in die transaktionale Sozialisation neben den Menschen immer auch die Dinge eingebunden, die sich ebenfalls verändern und Eigenschaften bzw. Funktionen verlieren oder erhalten. Sozialisation erscheint in dieser Perspektive als transaktionale Entstehung und Erweiterung von Assoziationen zwischen Menschen und Dingen.[22] Mit zunehmenden Assoziationen, d. h. mit wachsenden Verknüpfungen zwischen Menschen und Dingen, kommen dann nicht nur menschliche Orientierungen, sondern auch Dingeigenschaften zur Entfaltung. Es macht die Eigentümlichkeit gerade der transaktionalen Sozialisation aus, dass die Assoziationen zwischen Menschen und Dingen, sobald sie etabliert sind, dem Vergessen anheimfallen, und allenfalls – wie Walter Benjamin in Bezug auf seinen Lesekasten – vage erinnert werden. Den erziehungswissenschaftlichen Beobachter(inne)n stellt sich in der Rekonstruktion dieser Assoziationen und der sie begründenden Sozialisationsprozesse eine große Aufgabe.

Anmerkungen

1 Für hilfreiche Kommentare zu früheren Versionen dieses Aufsatzes danke ich Angela Pohlmann, Burkhard Schäffer und Martin Hunold.
2 Zur Resonanz der Akteur-Netzwerk-Theorie in der Erziehungswissenschaft siehe auch die Einleitung zu diesem Band.
3 Dies zeichnet sich m. E. sogar noch dort ab, wo Latour selbst das Modell des intentionalistisch Handelnden hinterfragt, insofern ein Akteur jener ist, der „von vielen anderen zum Handeln gebracht wird" (2007, S. 81), ohne dass dabei seinen Intentionen eine besondere Bedeutung zukommen würde.
4 Die Gesellschaft (mit ihren Artefakten) als etwas Zerbrechliches zu betrachten, ist für Latour nicht nur Theorie, sondern folgt auch seinem Forschungsprogramm. Um die häufig geblackboxte, also dem Vergessen anheimgefallene Beteiligung von Dingen an der Gesellschaft zu Gesicht zu bekommen, gelte es, „spezifische Tricks" zu erfinden, „um *die Objekte zum Reden zu bringen*, das heißt Beschreibungen ihrer selbst anzubieten, *Skripte* von dem zu produzieren, wozu sie andere – Menschen oder Nicht-Menschen – bringen" (2007, S. 137; H.i.O.). Sichtbar wird die Aktivität der Dinge nun aber gerade dort, wo gesellschaftliche Abläufe problematisch werden, etwa in „Innovationen" (ebd., S. 138) oder „Pannen" (ebd., S. 139). Hier findet sich also auch eine forschungsstrategisch begründete Fokussierung der Brüchigkeit des Gesellschaftlichen. Nicht von ungefähr bezieht sich Latour in seinem Buch wiederholt positiv auf die Ethnomethodologie Garfinkels (ebd., S. 53 und passim), die diese Fragilität methodologisch nutzt (man denke nur an das Krisenexperiment).
5 Während ich hier die Forschungsprogrammatik von Latour an den Pragmatismus – und weiter unten an die praxeologische Wissenssoziologie – anzubinden versuche, hat Burri (2008) dies unter Bezug auf Pierre Bourdieus Arbeiten versucht. Noch breiter setzt Reckwitz (u. a. 2003) an, dem es um Praxistheorien im Allgemeinen geht.
6 Auch Latour (2000, S. 90 u. 2006) selbst hat sich, wenngleich nur gelegentlich, positiv auf den Pragmatismus bezogen.
7 An anderer Stelle nennt Dewey dies die „Zuschauertheorie der Erkennens" (2001, S. 27).
8 Oder um es mit den Begriffen Bruno Latours zu sagen: Es geht um das „Ensemble von Praktiken", in dem auf dem Wege der „Übersetzung" neue Wesen, d.h. neue Menschen und Dinge, entstehen (Latour 1998, S. 19).
9 Latour (2000, S. 372) spricht hier – unter implizitem Bezug auf den Pragmatismus – von „Aktionsnamen". Mit diesem Begriff wird jener Zustand bezeichnet, zu dem das Ding „noch kein Wesen" hat, sondern sich „nur durch eine Liste von Wirkungen" definiert.
10 Dewey und Bentley, aber auch ihr Zeitgenosse George Herbert Mead und zuvor Charles S. Peirce, haben sich zeitlebens vornehmlich mit dem Verhältnis von Individuum und Gesellschaft beschäftigt, für kollektive Gebilde unterhalb der Gesamtgesellschaft aber kaum ein theoretisches Gespür entwickelt.
11 Zur Verbindung von Wissenssoziologie und Pragmatismus siehe Nohl 2006, Kap. 5.
12 Im Original alles kursiv gesetzt. Den Hinweis auf die Fruchtbarkeit des Kontagion-Begriffs verdanke ich Schäffer (2003, S. 111 ff.).

13 Diesen Vorgang habe ich in Abschn. 2 schon anhand der habits beschrieben. Erst dort, wo die in Praktiken routinisierte Abstimmung von Mensch und Ding ins Stocken gerät, kommt es zur Reflexion, in der ein Unterschied zwischen Mensch und Ding gemacht wird und ersterer neue Möglichkeiten erkundet. Um im Schuh-Beispiel zu bleiben: In gut eingelaufenen Schuhen (habit) tendiert man dazu, das Gespür für den eigenen Fuß – in seinem Unterschied zum Schuh – zu verlieren; diese Reflexion stellt sich aber alsbald ein, wenn man sich Blasen läuft.

14 Transkription von Kurzeck (2007, CD1, Spur 2).

15 Zur Überlagerung unterschiedlicher Dimensionen in einem Milieu siehe Bohnsack und Nohl 1998 und Nohl 2010, Kap. 6.1.

16 Solche institutionalisierten Transaktionsräume können sich auf Nationalgesellschaften beschränken, mögen gegebenenfalls aber auch weltgesellschaftlich angelegt sein.

17 In dieser Hinsicht können Schulräume – wie andere materielle Artefakte – auch zu ‚generalisierten Anderen' im Sinne Meads werden (vgl. hierzu Nohl 2011, S. 162 ff.).

18 Transkription von Kurzeck (2007, CD1, Spur 6).

19 Insofern und insoweit der organisierte Transaktionsraum auf die Veränderung von Handlungsweisen und den dahinter stehenden Orientierungen zielt, geht dies in Erziehungspraktiken über, die z. T. an Dinge delegiert werden (siehe dazu Nohl 2011, S. 125 ff.).

20 Falls in der Organisation formale Regeln durchgesetzt werden, die gesellschaftlichen Institutionen entsprechen, können dann institutionalisierte habits entstehen. Zugleich – oder auch alternativ dazu – können aber auch spezifische konjunktive Umgangsweisen mit den formalen Regeln, d. h. konjunktive habits entstehen. Zur konjunktiven Ebene von Organisationen vgl. Nohl 2010, S. 194 ff. Burkhard Schäffer hat in seinem Beitrag zu diesem Band den (im Übrigen mit einem generationellen Erfahrungsraum überlappenden) konjunktiven Transaktionsraum ausgeleuchtet, auf dem die Piratenpartei basiert. Dass dieser konjunktive Transaktionsraum stellenweise zum institutionalisierten Transaktionsraum der etablierten Parteipolitik im Widerspruch steht, wird dort deutlich, wo die ‚Pirat(inn)en' entgegen ihren konjunktiven habits zur Einhaltung bestimmter formaler Regeln der organisierten Politik verpflichtet werden.

21 Mit der Unterscheidung von konjunktiven, institutionalisierten und organisierten Transaktionsräumen zwischen Menschen und Dingen kann im Übrigen das, was von Bruno Latour (2000) recht allgemein als „Hybridakteur" bezeichnet wird, auf unterschiedliche Ebenen und Praxisformen der Gesellschaft (mitsamt ihren materiellen Artefakten) bezogen werden.

22 Ich knüpfe hier an Latours Begriff der „Assoziation" an (2007, passim).

Literatur

Benjamin, W. (2006). *Berliner Kindheit um neunzehnhundert*. Frankfurt a. M.: Suhrkamp.
Berger, P. L., & Luckmann, T. (2003). *Die gesellschaftliche Konstruktion der Wirklichkeit. Eine Theorie der Wissenssoziologie*. Frankfurt a. M.: Fischer.
Bohnsack, R. (2010). *Rekonstruktive Sozialforschung*. Opladen: utb.
Bohnsack, R., & Nohl, A.-M. (1998). *Adoleszenz und Migration. Empirische Zugänge einer praxeologisch fundierten Wissenssoziologie*. In R. Bohnsack & W. Marotzki (Hrsg.), *Biographieforschung und Kulturanalyse* (S. 260–282). Opladen: Leske + Budrich.
Burri, R. V. (2008). Soziotechnische Rationalität: Praxistheorie und der „Objektsinn" von Artefakten. *Soziale Welt, 59*, 269–286.
Dewey, J. (1980). Human nature and conduct. In J. A. Boydston (Hrsg.), *John Dewey – The Middle Works, 1899–1924, Vol. 14: 1922* (S. 1–230). Carbondale: SUP.
Dewey, J. (2001). *Die Suche nach Gewißheit*. Frankfurt a. M.: Suhrkamp.

Dewey, J., & Bentley, A. F. (1989). Knowing and the known. In J. A. Boydston (Hrsg.), *John Dewey – The Later Works, 1925–1953, Vol. 16: 1949–1952* (S. 1–294). Carbondale: SUP.
Fenwick, T., & Edwards, R. (2010). *Actor-network theory in education.* London u. a.: Routledge.
Geulen, D., & Hurrelmann, K. (1980). Zur Programmatik einer umfassenden Sozialisationstheorie. In K. Hurrelmann & D. Ulich (Hrsg.), *Handbuch der Sozialisationsforschung* (S. 51–67). Weinheim: Beltz.
Göhlich, H. D. M. (1993). *Die pädagogische Umgebung. Eine Geschichte des Schulraums seit dem Mittelalter.* Weinheim: Deutscher Studienverlag.
Hurrelmann, K., Grundmann, M., & Walper, S. (Hrsg.). (2008). *Handbuch Sozialisationsforschung.* Weinheim: Beltz.
Kurzeck, P. (2007). *Ein Sommer, der bleibt.* Berlin (CD-ROM): supposé.
Lange, H. (1967). *Schulbau und Schulverfassung der frühen Neuzeit.* Zur Entstehung und Problematik des modernen Schulwesens. Dissertation an der Philosophischen Fakultät der Universität Hamburg, Hamburg.
Latour, B. (1992). Technology is society made durable. In J. Law (Hrsg.), *A sociology of monsters. Essays on power, technology and domination* (S. 103–131). London: Routledge.
Latour, B. (1998). *Wir sind nie modern gewesen. Versuch einer symmetrischen Anthropologie.* Frankfurt a. M.: Fischer.
Latour, B. (2000). *Die Hoffnung der Pandora.* Frankfurt a. M.: Suhrkamp.
Latour, B. (2006). A textbook case revisited. Knowledge as a mode of existence. In E. J. Hackett, O. Amsterdamska, M. E. Lynch, & J. Wajcman (Hrsg.), *The Handbook of science and technology studies* (S. 83–112). Cambridge: MIT.
Latour, B. (2007). *Eine neue Soziologie für eine neue Gesellschaft.* Frankfurt a. M.: Suhrkamp.
Luhmann, N. (1964). *Funktionen und Folgen formaler Organisation.* Berlin: Duncker und Humblot.
Mannheim, K. (1980). *Strukturen des Denkens.* Frankfurt a. M.: Suhrkamp.
Nohl, A.-M. (2006). *Bildung und Spontaneität. Phasen biographischer Wandlungsprozesse in drei Lebensaltern – Empirische Rekonstruktionen und pragmatistische Reflexionen.* Opladen: Budrich.
Nohl, A.-M. (2010). *Konzepte interkultureller Pädagogik.* Bad Heilbrunn: Klinkhardt.
Nohl, A.-M. (2011). *Pädagogik der Dinge.* Bad Heilbrunn: Klinkhardt.
Ortmann, G., Sydow, J., & Windeler, A. (1997). Organisation als reflexive Strukturation. In G. Ortmann, J. Sydow, & K. Türk (Hrsg.), *Theorien der Organisation* (S. 315–354). Opladen: Westdeutscher Verlag.
Rammert, W. (2007). Die technische Konstruktion als Teil der gesellschaftlichen Konstruktion der Wirklichkeit. In D. Tänzler, H. Knoblauch, & H.-G. Soeffner (Hrsg.), *Zur Kritik der Wissensgesellschaft* (S. 83–100). Konstanz: UVK.
Reckwitz, A. (2002). The status of the „Material" in theories of culture: From „Social Structure" to „Artefacts". *Journal for the Theory of Social Behavior, 32*(2), 195–217.
Reckwitz, A. (2003). Grundelemente einer Theorie sozialer Praktiken. *Zeitschrift für Soziologie, 32*(4), 282–301.
Rieger-Ladich, M. (2009). Menschen und Dinge, Akteure und Aktanten: Überlegungen zur Neubestimmung des Sozialen. In J. Oelkers & B. Grubenmann (Hrsg.), *Das Soziale in der Pädagogik* (S. 114–130). Bad Heilbrunn: Klinkhardt.
Schäffer, B. (2003). *Generation – Medien – Bildung. Medienpraxiskulturen im Generationenvergleich.* Opladen: Leske + Budrich.

Informelles Sachlernen von Kindern im *Museum der Dinge*

Bernd Wagner

Zusammenfassung: In einem Berliner Museum für Gebrauchsgegenstände und Industrieprodukte können Vor- und Grundschulkinder Lieblingsdinge auswählen. Die ethnographische Studie untersucht, wie Kinder sich den ungewohnten Dingen nähern. Diese sind in den alltäglichen Dingrepräsentationen ihrer Lebenswelt wenig vertreten. Performative Auseinandersetzungen von Kindern mit Ausstellungsobjekten werden im Rahmen eines museumspädagogischen Konzeptes beschrieben und in Bezug zur Disziplin Sachunterricht und seine Didaktik gesetzt.

Schlüsselwörter: Museum · Ungewöhnliche Dinge · Kontaktzone · Performativität · Lernprozess

Informal learning in the museum of things

Abstract: The article is about the performative learning processes of young children in museums. The research was carried out in the Museum der Dinge (Museum of Things) in Berlin in which industrial products and their designs from the last 100 years are displayed. The items exhibited are disembedded from their meaning contexts in material surroundings; they have become useless in relation to material artefacts and have lost their affordance character. Visiting children find most of the things in the museum alienating. As the objects exhibited do not interact with things in their everyday lives they are considered strange, although they are usually not totally unfamiliar. Children are likely to have an idea of their original intended uses, which provokes performative interactions. Ethnographic research methods were employed to focus on children's performative interactions/play with "favourite things" (things they selected from the range of 20,000 objects). Outcomes of the research are reflected upon in the context of the German subject *Sachunterricht*, basic primary school lessons in science and social studies. *Sachunterricht* promotes a multi-perspective view on things, in which the performative learning approaches of children can be evaluated.

Keywords: Museum · Unusual things · Contact zones · Performativity · Learning processes

---

© Springer Fachmedien Wiesbaden 2013

J.-Prof. Dr. B. Wagner (✉)
Erziehungswissenschaft – Psychologie, Universität Siegen Fakultät II,
Adolf-Reichwein-Str. 2, 57068 Siegen, Deutschland
E-Mail: wagner@erz-wiss.uni-siegen.de

Mein Artikel behandelt performative Auseinandersetzungen von Kindern mit Objekten im Kontext museumspädagogischer Fragestellungen. Exemplarisch habe ich das *Museum der Dinge* in Berlin ausgewählt[1]. Einerseits, weil es ein Museum der Alltagskultur ist, in dem Dinge, die für den Gebrauch und das anschließende Wegwerfen bestimmt sind, ausgestellt werden. Andererseits weil es Gegenstände aus den letzten 100 Jahren Industriegeschichte zeigt, die mehrfach ihrer Gebrauchszusammenhänge (Pomian 1988) beraubt worden sind. Dies ist schon durch die Wandlung zum Ausstellungsobjekt bedingt, zudem haben sich veränderte soziale Bedeutungszuweisungen ergeben. Die Ausstellungsobjekte sind in *unserer* Dingwelt-Sozialisation *nutzlos* geworden und haben ihren Aufforderungscharakter (Norman 1999) verloren. Sie fügen sich nicht mehr in alltägliche Benutzungszusammenhänge und repräsentierte Dingwelten ein (Abb. 1).

Ungewohnte Dinge können bildungsrelevante Irritationen[2] und Befremdungen im Museum auslösen (Parmentier 2001; Treptow 2005). Besuchende Kindergruppen, so die bisherigen Beobachtungen und museumspädagogischen Vorarbeiten (Wagner 2010), werden von irritierenden Gegenständen zu Interaktionen angeregt. Diese möchte ich ethnographisch weiter untersuchen und Perspektiven für den *Sachunterricht und seine Didaktik* als Disziplin, die das Sachlernen von Kindern thematisiert, aufzeigen. Ich gehe von der Annahme aus, dass Sachlernen auch informell, insbesondere in einem Museum für Dinge aus industrieller Massenproduktion, stattfindet. In meinem ersten Gliederungspunkt werde ich kurz in eine Vielperspektivität des Sachunterrichts einführen. Der zweite behandelt den Forschungsort, das *Museum der Dinge*, und grundlegende Überlegungen zu performativen Kontaktzonen im Museum. Im dritten Abschnitt komme

Abb. 1: *Museum der Dinge.*
(Foto des Autors)

ich zur qualitativen Untersuchung, die performative Auseinandersetzungen von Grundschulkindern im Museum ethnographisch untersucht. Schließlich werden im vierten und letzten Gliederungspunkt vor dem Hintergrund der kleinen Studie ausgewählte disziplinbezogene Perspektiven für eine empirische Ausformulierung des Sachlernens von Kindern aufgezeigt.

1 Vielperspektivität und exemplarische Inhaltsauswahl im Sachunterricht

Sachunterricht und seine Didaktik bearbeitet als wissenschaftliche Disziplin erziehungswissenschaftliches und vorfachliches Wissen in Diskursen über Zusammenhänge zwischen Kind, Sache und Welt (Pech 2009). Die Sachen, die in schulischen und außerschulischen, formalen und informellen Lernumgebungen thematisiert werden können, sind Inhalte des Sachunterrichts. Dieser geht der Frage nach, wie sich Kinder selbsttätig Wissen über Sachen aneignen. Inhalte der späteren Fächer, wie beispielsweise Geographie, Geschichte, Chemie, Physik, Biologie, Politik und Sozialkunde, werden im Sachunterricht aufgegriffen. Die Verknüpfung der vorfachlichen Inhalte und Herangehensweisen werden mit Referenz auf die Erziehungswissenschaft als integrativ gedacht. Gemeint ist, dass das Wissen der genannten – und auch weiterer – Fächer in Fragestellungen oder sachbezogene Lernprozesse einbezogen wird. Darüber hinaus werden Alltagstheorien, subjektive Erfahrungen und Einschätzungen von Kindern als Ausgangspunkte des Sachlernens (Pech 2009) angesehen. Diese werden in sachbezogenen Auseinandersetzungen von Kindern als eigenständigen Akteuren (Heinzel 2010; Zinnecker 1995) gewonnen.

Sachunterricht wird häufig als wahlloses Konglomerat vereinfachter Inhalte zukünftiger Schulfächer missverstanden. Bereits Dagmar Hänsel (1980) grenzt sich entschieden von diesem Verständnis ab und sieht ein innovatives Potential in einem fächerübergreifenden Gesamtunterricht. Sie fordert, das innovative Potential des Sachunterrichts zu nutzen, indem die Vielperspektivität der *Sachen* in den Mittelpunkt des Unterrichts gestellt wird. Die Auswahl möglicher Themenbereiche wird so nicht verkürzt vom Kanon der Fächer, sondern von den *Unterrichtsgegenständen* bestimmt – oder genauer von kindlichen Umgangsweisen mit den Sachen des Sachunterrichts. Exemplarische Zugänge (Wagenschein 1968) zum Sachlernen können sich an diesem Erlebenshorizont[3] und der Selbsttätigkeit von Kindern orientieren. Selbsttätigkeit ist geprägt von spontanen, handelnden Interaktionen, die inszenatorische Elemente beinhalten.[4] In diesen von Spontaneität (Nohl 2006) geprägten Austauschprozessen mit Dingen entstehen performative Aneignungs- und Lernformen von Kindern. Im weiteren Verlauf des Artikels werde ich kindbezogene Zugänge zum Sachlernen herausstellen und zum Sachunterricht als pädagogischen Ort der Dinge forschen. Ich stelle mir im Folgenden die Forschungsfrage, wie sachbezogene Zugänge von Kindern in sachunterrichtliche Lernarrangements einbezogen werden können. Auch der sich aufdrängenden Frage, wie Kinder ungewohnte *Dinge* zu *Sachen* der Auseinandersetzung machen, werde ich im empirischen Teil nachgehen. Zunächst möchte ich jedoch den außerschulischen Lernort *Museum* vorstellen.

2 Sachlernen im Museum

2.1 Das *Museum der Dinge* als Forschungsort

Das *Museum der Dinge* versteht sich als *offenes Depot*. Die Sammlung möchte den Alltag der warenproduzierenden Gesellschaft mit ca. 20.000 Objekten thematisieren, die vor allem dem 20. Jahrhundert entstammen. Die Sammlungsobjekte sind in Mustersammlungen zusammengestellt. Es ergeben sich zahlreiche Berührungspunkte mit anderen Berliner Museen. Die Sammlung ermöglicht neben kulturhistorischen und technischen auch soziologisch orientierte Rekonstruktionen des Umgangs mit Dingen in der Industriegesellschaft. Ziel der Ausstellung ist es, diese Vielperspektivität zu betonen und einen Dialog mit den vielschichtigen Bedeutungen von Dingen zu ermöglichen.[5] Konzeptionell werden Anleihen bei Franz Hessel (2012, S. 23 ff) und Walter Benjamin genommen, die von einer Physiognomie der Dinge ausgehen. Hessel und Benjamin sprechen davon, dass die Dinge „uns anschauen". Benjamin stellt grundlegende Überlegungen dazu in dem Essay *Über die Sprache überhaupt und über die Sprache des Menschen* vor. In diesem Text entwickelt er das Konzept einer Sprache der Dinge (Bracken 2002). Benjamin zufolge ist die Sprache der Dinge stumm, ihr Medium ist die stoffliche Gemeinschaft. Benjamin nimmt an, dass Menschen eine Sprache der Steine, Pfannen und Kartons, … etc. wahrnehmen können. Seiner Auffassung nach gibt es außer der Sprache, die durch das Telefon vermittelt wird, eine Sprache des Telefons selbst.

> Es handelt sich hier um namenlose, unakustische Sprachen, um Sprachen aus dem Material; dabei ist an die materiale Gemeinsamkeit der Dinge in ihrer Mitteilung zu denken. (Benjamin 1992, S. 47/48)

Diese Sprache ist jedoch nur Menschen verständlich, die in jeweilige Dingwelten hineinsozialisiert worden sind. D. h. Menschen lassen sich von Dingen *ansprechen*, üben interaktiv und habituell Umgangsformen in Dingwelten ein.[6] Der Aufforderungscharakter (Norman 1999) von Dingen entsteht im Rahmen einer vornehmlich körperbezogenen Sozialisation (Abb. 2).

Franz Hessel drückt dies literarisch so aus: „*Nur was uns anschaut, sehen wir.*" Gleichwohl erfolgt diese Wahrnehmung sehr individuell, Dinge erhalten einen vielschichtigen Bedeutungshorizont. Diese Vielschichtigkeit von Dingen, bedingt auch durch industrielle Produktionsphasen, will das Museum herausstellen. Insbesondere rücken die Dinge in den Fokus, die ihren Aufforderungscharakter ganz oder teilweise verloren haben. Ihre Nutzungszusammenhänge sind an eine bestimmte historische Produktpalette gebunden und für Menschen, die in dieser Dingwelt nicht sozialisiert wurden, nur bedingt nachvollziehbar. Dennoch finden sich oft Spuren und Überlagerungen von historisch gewachsenen Dingwelten in modernen Warenwelten. Im *Museum der Dinge* werden diese Überlagerungen sichtbar, beispielsweise in einem Ausstellungsteil zu Computerplatinen von den 1970er Jahren bis heute oder zu verschiedenen Formen von Tonabnehmern (Grammophon, Plattenspieler usw.). Diese historischen Dingzusammenhänge möchte das *Werkbund Archiv* als Betreiber des *Museums der Dinge* weiter pflegen und im Kontext heutiger Gebrauchsgegenstände sichtbar machen.[7] Als praktische Umsetzung bietet das Museum „Dingpflegerinnen und -pflegern", die sich für ein Lieblingsding entscheiden und sich

Abb. 2: Kinder im *Museum der Dinge*. (Foto des Autors)

diesem Ding besonders annehmen möchten, „Dingpflegschaften" an. Im Rahmen von einjährigen oder längeren Pflegschaften können die Dingpflegenden ihr *Ding* kostenlos besuchen. Parallel dazu wird ein *Ding des Monats* ausgelobt, das besonders präsentiert wird.

2.2 Kontaktzonen im Museum

Das Konzept des *Museums der Dinge* gewinnt im Kontext der pädagogischen Anthropologie museumspädagogische Relevanz. Insbesondere Überlegungen der amerikanischen Kulturanthropologin Marie Luise Pratt (1992, 1993, 1996) sind bedeutsam. Pratt (1993) skizziert ein an Performativität orientiertes, museumspädagogisches Konzept. In diesem betont sie die spontane Interaktion mit musealen Objekten. Sie plädiert für eine Distanz zu Alltagsinterpretationen von Dingen, die durch selbsttätige Erprobungssituationen entstehen kann. Museen können so einem spielerischen Umgang mit ihren Exponaten Raum geben. In Bezug auf ethnologische Museen kritisiert Pratt (1996), dass ein eurozentrischer Bias und neofeudale Abgrenzungen zu den ausgestellten Objekten weiter aufrechterhalten werden. Sie fordert mit James Clifford, Ausstellungen als *Kontaktzonen* umzudisponieren, in denen interaktive Dimensionen mit den Ausstellungsobjekten ermöglicht werden. D.h. es soll versucht werden, den Aufforderungscharakter, den die Dinge einmal innehatten, den Besuchenden mitzuteilen und ihnen auf diese Weise einen Einblick in fremde oder vergangene Lebenswelten zu ermöglichen.

> ... contact zone is an attempt to invoke the spatial and temporal copresence of subjects previously separated by geographic and historical disjunctures, and whose trajectories now intersect. (Pratt 1992, S. 7)

Überlegungen zu Kontaktzonen in Museen sind dazu geeignet, grundschulpädagogische Ansätze zu erweitern, und stellen bisherige didaktische Konzeptionen für außerschulische Lernorte, die etwa von dem Modell der konzentrischen Kreise oder *originären Begegnungen* (Laux 2002) ausgehen, grundlegend in Frage. Stattdessen führen sie zu einem performativen Konzept von Lernen im Museum, das im Rahmen eines inszenatorischen und interaktiven Prozesses dazu führt, dass sich Schülerinnen und Schüler über Lerninhalte verständigen. Performative Lernformen werden als inszenatorische, soziale Handlungspraxen im Sinne Judith Butlers verstanden, die sich z.B. in der Auseinandersetzung mit musealen Objekten manifestieren.

> Diese im Allgemeinen konstruierten Akte, Gesten und Inszenierungen erweisen sich insofern als performativ, als das Wesen oder die Identität, die sie angeblich zum Ausdruck bringen, vielmehr durch leibliche Zeichen oder andere diskursive Mittel hergestellte und aufrechterhaltene ‚Fabrikationen/Erfindungen sind.' (Butler 1991, S. 200)

Sie tragen dazu bei, Selbsttätigkeit von Kindern im Sinne von körperbezogenen mimetischen Vollzügen eingehender zu beschreiben. Pratt (1996) fordert eine spielerische und handlungsorientierte Annäherung an Ausstellungsobjekte im Museum. Ein besonderes Augenmerk erhalten ausgelassene Objekte. An den Leerstellen, den nicht gezeigten, im Archiv verschwundenen Objekten können vorherrschende Diskurse sichtbar gemacht werden. Das macht Museen laut Pratt (1992) zu Orten, in denen Kontaktaufnahmen zwischen Menschen aus verschiedenen Zeiten oder geographischen Regionen möglich werden. Solche Kontaktsituationen sind in Museumskonzepten zu finden, in denen nicht beabsichtigt wird, Erwartungshaltungen von Besuchenden nachzukommen, sondern sie zu irritieren und *befremden*. Kontaktzonen, wie sie von Pratt konzipiert werden, entstehen in performativen Auseinandersetzungen und können auch von Grundschulkindern, die im Sachunterricht ein Museum besuchen, erfahren werden. Um Kontaktzonen mit musealen Objekten im Sachunterricht zu ermöglichen, ist eine an Situationen orientierte, auf flexiblen Handlungsarrangements fußende Arbeit mit Kindergruppen nötig. Diese gibt Kindern Raum, sich spielerisch mit Objekten zur Ausstellung auseinanderzusetzen. Im performativen Spiel werden Asymmetrien und Bedeutungskontexte verhandelt, die Pratt (1996) als konstitutiv für Kontaktzonen ansieht. Dies ist bereits für besuchende Kindergruppen in der Berliner Ausstellung *Indianer Nordamerikas* gezeigt worden (vgl. Wagner 2010). Die entstehenden Spielmomente können museumspädagogisch aufgegriffen und im Sachunterricht fruchtbar gemacht werden, wobei dies einen Beitrag zu einer mehrdeutigeren Rezeption der Objekte leistet.

3 Ethnographische Forschung im *Museum der Dinge*

3.1 Das Untersuchungssetting

Die Studie untersucht die Interaktion von Grund- und Vorschülerinnen und -schülern mit Ausstellungsexponaten im *Museum der Dinge*. Sie betrachtet insbesondere spontane Spielmomente und Selbstinszenierungen von Kindern in Wechselwirkung zu den Ausstellungsexponaten. Sie setzt sich zum Ziel, die sichtbaren und beobachtbaren Praktiken auf der Schnittstelle zwischen formellen und informellen Lernprozessen zu rekonstruieren. Um sich diesen Lernpraktiken von Kindern annähern zu können, wird mit teilnehmender Beobachtung, ethnographischen Feldprotokollen und Fotodokumentation gearbeitet. Die ethnographischen Verfahren richten den Fokus auf Handlungspraxen von Schülerinnen und Schülern während der Museumsbesuche. Sie gewährleisten, dass die Forschenden ihre Verstrickung in das Feld reflektieren (Amann und Hirschauer 1997). Erst die Einbeziehung der Forschenden ermöglicht es, Kontaktaufnahmen von Kindern zu den Ausstellungsobjekten zu untersuchen. Aus den Beobachtungen werden relevante Sequenzen ausgewählt, die dann dicht beschrieben werden. In diesem Artikel werden Beobachtungsnotizen und Redetranskripte aus dem Material sowie erste mögliche offene Kodierungen vorgestellt.[8]

3.2 Einblicke ins Material der Studie

Ich habe exemplarisch drei der 20 ethnographisch protokollierten Museumsbesuche herausgegriffen, die unterschiedliche performative Annäherungen an Ausstellungsobjekte darstellen. Ich habe diese drei Besuche ausgewählt, weil sie zudem Kontaktzonen im Museum der Dinge sichtbar machen. Viele der Besuche mit Grund- und Vorschulkindern spiegeln die Aufforderung zur Wiedererkennung, die von den ausgestellten Dingen ausgeht. Aussagen wie: „Ich hab auch ein Puppenhaus." oder „Männer? Das muss eine Frau sein, denn die hat eine Kette an.", zeigen kindliche Bezeichnungsübungen anhand von lebensweltlichen Vorerfahrungen. Die Kinder des Samples verbringen meist sehr lange Zeit beim Betrachten einzelner Dinge in der Ausstellung und auch Irritationen über ungewohnte Dinge werden zum Ausdruck gebracht. Im Rahmen der Studie sind insbesondere Auseinandersetzungsformen mit Dingen untersucht worden, die nicht mehr im Alltag von Kindern benutzt werden. Anhand eines Museumsbesuches am 11.03.2012 mit der 5-jährigen Z., die von Frau R. begleitet wurde, möchte ich dies im Kontext einer Ding-Geschichte zu einem Plattenspieler verdeutlichen (Abb. 3).

Z.: „Plattenspieler kenne ich nicht. Ich hab nur mal eine Geschichte gehört. Der Fuchs hat den Plattenspieler geklaut. Der hat dann zuhause Musik gehört. Aber die haben den Plattenspieler dem Fuchs wieder weggenommen."
Frau R.: „Das war die Geschichte?"
Z.: „Nee, ach der Fuchs wusste auch nicht wie er den Plattenspieler bedient, so mit Schallplatten und so. Der hatte vielleicht CDs. Aber Schallplatten hatte der auch gar keine richtigen."
Frau R.: „Du kennst Schallplatten?"
Z.: „Klar kenn ich die, Papa hat sogar noch ein Schallplattentuch zur Reinigung. Aber das benutzt er nie, hab ich jedenfalls noch nicht gesehen."

Abb. 3: Kind und *unbekannter* Plattenspieler. (Foto des Autors)

Diese Geschichte wiederholte Z. nach Aussagen der Eltern mehrfach zuhause und fragte nach einem Plattenspieler. In ihrem Lebensumfeld gibt es dieses Gerät nicht. Sie hat jedoch davon gehört und versucht es sich narrativ zu erschließen. Z. nähert sich an den Benutzungszusammenhang an, weil sie von ihrem Vater weiß, dass das Gerät zum Musikhören dient. Das Gerät wird von ihr in Bezug zu Geräten, die sie kennt, gesetzt und mit Zubehör, das noch im Haushalt vorhanden ist in Verbindung gebracht. Sie kennt CDs, aber keine Schallplatten, nur das Putztuch für Schallplatten des Vaters. Im Museum hat sie viel Zeit am Plattenspieler verbracht und sich überlegt, wie man ihn bedienen könnte, bzw. welche Tätigkeiten damit verbunden sein könnten. Wie alle an der kleinen Studie beteiligten Kinder habe ich auch Z. nach ihren Lieblingsdingen in der Ausstellung befragt und ein kurzes narratives Interview geführt und aufgezeichnet. Es ist ein *Polly-Pocket*, d.h. eine Dose, in der sich eine aufklappbare Spiellandschaft, ein Miniaturspielplatz, befindet. Insbesondere die in der Spiellandschaft enthaltene große, einklappbare Rutsche war für sie interessant. Die Möglichkeit, so eine Miniatur im Kleinformat transportieren zu können, beschäftigte Z. Sie stellte sich insbesondere die Fragen, wie man das *Polly-Pocket* öffnen und schließen kann, ohne den Inhalt zu beschädigen. Ihre Überlegungen zeigen ein technisches Interesse am Klappmechanismus des Ausstellungsobjektes.

Abb. 4: Kind beim Ausprobieren von *MoneyMatic*. (Foto des Autors)

Der zweite Ausschnitt aus dem Datenmaterial stammt von einem Museumsbesuch am 17.03.2012 mit einem 9-jährigen Mädchen. A. hat sich besonders für die Dinge aus der Sonderausstellung *Istanbul Alphabet* interessiert. Diese haben sich ihr nicht gleich erschlossen, was in ihrem Fall die Dinge interessant machte. Zudem können Kinder einzelne Objekte der Sonderausstellung anfassen, so dass A. mit den Dingen experimentieren konnte. Gerade eine einklappbare Reisehaarbürste aus der Sonderausstellung fand sie praktisch. Sie hat diese öfter ausprobiert und darüber nachgedacht, wie viel Platz sie in einer Handtasche verbrauchen würde. Auch die hüpfenden Plastikhasen eines Straßenverkäufers, die mit einem Luftball zum Hüpfen gebracht werden konnten, waren für A. faszinierend. Besonders viel Zeit hat sie jedoch an der Kleingeldsortierhilfe *MoneyMatic* (siehe Abb. 4) verbracht.

Erst durch das Spielen wurde ihr bewusst, wofür dieses Ding genutzt worden ist. Das verlief weitestgehend schweigsam. A. füllte mehrmals die Behältnisse mit Kleingeld und probierte dann aus, ob Nutzungsvariationen – kleine Münzen in großen Einwurfschlitzen – möglich sind. „Dieses Ding zu verstehen ist wichtig", betont sie.

Darüber hinaus war sie über die 80er Jahre Computerplatinen verwundert. Diese Verwunderung drückte sie folgendermaßen aus: „Wie sieht ein Computer von innen aus? Doch nicht so? Meine Bauteile sind viel kleiner, da hab ich schon reingeschaut, als das kaputt war. Ein Verwandter von uns hat den Strom abgestellt und das dann geöffnet." A. vergleicht die Museumsobjekte mit einer konkreten Situation aus ihrem Alltag. Sie erzählt von einer widersprüchlichen, kontrastiven Erfahrung und bezieht die Ausstellungsobjekte auf die von ihr benutzten Dinge. A. stellt ihre handlungsorientierten Museumserlebnisse ihren eigenen Vorerfahrungen gegenüber.

Der dritte hier vorgestellte Besuch im Museum fand am 29.03.2012 mit 22 Grundschülern einer 6. Klasse aus Berlin-Wedding statt. Der Museumsbesuch mit einer Kindergruppe war für mich eine Herausforderung. Wir konnten das Museum in einer Sonderöffnungszeit besuchen und waren als Gruppe ohne Aufsicht in den Räumen unterwegs. Ich bin etwa 10 min vor dem Termin eingetroffen, die Schulklasse mit ihrer Lehrerin und einem

Abb. 5: Die Berliner Schulklasse tauscht sich über Lieblingsdinge aus. (Foto des Autors)

Elternteil warteten bereits im 3. Stock, ein Schüler, P., holte mich am Straßeneingang ab. P. zeigte mir sogleich eine kleine Spielfigur, zu der er weitere passende Figuren zu finden hoffte. P. sagte, dass er und sein Vater diese Figuren sammeln würden. Im Museum angekommen, haben wir einen ersten kurzen Rundgang gemacht und uns dann zu einer Einführungsrunde getroffen. Die Schülerinnen und Schüler erhielten den Arbeitsauftrag, in Kleingruppen die Ausstellung zu erkunden und Lieblingsdinge zu finden. Gründe für diese Wahl konnten von den Schülerinnen und Schülern auf kleinen Karteikarten festgehalten werden (Abb. 5).

Die Schülerinnen und Schüler waren besonders an den zeitgenössischen Designstücken der Sonderausstellung zu *Istanbul Alphabet* interessiert – beispielsweise erregte ein Pullover, auf dem aus Stoff ein Wolfskopf angebracht war, großes Interesse. So formuliert z. B. K.: „Der Pullover, weil der ist geknickt." oder F.: „Weil es crazy aussieht, es etwas anderes ist. Es ist nicht wie die normalen Sachen." Auch bei anderen Lieblingsstücken wird das Außergewöhnliche, nicht im alltäglichen Gebrauch befindliche, hervorgehoben, so z. B. M.: „Die Schreibmaschine: Wir haben das ausgesucht, weil es Schreibmaschinen heute nicht mehr gibt." Auch in der anschließenden Gruppendiskussion wird das Argument erwähnt, die Dinge hätten eine Anziehung ausgeübt, weil sich die Schülerinnen und Schüler erst erschließen mussten, zu welchem Gebrauch sie bestimmt waren. Vor dem

Hintergrund der Sonderausstellung *Istanbul Alphabet* wurde von den Schülerinnen und Schülern das Thema *Dinge in der Türkei* diskutiert. Diese seien, wie viele Schülerinnen und Schülern ohne Migrationshintergrund hervorgehoben haben, weniger modern. Gegenstimmen zu dieser These wurden in der Klasse nicht vorgetragen. Alle Schülerinnen und Schüler schienen diese Aussage akzeptiert zu haben, auch wenn sie im Widerspruch zu den ausgestellten Gebrauchsgegenständen stand, die einem zeitgenössischen Design verpflichtet sind, das als *modern* bezeichnet werden könnte. Während des Besuches wurden kulturbezogene Stereotype und Zuschreibungen wiederholt, ohne Bezüge zur Ausstellung zu nehmen. Deutlich wurde, dass sich bereits ein festes Repräsentationsregime mit binären Kodierungen (Hall 2004) in der Klasse etabliert hat. Zudem scheinen diese Stereotype von den betreuenden Lehrerinnen und Lehrern nicht in Frage gestellt zu werden.

Ein weiteres wichtiges Objekt für viele Schülerinnen und Schüler der Weddinger Klasse war die Schaufensterpuppe *Lulu*. F. und E. haben die 20er Jahre Schaufensterpuppe zum Lieblingsding erklärt. Ihre Augen waren sehr lebendig aufgemalt und der zerstörte Torso gab Raum für Spekulationen und *leichtes* Gruseln. In diesem Kontext ist folgender Schülerdialog entstanden:

F.:	„Die Puppe ist toll. So lebendig. Man kann sich richtig vorstellen, dass sie lebt."
E.:	„Bei Karstadt sind die nicht so toll. Die hier schaut mich an." Hintergrundgeräusche.
F.:	„Die ist so kaputt, dass macht Angst, da fehlt ja der Körper und die Arme, die sind irgendwie abgebrochen."
E.:	„Ja, ich find das auch gruselig." Hustet.
Lehrerin:	„Ist das deshalb Euer Lieblingsding?"
F.:	„Ja, weil man nicht weiß ob es nicht doch lebt."
E.:	„Ich mag das, wenn das mich gruselt. Immer wenn ich das ansehe, kribbelt das so."

E. und F. betonen bei ihrem Lieblingsding das Erstaunliche und Vielschichtige. Außergewöhnlich sind für sie Dinge, die emotionale Reaktionen hervorrufen. Diese emotionalen Reaktionen gehen mit körperbezogenen, sinnlichen Erfahrungen einher. Die drei Museumsbesuche zeigen, dass Dinge, die zwar noch in ihren Gebrauchszusammenhängen erkennbar sind, aber befremden, sich Kategorisierungen entziehen, eine Anziehungskraft auf die Kinder unseres kleinen Samples ausüben. Die Lieblingsdinge sind ihnen nicht völlig fremd, aber gleichzeitig irritieren sie und sind nicht in gewohnte lineare Dingkombinationen einordbar.

4 Perspektiven für das Sachlernen

4.1 Kinder wählen aus einer Vielzahl von Exponaten Lieblingsdinge

Die Kinder des Samples nehmen eine exemplarische Auswahl von Dingen im Museum vor. Diese folgt jedoch nicht einer Bildungsbedeutsamkeit oder gesellschaftlichen Relevanz, sondern ist, wie bei F. und E., an einem subjektiven Aufforderungscharak-

Abb. 6: Lulu, Oberkörper einer 20'er Jahre Schaufensterpuppe, ein beliebtes Ding. (Foto des Autors)

ter orientiert. Dieser subjektive Aufforderungscharakter, der sich beispielsweise dadurch kennzeichnet, dass ungewohnte Objekte Interesse erwecken, zeigt sich an der Auswahl der Lieblingsdinge. Bekannte oder unbekannte Dinge rücken in den Fokus, wenn sie Kinder zum Ausprobieren anregen oder sich an lebensweltliche Auseinandersetzungen anschließen lassen. Viele Kinder des Samples haben zudem eigene Dingsammlungen angelegt, zu denen sie passende Stücke suchen. Wie Ludwig Duncker und Corinna Kremling (2010) betonen, fördert schon die Akzeptanz der kindlichen Sammlungen Lern- und Bildungspotentiale. Der Sachunterricht kann an diese bestehenden kindlichen Dingordnungen (z. B. eine Sammlung von Glücksbringern) anschließen (Abb. 6).

Dinge lösen einerseits Emotionen bei den benutzenden Kindern aus, andererseits passiert auch etwas mit den Dingen, sie erhalten oder verändern ihre Funktion, werden in Dingzusammenhänge eingeordnet. Für den Sachunterricht bedeutet dies, dass weniger allgemeine Bezeichnungsübungen als vielmehr individuelle Bedeutungen von Dingen thematisiert und für unterrichtliche Sachlernprozesse nutzbar gemacht werden können. Schülerinnen und Schüler können in diesem Kontext Dinge für Sachlernprozesse auswählen und an Sinngebungsprozessen im Unterricht (Hartinger 2007) beteiligt werden. Wie unser kleines Sample gezeigt hat, haben Kinder sachbezogene Erlebenshorizonte, die es ihnen erlauben, differenziert mit verschiedenen, von ihnen ausgewählten Dingen zu agieren, die an ihre Dingsozialisation anschließbar und ihnen im Kontext des Sachlernens nützlich erscheinen. Sie fügen diese Dinge in Geschichten ein (Z.), probieren sie aus (A.), setzen Sie in Bezug zu körperlichen Erfahrungen (F. und E.). Diese Formen selbsttätigen ästhetischen Lernens sind geprägt von individuellen Impulsen und finden informell statt. Die entstehenden spontanen Interaktionen und performativen Aneignungsformen können, wie dies Monika Wagner-Willi (2005) gezeigt hat, im Sachunterricht aufgegriffen werden.

4.2 Kinder setzen sich mit ungewohnten Dingen auseinander

Die Kinder des kleinen Samples sind an ungewohnten Dingen sehr interessiert, sie versuchen spontan Bedeutungen herzustellen. Wenn Gelegenheiten, wie z. B. für A. in der Sonderausstellung, bestehen, probieren sie die Objekte performativ aus.[9] Historisches Lernen kann diese produktive Verunsicherung aufgreifen, Verbindungen zu noch heute gebräuchlichen Nutzgegenständen aufzeigen und Empathie für die Lebensbedingungen in historisch gewachsenen Dingwelten wecken. Eine Pädagogik der Dinge (Nohl 2011; Scholz und Rautenberg 2004) betont die spontane körperliche und sprachliche Interaktion mit Objekten. Sie plädiert für Erprobungssituationen und eine Distanz zu einfachen Bezeichnungsübungen mit Dingen. Im Sachunterricht, der Wechselwirkungen zwischen Kind und Sache thematisiert, können diese Freiräume für spielerische Annäherungen von Kindern ermöglicht werden. Performative Konzepte tragen dazu bei, Erlebenshorizonte und Selbsttätigkeit von Kindern in Prozessen des Sachlernens aufzugreifen. Kinder(gruppen) nähern sich ungewohnten Objekten an, versuchen diese spontan einzubeziehen, körperbezogene Kontakte herzustellen und Bedeutungen zu vermitteln. Im performativen Spiel werden Asymmetrien und Bedeutungskontexte, die bei Einordnungen in Dingwelten entstehen, verhandelt. Kinder experimentieren mit den Gegenständen, Bewegungsformen, Raumsituationen, Geräuschen, Lichtverhältnissen und Spielpartnern. Sie spielen nicht nur bekannte Rollensequenzen, sondern agieren nach im Stegreif erfundenen Handlungskonzepten. Performative Körperbilder werden hervorgebracht und situativ an Räume, Ausstellungsobjekte sowie Spielpartnerinnen und -partner angeschlossen. Die Objekte werden mit neuen Bedeutungen belehnt, die von gängigen Erklärungs- und Kategorisierungsschemata abweichen können.[10]

Die bisherigen Untersuchungsergebnisse im museumspädagogischen Feld zeigen, dass Kinder selbsttätig Sachen auswählen, mit denen sie sich intensiv auseinandersetzen. Die entstehenden performativen Spielmomente können im Sachunterricht aufgegriffen werden. Sie setzen Akzente für eine kindbezogene Ausformulierung der für den Sachunterricht zentralen Kategorie der Handlungsorientierung. Handlungsorientierung muss nicht zwangsläufig von Erwachsenen im Unterricht initiiert werden. Der Fokus auf kindliche Aneignungsformen macht deutlich, dass Kinder vielfältige performative Inszenierungen hervorbringen. Diese performativen Aneignungsformen spiegeln kindliche Lernaktivitäten und Handlungsimpulse wider, die nicht lehrerzentriert hergestellt werden müssen (Kerll und Wagner 2009). Sie fordern Lehrende auf, spontane Inszenierungen und Formen informeller, dingbezogener Auseinandersetzung von Kindern für das Sachlernen fruchtbar zu machen.

Anmerkungen

1 http://www.museumderdinge.de/stand_der_dinge/ [URL: 01.12.2012].

2 Vgl.: „Indem die Menschen im Museum die Dingzeichen neu verstehen lernen, lernen sie auch sich selber neu verstehen. In den unerwarteten Relationen, die sie in der musealen Versuchanordnung den Dingen abgezwungen haben, erkennen sie die bis dahin verborgene Grammatik ihres Daseins wieder. Genau das verstehe ich unter Bildung.", (Parmentier 2001, S. 49).

3 Der von Ference Marton und Shirley Booth (1997) eingeführte, phänomenologisch orientierte Begriff *experiance* trifft diese „Vorerfahrungen" von Kindern genauer. Der *experiance* Begriff kann jedoch nicht einfach übernommen werden, da er zu eng in angelsächsische, lernpsychologische Diskurse eingebunden ist.

4 „Wenn menschliches Handeln als aufführendes, kulturelles Handeln, als *cultural performance*, begriffen wird, so ergeben sich daraus Veränderungen für das Verständnis sozialer und erzieherischer Prozesse. In diesem Fall finden die Körperlichkeit der Handelnden, sowie der Ereignis- und inszenatorische Charakter der Handelnden größere Aufmerksamkeit." (Wulf et al. 2001, S. 9).

5 „Verstehen lernen, was wir sehen, wenn wir uns selbst dabei beobachten, wie wir Museen, die ein Bild von uns entwerfen, wahrnehmen: Das ist Preziosi's Kernaussage. Sie hört sich kompliziert an und ist in der Tat eine komplexe, jedoch nur mit Bezug auf Museen neue Denkfigur, im Hinblick auf den Bereich der Bildenden Kunst umschreibt sie hingegen geradezu eine Standarderfahrung." (Fehr 2003, S. 10).

6 Vgl. den u. a. in Frankreich geführten, philosophischen Diskurs um *affordance*, der die Wechselwirkung zwischen Mensch und materieller Umgebung betrachtet. Die *affordance* Diskussion weist darauf hin, dass Dingwelten die Handlungsmöglichkeiten der sie benutzenden Menschen einschränken.

7 Vgl. die Selbstdarstellung des Museums auf der Homepage http://www.museumderdinge.de/institution/mission_statement/. [URL: 01.12.2012].

8 Eine umfangreichere, komparative Auswertung der ethnographischen Beschreibungen und eine Veröffentlichung der Ergebnisse in einem Forschungsband stehen noch aus.

9 Um von Kindern ausgewählt zu werden, benötigen die Dinge aber noch einen Bezug zu gegenwärtigen Dingwelten. Schwer anschließbare oder wiedererkennbare Dinge, etwa ungewöhnliche Arzneibehälter aus der Kaiserzeit, sind von den Kindern des Samples eher ignoriert worden.

10 So fordert beispielsweise Michael Parmentier diese Experimentierfreudigkeit in Ausstellungen zu berücksichtigen: „Die Verfahrensweise dieser Ausstellungspraxis kann nur experimentell sein. Für sie gibt es keine Selbstverständlichkeiten mehr, keine angestammten Koalitionen und Partnerschaften zwischen den Dingen. Sie werden aus ihren bisherigen Kontexten gelöst, von dem Diktat der Chronologie befreit und thematisch so arrangiert, dass sie ihre bisher verborgenen Bedeutungen freigeben. Die neue Ausstellungspraxis macht aus der musealen Präsentation eine wohl kalkulierte Versuchsanordnung." (Parmentier 2008, S. 39).

Literatur

Amann, K., & Hirschauer, S. (1997). Die Befremdung der eigenen Kultur. Ein Programm. In K. Amann, & S. Hirschauer (Hrsg.), *Die Befremdung der eigenen Kultur. Zur ethnographischen Herausforderung soziologischer Empirie* (S. 7–52). Frankfurt a. M.: Suhrkamp.

Benjamin, W. (1991). *Das Passagenwerk. Ges. Schr. Bd. V 1,2*. Frankfurt a. M.: Suhrkamp.

Benjamin, W. (1992). *Über die Sprache überhaupt und über die Sprache des Menschen. Sprache und Geschichte* (S. 30–49). Stuttgart: Reclam.
Bracken, C. (2002). The Language of things: Walter benjamin's primitive thought. *Semiotica, 138-1*(4), 321–349.
Butler, J. (1991). *Das Unbehagen der Geschlechter*. Frankfurt a. M.: Suhrkamp.
Clifford, J. (1997). *Museums as contact zones. Routes: Travel and translation in the late twentieth century* (S. 188–219). Cambridge: Harvard University Press.
Duncker, L., & Kremling, C. (2010). Sammeln als Form frühkindlicher Weltaneignung – explorative Beobachtungen und Befragungen von Vorschulkindern. In H.-J. Fischer, P. Gansen, & K. Michalik (Hrsg.), *Sachunterricht und frühe Bildung* (S. 53–65). Bad Heilbrunn: Klinkhardt.
Fehr, M. (2003). *Kurze Beschreibung eines Museums, das ich mir wünsche*. http://www.aesthetischepraxis.de/Texte2/Fehr_Fiktives_Museum_II.pdf [URL: 01.12.2012].
Hall, S. (2004). *Ideologie, Identität, Repräsentation*. Hamburg: Argument.
Hartinger, A. (2007). *Interessenförderung. Eine Studie zum Sachunterricht*. Bad Heilbrunn: Klinkhardt.
Hänsel, D. (1980). *Didaktik des Sachunterrichts. Sachunterricht als Innovation in der Grundschule*. Frankfurt a. M.: Diesterweg.
Heinzel, F. (Hrsg.). (2010). *Kinder in der Gesellschaft. Was wissen wir über aktuelle Kindheiten? Grundschulverband*. Frankfurt a. M.: Grundschulverband.
Hessel, F. (2012). *Spazieren in Berlin. Neu herausgegeben von Moritz Reininghaus*. Berlin: Verlag für Berlin-Brandenburg.
Kerrl, J., & Wagner, B. (2009). Selbstgestaltete Rituale im Sachunterricht. www.widerstreit-sachunterricht.de. Nr. 13. Oktober 2009. 11 Seiten.
Laux, H. (2002). *Originäres Lernen. Selbstbestimmung für Grundschüler*. Baltmannsweiler: Schneider Verlag Hohengehren.
Nohl, A.-M. (2006). *Bildung und Spontaneität: Phasen biographischer Wandlungsprozesse in drei Lebensaltern. Empirische Rekonstruktionen und pragmatistische Reflexionen*. Opladen: Budrich.
Nohl, A.-M. (2011). *Pädagogik der Dinge*. Bad Heilbrunn: Klinkhardt.
Norman, D.-A. (1999). Affordance, conventions, and design. *Interactions, 6*(3), 38–43.
Parmentier, M. (2001). Der Bildungswert der Dinge oder Die Chancen des Museum. *Zeitschrift für Erziehungswissenschaft, 1*, 39–50.
Parmentier, M. (2008). Agora. Die Zukunft des Museums. Standbein-Spielbein. *Museumspädagogik aktuell, 81*, 34–40.
Pech, D. (2009). Sachunterricht – Didaktik und Disziplin. Annäherung an ein Sachlernverständnis im Kontext der Fachentwicklung des Sachunterrichts und seiner Didaktik. www.widerstreit-sachunterricht.de. Nr.13. 10 Seiten.
Pomian, K. (1988). *Der Ursprung des Museums: Vom Sammeln*. Berlin: Wagenbach.
Pratt, M.-L. (1992). *Imperial eyes: Travel writing and transculturation*. London: Routledge.
Pratt, M.-L. (1993). Criticism in the contact zone: Decentering community and nation. In S. Bell, A. May, & L. Orr (Hrsg.), *Critical theory, cultural politics and latin American narrative* (S. 83–102). London: University of Notre Dame Press.
Pratt, M.-L. (1996). Arts of the contact zones. In D. Bartholomae & A. Petroksky (Hrsg.), *Ways of Reading* (S. 528–534). Boston: St. Martin's.
Scholz, G., & Rautenberg, M. (2004). *Die Dinge haben ihren Namen. Zum Verhältnis von Sprache und Sache im Sachunterricht*. Baltmannsweiler: Schneider Verlag Hohengehren.
Staubert, B. (2006). Mediale Selbstinszenierungen von Mädchen und Jungen – geschlechterbezogene Identitätsarbeit im Kontext riskanter gewordener Übergänge. *Diskurs Kindheits- und Jugendforschung, 1*(3), 417–432.
Treptow, R. (2005). Vor den Dingen sind alle Besucher gleich. Kulturelle Bildungsprozesse in der musealen Ordnung. *Zeitschrift für Pädagogik, 51*(6), 797–809.

Wagenschein, M. (1968). *Verstehen lehren. Genetisch – Sokratisch – Exemplarisch.* Weinheim: Beltz.

Wagner, B. (2010). Kontaktzonen im Museum – Kinder in der Ausstellung „Indianer Nordamerikas". *Paragrana, 19*(2), 192–203.

Wagner-Willi, M. (2005). *Kinder-Rituale zwischen Vorder- und Hinterbühne. Der Übergang von der Pause zum Unterricht.* Wiesbaden: VS Verlag für Sozialwissenschaften.

Wulf, Ch., Göhlich, M., & Zirfas, J. (Hrsg.). (2001). *Grundlagen des Performativen: Eine Einführung in die Zusammenhänge von Sprache, Macht und Handeln.* Weinheim: Juventa.

Zinnecker, J. (1995). Pädagogische Ethnographie. In I. Behnken & O. Jaumann (Hrsg.), *Kindheit und Schule. Kinderleben im Blick von Grundschulpädagogik und Kindheitsforschung* (S. 21–37). Weinheim: Beltz Deutscher Studienverlag.

Museum, Artefakte und informelles Lernen: Eine Herausforderung für die Erwachsenenbildung

Byung Jun Yi

Zusammenfassung: Das Museum ist der mediale Raum und der Vermittlungsraum des kulturellen Gedächtnisses. Das Museum verbindet den Menschen mit der Welt durch das Artefakt. Das Museum ist der Raum, in dem pädagogisches Handeln stattfindet. Vor diesem Hintergrund übernimmt das Museum die Aufgabe, kulturell wertvolle Artefakte zu sammeln, zu erhalten, auszustellen und zu vermitteln. Aber das Museum hat einen anderen Charakter als die typischen pädagogischen Einrichtungen, indem es den Menschen durch die Dinge bildet. Zudem vermittelt es mit anderen Formen. Das Museum kommuniziert pädagogisch durch das kollektive Handeln des Artefakts und durch das ausstellende Handeln der Repräsentation der Dinge. Insbesondere das Ausstellungshandeln ist als ein pädagogisches Handeln zu bezeichnen, das mit den Artefakten verbindet. Außerdem ist das Museum der Raum, in dem sich das Lernen ästhetisch, körperlich und performativ ergibt. Dieser Prozess des informellen Lernens ergibt sich mimetisch, und das Museum bildet den Menschen durch die Atmosphäre selbst, die der Raum und das Artefakt inszenieren. Unter diesem Aspekt kann man die Geschichte des Museums als die Geschichte der Museumspädagogik ansehen.

Schlüsselwörter: Museumspädagogik · Ausstellungspädagogik · Informelles Lernen im Museum · kulturelles Gedächtnis · Raumbildung

Museum, Artifacts and Informal Learning – A Challenge to Adult Education

Abstract: Museums are both mediating spaces and spaces for delivering cultural memory. Through artifacts, the museum connects citizens and the world. In other words, museums are spaces where educational activities are created. Accordingly, to carry out the mission to create educational activities, museums perform the following tasks: collecting artifacts with cultural significances, preserving them, exhibiting them, and performing education programs related to them. Unlike other educational facilities, however, museums make use of real materials for education, wherein they differ from typical educational institutions. Therefore, they have a different way of mediating the learning process. First, the museum communicates in an educational manner, while both collecting artifacts and exhibiting the collected materials. In particular, the act of exhibiting is, as an educational activity, a way of displaying the linkage among the artifacts. In addition to collecting and exhibiting artifacts, museums support aesthetic, physical, and presentational learning activities,

---

© Springer Fachmedien Wiesbaden 2013

Prof. Dr. B. J. Yi (✉)
Department of Education, Pusan National Universität,
Jang Jeon Dong San 30, 609–735 Busan, Gum Jeong Ku, South Korea
E-Mail: green957@naver.com

depending on their own spatial atmosphere. Such a process of informal learning occurs mimetically, and museums educate people using the atmosphere created by both the space and artifacts inside. In this regard, it can be said that the history of museums is the history of museum education.

Keywords: Museum education · Education of exhibition · Informal learning in museum · Cultural learning · Learning in space

1 Das Museum als pädagogisches Artefakt

1.1 Historische Betrachtung

Historisch betrachtet war das Museum immer ein Gegenstand des Lernens für Erwachsene. Viele Museumsgesellschaften wurden als „eine organisierte Form der Aufklärung" (Möller 1986) in der Neuzeit gegründet. In den Museumsgesellschaften versammelten sich viele Bürger, die sich für die Sammlung von Dingen aus anderen Kulturen interessierten (Balser 1959, S. 51). Die Geschichte der Pädagogik im Museum ist eng mit der Geschichte des Museums verbunden (Yi und Yang 2006). Die Struktur und Organisation des Museums wurde sozialhistorisch betrachtet immer in die Frage umgewandelt, wie man den Bürgern durch die Dinge etwas vermitteln kann. Das Alte Museum in Berlin, das zwischen 1823 und 1830 erbaut wurde, benutzte beispielsweise die Ausstellung als Lehrstrategie, während die damaligen anderen Museen sich auf die Bewahrung der musealen Dinge konzentrierten. Über allgemeine Informationen hinaus erstellte das Museum der Neuzeit zusätzlich den Katalog, und damit erleichterte es die Verständigung über die Objekte. Und das neuzeitliche Museum führte eine neue Methode der Ausstellung und die öffentliche Inszenierung als wichtiges erwachsenenpädagogisches Instrument ein. Das bedeutet, dass das moderne Museum für das Bürgertum unter „ästhetischem" und „pädagogischem" Anspruch eingerichtet wurde (Hochreiter 1994, S. 10). Das Museum hatte nicht nur die Funktion der kulturellen, sondern auch der politischen Bildung. Der Staat setzte das Museum als ein Instrument der politischen Bildung für die Bürger ein, insbesondere, um eine nationale Identität auszubilden.

> (..) lässt sich feststellen, dass alle Museumsgründungen des 19. Jahrhunderts – und dies gilt auch für historische, technologische oder naturwissenschaftliche Museen – grundsätzlich der Forderung nach einer historischen und wissenschaftlichen Aufklärung verpflichtet waren und ihre zentrale Funktion in den Bildungsangeboten sahen, die sie ihrem Publikum machen wollten. Jenseits aller Spezialisierungen teilten Museumsgründer die allgemeine Auffassung, dass die von ihnen geschaffenen Institutionen einen wesentlichen Anteil an der Vermittlung und Verbreitung wissenschaftlich fundierter Bildung hätten und dass dies ihre hauptsächliche Existenzberechtigung sei. (Joachimides 2001, S. 21)

1.2 Systematische Betrachtung

Zu den Artefakten gehören alle Dinge, die den Menschen erfahrbar machen. Das Museum ist auch die kulturelle Institution, die dem Menschen einen Erfahrungsraum anbietet, die durch die Dinge den Menschen erzieht und auf die Selbstbildung des Bürgers zielt. In diesem Sinne ist das Museum unter drei Aspekten zu betrachten: Erstens ist das Museum mit der Bibliothek zu vergleichen. Während die Bibliothek Dinge wie Buch und Medien sammelt und das Wissen durch diese Dinge vermittelt, sammelt das Museum Artefakte und kommuniziert mit den Menschen durch die gesammelten Dinge und Artefakte. Zweitens kann man nach G. Kerschensteiner sagen, dass das Museum durch die Dinge erzieht, während die Schule durch den Lehrer und das Curriculum erzieht. Drittens setzt das Museum seinen Schwerpunkt des Verstehens auf die Dinghermeneutik bzw. Bildhermeneutik, während die formale pädagogische Institution sich an der Texthermeneutik orientiert. Die Lehr- und Lernmethode, die auf der Ding- bzw. Bildhermeneutik basiert, gehört nicht zum *mainstream* des neuzeitlichen pädagogischen Handelns (Rittelmeyer und Parmentier 2006, S. 104). K. Mollenhauer war ein wichtiger Pädagoge, der „vergessene Zusammenhänge von Kultur und Bildung" (Mollenhauer 1991) wiederherstellen wollte. Er versucht, Präsentation und Repräsentation mit den Begriffen Bildsamkeit, Selbsttätigkeit und Identität zu verknüpfen und damit die vernachlässigten pädagogischen Handlungsfelder zu erhellen.

(…) es entsteht eine eigentümliche ‚pädagogische Sphäre', in der das Problem zu lösen ist, auf welche Weise Erfahrungen repräsentiert werden können. (…) Das damit praktisch und theoretisch zu bewältigende Repräsentationsproblem hat von nun an zwei Seiten: die Frage nach der rechten Lebensform und die Frage nach der richtigen Repräsentation dieser Lebensform in den pädagogisch-didaktischen Arsenalen. Das ist nicht nur ein separat pädagogisches Problem, sondern zugleich ein Problem des gesamten kulturellen Habitus (…). (Mollenhauer 1991, S. 68 f.)

In der Hinsicht, dass „Repräsentation der Lebensformen" „das wichtigste Bildungsproblem" ist (Mollenhauer 1991, S. 20), ist das Museum als ein bedeutungsvoller Ort des pädagogischen Handelns anzusehen. Seit der jüngsten Diskussion über die Entgrenzung des pädagogischen Handelns ist die pädagogische Aufmerksamkeit auf den Erinnerungsraum wichtig geworden.

2 Kulturelles Gedächtnis, museales Artefakt und Bildungsprozess

2.1 Kulturelles Gedächtnis als Bildungsfrage

Der Raum der Kultur ist nach der Auffassung von Y. Lotman zugleich der Raum des kollektiven und sozialen Gedächtnisses. Die Struktur des sozialen Gedächtnisses ist durch die Revolution des Mediums charakterisiert (Flusser 1998; Nolda 2002, S. 19). Das Museum ist ein institutionalisierter Ort, der sich speziell mit dem kulturellen Gedächtnis beschäftigt und mit der kulturellen Verbreitung des sozialen Gedächtnisses zu tun hat. Und das Museum ist auch ein soziales Medium, das sich auf die Bildungsfrage bezieht.

Das Museum sammelt das in der älteren Generation erlebte Gedächtnis und formt es zu einer Form des kulturellen Gedächtnisses um. Eine pädagogische Reflexion über das Museum, eine Grundform des kulturellen Mediums, ist sinnvoll, weil das Museum auf die wichtige Bildungsfrage „Repräsentation" bezogen ist.

> Museums are institutions of social as well as academic enlightenment. They provide non-confrontational and eclectic venues for expressing ideas that are sometimes, themselves, controversial. As forums for free expression, exhibitions are ideal. They are based upon the tangible evidence of the cultural and scientific progression of humankind. Presented in an environment that allows the viewers to learn, reflect, and assimilate the world at their own pace, the baggage of preconceptions and biases can be dispelled and new, enlightened attitudes engendered. (Dean 2005, S. 7)

Nach J. Assmann (2004) unterscheidet sich das Gedächtnis des Menschen als kommunikatives Gedächtnis und als kulturelles Gedächtnis. Während das kommunikative Gedächtnis sich auf das mit der persönlichen Biographie verbundene Gedächtnis bezieht, wird das kulturelle Gedächtnis als eine tradierte codierte Form systematisiert und überliefert. Das kulturelle Gedächtnis ist selektiv, politisch und wird häufig als Gegenstand der Macht behandelt. Sammlung und Inszenierung der Artefakte werden sowohl als Streitpunkt der Gedächtnispolitik als auch der Kulturpolitik hervortreten.

2.2 Museales Artefakt und Bildungsprozess im Museum

Das Museum und das museale Artefakt stehen im Mittelpunkt des pädagogischen Diskurses, weil jeder Gegenstand potenziell polysemantischen Charakter hat (Klein 2004, S. 30). Der Mensch benötigt die Gegenstände, die das Zusammenwirken von Ich und Welt ermöglichen. Diese Gegenstände kann man mit einem anderen Wort als „die Artefakte" bezeichnen. Die Artefakte haben einen medialen Charakter, ohne die der Bildungsprozess des Menschen nicht stattfinden kann.

> Was also der Mensch notwendig braucht, ist bloss ein Gegenstand, der die Wechselwirkung seiner Empfänglichkeit mit seiner Selbsttätigkeit möglich machte. (Humboldt 1980, S. 237)

Um den Bildungsprozess im Museum besser zu verstehen, ist die thematische Annäherung auf drei Ebenen nötig und wichtig: die Ebene der thematisierten Wirklichkeit, die Ebene der Materialität der Artefakte und die Ebene des Betrachters (Klein 2004, S. 52). Der Bildungsprozess findet im Museum auch „kategorial" „in dem Doppelsinn" statt, „dass sich dem Menschen eine Wirklichkeit kategorial erschlossen hat und dass eben damit er selbst (…) für diese Wirklichkeit erschlossen worden ist" (Klafki 1975, S. 44).

> Bildung nennen wir jenes Phänomen, an dem wir (…) unmittelbar der Einheit eines objektiven (materialen) und eines subjektiven (formalen) Momentes innewerden. Der Versuch, die erlebte Einheit der Bildung sprachlich auszudrücken, kann nur mit Hilfe dialektisch verschränkter Formulierungen gelingen: Bildung ist Erschlossensein einer dinglichen und geistigen Wirklichkeit für einen Menschen – das ist der

objektive oder materiale Aspekt; aber das heißt zugleich: Erschlossensein dieses Menschen für diese seine Wirklichkeit –, das ist der subjektive oder formale Aspekt zugleich im funktionalen wie im methodischen Sinne. (Klafki 1975, S. 43)

Der Bildungsprozess des Betrachters im Museum findet sowohl durch die Wechselwirkung mit den Artefakten als auch im „Vorgang des Erinnerns und Wahrnehmens" statt (Westphal 1999, S. 29). Die Artefakte können in dreierlei Hinsicht wahrgenommen werden: Ausdruck, Inhalt und Materialität bzw. Dinghaftigkeit (Klein 2004, S. 31). Bedeutung und Erinnerung bedürfen der „Handgreiflichkeit des Dinghaften" (Arendt 1981, S. 32). Materialität umfasst „nicht nur den Stoff des Gegenstandes, sondern auch seine Form und Struktur" (Klein 2004, S. 32). Der Bildungsprozess wird häufig von der spezifischen materiellen Medialität eines Raumes beeinflusst. In dieser Hinsicht ist das Museum ein spezieller Ort: „ein imaginierter Raum, ein Raum der Vorstellung, der Phantasie, ein mimetischer Raum, der die Dinge im euklidischen Raum der kartierbaren Objekte nur zum Anlass collagierender Erinnerung und projektiver Assoziation" (Hasse 1999, S. 38) nimmt.

3 Sammlung und Ausstellung der musealen Artefakte: Ein pädagogischer Blick

3.1 Sammlung als pädagogisches Handeln

Die Menschheit sammelt die Dinge seit den Anfängen ihrer Geschichte. Aber das Ding selbst kann uns nichts erzählen. Das Ding kann nur durch das Handeln des Menschen erzählen und mit den Menschen kommunizieren bzw. seine Bedeutung erscheinen lassen. In diesem Sinne versteht sich das Handeln der Sammlung als kommunikatives Handeln (Klein 2004, S. 51). Vor der Neuzeit war die Sammlung nur auf den persönlichen Geschmack bezogen. Und die Sammlungstätigkeit in der damaligen Zeit hängt damit zusammen, dass man seinen Reichtum symbolisch zeigen wollte. Von daher blieb der gesammelte Gegenstand nur als Zeug. Nach der Renaissance sind aber die Dinge zu Objekten geworden, weil die Sammlungstätigkeit in der Aufklärungszeit sich auf die methodisch begleitete systemische Typologisierung fokussierte. Aldrovandi, der Stellvertreter für die neue Art und Weise der Sammlung, versuchte, eine bestimmte „Methode" auf die Sammlung anzuwenden (Tagliaferri et al. 1994, S. 267). Man sammelt Dinge zu dem Zweck, sie jemandem zu zeigen. Diesbezüglich ist das Handeln des Sammelns mit dem pädagogischen Handeln eng verbunden. Die sozial und kulturell produzierten Objekte haben in der Neuzeit als kreative Konstitution einen festen Platz in der Gesellschaft (Yi 2011, S. 27). Nach Aldrovandi kann die Sammlungstätigkeit eine pädagogische Bedeutung unter drei Aspekten haben (Yi 2011, S. 30 f): Erstens, die Sammlungstätigkeit bedeutet wissenschaftliche Forschung als ein Instrument des Suchens, Findens und Untersuchens. Zweitens, die Sammlungstätigkeit war durch die Klassifikation, Abstrahierung und Theoriebildung für die Lehre didaktisch sehr nützlich. Drittens, die Sammlungstätigkeit trug zur Systematisierung des Wissens und zum Fortschritt der Wissenschaft bei. Die Sammlung als pädagogisches Handeln orientiert sich sowohl an der Erkenntnis und dem selektiven Sammeln der Erfahrung als auch am kommunikativen Handeln. In Bezug auf das museale Sammeln sollten nach A. Klein drei Formen unterschieden werden: Das fetischistische Sammeln hat nicht mit der Erfahrung und dem Wissen, sondern mit dem Gegenstand selbst zu tun. Das erinnernde Sammeln bezieht sich auf den Gegenstand, der sich mit der Biographie des Sammlers verbindet. Das systematische Sammeln hat sowohl eine entdeckende als auch eine bewahrende Funktion. Das entdeckende Sammeln „wird vom Zweck geleitet, zu einer Gesamtschau der Gegenstände zu gelangen, um deren Zusammenspiel auf den Grund gehen und gewissermaßen einen Blick hinter die Kulissen der Natur erhaschen zu können" (Klein 2004, S. 70). Man sollte darauf aufmerksam machen, dass das Sammeln nicht nur Sammlung von Artefakten, sondern auch Sammlung von Erfahrungen und Wahrnehmungen bedeutet.

> (…) die collectio: Erfahrung ist sowohl der Prozess der Gewinnung und Integration von Erlebnissen als auch das Resultat dieses Prozesses. Das jeweils erreichte Resultat aber prägt stets auch die Weise, wie neue Erlebnisse aufgenommen und eingebunden werden; und zuweilen können diese ihrerseits das, was als Erfahrungsgefüge schon vorhanden ist, erschüttern, aufwühlen und umgestalten. (…) Erfahrung sammeln heißt also, Erlebnisse gleichsam in eine Tatsache zu stecken und sie darin aufzubewahren. Das Gedächtnis als ein Behälter, den wir stets bei uns tragen und in welchem Erfahrung aus ständig neu hinzukommenden Wahrnehmungserlebnissen erwächst: das ist das Bild, das der Sammler, wenn er's denn kann, sich zu seiner Selbstverständigung macht und an dem wir, seine Nachfahren, mit einer Treue und Abhängigkeit festhalten wie an kaum etwas sonst. Nur wenige Bilder haben eine solche Beharrungskraft wie das des Gedächtnisses als eines Behälters. (Sommer 2002, S. 309 f.)

3.2 Ausstellung als pädagogisches Handeln

Generell ist die Einrichtung der Ausstellung nicht die Sache der Pädagogen. Aber das Ausstellen selbst hat den Charakter einer pädagogischen Intentionalität. Die Ausstellung selbst ist das mediale pädagogische Handeln für die Vermittlung und Kommunikation durch die Dinge. K. Prange und G. Strobel-Eisele zufolge unterteilt sich das pädagogische Handeln in zwei Formen, die elementare und die komplexe Form. Grundform des pädagogischen Handelns ist „das Zeigen" (Prange und Strobel-Eisele 2006). Zum „Zeigen" gehören die Übung, die Darstellung, die Aufforderung und die Rückmeldung. Darunter ist die Darstellung als eine Form des repräsentativen Zeigens anzusehen, und die Ausstellung ist als typische Form des repräsentativen Zeigens zu verstehen.

> Was geschieht hier im Hinblick auf das, was ich Repräsentation nenne? Zunächst das ‚Zeigen'. (…) Die zweite Schicht liegt nicht so offen zutage; wir müssen sie aus dem Text erschließen. Das Zeigen, so hatte ich formuliert, sei ein strukturiertes. (Mollenhauer 1991, S. 68 f.)

Das repräsentative Zeigen hat die Funktion, das Unsichtbare sichtbar zu machen und eine Orientierung, mit der man die Welt interpretieren kann, anzubieten (Prange und Strobel-Eisele 2006, S. 62). Das repräsentative Zeigen als Medium geschieht aber nicht nur „in der Lebenseinstellung des Erwachsenen", sondern auch als „institutionalisierte Form"

(Mollenhauer 1991, S. 68). In dieser Hinsicht wird das Museum ein typischer Vermittlungsort des repräsentativen Zeigens. Wenn man die Ausstellungstätigkeit als repräsentatives Zeigen begreift, gehört der Prozess der Ausstellung zur pädagogischen Reflexion. Die pädagogische Grundentscheidung bei der musealen Ausstellung liegt darin, welche bedeutenden Artefakte für die Repräsentation ausgewählt werden sollten, wie diese kommunikativ repräsentiert werden sollten und auf welche Weise dies für die Betrachter motivationsstiftend geschehen sollte (vgl. Mollenhauer 1991, S. 77). Die Ausstellung ist eine historisch entwickelte pädagogische Methode, die dem Besucher bzw. Betrachter eine Gelegenheit anbietet, mit den objektiven Welten der Artefakte umzugehen und dadurch den Deutungshorizont zu erweitern. In diesem Kontext sollte die Ausstellung als pädagogisches Handeln, das den unsichtbaren Bildungsprozess arrangiert, verstanden werden.

4 Informelles Lernen im Raum, Inszenierung und Atmosphäre: Ein anthropologischer Ausblick für das Lernen im Museum

Das Museum als Erfahrungsraum ist pädagogisch wichtig, weil es eine spezielle Erfahrung mit dem Arrangement von „Räumlichkeit", „Inszenierung" und „Atmosphäre" ermöglicht. Dadurch wird im Museum ein Ereignischarakter für das Erleben gestaltet. In diesem Kontext kann man davon ausgehen, dass das Museum ein spezieller Raum für das Erleben sein kann. Nach O. F. Bollnow ist der Raum, der den Mensch präsentiert und an dem dieser partizipiert, als Emergenz und Kreativität zu verstehen.

> Unter erlebtem Raum verstehe ich die Art und Weise, wie der konkrete Umwelt-Raum dem Menschen erscheint. Und meine Behauptung geht dahin, dass dieser erlebte Raum ganz anders ist als der mathematische Raum, dass er nämlich eine reiche und interessante Gliederung aufweist, nur dass wir diese Gliederung in der Regel nicht bemerken, weil unser Blick dafür durch die uns selbstverständlich gewordene mathematische Raumvorstellung verdeckt ist. (Bollnow 2004, S. 29)

Das Museum bietet zuerst die Möglichkeit, „ästhetische Erfahrung mit Architektur" (Hahn 2008, S. 213) zu machen. Architektur ist die „menschliche Art und Weise, sich in einer Umwelt, die von sich aus keinen künstlich-gemachten Raum hat, diesen erst herzustellen" (Hahn 2008, S. 137). „Die Anschauungsform des Raums als Bedingung der Architektur" (Zug 2006) kann die menschliche Kognition beeinflussen. Die Wahrnehmung des Raumes enthält und bewirkt somit eine fortschreitende Konstruktion räumlicher Bilder und Beziehungen und begründet dadurch die geistige Entwicklung.

> Die fortschreitende Konstruktion der räumlichen Relationen geht auf zwei deutlich unterschiedenen Ebenen vor sich, nämlich auf der Wahrnehmungsebene und auf der Vorstellungs- oder intellektuellen Ebene. (Piaget und Inhelder 1993, S. 21)

Insbesondere bei der Raumerfahrung spielt der Körper eine große Rolle. Die Kategorie Räumlichkeit ist mit der „Körperlichkeit" (Wulf 2003) eng verbunden. Die „Körper-Raum Relation" (Buchert und Zillich 2006, S. 37) wirkt auf den Wahrnehmungsprozess ein. Der museale Raum „als das Beziehungssystem der Dinge" (Bollnow 2004, S. 273) wandert mit, wenn der Betrachter sich körperlich bewegt. Die Körperlichkeit ist die

Grundlage des menschlichen Denkens und Handelns. Die Körperlichkeit ist in den mimetischen Wahrnehmungsprozess einbezogen, und der Betrachter nimmt die ausgestellten Artefakte nicht nur kognitiv, sondern auch körperlich wahr.

> Der menschliche Körper bildet die Grundlage mimetischer Weltverhältnisse. Mit Hilfe mimetischer Prozesse nehmen Menschen Bezug auf andere Menschen und auf die sie umgebende Welt. In mimetischen, auf Körper und Sinnen basierenden Prozessen machen die sozialen Subjekte eine vorgängige Welt noch einmal als ihre Welt. Damit erzeugen sie ihre eigene Welt und fügen sich zugleich in die Gesellschaft ein. Sie nehmen an dieser teil und gestalten sie körperlich. (Wulf 2009, S. 213 f.)

Die Räumlichkeit des Museums steht natürlich mit der Ausstellung in engem Zusammenhang. Denn die Ausstellung „muss sich stets geeignete Räumlichkeiten suchen, in denen sie geborgen ist und aus denen sie doch zugleich heraustritt" (Schwarte 2005, S. 293). Die museale Ausstellung ist ein Erlebnisort, der sich durch eine bestimmte Erfahrungsqualität auszeichnet. Die Ausstellung gibt den Betrachtern die Chance, das Ereignis über die räumliche Inszenierung zu erleben. Die Ausstellung als Ereignis beinhaltet immer die Möglichkeit zum informellen Lernprozess bzw. Bildungsprozess (Westphal 2007, S. 49 f.). Das Museum und der Ausstellungsraum als Erfahrungsraum haben vergesellschaftende mediale Funktion. Der museale Raum ist von daher ein pädagogischer Geselligkeitsraum, wo die persönliche Identität und soziale Identität zusammentreffen (vgl. Simmel 1992). Diese Geselligkeit fördert die Kultur der Öffentlichkeit. Das Museum ist auch ein Ort der Öffentlichkeit wie Salon, Café, Lesegesellschaft. Es konstituiert den mit den verschiedenen Artefakten hergestellten sozialen Raum. Das Museum bietet einen Diskursraum und dient als Moderator für die Interpretation des kulturellen Gedächtnisses. Die Ausstellung wird als eine Form der „programmatischen Inszenierung" (Kaiser 2006, S. 35) organisiert.

> Als Inszenierung verstehen wir solche Präsentationsformen, die mit anschaulichen Mitteln deuten. Dabei soll ausdrücklich mehr und anderes geschaffen werden, als eindimensionale Erklärungszusammenhänge von Objekt und Text. Inszenierungen sollen vielmehr durch das absichtsvolle Arrangement von Original und Medien und anderen Ausstellungsmitteln Kontexte schaffen, die auf die Vermittlung vernetzter Bezüge und Wechselwirkungen hin angelegt sind. (Seel 2001, S. 49)

Inszenierung enthält immer auch eine visualisierende Deutung und Interpretation. Bei der Nutzung der Inszenierung als visuelles Gestaltungsmittel ist das Museum mit dem Theater vergleichbar (Kaiser 2006, S. 35). Die Strategie der Inszenierung stellt eine besondere Atmospäre her, die pädagogisch relevant ist. Der Begriff „Atmosphäre", der aus der Philosophischen Anthropologie stammt, wird „auf Menschen, auf Räume und auf die Natur angewendet" (Böhme 1991, S. 21). Mit dem Begriff „Atmosphäre" können wir an die anthropologischen Bereiche der Stimmungen, Gefühle und Affekte gelangen. Unter Atmosphäre versteht man mit Hermann Schmitz „ergreifende Gefühlsmächte" (Böhme 1995, S. 192). Das Leben in Atmosphären und die Auseinandersetzung mit Atmosphären bilden das menschliche Gedächtnis. Hier spielt die Räumlichkeit eine wichtige Rolle.

Die Räumlichkeit der Atmosphären bedeutet, „dass sie unbestimmt in die Weite ergossen sind, bedeutet aber auch, dass sie vom Menschen in seiner leiblichen Präsenz erfahren werden" (Böhme 1995, S. 199). Der museale Raum ist immer zugleich ein atmosphärischer Raum, wo der Betrachter und das Artefakt zusammentreffen.

Atmosphären, die die spezifische Medialität eines Raumes vermitteln, spannen sich zwischen einem Hier-und-Jetzt und einem Zur-Erscheinung-Kommen der Phänomene auf. Mediale Räume sind Räume des ‚Dazwischen'; auf der einen Seite das leiblich empfindende Individuum, auf der anderen Seite die durch die Gestaltungskraft der natura naturans zur Erscheinung kommenden Dinge. (Hasse 1999, S. 38)

Literatur

Arendt, H. (1981). *Vita activa oder Vom tätigen Leben*. München: Piper.
Assmann, J. (2004). *Religion und kulturelles Gedächtnis* (2. Aufl.). München: C.H. Beck.
Balser, F. (1959). *Die Anfänge der Erwachsenenbildung in Deutschland in der ersten Hälfte des 19. Jahrhunderts*. Stuttgart: Ernst Klett.
Böhme, G. (1991). *Atmosphäre. Essays zur neuen Ästhetik*. Frankfurt a. M.: Suhrkamp.
Böhme, G. (1995). *Anthropologie in pragmatischer Hinsicht*. Frankfurt a. M.: Suhrkamp.
Bollnow, O.-F. (2004). *Mensch und Raum* (10. Aufl.). Stuttgart: Kohlhammer.
Buchert, M., & Zillich, C. (2006). *Inklusiv. Architektur und Kunst*. Berlin: jovis Verlag.
Dean, D. (2005). *Museum Exhibition. Theory and practice*. London: Routledge.
Flusser, V. (1998). *Kommunikologie*. Frankfurt a. M.: Fischer.
Hahn, A. (2008). *Architekturtheorie*. Konstanz: UVK.
Hasse, J. (1999). Mediale Räume. In E. Liebau, G. Miller-Kipp & Ch. Wulf (Hrsg.), *Metamorphosen des Raums. Erziehungswissenschaftliche Forschungen zur Chronotopologie* (S. 37–47). Weinheim: Deutscher Studien Verlag.
Hochreiter, W. (1994). *Vom Musentempel zum Lernort. Zur Sozialgeschichte deutscher Museen 1800–1914*. Darmstadt: Wissenschaftliche Buchgesellschaft.
Humboldt, W. von (1980). Theorie der Bildung des Menschen. In A. Flitner & K. Giele (Hrsg.), *Wilhelm von Humboldt Werke in fünf Bänden. Bd. 1. Schriften zur Anthropologie und Geschichte* (3. Aufl., S. 234–240). Stuttgart: J. G. Cotta'sche Buchhandlung.
Joachimides, A. (2001). *Die Museumsreformbewegung in Deutschland und die Entstehung des modernen Museums 1880–1940*. Dresden: Verlag der Kunst.
Kaiser, B. (2006). *Inszenierung und Erlebnis in kulturhistorischen Ausstellungen. Museale Kommunikation in kunstpädagogischer Perspektive*. Bielefeld: transcript Verlag.
Klafki, W. (1975). *Studien zur Bildungstheorie und Didaktik*. Weinheim: Beltz.
Klein, A. (2004). *Expositum. Zum Verhältnis von Ausstellung und Wirklichkeit*. Bielefeld: transcript Verlag.
Möller, H. (1986). *Vernunft und Kritik. Deutsche Aufklärung im 17. und 18. Jahrhundert*. Frankfurt a. M.: Suhrkamp.
Mollenhauer, K. (1991). *Vergessene Zusammenhänge. Über Kultur und Erziehung* (3. Aufl.). Weinheim: Juventa.
Nolda, S. (2002). *Pädagogik und Medien*. Stuttgart: Kohlhammer.
Piaget, J., & Inhelder, B. (1993). *Die Entwicklung des räumlichen Denkens beim Kinde* (2. Aufl.). Stuttgart: Ernst Klett.
Prange, K., & Strobel-Eisele, G. (2006). *Grundriss der Pädagogik. Die Formen pädagogischen Handelns*. Stuttgart: Kohlhammer.

Rittelmeyer, Ch., & Parmentier, M. (2006). *Einführung in die pädagogische Hermeneutik* (2. Aufl.). Darmstadt: Wissenschaftliche Buchgesellschaft.
Schwarte, L. (2005). Das Einräumen von Bildlichkeit. In Ch. Wulf & J. Zirfas (Hrsg.), *Ikonologie des Performativen* (S. 279–299). München: Wilhelm Fink.
Seel, M. (2001). Inszenieren als Erscheinenlassen. In J. Früchtl & J. Zimmermann (Hrsg.), *Ästhetik der Inszenierung* (S. 48–62). Frankfurt a. M.: Suhrkamp.
Simmel, G. (1992). *Soziologie*. Frankfurt a. M.: Suhrkamp.
Sommer, M. (2002). *Sammeln. Ein philosophischer Versuch*. Frankfurt a. M.: Suhrkamp.
Tagliaferri, M.-C., et al. (1994). Ulisse Aldrovandi als Sammler: Das Sammeln als Gelehrsamkeit oder als Methode wissenschaftlichen Forschens? In A. Grote (Hrsg.), *Macrocosmos in microcosmos* (S. 265–281). Opladen: Leske + Budrich.
Westphal, K. (1999). Wirklichkeit von Räumen. In E. Liebau, G. Miller-Kipp & Ch. Wulf (Hrsg.), *Metamorphosen des Raums. Erziehungswissenschaftliche Forschungen zur Chronotopologie* (S. 22–36). Weinheim: Deutscher Studien Verlag.
Westphal, K. (2007). Lernen als Ereignis. In Ch. Wulf & J. Zirfas (Hrsg.), *Pädagogik des Performativen* (S. 49–58). Weinheim: Beltz.
Wulf, Ch. (2003). Auf der Suche nach der Natur. Der Körper als Bezugspunkt der Anthropologie. In E. Liebau, H. Peskoller & Ch. Wulf (Hrsg.), *Natur. Pädagogisch-anthropologische Perspektiven* (S. 205–215). Weinheim: Beltz.
Wulf, Ch. (2009). *Anthropologie*. Köln: Anaconda.
Yi, B. J. (2011). An act of 'Collection' as an educational category: Collection and museum education. *Korean Journal of Culture and Arts Education Studies, 6*(4), 25–37.
Yi, B. J., & Yang, J. Y. (2006). A historical study on the philosophy and practice model of museum education. *The Korean Journal of Educational Idea* (20), 135–170.
Zug, B. (2006). *Die Anthropologie des Raums in der Architekturtheorie des frühen 20. Jahrhunderts*. Tübingen und Berlin: Ernst Wasmuth Verlag.

Weiterführende Literaturhinweise

Becker, G., Bilstein, J., & Liebau, E. (Hrsg.). (1997). *Räume bilden. Studien zur pädagogischen Topologie und Topographie*. Seelze-Velber: Kallmeyersche Verlagsbuchhandlung.
Borsdorf, U., & Gutter, H. T. (Hrsg.). (1999). *Orte der Erinnerung: Denkmal, Gedenkstätte, Museum*. Frankfurt a. M.: Campus.
Fliedl, G. (Hrsg.). (1988). *Museum als soziales Gedächtnis*. Klagenfurt: Kärntner Druck- und Verlagsgesellschaft.
Füßl, W., & Trischler, H. (2003). *Geschichte des Deutschen Museums: Akteure, Artefakte, Ausstellungen*. München: Prestel.
Goodrwo, G. A. (1996). Über Formen der Präsentation. In G. Theewen (Hrsg.), *Exhibition Praesentation* (S. 39–52). Köln: Salon Verlag.
Halbwachs, M. (1967). *Das kollektive Gedächtnis*. Uebers. von H. Loehst-Offermann. Stuttgart: Enke.
Liebau, E., Miller-Kipp, G., & Wulf, Ch. (Hrsg.). (1999). *Metamorphosen des Raums. Erziehungswissenschaftliche Forschungen zur Chronotopologie*. Weinheim: Deutscher Studien Verlag.
Noschka-Roos, A. (1994). *Besucherforschung und Didaktik. Ein museumspädagogisches Plädoyer*. Opladen: Leske + Budrich.
Stocker, K., & Muchitsch, W. (Hrsg.). (2006). *Sammeln*. Wien: Verlag Turia + Kant.
Te Hessen, A. (2012). *Theorien des Museums. Zur Einführung*. Hamburg: Junius.
Vieregg, H. (2006). *Museumswissenschaften*. Paderborn: W. Fink.
Zacharias, W. (2001). *Kulturpädagogik*. Opladen: Leske + Budrich.

Ding und Medium in der Filmpädagogik unter dem Nationalsozialismus

Yasuo Imai

Zusammenfassung: Ein bemerkenswertes Charakteristikum der Filmpädagogik unter dem Nationalsozialismus besteht in ihrer gezwungenen Radikalität, das Medium an den Dingen verankern zu wollen. Um sich von der Propaganda abgrenzen zu können, sollte der Unterrichtsfilm Sachlichkeit bewahren, die sich letztlich auf die Dinge zurückgreifen ließe. Diese Forderung lief zum großen Teil darauf hinaus, die NS-Ideologie durch eine angeblich dinghafte Sachlichkeit des Unterrichtsfilms zu untermauern. Mit Hilfe der Erkenntnis über die mediale Durchdringung der Dinge öffnete sich aber ein Möglichkeitsraum, eine kritische Perspektive zu entwickeln, die sich nicht einfach in einer Komplementarität zur herrschenden Ideologie auflöst. Die innere Struktur dieses Möglichkeitsraums wird u. a. anhand der filmpädagogischen Reflexion und Praxis bei Friedrich Copei und Adolf Reichwein untersucht.

Schlüsselwörter: Filmpädagogik · Nationalsozialismus · Propaganda · Friedrich Copei · Adolf Reichwein

Things and media in film education during the national-socialist era

Abstract: A remarkable characteristic of film education during the National Socialist era was the forced radicality of its attempt to anchor the medium in things. In order to distinguish them from propaganda, educational films were expected to maintain an objectivity that could, in the last analysis, fall back on things. In large part this requirement boiled down to using the supposedly material objectivity of the educational film to support the National Socialist ideology. However, the recognition that things are permeated by media helped to open up a possibility space, to develop a critical perspective that was not simply complementary to the prevailing ideology. The internal structure of this possibility space is investigated with reference to the reflections and practice of Friedrich Copei and Adolf Reichwein on film education.

Keywords: Film education · National Socialism · Propaganda · Friedrich Copei · Adolf Reichwein

---

© Springer Fachmedien Wiesbaden 2013

Y. Imai (✉)
Faculty of Integrated Arts and Social Sciences, Japan Women's University,
Nishi-Ikuta 1-1-1, 214-8565 Kawasaki, Japan
E-Mail: imaiyapa@gmail.com

1 Eine „erstaunliche Neutralität"? – Statt einer Einleitung

Eine gewisse geschichtliche Ironie liegt darin, dass die langjährige Forderung der Kinoreform- und Schulfilmbewegung in Deutschland seit dem Anfang des 20. Jahrhunderts, den Film als ein vorzügliches Anschauungsmittel im Schulunterricht anzuwenden (cf. Ruprecht 1959; Meyer 1978; Paschen 1983; Imai 1994; Degenhart 2001), erst unter dem Nationalsozialismus zur vollen Geltung kam. Der Ministerialerlass vom 26. Juni 1934 unter dem Namen des Reichsministers für Wissenschaft, Erziehung und Volksbildung erklärte den Film neben dem Buch usw. als „gleichberechtigtes Lernmittel" (Terveen 1959, S. 178).

Nach diesem Erlass wurde die Reichsstelle für den Unterrichtsfilm (RfdU) gegründet, die im Jahr 1940 als „Reichsanstalt für Film und Bild in Wissenschaft und Unterricht" (RWU) umbenannt wurde (im Folgenden werden beide Organisationen einfach „Reichsstelle" genannt). Diese Reichsstelle sollte, trotz ihres Rechtscharakters einer Dienststelle des Ministeriums, in der Form der GmbH geführt und mit dem „Lernmittelbeitrag" eines jeden Schülers in Höhe von vierteljährlich 0,20 RM finanziert werden. Die Reichsstelle stellte neben den Filmen für die Berufs- und Fachschule und zahlreichen Wissenschaftsfilmen mehr als 300 Unterrichtsfilme für die allgemeinbildende Schule her. Die Themenbereiche der Filme reichten von Biologie über Volkskunde und Geschichte bis zu Märchen. Produzierte Filme wurden in der internen Abteilung der Reichsstelle vervielfältigt und über das Netzwerk der regionalen Bildstellen den einzelnen Schulen zur Verfügung gestellt. Die Reichsstelle entwickelte auch Projektionsgeräte, die in den Schulen leicht zu bedienen sind. Es entstand ein einheitliches Format des Unterrichtsfilms: 16 mm, stumm, maximal 15 min und zu jedem einzelnen Film immer ein Beiheft für die Lehrer. Im Organ der Reichsstelle, *Film und Bild* (1935–1944), erschienen Monat für Monat mehrere Praxisberichte und theoretische Überlegungen. Alles in allem eine durchaus beachtliche Leistung.

Die Reichsstelle war allerdings, nach dem genannten Erlass vom 26. Juni 1934, ausdrücklich der „Blut und Boden"-Ideologie des Nationalsozialismus verpflichtet:

> Es ist mein Wille, daß dem Film ohne Verzögerung in der Schule die Stellung geschaffen wird, die ihm gebührt; er wird dann – worauf ich besonderen Wert lege – gerade bei den neuen Unterrichtsgegenständen der Rassen- und Volkskunde von vornherein mit eingesetzt werden können. (Terveen 1959, S. 178)

Rückblickend spricht jedoch Christian Caselmann, pädagogischer Leiter der Reichsstelle, später Professor für Pädagogik an der Universität Heidelberg (1952–57), von der „erstaunlichen Neutralität" (Caselmann 1961, S. 17) der Unterrichtsfilme der Reichsstelle. Nach ihm war die Reichsstelle „eine Ausnahme im nationalsozialistischen Deutschland" (ebd., S. 18).

Diese Aussage muss, wie wir bald sehen werden, wesentlich revidiert werden; sie wird aber nicht ohne Grund formuliert. Wer in den Unterrichtsfilmen der Reichsstelle eine Art Propagandafilme für Klassenzimmer sucht, wird sicherlich enttäuscht und tatsächlich von ihrer „Neutralität" erstaunt sein. Nicht nur ein früherer Forscher wie Ruprecht (1959), der der Reichsstelle nahe stand, sondern auch ein späterer, kritisch gesinnter Forscher wie Kühn (1998, S. 169) konstatiert den sachlichen Charakter der Filme der Reichsstelle:

„Die Ideologie fand in vielen Beiheften und Begleittexten ihren Niederschlag, während die Filme selbst eher trocken wirken." Nach der in der Monographie von Ewert wiedergegebenen Liste im „Interim Report on the German Educational Films" (1946) einer Fachkommission der Konferenz der Aliierten Erziehungsminister (Ewert 1998, S. 379–382) wurden nur 21 von 171 geprüften Filmen der Reichsstelle „tendentious" eingestuft; insgesamt 119 Filme wurden als Unterrichtsfilm wertvoll bis partiell benutzbar bewertet (cf. Paschen 1983, S. 58 f.). Grunsky-Peper (1978, S. 194 ff.) belegt, dass praktisch alle Unterrichtsfilme im Bereich der Volkskunde im Nachkriegsdeutschland, zum Teil bis in die 1970er Jahre, weiter benutzt wurden.

Im Folgenden soll die angebliche „Neutralität" der Unterrichtsfilme näher überprüft werden, und zwar dadurch, dass die Filme im Kontext ihrer unterrichtlichen Auswertung interpretiert werden. Das Ziel dabei liegt aber nicht hauptsächlich darin, latente NS-Ideologie der Unterrichtsfilme zu entlarven. Vielmehr geht es darum, bewusste und unbewusste Auseinandersetzungen mit den (und Unterwerfungen unter die) ideologischen Zwängen zu rekonstruieren. Auseinandersetzungen mit der Propagandapolitik des Nationalsozialismus gaben einen wesentlichen Anstoß zur Ausbildung der modernen Medientheorien – man erinnere sich nur an Benjamin und Adorno. In der Reichsstelle und ihrer Umgebung sind Auseinandersetzungen mit der nationalsozialistischen Propagandapolitik bemerkbar. Man darf hier die Frage stellen, welche medienpädagogische Ansätze sich denn daraus ergaben. Diese Frage wurde bisher zwar gestellt, aber fast ausschließlich auf Adolf Reichwein gerichtet (Meyer 1978; Degenhart 2001; Imai 2005).

Was bei den filmpädagogischen Ansätzen unter dem Nationalsozialismus als besonders bemerkenswert gelten mag, liegt in ihrer Radikalität, das Medium an seinem letzten Anhaltspunkt, den Dingen, verankern zu wollen. Zur Abgrenzung der Propaganda wurde für den Unterrichtsfilm eine Sachlichkeit gesucht, die in der Dingwelt ihren Grund finden sollte. An den soliden Dingen sollte der zügellose Wirkungsdrang der Medien fest- und eingehalten werden. Wie wird ein solcher Halt aber möglich, zumal wenn man die Dingwelt im Medium Film zu zeigen versucht? Daraus ergibt sich eine pädagogische Reflexion über die Verschränkung zwischen Ding und Medium. Die Thematik, die Fritz Heider in seiner inzwischen viel zitierten Abhandlung „Ding und Medium" (Heider 1926) andeutete, nämlich die Flüssigkeit der Grenze zwischen Ding und Medium, rückt in den Vordergrund.

Damit habe ich aber den folgenden Gedankengang zu weit vorweggenommen. Im Folgenden soll zunächst der Versuch der Reichsstelle erläutert werden, den Bereich der Erziehung gegenüber dem der Propaganda begrifflich sauber abzugrenzen (2), um dann zu zeigen, wie die „sachlich" gemeinte Trennung zwischen Ding und Medium die ideologische Ausnutzung der Unterrichtsfilme strukturell untermauerte (3.1, 3.2). Diese Trennlinie war aber in der filmpädagogischen Praxis schon porös, was von der Diskussion um den Landschaftsfilm deutlich abzuheben ist (3.3). Es geht nun darum, wie die mediale Durchdringung der Dingwelt theoretisch thematisiert wird (4) und wie eine filmpädagogische Praxis aussieht, die der Errungenschaft der theoretischen Reflexion entgegenkommen kann (5).

2 „Erziehung" und „Propaganda"

Die angebliche „Neutralität" der Unterrichtsfilme war ein Ergebnis der zähen Bemühung der Reichsstelle, zum Propagandaministerium Distanz zu halten. Dafür wurde nicht nur finanzielle Unabhängigkeit infolge des „Lernmittelbeitrags" gesucht, sondern es wurden auch (film-)pädagogische Argumentationen entwickelt. Repräsentativ hierfür sind die programmatischen Beiträge von Kurt Zierold, für die Reichsstelle zuständiger Ministerialrat des Erziehungsministeriums, später Generalsekretär der Deutschen Forschungsgemeinschaft (1952–64).

(1) Zierold unterstreicht die Wesensverschiedenheit der Erziehung gegenüber der Propaganda: „Propaganda ist Willensrichtung auf bestimmte Ziele, Erziehung ist Formung des gesamten Menschen durch Gemeinschaft" (Zierold 1935, S. 3). Daraus folgt eine genuine Affinität des Films zur Propaganda wegen seiner suggestiven Wirkung auf die Massen einerseits und der untergeordnete Stellenwert des Films in der Erziehung als ihres (lediglichen) Mittels andererseits. „Alle Hilfsmittel der Technik […] sind eben *Hilfs*mittel, wenn es sich um Beeinflussung tiefster seelischer Schichten, um Einwirkung auf den Kern des Charakters handelt" (ebd.; Hervorhebung im Original, wie auch im Folgenden). In dieser Weise wurde versucht, das Ressort der Erziehung und des Unterrichtsfilms gegen das Propagandaministerium und den Propagandafilm abzugrenzen: „Nicht zu ihm [dem Unterrichtsfilm] gehören die Filme, die außerhalb von Lehrplan und Klassenunterricht an die Schule herangebracht werden, z. B. (als wichtigste Gruppe) die Filme nationalpolitischer Erziehung, die die Gaufilmstellen der Partei den Schulen vorführen" (Zierold 1936, S. 101).

Diese Abgrenzung stellt aber keineswegs Kritik an der Propaganda als solcher und damit an der nationalsozialistischen Herrschaft dar, sondern eher einen Versuch, der Erziehung einen größeren Stellenwert innerhalb der nationalsozialistischen Herrschaft einzuräumen: „Die Totalität der Erziehung gibt ihr besondere Bedeutung im totalen Staat, der nur durch Erziehung zutiefst gegründet werden kann" (Zierold 1935, S. 2). Um diese „Totalität" zu gewährleisten, brauche die Erziehung nicht die Masse, sondern „kleinere Gemeinschaften" (ebd., S. 3), in denen die Führungskraft der Lehrer eine wesentliche Rolle spielt. Kurt Gauger, Geschäftsführer der Reichsstelle, unterstreicht die Bedeutung des „wirklichen Lehrers" in der Anwendung des Unterrichtsfilms etwas schematisch wie folgt: „Der ‚Lehrfilm' will selbst unterrichten. Der ‚Unterrichtsfilm' will nur ein Unterrichtsmittel in der Hand eines wirklichen Lehrers sein" (Gauger 1942, S. 112).

(2) Entsprechend dem Versuch der Ausgrenzung der Propaganda sollte der Unterrichtsfilm auf „eine Interessenheit [sic!] in einem bestimmten oberflächlich-journalistischen Sinne" verzichten: „Er muß fesseln durch seinen fachlichen Inhalt, durch die Klarheit und Eindringlichkeit seiner Bildsprache, durch den Wissens- und Stimmungsgehalt dessen, was hier optischen Ausdruck gefunden hat" (Zierold 1936, S. 101). Filmspezifische Mittel wie Zeichentrick oder Zeitraffer und -lupe sind auch in Unterrichtsfilmen anzuwenden, wenn es darum geht, sonst unsichtbare Bewegungen sichtbar zu machen. Aber: „Das in Kultur- und Spielfilmen gern angewandte Mittel filmischer Montage kann in Unterrichtsfilmen nur mit äußerster Vorsicht gehandhabt werden" (ebd., S. 104). Diese Forderung Zierolds setzte sich in der Filmproduktion anscheinend durch. Der allgemeine

Eindruck der „Neutralität" der Unterrichtsfilme ist zum beträchtlichen Teil auf merkliche Abstinenz filmischer Montage zurückzuführen.

Die genannten Besonderheiten des Unterrichtsfilms gegenüber dem Propaganda-, Spiel- und Kulturfilm entspringen aus der Annahme, dass der Unterrichtsfilm sich nicht im Zuschauen des Films erschöpft, sondern seinen vollen Sinn erst durch seine Auswertung im unterrichtlichen Verlauf erlangt. Den Sachverhalt erläutert Friedrich Copei (1939a, S. 205) wie folgt: „Bei den Spielfilmen der Theater [...] erlischt das Interesse in der Regel mit der Spannung der Handlung. [...] Beim Unterrichtsfilm dagegen ist die Spannung einer Handlung verhältnismäßig gleichgültig gegenüber der Spannung, die in der Ausdeutung, der geistigen Auswertung des Filmes liegt." Im Bezug auf diesen Sachverhalt liefert Walther Freisburger eine interessante Beobachtung bei der Sichtung des Unterrichtsfilms: Im Gegensatz zu Sextanern und Quintanern ist mancher ‚Herr' aus der Prima gelangweilt, weil keine ‚Sensation' nach seiner Auffassung dahinter steht. Daß in der Nüchternheit und Sachlichkeit des Unterrichtsfilms eine größere ‚Sensation', nämlich unmittelbare Anschauung einer im wahren Sinne des Wortes wundervollen Kleinwelt, deren Gesetze auch für die große Welt gelten, möglich wird, geht ihm nicht mehr auf" (Freisburger 1936, S. 248).

3 Ding und Medium in Unterrichtsfilmen (1) – Komplementarität der Sachlichkeit zur NS-Ideologie

„Nüchternheit und Sachlichkeit des Unterrichtsfilms" einerseits und entscheidende Bedeutung der Auswertung der Filme in der unterrichtlichen Praxis andererseits – wenn man die filmpädagogische Praxis vor dem Hintergrund dieser Spannweite betrachtet, ist auffällig, dass angeblich „sachliche" Unterrichtsfilme im Kontext der Unterrichtspraxis ideologisch oder mindestens ideologiekonform ausgenutzt werden. Diese Tendenz tritt besonders deutlich in Unterrichtsfilmen biologischer und volkskundlicher Bereiche hervor. Beides sind freilich Bereiche, die für die NS-Ideologie grundlegend waren.

3.1 Biologische Unterrichtsfilme

Im Bereich der Biologie im Allgemeinen, aber besonders bezogen auf ihren ideologischen Kernbereich, die Vererbungslehre, beschränken sich die Unterrichtsfilme anscheinend auf die sachliche Information. Sie scheinen den Stand der Dinge wiederzugeben. Kühn (1998, S. 195) bestätigt diesen Sachverhalt wie folgt:

Rassenkunde und Vererbungslehre wurden nach 1933 als neue zentrale Themenbereiche in erster Linie dem Biologieunterricht zugeordnet. [...] Dennoch finden sich ganze zwei Filme im Bestand der RWU, die zentral diesen Themen gewidmet waren (*Befruchtung und Furchung des Kanincheneies* und *Reifeteilung und Befruchtung*). [...] *Befruchtung und Furchung des Kanincheneies*, die gekürzte Fassung eines Hochschulfilms, besteht aus mikroskopischen Aufnahmen des Eies und zeigt nur die biologischen Vorgänge vom Durcheinanderwirbeln der Spermatozoen bis zum Morulastadium der Eizellen." Und: „Weder im Film selbst noch im

Beiheft, noch in den drei Aufsätzen über die Verwendungsmöglichkeiten des Films im Unterricht finden sich Bezüge zu nationalsozialistischen Gedankengängen in punkto Vererbungslehre.

Pröbsting, Abteilungsleiter der Reichsstelle, klagt über die Schwierigkeit, gerade im Bereich der „Vererbungs- und Rassenlehre und Rassenhygiene" eine angemessene filmische Veranschaulichung zu schaffen. „Die Rassenlehre gründet sich im wesentlichen auf statische Feststellungen, die nicht filmgerecht dargestellt werden können" (Pröbsting 1936a, S. 155). Er überlegt eine Möglichkeit, vom rassenpolitischen Amt der NSDAP produzierte Propagandafilme wie „Sünden der Väter", „Abseits vom Wege" oder „Erbkrank" in der Schule anzuwenden. Die Reichsstelle hatte den Film „Sünden der Väter" probeweise den Lehrern zur Verfügung gestellt und von ihnen Berichte eingesammelt. Auf der Grundlage dieser Untersuchung stellte sich Pröbsting wegen „einer zu starken seelischen Belastung" (ebd., S. 156) der jüngeren Schüler jener Möglichkeit eher zurückhaltend gegenüber.

Diese Zurückhaltung darf nicht als eine Distanzierung von der nationalsozialistischen Rassenideologie missverstanden werden. Pröbsting hält es für möglich, den Film „Sünden der Väter" Schülern über 16 Jahren zu zeigen (ebd.). Wichtiger noch ist die Tatsache, dass diese zurückhaltende, scheinbar sachliche Haltung der Reichsstelle völlig komplementär zur Rassenideologie funktionierte: Je „sachlicher", dingfester die biologische Information dargestellt wird, desto überzeugender erscheint die darauf beruhende Rassenideologie.

Als ein konkretes Beispiel für dieses proportionale Verhältnis dient der Praxisbericht von Bartmann über den von Kühn erwähnten Film „Befruchtung und Furchung des Kanincheneies" (1936). Im Laufe der unterrichtlichen Auswertung dieses Films bekräftigt er den Schülern wie folgt die entscheidende Bedeutung des Erbgutes: „Im Augenblick der Befruchtung ist also das neue Lebewesen erblich festgelegt. An seinem Erbgut läßt sich nun nichts mehr ändern." „Und das ist nicht nur für dieses Lebewesen wichtig, sondern für alle nachfolgenden Generationen; denn an Erbgut kann ein Lebewesen nur weitergeben, was es selbst ererbt hat" (Bartmann 1942, S. 6f.). – Eine Aussage, bei der die Komplementarität zur Rassenhygiene unübersehbar ist.

Solidität der Botschaft des behandelten Films führt eher zu einer Steigerung der Überzeugungskraft der rassenhygienischen Forderungen. Pröbsting konzipierte wohl genau in dieser Weise einen wünschenswerten Filmeinsatz, als er den „Verbalismus" im rassenbiologischen Unterricht beklagte: „Im rassenbiologischen Unterricht herrscht heute leider noch sehr viel Verbalismus. [...] Es wäre daher von außerordentlichem Wert, wenn im Unterricht Filme zur Verfügung ständen, die in einwandfreien Zeitrafferaufnahmen an lebenden Zellen die Vorgänge bei der Zellteilung deutlich machen und möglichst auch das Verhalten der Kernschleifen zu beobachten gestatten würden" (Pröbsting 1936b, S. 357). Die Zellteilung direkt nach der Befruchtung war genau der Prozess, der im Film „Befruchtung und Furchung des Kanincheneies" mit einer Zeitrafferaufnahme eindrucksvoll gezeigt wurde. Unterrichtsfilme sollten in dieser Weise die dinghafte Basis der Rassenbiologie veranschaulichen. Die Folge war eine Ideologisierung der Dingwelt.

Eine Ideologisierung der Dingwelt ist noch deutlicher in der Auswertungen der Tierfilme zu beobachten. Als ein Beispiel ist vor allem der Praxisvorschlag von Hans Ammann

(1937) im Bezug auf den Film „Der Halsbandregenpfeifer" (1935) zu nennen. Ammann, Leiter der Landesbildstelle Südbayern, galt schon seit den 1920er Jahren als ein führender Sachkundiger für pädagogischen Film- und Bildeinsatz. Nach Ruprecht „waren die handfesteren Regeln Ammanns von weit größerer Wirkung im praktischen Schulbetrieb als die Idealforderungen seiner Kollegen", wie Copei oder Reichwein (Ruprecht 1959, S. 172). Der behandelte Film „Der Halsbandregenpfeifer" dokumentiert das charakteristische Lockmanöver dieses Vogels zum Schutz der Jungen und die Fluchtreaktion der Jungen selbst. Der Film wurde übrigens unmittelbar nach dem Krieg in der Fachkommission der Alliierten als „a valuable teaching film" bewertet (Ewert 1998, S. 379) und auch in der DDR mit einem anderen Beiheft (Weckel 1953) weiterbenützt.

Nach Ammann ist dieser Film „als biologischer *Erlebnis*film gekennzeichnet, der für den Schüler in erster Linie ein Miterleben, ein ,Dabeisein' vermitteln soll" (Ammann 1937, S. 4). Genau dafür ist die Unterrichtsarbeit notwendig: „Nur die sorgfältige, wohlvorbereitete, planmäßige Unterrichtsarbeit mit dem Film kann den Schülern das vermitteln, was tatsächlich in den einzelnen Filmen enthalten ist" (ebd., S. 5). Die von Ammann vorgeschlagene Unterrichtsarbeit im Bezug auf diesen Film orientierte sich allerdings eindeutig an der herrschenden Ideologie: „Das Wichtigste ist dann wohl die Klärung solcher grundlegenden Begriffe wie ,lebenswichtige Instinkte', ,Auslese', Vernichtung des mit solchen Erbanlagen nicht ausgestatteten, also ,erbkranken' Nachwuchses durch natürliche Auslese, Wichtigkeit der Verhütung erbkranken Nachwuchses im Menschenreich usw. Gerade in dieser Erweiterung der im Film veranschaulichten Vorgänge [...] liegen wesentliche Vorzüge der *Filmarbeit* für den erziehenden Unterricht. Kein anderes Hilfs- oder Anschauungsmittel ist befähigt, dies in solcher Unmittelbarkeit und *Eindruckstiefe* zu bieten" (ebd., S. 6 f.).

Zusammenfassend ist festzustellen: Unterrichtsfilme der Reichsstelle zeigen sich als ein Medium, das die Dingwelt möglichst „neutral", transparent repräsentieren soll; sie sollen, anders als Propagandafilme, nur ein Anschauungsmittel sein, das den Lehrern zur Verfügung gestellt wird. In dieser Konfiguration der pädagogischen Auswertung des Unterrichtsfilms werden Ding und Medium klar getrennt und zugleich in eine referentielle Beziehung gesetzt. Dadurch taucht die Ideologie, d. h. eine bestimmte Vorstellung oder Interpretation der Welt, als etwas Sachliches auf, die auf der Dingwelt beruht. Diese beiden Welten, die Welt der Vorstellung und die Welt der Dinge, verbindet das Medium; diese Verbindung ist genau deshalb überzeugend, weil das Medium als etwas Transparentes vorgestellt wird. Die „Neutralität" des Mediums Unterrichtsfilm stellte also keinen Gegensatz, sondern eher eine willkommene Ergänzung zur nationalsozialistischen Ideologie dar.

3.2 Volkskundliche Unterrichtsfilme

Ähnliches gilt auch für den Bereich Volkskunde, der ideologieträchtigsten Domäne neben der Biologie. Grunsky-Peper (1978, S. 185) unterteilt „volkskundlich" zu nennende Unterrichtsfilme der Reichsstelle in folgende 4 Kategorien: „I. Traditionsgebundenes Handwerk als Darstellung der Arbeitswelt;/ II. Landschaftliche Volkskunde und Bräuche;/ III. Leben und Arbeit des Bauern;/ IV. Volksüberlieferung (Märchen, Fabel, Lied)." – „Volkskundliche" Filme umfassten also ein sehr breites Spektrum. Durch gründliche Untersuchungen über die genannten vier Kategorien der Unterrichtsfilme kommt Grunsky-Peper immer wieder zum Befund, dass die volkskundlichen Unterrichtsfilme, trotz ihrer an sich sachlichen, nicht-propagandistischen Formen und Inhalte, bestimmte gesellschaftliche Leitbilder repräsentieren, die der nationalsozialistischen „Blut und Boden"-Ideologie fügsam sind: das „Leitbild eines idyllischen dörflichen und bäuerlichen Lebens, wobei dieses durchaus im Gegensatz zur städtischen Lebensweise gemeint ist" (ebd., S. 260). Grunsky-Peper weist auch darauf hin, dass es ein „erlebnis"-orientiertes Konzept der herrschenden Filmpädagogik war, das mehrdeutige Botschaften der Filme in Richtung der NS-Ideologie normierte. Und deshalb: „[…] nicht als Träger, sondern als Mit-Helfer nationalsozialistischer Schulpädagogik stellten die volkskundlichen Filme der Reichsstelle ‚erlebnisstarkes' Anschauungsmaterial dar, das auch entgegen der Absichten einiger Filmhersteller und verantwortlicher Mitarbeiter der Reichsstelle im Sinne von ‚Blut und Boden' interpretiert und eingesetzt wurde." (ibid., S. 301)

Dieser Feststellung ist nur zuzustimmen, zumal wenn wir uns daran erinnern, dass dem „Erlebnis" auch im Bereich der Biologie eine entscheidende filmpädagogische Rolle zugewiesen war. Als ein entsprechendes Beispiel im Bereich der Volkskunde bietet sich der Praxisbericht von Johanna Knop zum Film „Das Herdfeuer im niedersächsischen Bauernhaus" (1936) an (Knop 1937). Der Film zeigt eine alte Bäuerin, die am offenen Herd in der großen Deele des Bauernhauses Feuer macht und Essen vorbereitet. Diesen durchaus „nüchternen" Film (cf. Grunsky-Peper 1978, S. 213) versucht Knop „nationalpolitisch" anzuwenden: „Es kommt in diesem Falle gar nicht auf Einzelheiten der Bauweise und Ausstattung des niedersächsischen Bauernhauses an, sondern darauf, die Kinder warm werden zu lassen für Aufnahme der großen Tat der Bauernbefreiung im Dritten Reich durch das Reichserbhofgesetz. In dieses heutige staatspolitische Geschehen hineingestellt, wird dieser Film so zu einem nationalpolitischen" (Knop 1937, S. 102).

Damit der Film in diesem „nationalpolitischen" Sinne ausgewertet werden kann, wird das Kind aufgefordert, hinter dem nüchternen Bildverlauf den symbolischen Sinn – etwa „Urzustand der germanischen Sippe" oder „Bauer als der Bruder von Sonne, Wolken, Sturm, Regen und Sternen" (ebd.) – zu erahnen und zu erleben. Nach Knop ist ein solches Erahnen für ein Kind nicht so schwierig, wie es scheinen mag: „So schwer solche Gedanken für ein Kind anmuten, ist es ihnen in schlichter Form, da sie ja gleichsam aus den Bildern herausleuchten, durchaus zugänglich. Oft genügt ein schlichter Satz, das Kind in diese nationalsozialistische Schau hineinzustellen, etwa beim Schneiden des Brotes ‚Und wer wird es nun essen?' ‚Ja, ja, sie reicht es weiter, immer weiter…' ‚Und warum sie wohl so ernst ist?' […]" (ebd., S. 103).

Die Art und Weise der Auswertung des Unterrichtsfilms bei Knop war offensichtlich keine Ausnahme; sie folgte eher jenen „handfesteren Regeln Ammanns": „Mitunter kann der pädagogische Wert der Filmarbeit ganz über dem *sachlichen* stehen. Zum Beispiel die eindrucksvollen Filme über das alte Handwerk haben größtenteils […] nicht die Aufgabe, den sachlichen Vorgang so klar zu machen, daß die Schüler jede Einzelheit der handwerklichen Arbeit verstehen./Der höhere Gesichtspunkt ist ein pädagogischer: Kennenlernen der handwerklichen Arbeit als solcher, Achtung vor dieser Arbeit und Achtung vor dem Stand der Handwerker als Glieder der Volksgemeinschaft" (Ammann 1936b, S. 217).

Grunsky-Peper (1978, S. 232) stellt dieser Aussage Ammanns die folgende Feststellung von Hans Cürlis, Hersteller mehrerer Unterrichtsfilme, darunter auch der genannte

Film „Das Herdfeuer im niedersächsischen Bauernhaus", gegenüber: „Das Geheimnis eines guten Handwerkfilmes [...] bleibt stets das sichere Treffen des echten Handwerkers in seiner echten, möglichst unverbildeten Umwelt" (Cürlis 1936, S. 82). Der krasse Kontrast zwischen dem Anspruch auf die Treue zur Sache (Cürlis) und dem Anspruch auf den über das Sachliche hinausgehenden pädagogischen Erlebniswert (Ammann) ist nicht nur als ein Gegensatz zwischen dem Hersteller und dem Anwender des Unterrichtsfilms auszulegen, wie Grunsky-Peper es tut; darin lässt sich auch ein charakteristischer Stellenwert des Mediums im pädagogischen Kontext feststellen: Das Medium Film sollte die Dingwelt möglichst sachlich-transparent für pädagogische Auswertungen zur Verfügung stellen, wie ideologisch gefärbt die Auswertung auch immer gestaltet werden mag. In diesem Schema der transparenten medialen Vermittlung bleibt die mögliche Einwirkung des Mediums auf die Wahrnehmung der Dingwelt strukturell ausgeblendet. In der Themenauswahl und filmischen Gestaltung des ausgewählten Themas repräsentierte allerdings ein Unterrichtsfilm schon eine bestimmte Vorstellung der Dingwelt, wie es in volkskundlichen Filmen besonders deutlich hervortrat. Die filmische Wiedergabe wirkte sich in diesem Sinne durchaus darauf aus, wie die Dingwelt wahrgenommen werden kann.

3.3 Diskussion um die Möglichkeit des Landschaftsfilms

Das Schema der transparenten medialen Vermittlung war jedoch schon auf der Ebene der filmpädagogischen Praxis entscheidend durchkreuzt. Diese Situation ist besonders deutlich in der Diskussion um die Möglichkeit eines Landschaftsfilms zu beobachten.

Auch dem Fach Erdkunde war eine zentrale Stelle für die „Blut und Boden"-Ideologie zugewiesen (Kühn 1998, S. 178); unter der Lehrerschaft war die Nachfrage nach einem Landschaftsfilm, der den Schülern ein fern liegendes Gebiet vor Augen führen kann, bleibend stark. Trotzdem wahrte die Reichsstelle der Möglichkeit eines Landschaftsfilms gegenüber „äußerste Zurückhaltung" (Zierold 1936, S. 103). Den Grund sah Zierold darin, „daß Landschaften filmisch besonders schwer faßbar sind" (ebd.). Nach Ammann war „die Landschaft als solche nicht ein Stoff für einen Film, sondern als ‚ruhender' Gegenstand grundsätzlich ein Stoff für Stehbilder" (Ammann 1936a, S. 47 f.). Diese Argumentation des „filmgemäßen Stoffs" beruft sich offensichtlich auf das Schema jener transparenten medialen Vermittlung: Wenn die Lage der Dinge nicht beweglich-filmisch ist, ist sie nicht filmgerecht, weil das Medium die Lage der Dinge transparent – also: als etwas nicht Filmgerechtes – wiedergeben soll. Genau deshalb führte der Versuch, unbewegliche Landschaft zu einem Gegenstand des Unterrichtsfilms zu machen, unabweisbar zu einer Auseinandersetzung mit dem Schema der transparenten medialen Vermittlung.

Es war u. a. Fridolin Schmid, Leiter der pädagogischen Abteilung für allgemeinbildende Schulen der Reichsstelle, später Direktor der Nachfolgeinstitution der Reichsstelle, „Institut für Film und Bild in Wissenschaft und Unterricht" (FWU), der die Möglichkeit des Landschaftsfilms theoretisch zu begründen versuchte. Er fand diese Möglichkeit in einer aktiven Gestaltung von Seiten des Filmherstellers. Wer die Landschaft zum Gegenstand eines Films macht, müsse sich mit der Frage konfrontieren, ob er von seinem „subjektiven Bild von der Landschaft" oder von der „Unsumme von Tatsachenmaterial" ausgeht: „Über solche, letzten Endes die innere Haltung des Filmschaffenden zu seinem Werke berührenden Fragen drängen sich solche der *Gestaltung* in den Vordergrund. Das alte Problem des filmgemäßen Stoffes erhebt sich beim Landschaftsfilm brennender als anderswo" (Schmid 1940, S. 131). – Diese unerlässliche „Gestaltung" zielte darauf, ein „Landschaftserlebnis" zu ermöglichen: „Der Wert eines Films hängt nicht so sehr davon ab, welche Masse von Kenntnissen er vermittelt, als vielmehr davon, in welchem Maße und mit welcher Intensität er den Kindern ein Landschaftserlebnis zu vermitteln vermag" (Schmid 1937, S. 61). Der Ansatzpunkt des Erlebnisses, das sowohl in den biologischen als auch in den volkskundlichen Unterrichtsfilmen ausschlaggebend war, wird nun vom Bereich der unterrichtlichen Auswertung des Films in den Bereich des Mediums Film selbst verschoben.

Eine enge Beziehung zwischen den beiden von Schmid angemerkten Momenten der filmischen Gestaltung einerseits und des Landschaftserlebnisses andererseits veranschaulicht Alfred Guilino (1940) anhand des Unterrichtsfilms „Bergsteiger in den Allgäuer Alpen" (1937). Nach Guilino ist es im Allgemeinen beim Kinde nicht leicht, „auf Grund eines Bildes eine zutreffende Vorstellung von einer ihm völlig fremden Landschaft" zu gewinnen. Trotzdem gelinge es bei diesem Alpen-Film, „die Landschaft in ihrer großartigen Majestät, frei von aller Reklameschönheit, erstehen" zu lassen (ebd., S. 138). Das Geheimnis sieht Guilino in der Erschaffung des Erlebnisses. Dieser Film zeigt die Landschaft der Alpen nicht mit Abstand; die Kamera begleitet vielmehr zwei Bergsteiger: „Diesen Fernblick genießt nun auch das betrachtende Kind mit anderen Augen, als wenn er ihm in einem Stehbild unmittelbar geboten würde. Es hat da die Anstrengung der Wanderung gleichsam selbst gespürt, es kann die Weite und Höhe nach diesem Miterleben nun besser schätzen" (ebd., S. 139). – Dieses „Miterleben" der Landschaft entspringt also aus einem zeitlichen Vorgang des Bergsteigens, den das Kind gefühlsmäßig nachvollziehen kann. „Daraus ergibt sich für den Landschaftsfilm die Notwendigkeit einer fesselnden Handlung, die fern von allem Zufälligen mit der Szenerie in ursächlichen Zusammenhang stehen muß./Eine solche Handlung kann von Menschen getragen sein, die in inniger Beziehung zu der dargestellten Landschaft stehen" (ebd., S. 140). Guilino fügt ferner hinzu, dass auch ein Tier als ein derartiger Bezugspunkt zur Landschaft benützt werden kann.

In diesem Gedankengang von Guilino wird deutlich, wie das Moment der medialen Konstruktion („fesselnde Handlung") in der Diskussion um die Möglichkeit des Landschaftsfilms unausweichlich auftaucht. Dadurch soll das Schema der klaren Trennung zwischen Ding und Medium wesentlich in Frage gestellt werden. Denn damit die Dingwelt – in diesem Fall: die Landschaft – wahrlich vermittelt werden kann, muss sie erst durch das Medium mitgestaltet werden. Dadurch wird es schwierig, eine klare Trennlinie zwischen Ding und Medium zu ziehen. Nun musste der Vorgang thematisiert werden, in dem mediale Wirkungen die Dinge – in diesem Fall: die unbewegliche Dingwelt der Landschaft – beweglich und erlebnisfähig machen.

4 Filmpädagogische Reflexionen

Der Sachverhalt, der in der Diskussion um den Landschaftsfilm zu Tage trat, d. h. Interdependenz von Ding und Medium, war auch auf der Ebene der theoretischen Reflexion der Filmpädagogik thematisiert. Als repräsentative Theoretiker, die zu dieser Thematik Wesentliches beitrugen, sollen hier Hoffmann, Caselmann und Copei behandelt werden.

4.1 Hoffmann – Einschränkung auf die Sphäre des Mediums

Arthur Hoffmann, Professor an der Hochschule für Lehrerbildung Cottbus, trat durch mehrere Aufsätze, die er in der Zeitschrift *Film und Bild* veröffentlichte, als ein entschiedener Befürworter des Bild- und Filmeinsatzes in der Schule hervor. Hoffmann begründete die Notwendigkeit der Einführung von Film in die Schule medienhistorisch als eine zwingende Folge daraus, dass das Bild zu einer „Großmacht der Volkserziehung und -führung" (Hoffmann 1937, S. 217) aufgestiegen ist. Im Zeitungswesen beispielsweise nimmt die Rolle der bildlichen Illustration enorm zu. Unverkennbar ist „der Wechsel von der abstrakteren Kundgebung im gedruckten Wort zur lebendigeren Schau im Bild" (ebd., S. 219). Es gibt zwar mehrere „Ausflüchte und Absagen" gegen den Unterrichtsfilm, aber: „Sie sind verräterische Anzeichen dafür, daß die betreffenden Gruppen der Lehrerschaft von einer tiefliegenden Wandlung und einer größeren Bewegung noch nicht mit ergriffen worden sind" (ebd.).

Hoffmann legitimierte seine Forderung an die Lehrerschaft, sich dem medienhistorischen Trend zu fügen, pädagogisch durch einen Rekurs auf den Begriff der Anschauung bei Pestalozzi. Im Wandel vom Wort zum Bild sieht Hoffmann ein durchaus befreiendes Moment aus einer seelischen Verkümmerung. Es war natürlich Pestalozzi, der die allgemeine Verkümmerung durch das Wortwissen kritisierte und die Anschauung zum pädagogischen Prinzip erhob: „Er [Pestalozzi] beklagte es, daß die Augen als ‚das allgemeinere Werkzeug der Anschauung' so sehr ‚auf das vergötterte Heiligtum der neuen Erkenntnis, auf die Buchstaben und Bücher eingeschränkt worden sind'" (ebd.). Es ist bemerkenswert bei Hoffmann, dass Pestalozzis Begriff der Anschauung schier im Sehen der Bilder aufgelöst ist.

Aufgrund dieses medienhistorischen und pädagogischen Primats der Bilder ist für Hoffmann ausschlaggebend, welches Erlebnis sie denn bei den Menschen erzeugen. Dem Film muss, so Hoffmann, „*eine eigenartige und eigenwertige Erlebnisform*" (Hoffmann 1938, S. 97) zuerkannt werden, die auch von der des Stehbildes wesentlich zu unterscheiden ist: „Konnte das Sehen bei der Hinwendung zum ruhenden Bilde durch die Möglichkeit des Verweilens gekennzeichnet werden, so spricht im Aufbau des Filmerlebnisses alles gegen eine Vertiefung im beharrenden Schauen" (ebd., S. 106). Der Film kann durch die „*Aufmerksamkeitsfixierung*" den Zuschauer zu „einer *vorgegebenen Blickweite*" zwingen (ebd., S. 109). Deshalb haben wir „keine vollräumige Wirklichkeit mehr vor uns, in der wir noch nach eigenem Ermessen den Scheinwerfer unseres Schauens spielen lassen können" (ebd.). Trotzdem wird der Film „nicht nur gesehen, sondern miterlebt" (ebd., S. 101 f.), und zwar mit besonderen „Gefühlsbetonungen" (ebd., S. 121).

Durch Ausnützung dieser besonderen Erlebnisform kann der Film tiefere Wirkungen auf Menschen erzielen: „Über die starke Einwirkung auf Stimmung, Gefühl, Gemüt, Besinnung dringt der Einfluß des Filmerlebnisses zu einer weiteren Schicht seiner Tiefenwirkung durch: zur Steuerung und Formung von Trieb, Wunsch, Streben, Wille, Entscheidung, Gesinnung" (ebd.). Als Beispiele führt Hoffmann zwei Unterrichtsfilme an: „Deutsche Kulturarbeit in Kamerun" (1935) und „Die deutsche Westgrenze I 800–880"

(1936). Im ersteren geht es um die „haltungsgemäß aufgenommene[] allgemeine[] Leitidee: Kämpfer zu sein für deutsche Volksgeltung in der Welt" (122), im letzteren darum, „für die den Lebensnotwendigkeiten eines Volkes gemäße Grenzgestaltung zu jedem politischen Einsatz wach und bereit zu sein" [123].

Bei Hoffmann werden erlebnisstiftende und -steuernde Wirkungen des Films, die in der Diskussion um den Landschaftsfilm eine konstitutive Rolle spielten, theoretisch reflektiert und ausführlich analysiert. Diese Analyse bewegt sich aber ausschließlich innerhalb der Sphäre des Mediums, d. h. der Bilder und ihrer filmischen Gestaltung; sie schließt dann an die Diskussion über die Einwirkung des Filmerlebnisses auf Stimmung, Gefühl usw. an. Das Moment des Dinges und der Dingwelt wird ausgeblendet oder höchstens als ein Vakuum („keine vollräumige Wirklichkeit mehr") belassen. Das Fehlen des Ding-Momentes bei Hoffmann entspricht der einseitigen Einschränkung seines Anschauungsbegriffs auf die Bilder. Daran erhob schon einer seiner Zeitgenossen harsche Kritik: „Nein, Pestalozzi hat die verödete Schule vom Wortedreschen und Buchstabenklauben zur Sache und immer wieder zur *Sache* zurückgerufen" (Mahlow 1942, S. 88).

In der Leerstelle der Sache taucht nun aber etwas Dingfestes auf: „Kamerun" zur deutschen Volksgeltung und „Westgrenze" zum politischen Einsatz. Die von Hoffmann angeführten beiden Filme gehören zu den wenigen, die in der Fachkommission der Alliierten als „tendentious" eingestuft wurden (Ewert 1998, S. 379 f.). Betrachten wir hier nur den Westgrenze-Film. Dieser Zeichentrickfilm zeigt in der Form einer bewegten Geschichtskarte den Wandel der Territorien nach der Dreiteilung des Frankenreiches; der Film deutet dabei stark darauf hin, dass die „deutsche" Westgrenze weit westlich vom Rhein liegen darf. In einem Beitrag, der sich mit demselben Film auseinandersetzte, warnte Reichwein ausdrücklich davor, kartographische Bewegungen mit der geschichtlichen Wirklichkeit zu verwechseln: „Es wäre gefährlich, wenn der Film in dem Kinde den Eindruck hinterließe, daß die Leichtigkeit der Raumverschiebungen in der Trickfolge auch der geschichtlichen Wirklichkeit zukäme. Aufgabe des Erziehers ist, bei der Verarbeitung des Filmes immer wieder auf die vielfältige *Bedingtheit* aller dieser räumlichen Vorgänge hinzuweisen" (Reichwein 1936a, S. 258). Hoffmanns Gedankengang lief offensichtlich auf das Resultat hinaus, vor dem Reichwein warnte. Die medienhistorisch-pädagogische Reflexion Hoffmans ergänzte und befestigte das Schema der die Ideologisierung der Dingwelt fördernden Trennung zwischen Ding und Medium von Seiten des Mediums.

4.2 Caselmann und die Sphäre der Dinge

Bei Hoffmann musste die Reflexion über die *mediale* Durchdringung der Dingwelt zu einer Verdinglichung der ideologischen Vorstellungen wie „Kamerun" oder „Westgrenze" führen. Seine Reflexion erschöpfte sich innerhalb der Sphäre des Mediums; die Sphäre der Dinge erschien lediglich als eine Leerstelle, die einer beliebigen medialen Konstruktion ausgeliefert sein kann. Eine Reflexion über die mediale Durchdringung *der Dingwelt* blieb deshalb aus. Ein möglicher Ansatz zu einer medientheoretischen Reflexion, die die Sphäre der Dinge mit einschließen kann, ist in Beiträgen von Caselmann zu erkennen. Deshalb soll im Folgenden kurz auf ihn eingegangen werden.

Seinen Beitrag „Wirklichkeit, Kunst und Kamera" leitet Caselmann (1944, S. 34) mit einer philosophischen Frage ein: „sind die Dinge so, wie wir sie mit unseren Sinnen wahrnehmen?" Er geht von der wesentlich subjektiven Natur der menschlichen Erkenntnis aus. Uns sind lediglich „die Dinge der Erfahrung, wie unsere Sinne sie uns zeigen" (ebd.), gegeben. Auch das Auge der Kamera bleibt durchaus subjektiv aufgrund der „*Notwendigkeit der Wahl*, der Entscheidung" (ebd., S. 36). „Die Wiedergabe der Welt durch Fotografie und Film ergibt also kein rein objektives Bild, sie ist immer stark subjektiv gefärbt." Daher drängt sich folgende Frage auf: „Sollen wir deshalb auf bildliche Wiedergabe der Welt verzichten und die Jugend stattdessen nur unmittelbar an die Natur heranführen?" (ebd., S. 38).

Dieses Bedenken weist Caselmann zurück; er sieht vielmehr „*große pädagogische Vorteile*" (ebd.) in der unerlässlichen Rekonstruktion der Wirklichkeit. Durch eine bildliche Rekonstruktion, zumal wenn sie ästhetisch gestaltet wird, kann die Wirklichkeit viel intensiver, erlebniskräftiger und damit bildender aufgenommen werden: „Der Schnitt des Films, der ebenfalls nicht nur nach sachlich-rationalen, sondern ebenso nach psychologisch-künstlerischen Grundsätzen vorgenommen wird, wirkt ebenfalls mit, die Wirklichkeit zu gestalten, zu verdichten und in eine höhere Ebene zu rücken, in die künstlerisch-pädagogische, die die Wirklichkeit allein bildend macht" (ebd., S. 41).

Hier spielen mediale Wirkungen, wie sie Hoffmann näher analysierte, eine große Rolle. Genau wie bei Hoffmann wird das Potential des Films und des Lichtbildes, „die tieferen, nicht rationalen Schichten des menschlichen Geistes anzusprechen" (ebd., S. 40), besonders hervorgehoben. Anders als Hoffmann aber verzichtet Caselmann nicht auf das Moment der Wirklichkeit: „Das Bild ist nicht die Wirklichkeit, es ist die Brücke zwischen Welt und Mensch, zwischen Objekt und Subjekt, und darum so geeignet, der Menschenbildung zu dienen, die aus Selbsterkenntnis erwächst. Selbsterkenntnis aber gewinnt das Subjekt nur in der Auseinandersetzung mit dem Objekt, der Umwelt" (ebd., S. 41).

Caselmann eröffnet so eine Möglichkeit, die mediale Durchdringung der Dingwelt in ihrem vollen Sinne pädagogisch zu reflektieren, und zwar dadurch, dass er das Bild, und damit auch das Medium, als „Brücke" zur Wirklichkeit auffasst und genau darin das bildende Moment des Mediums entdeckt. Diese „Brücke" wurde aber bei Caselmann im Rahmen der klassischen Bildungstheorie, als „die Brücke zwischen Welt und Mensch, zwischen Objekt und Subjekt" interpretiert. Eine konsequente filmpädagogische Reflexion über die mediale Durchdringung der Dingwelt ist eher bei Copei zu finden.

4.3 Copei – Von der „symbolischen Erkenntnis" zur „Physiognomie der Dinge"

Friedrich Copei promovierte 1929 bei Eduard Spranger mit dem Thema „Der fruchtbare Moment im Bildungsprozeß" (Copei 1930); er, zeitweise Mitglied der SPD, wurde 1933 vom Amt des Dozenten an der pädagogischen Akademie Kiel beurlaubt und aus dem Staatsdienst entlassen. Nach seiner Tätigkeit als Volksschullehrer in Haustenbeck im Kreis Lippe arbeitete er seit 1942 als Referent an der Reichsstelle, bis er im Januar 1945 zum Heerdienst eingezogen wurde. Seine Spur verschwindet in der chaotischen Situation der Endphase des Krieges (cf. Wehrmann 1982, S. 17 f.; 123 f.). Der Gedankengang Copeis markiert neben der Arbeit Adolf Reichweins – es ist bemerkenswert, dass Copei in seinem Aufsatz ausdrücklich auf den Namen Reichweins hinweist (Copei 1939a, S. 208) – einen Höhepunkt filmpädagogischer Reflexion in der Zeit des Nationalsozialismus.

Copei geht davon aus, dass die pädagogische Bedeutsamkeit des Films *nicht* in der Wiedergabe der Wirklichkeit besteht. In seinem Beitrag „Anschauung und Denken beim Unterrichtsfilm" formuliert Copei zunächst einen Gemeinplatz der damaligen Filmpädagogik: „Eben weil der Film viele Dinge und Abläufe, die dem Unterricht sonst unerreichbar wären, vor die Augen führe und die Möglichkeit biete, aus ihnen bisher unbekannte Begriffe zu entwickeln, schaffe er uns in hervorragendem Maße Anschauungen von Gegenständen, Vorgängen und Begriffen" (ebd., S. 201). Diese Formel, in der die klare Trennung zwischen Ding und Medium vorgegriffen ist, ist nach Copei falsch, wie sehr sie „dem ‚natürlichen' Denken" auch einleuchtend klinge (ebd.).

Das „Wertvolle am Film" liegt nach Copei vielmehr darin, „daß sich in ihm Sehen *und* Denken, Bild *und* Sinn auf eine eigentümliche Weise durchdringen und wechselseitig steigern" (ebd.). Entscheidend dabei ist, dass beides – Sehen *und* Denken oder Bild *und* Sinn – nicht in irgendeinem induktiven Verfahren aus einer Summe konkreter Sinnesdaten hin zum abstrakten Begriff überbrückt zu werden brauchen; „vielmehr leuchtet an *einem* Konkreten, in *einem* Bildablauf plötzlich eine tiefere, ergreifende Erkenntnis auf. [...] Man spricht bei dieser Art der Erfassung gern vom ‚Erlebnis'" (ebd., S. 208). Diese erlebnishafte Erfassung nennt Copei „symbolische Erkenntnis": „Am unmittelbarsten ist der Kontakt zwischen Bildablauf und tieferer Sinnerfassung in der *symbolischen* Erkenntnis" (ebd., S. 207). In der symbolischen Erkenntnis sind Bildhaftes und Sinnhaftes „am unmittelbarsten" verbunden; sie sind, ohne Vermittlung irgendeines linear-logischen Verfahrens, gleichsam vertikal stratifiziert und verquickt.

Die „Anschauung" besteht nach Copei nicht einfach im Sehen der Dinge oder der Bilder, sondern in der „Erfassung eines Sinnes": „Erst die Erfassung eines Sinnes, rationaler oder irrationaler Art, läßt das Sehen [...] zur Anschauung werden" (ebd., S. 209). Die Sinnerfassung dieser Art wird in jener vertikalen Verbindung der „symbolischen Erkenntnis" vorzüglich verwirklicht. Copei fand die entscheidende pädagogische Bedeutsamkeit des Films darin, dass der Film die Anschauung in diesem emphatischen Sinne einleitet. Hier, in dieser pädagogischen Bestimmung des Films, wird die mediale Durchdringung der Dingwelt als eine Prämisse vorweggenommen. Auf der Ebene der „Anschauung" zeigen sich schon die Dinge nicht transparent vor Augen; sie erscheinen von Anfang an symbolisch aufgeladen. Diese Unmittelbarkeit der symbolischen Erkenntnis sollte aber erst in einer medialen Durchdringung, vor allem im Film, ermöglicht werden.

Die Struktur der vertikalen Verbindung zwischen Bild und Sinn in der symbolischen Erkenntnis wird uns unabwendbar an den oben genannten Bericht von Knop zum Film „Das Herdfeuer im niedersächsischen Bauernhaus" erinnern. Im Gegensatz zum Unterricht Knops allerdings, in dem von der Figur der Bäuerin am Herdfeuer eine „nationalsozialistische Schau" heraufbeschworen werden sollte, eröffnet die Reflexion Copeis eine kritische Perspektive zu dieser Art und Weise der Auswertung, gerade weil Copei *nicht* von einer medienfreien Dingwelt mehr ausging, deren „Schau" man nur zu fordern brauchte.

Mediale Durchdringung der Dingwelt ermöglicht nicht nur eine Sinnerfassung in der Anschauung, sondern auch eine mediale Konstruktion der Realität. Eine pädagogische Auseinandersetzung mit dieser Thematik ist in Copeis Abhandlung „Psychologische Fragen zur Filmgestaltung" (Copei 1944) zu beobachten, die in der letzten Nummer von *Film und Bild* erschien. Copei nennt schon im ersten Satz der Abhandlung den Kern der

Thematik: „Der Film ist nicht Abbildung, sondern gestaltende Umformung der Wirklichkeit" (ebd., S. 90). Die Annahme „weite(r) Kreise der Lehrerschaft am Unterrichtsfilm", dass „er ein Abbild oder gar einen Ersatz der Wirklichkeit biete" (ebd., S. 95), trifft also in keiner Weise zu. Damit drängt sich aber die Frage auf: „Kann unter solchen im Wesen des Filmischen liegenden Umformungen des Erscheinungsbildes überhaupt noch von einer ‚Erfassung und Darstellung der Wirklichkeit' die Rede sein?" (ebd.).

Angesichts dieser Frage versuchte Copei, die Wirklichkeit, die in einer unvermeidlichen medialen Umformung zum Ausdruck gebracht wird, im Modus der „Physiognomie der Dinge" (ebd.) zu erfassen. Im Film scheint „das tote Ding […] lebendig zu werden, wird unheimlich-gespenstisch, belebt. […] Wir spüren an solchem Beispiel, daß die filmische Darstellung in hervorragendem Maße die Physiognomie, den Ausdrucksgehalt der Dinge zu vermitteln vermag" (ebd., S. 96).

Eine Physiognomie der Dinge, die in der filmischen Umformung hervorgehoben wird, wird jene Anschauung im emphatischen Sinne fördern, wohl besser als die Dinge selbst, weil in der filmischen Umformung eine vertikale Verbindung zwischen Sehen und Denken, Bild und Sinn zweckmäßig vorstrukturiert werden kann. Nach Copei ist die Physiognomie der Dinge beim Unterrichtsfilm im Vergleich mit dem Wissenschaftsfilm wichtiger: „Denn Gegenstand ist hier nicht eigentlich die Wirklichkeit der Dinge an sich, sondern ein bestimmter Erkenntnisgehalt, der als ein vorher erarbeiteter und erfaßter nun didaktisch zu vermitteln ist" (ebd.).

Filmische Umformung dieser Art kann aber auch zu einer Verfälschung der Wirklichkeit führen. „Die Möglichkeit dazu liegt nahe, weil die Objekte, durch das Auge der Kamera gesehen, ihren *Wirklichkeitscharakter ändern können*" (ebd.). Aus dieser Einsicht ergibt sich eine Kritik an derjenigen filmischen Umformung, die den „Wirklichkeitscharakter" der Objekte verzerrt: „Der nüchtern-sachliche Zweck einer Darstellung darf nicht gefährdet werden durch eine dieses Wesen ändernde Bildgestaltung. Jede Darstellung hat das innere Gesetz, die Wirklichkeit ihres Gegenstandes zu respektieren. […] Immer wird die filmische Darstellung dem Wirklichkeitscharakter des Weltausschnittes gerecht werden müssen, den sie repräsentiert" (ebd.).

Hier wird eine grundsätzlich kritische Perspektive gegenüber der propagandistischen Nutzung der Medien ausgesprochen. Wichtig ist es, dass diese Perspektive nicht von dem gängigen Schema ausgeht, dass das vom Medium verklärte Ding voraussetzt und damit die herrschende Vorstellung der Welt ergänzt; Copei geht grundsätzlich von der medialen Durchdringung der Dingwelt aus, die die Welt vornehmlich in der Form der „Physiognomie" erscheinen lässt. Umso mehr muss aber gefragt werden, wie „die Wirklichkeit ihres Gegenstandes" gewährleistet werden kann. – Eine mögliche Antwort auf diese Frage ist nicht mehr auf der Ebene der theoretischen Reflexion, sondern auf der Ebene der praktischen Auswertung des Unterrichtsfilms zu suchen.

5 Ding und Medium in Unterrichtsfilmen (2) – Versuche medialer Zugänge zum Ding

Im Folgenden soll auf Berichte der unterrichtlichen Auswertung von zwei Filmen eingegangen werden, damit die oben gestellte Frage mindestens teilweise beantwortet werden kann. Anhand des Films „Der Flachs" (1936) wird versucht, die verborgene Intention im Unterricht Adolf Reichweins im Vergleich mit anderen Praxisberichten zu demselben Film zu erschließen; für den Film „Talbildung" (1937) finden wir einen Praxisbericht von Copei selbst, der durchaus im Zusammenhang mit seiner theoretischen Reflexion auszulegen ist.

5.1 „Der Flachs"

Dieser Film mit knapp 10 min. Laufzeit zeigt den Prozess von der Ernte des Flachses bis zu dessen Verarbeitung zur Faser in einer traditionellen, handwerklichen Arbeitsweise. „Der Flachs" teilt jenes Charakteristikum der volkskundlichen Unterrichtsfilme im Allgemeinen, das Grunsky-Peper erläutert: das „Leitbild eines idyllischen dörflichen und bäuerlichen Lebens" (Grunsky-Peper 1978, S. 260). Die im Film gezeigte Art und Weise der Verarbeitung des Flachses – fast ausschließlich von Frauen und ihrer Handarbeit – gehörte schon damals zur Vergangenheit. Der Bildablauf im Film wirkt eher „trocken" wegen der sehr spärlichen Benutzung der Montage.

Es war wohl kein Zufall, dass in der Zeitschrift *Film und Bild* insgesamt vier Praxisberichte zu diesem belanglos scheinenden Film publiziert wurden. Der Flachs nahm in mehrfacher Hinsicht einen strategisch wichtigen Stellenwert in der nationalsozialistischen Agrarpolitik ein (cf. Schilling 1935): Aus dem Flachs machte man nicht nur Leinen; aus den vom Flachsstroh abgetrennten Samen wurde Öl gepresst; die Kapselstreu konnte wegen ihres hohen Öl- und Eiweißgehaltes als treffliches Futtermittel verwendet werden. Diese drei Agrarprodukte – Textilstoffe, Fette und Futtermittel – waren genau diejenigen, deren Importe der Vierjahresplan von 1936 entbehrlich zu machen versuchte (Münkel 1996, S. 121). Dahinter stand freilich die Politik der Kriegsvorbereitung und des dafür erforderlichen Autarkiestrebens. Flachsanbau wurde unter dem NS-Regime energisch ausgebaut. Die Anbaufläche des Flachses stieg von 4,900 ha in 1933 auf 44,100 ha in 1936 und weiter auf 83,200 ha in 1939 an (cf. ebd., S. 123). Der Flachs war das Thema, an dem der „Erfolg" des Nationalsozialismus zahlenmäßig gezeigt werden konnte. Außerdem war der Flachs, im Zusammenhang mit den „altgermanischen" Mythologien und Gebräuchen, auch ideologisch aufgeladen. Man feierte die Ernte des Flachses in der Form einer „Adolf-Hitler-Flachsspende". „Flachs" wurde als ein propagandistisches Symbol der bäuerlichen Gemeinschaft eingesetzt, um die Einschränkung der privaten Initiative der Bauern leichter durchsetzbar zu machen (Furuuchi 2003, S. 291–293).

In allen vier Praxisberichten zum Film „Der Flachs" wird die oben genannte politische und ideologische Stellung des Flachses unverkennbar widergespiegelt. Hamann (1938) stellt den Film in den Kontext der aktuellen Agrarpolitik, während sich Hommerding (1939) auf den volkskundlichen Kontext konzentriert. Im Bericht von Hofmeister (1938) sind diese beiden Kontexte angeführt. Im Folgenden werden die Berichte von Hamann (1) und Hommerding (2) behandelt, um dann, im Vergleich zu diesen beiden, die Bedeutung des Unterrichts von Reichwein (Reichwein 1937) hervorzuheben (3).

(1) Der Unterricht von Hamann zeichnet sich durch beachtliches Geschick seiner Methodik aus. Zur Vorbereitung interviewte der Lehrer ein altes Ehepaar im Dorf, um zu erfahren, wie der Flachsanbau früher betrieben worden war; er lieh ferner alte Geräte für den Flachsanbau als Anschauungsstoff von einem Bauernhaus aus. Vor der Sichtung

des Films zeigte der Lehrer den Kindern die Geräte und verkündete das Unterrichtsziel: „Wir wollen im Film erkennen, wie der deutsche Bauer zur Vermehrung der deutschen Rohstoffe beitragen kann" (Hamann 1938, S. 208). Nach der Sichtung zeigten die Kinder unklare Stellen im Film auf, um darüber Klarheit zu schaffen.

In der zweiten Stunde beginnt die Auswertung des Films. Hamann zeigt an der Wandtafel den geschichtlichen Wandel der Anbaufläche des Flachses. Die Kinder diskutieren, warum der Flachsanbau bis zum Jahr 1933 deutlich zurückgegangen ist, und erzählen, wie ihre Großeltern aus dem Flachs nicht nur Leinen, sondern auch Öl und Futter gewannen (der Lehrer hatte die Kinder im Voraus dazu angeregt, mit ihren Großeltern über deren Erfahrungen zu sprechen). Hamann zeigt ferner mit einem Säulendiagramm an der Wandtafel, wie weit die einzelnen einheimischen Agrarprodukte den Bedarf der Deutschen decken. Die Kinder kommen zu folgenden Feststellungen: „1. Wir müssen die fehlenden Stoffe selbst erzeugen, weil wir unser Geld und unsere Devisen zum Ankauf dieser Stoffe vom Auslande nicht verwenden dürfen. [...]/2. Im Kriegsfalle müssen wir in der Lage sein, diese Stoffe ausreichend zu erzeugen, weil die Feinde uns die Zufuhr vom Auslande absperren können." Und: „Zum Schlusse zeige ich den Kindern den Film noch einmal, um die erhaltenen Eindrücke zu befestigen" (ebd., S. 209).

Hamann versucht hier, die mediale Repräsentation des Unterrichtsfilms an die Dinge (die greifbaren Geräte) oder an den Stand der Dinge (statistische Zahlen) zu binden. Eine dadurch erzeugte Glaubwürdigkeit wird aber ausschließlich mit der nationalsozialistischen Agrarpolitik zur Autarkie und Kriegsvorbereitung verankert. Der Unterrichtsfilm wird hier als ein Medium genutzt, die Dingwelt mit ihrer Ideologisierung zu verknüpfen, um dadurch die Kinder zu einem bestimmten politischen Ziel zu mobilisieren.

(2) Der Unterricht von Hommerding macht einen Teil innerhalb der Stoffeinheit „Vom Flachs zum Leinen" aus. Die Schüler hatten schon „seine [des Flachses] wirtschaftliche Bedeutung im Vierjahresplan erarbeitet" (Hommerding 1939, S. 214). Hommerding versuchte nun, „die betreffenden Formen des Volkstums, speziell die unserer Heimat, wiederzuerwecken" (ebd.). Dabei spielte der Unterrichtsfilm eine große Rolle, denn die traditionellen Gebräuche um den Flachs waren schon zum großen Teil verschwunden. Durch Sichtung des Films konnte der Lehrer die kleinen „Heimatforscher" (ebd., S. 215) dazu anregen, verschüttete Schichten des gemeinsamen Gedächtnisses wieder zu beleben. „Früher sollten die Frauen einen hohen Sprung machen, damit der Flachs lang werde." „Einige Schüler wußten von den Großeltern her, daß die Flachsbearbeitung früher auch bei uns ein Vorrecht der Frauen und Mädchen gewesen war. Hiervon, so erzählten sich die Alten, hing das Glück in der Ehe ab" (ebd.). Verschiedene Redewendungen um den Flachs wurden diskutiert. Ein Schüler aus einer Bauernfamilie brachte das gleiche Gerät, das er im Film sah, in die Schule mit. Die eingeschnitzte Jahreszahl 1824 verriet sein Alter.

Wie harmlos diese Art und Weise der „Heimatforschung" auch aussehen mag, ergänzt sie dennoch die oben genannte agrarpolitische Propaganda des Nationalsozialismus durch einen selektiven Rekurs auf *die* Tradition und durch eine selektive Ausnützung der Dinge. Der Unterrichtsfilm vermittelt auch hier die Dingwelt mit der ideologisierten Welt. Hommerding legitimierte seinen volkskundlichen Unterricht wie folgt: „Hier [in der Volkskunde] dringt der Schüler an Hand der Ausdrucksformen des Volkstums in das

Gemeinschaftsleben der Väter ein und lernt die rassischen Voraussetzungen des Volksguts und das Gedankengut der Ahnen kennen und verstehen" (ebd., S. 214).

(3) Auf den ersten Blick unterscheidet sich der Praxisbericht Reichweins nicht wesentlich von den beiden obigen Berichten, besonders nicht von dem Hamanns. Reichwein geht davon aus, dass „die Berufsschule" – hier geht es um einen Unterricht in der ländlichen Berufsschule – „den jungen Landwirt auch mit den wichtigsten politischen Geltungsproblemen seines Berufs vertraut machen" soll (Reichwein 1937, S. 175). Als ein solches „Geltungsproblem" nennt er, „daß die Rohstoff- und Devisenlage unaufschiebbare Forderungen an den Landwirt – an jeden! – als Erzeuger heimatlicher Textilfasern stellt" (ebd.). Zur Vorbereitung der Filmsichtung befasst sich auch Reichwein mit dem Verfall der heimatlichen Flachserzeugung und ihrem Wiederaufbau unter dem Nationalsozialismus.

Reichwein setzt den Unterrichtsfilm aber nicht dazu ein, die Schüler, wie Hamann das tut, mit der Zielsetzung der nationalsozialistischen Agrarpolitik zu beeindrucken. Der Film sollte die Augen der Schüler nicht zu hochfliegenden politischen Zielen, sondern gleichsam nach „unten", zur handwerklichen Zugangsweise zu den Dingen lenken: „Der Film will mit dazu beitragen, das alte Wissen von Ernte und Aufbereitung wieder zu wecken" (Reichwein 1937, S. 177). Diese Aussage ist vom Vorhaben Hommerdings, in den alten Gebräuchen „Ausdrucksformen des Volkstums" wiederzufinden, wesentlich zu unterscheiden. Für Reichwein geht es um „das alte *Wissen*"; deshalb legt er den Fokus auf die im Film detailliert gezeigten konkreten Arbeitsgänge: „Die wichtigen Etappen der Aufbereitung, vom Trocknen über das Riffeln, Rösten, Brechen und Schwingen zum Hecheln, alle Arbeiten also, die Sache des Landwirts sind, werden durch genaue Einzelaufnahmen so zur Darstellung gebracht, daß der Beschauer imstande ist, den Verlauf zu seinem eigenen praktischen Nutzen abzulesen" (ebd.).

Reichwein versucht hier, im Medium Film eine elementare Zugangsweise zu den Dingen erfahrbar zu machen, die nicht auf den Flachs begrenzt bleibt, sondern eine allgemeinere Geltung beanspruchen kann. Direkt nach dem obigen Zitat führt er weiter aus: „Noch wichtiger aber ist vielleicht, daß der Film ihm die Arbeit am Flachs lebendig nahe bringt, und seinem Bewußtsein einpflanzt. Die gewonnene Anschauung von der Sache wird von nun an den jungen Landwirt in seinem beruflichen Denken begleiten" (ebd.).

Hinter diesem Gedanken Reichweins stand seine grundlegende Auffassung, im Handwerk sei die „Urform der Technik" zu sehen (Reichwein 1936b, S. 78), d. h. die Urform des Wissens und der Kunst, die Dinge zweckmäßig zu bearbeiten. An mehreren Handwerksfilmen der Reichsstelle versuchte er aufzuzeigen, wie diese „Urform der Technik" in der „formenden Hand" verkörpert und ausgedrückt wird. Er erläutert anhand des Handwerksfilms „Bauerntöpferei" (1934), dieser „enthüllt, daß hinter der formenden Hand die inneren Form- und Bildekräfte des Menschen wirksam sind" (Reichwein 1943, S. 43).

Es wirkt wohl verblüffend – Reichwein (1937, S. 178) selbst gibt zu: manche werden „zunächst lächeln" –, dass er vorschlägt, zum Abschluss der Auswertung des Films „Der Flachs" das gleichnamige Märchen von Andersen zu lesen. Dieser Vorschlag, der übrigens bezeugt, dass die Art und Weise der Auswertung hier nicht speziell für eine Berufsschule bestimmt ist, sondern eine allgemeinere Geltung verlangt, ist aber nur konsequent und ergibt einen guten Sinn, wenn wir uns daran erinnern, dass dieses Märchen aus der Perspektive des Flachses selbst den Prozess seiner Ernte und Verarbeitung erzählt. Deshalb „gilt auch das Märchen vom Flachs uns als ein Beispiel dafür, wie aus dem Volke um die kleinen Dinge seiner irdischen Existenz eine Welt von Gedanken, Bildern und Glauben gesponnen wird" (ebd.).

Reichwein verstand die „Technik" keineswegs im Sinne der modernen Technologie, die die Dinge nur noch als eine Ressource zur Verfügung stellt. Vielmehr sollte die Technik, die „formende Hand", die „um die kleinen Dinge" gesponnene „Welt von Gedanken, Bildern und Glauben" erschließen und in Form bringen. Was dadurch hervorgehoben wird, kann mit dem Terminus Copeis als „Physiognomie der Dinge" bezeichnet werden. Der Film – und hier auch das Märchen – wird bei Reichwein als ein Medium eingesetzt, die Physiognomie der Dinge hervorzuheben und zugänglich zu machen.

5.2 „Talbildung"

Copei liefert einen Bericht über seinen eigenen Unterricht, in dem er den Film „Talbildung" (Copei 1939b) einsetzte. Der Film dauert nur eine Minute und neunzehn Sekunden. Er wurde vom geologischen Institut der Universität Würzburg in einem experimentellen Rahmen hergestellt (cf. Passarge 1937; Wurm 1937). In einem langgestreckten eisernen Becken bauten die Forscher eine flache Hanglandschaft aus einer sorgfältigen Mischung von Gesteinsmehlen, Sand und Wasser; vier Zerstäuber verteilten feinen Sprühregen auf diese künstlich gebaute Landschaft. Erosion beginnt vom unteren Rand und schreitet nach oben vor, mit Verzweigungen in mehrere „Nebentäler". „So entsteht vor unseren Augen ein kleines, baumförmig sich verzweigendes Flußsystem" (Passarge 1937, S. 10). Der Prozess von ca. 30 min wurde in Zeitraffer aufgenommen.

Copei setzte diesen Film im 3. und 4. Schuljahr im Heimatkundeunterricht ein, nachdem die Kinder die charakteristische Sennelandschaft um ihr Dorf untersucht und festgestellt hatten, dass zahlreiche Bachtäler wie ein Baumstamm mit Ästen aussähen. Der Film wurde gezeigt, um verständlich zu machen, wie diese Landschaft zustande kam. Trotz des „sehr nüchternen, beinah abstrakten Ablaufs" (Copei 1939b, S. 3) des Films folgten die Kinder dem Verlauf der sukzessiven Ausbildung der baumförmigen Tallandschaft mit gespannter Aufmerksamkeit. Im zweiten Sehen begleiteten Ausrufe der Kinder den Film: „Jetzt fließt das Wasser über den Sand! Jetzt fängt es an zu bröckeln! Das frißt aber schnell! Nun fließt der Bach! […] Oh, wie die Erde heruntersaust! Ja, ein richtiger Baum ist das!" (ebd., S. 4). – Nach der Filmsichtung kamen die Fragen: „Ob wohl in Wirklichkeit alles so gewesen ist wie im Film? […] Ob das Wasser jetzt auch wohl noch weiterfrißt?" (ebd.). Die Kinder erinnerten sich an ihre eigenen Erfahrungen und die Erzählung des Großvaters, wie das Wasser weiterhin Sand „frißt". Sie erfuhren aus einer alten Chronik die Geschichte des Hochwassers im Dorf und beobachteten, wie der Mensch heute noch versucht, sich gegen das „fressende Wasser" zu wehren (ebd., S. 4 f.).

In diesem Unterricht wird der Film, wie bei Reichwein, als ein Medium angewendet, um einen besonderen Zugang zur Dingwelt zu ermöglichen. Durch den Einsatz des Films verwandelt sich die ruhende Landschaft plötzlich zum Dynamischen: „Das Kind erlebt und erkennt das scheinbar Starre, Unveränderliche der Naturform (der ‚Baum') im Film plötzlich als ein Dynamisches, Fließendes, somit als ein Gewordenes, ebenso aber auch als ein immer noch Werdendes, sich Veränderndes. Das ist ein sehr wichtiger Ansatz für die Entwicklung des geschichtlichen Denkens, das auf dieser Stufe eben erst sich zaghaft regt" (ebd., S. 5).

Copei setzt hier seine theoretische Erkenntnis über die mediale Durchdringung der Dingwelt in die Praxis um. Der Film ermöglicht nämlich, die statisch-bodenfeste Landschaft zu dynamisieren, ohne dass er sie im geringsten bewegt. Im Medium Film taucht die Landschaft als etwas Dynamisches auf; in dieser medialen Verwandlung wird die Physiognomie der Dingwelt – in diesem Fall: die baumförmige Tallandschaft – erfahrbar hervorgehoben, wie die Ausrufe der Kinder es bezeugen. Hier kann man eine andere, eher ästhetische, mediale Zugangsweise zu den Dingen erkennen, die von einer eher poietischen Zugangsweise Reichweins, in der die „Technik", die „formende Hand" überwiegend war, zu unterscheiden ist.

6 Schlussbemerkungen

Kehren wir zurück zu unserer ursprünglichen Frage, welche medienpädagogischen Ansätze sich aus institutionell erzwungenen Auseinandersetzungen mit nationalsozialistischer Propagandapolitik ergaben. Vor dem Hintergrund des Streits um Kompetenzen zwischen dem Erziehungs- und dem Propagandaministerium versuchte die Reichsstelle, „Erziehung" und „Propaganda" begrifflich klar zu unterscheiden, um ihre Zuständigkeit für das Ressort Unterrichtsfilm zu sichern. Durch Verschanzung in der „Erziehung" musste die Beziehung der Erziehung zum Medium Film um so intensiver thematisiert werden. Dabei tauchte das Moment der „Dinge" als ein Fokus im filmpädagogischen Praxisfeld auf: Um sich von der Propaganda abgrenzen zu können, sollte der Unterrichtsfilm Sachlichkeit bewahren, die letztlich in den Dinge verankert werden sollte.

Diese Forderung lief zum großen Teil darauf hinaus, die herrschende, propagandistisch sich verbreitende NS-Ideologie durch eine angeblich dinghafte Sachlichkeit des Unterrichtsfilms zu untermauern. Unterrichtliche Auswertung des Films spielte dabei eine konstitutive Rolle, zwischen den beiden – NS-Ideologie und Unterrichtsfilm – zu vermitteln. Sowohl im Unterrichtsfilm als auch in seiner unterrichtlichen Auswertung war schlicht vorweggenommen, dass Medium und Ding voneinander klar getrennt und in einer referentiellen Beziehung zueinander ständen. In diesem Schema der Trennung und Verbindung zwischen Ding und Medium bot sich die Dingwelt als letztendliche Stütze für die filmisch-unterrichtliche Untermauerung der NS-Ideologie an.

Genau deshalb bereitete das In-Frage-Stellen dieses Schemas der transparenten medialen Vermittlung den Weg für Auseinandersetzungen mit der ideologischen Funktionalisierung des „sachlichen" Unterrichtsfilms. Halb erzwungene und halb selbstinitiierte Verschanzung in der „Erziehung" und daraus resultierende Fixierung an die saubere Trennung zwischen Ding und Medium veranlassten die filmpädagogische Reflexion dazu, sich intensiv mit der Problematik dieser Fixierung, die auch im filmpädagogischen Praxisfeld ohnehin schon hinfällig war, zu befassen. Dadurch öffnete sich ein Möglichkeitsraum, das gängige Schema in Frage zu stellen und die Beziehung zwischen Ding und Medium reflexiv zu konzipieren. Die Dingwelt erschien nun als etwas durch das Medium wesentlich Durchdrungenes; sie stellte nicht mehr die letztendliche Stütze der Ideologisierung dar.

Einen kritischen Scheidepunkt markierte allerdings, wie ernst eine filmpädagogische Reflexion die Sphäre der Dinge wahrnimmt. Dies wäre ein Punkt, der ein aktuelles Nachdenken verlangen kann: Kenntnisnahme der medialen Durchdringung der Dingwelt kann durchaus zur Ausnützung dieser Kenntnis für mediale Manipulation führen. Hoffmann schlug, wenn auch nicht beabsichtigt, offensichtlich diesen Weg ein, als er seine Reflexion auf die Sphäre des Mediums begrenzte und die Sphäre der Dinge in einem Vakuum beließ. Copei versuchte dagegen, die Sphäre der Dinge im Modus ihrer medialen Durchdringung zu erkunden; er entdeckte darin eine „Physiognomie der Dinge", die, anhand der „symbolischen Erkenntnis", einerseits Anschauung der Wirklichkeit einleitet, aber andererseits Verfälschung der Wirklichkeit ermöglicht.

Praxisberichte von Reichwein („Der Flachs") und Copei („Talbildung") zeigen Möglichkeiten des Filmunterrichts, die medial hervorgehobene Physiognomie der Dinge mit einer Anschauung zu verbinden, die sich nicht einfach in einer Komplementarität zur herrschenden Ideologie auflöst. Bei den beiden ist ein gemeinsames Moment im Filmeinsatz bemerkbar, wonach die vertraute dinghafte Wirklichkeit in einer medialen Durchdringung verfremdet wird; diese Verfremdung wird nicht mit irgendeiner vorgegebenen Vorstellung der Welt kurzgeschlossen, sondern nochmal an die Wirklichkeit rückgekoppelt. Eine Physiognomie der Dinge taucht, sowohl bei Reichwein als auch bei Copei, im Prozess dieser Verfremdung *und* Rückkoppelung auf; Physiognomie hält in dieser Weise an den Dingen, an ihrem „Wirklichkeitscharakter" fest und zeigt damit eine Standhaftigkeit gegen die mediale Manipulation.

Die Leistung der Reichsstelle war beachtlich, nicht nur im organisatorischen Sinne, sondern auch in dem Sinne, dass sie in ihrem institutionellen Rahmen, der im Ganzen mit der NS-Ideologie konform war, kritische Ansätze der medienpädagogischen Reflexion und Praxis zuließ. Das Format, das die Reichsstelle für den Unterrichtsfilm ausgearbeitet hatte – 16 mm, stumm, maximal 15 min –, war in den Augen der Alliierten schon allzu unzeitgemäß und galt als Zeichen für die „Rückständigkeit des deutschen Unterrichtsfilms" (Paschen 1983, S. 59). Die filmpädagogische Praxis und Reflexion im Rahmen der Reichsstelle war sicherlich ein Produkt der einmaligen, unglücklichen Konstellation unter dem Nationalsozialismus. Sie hinterließ aber Ansätze, die ihre Aktualität auch heute noch nicht eingebüßt haben.

Literatur

Ammann, H. (1936a). Ist das Stehbild überflüssig geworden? *Film und Bild, 2*(2), 47–49.
Ammann, H. (1936b). *Lichtbild und Film im Unterricht und Volksbildung*. München: Deutscher Volksverlag.
Ammann, H. (1937). Der Halsbandregenpfeifer. Gedanken zur unterrichtlichen Auswertung des gleichnamigen Unterrichtsfilms. Erweiterung nach einem kurzen Referat bei der Arbeitstagung der Landesbildstellenleiter und der Filmreferenten für Lehrerhochschulen. *Film und Bild, 3*(1), 4–7.
Bartmann, H. (1942). Der Unterrichtsfilm F 69 „Befruchtung und Furchung des Kanincheneies" im Biologieunterricht der 5. Klasse einer ländlichen Oberschule. *Film und Bild, 8*(1), 5–7.
Caselmann, C. (1944). Wirklichkeit, Kunst und Kamera. *Film und Bild, 10*(5/6), 34–41.
Caselmann, C. (1961). Geschichte und Probleme von Film, Bild und Ton im Unterricht. In W. Tolle (Hrsg.), *Reichsanstalt für Film und Bild in Wissenschaft und Unterricht* (S. 1–24). Berlin: W. Tolle.

Copei, F. (1930). *Der fruchtbare Moment im Bildungsprozess*. Leipzig: Quelle & Meyer.
Copei, F. (1939a). Anschauung und Denken beim Unterrichtsfilm. *Film und Bild, 5*(8), 201–209.
Copei, F. (1939b). Ein Sachfilm in der Grundschule. *Film und Bild, 5*(1), 3–5.
Copei, F. (1944). Psychologische Fragen zur Filmgestaltung. *Film und Bild, 10*(9/12), 90–98.
Cürlis, H. (1936). Mensch und Umwelt in Handwerksfilm. *Film und Bild, 2*(3), 81–83.
Degenhart, A. (2001). „*Bedenken, die zu überwinden sind...*" *Das neue Medium Film im Spannungsfeld reformpädagogischer Erziehungsziele. Von der Kinoreformbewegung bis zur handlungsorientierten Filmarbeit Adolf Reichweins*. München: KoPäd Verlag.
Ewert, M. (1998). *Die Reichsanstalt für Film und Bild in Wissenschaft und Unterricht (1934–1945)*. Hamburg: Kobac.
Freisburger, W. (1936). Der Jugendliche zwischen Unterrichtsfilm und Spielfilm. *Film und Bild, 2*(6), 247–249.
Furuuchi, H. (2003). *The Nazi's Agricultural Policy, 1934–36: The Introduction of Grain Procurement Measures and the Occurrence of Food Crisis*. Tokyo: University of Tokyo Press.
Gauger, K. (1942). Der Unterschied von „Lehrfilm" und „Unterrichtsfilm". *Film und Bild, 8*(9), 111–113.
Grunsky-Peper, K. (1978). *Deutsche Volkskunde im Film. Gesellschaftliche Leitbilder im Unterrichtsfilm des Dritten Reichs*. München: Minerva.
Guilino, A. (1940). Erlebnis der Landschaft im Film. Gedanken zu dem Unterrichtsfilm F174 „Bergsteiger in den Allgäuer Alpen". *Film und Bild, 6*(10), 138–140.
Hamann, W. (1938). Unterrichtsstunde mit dem Film „Der Flachs" (F 66/1936). *Film und Bild, 4*(8), 208–209.
Heider, F. (1926). Ding und Medium. *Symposion, 2*, 109–157.
Hoffmann, A. (1937). Großmacht Bild. *Film und Bild, 3*(9), 217–220.
Hoffmann, A. (1938). *Bild und Film im Unterricht. Die neuen Aufgaben nach Zielsetzung und Verfahren*. Stuttgart: Kohlhammer.
Hofmeister, R. (1938). Die unterrichtliche Auswertung des Films: „Der Flachs, Ernte und Aufbereitung" (F 66/1936). *Film und Bild, 7*(7), 187–189.
Hommerding, R. (1939). Der Unterrichtsfilm im Dienste der Volkskunde aufgezeigt an dem Film „Der Flachs" (F 66). *Film und Bild, 5*(8), 214–215.
Imai, Y. (1994). Film und Pädagogik in Deutschland 1912–1915. Eine Analyse der Zeitschrift „Bild und Film". *Bildung und Erziehung, 47*(1), 87–106.
Imai, Y. (2005). Elemente des Widerstandes in der Medienpädagogik Adolf Reichweins. *Zeitschrift für Erziehungswissenschaft, 8*(3), 443–463.
Knop, J. (1937). Der Film „Das Herdfeuer im niedersächsischen Bauernhaus" im nationalpolitischen Unterricht. *Film und Bild, 3*(4), 102–103.
Kühn, M. (1998). *Unterrichtsfilm im Nationalsozialismus: die Arbeit der Reichsstelle für den Unterrichtsfilm, Reichsanstalt für Film und Bild in Wissenschaft und Unterricht*. Mammendorf: Septem Artes.
Mahlow, P. (1942). Beobachtung, Versuch, Lehrausflug und Unterrichtsfilm. Eine grundsätzliche Erörterung. *Film und Bild, 8*(7/8), 87–92.
Meyer, P. (1978). *Medienpädagogik. Entwicklung und Perspektiven*. Königshausen/Ts.: Hain.
Münkel, D. (1996). *Nationalsozialistische Agrarpolitik und Bauernalltag*. Frankfurt: Campus.
Paschen, J. (1983). *AV-Medien für die Bildung. Eine illustrierte Geschichte der Bildstellen und des Instituts für Film und Bild in Wissenschaft und Unterricht*. Grünwald: Institut für Film und Bild in Wissenschaft und Unterricht.
Passarge, S. (1937). *Talbildung (Rückschreitende Erosion). Beihefte der Reichsstelle für den Unterrichtsfilm* (F 155/1937). Stuttgart: Kohlhammer.
Pröbsting, G. (1936a). Filme zur Rassenkunde und Rassenhygiene. *Film und Bild, 2*(5), 155–156.
Pröbsting, G. (1936b). Rassenbiologie und Unterrichtsfilm. *Film und Bild, 2*(11), 356–359.

Reichwein, A. (1936a). Anschauung in der Geschichte. Aus Anlaß des Films „Deutsche Westgrenze I". *Film und Bild, 2*(8), 255–259.

Reichwein, A. (1936b). Volkskunde – Film – Landschule. *Film und Bild, 2*(3), 75–81.

Reichwein, A. (1937). Filmeinsatz in der ländlichen Berufsschule. Betrachtungen um den Film vom Flachs, F 66/1936. *Film und Bild, 3*(7), 174–178.

Reichwein, A. (1943). Handwerkfilme der RWU volkskundlich gesehen. *Film und Bild, 9*(3/4), 40–44.

Ruprecht, H. (1959). *Die Phasenentwicklung der Schulfilmbewegung in Deutschland.* Phil. Diss. München.

Schilling, E. (1935). Die wirtschaftliche Bedeutung der Flachspflanze: Faser, Ölrohstoff und Futtermittel. In Reichsministerium für Ernährung, Landwirtschaft und Verbraucherschutz (Hrsg.), *Der Flachsbau. Seine wirtschaftliche Bedeutung, Anbau, Gewinnung und Verwertung* (S. 5–15). Berlin: Paul Parey.

Schmid, F. (1937). Geographische Unterrichtsfilme. *Film und Bild, 3*(3), 57–64.

Schmid, F. (1940). Über den Landschaftsfilm. *Film und Bild, 6*(10), 131–134.

Terveen, F. (Hrsg.). (1959). *Dokumente zur Geschichte der Schulfilmbewegung in Deutschland.* Emsdetten: Lechte.

Weckel, H. (1953). *Beiheft zum Unterrichtsfilm Der Halsbandregenpfeifer.* Berlin: Volk und Wissen.

Wehrmann, V. (Hrsg.). (1982). *Friedrich Copei 1902–1945. Dokumente seiner Forschungen aus Pädagogik, Schule und Landeskunde.* Detmold: Lippischer Heimatbund.

Wurm, A. (1937). Das Werden der Landschaft im Film. *Film und Bild, 3*(4), 103–105.

Zierold, K. (1935). Bedeutung und Grenzen des Films als Erziehungsmittel. *Film und Bild, 1*(1), 2–4.

Zierold, K. (1936). Gestaltungsprobleme des Unterrichtsfilms. *Film und Bild, 2*(4), 101–105.

Wegwerfen. Zum Wandel des Umgangs mit Dingen

Martina Heßler

Zusammenfassung: Der Begriff der „Wegwerfgesellschaft" bezeichnet die Dominanz einer historisch spezifischen gesellschaftlichen Haltung gegenüber Dingen. Diese ist gekennzeichnet vom Besitz unzähliger Dinge, ihrem Ge- und Verbrauchen, einer Achtlosigkeit im Dingumgang sowie der Bereitschaft, Dinge schnell zu ersetzen und auszutauschen. Der Beitrag zeigt auf, dass diese Haltung in einem langen historischen Prozess eingeübt werden musste, bevor sie zu einer selbstverständlichen gesellschaftlichen Praxis wurde. Der in der zweiten Hälfte des 20. Jahrhunderts dominierende Umgang mit Dingen wurde in der Interaktion mit den Dingen selbst sowie aufgrund ihrer Materialität einsozialisiert. Dinge erzogen die Menschen mit ihrer spezifischen Gemachtheit zum Wegwerfen. Der Beitrag widmet sich der Kritik an der Wegwerfmentalität sowie den Gegenbewegungen und skizziert den historischen Prozess der Vermehrung der Dinge, der Etablierung von Einwegartikeln sowie der billigen Massenfertigung in ihrer Bedeutung für den Dingumgang.

Schlüsselwörter: Dingumgang · Materialität der Dinge · Wegwerfen · Einwegartikel · Wegwerfgesellschaft

Throwing away. On the history of our attitude to things

Abstract: The term "throw-away society" refers to the dominance of a historically specific social attitude towards things. This attitude is characterised by possession of countless things, their use and consumption, a carelessness in handling things and a readiness to replace and exchange things rapidly. The article shows that this attitude needed to be practised in a long historical process before it became taken for granted as a social practice. This mode of handling things that was dominant in the second half of the 20th century was instilled in us in our interaction with the things themselves and through their materiality. Things, with their specific quality of being fabricated, reared us to throw them away. The article critiques the throw-away mentality and its countermovements and outlines the meaning of the historical process of the proliferation of things, the establishment of disposable products and cheap mass-production for our dealings with things.

Keywords: Handling of things · Materiality of things · Throw-away · Disposables · Throw-away society

© Springer Fachmedien Wiesbaden 2013

Prof. Dr. M. Heßler (✉)
Fakultät für Geistes- und Sozialwissenschaften, Neuere Sozial-, Wirtschafts- und Technikgeschichte,
Helmut-Schmidt-Universität, Holstenhofweg 85,
22043 Hamburg, Deutschland
E-Mail: mhessler@hsu-hh.de

1 Einleitung

Der tägliche Umgang mit Dingen ist etwas Selbstverständliches, meist Unbemerktes. Man kauft die Dinge, platziert sie, sammelt, stapelt die unendlich vielen Gegenstände in den für sie immer zu kleinen Wohnungen, nutzt sie, erfreut sich an ihnen, oder man entscheidet, dass ihre Zeit vorüber sei, verbannt sie in den Keller – und wirft sie schließlich wieder weg. Ihre Beseitigung geschieht häufig genauso gedankenlos wie ihr Kauf und ihre Nutzung. Durchschnittlich 10.000 Dinge besitzt jeder Mensch in Deutschland (von Weizsäcker 1995, S. 7). Diese Fülle der Dinge, der Besitz von unzähligen ungenutzten Objekten sowie die Bereitschaft, vieles wieder wegzuwerfen, ist ein spezifisches Kennzeichen westlicher Gesellschaften, das sich zunehmend globalisierte. Dieser Umgang mit Dingen musste allerdings historisch eingeübt werden, und zwar über eine lange Dauer, bis er zu einer solchen Selbstverständlichkeit werden konnte, wie es heute noch immer der Fall ist.

Im Folgenden gerät das Wegwerfen in den Blick, und zwar das Wegwerfen als kulturelle Praxis und als eine spezifische Form des Dingumgangs, wie sie seit der zweiten Hälfte des 20. Jahrhunderts westliche Gesellschaften prägt, aber bereits seit Ende des 19. Jahrhunderts, beispielsweise mit Einwegprodukten, eingeübt wurde. Wegwerfen als kulturelle Praxis meint nicht nur in einem engeren Sinne das gedankenlose Wegwerfen von Dingen auf den Müll. Vielmehr bezeichnet es eine Praxis des Besitzens einer großen Menge von Dingen, des achtlosen Ge- und Verbrauchens, des schnellen Austauschs oder der Entsorgung von Dingen, die noch funktionieren, die Orientierung am Neuen, am modischen Wechsel, der das Alte als überflüssig entwertet, mithin die flüchtige Nutzung von zumeist ohnehin kurzlebigen Dingen. Kurz: Es handelt sich um ein *historisch neues Verhältnis der Menschen zu den Dingen*.

Die Dinge selbst waren dabei Teil eines Sozialisationsprozesses, in dem dieses neue Verhältnis von Menschen zu Dingen eingeübt wurde, indem sie aufgrund ihrer Dinghaftigkeit und der Interaktionen mit ihnen zum Wegwerfen aufforderten. Mit den Dingen wurden, insbesondere in der zweiten Hälfte des 20. Jahrhunderts, spezifische Praktiken des Wegwerfens erlernt und zu einer gesellschaftlichen Selbstverständlichkeit. Dies verweist auf die Bedeutung von Dingen in Sozialisations- und Erziehungsprozessen. Wie Nohl schreibt, werden Menschen in die Verflechtungen von Menschen und Dingen einsozialisiert, indem sie an bestimmten Praktiken teilhaben und damit Orientierungen tradiert werden (Nohl 2011, S. 199). Dieser Prozess wird hier allerdings nicht auf der Ebene der Individuen oder, wie in der Sozialisationsforschung üblich, hinsichtlich der Persönlichkeitsentwicklung betrachtet. Vielmehr geht es um gesellschaftlich sich herausbildende Praktiken im Umgang mit Dingen, an deren Etablierung die Dinge selbst erheblichen Anteil hatten. Dinge wurden damit zu einer gesellschaftlichen Sozialisationsinstanz.

Dieses Verhältnis zu den Dingen gilt es, theoretisch wie empirisch zu beschreiben. Dazu sollen in einem ersten Schritt gesellschaftliche Reflexionen des Dingumgangs im 20. Jahrhundert betrachtet werden. Die ungeheure Fülle von Dingen sowie eine konstatierte Bindungslosigkeit den Dingen gegenüber wurden vor allem kritisch kommentiert, insbesondere von der Kultur- und der Konsumkritik, aber auch von der historischen Forschung. Diese kritisierten den sich etablierenden Dingumgang und beschrieben dabei die individuellen Praktiken als neues gesellschaftliches Phänomen. Mit einem Blick auf jüngere, insbesondere kulturwissenschaftliche und ethnologische Ansätze, die sich stattdessen mit spezifischen Formen der Bindung an Dinge beschäftigen, soll jedoch deutlich werden, dass der Dingumgang im 20. Jahrhundert ambivalenter beschrieben werden muss, indem diese beiden Perspektiven nicht als gegensätzliche, sondern als gleichzeitig zu beobachtende Phänomene zu betrachten sind. In einem zweiten Schritt wird in einem kursorischen Überblick die historische Vermehrung der Dinge skizziert, denn diese „Dinginflation" war Voraussetzung für einen neuen Umgang mit Dingen und ging langfristig mit einem Einüben des Wegwerfens einher. Vor allem die Nutzung von Einwegprodukten war Teil dieses Einübens. Anschließend wird daher der Blick in exemplarischer Weise auf Einwegartikel fokussiert, insbesondere auf solche aus Papier und Plastik, da diese zentrale Materialien der Wegwerfgesellschaft darstellen. Abschließend wird es, wiederum exemplarisch, um Gegenbewegungen gegen das erlernte Wegwerfen gehen, indem eine Alternativbewegung der 1970er Jahre betrachtet wird, die versuchte, gerade mit den Dingen, ihrer Materialität wiederum einen neuen, alternativen Umgang mit Dingen einzuüben.

2 Anmerkungen: Der Mensch und seine Dinge

Um den vorindustriellen Umgang mit Dingen zu beschreiben, sprach Susan Strasser in Anlehnung an Claude Lévi-Strauss von *bricolage*. Lévi-Strauss bezeichnete mit diesem Begriff eine Praxis, die, auf Hindernisse und Widerständigkeiten reagierend, das jeweils Vorhandene nutzt und zusammenfügt und dabei oft unvorhergesehene Ergebnisse hervorbringt. Bestehendes wird umgedeutet und in anderen Kontexten genutzt. In diesem Sinne, so Strasser, sei der Umgang mit Dingen in der vorindustriellen Zeit einer der bricolage gewesen: Dinge wurden verwendet, wie sie vorhanden waren, umgenutzt, geflickt, repariert, neu genutzt. Strasser schrieb: „Everyone was a bricoleur in the preindustrial household of the American colonies and later, on the frontier; saving and reusing scraps was a matter of course. Cloth, wood and food could only be obtained by arduous spinning, weaving, chopping, sawing, digging, and hoeing, by bartering with other products of strenuous work, or by spending scarce cash. Whether things were purchased at stores or crafted on farms and plantations, the value of the time, labor, and money expended on materials and their potential value as useful scraps were evident to the people who worked with them" (Strasser 1999, S. 22 f.). Sie betont damit nicht nur die bricolage im Umgang mit Dingen, sondern gleichermaßen eine Wertschätzung gegenüber den Dingen, die in ihrer Knappheit begründet lag, im mühsamen Herstellen und Erhalten sowie der Bewusstheit darüber. Diese Kultur sei mit der Industrialisierung verschwunden und einer Praxis der Verschwendung, der Flüchtigkeit und des Wegwerfens gewichen.

Im 20. Jahrhundert wurde ein solch neuartiger Umgang mit Dingen häufig im Sinne eines Verlustes, eines Verfalls beschrieben. Martin Heidegger unterschied zwischen „Zeug" und „Ding". Wegwerfen als eine neue kulturelle Praxis repräsentiert einen Umgang mit Dingen, der, mit Heidegger gesprochen, die Dinge zum „Zeug" macht, einen Umgang also, der sie gebraucht, verwendet, von ihrer „Zuhandenheit" ausgeht (Heidegger 2006, S. 66 f.). Dieses Gebrauchen geschieht ohne ein Nachdenken. Es ist ein verfügender und zugleich Besitz ergreifender, nutzender Umgang, der eine Achtlosigkeit in sich trägt und etwas zum Zeug macht: kaufen, nutzen, aussortieren, wegwerfen. Im Unterschied zum Zeug wird ein Ding, so Heidegger, nicht gebraucht. Der Umgang mit einem Ding sei ein anderer, zu ihm bestehe ein Verhältnis.

Insbesondere die Kulturkritik der 1950er und 1960er Jahre hat dann im Kontext der standardisierten Massenproduktion vielfach gegen eine neue Haltung gegenüber den Dingen polemisiert. Günther Anders beispielsweise geißelte die Produktion von Dingen für den Verbrauch; im Grunde würden sie produziert, um sogleich wieder vernichtet zu werden: „Das Wesen der Konsumwaren besteht darin, daß sie da sind, um nicht dazusein. Sie werden hergestellt, um im Gebrauch so rasch wie möglich verbraucht zu werden" (Anders 1988, S. 46). Dinge würden nicht mehr an „Altersschwäche zugrundegehen", sondern sie seien von Vornherein „hinfällig und vergänglich", ja sie würden an einer „höchst eigentümlichen Sterblichkeit kranken, an einer Sterblichkeit, deren Charakterisierung geradezu theologisch klingt: dass sie nämlich sterben sollen, dass sie bestimmt sind zur Vergänglichkeit" (ebd., S. 38). Es habe, so die Kritik von Anders, zuvor „niemals eine (Epoche) gegeben, in der nicht Produktschonung selbstverständlich gewesen wäre". Doch nun gelte Schonung „als antiquierte Tugend", denn die neue Tugend sei „die Schonungslosigkeit" (ebd., S. 42). Das habe zur Folge, dass es kaum mehr möglich sei, sich „rücksichtsvoll den Dingen gegenüber zu benehmen" (ebd., S. 40). Anders spricht vom „schonungslosesten Verbrauchen" (ebd., S. 44), ja, dramatisch zugespitzt, klagt er einen *„Appell zur Zerstörung"* an (ebd., S. 41).

Hans Freyer wiederum betonte vor allem eine Bindungslosigkeit und fehlende Vertrautheit mit den Dingen, die er in der standardisierten, entindividualisierten Massenproduktion begründet sah. Er konstatierte, dass „der Konsument von industriellen Massengütern" gar nicht in der Lage sei, „ein persönliches Verhältnis zu den Gegenständen seines täglichen Bedarfs herzustellen". Denn während insbesondere die Haushaltsgüter früher auf Lebenszeit angeschafft worden seien, würde ihre zeitliche Konsumdauer auf ein Minimum verkürzt. „So entfällt die Möglichkeit, daß sie durch Eingewöhnung oder gar im Generationengang die Eigenheit und Vertrautheit gewinnen könnten, die der alte Hausrat hatte. Sie sind nicht hausverbunden und werden es nie. Immer weniger von ihnen wird auf Lebenszeit angeschafft" (Freyer 1965, S. 244).

Diese Kritik ist den Argumenten der linken Konsumkritik der 1970er Jahre nicht unähnlich. Erich Fromm schrieb in *Haben oder Sein*: „Heute kauft man, um wegzuwerfen. Verbrauchen, nicht bewahren, lautet die Devise" (Fromm 1990, S. 75). Diese Kritik am Wegwerfen ging, wie auch die Kulturkritik, davon aus, dass sich mit dem Überfluss der Dinge und ihrer standardisierten Massenproduktion der Umgang mit ihnen fundamental verändert hätte, dass es zu einem respekt- und achtlosen Umgang, zu einer „Bindungslosigkeit" gegenüber Dingen gekommen sei. Gleichzeitig diagnostizierte die Konsumkritik der 1970er Jahre ein Besitzstreben, ein „Habenwollen". Bazon Brock hatte dies 1967 sarkastisch mit einem Ratschlag kommentiert: „Trainieren Sie die Gymnastik gegen das Habenwollen: Fangen Sie mit den Nettigkeiten an Ihren Wänden an, gehen Sie über zum Kleiderschrank, werfen Sie weg, üben Sie sich in den befreienden Formen der Wegwerfbewegung. […] Die penetrante Fixierung, die teilweise unser Leben noch kennzeichnet, machen dieses Training nötig" (zit. n. Hoffmann 1989, S. 108). Das Wegwerfen, das hier ironisch als Befreiung gefeiert wird, korrespondiert dem Besitzen und Habenwollen. Die von der Kulturkritik konstatierte neue Bindungslosigkeit gegenüber Dingen geht somit einher mit dem Besitzenwollen und der Hortung und Sammlung unzähliger Dinge, die gleichwohl in ihrer Masse wertlos sind. Bindungslosigkeit und eine besitzergreifende Bindung an Dinge bedingen sich demnach.

Im Feld der ethnologischen und kulturwissenschaftlichen Beschäftigung mit Dingen lässt sich entgegen dieser Sichtweisen in jüngerer Zeit ein auffälliges Interesse an einer anderen, spezifischen Form der *Bindung* an Dinge beobachten, nämlich am Fetischcharakter von Dingen. Karl-Heinz Kohl hatte sich „sakralen Objekten" gewidmet. Er ging von westafrikanischen Gesellschaften aus, zeigte aber am Beispiel moderner Museen auf, dass auch den säkularen westlichen Gesellschaften ein Objektkult nicht fremd sei. Grundsätzlich machte er deutlich, dass es nicht von den materiellen Eigenschaften eines Objekts abhänge, ob es zu einem sakralen Objekt werde, sondern „allein von den individuellen oder kollektiven Erfahrungen, mit denen es einmal verknüpft war" (Kohl 2003, S. 10). Hartmut Böhme betonte in seinem Buch *Fetischismus und Kultur*, gegen die vermeintliche Rationalität der Moderne argumentierend, dass es gerade in der Moderne der Fetischobjekte bedürfe (Böhme 2006). Bereits zu Beginn der 1990er Jahre hatte der Psychologe Mihaly Csikzentmihaly während einer Befragung amerikanischer Haushalte zu ihrem Verhältnis zu Kunst gewissermaßen unabsichtlich beobachtet, dass die Menschen eine starke Bindung zu bestimmten Gegenständen hatten, während sie zu den Kunstgegenständen in ihren Wohnungen kaum etwas zu sagen wussten. Nicht die Kunst, die in ihren Wohnungen und Häusern hing, bewegte die Menschen, so die Feststellung Csikzentmihalys, sondern „objects, (which) often lacked any discernible esthetic value, but they were charged with meanings" (Csikszentmihalyi 1995, S. 119). Daraufhin hatte Csikzentmihaly die Forschungsstrategie geändert und nach Objekten gefragt, die den Menschen besonders wichtig waren. Ergebnis war, dass die Menschen die aus Sicht der Interviewer wertlosesten, kitschigsten Dinge mit einem enormen Stolz und einer starken Bindung präsentierten. Die Bindung entstand jeweils aus persönlichen, biographischen Erfahrungen und Erinnerungen. Csikzentmihaly zeigte auf, wie die billigsten, austauschbaren Wegwerfdinge für den Einzelnen zu einem ganz individuellen, hochwertvollen Ding werden können (Habermas 1999).

Mit den persönlichen, individuellen Bindungen an Dinge geriet eine besondere Form des Verhältnisses zu Dingen in den Blick, die moderne Gesellschaften genauso kennzeichnet wie das Wegwerfen und der unachtsame Umgang mit Dingen. Gerade diese Gleichzeitigkeit des Besitzes einer Fülle von Dingen, einer Wegwerfmentalität *und* des Hervorhebens einzelner, individueller, mit Bedeutung aufgeladener Objekte scheint das Spezifikum einer Gesellschaft zu sein, die im Überfluss der Dinge lebt. Die (Kultur)Kritik fokussierte dagegen ausschließlich auf den respektlosen Umgang mit Dingen, betonte, dass standardisierte, massenproduzierte, austauschbare Dinge zu „Zeug" gemacht würden und die Menschen einen prinzipiell achtlosen, verfügenden, gebrauchenden Umgang mit Dingen habitualisiert hätten. Dagegen wurde zu wenig beachtet, wie gleichzeitig einzelnes Zeug aufgrund seiner Bedeutung für die persönliche Biographie zum gehegten, wertgeschätzten Ding erhoben werden kann, völlig ungeachtet seines materiellen Wertes. Aus der Masse der Wegwerf-Zeuge werden einzelne zu wichtigen Dingen mit Fetischcharakter. Günther Anders hatte dies nebenbei bemerkt und es als ein Paradoxon bezeichnet, dass Austauschbares, Standardisiertes zu etwas Individuellem und Unersetzlichen würde: „Sehr im Unterschied zu Benjamin machen wir ja auch die Serienprodukte, obwohl diese im Augenblicke des Erwerbs unauratisch gewesen sind, nachträglich auratisch [...]. Sentimentalität dringt in unsere Beziehung zu Massenwaren. [...] Auch die Fabrikprodukte behandeln wir als ‚diese Stücke', als ‚unsere Stücke', als ‚unersetzliche Stücke', statt (wie es sich in der heutigen Situation gehörte) als ‚solche' Stücke, als eigentümerlose Stücke, als ersetzbare Stücke" (Anders 1988, S. 44).

Die Bindung an Dinge in einer Wegwerfgesellschaft ist daher eine doppelte: die individuelle, auf persönlichen Erfahrungen und Erlebnissen beruhende einerseits, sowie die Bindung im Sinne des Besitzstrebens, des Habenwollens andererseits. Gleichzeitig lassen sich eine Bindungslosigkeit und eine Wegwerfhaltung beobachten. Diese Ambivalenz der gleichzeitigen (doppelten) Bindung sowie einer Bindungslosigkeit gegenüber Dingen hat eine wesentliche Voraussetzung in der standardisierten Massenproduktion, die die Menge der Dinge, über die der Einzelne verfügen kann, immens steigerte und sie austauschbar machte. Die Vermehrung der Dinge war allerdings ein Jahrhunderte dauernder Prozess.

3 „Dinginflationen"

Für jedes Jahrhundert seit Beginn der Neuzeit diagnostizieren Historiker die Zunahme von Dingen. Bereits für das 15. und 16. Jahrhundert sei aufgrund des Handels mit außereuropäischen Ländern und der Diversifizierung der Handwerke die Zahl der Dinge in den Städten gestiegen und ein neues Konsumdenken zu beobachten. John Hale beschrieb für das beginnende 16. Jahrhundert dieses „neue Konsumdenken" und einen neuen Reichtum, „neue(s) Geld, welches die Beutel jener bereits Reichen oder der künftigen Reichen füllte und wieder verließ". Man war auf „angenehme Überflüssigkeiten aus, die den gesellschaftlichen Status ihrer Käufer deutlich herausstellten", so Hale. Dementsprechend stieg in den Niederlanden, in Großbritannien und in Frankreich die Nachfrage nach Konsumgütern, nach Silberzeug, Keramik, Glas, Teppichen, Tüchern und Nippes (Hale 1994, S. 210). Simon Schama sprach für die Niederlande des 16. und 17. Jahrhundert von „Überfluss und Unbehagen" (Schama 1988, Kap. 5). Damit beschrieb er eine Ambivalenz, nämlich die Freude an einem neuen Reichtum und an der einsetzenden Vermehrung der Dinge einerseits sowie einem gleichzeitigem Unbehagen daran andererseits. Insbesondere aus religiöser Sicht wurde die Verführungskraft des Reichtums beklagt. Die Verdammung der Genusssucht ging gleichwohl einher mit einer Freude am Überfluss, der üppigen Ausstattung der Häuser und der „pomphaften Zurschaustellung" des Reichtums (Schama 1988, S. 320).

Die konsumhistorische Forschung hat weiter aufgezeigt, dass zwischen dem frühen 17. und dem späten 18. Jahrhundert „der Besitz kommerziell vertriebener Manufakturwaren außerordentlich zugenommen hat", und zwar sowohl bei „niederländische(n) Kleinbauern, nordamerikanischen Farmer(n), (der) englische(n) Mittelklasse oder Pariser(n) aller Schichten" (Brewer 1997, S. 62). Vorhänge, Kunstdrucke, Teppiche, Porzellan, Stoffe, Schirme, modische Kleider usw. waren in den Haushalten zu finden. Auch in den ärmeren Haushalten gab es Bilder an den Wänden (Brewer 1997, S. 62). Auch im 18. Jahrhundert wurde besorgt über die Gefahren des Reichtums diskutiert, „die Fragen nämlich, wie man den rechten Gebrauch von diesen Gütern machen sollte, wozu der Reichtum gut war und wie man verhindern konnte, dass Besitz die Menschen verdarb"

(Sennett 2008, S. 115). Gleichwohl überwogen die positiven Bewertungen von Reichtum und Besitz. So wurde seit dem ausgehenden 18. Jahrhundert der Begriff des Glücks an Wohlstand und Besitz von Gütern gebunden. Während „Glückseligkeit" noch zu Beginn des 18. Jahrhunderts im christlichen Sinne die „göttliche Vorsehung" und auf das Jenseits bezogen war, meinte der Begriff seit etwa Mitte des 18. Jahrhunderts diesseitigen, materiellen Wohlstand (Meyer 1999). Damit begann eine positive Wertung von Besitz an materiellen Dingen, die deren Vermehrung legitimierte, obgleich sie auch immer ihre Kritiker fand.

Für das 19. Jahrhundert sprach Hartmut Böhme von der „hybriden Wucherung von Dingen" (Böhme 2006, S. 18). Gegenüber dem 18. Jahrhundert stieg die Zahl der Dinge in den Haushalten erneut. Vielfach wurde gerade um die Zeit um 1900 die Fülle des „Tands" und Kitsches und vor allem die maschinelle Produktion von Dingen kritisiert (König 2000, S. 444). Thorstein Veblen hatte um 1900 das Konsumverhalten der amerikanischen Oberschicht analysiert und mit dem Begriff des „demonstrativen Konsums" und Vokabeln wie Geltungskonsum, Schmarotzertum, demonstrativer Müßiggang heftig angeprangert. Hier wurde, so Veblen, eine Kultur der Verschwendung zu Zwecken des Prestiges und der Geltung demonstrativ gelebt (Veblen 1993).

Ein entscheidender Schritt war jedoch zweifellos die Verbreitung einer standardisierten Massenproduktion im 20. Jahrhundert und ein damit einhergehender schichtenübergreifender neuer Umgang mit Dingen. Hatte Veblen noch die Verschwendungssucht einer Oberschicht angegriffen, so ermöglichte in der zweiten Hälfte des 20. Jahrhunderts die Massenproduktion auch anderen Bevölkerungsgruppen den Kauf einer Fülle neuer Dinge. In den vergangenen 150 Jahren, so eine Schätzung, habe sich „die industrielle Güterproduktion auf der Welt ebenso wie das Realeinkommen in den entwickelten Industriestaaten vervierzehnfacht" (König 2000, S. 7). Mit dem Fordismus hatte sich eine enge Verbindung aus Massenproduktion, Massenkonsum und Wirtschaftswachstum etabliert. Diese Konstellation bildete die Basis für einen Massenwohlstand, der sich selbst tragen sollte. Dazu musste allerdings viel gekauft, ge- und verbraucht – und weggeworfen werden. Kaufen und Wegwerfen wurden zu bedeutenden ökonomischen Faktoren in einem auf Verbrauch angelegten Wirtschaftssystem, der Besitz von Dingen zum Ausweis des Erfolgs und des Wohlstands.

Diese neue Haltung des Kaufens und schnellen Verbrauchens musste allerdings eingeübt werden. Es handelte sich dabei um einen historisch langsam sich vollziehenden Sozialisationsprozess hinsichtlich des Dingumgangs, an dem die Dinge selbst, ihr Gemachtsein im Kontext der Massenfertigung, ihre Billigkeit und schnelle Verschlissenheit wesentlichen Anteil hatten. Auch wenn sich die Menge der Dinge bereits seit Jahrhunderten zunehmend steigerte, so war es Mitte des 20. Jahrhunderts in Europa keine Selbstverständlichkeit, kurzlebige Dinge zu kaufen, sie auszutauschen und häufig zu ersetzen. Zeitgenossen kritisierten denn auch, dies sei eine Mentalität, die aus Amerika komme und den Europäern fremd sei.

Eine Umfrage in der Bundesrepublik aus dem Jahr 1957 hatte untersucht, ob die Menschen, wenn sie Einrichtungsgegenstände kaufen, „lieber etwas Teures und von besserer Qualität (kaufen) mit der Absicht, es so lange wie möglich zu benutzen, oder kaufen Sie dann lieber billiger, um sich, wenn das Alte unmodern geworden ist, wieder etwas Neues anzuschaffen?" Zu diesem Zeitpunkt sagten 90% der Befragten, dass sie dem qualitativ Besseren den Vorzug geben würden und es zudem möglichst lange nutzen wollten (Andersen 1997, S. 256 f.). Die Zeiten der Knappheit, intensiv erlebt in zwei Weltkriegen sowie der Weltwirtschaftskrise, hatten ihre Spuren im Umgang mit Dingen hinterlassen. Erst gegen Ende der 1950er Jahre gaben die Bundesbürger das Ethos der Enthaltsamkeit langsam auf (Andersen 1997, S. 256 f.). Der Kauf kurzlebiger Dinge, ihr schnelles Entsorgen, das Wegwerfen wurden in der zweiten Hälfte des 20. Jahrhunderts zur Selbstverständlichkeit.

4 Einwegartikel: Extremform des Dingumgangs

In zugespitzter Form wurde das Wegwerfen in der Nutzung von Einwegartikeln eingeübt. Günther Anders sprach treffend von einer „instant consumption" (Anders 1988, S. 56). Susan Strasser kennzeichnete die Wegwerfkultur in Anlehnung an den französischen Konsumkritiker Gilles Lipovetsky als ein „empire of the ephemeral". Sie betonte, dass gerade die Einwegartikel „represent the most extreme form of a relationship to objects that was new at the beginning of the twentieth century" (Stasser 1999, S. 187).

Einwegartikel sind heute weit verbreitet. Allein 15 Mio. Einwegkugelschreiber der Firma BIC, Spezialist für Einwegprodukte und von dieser in den 1950er Jahren auf den Markt gebracht, werden heute täglich verkauft (König 2000, S. 421). Einwegkugelschreiber, -rasierer oder -becher für den „Coffee to go" sind Bestandteil der Alltagskultur; sie gehören zu den täglich unbemerkt benutzten Einwegartikeln, die den Habitus der Wegwerfgesellschaft verkörpern. Stets kommen neue Einwegartikel hinzu wie das Wegwerf-Mobiltelefon, Fotoapparate oder Grills. Einweg-Handys werden in den USA seit 2002 von der Firma mit dem sprechenden Namen „Hop-On" verkauft, und seit 2007 in Frankreich, wiederum von der Firma BIC, gemeinsam mit dem Telekommunikationsunternehmen Orange. Sie dienen dem kurzfristigen Gebrauch, beispielsweise als Notfall-Handy, wenn man nur kurze Zeit in einem Land ist oder anonym telefonieren möchte, ohne Registrierung. Genau wie die Einwegkameras, die seit Anfang der 1990er Jahre erhältlich sind, sind sie dafür gemacht, nach ausgesprochen kurzer Nutzungsdauer weggeworfen zu werden. Der Einweg-Grill, bereits für zwei Euro zu erwerben, ist für die einmalige Nutzung gedacht und biete daher, so die Beratung auf einer Heimwerker-Homepage, den Vorteil der spontanen Nutzung, wenn man unterwegs sei.[1]

Diese Einwegprodukte signalisieren ihre Kurzlebigkeit bereits in ihrer Dinghaftigkeit: Die Kameras sind aus Plastik, bunt, haben eine billige Anmutung; die Wegwerf-Mobiltelefone werden gleichfalls in ausgesprochen kräftigen, saisonalen Modefarben gehalten und sind aus billigem Material. Der Umgang mit Dingen wird von deren spezifischer Dinghaftigkeit selbst geprägt: „Mit der Gestaltung der Dinge werden unsere Objektbezüge, Verhaltensformen und unser Selbstbild mitgestaltet" (Steffen 1995, S. 10). Die Form, vor allem das Material, die Farbigkeit, ihre Haptik vermitteln, insbesondere bei Einwegartikel oder bei billigen Artikeln, deren Kurzlebigkeit; sie signalisieren, dass sie austauschbar sind, ersetzt, als Zeug verwendet werden können. Ihre Kurzlebigkeit ist ihnen eingeschrieben. Die Dinge legen einen bestimmten Umgang mit ihnen nahe, mit dem eine Haltung eingeübt wird, die sich wiederum auf den Umgang mit ihnen auswirkt. Stärker als die Wirkkraft des Dinglichen selbst hat die Forschung in den letzten Dekaden die Bedeutung individueller sowie kultureller Zuschreibungen zu Dingen betont.[2] Denn Dinge befinden sich in einem Geflecht von kulturellen Vorstellungen und Wertsystemen, deren Teil sie sind und die den Umgang mit ihm wesentlich bestimmen, indem sie diesen legitimieren, sanktionieren, fördern oder hemmen. Gerade der Blick auf die Einwegartikel macht deutlich, dass das Wegwerfen von Dingen von Vorstellungen notwendiger Hygiene, angenehmer Bequemlichkeit sowie neuen Mobilitätspraktiken geprägt war. Aber nicht zuletzt ihre Materialität, die ihnen eingeschriebene Aufforderung zum Wegwerfen, machte sie zu Ikonen eines modernen Lebensstils. Daher gilt es, nicht einen Gegensatz von Materialität des Dings und seinen kulturellen Zuschreibungen zu denken, denn die Dinge sind gleichzeitig Teil und Ausdruck kultureller Deutungen und Materialitäten mit Aufforderungscharakter.[3] So sind Wegwerfdinge Teil eines Lebensstils, der durch Wohlstand und Verschwendung gekennzeichnet war. In der Logik dieses Lebensstils, der sich der „Grenzen des Wachstums" noch nicht bewusst war oder sie ignorierte, war die kurzfristige Verwendung von Dingen, ihre spezifische Gestaltung und Dinglichkeit nur konsequent: Gerade Einwegdinge waren Dinge, die die Aufforderung zum schnellen Wegwerfen transportieren und gerade deshalb waren sie positive Ikonen eines modernen Lebensstils.

Die ersten Einwegprodukte finden sich bereits im letzten Drittel des 19. Jahrhunderts. Sie waren aus Papier. Mit der Industrialisierung und Maschinisierung der Papierindustrie im 19. Jahrhundert war die Papierproduktion enorm gestiegen. Seit den 1860er Jahren sank in den USA der Papierpreis erheblich (Strasser 1999, S. 175). Die Papierindustrie suchte nach neuen Absatzmärkten: „It was now not so much a matter of inquiry of what paper could be made, as of what could be made of it" (Joe Munsell 1876, zitiert nach Strasser 1999, S. 175). Seit Mitte des 19. Jahrhunderts fand Toilettenpapier Verbreitung, seit 1870 auch Pappbecher und Papierhandtücher. Weiter kamen Damenbinden und Papiertaschentücher auf den Markt. Wesentlich war, dass die Hygienebewegung dieser Zeit die Nutzung der Wegwerfartikel stark forcierte, indem sie deren hygienischen Nutzen unterstrich. Das Konzept der Keime und Bakterien, die, wie stark betont wurde, als unsichtbare Gefahr lauerten, förderte die Nutzung von Artikeln, die nach dem Gebrauch weggeworfen werden konnten und damit keine Gefahr der Übertragung von Keimen mit sich brachten. Damenbinden aus Papier wurden verbrannt, Papierbecher, die im öffentlichen Raum genutzt wurden, sogleich zum Müll gegeben. Sie ersetzten die von vielen Menschen gemeinsam genutzten Blechbecher (König 2000, S. 420). Ein Artikel in der Zeitschrift *Kunst und Gewerbe* aus dem Jahr 1874 nannte Papiergeschirr „Gesundheits-Geschirr".[4] Hinsichtlich der Papiertaschentücher lautete die strenge hygienische Ermahnung, ein Papiertaschentuch nie mehr als einmal zu verwenden und sofort wegzuwerfen. Sie galten den Stofftaschentüchern, die zur Wäsche gegeben werden mussten, als weit überlegen.

Die Einwegprodukte aus Papier waren damit nicht nur hygienischer, sondern ihre Nutzung zugleich komfortabler. Sie vereinfachten das Leben. Wegwerfen war ein Handgriff, vielleicht ein weiterer, um den Müll zu entsorgen, statt den anstrengenden Waschprozess zu erledigen. Man sparte Arbeit und Zeit. Mit ihren hygienischen Vorteilen, mit der Arbeits- und Zeitersparnis wurden Einwegprodukte zum Inbegriff von Modernität. Eingeübt wurde damit ein neuer Umgang mit Dingen, der einherging mit einem neuen Lebensstil und einer neuen Konsumkultur. Die Interaktion mit den Dingen selbst, die aufgrund ihrer Materialität ihre Nutzer geradezu zum Wegwerfen erzogen, war wesentlicher Teil eines Sozialisationsprozesses, der, begleitet von neuen, sich etablierenden Wertvorstellungen, das Verhalten der Einzelnen prägte und gesellschaftlich nicht nur legitimierte, sondern zum anerkannten Verhalten machte. Dazu gehörte auch ganz wesentlich die Mobilität. Denn die Nutzung dieser frühen Einwegprodukte geschah in der Regel zuerst außer Haus, während die Menschen unterwegs waren. Sie garantierten Bequemlichkeit und Hygiene: der Trinkbecher, die Papiertücher, die Damenbinde.

Die Dinge lieferten dabei aufgrund ihrer Materialität, des nicht haltbaren Papiers und der Möglichkeit, sie tatsächlich nur einmal nutzen zu können, die Anweisung zum Wegwerfen mit und die Nutzer übten damit das Wegwerfen als positiv konnotierte kulturelle Praxis, die einer modernen Lebensform entsprach. Gleichwohl war es ihnen anfangs nicht selbstverständlich. Viele bevorzugten beispielsweise noch lange ihren persönlichen Trinkbecher, den sie mit sich führten, wenn sie unterwegs waren (Srasser 1999, S. 177). Die Nutzung von Toilettenpapier leuchtete vielen nicht ein, zumal altes Zeitungspapier ohnehin zur Verfügung stand (Panati 1999, S. 268 ff.).

Um 1900 nahm die Zahl der Einwegartikel zu. Die Rasierklinge kam auf den Markt und ersetzte im Laufe der Zeit das Rasiermesser, das aufwendiger Pflege bedurfte, bzw. den Gang zum Barbier. Die Firma Gilette verkaufte bereits 1917 mehr als 120 Mio. Klingen (König 2000, S. 420). Einwegrasierer aus Plastik waren seit 1976 erhältlich. Kugelschreiber mit Wegwerfmine waren gleichfalls um die Jahrhundertwende verfügbar und erleichterten den Schreibprozess mit ihrer steten Schreibbereitschaft, die sich vom Schreiben mit Tinte abhob und wiederum einen bequemeren Umgang mit Dingen ermöglichte und diese „zuhanden", verfügbar und ohne Pflege und Vorbereitung unmittelbar nutzbar machte.

Historisch ganz zentral für die Verbreitung einer Wegwerfhaltung, und zugleich für eine neue Generation von Einwegproduktion, war Plastik. So wie mit der massenhaften Nutzung von Papier die Verbreitung von Einwegprodukten einherging, so war Plastik ein neues Material, das der Wegwerfmentalität in der zweiten Hälfte des 20. Jahrhundert einen weiteren Schub verlieh. Die Kultur der Flüchtigkeit erhielt neues Material. Wie Jeffrey Meikle schrieb, war Plastik „cheap, cheerfull-looking, easy to clean, easy to discard, when one tired it of" (Meikle 1995, S. 185). Kunststoff galt als das Material der Wohlstandsgesellschaft. Seine Form- und Gestaltbarkeit begeisterte. Er „etablierte Wegwerfen", wie Ot Hoffmann schrieb, denn „was aus ihm gemacht ist, kann man in der Regel nicht reparieren, eine Zweitverwendung ist meist ausgeschlossen" (Hoffmann 1989, S. 15). Entsprechend wurden die neuen Kunststoffprodukte konzipiert und gestaltet. Plastik war mit Visionen des schnellen, modischen Gebrauchs verbunden: modische Möbel, gar aufblasbare Möbel, die, das war der Clou, auch schnell wieder weggeworfen werden konnten (Meikle 1995, S. 228). In den 1970er Jahren war von einer „Plastik-Haltung" die Rede. Ganz im Sinne der Kultur- und Konsumkritik wurde gerade im Kontext von Plastik ein flüchtiger Dingumgang vielfach kritisiert. Man trenne sich allzu leicht von den Dingen und bekomme kein näheres Verhältnis zu ihnen (Pöggler 1981, S. 100).

Solche Ideen und Visionen im Kontext der Entwicklung und Nutzung von Einwegartikeln hatten insbesondere in den 1950er und 1960er Jahren eine Hochphase. Die Vorstellungen zeigen eine Grenzenlosigkeit des Glaubens an Wachstum, Produktion und positiv konnotierter Verschwendung, die gewissermaßen im Wettstreit zur kultur- und konsumkritischen Perspektive stand, die genau dies anprangerte. Doch in den 1950er und 1960er Jahren dominierte eine positive Einstellung gegenüber der Möglichkeit eines grenzenlosen Konsums, die die Visionen dieser Zeit nur auf die Spitze trieben. Diese priesen Bequemlichkeit und Arbeitsersparnis durch Einmalnutzung und Wegwerfen als positive Errungenschaften einer Wohlstandswelt. Dies trieb zuweilen absurde Blüten, so etwa die Idee, verschmutzte Kleidung aus Synthetik wegzuwerfen, anstatt Kleidung zu waschen und zu bügeln, da dies preiswerter sei. Oder die Idee, Plastikteller nach jeder Mahlzeit zu entsorgen. Geplant waren gar elektrische Lebensmittelpackungen mit eigenem Stecker und einmaligem Gebrauch. Denn „Mrs. Consumer" erwarte Mahlzeiten, „die man rasch in den Backofen schieben, erhitzen und in der Pfanne auf dem Tisch bringen kann. Die Pfanne wirft man dann nach dem Essen in den Mülleimer" (Packard 1961, S. 61).

Hans Freyer hatte diese abfallproduzierende Haltung kritisiert: „Industriewaren, zumal Kunststoffe, sterben einen [...] natürlichen Tod nicht, und die Abfälle, die von ihnen bleiben, tun es auch nicht. Sie scheiden zwar aus dem Gebrauch aus, meist sogar recht kurzfristig, aber sie dauern fort, verrottend, doch unausrottbar, als Abraum, der nicht zu Humus wird, als Schaum, der nicht vergeht, auch wenn es darauf regnet, sozusagen absoluter Abfall" (Freyer 1965, S. 236 f.).

Die zuletzt genannten Beispiele machen bereits deutlich, dass die Visionen und Konzepte überschießender waren als die Realität der Konsumgesellschaft. Ein genauerer historischer Blick auf das Verhalten der Nutzer seit den 1950er Jahren wäre notwendig. Offensichtlich ist jedoch, dass die extremste Form im Umgang mit Dingen, wie sie die Nutzung von Einwegprodukten darstellt, nicht zu einem massenhaften Habitus der Konsumgesellschaft wurde. Gleichwohl veränderten sich der Besitz und der Umgang mit Dingen im Kontext einer standardisierten, billigen Massenproduktion, in der Dinge preiswert und Reparaturen zu teuer oder aufgrund der Konstruktion der Dinge unmöglich wurden. Wie Strasser zusammenfasste: „More and more things were made and sold with an understanding that they would soon be worthless or obsolete" (Srasser 1999, S. 187).

5 Gegenbewegung: Dinge als Kritik am Wegwerfen

Zur Wegwerfgesellschaft gehört allerdings, wie eingangs bereits gezeigt, gleichermaßen die Kritik an ihr, die Gegenbewegungen und Alternativkulturen. Die Kritik am Wegwerfen ist dabei zwangsläufig eine Kritik an dem sie begleitenden Lebensstil und dessen Dingen oder wie im Falle der Kulturkritik insbesondere an der Haltung gegenüber Dingen. Die billige, standardisierte Massenproduktion ging bereits seit dem 19. Jahrhundert mit Kritik und der Mythisierung des Handwerks einher, so in der Arts und Craft-Bewegung und im Werkbundstreit. Nicht zuletzt wurde das Wegwerfen zum erklärten Feindbild der Konsumkritik der 1970er Jahre und der heutigen Umweltbewegung. In den 1970er Jahren wurde der Begriff *Wegwerfgesellschaft* zu einem gängigen und häufig verwendeten Begriff, der 1980 Eingang in den Duden fand.[5] Er wurde zu einem Synonym für Kritik an einer Konsumkultur, die durch Verschwenden, Kurzlebigkeit und Austauschbarkeit sowie die sorglose Entledigung von Dingen charakterisiert sei. Leitbilder der Konsumkritik waren dagegen Recyceln und die Langlebigkeit von Dingen. Das Recyceln von Dingen unterlag, wie Reinhold Reith gezeigt hat, Konjunkturen und war insbesondere in Krisenzeiten selbstverständlich und hatte den Umgang mit Dingen bestimmt (Reith 2001). Seit den 1970er Jahren ist es im Kontext der Diskussion um knappe Ressourcen und Umweltverschmutzung erneut Thema und Teil einer Gegenbewegung gegen einen achtlosen Umgang mit Dingen. In diesem Sinne wurde auch Plastik seit den 1970er Jahren die negative Ikone der verschwenderischen Konsum- und Wegwerfgesellschaft. Insbesondere die Plastiktüte verkörpert bis heute eine inzwischen häufig kritisierte Wegwerfhaltung. Sie kam Anfang der 1960er Jahre auf den Markt und löste im Laufe der Zeit die Papiertüte ab, die bereits seit Mitte des 19. Jahrhunderts genutzt worden war. Letztlich handelte es sich um die Fortsetzung einer bereits eingeübten Praxis des Wegwerfens, die nun aber scharf in die Kritik geriet. „Jute statt Plastik" lautete ein Slogan der Alternativbewegung der 1970er Jahre, die die Plastiktüte im Visier hatte. Die Grünen-Mitgründerin Petra Kelly wollte die „plastische Wegwerfgesellschaft" in die Knie zwingen (Westermann 2007, S. 310).

Abschließend soll exemplarisch ein Blick auf eine Gegenbewegung zur Wegwerf- und Plastikgesellschaft gerichtet werden, die die Dinge selbst in den Mittelpunkt stellte, um über die Form, Gestalt und das Material der Dinge einen anderen Umgang mit diesen Dingen zu etablieren: das Recycling-Design der 1970er Jahre.[6] Recycling-Design war eine Antwort von politisch engagierten Designern auf den Bericht des Club of Rome *Die Grenzen des Wachstums* aus dem Jahr 1972. Dieser Bericht ließ innerhalb des Designs Forderungen nach einer neuen Produktkultur laut werden. Designer setzten dabei an den Dingen selbst an. Das Konzept war es, die Dinge selbst zu verändern, ihre Eigenschaften, ihre Gestalt, ihre Materialität und ihrer Herstellung. Dabei sollten die Artefakte eine andere Haltung, nämlich eine konsumkritische, repräsentieren und fördern. Den Dingen wurde ein Aufforderungscharakter eingeschrieben, sie waren Teil einer Erziehung zu einem neuen Umgang mit ihnen.

In den 1970er Jahren formierte sich eine Gruppe mit dem Namen *Des-In*, um in diesem Sinne eine alternative Produktkultur zu entwickeln. Kritisiert wurde die „Verschwendungswirtschaft" und Wegwerfmentalität: „Wir haben festgestellt, dass die heutige westliche Zivilisation dazu neigt, ihre Produkte so herzustellen, dass sie nach möglichst kurzer Zeit durch gleichwertige ersetzt werden müssen. Die Gegenstände sind schnell aus der Mode, nicht reparaturfreundlich, schwer individuell veränderbar, in der Herstellungsweise nicht nachvollziehbar etc. und werden weggeworfen. In Anbetracht der begrenzten Rohstoffvorräte wird dies in absehbarer Zeit zu deren Erschöpfung führen" (Müller 1977, Anhang, unnummeriert).

Ziel war es, gegen diese Tendenz aus (Industrie-)Abfällen schöne Dinge zu machen. Das bekannteste Objekt, das in diesem Kontext entwickelt wurde, war das Reifensofa, ein Sofa, das aus alten Autoreifen und Jute gefertigt wurde. Teekisten-Möbel oder ein Schrank oder Lampen aus Offsetplatten vom Schrottplatz waren weitere Versuche, eine neue Dingkultur zu etablieren. Sie setzte sich von einer Wegwerfkultur ab und machte dies mit den Dingen selbst sichtbar, indem sie das wieder verwendete Material, die simplen Formen und eine Ästhetik des Gebrauchten und Einfachen plakativ ausstellten. Die Produkte selbst verkörperten in ihrer Dinglichkeit des Gebrauchten, in ihrer Rohheit, ihrem zum Großteil handwerklich Hergestelltsein, ihrem Material einen demonstrativ *gezeigten* Alternativentwurf zu massenproduzierten Wegwerfartikeln. Die Produkte sollten Rohstoff sparend sein und dies in ihrer Materialität, ihrer Haptik, Form und ihrer

Ästhetik vermitteln und damit eine Kritik am Wegwerfen formulieren. Damit *verdinglichte* man eine fundamentale Kritik an der Wegwerfgesellschaft.

Was heute als politisches und plakatives Statement oder eine künstlerische Intervention erscheinen mag, war gleichwohl eine ernsthafte und engagierte Auseinandersetzung mit der Material und Ressourcen verschwenden materiellen Kultur. Es ging um den Entwurf einer neuen Lebensweise, eine alternative Lebensform, die sich von der Mentalität des Wegwerfens, von der Kurzlebigkeit der Produkte, dem Folgen modischer Trends absetzte und gerade gegen die Kunststoffkultur der 1970er Jahre opponierte, deren Dominanz sie jedoch nicht brechen konnte, genauso wenig wie die der Wegwerfkultur.

Die Wegwerfgesellschaft war ein gemeinsames Projekt verschiedenster Akteure, wie Produzenten, Werbefachleuten, aber auch beispielsweise der Hygiene- oder Effizienzbewegung, sowie den Nutzern, die in einer modernen Wohlstandsgesellschaft eine neue Konsumkultur und damit einen neuen Umgang mit Dingen einübten, der gleichwohl als ambivalent beschrieben werden kann: Die Fülle der Dinge, ihre massenhafte Verfügbarkeit, ihre spezifische Dinghaftigkeit des Ephemeren forderten einen sorglosen, verfügenden, kurzfristigen Umgang geradezu heraus. Gleichzeitig ist der Besitz von Dingen eine so eingeübte Haltung moderner Menschen, dass sie in die Nöte der Überfüllung ihrer Wohnungen und Häuser geraten, in denen schließlich einzelne, privilegierte Dinge ihren modernen „Zeug-Status" verlassen haben und als Teil der persönlichen Biographie einen anderen, der Wegwerfkultur entgegengesetzten Dingumgang repräsentieren.

Anmerkungen

1   http://www.heimwerker.de/heimwerker/heimwerker-beratung/grillen-grill-gartengrill/grillgeraete/holzkohlegrill-kohlengrill/einweggrill-wegwerfgrill.html.
2   Vgl. dazu z. B. Thompson (2003) sowie vor allem die insbesondere auf Symbolsysteme fokussierte material culture-Forschung, die Dinge als Text las.
3   Vgl. Daston 2004 sowie die Arbeiten von Bruno Latour, z. B. Latour 1995.
4   Vgl. Kunst und Gewerbe 33/1874.
5   Insbesondere in den 1970er und 19880er Jahren ging die Verwendung des Begriffs „Wegwerfgesellschaft" über die Bezeichnung eines neuen Ding-Verhältnisses hinaus, indem er häufig zur Bestimmung einer achtlosen, respektlosen Haltung gegenüber Menschen, Dingen und Natur genutzt wurde. Die Rede war auch von Menschen, von Alten, von Ressourcen, die weggeworfen wurden, zuweilen sogar davon, dass beispielsweise mit der Möglichkeit der atomaren Selbstvernichtung ein „Sich-Selbst-Wegwerfen" der Welt stattfinde. Der Begriff des Wegwerfens wurde gewissermaßen zu einem universell nutzbaren Vorwurf.
6   Vgl. Ausführlich Heßler 2009.

Literatur

Anders, G. (1988 [1980]). *Die Antiquiertheit des Menschen. Bd. 2. Über die Zerstörung des Lebens im Zeitalter der dritten industriellen Revolution.* München.

Andersen, A. (1997). *Der Traum vom guten Leben. Alltags- und Konsumgeschichte vom Wirtschaftswunder bis heute*. Frankfurt a. M.

Böhme, H. (2006). *Fetischismus und Kultur. Eine andere Theorie der Moderne*. Reinbek.

Brewer, J. (1997). Was können wir aus der Geschichte der frühen Neuzeit für die moderne Konsumgeschichte lernen? In H. Siegrist, H. Kaelble, & J. Kocka (Hrsg.), *Europäische Konsumgeschichte. Zur Gesellschafts- und Kulturgeschichte des Konsums (18. bis 20. Jahrhundert)* (S. 51–74). Frankfurt a. M.

Csikszentmihalyi, M. (1995 [1991]). Design and order in everyday life. In V. Margolin, & R. Buchanan (Hrsg.), *The idea of design. A design issue* (S. 118–126). Cambridge, Mass: The MIT Press

Daston, L. (Hrsg.). (2004). *Things that talk. Object lessons from art and science*. New York.

Freyer, H. (1965). *Schwelle der Zeiten. Beiträge zur Soziologie der Kultur*. Stuttgart.

Fromm, E. (1990 [1976]). *Haben oder Sein. Die seelischen Grundlagen einer neuen Gesellschaft*. München.

Habermas, T. (1999). *Geliebte Objekte. Symbole und Instrumente der Identitätsbildung*. Frankfurt a. M.

Hale, J. R. (1994). *Die Kultur der Renaissance in Europa*. München.

Heidegger, M. (2006 [1926]). *Sein und Zeit*. Tübingen.

Heßler, M. (2009). Ver „dinglichte" Technikkritik. Zum Recyclingdesign der 1970er Jahre. *Technikgeschichte*, 76 (3), 255–276.

Hoffmann, O. (1989). Woher kommt der Wegwerf bloß? In ders. (Hrsg.), *Ex und hopp. Das Prinzip Wegwerf*. Hrsg. im Auftrag des Deutschen Werkbundes von Ot Hoffmann. Gießen.

Kohl, K.-H. (2003). *Die Macht der Dinge. Geschichte und Theorie sakraler Objekte*. München.

König, W. (2000). *Geschichte der Konsumgesellschaft*. Stuttgart.

Latour, B. (1995). *Der Berliner Schlüssel. Erkundungen eines Liebhabers der Wissenschaft*. Berlin.

Meikle, J. (1995). *American plastic. A cultural history*. New Brunswick.

Meyer, T. (1999). *Natur, Technik und Wirtschaftswachstum im 18. Jahrhundert Risikoperzeption und Sicherheitsversprechen*. Münster u. a.

Müller, L. (1977). *Des-In & Entwurfsbeispiele für eine alternative Produktionsform*. Diplomarbeit HfG Offenbach.

Nohl, A.-M. (2011). *Pädagogik der Dinge*. Bad Heilbrunn.

Packard, V. (1961). *Die große Verschwendung*. Düsseldorf.

Panati, C. (1999 [1987]). *Universalgeschichte der ganz gewöhnlichen Dinge*. München.

Pöggler, F. (1981). Die Wegwerf-Gesellschaft. *Caritas: Jahrbuch des Deutschen Caritas-Verbandes*, 82, 97–102.

Reith, R. (2001). Recycling – Stoffströme in der Geschichte, In S. Hahn, & R. Reith (Hrsg.), *Umweltgeschichte. Arbeitsfelder. Forschungsansätze, Perspektiven* (S. 99–121). München.

Schama, S. (1988) *Überfluss und schöner Schein. Zur Kultur der Niederlande im Goldenen Zeitalter*. München.

Sennett, R. (2008). *Handwerk*. Berlin: Berlin Verlag.

Steffen, D. (1995). Einleitung. In dies. (Hrsg.), *Welche Dinge braucht der Mensch?* (S. 9–17). Gießen.

Strasser, S. (1999). W*aste and want. A social history of trash*. New York.

Thompson, M. (2003 [1979]). *Mülltheorie. Über die Schaffung und Vernichtung von Werten*. Essen.

Veblen, T. (1993 [1899]). *Theorie der feinen Leute. Eine ökonomische Untersuchung der Institutionen*. Frankfurt a. M.

von Weizsäcker, E. (1995). Vorwort. In D. Steffen (Hrsg.), *Welche Dinge braucht der Mensch?* (S. 7–8). Gießen.

Westermann, A. (2007). *Plastik und politische Kultur in Westdeutschland*. Zürich.

Technik im Ausnahmezustand: Wenn Dinge widerspenstig werden

Timo Kaabi-Linke

Zusammenfassung: Das verbreitete Vertrauen in die Technik beruht auf der Erfahrung, dass technische Geräte in der Regel funktionieren und an sie delegierte Aufgaben in der gewünschten Weise erfüllen. Schnell entsteht die bequeme und praktische Vorstellung von perfekt determinierten, berechenbaren und steuerbaren Wirkungszusammenhängen. Gegen das Phänomen eines technischen Unfalls hält diese Illusion jedoch nicht stand. Die Technik entzieht sich der Kontrolle durch den Menschen und widerspricht allen ihr eingebauten Zwecken und an sie gerichteten Erwartungen. Die eben noch zweckvollen Artefakte verwandeln sich in technische Dinge. An zwei Vorfällen aus der Vergangenheit möchte ich zeigen, dass von solchen Ausnahmezuständen einiges über das Verhältnis von Menschen und Dingen zu lernen ist.

Schlüsselwörter: Systemunfall · Dingbezug · Verteilte Aktion · Kommunikative Einstellung · Technisch-soziale Konstellationen

Technology in states of emergency: when things become unmanageable

Abstract: The widespread confidence in technology is based on the experience that technical equipment usually works and fulfils the tasks assigned to it in the desired manner. We are quick to develop the convenient and practical idea of perfectly determined, predictable and controllable cause-effect relationships. However, this illusion cannot be sustained in the face of the phenomenon of the technological accident. Technology is beyond human control and goes against all its inbuilt purposes and all the expectations placed in it. Artefacts that were still purposeful only yesterday turn into technical things. I use two incidents from the recent past to show that there is much to be learned about the relationship between human beings and things from such states of emergency.

Keywords: Systems incident · Relationship between humans and things · Communicative attitude · Socio-technological constellations

---

© Springer Fachmedien Wiesbaden 2013

T. Kaabi-Linke (✉)
Zossener Str. 50, 10961 Berlin, Deutschland
E-Mail: timokaabilinke@gmail.com

1 Vorbemerkung zur grundsätzlichen Dinghaftigkeit von technischen Objekten

Der häufigste Kontakt des Menschen mit Dingen bezieht sich auf Artefakte, das heißt von Menschen mit bestimmten Absichten und zur Erfüllung bestimmter Zwecke hergestellte Gegenstände. Doch solche Artefakte sind im Grunde nichts anderes als in sinnhafte Form gebrachte Dinge. Auch wenn ihnen Gebrauchsweisen eingeschrieben und Bedeutungen zugeschrieben werden, bleibt die Dinghaftigkeit ein grundlegendes Merkmal von gemachten Objekten. Das wird deutlich, wenn die üblichen Gebrauchsformen nicht mehr anwendbar sind und die Gegenstände nutzlos werden. In Schadensfällen, wenn das Material wider Erwarten der Arbeitsbelastung oder der Zeit nicht standhält, oder in Ausnahmefällen, wenn die Vorgänge in einem komplexen technischen System nicht mehr kontrolliert werden können, wird die Abstammung der Artefakte von den Dingen wieder deutlich. Solche Fälle, in denen die Dinghaftigkeit von konstruierten Techniken von Bedeutung ist, sind das Thema dieses Aufsatzes, weshalb es Sinn macht, das Verhältnis von Menschen zu technischen Artefakten aus einem einfachen Dingbezug heraus zu verstehen.

In der Handlungsperspektive stellt sich damit die Frage, wie es Menschen gelingen kann, sich auf die Ausnahmesituation einer dysfunktionalen Technik einzulassen. Wenn die Gegenstände auch jetzt noch aus einer bestimmten Funktionsvorstellung heraus betrachtet und die Interaktionen auf ein durch Anweisungen, Regeln und Codes gebundenes Verhalten festgelegt sind, werden relativ wenig Optionen erkennbar, wie man angemessen auf technische Ausfälle reagieren kann. Eine normative Situationsbewertung ist zu stark auf den Befund von Defekten und Fehlfunktionen eingestellt, anstatt die Möglichkeiten eines alternativen technischen Handelns erkennen zu können.

Wie im Folgenden gezeigt wird, lassen sich die unerwarteten Probleme einer Technik im Ausnahmezustand eher lösen, wenn das situative Verstehen anstatt von funktionierenden Artefakten von technischen Dingen ausgeht. Maschinen, Apparate und Instrumente, die sich nicht mehr kontrollieren oder steuern lassen, können dann im Vollzug eines interaktiven Probierhandelns angeeignet und in ihrem Verhalten auf Optionen abgetastet werden, die einem fatalen Verlauf eine Wende geben könnten. In diesem Sinne argumentiere ich für ein performatives Verstehen, das technische Objekte in kritischen Situationen als technische Dinge auffasst. Das bedeutet, dass Technik nicht mehr als ein durch wechselseitige Sachzwänge regulierter instrumenteller Wirkzusammenhang begriffen wird, sondern aus einem pragmatistisch ausgelegten Technikbegriff (Rammert 2004), der beschreiben kann, wie im technischen Ausnahmezustand die interpretative Flexibilität von Anzeige- und Kontrollinstrumenten, Maschinen und Systemen wiederhergestellt und von einem funktional geschlossenen instrumentellen und normativ geleiteten Handeln mit Technik auf eine kommunikative Haltung umgestellt wird, aus der sich ein ergebnisoffener Interaktionszusammenhang von Menschen und Dingen entfalten kann.

2 Technische Erfahrungen: Menschen und Dinge in verteilter Aktion verstehen

Mit dieser Fragestellung wird das Verstehen von Dingen und Vorgängen als situationsbedingte Vollzugsform betrachtet, also als ein in die jeweilige Konstellation von Menschen und Dingen eingebettetes performatives Verstehen. Der Begriff verweist also auf eine hermeneutische Beziehung zwischen Menschen und Dingen, die über den Bezug auf die erste Person als ein über die Interaktionen mit Dingen vollzogenes deutendes und insbesondere *um*deutendes Handeln beschrieben werden kann. Bevor ich dies an zwei Beispielen näher darstellen werde, möchte ich verschiedene theoretische Positionen nennen, die als provisorischer Konstruktionszusammenhang für die vorgeschlagene Perspektive diskutiert werden können.

Joseph Weizenbaum sieht in technischen Artefakten Anschauungsstücke und Lernmittel, durch die praktisches Wissen und Handlungskompetenzen erworben und von einer Generation zur nächsten weitergegeben werden: „[…] tools whatever their primary practical function are necessarily also pedagogical instruments" (1976, S. 17 f.). Demnach werden Werkzeuge als Bedeutungsträger gesehen, da ihnen eine bestimmte Gebrauchsweise eingeschrieben ist. Allerdings geht Weizenbaum nicht davon aus, dass dieser spezifische Gebrauch automatisch verstanden wird. Vielmehr muss dieses praktische Wissen durch die Ausbildung von einer Generation zur anderen weitergegeben werden. Ich würde deshalb von einer „aufgesetzten" Bedeutung sprechen, durch die bestimmte Gegenstände als nützliche Artefakte in einen kulturgeschichtlichen Sinnzusammenhang integriert werden. Als solche vermitteln sie nicht nur bestimmte Anwendungskompetenzen, sie organisieren darüber hinaus die individuellen und kollektiven Erfahrung mit Technik.

Vor der Integration und Weitergabe nützlicher Artefakte steht deren Erfindung und Aneignung. Besonders in dieser Phase zeigt sich sehr deutlich, dass der Gebrauch und die Bedeutung nicht durch vorgegebene Zwecke und Nutzungen bestimmt sind, sondern erst über soziale Aushandlungsprozesse gefunden und festgelegt werden. Sozialkonstruktivistische Ansätze zur Technikforschung unterscheiden zwischen „relevanten Gruppen", die den Artefakten bestimmte Bedeutungen und Gebrauchsformen zuschreiben. Die Ingenieure und Verkäufer des ersten in Massenproduktion hergestellten Autos, Fords Model T, verstanden ihr Produkt zum Zeitpunkt der Einführung und Verbreitung in ländlich geprägten Gebieten anders als die damaligen Farmer, die gegenüber dem Automobil eine überwiegend feindliche Haltung eingenommen hatten. Sie nahmen das erschwingliche Gefährt zwar an, passten es aber ihren eigenen Nutzvorstellungen an und betrieben damit Wasserpumpen und Waschmaschinen. Andere entfernten die Rückbank des Cabrios und erfanden auf diese Weise den für landwirtschaftliche Zwecke viel nützlicheren Hecklader (Kline und Pinch 1996, S. 775). Auch auf die Entwicklung des französischen MINITEL nahmen die Verbraucher maßgebend Einfluss. Gedacht war die Technik als ein unidirektionales Informationssystem, über das Bürger jederzeit nützliche Daten abfragen konnten. Da es aber über eine kleine Zusatzanwendung verfügte, die den Austausch von Informationen unter den Teilnehmern ermöglichte, verwandelte sich das Netzwerk bald in eine Kontaktbörse für den Austausch von kommerziellen und erotischen Interessen (Feenberg 1995, S. 144 ff.). Obwohl technische Artefakte in Aufbau und Funktionsweise zweckmäßig entworfen und hergestellt werden, ist ihre Gebrauchsweise nicht immer eindeutig bestimmt. Betrachtet man die Interaktivitäten zwischen Menschen und Techniken, finden auch in Bezug auf Artefakte ähnliche soziale Aneignungs- und Aushandlungsprozesse statt wie in Bezug auf natürliche Dinge. Sie sind nicht auf spezifische Gebrauchsformen und Bedeutungen festgelegt, die ihnen vom Werk mitgegeben werden, sondern ihre Bedeutung wird erst durch einen soziotechnischen Aneignungs- und Institutionalisierungsprozess festgelegt.

Andrew Pickering hat das Zusammenspiel von Menschen und Dingen auf einer mikrosoziologischen Ebene in den Blick genommen und auf Versuch und Irrtum basierende Entwicklungs- und Steuerungsprozesse beobachtet. Dabei hat er festgestellt, dass die Intentionen der menschlichen Akteure der praktischen und intellektuellen Auseinandersetzung mit Artefakten und Dingen zwar vorausgehen und diese auch motivieren können, sie können aber durch materielle und funktionale Widerstände revidiert und korrigiert werden (Pickering 1995). Mit anderen Worten, die Intentionen koevoluieren in einem wechselseitigen Anpassungsprozess mit der Entwicklung von technischen Dingen. Aufgrund von materiellen Widerständen oder Fehlfunktionen werden Form und Funktion immer wieder neu ausgehandelt und optimiert. Daher sind endgültige Gebrauchsformen nicht von Beginn an festgelegt, sondern sie werden im Laufe eines konstruktiven, doch durch wechselseitige Beschränkungen geleiteten Entwicklungsprozesses erst gefunden und den Geräten in Form eines ergonomischen Designs eingearbeitet. Pickering beschrieb diesen Prozess mit der Metapher des Mangels als eine ständige Vor-und-Zurück-Bewegung, in der Akteure und Dinge permanent ihre Rollen und ihre Wirkmächtigkeit austauschen. Mal bewirken die menschlichen Akteure einen bestimmten Ablauf und mal sind es die Dinge, die den Wechsel der Methode auf der Seite der Akteure bewirken.

Doch solche Prozesse lassen sich nur schwer aus einem Begriff des individuellen Handelns verstehen, da sie aufgrund ihrer Komplexität überwiegend in sozialen Verbänden stattfinden. Der amerikanische Kognitionspsychologe Edwin Hutchins schlägt vor, die Leistungsfähigkeit einer Technik nicht nur daran zu messen, wie elegant interne mechanische Prozesse gestaltet und gesteuert werden, sondern auch daran, wie sie das für die Lösung eines bestimmten Problems nötige Wissen unter den Mitgliedern eines Teams verteilt. Demnach organisiert die Technik einen sozialen und kooperativen Interaktionszusammenhang, der den Betrieb gegen technische und personale Ausfälle relativ robust macht (Hutchins 1990, S. 193). Technische Objekte sind also nicht nur bloße Arbeitsmittel, sondern sie organisieren einen sozialen Interaktions- und Kommunikationszusammenhang und ermöglichen das parallele Zusammenarbeiten von verschiedenen Akteuren an verschiedenen Orten. Hier wird bereits ein wichtiger Aspekt deutlich. Wenn ein System durch die Verteilung eines praktischen Wissens auf Akteure mit unterschiedlichen Fähigkeiten und Erfahrungen als resistent gegen Ausfälle betrachtet wird, dann wohl deshalb, weil ein eigendynamischer soziotechnischer Aktionszusammenhang eher dazu geeignet ist, die auf der Interaktion von System und Umwelt beruhende Kontingenz zu absorbieren.

Aufbauend auf Hutchins konzipiert Werner Rammert technisches Handeln als fragmental und interaktiv verteilten Aktionszusammenhang (Rammert 2006). Rammert übernimmt den in Hutchins ethnographischer Studie zur Teamnavigation im Schiffsverkehr herausgearbeiteten Aspekt der Wissensverteilung unter den Teammitgliedern und transformiert ihn in einen techniksoziologischen Handlungsbegriff. Technisches Handeln und soziales Handeln schließen einander in diesem Begriff nicht aus. Soziales Handeln wird in technischen Zusammenhängen durch Artefakte und Programme organisiert, umgekehrt können technische Abläufe durch kommunikative Abstimmungen und interaktive Aushandlungen zwischen verschiedenen Menschen und Dingen manipuliert werden. Während die beiden kognitionspsychologischen Auffassungen das Verhältnis von Dingen und Menschen in Bezug auf eine Wissensvermittlung und Wissensorganisation umreißen, machen die interaktionistischen Konzeptionen von Pickering und Rammert auf die Interaktivität von Menschen und Dingen aufmerksam. In allen Ansätzen wird ein kontingenzanfälliger Technikbegriff durch den Einbezug von kollektiver Kooperation in die Kontingenz abfedernde Auffassung von einer soziotechnischen Konstellationen transformiert.

3 Technik im Ausnahmezustand: Ausfälle, Unfälle, Katastrophen

Ein erweiterter pragmatistischer Technikbegriff, der menschliches Handeln und technisches Funktionieren interaktiv zusammenfasst, vertritt eine alternative Sichtweise zur verbreiteten dualistischen Technikauffassung, wonach dem Menschen die Handlungsautonomie und Kontrolle über technische Mittel zugeschrieben wird. Ein solcher Begriff ist besser geeignet, den Kontrollverlust des Menschen über die Technik zu beschreiben und technisches Handeln aus dem Moment einer unvorhersehbaren Katastrophe zu verstehen. In solchen Situationen, die zwangsläufig immer zu spät erkannt werden, widersprechen die technischen Objekte den ihnen zugeschriebenen symbolischen Gebrauchsformen. Sie verlieren alle nützlichen Eigenschaften, werden widerspenstig und funktionieren entweder überhaupt nicht mehr oder – was oft noch schlimmer ist – anders als gewohnt (Wynne 1988).

Sicherheitsstandards machen bestimmte Techniken zwar sicherer, Unfälle verhindern sie aber nicht. Als „technische Unfälle" werden kleinere und größere Katastrophen bezeichnet, bei denen ein planmäßiges Geschehen eine unerwartete Wende nimmt, die relative Folgen für das jeweilige System, die natürliche Umwelt und die Gesellschaft hat. Obwohl technische Systeme als hermetisch geschlossene Funktionskreisläufe geplant werden, interagieren sie mit ihren inneren und äußeren Umwelten. Natürliche Einflussfaktoren wie klimatische Veränderungen und die Verkettung von Naturereignissen, Konstruktionsmängel und Interdependenzen von internen Systemabläufen oder soziale Einflussfaktoren wie die Kompetenz des Bedienpersonals oder der wirtschaftliche und politische Druck auf das Management können zur Folge haben, dass auch ein bis ins Detail überwachtes System die Kontrolle unterläuft und sich in einen undurchsichtigen und kontingenten Wirkungszusammenhang verwandelt. Nachfolgende Untersuchungen der Ursache von technischen Systemunfällen kommen häufig zu dem Schluss, dass ein unglückliches Zusammenwirken von verschiedenen Fehlern, Defekten, Störungen und Ausfällen, die, isoliert betrachtet, nicht dramatisch gewesen wären, eine in hohem Maße unwahrscheinliche Kettenreaktion auslösten, die schließlich zu einer Katastrophe geführt hat. Technische Unfälle sind nie nur technisch, sie sind immer auch zu einem gewissen Teil natürlich und sozial.

Auch wenn die technischen Ursachen eines Unfalls geklärt wurden, wird der Vorfall nicht als geklärter Sachverhalt betrachtet, sondern immer auch als Schuldfrage in Bezug auf die Verantwortung der menschlichen Akteure verhandelt. In gerichtlichen Prozessen oder außergerichtlichen Anhörungen spiegelt sich eine dualistische Haltung gegenüber der Technik wider, die entweder von Erwartungen an ein bedingungsloses Funktionieren einer perfekt determinierten Technik getragen wird oder aber auf der Überzeugung beruht, dass komplexe technische Systeme mit hundertprozentiger Berechenbarkeit geplant und fehlerfrei gesteuert werden können. Auf der einen Seite steht also die Technik, die durch einen bewusstlosen Zwang auf intendierte Operationen, ihre gleichmäßige Wiederholung und perfekte Berechenbarkeit festgelegt wird. Auf der anderen Seite steht der Mensch mit seinen freien Entscheidungen und Handlungsmöglichkeiten. Nach dieser dualistischen Auffassung wird das Zusammenspiel von Menschen und Techniken durch Dichotomien wie Autonomie und Kontrolle, Freiheit und Funktionieren, Aktion und Operation interpretiert. Aus dieser Haltung und einer in der Regel erfolgreichen Interaktion von Menschen und technischen Objekten konstituiert sich die allgemeine Überzeugung von der sicher funktionierenden Technik. Doch diese Überzeugung kann in Ausnahmefällen zum Verhängnis werden.

4 Technikausfall: Der Flug 1549

Am 15. Januar 2009 startete eine Passagiermaschine der US Airways vom La Guardia Airport in der Nähe von New York City. Noch während des Steigfluges machte ein Schwarm Kanadagänse dem Flug eine schnelles Ende. Die Maschine erlitt über dicht besiedeltem Gebiet einen beidseitigen Triebwerksausfall und der Pilot beendete den Flug mit einer spektakulären Notwasserung im Hudson River. Der Unfall ging glücklich aus. Besatzung und Passagiere überlebten, nur zwei Insassen erlitten ernstere Verletzungen. David E. Paterson, damals Gouverneur des Staates New York, nannte das Ereignis das „Wunder vom Hudson", als welches es anschließend in den Medien die Runde machte (McFadden 2009; Curkin und Monek 2009).

Nach dem Unfallbericht des *National Transportation Safety Boards* (NTSB) herrschten am 15. Januar 2009 ausreichend gute Sichtverhältnisse und die weiteren Wetterbedingungen wurden als „normal" eingestuft (NTSB 2010, S. 1). Um 15:24:54 erteilte die Flugverkehrskontrolle des La Guardia Airports in New York City der Besatzung des Flugs 1549 die Starterlaubnis. Der Start verlief problemlos, bis der Cockpit Voice Recorder (CVR) um 15:27:04 die Bemerkung „birds" aufzeichnete. Wie in der Tonbandtranskription festgehalten wurde, waren einen Augenblick später dumpfe Schläge und „Flattergeräusche" zu hören. Die Maschine war mit einem Schwarm Fluggänse kollidiert, was dazu führte, dass zuerst das rechte und dann noch das linke Triebwerk ausfielen.

Bis zum Aufschlag auf dem Hudson River vergingen kaum drei Minuten. Um den Verlauf des Geschehens in diesem schmalen Zeitfenster im Einzelnen darzustellen, beziehe ich mich im Folgenden auf die im Anhang des NTSB-Reports enthaltene Abschrift des CVRs und des TRACON-Protokolls (Terminal Radar Approach Control Facility), die zusammen die Kommunikation zwischen den Besatzungsmitgliedern, den Fluglotsen und anderen Luftraumteilnehmern wiedergeben. Beide Quellen erlauben einen Einblick in die soziale Dimension einer Technik im Ausnahmezustand. Damit lässt sich die intersubjektive Dimension des Ereignisses erfassen, während die interobjektive Seite der Technik in den Protokollen ausgeblendet wird.

Die Ereignisse reihten sich in rascher Folge aneinander und die Besatzung war gezwungen, in sehr kurzer Zeit sehr wichtige Entscheidungen zu treffen. Um 15:27:20 bestätigt der Flugkapitän den Schubabfall und übernahm zehn Sekunden später die Steuerung. Den ersten Offizier forderte er auf, in der Kurzreferenz unter dem Stichwort „Verlust beider

Motoren nachzuschlagen". Währenddessen befindet die Maschine sich über Manhattan und sendet einen Notruf an die Bodenkontrolle des La Guardia Flughafens, um den Verlust beider Motoren und die Rückkehr zum Flughafen mitzuteilen. In unterschiedlichen Intervallen waren auf dem Band die Warnsignale der Antriebskontrolle und Höhenanzeige zu hören.

Anschließend kontrolliert der Co-Pilot die Treibstoffversorgung der beiden Turbinen und versucht sie durch eine Notzündung wieder zum Laufen zu bringen. Die Schubanzeige bleibt aber unverändert. Auch die Geschwindigkeit fällt deutlich unter das Optimum und droht weiter zu fallen. Die Bodenkontrolle des La Guardia Flughafens meldet die Belegung der Startlandebahn und versucht die Maschine auf Landebahn 3 umzuleiten. Darauf der Kapitän: „We are unable, we may end up in the Hudson."

Der Kapitän lehnt die vorgeschlagene Landebahn in La Guardia ab und einigt sich mit der Bodenkontrolle auf ein alternatives Anflugziel, den Flughafen in Teterboro. Der Triebwerkzustand ist noch immer unverändert.

Um 15:29:11 erfolgt die erste Kabinendurchsage: „This is the Captain, brace for impact." Zu diesem Zeitpunkt meldet die automatische Bodenabstandskontrolle eine Flughöhe von 305 m. Zwei Sekunden später bemerkt der Co-Pilot, dass der zweite Motor wieder leicht zurückkommt, doch der Kapitän sagt, die Schubkraft reiche nicht aus, um Teterboro zu erreichen.

Um 15:29:25 meldet der Kapitän, dass die vorgesehene Landebahn nicht erreicht werden könne. Die Bodenkontrolle fragt, welche Landebahn sie stattdessen anfliegen wollten. Doch der Flugkapitän wiederholt: „We're gonna be in the Hudson."

Die Bodenkontrolle bat dies zu wiederholen und hatte offenbar Zweifel, richtig verstanden zu haben. Sie vergewisserte sich erneut über das Anflugziel Teterboro. Die Besatzung im Cockpit ging darauf nicht mehr ein und machte sich stattdessen für die Notwasserung bereit. Die Warnsignale des automatischen Bodenabstandsmessers waren jetzt kontinuierlich zu hören.

Um 15:29:53 schlug die Bodenkontrolle ein alternatives Ziel vor, den 11 Kilometer entfernten Newark Flughafen. Die Besatzung eines anderen Flugzeuges (Flug 4718) schaltete sich nun in die Kommunikation ein und wiederholte für die Bodenkontrolle, dass die Maschine auf den Fluss zuflog. Der „Dialog" zwischen Menschen und technischen Warnsystemen während der letzten 20 Sekunden von Flug 1549 verlief dann folgendermaßen:

Bodenkontrolle: „Cactus fifteen twenty nine uh, you still on?"
Elektronische Bodenabstandskontrolle: „too low. terrain."
Cockpit: „Got any ideas?"
Elektronische Bodenabstandkontrolle: „caution. terrain."
Bodenkontrolle: „Cactus fifteen twenty nine if you can uh… you got uh runway uh two nine available at Newark it'll be two o'clock and seven miles."
Elektronische Bodenabstandskontrolle: „caution. terrain."
Cockpit: „actually not."
Elektronische Bodenabstandskontrolle: „terrain terrain. pull up. pull up."
Kapitän: „We're gonna brace."
Elektronische Bodenabstandskontrolle: „pull up. pull up. pull up."

Die dargestellte Sequenz der Ereignisse macht aber zwei dramatische Wendepunkte des Geschehens deutlich. Erstens den Vogeleinschlag um 15:27:04. In diesem Moment wechselt der Normalbetrieb einer komplexen Technik in Aktion in eine Technik im Ausnahmezustand, in dem der Pilot die Kontrolle über den Lauf des Geschehens verliert. Das Beispiel zeigt aber auch, dass in der extremen Situation des Antriebsausfalls andere technische System noch einwandfrei funktionierten und die Kommunikation zwischen Cockpit und Kontrollturm, die Navigation und die eingeschränkte Steuerung der havarierten Maschine ermöglichten. Viele Sicherheitssysteme, wie das Notstromaggregat, funktionierten noch nach Plan. Auch in einem schweren Ausnahmezustand bewirken technische Systeme also noch eine begrenzte Handlungsfähigkeit. Deshalb stellt sich die Frage, wie die Akteure mit der Situation umgegangen sind und ihr technisches Handeln an die gegebenen Bedingungen angepasst haben.

Die zweite Wende nahm das Geschehen um 15:29:25, als der Pilot sich zu einer Notwasserung im Hudson River entschied. Bis zu diesem Zeitpunkt wurde auch im Cockpit noch nach einer konventionellen Notlandemöglichkeit gesucht. Da sich der Antrieb aber nicht reaktivieren ließ und die denkbaren Flughäfen zu weit weg gelegen waren, entschied der Pilot sich für den Fluss. Dem Team der Bodenkontrolle war bis zum Ende der Aufzeichnungen nicht klar, worauf der Pilot hinauswollte. Daher wurden immer wieder neue Anflugziele präsentiert, denen der Pilot aber keine Aufmerksamkeit mehr schenkte. In diesem Moment verließ er sich nicht mehr auf die komplexe Technik und das dadurch verteilte Wissen, sondern ausschließlich auf die Maschine und ihr Flugverhalten. Hätte er versucht, den Anweisungen Folge zu leisten, wäre der Jet womöglich irgendwo in Hoboken abgestürzt.

Trotz der enormen Einschränkung der Handlungsmöglichkeiten durch den erzwungenen Sinkflug blieb dem Piloten noch die Möglichkeit, sich zu einem von allen Vorschriften und Gewohnheiten abweichenden Verfahren zu entscheiden und auf unkonventionelle Weise auf das Problem zu reagieren. Um das „Anders-handeln-Können" unter den Bedingungen eines fragmental und interaktiv verteilten Aktionszusammenhangs (Rammert und Schulz-Schaeffer 2002) zu verstehen, stellt sich die Frage, wie der Pilot die Situation verstanden hat und auf der Basis eines sicheren Wissens über die gegebene Ausnahmesituation eine Entscheidung treffen konnte.

5 Ausnahmesituation und alternatives Handeln

Infolge des Absturzes überschlugen sich die Medienberichte, in denen der Kapitän Chesley B. Sullenberger als Held konstruiert wurde. Nur wenige Stunden nach dem Absturz zirkulierten Informationen über seine Ausbildung, seine Flugerfahrung und sein Hobby (Wilson und Buettner 2009; Olshan und Livingston 2009). Schon als Teenager machte er seine Fluglizenz; während seiner Pilotenausbildung an einer renommierten US Air Force Academy flog er F-4 Phantomjäger (Maskaly 2009); danach wechselte er aber in die zivile Luftfahrt; seit insgesamt dreißig Jahren fliegt er für US Airways usw. Besonderes Interesse zog das Hobby des Piloten auf sich. Sullenberger war nämlich auch ein leidenschaftlicher Segelflieger (Rivera 2009).

Ob es nun die als Hobbysegler gesammelten Erfahrungen waren, die ihm zunutze kamen, um die Flugbahn der Maschine richtig einzuschätzen, sei dahingestellt. Ohne Zweifel half ihm aber, dass er die Technik im Ausnahmezustand nicht aufgab, in ihr nicht ein dysfunktionales und sich jeder Kontrolle entziehendes Ungetüm sah, sondern noch immer als einen zu bestimmten Handlungen befähigenden Aktionszusammenhang. Auch wenn einige Systeme ausfallen, bleiben andere noch aktiv und deshalb kann die Technik in Aktion auch im Ausnahmezustand noch als „distributed agency" (Rammert 2008, 2011), eine interaktiv verteilte Handlungsträgerschaft, verstanden werden. Sie erfüllt zwar nicht mehr die Erwartungen der Operateure, bietet aber immer noch reale Optionen.

Der Medienbuzz um die Person des Piloten und die ad hoc Heldenkonstruktion sprechen hingegen für eine andere Haltung gegenüber der Technik und dem Verhältnis von Menschen und nützlichen Dingen. Diane Vaughan betrachtet solche Aktivitäten in der Post-Desaster Phase wie eine Form der öffentlichen Traumabewältigung, die quasi-rituelle Muster annimmt (Vaughan 1997, S. 94). In der Regel handelt es sich um öffentliche Untersuchungen und die Identifizierung der zur Katastrophe führenden Fehler und Mängel. Oft wird eine Debatte über die Sicherheitsstandards ausgelöst, worin sich immer die nicht explizite Überzeugung ausdrückt, die Technik sei grundsätzlich sicher, man müsse sie in Zukunft nur noch etwas sicherer machen. All das dient laut Vaughan vor allem dazu, die Öffentlichkeit zu beruhigen und das Vertrauen in die Kontrolle der Technik wieder herzustellen.

Bei einem glücklichen Ausgang eines Unfalls verhält es sich nicht anders. Der Pilot, dem es gelang, die defekte Maschine unter seiner Kontrolle zu halten, wird jetzt zum Helden stilisiert. Ich denke aber, der Grund, weshalb der Absturz relativ gut verlaufen ist, liegt darin, dass der Pilot sich vielmehr auf den Umstand eingelassen hat, dass die Maschine sich seiner Kontrolle entzieht. Deshalb war er den Anweisungen der Bodenkontrolle in La Guardia nicht gefolgt, denn hätte er an der Vorstellung eines technischen Kontrollzusammenhangs festgehalten, dann hätte er auch davon ausgehen können, es sei richtig, wenn er auf die Instruktionen des hochgradig technologisch vermittelten und kognitiv verteilten Flugleitsystems reagiert. Stattdessen ging er gewissermaßen vom Gegenteil aus und nahm seine technische Handlungsumgebung als das wahr, was sie war: ein mit Kerosin voll betankter und mit hundertprozentiger Wahrscheinlichkeit über New York abstürzender fünfzig Tonnen schwerer Jetliner.

Bei Ursachenforschungen und Heldenkonstruktionen handelt es sich um Programme, die Sinn machen, wenn man sie aus einer bestimmten Haltung des Menschen gegenüber Dingen versteht, wonach das Verhältnis zwischen Gesellschaft und Technik asymmetrisch verfasst ist. Entweder wird davon ausgegangen, dass die Technik Vorteile für die Gesellschaft bringt oder man ist überzeugt, sie habe negative Folgen. Aus dieser Alternative entstehen Gegensatzpaare wie Entlastung oder Entfremdung, Optionssteigerung oder Ohnmacht, Chancen oder Risiken, die entweder glauben machen, dass technische Dinge durch den Menschen kontrolliert werden oder umgekehrt den Menschen mit existentiellen Risiken konfrontieren.

Werner Rammert stellt zu Recht fest, dass die gängige Betrachtung des Verhältnisses von Menschen und Dingen durch Dichotomien organisiert wird, in denen Intersubjektivität und Interobjektivität streng voneinander isoliert werden (Rammert 2006, S. 165 f.).

Entweder werden technische Objekte und ihre funktionale Anordnung betrachtet oder aber die interaktiven und kommunikativen Aushandlungs- und Abstimmungsprozesse zwischen Menschen, die diese Techniken gestalten, konstruieren und bedienen. Innerhalb dieses Denkschemas werden Erwartungen an die Technik nur dann erfüllt, wenn die technischen Systeme erwartungsgemäß funktionieren. Kommt es aber aus irgendeinem Grund zu Ausfällen mit störenden Folgen, dann entsteht schnell der Eindruck, dass der Mensch einer unbestimmten Gewalt der Dinge ausgeliefert ist. Auch diese Einschätzung entspricht einem fundamentalen Dualismus, der Dinge und Menschen, interobjektive und intersubjektive Welten in zwei separate Operations- bzw. Aktionszusammenhänge aufteilt.

Erst ethno- und technografische Ansätze einer empirischen Wissenschafts- und Technikforschung haben gezeigt, wie technisches Handeln tatsächlich abläuft. Betrachtet man die verschiedenen Abläufe und Relationen zwischen den Operateuren und Apparaten genauer, dann wird deutlich, das Interaktionen nicht nur zwischen Menschen, sondern auch zwischen Menschen und Dingen stattfinden; und dass Interdependenzen nicht nur die Mechanismen zwischen Systemen und Komponenten bestimmen, sondern auch die Handlungsfähigkeiten menschlicher Akteure im Verhältnis zu technischen Objekten. Obwohl durch den Turbinenausfall eine sehr kritische Situation erreicht war, funktionierten die Messinstrumente, die Informations- und Kommunikationstechniken und die Steuerungsmechaniken einwandfrei und unterstützten noch das technische Handeln des Piloten. Das technische Handeln ist durch den Ausfall nicht abgewürgt worden, es wurde aber von einem hochgradig vermittelten, intelligenten Multiagentensystem auf ein sehr viel einfacheres interaktives Steuerungssystem heruntergefahren. Und genau diese Reduktion einer komplizierten Technik auf einen einfachen Apparat hat in der Stresssituation eines drohenden Absturzes die Handlungsfähigkeit erhalten, die zur Lösung des Problems notwendig war.

Von einer solchen Ausnahmesituationen ist zu lernen, dass interaktive Aushandlungs- und Abstimmungsprozesse zwischen Menschen, Maschinen, Systemen und der natürlichen Umwelt eine Kontingenz entfalten, auf die unter den Voraussetzungen von perfekter Determiniertheit, Berechenbarkeit, Wiederholbarkeit und Steuerung nicht angemessen reagiert werden kann. Wenn von diesem normativen Schema abgerückt und die technischen Dinge auch im Zustand ihres Nichtfunktionierens flexibel ausgelegt werden, lässt sich eher eine Antwort auf eine kritische Situation finden. Eine solche Situation zeigt auch, dass das Vertrauen auf eine Macht des Menschen über die Dinge von einer fatalen Selbsttäuschung über die eigene Handlungsautonomie geleitet wird. Tatsächlich kann weder von einer Macht des Menschen über Dinge noch von einer Gewalt der Dinge über den Menschen gesprochen werden, wenn man davon ausgeht, dass technisches Handeln in komplexen Systemen überhaupt erst aufgrund der Interaktivität eines wechselseitigen menschlichen und technischen Bewirkens möglich ist. Wenn das akzeptiert und angenommen wird, dann kann das eigene Verhalten von einer instrumentellen oder bestenfalls instruktiven Beziehung zwischen Menschen und Maschinen auf einen prinzipiell ergebnisoffenen interaktiven und kommunikativen Prozess umgestellt werden. Dann wird ein situatives Verstehen der technischen Dinge möglich, die nicht mehr im Abgleich mit normativen Leit- und Funktionsvorstellungen über ihre Fehlfunktionen wahrgenommen werden, sondern über ein anderes Funktionieren, auf das mit anderen Entscheidungen und anderen Handlungsvollzügen reagiert werden kann.

6 Technisches Handeln mit katastrophalen Folgen: Harrisburg 1979

Am 28. März 1979 kam es im zweiten Meiler des Three Mile Island Kernkraftwerks (TMI-2) bei Harrisburg, Pennsylvania, zu dem bis heute schwersten Kernschmelzunfall in einem kommerziell betriebenen Atomreaktor in den USA. Der Unfall wurde auf der internationalen Bewertungsskala für nukleare Ereignisse (INES) mit 5 eingestuft. Die Höchststufe 7 wurde bisher nur für Super-Gaus wie in Tschernobyl (1986) und Fukushima Daiichi (2011) vergeben. Dennoch hatte das Ereignis dramatische Auswirkungen auf Umwelt und Gesellschaft und löste in den USA eine Debatte über die Sicherheit von Kernkraftwerken aus. Die von Präsident Jimmy Carter anberaumte Untersuchungskommission unter der Leitung von George Kemeny, Mathematiker und Ex-Mitarbeiter des Manhattan-Projekts, kam zu dem Befund, dass der Unfall durch die Wechselwirkungen von mechanischen Fehlfunktionen, menschlichen Irrtümern und Bedienfehlern verursacht worden war (Kemeny et al. 1979, S. 2). Ein derartiger Unfallhergang war damals überraschend, da man in Präventivstudien zu dieser Zeit nur von einem größten anzunehmenden Unfall (GAU) ausging und dabei vor allem das Szenario eines doppelten Bruchs der Kühlmittelzufuhr (loss-of-coolant-accident, kurz LOCA) entwarf. Im TMI-2 handelte es sich aber um eine Reihe von banalen Störungen und Irrtümern, die je für sich keine nennenswerten Auswirkungen auf das System gehabt hätten. In ihrer Verkettung führten sie jedoch zu einem Desaster, durch das große Mengen von radioaktivem Gas freigesetzt wurden. Vielen Menschen, und vor allem schwangeren Frauen, wurde empfohlen, ihre Häuser und Wohnungen im Umkreis des Kernkraftwerks zu verlassen.

Die Anlage bestand aus zwei Druckwasserreaktoren. Ein Druckwasserreaktor besteht aus einem radioaktiven Primärkreislauf der sich im Innern des Containments, des Schutzmantels befindet. Hier wird das Kühlmittel (mit Borsäure versetztes Wasser) zuerst mit 160 bar durch den Reaktorkern geleitet, wo es die durch die Kernspaltung erzeugte Wärme aufnimmt und anschließend an den Dampferzeuger abgibt. Die Wasserversorgung des Dampferzeugers übernimmt der Sekundärkreislauf. Durch die Hitze entsteht Wasserdampf, der mit einem Druck von 70 bar an eine Turbine weitergeleitet wird. Die Bewegung der Turbine wird dann über einen angekoppelten Generator in elektrischen Strom umgewandelt, während der Wasserdampf in einem Kondensator aufgefangen und über die Speisewasserpumpe wieder an den Dampferzeuger zurück geleitet wird. Gewissermaßen transportiert der Primärkreislauf die durch die Kernreaktion produzierte Wärme für den Dampferzeuger und der nicht radioaktive Sekundärkreislauf hält den Wasser-Dampf-Zyklus in Gang, durch den Turbinenbewegung und schließlich Strom erzeugt werden. Beide Kreisläufe sind hermetisch geschlossen, doch funktional miteinander verkoppelt.

Demnach funktioniert ein Druckwasserreaktor prinzipiell nicht anders als eine Dampfmaschine. Die hohe Kapazität und natürlich die Radioaktivität, die eine Abschottung des Primärkreislaufs erfordert, machen aus ihm aber eine Risikotechnologie. Unfälle wie im TMI-2 zeigen aber, dass die Radioaktivität nur der Grund ist, weshalb hier von Risiko gesprochen werden muss. Das eigentliche Risiko liegt vielmehr in dem Betrieb einer solchen Anlage. Das gleichzeitige Zusammenwirken von interdependenten und parallelen Prozessen, die situativ verteilt und interaktiv gesteuert werden, macht eine vollständige Überwachung und absolute Kontrolle einer großtechnischen Anlage unmöglich. Deshalb ist das Design grundlegend auf die Redundanz verschiedener Sicherheitssysteme eingestellt. Auf die Komplexität einer riskanten Technologie wird also mit einer Komplexitätssteigerung der Absicherungsmechanismen reagiert. Solange alles so läuft wie geplant, mag diese Maßnahme sinnvoll sein. In Ausnahmesituationen, wenn die Vorgänge in einem System, den Erwartungen widersprechen und nicht verstanden werden, können aber ausgerechnet die automatischen Sicherheitssysteme zur Gefahr werden. Der TMI-Unfall war kein urplötzliches Ereignis, sondern ein über vier bis sechs Stunden währender Prozess, bei dem die Kontrollmannschaft von Systemroutinen ausging, während die Anlage tatsächlich in einen überkritischen Zustand gefahren wurde. Während die Kernschmelze schon voll im Gange war, wurde ein Schichtwechsel durchgeführt. Und wie sich später herausstellte, war das sogar ein Glücksfall. Während die technischen Prozesse und deren Kontrolle bis zu diesem Zeitpunkt blind aneinander vorbeiliefen, erkannte erst das neu eingetroffene Personal im Kontrollraum den kritischen Zustand der Anlage.

Im Abschlussbericht der Kemeny-Kommission wird als Ursache ein „operator error", ein Bedienfehler angegeben (Kemeny et al. 1979, S. 10). Damit war die Schuldfrage aber noch nicht geklärt. Einige Jahre nach dem Unfall kam es zu einem gerichtlichen Streit zwischen dem Hersteller Babcock Wilcox und dem Betreiber der Anlage, Metropolitan Edison. Der Konstruktionsfirma wurde eine erstaunliche Zahl von Mängeln in der Bauausführung, die während des Betriebs immer wieder zu Störungen geführt haben sollen, vorgeworfen, während der Hersteller Babcock Wilcox die Operateure beschuldigte, die Anlage unsachgemäß bedient zu haben. Auch solche gegenseitigen Schuldzuweisungen stützen sich auf den Indeterminationsfaktor Mensch. Nicht die vermeintlich determinierte und im Sinne des Menschen blind operierende Technik, sondern menschliches Versagen muss als Ursache einer technologischen Katastrophe ausfindig gemacht werden. Die Technik könne sich nicht irren, sondern nur der Mensch.

Abermals wird dem Menschen eine entscheidende Rolle zugeschrieben und die technischen Zusammenhänge werden auf Sachzwänge reduziert. Auch hier werden Mensch und Dinge voneinander getrennt, anstatt ihre Interaktivität als Grundlage jeder technischen Aktivität zu begreifen. Die technische Katastrophe von Harrisburg war das Resultat eben jener Interaktivität. Wenn es um existenziell bedrohliche Technologien geht, dann erweist sich der praktische Dualismus, durch den Dinge und Menschen semantisch voneinander isoliert werden, eindeutig als ein Nachteil für den Menschen.

7 Die Anatomie eines „normalen Unfalls"

Der amerikanische Organisationssoziologe Charles Perrow hat den Kemeny-Bericht und weitere Gutachten und Untersuchungsergebnisse gelesen und den TMI-Unfall in seinem gleichnamigen Buch als eine „normale Katastrophe" bezeichnet. Ein normaler Unfall ist ein Systemunfall, der sich aus einer engen funktionalen Kopplung von fehlgeleiteten Systemkomponenten ergeben hat. Dabei spielen auch menschliches Fehlverhalten und die betriebliche Alltagskultur eine Rolle, sie sind aber aus einer organisations- und techniksoziologischen Perspektive nicht die einzigen Bereiche, auf die eine Ursachenklärung zur Vermeidung künftiger Vorfälle Bezug nehmen muss. Erst wenn auch die technischen Systeme in diese Klärung einbezogen werden, ist eine strukturelle Optimierung technischer Abläufe möglich.

Wenn technische Systeme als hermetisch geschlossene Kreisläufe geplant werden, wird die Tatsache unterdrückt, dass Technik als Prozess immer mit einer natürlichen und sozialen Umwelt im Austausch steht. Deshalb können technische Prozesse in komplexen Funktionszusammenhängen nicht eindeutig berechnet und absolut kontrolliert werden. Zu klären bleibt, wie mehrfach redundante Sicherheitssysteme im Zusammenspiel mit fehlgeleiteten regulierenden Eingriffen der Reaktorfahrer in einem Desaster kulminierten. Die Antwort sieht auch Perrow darin, dass die Situation hinsichtlich ihrer Gefahren nicht eindeutig wahrgenommen und eingeschätzt werden konnte (Perrow 1992, S. 18). Anders als bei einem Flugzeug mit einem doppelseitigen Turbinenausfall haben normale Unfälle in großtechnischen Anlagen ihre Ursache weniger in einem dramatischen Ausfall der Technik, sondern vielmehr in einer unbemerkten Verkettung von banalen Störungen und Fehlern. Dieser Befund führte auch die Kemeny-Kommission zu der Empfehlung, das Sicherheitstraining in Zukunft nicht nur auf das Gedankenexperiment des größten anzunehmenden Unfalls auszurichten, sondern auch auf den unauffälligen Betriebsalltag mit nicht ausschließbaren Fehlfunktionen, Fahrlässigkeiten und Irrtümern.

Normale Unfälle, die auf mehrfachen Fehlleistungen beruhen, sind zwar selten, doch relativ wahrscheinlich. Ihre Ursachen lassen sich nicht eindeutig festlegen, denn sie verteilen sich auf das Zusammenwirken von technischen Fehlern und menschlichem Versagen. Oft sind solche Katastrophen in die Architektur eines Systems bereits „eingebaut", weshalb Perrow normale Unfälle auch als Systemunfälle bezeichnet. Aufgrund der Parallelität und der situativen Verteiltheit von interagierenden Prozessen lassen sich fehlgeleitete Abläufe nicht immer rechtzeitig feststellen und korrigieren. Erst im Nachhinein kann die interaktiv und kommunikativ verteilte Fehlsteuerung rekonstruiert werden. Da sie auf verschiedenen Entscheidungen, Handlungen, Fehlfunktionen und Ausfällen beruhen kann, kann sie in Echtzeit nicht erfasst werden. Mit zunehmender Komplexität steigt auch die Undurchsichtigkeit der Technik und eine Verkettung von falsch bewerteten kleineren Vorfällen kann sich bis zu einem Systemunfall entwickeln (Perrow 1992, S. 18). Mit anderen Worten, man weiß nicht, was zu tun ist, wenn es getan werden muss.

Um 4:00 Uhr morgens Ortszeit schloss ein Ventil im Sekundärkreislauf aufgrund eines Fehlers in der pneumatischen Steuerung. Daraufhin schalteten die beiden Speisewasserpumpen ab, die den Dampferzeuger im Primärkreislauf mit Wasser versorgen. Laut Kemeny-Bericht ist Wasser in das Druckluftsystem eingedrungen, was die automatische Schließung des Ventils bewirkt habe. Über die Ursachen dafür heißt es in anderen Berichten, dass das pneumatische Sicherheitssystem über einen Gummischlauch mit dem Wassersystem verbunden worden war. Ob das beabsichtigt war oder ob die beiden Anschlüsse miteinander verwechselt worden waren, ist unklar. Jedenfalls wurden für das Druckluft- und das Wassersystem die gleichen *Chicago Pneumatic Fittings* verbaut, was als ein Planungsfehler zu notieren wäre.

Da der Dampferzeuger keinen Wassernachschub mehr bekam, konnte auch kein Dampf mehr produziert werden und die Turbine schaltete sich ab. So konnte auch die Wärme im Erzeuger nicht mehr abgeführt werden und das Primärsystem begann zu überhitzen, was eine routinemäßige Schnellabschaltung bewirkt. Die Regelstäbe wurden nun zwischen die Brennstäbe gefahren, um die nukleare Kettenreaktion zu beenden. Dadurch fiel die Wärmeleistung zwar schnell ab, doch aufgrund der Nachzerfallswärme blieb das System auf eine Notkühlung angewiesen. So schalteten sich nach Plan die Notspeisewasserpumpen an, die den Reaktor kühlen sollten. Was zu diesem Zeitpunkt jedoch niemand wusste war, dass zwei Tage zuvor aufgrund von Wartungsarbeiten zwei Ventile der Notwasserzuleitung geschlossen, aber anschließend nicht wieder geöffnet worden waren. Der Zustand der Ventile wurde im Kontrollraum zwar angezeigt, aber nicht sofort bemerkt, weil an der Kontrolldiode seit zwei Tagen ein Zettel mit dem Wartungshinweis hing. Erst nach acht Minuten wurde dieser Fehler bemerkt.

Zwischenzeitlich stiegen Temperatur und Druck im Primärsystem weiter an, so dass ein Entlastungsventil geöffnet wurde, durch das eine Tonne Wasserdampf pro Minute entweichen kann. In der Regel schließt dieses Ventil automatisch nach wenigen Sekunden, sobald der Druck auf 155 bar sinkt. Diesmal klemmte es aber, und auch das blieb unbemerkt. Auf diese Weise entwichen große Mengen von radioaktivem Kühlwasser aus dem Primärsystem.

Während der Druck weiter absank, bildeten sich Dampfblasen außerhalb des Druckhalters, der sich daher mit Wasser füllen konnte. Da am Druckhalter auch die Kühlmittelfüllstandsanzeige angebracht war, was insofern Sinn macht, weil der Druckhalter normalerweise nicht als Wassertank, sondern als Druckkammer fungiert, wurden jetzt falsche Signale an den Kontrollraum weitergegeben. Während das System tatsächlich auf einen Kühlmittelverlustunfall hinsteuerte, glaubten die Reaktorfahrer es mit einem Kühlwasserüberschuss zu tun zu haben, und obwohl das Kühlsystem endlich ordnungsgemäß funktionierte, wurde der Wasserzufluss wieder abgeschaltet. Laut Kemeny-Kommission war dieser Eingriff der fatale Bedienfehler, der eine Kernschmelze unvermeidbar werden ließ.

Nach 80 min begannen die Pumpen aufgrund des hohen Dampfgehalts zu kavitieren und wurden daraufhin abgeschaltet. Man ging im Glauben an einen Kühlmittelüberschuss davon aus, die natürliche Zirkulation würde den Wasserfluss aufrecht erhalten. Da das Kühlmittel aber knapp war, konnte von Zirkulation keine Rede sein und es wurde noch mehr Dampf erzeugt. Nach 130 min waren die Brennstäbe trockengelegt und begannen zu überhitzen. Das strahlenharte Zirkonium in der Halterung der Brennstäbe löste in Verbindung mit dem Wasserdampf eine gefährliche Zirkonium-Wasser-Reaktion aus, wodurch die Hülle der Brennstäbe oxidierte und der Schmelzprozess beschleunigt wurde. Schließlich riss der Reaktor auf und stark radioaktives Kühlmittel sammelte sich im Reaktorsumpf des Containments. Perrow:

> Das war ein „Fehler" des Computers, denn der Druck fiel so schnell ab, daß er die Hochdruckeinspeisung auslöste, die den Primärkreislauf unter Wasser setzte – samt Kern, Dampfleitungen und Druckhalter. Ein Ventil klemmte, und fast 200 000 Liter radioaktives Wasser entleerten sich über dem Boden des Reaktorgebäudes. Zum Glück war es nicht schlimmer; nach einigen Minuten bemerkte ein Operateur den Fehler und schloß das Ventil von Hand. Hätte er sich an die häufig anzutreffende Vorschrift gehalten, die Finger vom System zu lassen [...], bis die Routinebefehle ausgeführt sind, wäre der Reaktorsumpf völlig überschwemmt worden" (Perrow 1992, S. 119).

Um 6:00 Uhr war Schichtwechsel im Kontrollraum. Das frisch angekommene Team schloss aufgrund der hohen Temperaturwerte aus dem Reaktorgebäude direkt auf einen Kühlmittelverlust und erkannte schnell das offen gebliebene Entlastungsventil als den Grund. Sie aktivierten ein Absperrventil und beendeten damit den weiteren Kühlmittelverlust. Das neue Team bemerkte jedoch nicht, dass eine Kernschmelze im Gang war. Erst dreieinhalb Stunden später wurde ihnen bewusst, wie viel Kühlmittel verloren war und dass der Reaktor bereits zum oberen Drittel trocken lag.

Der Unfall in Harrisburg geht nicht entweder auf technische Fehlfunktionen oder menschliche Fehler zurück, sondern auf ein völlig falsches Verständnis der Situation. Die Abschaltung der Speisewasserzufuhr war gewiss eine fatale Fehlentscheidung, doch in Bezug auf den gegebenen Wissensstand über die Situation entsprach dieses Vorgehen den üblichen Anweisungen. In der Ausbildung werden Reaktorfahrer nachdrücklich darauf hingewiesen, den Wasserstand im Druckhalter niedrig zu halten. Zudem lieferte der Füllstandsanzeiger ein falsches Signal, so dass auch dieser Eingriff nicht direkt als Fehler erkannt werden konnte. Daher macht es Sinn, von einem fehlgeleiteten Verständnis der Lage zu sprechen, das auf einer blinden und regelgeleiteten Kontrolle und einem irregulären System beruhte.

8 Ausnahmesituation und performatives Verstehen

Perrows Darstellung des Vorfalls unterscheidet sich von der Analyse der Kemeny-Kommission, weil er nicht nur Fehlfunktionen und Irrtümer feststellt, sondern das Drama in seiner ganzen Tragweite und Eigendynamik ausbreitet und es so rekonstruiert, wie es sich durch das unglückliche Zusammenwirken von Mensch und Technik zugetragen hat. Besonders deutlich werden dabei die für das Kontrollteam kaum überschaubaren Interdependenzen. Die meisten Störungen und Vorfälle waren nicht vorhersehbar, weil sie durch die Verwechselung der Druckluft- und Wasserventile oder durch Wartungs- und Kontrollfehler, also durch menschliche Fehler ausgelöst wurden. Andererseits sind aber eben diese Tätigkeiten auch dafür verantwortlich, dass ein „Fahren" des Reaktors überhaupt möglich ist. Daher wäre es zu kurz gegriffen, nur technische Objekte als bewirkende Agenten des technischen Handelns zu betrachten, denn auch die Haustechniker und Ingenieure sind die Agenten einer funktionierenden Technik.

Damit ist Vorsicht geboten, denn mit dem Faktor Mensch kommen Unbestimmtheiten ins Spiel, die ja eben durch technische Regelkreisläufe ausgeschlossen werden sollten und auf die paradoxerweise kein Mensch vorbereitet zu sein scheint. Moderne Technik zeichnet sich aus durch: a) Komplexität, aufgrund der hohen Anzahl von aktiven und reaktiven Elementen; b) Kombiniertheit, durch die Integration von verschiedenen Techniken, wie z. B. kybernetische Druckwasserkreisläufe, Turbinenmotorik und informatische Steuerungssysteme; c) Undurchsichtigkeit, durch die Vielzahl von verteilten Elementen und Prozessen und die permanente Synchronisierung ihrer Abläufe; d) eine durch die Technikentwicklung bedingte Variabilität (Rammert 2006, S. 169 f.). Hinzu kommt noch: Kontingenz, durch die Interaktion eines technischen Systems und der Umwelt, zu der eben auch der Mensch im System gehört. Die Welt der funktional abgestimmten Prozesse ist kompliziert, doch der entscheidende Unsicherheitsfaktor, der die Hoffnungen auf eine allein durch Sachzwänge kontrollierte Technik endgültig zerschlägt, ist der Mensch. Er hat zwar keine Macht über Dinge, er kann aber Katastrophen herbeiführen und gegebenenfalls auch abwenden. Entscheidend ist deshalb, wie die Akteure die jeweilige technische Situation auffassen und Dinge und Prozesse interpretieren.

Werner Rammerts pragmatistische Auffassung von Technik als einer interaktiv und kommunikativ verteilten Aktion führt zu einer Konzeption technischen Handelns, die auch Fragen der Hermeneutik und Dekonstruktion zulässt. Die fragmentale und interaktive Verteiltheit ist ein Interpretationsrahmen, in dem technisches Handeln als Äußerung einer bestimmten Situationsauffassung gedeutet und kommunikative Beziehungen von Technikern und Systemprozessen untersucht werden können.

Albrecht Wellmer unterscheidet in einem Aufsatz über den Unterschied von Verstehen und Interpretation zwischen einem interpretativen und einem performativen Verstehen (Wellmer 2007, S. 90 ff.). In Anlehnung an Kripke und Davidson bezieht er interpretatives Verstehen auf die zweite Person Singular, den Interpreten einer Kommunikationssituation, der den gemeinten Sinn einer Äußerung verstehen will. Das Verstehen anderer Sprecher gründet in der Öffentlichkeit einer gemeinsamen Sprache und kann als kommunikatives Verstehen bezeichnet werden. In der Sprechhandlung äußert sich dagegen ein performatives Verstehen der jeweiligen Sprechsituation. Auch der Interpret muss die situativen Bedingungen auffassend mitvollziehen, um den gemeinten Sinn der Äußerung eines anderen richtig verstehen zu können. Kommunikation geht also immer auf ein wechselseitiges Deuten und Interpretieren von situativen Bedingungen zurück. Die Situation wird dabei nicht nur durch Subjekte und Sprache konstituiert, sondern auch durch außersprachliche Sachen, Objekte und Dinge, die einen bestimmten Sachverhalt erfahrbar machen. Kommunikatives Verstehen ist also nicht dingabstinent und deshalb macht es Sinn, die Frage nach seinem Zustandekommen ebenso wie die unendlichen Gründe des Nichtverstehens und Missverstehens auch auf Dinge zu beziehen.

Die Kemeny-Kommission hatte sicher nicht unrecht, wenn sie in der Drosselung der Notwasserzufuhr einen entscheidenden Bedienfehler sah. Der Operator folgte aber nur der missverständlichen Anzeige des Füllstandsmessers und reagierte anweisungskonform. Sein Fehler bestand genau genommen darin, einer Regel Folge zu leisten, ohne die widersprüchlichen Anzeichen des Systems zu beachten. Dabei wird die Regel, wie so oft, über den Fall gestellt und die Handlung erfolgt aus einem sprachlich vermittelten und erlernten Wissen. Wellmer spricht in diesem Sinne von einem automatischen Verstehen, das der Befolgung einer situativ eingebetteten Regel näher kommt als der Wahrnehmung und Deutung der jeweiligen Situation. Damit stellt sich das Problem auf der Ebene des performativen Verstehens, das für ein besseres Verständnis des technischen Handelns unter Ausnahmebedingungen wichtig ist. Durch das performative Verstehen situiert ein Akteur sich im laufenden Geschehen entweder, indem er automatisch die Anwendbarkeit einer Regel prüft, oder die Gegebenheiten wahrnimmt und die Äußerungen von Menschen, Dingen und Prozessen als Teilnehmen an einem Kommunikationszusammenhang auffasst. Je mehr Informationen über diesen Zusammenhang in Erfahrung gebracht und mit dem erworbenen technischen Knowhow und Praxiswissen abgeglichen werden, desto mehr Optionen lassen sich aus der Ausnahmesituation heraussieben, um wirkungsvoll in das Geschehen einzugreifen.

Einer Regel folgen, so Wittgenstein, bedeutet nicht zu wählen, sondern einer Regel „blind" zu folgen (Wittgenstein 1971, S. 110). Wenn man in einer kritischen Situation jedoch vor einer Entscheidung steht, dann können dadurch neue Unsicherheiten entstehen. Dagegen macht es immer Sinn, den Dingen zu folgen, indem man die Situation genau betrachtet und die technischen Handlungsoptionen gemäß des akuten Systemzustands abwägt.

Werner Rammerts Konzeption des technischen Handelns als eine auf Menschen, Dingen und Prozesse verteilte Aktivität verhilft zu einem besseren Verständnis der Gründe, weshalb eine Ausnahmesituation verstanden, nichtverstanden oder missverstanden wurde. Einerseits lässt sich das technische Handeln der Operateure als Äußerung ihres Wissens über System und Situation verstehen. Andererseits kann durch das Kriterium der Verteiltheit auch die Eigenaktivität von soziotechnischen Aktionszusammenhängen mit interaktiv gesteuerten, wechselseitigen, selbstorganisierenden und unter beschränktem Wissen zuweilen auch ambivalenten Prozessen genauer untersucht werden. Die entscheidende theoretische Leistung dieser Perspektive ist aber, dass die menschliche Aktivität in einen technischen Zusammenhang gestellt wird. Denn bis heute hat die Technikentwicklung den Menschen nicht ersetzen können. Ein transaktives Anders-Handeln-Können im technischen Sinn ist noch immer nur menschlichen Teams möglich, die eine Situation wahrnehmen, untereinander kommunizieren und von dem Verhalten technischer Agenten auf das nicht direkt wahrnehmbare System schließen können. Mit anderen Worten, sie beschaffen sich qualitative Informationen über die Situation, tauschen diese aus und schaffen dadurch Wahlmöglichkeiten. Je nach Lage können sie entscheiden, einer Vorschrift oder einer Systemanweisung zu folgen oder nicht.

9 Schluss

Unter dem Druck einer kritischen Situation, wenn Anzeigen und Instruktionen nicht mehr zu trauen ist und die Instrumente und Werkzeuge nutzlos erscheinen, verändert sich nicht nur die Technik, sondern auch der Mensch. Unter Bedingungen von höchster Unsicherheit sind rationale Entscheidungen unwahrscheinlich, und wenn überhaupt etwas entschieden wird, dann durch intuitive und abduktive Schlüsse: Der gegebene Fall wird nicht einer Regel zugewiesen, sondern die Unvereinbarkeit einer Anweisung mit der gegebenen Situation erzwingt eine alternative Lösung. Der übliche kontraintuitive Operationsmodus in technischen Handlungsumgebungen wird auf das Vertrauen in die eigenen Sinne runtergefahren. Das ist nicht immer von Vorteil, unter den jeweils gegebenen Umständen kann es sich aber als sinnvoll erweisen. Wenn radioaktives Wasser in das Containment einer Reaktoranlage austritt, dann macht es eben Sinn, die defekte Leitung zu schließen; und wenn eine voll besetzte Passagiermaschine über dicht besiedeltem Gebiet abstürzt, dann ist die erste Landemöglichkeit wohl die beste. Für beide Entscheidungen spielen Vorschriften, Routinen und technisches Wissen eine untergeordnete Rolle, und während die Systeme mitunter auf den Stand von einfachen Dingen reduziert werden, werden die Techniker zu Kreaturen, die in hermeneutischer und handlungstheoretischer Sicht in eine nahezu symmetrische Relation mit Dingen treten. Menschen und Dinge interagieren jetzt auf gleicher Höhe. Die Routinen bieten keine Lösung, die Dinge verlieren ihre konventionelle Bedeutung. In dieser Lage kann die Situation anders gedeutet und eine neue Lösung gefunden werden.

Eine „Binsenweisheit" von Melvin Kranzberg besagt, dass Technik weder gut noch schlecht noch neutral ist (Kranzberg 1986, S. 544). Dass Technik weitgehend fehlerfrei funktioniert, ist ein Mythos. Defekte, Ausfälle, Reparaturen und Wartungsarbeiten bestimmen den Betriebsalltag in technischen Anlagen. Gerade deshalb kommt es in der

Regel zu relativ wenigen Unfällen. Ausnahmen zeigen aber, dass auch das alltägliche Ineinander von menschlichen Aktionen und Fehlern und nichtmenschlichen Operationen, Funktionen und Dysfunktionen zu großen Systemunfällen führen kann. Wenn Technik sicher ist, dann deshalb, weil sie durch die Überwachungen, Steuerungen und korrigierenden Eingriffe von Menschen und technischen Systemen in Betrieb gehalten wird. Und wenn sie unsicher ist, dann ist sie es aus genau denselben Gründen.

Literatur

Curkin, S., & Monek, B. (17. Januar 2009). Miracle on the Hudson. *WABC-TV New York*.
Feenberg, A. (1995). From information to communication. The french experience with Videtex. In A. Feenberg (Hrsg.), *Alternative modernity: The technical turn in philosophy and social theory* (S. 144–166). Berkeley: University of California Press.
Hutchins, E. (1990). The technology of team navigation. In J. R. Galegher, R. E. Kraut, & C. Edigo (Hrsg.), *Intellectual teamwork: social and technological foundations of cooperative work* (S. 191–220). Hillsdale: Lawrence Erlbaum Associates.
Kranzberg, M. (1986). Technology and history: „Kranzberg's Laws". *Technology and Culture, 27*(3), 544–560.
Kemeny, J. G., Babbitt, B., Haggerty, P. E., Lewis, C., Marks, P., Marrett, C. B., McBride, L., McPherson, H. C., Peterson, R. W., Pigford, T. H., Taylor, T. B., & Trunk, A. D. (1979). The President's Commission on the Accident at Three Mile Island. The need for change: Legacy of TMI, October 1979, Washington D.C.
Kline, R., & Pinch, T. (1996). Users as agents of technological change: The social construction of the automobile in the rural United States. *Technology and Culture, 37*(4), 763–795.
Maskaly, M. (16. Januar 2009). Pilot in Hudson river crash flew air force fighter jets. *Fox News*.
McFadden, R. D. (16. Januar 2009). Pilot Is hailed after jetliner's icy plunge. *New York Times*, A1.
National Transportation Safety Board, & Aircraft Accident Report. (2010). Loss of thrust in both engines encountering a flock of birds and subsequent ditching in the Hudson river – US Airways Flight 1549– Airbus A320-214, N106US – Weehawken, New Jersey – January 15, 2009. Washington, DC.
Olshan, J., & Livingston, I. (17. Januar 2009). Quiet air hero is captain America. Superpilot lauded from Apple to DC. *New York Post*.
Perrow, C. (1992). Normale Katastrophen: die unvermeidbaren Risiken der Großtechnik (2. Aufl.). Frankfurt a. M.: Campus. (Übers. von U. Rennert).
Pickering, A. (1995). *The mangle of practice: Time, agency, and science*. Chicago: University of Chicago Press.
Rammert, W. (2004). Technik als verteilte Aktion – Wie technisches Wirken als Agentur in hybriden Aktionszusammenhängen gedeutet werden kann. In K. Kornwachs (Hrsg.), *Technik – System – Verantwortung* (S. 219–231). Münster: Lit Verlag.
Rammert, W. (2006). Technik in Aktion: Verteiltes Handeln in soziotechnischen Konstellationen. In W. Rammert, & C. Schubert (Hrsg.), *Technografie: Zur Mikrosoziologie der Technik* (S. 163–195). Frankfurt a. M.: Campus.
Rammert, W. (2008). Where the action is: Distributed agency between humans, machines, and programs. In U. Seifert, J. Hyun Kim, & A. Moore (Hrsg.), *Paradoxes of Interactivity* (S. 62–91). Bielefeld: Transcript and Transaction Publishers.
Rammert, W. (2011). Distributed agency and advanced technology. Or: How to analyze constellations of collective inter-agency. Technical University Technology Studies, working papers, 3, 2011.

Rammert, W., & Schulz-Schaeffer, I. (2002). Technik und Handeln. Wenn soziales Handeln sich auf menschliches Verhalten und technische Abläufe verteilt. In W. Rammert & I. Schulz-Schaeffer (Hrsg.), *Können Maschinen handeln? Soziologische Beiträge zum Verhältnis von Mensch und Technik* (S. 11–64.). Frankfurt a. M.: Campus.

Rivera, A. (17. Januar 2009). A pilot becomes a hero years in the making. *New York Times,* A21.

Vaughan, D. (1997). The trickle down-effect: Policy decisions, risky work, and the challenger tragedy. *California Management Review, 39*(2), 80–102.

Weizenbaum, J. (1976). Computer power and human reason. From judgement to calculation. San Francisco: Freeman.

Wellmer, A. (2007). Verstehen und Interpretieren. In A. Wellmer (Hrsg.), *Wie Worte Sinn machen. Aufsätze zur Sprachphilosophie* (S. 90–121). Frankfurt a. M.: Suhrkamp.

Wilson, M., & Buettner, R. (17. Januar 2009). After splash, nerves, heroics and even comedy. *New York Times,* A1.

Wittgenstein, L. (1971). *Philosophische Untersuchungen.* Frankfurt a. M.: Suhrkamp.

Wynne, B. (1988). Unruly technology: Practical rules, impractical discourses and public understanding. *Social Studies of Science, 18*(1), 147–167.

Piratenpädagogik. Zur Medienpraxiskultur einer Partei

Burkhard Schäffer

Zusammenfassung: Ausgehend von der These, dass Parteien auch Bildungsorganisationen sind, wird die Piratenpartei als eine auf neue Medientechnologien fokussierte Bildungsorganisation rekonstruiert. In ihrem lernenden Umgang mit Wissen und Können dokumentiert sich eine „generationsspezifische Medienpraxiskultur" der „Digital Natives", die sich in Gründungsmythos, Programmatik und Medienpraxis der Partei niederschlägt, zentral mit dem Verhältnis der Partei zu den neuen Mediendingen zu tun hat und der eine implizite Pädagogik der (Medien)dinge inhärent ist. Die Partei wird aus erwachsenenbildungs-, medien- und techniktheoretischer Sicht als ein auf der politisch-kulturellen Ebene agierender „Hybridakteur" (Latour) der Institutionalisierung lebenslangen Lernens rekonstruiert, versehen mit einem ‚digitalen Lernhabitus', dessen zentrale Ressource ein differentes Handeln mit den neuen Mediendingen ist.

Schlüsselwörter: Erziehungswissenschaftliche Parteienforschung · Medienpraxiskultur · Implizite Pädagogik · Digitaler Lernhabitus · Pädagogik der Mediendinge · Bildung on demand

The pedagogy of the "Pirates". On the media practice culture of a political party

Abstract: Starting from the thesis that parties are also educational organisations, the German pirate party is reconstructed as an educational organisation that focuses on new media technologies. Its learning approach to knowledge and skills documents a "generation-specific media practice culture" of "digital natives" which finds expression in the founding myth, objectives and media practice of the party. It also has much to do with the relationship between the party and the things of the new media and contains an inherent implicit pedagogy of (media) things. The party is reconstructed from the perspectives of adult education, media theory and technology theory as a "hybrid actor" (Latour) of the institutionalisation of life-long learning, one that operates on the politico-cultural level, is equipped with a 'digital learning habitus' and whose key resource is a different approach to the new media things.

© Springer Fachmedien Wiesbaden 2013

Prof. Dr. B. Schäffer (✉)
Fakultät für Humanwissenschaften, Erwachsenenbildung/Weiterbildung,
Universität der Bundeswehr München, Werner-Heisenberg-Weg 39, 85577 Neubiberg, Deutschland
E-Mail: Burkhard.schaeffer@unibw.de

Keywords: Educational research on political parties · Media practice culture · Implicit pedagogics · Digital learning habitus · Pedagogy of media things · Education on demand

1 Einleitung

In den letzten drei Jahren sind wir Zeugen des Aufstiegs der Piratenpartei als „neuer Akteurin im Parteiensystem" (Bieber 2012) geworden. Bislang wird dieses Phänomen überwiegend aus politik-, sozial- oder kulturwissenschaftlicher Perspektive betrachtet bzw. im Feuilleton kommentiert. Erziehungs- bzw. bildungswissenschaftliche Perspektiven dagegen sind m.W. noch nicht eingenommen worden. Dabei liegt die Relevanz einer bildungswissenschaftlichen Thematisierung der Piratenpartei auf der Hand: eines ihrer Kernthemen ist der „freie Zugang zu Wissen und Kultur" (Piratenpartei Deutschland 2012, S. 5), mithin eine zentral bildungspolitisch grundierte Forderung. „Bildung" wird zudem in der ansonsten auf Netzthemen fokussierten Programmatik der Partei als eines der wenigen nicht direkt medientechnologiebezogenen Themen direkt angesprochen.

Ausgangspunkt dieses Artikels ist die Beobachtung, dass sich bei der Piratenpartei der Umgang mit Lernen, Wissen und Können im Vergleich zu anderen Parteien signifikant unterscheidet. So entschuldigen sie beinahe lapidar eklatante Wissenslücken ihres Spitzenpersonals in zentralen Politikfeldern[1] und weisen fortwährend öffentlich auf ihre Lernbedürftigkeit hin.[2] Nur im Bereich medien- bzw. computertechnischen Könnens legen sie an sich selbst hohe Maßstäbe an bzw. zeigen auch, dass sie über entsprechende Kompetenzen verfügen.[3] Dieser lernende Umgang mit *Wissen und Können* ist bei der Partei – so die These dieses Artikels – Ausdruck einer „generationsspezifischen Medienpraxiskultur" (Schäffer 2003) der „Digital Natives" (Prensky 2001), die sich in Gründungsmythos, Programmatik und Medienpraxis der Partei niederschlägt, zentral mit dem Verhältnis der Partei zu den neuen Mediendingen zu tun hat und der eine *implizite Pädagogik der (Medien)dinge* (Nohl 2011) inhärent ist. Die Partei soll daher aus erwachsenenbildungs-, medien- und techniktheoretischer Sicht als ein auf der politischen-kulturellen Ebene agierender „Hybridakteur" (Latour 1998, S. 35) der Institutionalisierung lebenslangen Lernens rekonstruiert werden, versehen mit einem ‚digitalen Lernhabitus' (in Anlehnung an Herzberg 2004), dessen zentrale Ressource und Unterscheidungsmerkmal eine differente Medienpraxis, ein differentes Handeln mit den neuen Mediendingen ist.

Der Beitrag gliedert sich wie folgt: Zunächst (1) werden Parteien allgemein in ihrer Eigenschaft als Bildungsorganisationen und die Piratenpartei dementsprechend als eine *auf neue Medien fokussierte Bildungsorganisation im Erwachsenenalter* betrachtet. Nach einer kurzen Vergewisserung, wie sich die Piratenpartei und ihre Wählerschaft zusammensetzen (2), werden Aspekte des medienzugangsbezogenen Gründungsmythos, der medientechniklastigen Programmatik und der medienkompetenten Praxis der Piraten analysiert (3). Die Ergebnisse werden dann aus medien- und generationstheoretischer Perspektive reflektiert (4) und abschließend deren ‚digitaler Lernhabitus' als wichtiger Transmissionsriemen der Institutionalisierung lebenslangen Lernens diskutiert (5).

2 Bildungswissenschaftliche Parteienforschung? Parteien als Bildungsorganisationen im Erwachsenenalter

Parteien sind nicht nur als Teil der (weiter)bildungspolitischen Willensbildung tätig und auch nicht nur im Rahmen ihrer Stiftungen direkt verantwortlich für politische Weiterbildung, sondern können auch selbst als ein Medium der Erwachsenenbildung und der *Bildung Erwachsener* angesehen werden: das reicht von formalen parteiinternen Schulungen bzw. Fortbildungen und themenbezogenen Seminaren bis hin zu informellen Formen der politischen Bildung durch schiere Teilnahme am politischen ‚Betrieb'. Parteien können insofern nicht nur als Organisationen der Durchsetzung politischer Interessen, sondern auch und gerade für ihre Mitglieder als (zumeist informelle) *Bildungsorganisationen im Erwachsenenalter* betrachtet werden. Mehr oder weniger intentional verläuft dies bei allen Parteien. Auch historisch betrachtet kam Parteien immer auch eine Bildungsfunktion zu bzw. sie entwickelten sich sogar explizit aus Emanzipations- und damit einhergehenden Bildungsansprüchen: man denke nur an die Affinität von SPD und KPD zur Arbeiterbildung (vgl. Tietgens 2010, S. 34 f.).

Die Piratenpartei organisiert nun bislang einen Großteil ihrer Parteiarbeit über das Internet, wenngleich auch „Wechselwirkungen mit den Offline-Aktivitäten" als „konstitutiv für die Genese der Partei" (Bieber 2012, S. 30) anzusehen sind. Dennoch werden insbesondere Wahlkämpfe, aber auch die innerparteiliche Kommunikation und Interaktion bei ihr im Vergleich zu anderen Parteien weitaus umfassender auf diese Weise bewerkstelligt. Der kompetente Umgang mit einer Vielzahl von neuen Mediendingen, vor allem aus dem Bereich des sog. Web2.0/Social Media, ist insofern schon beinahe als eine Grundvoraussetzung zu bezeichnen, um sich bei den Piraten als Mitglied einzubringen. Vor dem Hintergrund der These, dass Parteien auch Bildungsorganisationen für Erwachsene darstellen, soll die Piratenpartei im Folgenden als eine *auf neue Mediendinge fokussierte Bildungsorganisation im Erwachsenenalter* in den Blick genommen werden.

3 Ein kurzer Blick auf Mitgliederentwicklung, Altersstruktur, Milieu und Wahlergebnisse der deutschen Piratenpartei: ein Generationenprojekt?

Neun Monate nach der Gründung der schwedischen Piratenpartei (s. u.) konstituierte sich die deutsche Piratenpartei im September 2006 in Berlin. Ihren ersten offiziellen Parteitag hielt sie im Mai 2007 ab, aber erst 2009 überschritt sie die Wahrnehmungsschwelle der Öffentlichkeit bei einer Kampagne gegen die Versuche der damaligen Familienministerin Ursula von der Leyen, Internetseiten mit kinderpornografischen Inhalten zu sperren („#Zensursula Kampagne"). Im Unterschied zu anderen Parteien ist die Piratenpartei seitdem eine äußerst schnell wachsende, überwiegend von jüngeren Menschen getragene Organisation (vgl. Bieber 2012, S. 28 f.). Die Zahl der Mitglieder stieg parallel zu den Wahlerfolgen in Europa, der Bundestagswahl und den Ländern, insbesondere dem ersten Einzug in ein Länderparlament in Berlin, von unter 1000 Mitglieder im Mai 2009 auf 33.250 Mitglieder im März 2013.[4] Seit dem Herbst letzten Jahres stagniert der Mitgliederzuwachs. Ihr Durchschnittsalter liegt – bei einer recht breiten Streuung – bei 37,1 Jahren, während das Durchschnittsalter der Parteien im deutschen Bundestag von 46 bis

60 Jahre reicht[5]. Während also alle anderen Parteien an Überalterung leiden, ist bei den Piraten im Verhältnis zu diesen eine *Überjüngung* festzustellen.

Schaut man auf die Wählerstruktur, ergibt sich ein ähnliches Bild: Bieber sieht die „Hauptzielgruppe" der Piratenpartei in „internetaffinen Jung- oder gar Erstwählern" (2012, S. 29). Auf der Basis der Auswertung von Wahlen im Jahr 2009 erfährt man, dass die Piraten überproportional häufig von jungen, gut gebildeten Männern in urbanen Milieus (Universitätsstädte mit großen naturwissenschaftlich-technischen Fakultäten) gewählt werden (Blumberg 2010, S. 13 ff.). Aus der Perspektive der Sinusmilieuforschung wird das Milieu der Piratenwählenden als das der „digital Souveränen" (DIVSI 2012, S. 56 ff.) bezeichnet, das als kenntnisreichste Untergruppe im Bereich der „Digital Natives" fungiert und mittlerweile mit 10,3 Mio. Mitgliedern immerhin 15 % der deutschen Bevölkerung repräsentiert.[6]

Dass die Piraten eine Partei sind, deren Mitgliederstruktur stärker als andere durch jüngere Kohorten geprägt ist und dass sie überproportional häufig von den „digital Souveränen" gewählt werden, steht also außer Frage; ob sich allerdings hieran ein Generationsphänomen artikuliert, die Mitgliederstruktur und die Wahlerfolge also als Ausdruck einer generationalen Tiefenströmung interpretiert werden können, ist auf der Basis der reinen Mitglieder- oder Wählerarithmetik eine nicht ganz so einfach zu beantwortende Frage. Hierzu bedarf es einer Analyse des Gründungsanlasses, der Programmatik und bei dieser Partei ganz besonders ihres Umgangs mit den neuen Mediendingen, d. h. ihrer Medienpraxis.

4 Gründungsmythos, Programmatik und Medienpraxis der Piratenpartei

Die erste Piratenpartei entstand in Schweden Anfang des Jahres 2006 als Reaktion auf einen Urheberrechtsstreit (vgl. Neumann 2011, S. 25). Größere Rechteverwerter sahen sich durch den kostenlosen *Austausch* von beliebigen digitalisierten Inhalten (sog. „Filesharing") im Internet bedroht und gingen gegen die von ihnen als „Piraten" gebrandmarkten Server bzw. Einzelpersonen juristisch vor. Dagegen formierte sich Widerstand, der schließlich in die Gründung der ‚Piratpartiet' mündete.

4.1 Zum Gründungmythos der Piraten oder: filesharing als Mittel im Kampf um freien Zugang zu Wissen und Kultur

In einer programmatischen Rede des Parteigründers Rickard Falkvinge[7] dokumentiert sich bereits in der Reihung der Anrede eine dreiteilige Adressierung, die auf den internetkulturell imprägnierten Kristallisationskern aller Piratenparteien in Europa verweist: „Freunde, Bürger, Piraten!" (2006, S. 6). Der parteiorganisationsbezogene Bereich („Piraten") wird als letzter genannt, in der Mitte wird der (zivil)gesellschaftliche Bereich der „Bürger" platziert, während die digitale Gemeinschaft der „Freunde" aus einschlägigen Onlinenetzwerken an den Anfang gestellt werden. Dieses Kollektiv („Wir") aus digitaler Gemeinschaft, bürgerlicher Zivilgesellschaft und parteipolitischer Organisation spricht Falkvinge an und für dieses Kollektiv beansprucht er (und m. E. alle Piratenparteien) zu sprechen; und zwar gegen ein opakes, aus seiner Sicht grundlegende Freiheitsrechte bedrohendes „Sie" von „Politikern", „Polizei" und „Medienindustrie".

Den Urheberrechtsstreit charakterisiert Falkvinge als ein Epiphänomen eines schon über Jahrhunderte währenden Kampfes um die Befreiung von Monopolansprüchen auf „Wissen" und „Kultur": zunächst seitens der Kirche („vor 400 Jahren") und später generell von staatlicher Kontrolle der Wissensdistribution.[8] Auch die „Pressefreiheit" ändere daran nichts, da sie immer noch das „alte Kommunikationsmodell" (a. a. O. S. 7) repräsentiere: „eine Person teilt vielen etwas mit". Durch das Internet werde dieses Modell jetzt aufgebrochen. „Bürger" könnten an Wissen partizipieren, ohne dass „der Staat" kontrolliere, dass sie nicht am „falschen Wissen" teilhätten: „Heute laden wir nicht mehr einfach nur Kultur und Wissen herunter. Wir laden gleichzeitig hoch – zu anderen. Wir verteilen Dateien. Wissen und Kultur entziehen sich plötzlich einer zentralen Kontrolle" (ebd.). „Downloading" und „Filesharing" werden insofern als zwei dichotom sich gegenüberstehende Prinzipien dargestellt: das erstgenannte sei das „alte mediale Modell zentraler Kontrolle", während Filesharing das „gleichzeitige Hoch- und Herunterladen durch alle vernetzten Personen, ohne jede zentrale Kontrolle" ermögliche. Der heutige Kampf der Piratenpartei um die Legalisierung von Filesharing sei insofern ein Teil des jahrhundertelangen Kampfes um die „Macht über Kultur und Wissen, denn wer diese Dinge beherrscht, beherrscht die Welt" (ebd.).

Entscheidend für das Verständnis des Phänomens Piratenpartei ist m. E., dass Falkvinge an keiner Stelle seiner Rede ausführt, was für ihn „Wissen" und „Kultur" eigentlich bedeuten. Die Begriffe werden nicht substantiiert, sondern im Gegenteil oft synonym mit „Information" oder einfach mit „Daten" verwendet. Inhaltlich gefüllt wird im Grunde nur der Begriff des „freien Zugangs", weshalb er als Fokussierungsmetaphorik (Bohnsack 2007, S. 33) angesehen werden kann.[9] Das Deutungsangebot hat ein genial einfaches Element: Dem alltäglichen „Zugang" von Millionen junger Internetnutzer wird eine geradezu mythische Bedeutung zugeschrieben. Implizit wird der kompetente Umgang mit diesen Mediendingen auf eine Stufe mit den historischen Errungenschaften des Buchdrucks und der Alphabetisierung gestellt. Damit wird eine jugendkulturelle Praxis der Ebene des Profanen, nämlich der Unterhaltungssphäre, entrissen und ‚emporgehoben' in die hehren Sphären eines Jahrhunderte währenden Kampfes um den freien Zugang zu „Wissen" und „Kultur". Insofern erfüllt die Erzählung eine mythologische Funktion (vgl. hierzu bspw. Campbell 1999): Durch ihre weite historische Perspektive wird für potenzielle Proselyten ein Erhabenheitsangebot unterbreitet: Wer gibt sich schon mit so etwas Profanem wie dem Gewinninteresse von Medienkonzernen ab, wenn es darum geht, Wissen und Kultur vor dem Zugriff scheinbar übermächtiger Gegner („die Kirche", „der Staat", „die Medienindustrie") zu verteidigen? Und nicht zuletzt wird ein klares Zugehörigkeitsangebot gemacht, das ohne großen Aufwand – gewissermaßen durch einen Mausklick – angenommen werden kann: „Wir" („Freunde, Bürger, Piraten") stehen gegen „Die" (Staat, Medienindustrie, Polizei).

4.2 Präambel und Programm oder: Zur Programmatik der deutschen Piraten

An diesem Gründungsmythos orientieren sich auch die deutschen Piraten, bei deren ersten Parteitag im Mai 2007 Rick Falkvinge gesprochen hat[10].

4.2.1 Die Präambel: auf dem digitalen Weg zu einer demokratischen, sozial gerechten und freiheitlich selbstbestimmten globalen Ordnung

Das Grundsatzprogramm der Piratenpartei im Bund (Piratenpartei Deutschland 2013) fokussiert bisher[11] klar sog. Netzthemen. In der Präambel wird betont, dass „im Zuge der digitalen Revolution aller Lebensbereiche" die „Würde und die Freiheit des Menschen in bisher ungeahnter Weise gefährdet" seien (a. a. O., S. 7). Angesichts des hohen Tempos der digitalen Wandlungsprozesse leide die Fähigkeit von Nationalstaaten, Prozesse der „gesellschaftlichen Meinungsbildung" und „staatlichen Gesetzgebung" mittels „demokratisch gewonnener Regeln" zu gestalten (ebd.). Weiter wird darauf verwiesen, dass die „Globalisierung des Wissens und der Kultur der Menschheit durch Digitalisierung und Vernetzung (…) deren bisherige rechtliche, wirtschaftliche und soziale Rahmenbedingungen *ausnahmslos* (Hervorhebung BS) auf den Prüfstand" stelle. „Falsche Antworten" leisteten einer „entstehenden *totalen und totalitären* (Hervorhebung BS), globalen Überwachungsgesellschaft Vorschub" (ebd.). Hieraus wird abgeleitet, dass der „freie Zugang zu Wissen und Kultur", die „informationelle Selbstbestimmung" und die „Wahrung der Privatsphäre" als „Grundpfeiler der zukünftigen Informationsgesellschaft" anzusehen seien (ebd.). Nur auf dieser Basis, so die Autoren weiter, könne eine „globale Ordnung" entstehen, die „demokratisch", „sozial gerecht" sowie „freiheitlich selbstbestimmt" sei.

Wie in Falkvinges liberalem Gründungsmythos geht es auch hier um eine große, übergreifende, aber unscharfe Perspektive, die mit der „globalen Ordnung" eine äußerst umfassende Teleologie anbietet. Sie macht dabei folgerichtig nicht an den Grenzen von Nationalstaaten Halt, sondern hat gleich „die Menschheit" insgesamt im Blick. Betont wird die ‚digitale Bedrohung' des Einzelnen und die Wahrung seiner gegenwärtigen und zukünftigen Interessen angesichts einer als ubiquitär und unumkehrbar hypostasierten und vor allem als gefährlich gezeichneten Globalisierung. Während Falkvinge also zentral ein zeitlich-historisches Dual akzentuiert (früher: Downloading und Kontrolle – heute: Filesharing und Freiheit), wird in dieser Mythologie der Einzelne im Grunde mit seinen gegenwärtigen Selbstbestimmungsinteressen („Informationelle Selbstbestimmung" und „Wahrung der Privatsphäre") und als Kultur- und Wissens „prosument"[12] einer abstrakten, nicht mehr auf nationalstaatlichen Ordnungen fußenden globalisierten „Menschheit" gegenübergestellt.

Fazit: In der Präambel des Programms wird der gesamte Umgang mit neuen Mediendingen und damit die gesamte Sphäre des Internets als Kommunikations- und Interaktionsraum als schützenswert im Sinne eines Grundrechts akzentuiert, und zwar sowohl gegenüber staatlichen als auch gegenüber marktbezogenen Eingriffen in diese Sphäre. Wie Lamla und Rosa herausstellen, ist insofern als Gründungsimpuls der Piratenpartei zentral die „Bedrohung eines Autonomiepotenzials" dieses „digitalen Kommunikationsraums" (2012, S. 180) zu verstehen.

4.2.2 Das Programm: Ratschläge zum Handeln mit neuen Mediendingen oder eine Blaupause für die gesellschaftliche Durchsetzung von Regeln?

Versichert man sich einzelner Punkte des Programms, lösen sich die in der Präambel angeschnittenen ‚anthropologischen' Perspektiven und der hohe Ton oft in technisch umsetzbare Postulate auf, die auf den ersten Blick ganz konkret auf den Umgang mit neuen Mediendingen gerichtet sind. So wird z. B. „freies Kopieren" (Piratenpartei Deutschland 2013, S. 11) gefordert, um die „allgemeine Verfügbarkeit von Information, Wissen und Kultur zu verbessern" (a. a. O., S. 12), oder es werden im Kapitel über „Freie demokratisch kontrollierte technische Infrastruktur" konkret Datenformate aufgelistet, die „offenen Standards" genügen. Diese Standards werden explizit und detailliert in Bezug auf das dafür notwendige „Protokoll oder Format" (a. a. O., S. 15) beschrieben. Der hohe informationstechnologische bzw. medientechnische Detaillierungsgrad mutet für ein herkömmliches Parteiprogramm ungewöhnlich an, bei anderen Parteien würden solche Informationen – wenn überhaupt – in einem Anhang platziert.[13] M. E. zeigt sich aber genau an solchen Detaillierungen die zentrale Orientierungsdimension der Partei, die an den Gründungsmythos anschließt: Die geforderten offenen „Protokolle und Formate" sind Garanten des „freien Zugangs". Sie bieten Handlungssicherheit und formulieren für alle Menschen gleiche formale Regeln, die in einem metaphorischen Sinn weit über die Explikation technischer Standards hinausreichen.

Offensichtlich wird in der Regelhaftigkeit und Logik von miteinander vernetzten Computern eine Art *generelle Blaupause für den regelgeleiteten Umgang mit gesellschaftlichen Handlungsproblemen überhaupt* gesehen. Das Faszinosum der Computertechnologie besteht ja gerade darin, dass auf der Basis weniger grundlegender, für alle geltender, im Prinzip nachvollziehbarer und vor allem transparenter Regeln, äußerst komplexe Handlungsprobleme immer wieder neu und in kreativer Weise bewältigt werden können. Zudem sind innerhalb des informatischen Regelwerks von Computern prinzipiell alle gleich; auf der Ebene der Algorithmen geht es gewissermaßen fair und diskriminierungsfrei zu. Die hier implizit formulierte Utopie erinnert an Forderungen der klassischen Moderne, wie sie bereits im Bauhaus formuliert wurden. Es sind „Träume von Gerechtigkeit und Gleichheit" bzw. von „einer Welt, in der die Technik siegt und das Leben für alle besser macht" (Rauterberg 2012) oder, wie es ein Piratenmitglied halb ironisch formuliert: „Letztendlich wollen wir dahin, dass es so ist, wie in Star Trek – das ist unsere Utopie" (aus: Hensel 2012, S. 41). In dieser technisch grundierten Fortschrittslogik ist es dann nur folgerichtig, auch die „Teilhabe am digitalen Leben" (Piratenpartei Deutschland 2012, S. 17 f.) recht explizit im Hinblick auf Zugangsmöglichkeiten zu beschreiben und zudem die Forderung aufzustellen, dass alle den „Umgang mit digitaler Technologie" nicht nur lernen sollen, sondern *müssen* (a. a. O., S. 19).[14]

4.2.3 Der Programmpunkt Bildung oder: ‚Bildung on demand'

Die Bildungsthematik findet ihre Fokussierung ebenfalls im Gründungsmythos: „Jeder Mensch hat das Recht auf *freien Zugang* (Hervorhebung, BS) zu Information und Bildung" (a. a. O., S. 29). Nach der rudimentären Definition eines sich vornehmlich auf „institutionalisierte Bildung" beziehenden Bildungsbegriffs[15] wird dann folgerichtig u. a. auch auf „Medienkompetenz" (a. a. O., S. 30) eingegangen, um den „Zugang" subjektseitig zu ermöglichen. Sie werde für das „Finden, Verstehen, Bewerten und Verbreiten von Informationen in unterschiedlichsten Darstellungen" (ebd.) immer wichtiger. „Onlinenachschlagewerke" ermöglichten demnach in „gefundener Information" „unbekannte Termini in Sekundenbruchteilen jederzeit nachzuschlagen" (ebd.). Weiter heißt es: „Ein großer Teil des zum Verständnis nötigen Wissens wird also nicht durch Allgemeinbildung geliefert, sondern bei Bedarf erworben" (a. a. O., S. 29/30.). An dieser Formulierung fällt ein *merkantilistischer Sprachduktus* ins Auge: „Wissen" wird „geliefert" und „erworben", wozu es natürlich eines „freien Zuganges" bedarf. Bildung wird hier im Grunde am Modell von Wikipedia durchbuchstabiert bzw. ein äußerst enges Bildungsverständnis gepflegt, das mehr an Übersetzungsprogramme (für „unbekannte Termini") erinnert und mit ‚Bildung on demand' am treffendsten überschrieben werden könnte: In diesem Modell sind beliebige, nichtspezifizierte Inhalte („Daten?"; „Wissen?", „Kultur?", „Information?") im Netz abgelegt und müssen von bildungsbedürftigen Menschen nur abgerufen werden. „Bildung" wird also, ganz im Sinne des auf „freien Zugang" bezogenen Gründungsmythos, nur als das medientechnisch optimierte „Verteilen" von „Dateien" gefasst. Dass es, vor dem Hintergrund der zentralen Orientierungsfigur des durch das Netz erlangten Autonomiegewinns, den Piraten ein Anliegen ist, ihre im Netz gemachten Erfahrungen von Kooperation, Solidarität, Transparenz u. ä. eben auch auf institutionalisierte Bildungskontexte zu übertragen und dementsprechend auch im Bildungsbereich nach medientechnologischen Lösungen zu suchen, um Bildung aus den von ihnen so wahrgenommenen, überkommenen Hierarchie- und Machtverhältnissen zu lösen, soll hier gar nicht in Abrede gestellt werden. Allerdings enthalten die im Programm formulierten Bildungsvorstellungen, über die Ermöglichung eines optimalen „Zugangs" hinaus, allenfalls eine rudimentäre formale oder materiale Substantiierung. Die konkrete ‚Piratenpädagogik' dagegen zeigt sich m. E. eher implizit an der Art und Weise, wie sie unterschiedlichste Software in die alltägliche Parteiarbeit einbindet. Hier dokumentiert sich eine implizite Pädagogik der Partei, die in die diversen, von der Partei genutzten Mediendinge eingeschrieben ist.

4.3 Das Betriebssystem. Zur impliziten Pädagogik von Liquid Feedback

Um einen optimalen Zugang zu innerparteilichen politischen Entscheidungsprozessen im Rahmen der von ihnen angestrebten „Liquid Democracy" (Jabbusch 2011, S. 10 f.) zu ermöglichen, bedient sich die Piratenpartei unterschiedlicher medientechnischer Werkzeuge (‚Tools') für die parteiinterne „Willensbildung", „Willensformulierung" und „Willenserfassung".[16] Für die „Willenserfassung" wird eine Abstimmungssoftware namens „Liquid Feedback" (LQFB) genutzt. Sie wird von manchen als das „wahre Programm der Partei" (Wagner 2012) bzw. als die medientechnische Umsetzung des „neuen Betriebssystems" bezeichnet, das die Piraten für die Politik zu entwickeln beanspruchen.[17]

In Verbindung mit den anderen Mediendingen stellt sie eine Art *digitaler Lernarchitektur* bereit, so dass sie durchaus als Medium einer *impliziten Pädagogik der Piratenpartei* begriffen werden kann. Bevor diese These erläutert wird, wird dieses ‚Mediending' in seiner Funktionalität vorgestellt.

4.3.1 Zur Struktur von Liquid Feedback (LQFB): Plattformneutral oder partizipativ technokratisch?

Das LQFB der Bundespartei[18] ist auf der Einstiegsseite der Bundespiraten an zentraler Position verlinkt. Mittels der browsergestützten Software kann *jedes* angemeldete Parteimitglied innerhalb vorgegebener zeitlicher Korridore politische Initiativen vorschlagen, Änderungsvorschläge oder Gegeninitiativen einbringen und sich an allen Abstimmungen über die Vorschläge beteiligen. Die zentrale Innovation von LQFB gegenüber herkömmlichen basis- oder direktdemokratischen Verfahren ist das Prinzip der Delegation, also die Möglichkeit, seine Stimme an jemand anderen zu übertragen, der seine gesammelten Stimmen dann weiter übertragen kann usw. usf., so dass schlussendlich bei Abstimmungen einzelne Personen eine hohe Anzahl von Delegierungen auf sich vereinigen können („Superdelegierte").[19]

Die Eingangsseite ist in gängige politische Themenbereiche unterteilt. Innerhalb jedes Themenbereichs sind verschiedene „Initiativen" aufgelistet, denen ein spezifischer Prozessstatus zugeordnet ist: als „neu" gekennzeichnete Initiativen müssen innerhalb eines bestimmten Zeitraums 10% der angemeldeten Nutzer als Unterstützer gewinnen, um in die „Diskussionsphase" zu gelangen. In dieser können die Initiativen durch konstruktive „Anregungen" noch inhaltlich verändert oder durch „Gegeninitiativen" ergänzt werden. Nach der Diskussionsphase werden die Initiativen „eingefroren", d.h. sie können, um Änderungen des Textes in letzter Minute zu verhindern, bis zum festgelegten Abstimmungszeitraum nicht mehr verändert werden (Jabbusch 2011, S. 58). Schließlich wird über den Antrag von potenziell allen eingetragenen Nutzerinnen und Nutzern abgestimmt.

Die Partei gewährt Außenstehenden als „Gast" die Möglichkeit, sich innerhalb eines Themenbereichs ausgewählte Initiativen anzuschauen. Z.B. sind im Bereich „Kinder, Jugend, Familie und Bildung"[20] bei den als „abgeschlossen" gekennzeichneten Abstimmungen über „Programmanträge"[21] verschiedene Initiativen nebeneinander aufgelistet. So steht dann eine Initiative „Piratenpartei gegen Betreuungsgeld" (angenommen) neben Initiativen, die die „Vereinheitlichung des Bildungssystems/Abschaffung der Länderhoheit" (abgelehnt), oder die Einführung von „Informatik als Pflichtfach" an allen Schulformen (angenommen) fordern.

Durch die Software werden die Initiativen also völlig gleichberechtigt nebeneinander gestellt. Es wird kein Unterschied hinsichtlich der potenziellen gesellschaftlichen Tragweite der zu treffenden Entscheidungen gemacht. LQFB kann von daher als eine Umsetzung des politischen Konzepts der „Plattformneutralität" (Seemann 2012) angesehen werden, demnach sich die Piratenpartei nur als eine neutral transparente Plattform versteht, um allen Mitgliedern zu ermöglichen, deren politische Anliegen zur Abstimmung zu bringen. Von anderer Seite wird genau dieser „Traum der Transparenz" (Vogelmann 2012) scharf als die Durchsetzung einer „partizipativen Technokratie" (a.a.O., S. 108) kritisiert: im Falle einer vollständigen Umsetzung ihrer Transparenzforderungen werde die Piratenpartei zur „unsichtbaren Partei" und sei Ausdruck einer gesellschaftlichen Tendenz zu postdemokratischen Politikverständnissen. Andere Autoren charakterisieren die Partei ähnlich als „durchsichtige Partei" bzw. als „Antipartei" (Han 2012, S. 15).

4.3.2 Der blinde Fleck von LQFB oder: Zur impliziten Pädagogik eines Hybridakteurs

Diesseits dieser philosophisch inspirierten Kritik dokumentiert sich an der Benutzer*führung* der Software eine bzw. ‚die' implizite Pädagogik der Partei, die aus der Perspektive der Akteur-Netzwerktheorie von Bruno Latour als Pädagogik eines „Hybridakteurs" begriffen werden kann, der sich aus menschlichen „Akteuren" und medientechnischen

„Aktanten" zusammensetzt (Latour 1998, S. 35). Durch das ‚gemeinsame' bzw. verteilte Handeln zwischen den Parteimitgliedern als „Akteuren" und dem medientechnischen „Aktant" LQFB entstehen, etwa im Hinblick auf Partizipation, völlig neue Handlungskonstellationen und -möglichkeiten, denen – und hier kommt das Pädagogische ins Spiel – eine implizit erziehende und sozialisierende Funktion innewohnt.

So kann LQFB – in Verbindung mit den anderen ‚Tools' – als eine komplette Lerninfrastruktur bzw. pädagogisch nicht intendierte „Selbstlernarchitektur" (Forneck 2006) begriffen werden, in die ein hybrides Handlungsprogramm eingeschrieben ist, das Merkmale eines dezidiert didaktischen Arrangements in sich trägt. Zu nennen sind hier etwa eine gewisse medientechnische Kompetenz als Zugangsbedingung, das strikte zeitliche und auf „konstruktive" Beiträge[22] abzielende Regime der abzuarbeitenden Initiativen, der Zwang, diese Initiativen in einem gängigen politischen Kanon zu verorten oder auch die Notwendigkeit, diese in einer spezifischen, argumentativ aufgeladenen und damit „scholastisch" (Bourdieu) imprägnierten Sprache zu formulieren. An LQFB lässt sich von daher in exemplarischer Form eine *Pädagogik der (Medien)dinge* aufzeigen (vgl. Nohl 2011), d. h. eine Pädagogik, bei der die Grenzen zwischen menschlichem und nichtmenschlichem Handeln nicht ganz klar auszumachen sind.

Wie jede Pädagogik ist auch diese nicht voraussetzungslos und ist diesen Voraussetzungen gegenüber tendenziell blind. Bei der ‚LQFB-Pädagogik' besteht der blinde Fleck in den Performanzvoraussetzungen, d. h. dem medientechnischen *Können*, das in die Medienpraxiskulturen der „Digital Natives" (Prensky 2001), aus der viele der jungen Piratenparteimitglieder stammen, quasi ‚eingelagert' ist. Diese Kompetenzen erlernt man aus praxeologischer Perspektive (Bohnsack 2007) nur über die regelmäßige Wiederholung solcher und ähnlicher hybridisierter Handlungsverkettungen zwischen Menschen und (Medien)Maschinen. Mit der Zeit kommt es hierbei zu Einübungs- und daraus resultierenden Habitualisierungseffekten mit den zunächst noch neuen Mediendingen. Dabei sind Erfahrungen der „Kontagion" mit dem (im Heideggerschen Sinne) „gestimmten medientechnischen Zeug" ausschlaggebend (vgl. hierzu Schäffer 2003, S. 111 ff.), d. h. Erfahrungen der Verbunden- und Vertrautheit mit bzw. der selbstverständlichen, fraglosen Nähe zu diesen Technologien, die für andere, die nicht über solche Erfahrungen verfügen, nicht nachvollziehbar sind. Derartige auf Kontagionserfahrungen aufruhende Habitualisierungen bilden (kurz gefasst) eine Grundlage für die Neubildung „generationsspezifischer Medienpraxiskulturen" (Schäffer 2003) im Kontext von Generationenmilieus. Nohl hat solche Erfahrungsräume, „wo Menschen und Dinge auf der Basis ihrer Kontagion miteinander verwickelt und aufeinander (…) gestimmt werden" sehr treffend als „konjunktive Transaktionsräume" (2011, S. 176) bezeichnet.

Nur in solchen Erfahrungsräumen kann diese habitualisierte Form medienpraktischen Könnens erworben werden, die sich – und hier kommt der blinde Fleck ins Spiel – als „geblackboxte" (Latour 1998), d. h. ausgeblendete Zugangsvoraussetzung dieses ‚Spiels' erweist: Denn nur wer sich kompetent auf diesen medientechnisch und -didaktisch überformten modus operandi politischer Entscheidungsfindung einlässt, hat in der Partei auf längere Sicht eine Partizipationschance. Im Hinblick auf die medienkompetenzbezogene Zugangsvoraussetzung ist also für „Digital Souveräne" die Partizipationschance hoch. Für „Digital Immigrants" und „Digital Outsiders" (DIVSI 2012, S. 56 ff.) ist sie dagegen als niedriger einzustufen. Wenn diese medientechnologische Kompetenzhürde allerdings erst einmal übersprungen wurde, liegt ein hohes Partizipationsniveau vor, die *Strukturierung des Wissenserwerbs* geht an die Nutzenden über.

Für die digital Souveränen kann die Partei in lerntheoretischen Begriffen also durchaus als ‚Partei der Selbststeuerung' bezeichnet werden. Auch wird in dem gesamten medientechnischen Arrangement viel für diese ‚Könnerinnen' und ‚Könner' getan, um ideale Sprechsituationen im Sinne Habermas' herzustellen, in denen nur das bessere Argument zählt. Allerdings zeigt sich natürlich auch deutlich die Kehrseite dieser „partizipativen Technokratie" (Vogelmann 2012): Sie schließt tendenziell alle aus, die sich diesem ‚digitalen Lernregime' nicht beugen bzw. sich dieser ‚pastoral-digitalen' Zumutung im Foucaultschen Sinne nicht aussetzen wollen. Und sie grenzt natürlich alle diejenigen aus, die ‚es nicht können', etwa weil sie aus bildungs- oder generationsmilieuspezifischen Gründen über keine Medienkompetenzen oder über keine entsprechenden Selbststeuerungs- und Selbstlernkompetenzen verfügen. Diese habituellen Differenzen – auf die in bildungspolitischen Diskursen seit Ende der 1990er Jahre mit dem Begriff der „digitalen Spaltung" bzw. „Kluft" Bezug genommen wird – ließen sich bereits Anfang der 2000er Jahre in der bereits erwähnten Arbeit zu „generationsspezifischen Medienpraxiskulturen" herausarbeiten (Schäffer 2003). So zeichnete sich z. B. die Medienspielpraxis von Jugendlichen aus bildungsferneren Milieus dadurch aus, dass sie sich, im Kontrast zu ihren gymnasialen Altersgenossen/innen, durch ihr spielerisches Handeln mit der Computertechnologie *keine* neuen Spiel-, Handlungs- und damit potenzielle Bildungsräume eröffneten: Während Gymnasiasten ihr Wissen über Computerspiele auf andere, nichtspielbezogene Domänen übertrugen, verblieben die bildungsferneren Gruppen des Samples in den von den Spieleanbietern vorgegebenen (engen) Handlungs- und Denkroutinen.

5 Die generationsbezogene „Botschaft des Mediums" in Gründungsmythos, Programmatik und Medienpraxis der Piraten

Das „Medium ist die Botschaft" (MCLUHAN 1968, S. 13 ff.). So der Kernpunkt einer bereits in den 60er Jahren vom kanadischen Medienphilosophen Marshall McLuhan entwickelten These, der zufolge die „>Botschaft <jedes Mediums oder jeder Technik (…) die Veränderung des Maßstabs, Tempos oder Schemas (ist), die es der Situation des Menschen bringt" (S. 14). Schaut man sich Gründungsmythos, Programmatik und Medienpraxis der Piratenpartei an, kommt man an der Erkenntnis nicht vorbei, dass die Partei gleichzeitig *Symptom und Verkünder* dieser These ist. *Verkünder* insofern, als sie in ihrem Gründungsmythos und in ihrer Programmatik genau auf die von McLuhan prognostizierten sozialen, kulturellen und politischen *Zugangs*veränderungen hinweist, die mit der Durchsetzung der neuen Medientechnologien verbunden sind. *Symptom* insofern, als ihr hybrides Handeln ‚zusammen mit' diesen Technologien als eine beinahe unmittelbare Folge der durch die neuen Mediendinge induzierten Verschiebung von Maßstäben, Tempi und Schemata des Zuganges bzw. der Partizipation angesehen werden kann.

Zentral für das Verständnis dieser ‚gemeinsamen' Medienpraxen von Piratenparteimitgliedern und ihren Mediendingen mitsamt der darin enthaltenen Pädagogik der Mediendinge ist der Befund, dass die Medienpraxiskulturen, innerhalb derer die Piraten heute wie selbstverständlich habituell handeln, sich erst im Laufe des letzten Jahrzehnts voll, d. h. für größere Personenkreise effektiv nutzbar, ausgebildet haben.[23] Aus dieser Perspektive ist die Piratenpartei gewissermaßen *eine* mögliche Objektivierung dieser Kultur im politisch-kulturellen Raum.[24] Sie gab Angehörigen *genau dieser* Medienpraxiskulturen einen zunächst noch nicht eindeutig definierten bzw. aufgrund der impliziten, weil in habitualisierte Medienpraxen eingebundenen Verfasstheit eben auch einen noch nicht eindeutig definierbaren Artikulationsrahmen auf der Ebene allgemeinverständlicher Begrifflichkeiten[25]. Christoph Bieber beschreibt dies ganz ähnlich als einen „gemeinsamen sozialen Erfahrungsraum", der „als Resonanzboden für politisches Handeln fungiert" (Bieber 2012b, S. 16). Zuvor waren die entsprechenden medientechnischen Wissens- und Handlungskontexte nur in spezialisierten Domänen der Netzkultur präsent, etwa in Kreisen, die die sog. „Hackerethik" der 80er Jahre entwickelten (vgl. Jabbusch 2011, S. 21). Auch in den 90er Jahren ‚schlummerten' sie gewissermaßen immer noch in den nicht explizit artikulierten, vorsprachlichen Bereichen generationsspezifischer Medienpraxiskulturen von Personenkreisen, die als sog. „Nerds" einer „hegemonialen Diskreditierung" (Mertens 2012, S. 64) ausgesetzt waren. „Nerds" hatten als gesellschaftliche Außenseiter, so Mertens, den Computer u. a. deshalb für sich entdeckt, weil die durch ihn ermöglichten Interaktionen und Kommunikationen als nicht diskriminierend erfahren wurden; Ausgrenzungsdimensionen des ‚offline-Alltags' wie ‚race', ‚class' und ‚gender' spielten im Netz keine Rolle. Marina Weisband, die ehemalige Geschäftsführerin der Partei, beschreibt dies explizit in Bezug auf ihre Internetfreundschaften, die sie als „Erlösung" charakterisiert: „Die haben mir gezeigt, dass ich ok bin, wie ich bin". Und weiter: „Ich weiß, dass es bei den Piraten viele Lebensgeschichten gibt, die meiner ähneln. Leute, die dachten, dass sie nichts können und nicht nützlich sind, aber dann im Internet Bestätigung gefunden haben und daraus Kraft schöpfen" (Weisband 2012; vgl. auch Siri und Villa 2012, S. 162). Derartige, in der „Internetkultur" (Castells 2005) und damit im „Milieu der Piraten" (Hensel 2012) verwurzelte Orientierungen an Egalität, Toleranz, Kooperation und Solidarität bilden m. E. den ‚historischen' Kristallisationskern des konjunktiven Transaktionsraums der Piraten. Joachim Paul, Spitzenkandidat der Piraten in NRW, bringt dies folgendermaßen zum Ausdruck: „Es wird vergessen, dass ihnen [den Piraten, BS] eine ganz grundsätzliche Erfahrung gemeinsam ist, nämlich die des Großwerdens mit dem Datennetz und dem – vielfach *noch gar nicht bewussten – Erfühlen oder Gewahrwerden* (Hervorhebung BS) der Tatsache, dass das Netz umso mehr Wert für den Einzelnen hat, je mehr andere auch daran teilhaben können. (…) Der Kooperationsaspekt steht hier eindeutig über dem der Konkurrenz." (zitiert aus Jabbusch 2011, S. 51). Als „Digital Natives" (Prensky 2001) haben sie innerhalb ihrer Netzcommunitys Erfahrungen gemacht, die dem (neoliberalen) hegemonialen Diskurs der 1980er, 1990er und beginnenden 2000er Jahre nicht mehr vermittelbar waren, weshalb dieser z. T. mit Ausgrenzungstendenzen und „Othering" (Spivak 1985) reagierte: „Nerds". Während es jedoch ihre älteren Mitstreiter in der Internetkultur[26] auch aufgrund der geringeren Größe ihrer ‚Population' nicht zur „Generationsentelechie" (Mannheim 1964, S. 550), also zur Ausprägung von schlagwortartig formulierbaren Gehalten mitsamt einer dazu gehörigen Praxis und Kultur brachten, ist die Piratenpartei m. E. genau dies: ein klassischer Ausdruck einer sich langsam ihres Generationenmilieus bewusst werdenden „Generationenlagerung" (Mannheim 1964, S. 541 f.).

6 Der ‚digitale Lernhabitus' der Piraten oder: auf dem Weg zur Institutionalisierung lebenslangen Lernens im digitalen Zeitalter?

Abschließend soll die Frage erörtert werden, ob der sich an Gründungsmythos, Programmatik und Medienpraxis der Piraten dokumentierende, medientechnikaffine Umgang mit Wissen, Lernen und Können auf Prozesse der Institutionalisierung (Schäffter 2001) eines neuen „digitalen Lernhabitus" (im Anschluss an Herzberg 2004) verweist, der wiederum als Hinweis auf sich verändernde Haltungen zu Prozessen lebenslangen bzw. -begleitenden Lernens gelesen werden kann (vgl. Alheit und Dausien 2002).

Auf die Etablierung eines neuen Lernhabitus deuten schon der eingangs aufgezeigte fehlertolerante Umgang mit dem Nicht*wissen* des Berliner Spitzenkandidaten sowie die Charakterisierung der eigenen Partei als *lernend* hin: Warum soll man Wissen ‚offline' parat haben, wenn man es auch ‚online' recherchieren bzw. googeln kann? Die anschließende Programmierung einer „Schulden-App" zum Schuldenstand Berlins weist zudem Homologien zum Parteiprogramm auf, das gerade auch in seinen Bildungspassagen kompetentes Handeln mit neuen Mediendingen als ein zentrales Ziel ausweist. In beiden Fällen geht es um das Primat medientechnischer Kompetenz: hier als Demonstration medientechnischer Überlegenheit gegenüber den anderen Parteien, dort als unbedingte Voraussetzung zur „digitalen Teilhabe" und damit als ‚heimlicher Lehrplan' (Zinnecker) der Piratenpartei, in den auch die entscheidende Partizipationshürde eingelassen ist: Wer keinen habituellen, auf Kontagion beruhenden Zugang zu den medientechnischen Tools der Partei hat, partizipiert weniger an den darin bereitgestellten umfassenden digitalen Kommunikations- und Interaktionsmöglichkeiten und damit auch weniger an potenziellen Wissenszugängen. Der *Lernhabitus der Piraten* hat insofern mit ihrem von der Medienpraxiskultur des Internets her rührenden chiastischen Verhältnis zu neuen Mediendingen und den daraus resultierenden kollektiven Haltungen und Orientierungen innerhalb dieses Generationenmilieus zu tun, wie es oben bei der Analyse der programmatischen Äußerungen und mit Bezug auf die Abstimmungssoftware LQFB herausgearbeitet werden konnte.

Die Piraten und ihr Milieu sind insofern auch als ein *Akteur der Institutionalisierung lebenslangen Lernens* in einer Gesellschaft anzusehen, in der es eben keine unhinterfragte Selbstverständlichkeit darstellt, sich nach einer Ausbildungsphase noch weiter als Lernenden zu begreifen (vgl. Dörner et al. 2011). Lebenslanges medientechnologiegestütztes Lernen im Sinne des Wissenserwerbs ist dagegen aus der Perspektive des Piratenmilieus im Grunde eine Selbstverständlichkeit. Es wird dann möglich, wenn möglichst alle medientechnischen Zugangsbarrieren zu „Wissen" und „Kultur" beseitigt sind und wenn sich flächengreifend eine fehlertolerante „andere Debattenkultur" (Siri und Villa 2012, S. 166) etabliert, die an den Maximen der Netzkultur orientiert ist. In einer solchen Debattenkultur, in der Kooperation, Freundlichkeit, Offenheit und Solidarität bestimmend sind, wie sie sich seit den 90er Jahren als „(N)etikette" etabliert haben, wird, so die implizite Lernutopie der Partei, lebenslanges Lernen in einem von Hierarchie- und Machtverhältnissen freigehaltenem Raum ermöglicht. Die im WEB 2.0 präferierten und praktizierten Lernpraxen und daran anschließende Lernhabitus der Piraten können insofern als ein wichtiges Element der Institutionalisierung lebenslangen Lernens angesehen werden, eben weil sie kulturell eingebunden, nicht explizit pädagogisch-didaktisch überformt und damit Ausdruck eines übergreifenden, die Medienpraxiskultur des Internets authentisch repräsentierenden Lernhabitus sind. Sie werden nicht als aufoktroyiert empfunden, wie viele Programme zum lebenslangen Lernen, die gerade im Bereich der neuen Medien in vielfältigster Form von staatlicher Seite gefördert werden. Die Pointe dabei ist, dass die von den Piraten benutzten neuen Mediendinge – allen voran das LQFB – eine m. E. weitaus wirkungsvollere implizite Pädagogik lebenslanger Selbststeuerung transportieren, als jede explizite Mediendidaktik.

Anmerkungen

1 Für Andreas Baum, den Berliner Spitzenkandidaten der Partei, hatte es keine negativen Folgen, dass er im Wahlkampf zum Berliner Abgeordnetenhaus die 65 Mrd.€ betragende Verschuldung des Berliner Haushalts auf „mehrere Millionen Euro" schätzte.

2 So erklärte Joachim Paul, Spitzenkandidat der Piraten in NRW, dass die Piraten zwar zur Regierungsverantwortung bereit seien – „aber noch nicht jetzt. Erst mal müssen wir lernen". http://www.focus.de/finanzen/news/wirtschaftsticker/konjunktur-wdh-piratenpartei-in-nrw-macht-sich-fuer-steuererhoehungen-stark_aid_741376.html, abgerufen 1.6.2012. Ähnlich äußerte sich die bisherige Bundesgeschäftsführerin der Piraten, Marina Weisband. Ihre Partei solle erst einmal auf den Oppositionsbänken weitere Erfahrung sammeln. „Der Sprung von gar nicht im Parlament zum Regieren ist viel zu groß" warnte sie. Und sie fügte hinzu: „Auch wir lernen noch". http://www.tagesschau.de/inland/piratenpartei222.html, aufgerufen 1.6.12.

3 Z. B. programmierten die Berliner Piraten als Antwort auf die falsche Schätzung ihres Spitzenkandidaten eine „Schulden App", auf der der Schuldenstand Berlins exakt nachlesbar ist.

4 Vgl. http://wiki.piratenpartei.de/Mitglieder, aufgerufen am 11.02.2013. Allerdings sind hiervon nur 11.750 Mitglieder (=35%) stimmberechtigt, weil sie ihren Beitrag bezahlt haben.

5 Durchschnittsalter der Parteimitglieder im Jahr 2010: Die Linke 60, CDU, CSU und SPD 58, FDP 51 und Bündnis90/Die Grünen 46 Jahre. Quelle: http://de.statista.com/statistik/daten/studie/192255/umfrage/durchschnittsalter-in-den-parteien/, 9.8.12.

6 Die digital Souveränen unterscheiden sich demgemäß in ihren Haltungen und Orientierungen bereits deutlich von den anderen Untergruppen der „digital natives" (den „unbekümmerten Hedonisten" und den „effizienzorientieren Performern"). Hiervon werden grundsätzlich die „digital immigrants" und die „digital outsiders" unterschieden (Divsi 2012, S. 16).

7 auf einer Protestveranstaltung anlässlich einer Razzia gegen die Tauschplattform „The Pirate Bay" in Stockholm im Juni 2006 (Falkvinge 2006, vgl. hierzu Neumann 2011, S. 29 f.)

8 Galileo Galileis Kampf für die wissenschaftliche Freiheit wird ebenso angeführt, wie die Möglichkeit, sich nach der Erfindung des Buchdrucks durch Lesen bei unabhängigen Wissensquellen gegen den Willen der jeweils herrschenden Staatsmacht zu bedienen.

9 Diese Zugangsmetaphorik ist etymologisch bereits im Piratenbegriff selbst enthalten, der sich von πειρᾶν peiran: „versuchen, unternehmen, auskundschaften" und πεῖρα peira: „Wagnis, Unternehmen, Überfall" ableitet (Heller-Roazen 2010, S. 40 f.). Bei Cicero (de officiis) erfährt diese zumindest ambivalent positive Konnotation dann eine negative Wendung: der Pirat ist „Der Feind aller", demgegenüber man keinerlei Pflichten hat (a. a. O., S. 13 ff.).

10 Die Rede ist auf youtube unter http://www.youtube.com/watch?v=tH0zbcM8Y4g abrufbar und liegt als englisches transcript vor unter: http://wiki.piratenpartei.de/Benutzer:Bodo_Thiesen/Transskript_der_Rede_von_Rick, abgerufen: 9.8.12.

11 Das Programm wird von Parteitag zu Parteitag kooperativ erweitert. Siehe exemplarisch die im Kap. 3.3.2 aufgeführten Programmanträge innerhalb der Abstimmungssoftware LQFB.
12 Eine Zusammenziehung von ‚Produzenten' und ‚Konsumenten'.
13 Eine kurze Durchsicht der Programme von SPD, CDU und Bündnis90/die Grünen zeigt, dass sie – wenn sie das Internet thematisieren – sich nie auf eine derart konkrete Ebene beziehen.
14 Eine „moderne Gesellschaft" müsse „Medienkompetenz an alle ihre Mitglieder" weitergeben und insbesondere an den Schulen muss darauf geachtet werden, dass sie „inhaltlich als auch technisch immer auf der Höhe der Zeit" (ebd.) sind. Neben der allgemeinen Möglichkeit, sich durch den freien Zugang zu öffentlichen Informationen „weiterzubilden" (a.a.O., S. 17), müssten zudem die „Erkenntnisse und Erfahrungen der Gesellschaft" auch „älteren Generationen über Bildungsangebote aller Art zur Verfügung gestellt werden" (a.a.O, S. 19).
15 „Institutionalisierte Bildung" solle demnach Unterstützung bieten bei der Entwicklung zur „mündigen, kritischen und sozialen Person", wobei die „Belange der Lernenden im Vordergrund stehen" sollten. Bildung sei aber auch „eine der wichtigsten Ressourcen der deutschen Volkswirtschaft", da nur durch den Erhalt, die Weitergabe und die Vermehrung von Wissen Fortschritt und gesellschaftlicher Wohlstand auf Dauer gesichert werden können." (Piratenpartei Deutschland 2013, S. 29).
16 Für die „Willensbildung" werden Mailinglisten und eine Sprachkonferenzsoftware namens „Mumble" genutzt. Für die „Willensformulierung" kommen Wikis und das sog. „Piratenpad", eine Art kooperatives Notizbuch im Netz, zum Einsatz. Informationen und Begrifflichkeit aus: http://www.piratenpartei.de/mitmachen/arbeitsweise-und-tools/ abgerufen am 31.7.12.
17 Vgl. zur Genese dieser Metapher als „gemeinschaftlich hergestelltes Produkt von Partei und Öffentlichkeit" (Vogelmann 2012, S. 103).
18 Vgl. https://lqfb.piratenpartei.de/pp/area/list.html, 9.8.12.
19 Allerdings können die Delegationen jederzeit wieder entzogen werden. Eben das macht das ‚Flüssige' der Liquid Democracy in der Theorie aus (vgl. detailliert: Jabbusch 2011, S. 53 ff.).
20 Vgl. https://lqfb.piratenpartei.de/pp/area/show/4.html, 9.8.12.
21 „Programmanträge" benötigen eine Zustimmung von jeweils 2/3 „in Bezug auf abgegebene Für- und Gegenstimmen" (Jabbusch 2012, S. 59). Daneben gibt es noch „Meinungsbilder", die mit mehr als der Hälfte benötigter Zustimmung auskommen, und ein „Schnellverfahren", das wiederum 2/3 erfordert (ebd.).
22 Um sich in der Diskussionsphase gegen „Probleme mit Störern", sog. „Trollen" (Jabbusch 2012, S. 59), abzusichern, die auf nichtmoderierten Plattformen ihr Unwesen treiben würden, wird bei LQFB die „Pro-/Contra" Debatte aus der Plattform ausgegliedert in die „pluralistischen Debattenformen der Partei". Jabbusch nennt hier „Veranstaltungen, Mailinglisten, Twitter, Blogs, Podcast und Stammtische" (ders. 2012, S. 60).
23 bspw. sind Facebook oder andere Social Media Technologien erst Mitte der 2000er Jahre entstanden.
24 Andere Objektivierungen sind dann bspw. soziale Bewegungen wie Attac, Anonymus, Avaaz oder auch der Studentenstreik 2010.
25 Damit sind Formen kommunikativ-generalisierbaren Wissens angesprochen, die sich von konjunktiven, in milieuspezifische Erfahrungsräume eingelagerten und nur dort verständlichen Wissensformen unterscheiden. Vgl. zur Unterscheidung von konjunktivem zu kommunikativgeneralisierten Wissensbeständen: Mannheim 1980, S. 211 ff.; Bohnsack 2007, S. 59 f.; Schäffer 2012, S. 203 f.
26 Die Anfang/Mitte der 60er Jahre geborenen Babyboomer formulierten in ihren Spezialkulturen in den 80er Jahren viele der heutigen Grundmaximen der Internetkultur.

Literatur

Alheit, P., & Dausien, B. (2002). Bildungsprozesse über die Lebensspanne und Lebenslanges Lernen. In R. Tippelt (Hrsg.), *Handbuch Bildungsforschung* (S. 565–585). Opladen: Leske & Budrich.
Bieber, C. (2012). *Die Piratenpartei als neue Akteurin im Parteiensystem*. In APuZ, Aus Politik und Zeitgeschichte, 62 Jg. 7/2012, 13. Februar 2012, 27–33.
Bieber, C., & Leggewie, C. (Hrsg.) (2012). *Unter Piraten: Erkundungen in einer neuen politischen Arena*. Bielefeld: Transcript.
Blumberg, F. (2010). *Partei der „digital natives"?* Berlin: Konrad-Adenauer-Stiftung.
Bohnsack, R. (2007). *Rekonstruktive Sozialforschung. Einführung in qualitative Methoden* (6. Aufl.). Opladen: Budrich.
Castells, M. (2005). *Die Internet Galaxy. Internet, Wirtschaft und Gesellschaft*. Wiesbaden: VS Verlag für Sozialwissenschaften.
Campbell, J. (1999). *Der Heros in tausend Gestalten*. Frankfurt: Suhrkamp.
Dörner, O., Loos, P., Schäffer, B., & Wilke, C. (2011). Die Macht der Bilder. Zum Umgang mit Altersbildern im Kontext lebenslangen Lernens. In *Magazin Erwachsenenbildung.at*, Ausgabe 13, 2011, S. 08/0–08/11.
Divsi (2012). *Milieu-Studie zu Vertrauen und Sicherheit im Internet*. Eine Grundlagenstudie des SINUS-Instituts Heidelberg im Auftrag des Deutschen Instituts für Vertrauen und Sicherheit im Internet (DIVSI), Hamburg. https://www.divsi.de/divsi-milieu-studie. Zugegriffen: 30. Juli 2012.
Falkvinge, R. (2006). Piratendemonstration. Aus dem Schwedischen übersetztes Transkript einer Rede von Rickard Falkvinge am 03.06.2006 in Stockholm. In *Die Datenschleuder. Das wissenschaftliche Fachblatt für Datenreisende. Ein Organ das Chaos Computer Clubs*, Nr. 90, 6–7.
Forneck, H. J. (2006). *Selbstlernarchitekturen: Lernen und Selbstsorge I*. Hohengehren: Schneider.
Han, B. C. (2012). *Transparenzgesellschaft*. Berlin: Matthes & Seitz.
Heller-Roazen, D. (2010). *Der Feind aller: Der Pirat und das Recht*. Frankfurt: Fischer.
Hensel, A. (2012). *Das Milieu der Piraten: die Erben der Internetkultur*. In C. Bieber & C. Leggewie (Hrsg.), *Unter Piraten: Erkundungen in einer neuen politischen Arena* (S. 41–51). Bielefeld: Transcript.
Herzberg, H. (2004). *Biographie und Lernhabitus. Eine Studie im Rostocker Werftarbeitermilieu*. Frankfurt a. M.: Campus.
Jabbusch, S. (2011). *Liquid Democracy in der Piratenpartei. Eine neue Chance für innerparteiliche Demokratie im 21. Jahrhundert?* Magisterarbeit an der Universität Greifswald. http://www.sebastianjabbusch.de/wp-content/uploads/2011/10/Liquid-Democracy-in-der-Piratenpartei-Eine-Neue-Chance-fur-die-innerparteiliche-Demokratie-im-21-Jahrhundert-By-Sebastian-Jabbusch.pdf. Zugegriffen: 30. Juli 2012.
Lamla, J., & Rosa, H. (2012). Beschleunigungsphänomen und demokratisches Experiment. Auf welche Problemlage reagieren die Piraten? In C. Bieber & C. Leggewie (Hrsg.), *Unter Piraten: Erkundungen in einer neuen politischen Arena* (S. 175–185). Bielefeld: Transcript.
Latour, B. (1998). Über technische Vermittlung. Philosophie, Soziologie, Genealogie. In W. Rammert (Hrsg.), *Technik und Sozialtheorie* (S. 29–81). Frankfurt a. M.: Campus.
Mannheim, K. (1964). Das Problem der Generationen. In K. Mannheim (Hrsg.). *Wissenssoziologie* (S. 509–565). Berlin und Neuwied: Luchterhand. Ursprünglich in Kölner Vierteljahreshefte für Soziologie, 7. Jg., Heft 2, 1928.
Mannheim, K. (1980). *Strukturen des Denkens*. Frankfurt a. M.: Suhrkamp.
Nohl, A.-M. (2011). *Pädagogik der Dinge*. Bad Heilbrunn: Klinkhardt.
McLuhan, M. (1968). *Die magischen Kanäle. „Understanding Media"*. Düsseldorf: Econ.

Mertens, M. (2012). Nerds. Computer. Piraten. Die kulturgeschichtliche Erklärung eines Syllogismus. In C. Bieber & C. Leggewie (Hrsg.), *Unter Piraten: Erkundungen in einer neuen politischen Arena* (S. 53–65). Bielefeld: Transcript.
Neumann, F. (2011). *Die Piratenpartei. Entstehung und Perspektive*. Magisterarbeit Universität Freiburg. http://fxneumann.de. Zugegriffen: 19. Juli 2012.
Piratenpartei Deutschland (2013). *Grundsatzprogramm*. (2. Aufl). http://wiki.piratenpartei.de/wiki/images/3/3e/Piratenpartei_Grundsatzprogramm_Dezember_2012.pdf. Zugegriffen: 11. März 2013.
Prensky, M. (2001). Digital natives, digital immigrants. *On The Horizon* (Bd. 9 No. 5, Oktober 2001).
Rauterberg, H. (2012). Die Diktatur der Einfachheit. Wie das Apple-Design unser Dasein verändert – eine Ideologiekritik. In *Die ZEIT* (Nr. 33, 9.8.12, 43).
Schäffer, B. (2003). *Generationen – Medien – Bildung. Medienpraxiskulturen im Generationenvergleich*. Opladen: Leske & Budrich.
Schäffer, B. (2012). Dokumentarische Methode. Einordnung, Prinzipien und Arbeitsschritte einer praxeologischen Methodologie. In B. Schäffer & O. Dörner (Hrsg.), *Handbuch qualitative Erwachsenenbildungs- und Weiterbildungsforschung* (S. 196–211). Opladen: Budrich.
Schäffter, O. (2001). *Weiterbildung in der Transformationsgesellschaft. Zur Grundlegung einer Theorie der Institutionalisierung*. Hohengehren: Schneider.
Seemann, M. (2012). Plattformneutralität – das politische Denken der Piraten. In C. Bieber & C. Leggewie (Hrsg.), *Unter Piraten: Erkundungen in einer neuen politischen Arena* (S. 91–99). Bielefeld: Transcript.
Siri, J., & Villa, P. E. (2012). Piratinnen – Fehlanzeige Gender? In C. Bieber & C. Leggewie (Hrsg.), *Unter Piraten: Erkundungen in einer neuen politischen Arena* (S. 145–171). Bielefeld: Transcript.
Spivak, G. C. (1985). The Rani of Simur. In F. Barker, et al. (Hrsg.), *Europe and its others*. Bd. 1. Colchester.
Tietgens, H. (2010). Geschichte der Erwachsenenbildung. In R. Tippelt & A. von Hippel (Hrsg.), *Handbuch Erwachsenenbildung/Weiterbildung* (4. Aufl., S. 25–41). Wiesbaden: VS Verlag für Sozialwissenschaften.
Vogelmann, F. (2012). Der Traum der Transparenz. Neue alte Betriebssysteme. In C. Bieber & C. Leggewie (Hrsg.), *Unter Piraten: Erkundungen in einer neuen politischen Arena*. (S. 101–111). Bielefeld: Transcript.
Wagner, M. K. (2012). Eine Software ist das wahre Programm der Piraten – aber die Partei will sie nicht nutzen. In F. Schilbach (Hrsg.), *Die Piratenpartei: Alles klar zum Entern* (S. 109–114). Berlin: Bloomsbury.
Weisband, M. (2012). „Ich muss nicht mit den coolen Jungs spielen". Interview im *Zeitmagazin* (Nr. 33 v. 9.8.2012, 46).

Autorenangaben

Asbrand, Barbara, Dr. phil. habil., Jg. 1967, Professorin für Erziehungswissenschaft mit dem Schwerpunkt Allgemeine Didaktik und Schulentwicklung, Goethe-Universität Frankfurt am Main. Arbeitsgebiete: qualitativ-rekonstruktive Schul- und Unterrichtsforschung, Schulentwicklung und Steuerung im Bildungswesen, Globales Lernen/Bildung für nachhaltige Entwicklung.

Groppe, Carola, Dr. phil. habil., Jg. 1964, Professorin für Erziehungswissenschaft, insbesondere Historische Bildungsforschung, an der Helmut-Schmidt-Universität (UniBw Hamburg). Arbeitsgebiete: Historische Sozialisationsforschung, Geschichte von Familie, Kindheit und Jugend, Geschichte des Bildungssystems, Theoriegeschichte von Bildung und Erziehung.

Heßler, Martina, Dr. phil. habil., Jg. 1968, Professor für Neuere Sozial-, Wirtschafts- und Technikgeschichte, Helmut-Schmidt-Universität Hamburg. Arbeitsgebiete: Technik-, Konsum- und Stadtgeschichte des 20. Jahrhunderts.

Imai, Yasuo, Ph.D., Jg. 1955, Professor an der Faculty for Arts and Social Sciences, Japan Women's University. Veröffentlichungen auf Deutsch und Englisch u.a.: Imai, Y. /Wulf, Ch. (Hrsg.): *Concepts of Aesthetic Education. Japanese and European Perspectives,* Münster: Waxmann 2007; Imai, Y.: Why does language matter to education? A comparison of Nietzschean and Wittgensteinian views, in: *Zeitschrift für Erziehungswissenschaft,* 14(3), 2011, S. 489-500.

Kaabi-Linke, Timo, M.A., Jg. 1974, freier Autor und Kurator, forscht im Rahmen einer Dissertation auf dem Gebiet der Begriffsgeschichte über apparative Hermeneutiken des Kinematographen. Weitere Arbeitsschwerpunkte sind Konfigurationen eines verteilten Verstehens in Philosophie und ästhetischer Theorie und Strategien der Aneignung von Gegenwärtigkeit in der künstlerischen Praxis.

Klepacki, Leopold, Dr. phil, Jg. 1976, Akademischer Rat am Institut für Pädagogik, Friedrich-Alexander-Universität Erlangen-Nürnberg. Arbeitsgebiete: Ästhetische Bildung, Kulturpädagogik, Schultheater, Pädagogische Anthropologie, geisteswissenschaftliche pädagogische Forschung.

Kontopodis, Michalis, Dr. phil, Jg. 1981, Assistant Professor of Developmental Education, Department of Research and Theory in Education, Faculty of Psychology and Education, VU University Amsterdam. Forschungsgebiete: Cultural psychology, Anthropologie der Kindheit und der Entwicklungspädagogik; Schule & Marginalisierung. Jüngste Buchpublikation: *Neoliberalism, Pedagogy and Human Development: Exploring Time, Mediation and Collectivity in Contemporary Schools* (Routledge, 2012).

Kraus, Anja, Dr. phil., Jg. 1967, Assistenzprofessorin an der Linnéuniversitetet Växjö/Schweden. Arbeitsgebiete: Pädagogische Lerntheorien; qualitativ-rekonstruktive Schul-, Unterrichtsforschung und Schulentwicklung, insb. Integration von künstlerischen Positionen in didaktische Konzepte und in die empirische Unterrichtsforschung; Heterogenität in der Schule; anthropologische Fragen.

Martens, Matthias, Dr. phil., Jg. 1979, Wissenschaftlicher Mitarbeiter am Fachbereich Erziehungswissenschaft, Goethe-Universität Frankfurt am Main. Arbeitsgebiete: qualitative-rekonstruktive Lehr-/Lern- und Unterrichtsforschung, Historisches Lernen.

Neumann, Sascha, Dr. phil, Dipl.-Päd., Jg. 1975, Professor für Bildungsforschung mit dem Schwerpunkt „Sozialisation und Entwicklung in Kindheit und Jugend" am Departement Erziehungswissenschaften der Université de Fribourg/Universität Freiburg (CH), Arbeitsgebiete: Pädagogik der Kindheit und Kindheitsforschung, Qualitative Bildungsforschung sowie Theorie und Geschichte der Sozialpädagogik.

Nohl, Arnd-Michael, Dr. phil. habil., Jg. 1968, Professor für Erziehungswissenschaft, insbesondere systematische Pädagogik, an der Helmut-Schmidt-Universität Hamburg. Arbeitsgebiete: Allgemeine, interkulturelle und vergleichende Erziehungswissenschaft, rekonstruktive Methodologie.

Montandon, Frédérique, Docteur en Sciences de l'éducation; Forscherin und Lehrende an der Université Paris Est; ausgezeichnet mit der Goldmedaille für Harfen-Spiel; Montandon F. (2011), Les enfants et la musique. Visions de parents sur une activité extrascolaire, édition Nouvelle Pédagogie, Paris, L'Harmattan, 220 p. Locatllia A., Montandon F. (coord) (2007), Réflexions sur la socialité de la musique, Logiques Sociales, Paris, L'Harmattan, 307 p.

Petersen, Dorthe, M.A., Jg. 1982, Wissenschaftliche Mitarbeiterin am Fachbereich Erziehungswissenschaft, Goethe-Universität Frankfurt am Main. Arbeitsgebiete: qualitativ-rekonstruktive Schul- und Unterrichtsforschung, Lernkultur, Schulentwicklung und Steuerung im Bildungswesen.

Schäffer, Burkhard, Dr. phil. habil., Jg. 1959, Professor für Erwachsenenbildung/Weiterbildung an der Fakultät für Humanwissenschaften der Universität der Bundeswehr München. Arbeitsgebiete: Lernen, Bildung und Sozialisation Erwachsener im Kontext von Milieu, Generation und Geschlecht; Methoden und Methodologien qualitativer Erwachsenenbildungsforschung; Alter(n)sbilder und Weiterbildungsorientierungen; generationsspezifische Medienpraxiskulturen und intergenerationelle Bildungsprozesse.

Schomaker, Claudia, Dr. phil., Jg. 1976, Professorin für Sachunterricht und Inklusive Didaktik an der Leibniz Universität Hannover, Arbeitsgebiete: Ästhetische Bildung im Sachunterricht, Inklusive Didaktik und Sachunterricht, empirische Forschungszugänge zu Schülervorstellungen.

Stenger, Ursula, Prof. Dr., Jg. 1964, Professorin für Erziehungswissenschaft mit Schwerpunkt Frühe Kindheit und Familie, Universität zu Köln. Arbeitsgebiete: Pädagogik der frühen Kindheit, Pädagogische Anthropologie und Phänomenologie, Ästhetische Bildung.

Stieve, Claus, Dr. phil., Jg. 1964, Professor für Erziehungswissenschaft mit dem Schwerpunkt Pädagogik der frühen Kindheit, Fachhochschule Köln. Aktuelle Arbeitsgebiete: Phänomenologie der Lebenswelt und Erforschung von Dingwelten in der frühen Kindheit, frühpädagogische Bildungstheorie.

Wagner, Bernd, Dr., 1967, Juniorprofessor Erziehungswissenschaft mit dem Schwerpunkt Sachunterrichtsdidaktik an der Universität Siegen. Forschungsgebiete: Museumspädagogik, frühe Sachbildung, anthropologische Ritualforschung, narrative Didaktik, interkulturelle und politische Bildung im Sachunterricht. Er ist Mitglied des EU-Netzwerks *Children's Identity and Citizenship in Europe*.

Christoph Wulf, Dr. phil., Professor für Anthropologie und Erziehung, Mitglied des Interdisziplinären Zentrums für Historische Anthropologie und des Graduiertenkollegs „InterArts Studies" an der Freien Universität Berlin. Arbeitsgebiete: Anthropologie und Pädagogische Anthropologie. Gastprofessuren in zahlreichen Ländern in allen Teilen der Welt. Seine Bücher wurden in viele Sprachen übersetzt. Vizepräsident der Deutschen UNESCO-Kommission.

Yi, Byung-Jun, Dr. Phil., Jg. 1962, Professor für Erziehungswissenschaft, insbesondere Erwachsenenbildung, Department of Education, Pusan National University/Südkorea. Arbeitsgebiete: Erwachsenenbildung, kulturelle Bildung, ästhetische Bildung, Seniorenbildung, qualitative Forschungsmethodologie.

Zirfas, Jörg, Dr. phil. habil., Jg. 1961, Professor für Allgemeine Erziehungswissenschaft mit dem Schwerpunkt Pädagogische Anthropologie an der Universität zu Köln. Arbeitsgebiete: Historische und Pädagogische Anthropologie, Erziehungs- und Bildungsphilosophie, Kulturpädagogik und Ästhetische Bildung, Qualitative Bildungs- und Sozialforschung.

Forschungsstand und aktuelle Entwicklung

Margit Stamm, Doris Edelmanns (Hrsg.)
Handbuch frühkindliche Bildungsforschung

Die Forschung zur frühen Kindheit und frühkindlichen Bildung hat sich in den letzten Jahren stark entwickelt. Dies gilt sowohl für den angloamerikanischen als auch für den deutschsprachigen Raum. Was bislang jedoch fehlt, ist eine systematische und umfassende Darstellung der wichtigsten Inhalte und Erkenntnisse der frühkindlichen Bildungsforschung in Gestalt eines Handbuches. Mit den Schwerpunkten: Theoretische Grundlagen und Bezugsdisziplinen, Fachdidaktische Ausrichtungen frühkindlicher Bildungsforschung, Entwicklung und Prävention, Internationale Bezüge, Methoden der frühkindlichen Bildungsforschung, Institutionen, Institutionalisierung und Professionalisierung und Familie übernimmt diese Publikation die Funktion eines grundlegenden und repräsentativen Überblicks.

2013, XII, 887 S. 27 Abb. Geb.
€ (D) 69,99 | € (A) 71,95 | *sFr 87,50
ISBN 978-3-531-18474-6

€ (D) sind gebundene Ladenpreise in Deutschland und enthalten 7% MwSt. € (A) sind gebundene Ladenpreise in Österreich und enthalten 10% MwSt. Die mit * gekennzeichneten Preise sind unverbindliche Preisempfehlungen und enthalten die landesübliche MwSt. Preisänderungen und Irrtümer vorbehalten.

Einfach bestellen:
SpringerDE-service@springer.com
tel +49 (0)6221 / 345 – 4301

springer-vs.de

Springer VS